CB140515

FLORESTAN FERNANDES

A FUNÇÃO SOCIAL DA GUERRA NA SOCIEDADE TUPINAMBÁ

4ª EDIÇÃO

SÃO PAULO
2022

CONTRACORRENTE

Copyright © EDITORA CONTRACORRENTE
Alameda Itu, 852 | 1º andar |
CEP 01421 002
www.loja-editoracontracorrente.com.br
contato@editoracontracorrente.com.br

EDITORES

Camila Almeida Janela Valim
Gustavo Marinho de Carvalho
Rafael Valim
Walfrido Warde
Silvio Almeida

EQUIPE EDITORIAL

COORDENAÇÃO DE PROJETO: Juliana Daglio
REVISÃO: Graziela Reis
PREPARAÇÃO DE TEXTO: Amanda Dorth
REVISÃO TÉCNICA: Douglas Magalhães
DIAGRAMAÇÃO: Antonio Kehl
CAPA: Maikon Nery

EQUIPE DE APOIO

Fabiana Celli
Carla Vasconcellos
Fernando Pereira
Valéria Pucci
Regina Gomes
Nathalia Oliveira

Dados Internacionais de Catalogação na Publicação (CIP)
(Câmara Brasileira do Livro, SP, Brasil)

Fernandes, Florestan, 1920-1995
A função social da guerra na sociedade Tupinambá / Florestan Fernandes. -- 4. ed. -- São Paulo : Editora Contracorrente, 2022. --
(Coleção Florestan Fernandes ; 3)

Bibliografia.
ISBN 978-65-88470-91-6

1. Antropologia social - Brasil 2. Ciências sociais 3. Índios Tupinambás 4. História do Brasil I. Título II. Série.

21-83612 CDD-980

Índices para catálogo sistemático:
1. Índios Tupinambá : Guerras : Função social : Civilização 980.3

Aline Graziele Benitez - Bibliotecária - CRB-1/3129

@editoracontracorrente
Editora Contracorrente
@ContraEditora

SUMÁRIO

PREFÁCIO

FLORESTAN TUPINÓLOGO

Grande intérprete da sociedade brasileira e fundador da chamada "escola paulista de sociologia", Florestan Fernandes começou sua carreira acadêmica como "etnólogo", nome pelo qual se reconhecem, no Brasil, os antropólogos que se dedicam ao estudo dos povos indígenas.[1] Eduardo Viveiros de Castro reconhece em *A função social da guerra na sociedade tupinambá*, de 1952, "uma das maiores obras da etnologia brasileira".[2] E não à toa: Florestan confere aos Tupinambá descritos pelas fontes dos séculos XVI e XVII um tratamento análogo ao que Malinowski dera aos trobriandeses e Evans-Pritchard, aos Nuer. Sua contribuição teórica não é menor: se o primeiro lançou nova luz sobre o fenômeno da troca, e o segundo, sobre a definição do político, Florestan redimensionou a compreensão sobre a guerra.

O sociólogo paulista, antes de mergulhar nos dilemas do Brasil, interessou-se pelos "brasis", como eram chamados nas diferentes crônicas os habitantes da costa da América portuguesa, todos eles falantes de línguas hoje reconhecidas como tupi-guarani e amantes da guerra e da

---

1 Ou como "etno-sociólogo", termo usado por Herbert Baldus para se referir a esta sociologia interessada em povos não ocidentais. Sobre este ponto, ver Cardoso de Oliveira (1996).

2 FERNANDES, Florestan. *A Função Social da Guerra na Sociedade Tupinambá*. São Paulo: Edusp, [1952] 1970, p. 87.

antropofagia.[3] Tomando certa distância das alegorias do modernismo dos anos 1920, o projeto intelectual do jovem Florestan consistia em conhecer "o 'ponto zero' da colonização europeia no Brasil"[4] – os brasis antes do Brasil. Guiando-se pelo método funcionalista inspirado em Durkheim, Florestan buscava reconstruir a coerência de uma sociedade fundada na guerra; guerra que, longe de ser um fator de desordem, constituía o nexo mesmo da vida coletiva indígena. No entanto, como ele mesmo pontuou, para que o Brasil viesse à existência, os brasis tiveram de ser pacificados, e essa paz não se fez com pouco sangue ou sem violência; pelo contrário, da guerra que visava à captura do inimigo destinado ao ritual de sacrifício passava-se à guerra pacificadora, a "guerra justa", conquista de terras e de almas, motor de aniquilação.

O lugar de um livro

O interesse de Florestan na pesquisa em Ciências Sociais aflorou durante a graduação na Universidade de São Paulo, quando fora aluno de Roger Bastide, o qual se tornaria, anos depois, interlocutor e amigo. Diante das transformações vertiginosas de uma cidade como a São Paulo dos anos 1940, Florestan concebia uma abordagem sociológica sobre o chamado "folclore", indo além de perspectivas puramente estéticas ou daquelas que tomavam o fenômeno como mera sobrevivência do passado. É assim que, em 1944, no quarto ano do curso de Ciências Sociais, ele publicava o artigo "As 'trocinhas' do Bom Retiro", no qual analisava o papel socializador e ético do folclore entre crianças, buscando elos entre o passado e o presente.[5]

---

3 O termo "brasis" era fartamente empregado nas fontes históricas para se referir, justamente, aos povos da terra, os indígenas. Para uma reflexão sobre esse tema, ver Perrone-Moisés (2009) e Marras (2020).

4 FERNANDES, Florestan. "Tendências teóricas da moderna investigação no Brasil". *In*: ______. *A investigação etnológica no Brasil e outros ensaios*. Rio de Janeiro: Graal, [1957] 1975, p. 180.

5 Este artigo foi prefaciado por Roger Bastide e inscrito em um concurso. Em 1961, foi incluído no livro *Folclore e mudança social na cidade de São Paulo*. Para uma

O interesse pelo mundo indígena – e, especialmente, pelas fontes dos séculos XVI e XVII – foi despertado nas aulas de Herbert Baldus, na Escola Livre de Sociologia e Política.[6] Foi de Baldus que Florestan recebeu o estímulo para extrair das fontes dos séculos XVI e XVII uma reflexão sobre a organização social dos Tupinambá, algo que havia sido desaconselhado por Alfred Métraux, então pioneiro na leitura etnológica desse material histórico. Como escreve Roque Laraia, *A organização social dos Tupinambá* (o mestrado defendido em 1947 na Escola Livre, sob orientação do próprio Baldus, e publicado um ano depois) é um livro que:

> (...) devido a uma perfeita manipulação das técnicas de reconstrução de uma realidade social, colocou diante de nós, vivos, os índios Tupinambá, não tendo jamais se limitado aos objetivos expressos pelo Autor, em nota explicativa da segunda edição, de se fazer apenas uma tentativa pura e simples de reconstrução histórica que possibilitaria a redação de um trabalho mais legítimo e ambicioso.[7]

---

discussão sobre os diálogos entre Bastide e Florestan, ver Peixoto (2000). A autora acompanha a interlocução de ambos desde as pesquisa sobre o folclore até a pesquisa encomendada pela Unesco sobre as relações raciais em São Paulo, que resultou no livro *Brancos e negros em São Paulo*, de 1955. Em ambos os casos, o problema da modernização e da mudança social se colocam no centro do debate.

6 A passagem de Florestan pela Escola Livre de Sociologia e Política, fundada em 1933, é fundamental para compreendermos não apenas seu interesse pela sociologia, mas também sua formação diversa. Baldus representava uma alternativa à tradição durkheimiana da Universidade de São Paulo. Como lembra Passador (2002), junto com outros pesquisadores, Baldus valorizava a pesquisa etnográfica e priorizava temas como difusão cultural, cultura material e aculturação. Junto com outros pesquisadores, ele era responsável pela criação de uma "linhagem germânica" de etnólogos brasileiros, que incluem Curt Unkel Nimuendaju e Egon Schaden. Ainda conforme Passador, Baldus fomentou o diálogo entre essa tradição germânica e os estudos funcionalistas, ponto fundamental para a compreensão da formação de Florestan. Note-se também que Baldus, que esteve entre diferentes povos indígenas, escreveu uma monografia importante sobre um povo tupi, *Tapirapé, povo tupi do Brasil Central* (São Paulo: Nacional, 1970).

7 LARAIA, Roque. *Tupi, índios do Brasil atual.* São Paulo: Série FFLCH, 1986, p. 15.

O "trabalho mais legítimo e ambicioso", ao qual se refere Laraia, viria com *A função da guerra na sociedade Tupinambá*, tese de doutorado – orientada por Fernando de Azevedo, defendida na Universidade de São Paulo em 1951, e publicada em 1952 – na qual Florestan lança mão de uma análise funcionalista da guerra tupinambá. Ele partia do foco na organização social desse povo para enveredar por uma reflexão sobre a guerra como "fato social total", no sentido maussiano da expressão. Como o próprio Florestan escreveu, "foi através do estudo sobre os Tupinambá que me senti forçado a ir muito mais longe (...). Os Tupinambá me colocavam, como diria Mauss, diante de explicar uma civilização".[8] E ainda: "Na verdade, se já era uma lagarta quando principiei a investigação, ao terminá-la, converti-me em uma borboleta".[9] Guiando-se pelo rigor científico e estabelecendo as bases para uma reflexão sociológica, Florestan aprimorava, nessa segunda obra, o esforço de extrair "dados objetivos" de quase 40 fontes primárias dos séculos XVI e XVII. No seu caso, o escrutínio dos documentos ocupava o lugar da pesquisa de campo. Voltarei na próxima seção às questões metodológicas; por ora, é importante notar que *A função social da guerra na sociedade Tupinambá* (doravante, *Função*) resulta de um trânsito entre a tradição uspiana, de forte herança francesa, e a da Escola Livre, com suas influências germânicas e anglo-saxãs, e na qual se dá a iniciação à etnologia. Fazendo jus a esse duplo vínculo, o livro é dedicado a Baldus e a Bastide, grandes mestres e interlocutores.

Mariza Peirano admite que, apesar de sua inegável importância, os textos de Florestan sobre os Tupinambá teriam sido relegados por muitos comentadores a uma fase de formação ou mesmo a uma fase funcionalista, distinta das fases subsequentes, que teriam por foco a constituição da sociedade brasileira e o problema da mudança social e da modernização. Ela se refere aos livros sobre os Tupinambá como uma "antropologia esquecida", eclipsada por uma obra sociológica posterior

---

8 FERNANDES, Florestan. "Em busca de uma sociologia crítica e militante". *In*: ______. *A sociologia no Brasil*. Petrópolis: Vozes, 1977, p. 174.

9 FERNANDES, Florestan. "Em busca de uma sociologia crítica e militante". *In*: ______. *A sociologia no Brasil*. Petrópolis: Vozes, 1977, p. 175.

fortemente reconhecida.[10] Esses primeiros livros não lidavam diretamente com o tema da construção da nação brasileira, tema que se fazia urgente no pensamento e, mais especificamente, na sociologia nacional. Livros posteriores como *A integração do negro à sociedade de classes* (1964) e *A revolução burguesa no Brasil* (1975) debruçar-se-iam sobre o tema da passagem de uma sociedade escravocrata – de "castas" ou "estamentos" – para uma sociedade de classes. Esses trabalhos precipitavam o tom marxista e militante pelo qual seria mais conhecida a obra de Fernandes. As análises presentes em *A organização social dos Tupinambá* (doravante *Organização*) e *Função*, fiéis aos pressupostos do funcionalismo, não buscavam exatamente compreender o embate entre os povos indígenas e os colonizadores europeus, ainda que este tema jamais tenha sido negligenciado.

Fernanda Peixoto compara diferentes leituras da obra de Florestan, que situam os estudos sobre os Tupinambá em relação a uma obra de maturidade, focada no problema da modernização e das desigualdades na sociedade brasileira. Para Antonio Candido, por exemplo, os Tupinambá interessavam mais propriamente aos etnólogos. Os estudos sobre esse povo situavam-se entre um período de "construção do saber" (anos 1940) e um "período de aplicação do saber ao mundo" (anos 1950). A ideia de uma sociologia como arma de combate, como saber militante, viria apenas nos anos 1960. Para Maria Arminda Nascimento Arruda, se os estudos sobre folclore e o mestrado constituíam o "período de formação", *Função* marcaria o nascimento de Fernandes como acadêmico (*scholar*), abrindo-lhe o caminho para os estudos sobre relações raciais, que culminariam na reflexão sobre a integração do negro na sociedade de classes. Daí em diante, os escritos de Florestan desembocariam em uma sociologia "verdadeiramente militante". Já Octavio Ianni via nos textos sobre os Tupinambá uma reflexão sobre a colonização que se articularia de forma mais orgânica com o problema da escravidão e da revolução burguesa que, em conjunto, poderiam lançar luz sobre os dilemas constitutivos da sociedade brasileira.[11]

---

10 PEIRANO, Mariza. "A antropologia esquecida de Florestan Fernandes: os Tupinambá". *Anuário Antropológico*, nº 82, 1984.

11 PEIXOTO, Fernanda. *Diálogos brasileiros*: uma análise da obra de Bastide. São Paulo: Fapesp, 2000.

Muitas leituras da obra de Florestan parecem convergir no que diz respeito ao esforço deste autor em estabelecer uma sociologia de base científica, passível de ser comparada àquela então produzida na academia europeia e norte-americana.[12] As monografias de Florestan sobre os Tupinambá guiavam-se, com efeito, pela exigência de rigor científico, contrastando com o modelo ensaístico-literário, predominante nos anos 1930 e marca de uma série de obras dedicadas à "interpretação do Brasil". Segundo Florestan, faltaria a essas obras uma metodologia verdadeiramente consistente. É nessa direção que ele reage ao tratamento que Gilberto Freyre confere aos indígenas em seu *Casa Grande & Senzala*, de 1933. Ele alega que quando Freyre se refere à reação indígena à Conquista como uma forma de "resistência vegetal" – como uma resposta passiva – falta-lhe justamente etnologia, isto é, conhecimento dos fatos relativos à organização social e política dos povos em questão, no caso, acessível por meio de uma leitura criteriosa das fontes históricas.

Florestan reconhece que:

> Toda interpretação do processo histórico-cultural de formação e evolução da sociedade brasileira esbarra na necessidade de conhecer os povos aborígenes, que habitavam o Brasil na época da Conquista, e suas possibilidades socioculturais de reação à colonização portuguesa.[13]

Ele admite que os estudos funcionalistas sobre os Tupinambá poderiam contribuir para uma compreensão de suas formas de reação ao poder colonial e, portanto, poderiam informar uma sociologia atenta ao tema do contato e da integração do indígena à sociedade nacional. Seria preciso, contra a leitura empobrecedora de Freyre, operar uma "rotação de perspectiva", qual seja:

---

12 Ver, por exemplo: NASCIMENTO ARRUDA, Maria Arminda. "The contemporary relevance of Florestan Fernandes". *Sociologia e Antropologia*, vol. 8, nº 1, 2018.

13 FERNANDES, Florestan. "Tendências teóricas da moderna investigação no Brasil". *In*: ______. *A investigação etnológica no Brasil e outros ensaios*. Rio de Janeiro: Graal, [1958] 1975, p. 135.

> (...) encarar os mesmos processos do ângulo dos fatores dinâmicos que operavam a partir de instituições e organizações sociais indígenas. Reformulando-se o problema, não seria difícil descobrir que a reação do indígena à Conquista e à colonização nunca chegou a ser vegetal, mas sempre foi humana e, dentro dos limites de suas possibilidades culturais, contínua e terrível.[14]

Para Florestan, o fenômeno da destribalização não poderia ser separado de reações contínuas a atos de extrema violência por parte dos europeus. Não haveria como compreender o sentido dessas reações se não fossem conhecidas de antemão as formas de organização indígena, e isso passaria pela etnologia como saber científico. Viveiros de Castro se apoia justamente na citação acima para ressaltar a importância de uma "etnologia clássica", aquela que se interessa pelas instituições e sistemas de pensamento nativos, mesmo quando o assunto em questão é o "contato interétnico", as relações entre indígenas e colonizadores. O autor vê nos estudos brasileiros sobre povos indígenas duas perspectivas distintas, ambas devedoras da obra de Florestan. A primeira delas seria a da "etnologia clássica" e estaria em consonância com os dois livros de Florestan sobre os Tupinambá, com seu estilo monográfico e seu intento de reconstruir a coerência interna de uma sociedade não-moderna, não-ocidental. A segunda seria a do "contato interétnico", ou da "sociologia do Brasil indígena", esta mais interessada em pensar problemas relativos à integração dos indígenas à sociedade nacional. Nela, no entanto, se faria notar mais a influência dos textos de Florestan sobre as relações raciais e a integração do negro à sociedade de classes.[15]

Não coube a Florestan desenvolver essa sociologia do Brasil indígena, ainda que ele tenha aberto importantes veredas nesta direção. Foi Roberto Cardoso de Oliveira, orientando seu, quem buscou trazer

---

14 FERNANDES, Florestan. "Tendências teóricas da moderna investigação no Brasil". *In*: ______. *A investigação etnológica no Brasil e outros ensaios*. Rio de Janeiro: Graal, [1958] 1975, p. 139.

15 VIVEIROS DE CASTRO, Eduardo. "Etnologia brasileira". *In*: MICELI, Sergio (Coord.). *O que ler na ciência social brasileira, 1970-1995*. São Paulo: ANPOCS, 1999.

para os estudos indígenas o problema da integração à sociedade capitalista. Sua tese de doutorado, defendida na USP em 1966 e publicada em 1968, trazia um diálogo direto com *A integração do negro*, de 1964.[16] Em seu estudo sobre os Ticuna, Cardoso de Oliveira se deixaria guiar pela tradição marxista para tomar o embate entre indígenas e não indígenas – o que ele chamou de "fricção interétnica" – sob o signo da "luta de classes".[17] Viveiros de Castro situa a contribuição de Cardoso de Oliveira na tradição do "contatualismo", iniciada pelos estudos de "aculturação", que privilegiavam temas como destribalização, marginalização, transformação do indígena em camponês.[18] Contra a ideia de aculturação, porém, Cardoso de Oliveira, inspirado por Florestan, destacou a agência do indígena, buscando compreender processos de resistência e de constituição de identidades étnicas, pensando a passagem do indígena "em si" para o indígena "para si", isto é, como sujeito étnico que resiste ao colonialismo.[19]

Um dos poucos estudantes de Florestan a retomar os estudos sobre os Tupinambá foi Roque Laraia, que, em 1972, defendeu, sob sua

---

16 CARDOSO DE OLIVEIRA. *Urbanização e tribalismo*. Rio de Janeiro: Zahar, 1968.

17 CARDOSO DE OLIVEIRA. *O índio e o mundo dos brancos*. Campinas: Editora da Unicamp, [1964] 1996.

18 O conceito de aculturação foi desenvolvido, sobretudo, por etnólogos como Charles Wagley & Eduardo Galvão e Egon Schaden, e tem por pressuposto uma ideia da cultura como conjunto de traços específicos que vão se fragmentando no correr das relações interétnicas. SCHADEN, Egon. *Aspectos Fundamentais da Cultura Guarani*. São Paulo: Edusp, 1974; WAGLEY, Charles; GALVÃO, Eduardo. *Os índios Tenetehara*: uma cultura em transição. Rio de Janeiro: MEC, 1961. Darcy Ribeiro, por sua vez, retoma essa mesma problemática acrescentando a esse quadro de assimilação, a figura do "índio genérico", substituindo a noção de aculturação pela de "transfiguração étnica", perda gradual das especificidades culturais, mas garantia de um diferencial diante da sociedade dominante. RIBEIRO, Darcy. *Os índios e a civilização*: a integração das populações indígenas ao Brasil moderno. Rio de Janeiro: Global, [1970] 2017.

19 Ao lado de outros antropólogos, como Darcy Ribeiro, Cardoso de Oliveira desenvolveu uma antropologia engajada na formulação de políticas indigenistas, defendendo o papel do Estado na proteção das sociedades nativas. Crítico do Serviço de Proteção ao Índio (SPI), fundado em 1910 por Rondon, ele foi um dos idealizadores da Fundação Nacional do Índio (Funai), criada em 1967.

orientação, a tese intitulada *Organização social dos Tupi contemporâneos*. Laraia se inspirou diretamente em *Organização*, dessa vez para comparar dados da organização social de povos tupi contemporâneos (sobretudo amazônicos), como os Suruí, os Urubu Ka'apor, os Asurini, entre outros. Buscando estabelecer um elo entre os povos antigos e os atuais, ele escreve:

> Não queremos afirmar que todos os grupos tupi contemporâneos são herdeiros dos Tupinambá, mas apenas que todos os Tupi, históricos e atuais, têm em comum a mesma herança cultural, embora cada um deles a tenha desenvolvido à sua própria maneira.[20]

Ainda que Laraia busque integrar em seu estudo o tema da mudança social, sua contribuição consiste num esforço de comparação de etnografias de povos atuais à luz do exercício realizado por Florestan em seu mestrado. Um esforço decisivo de comparação das fontes quinhentistas e seiscentistas com etnografias de povos tupi atuais seria realizado, anos depois, por Eduardo Viveiros de Castro, em sua tese de doutorado *Araweté, os deuses canibais*.[21] Se Laraia se inspirou em *Organização*, Viveiros de Castro retomou temas como a guerra, o ritual antropofágico e a centralidade da inimizade presentes em *Função*. Note-se que embora a sociologia de Florestan tenha dado a tônica da antropologia brasileira durante um razoável período de tempo (de meados dos anos 1960 a meados dos anos 1980), como pontua Mariza Peirano,[22] sua etnologia eclipsada se fez notar e foi vivamente retomada com Viveiros de Castro e outros autores de sua geração e de gerações subsequentes, como veremos adiante. Se a etnologia de Florestan possui um lugar menor no panteão da "escola paulista de sociologia", ela parece ter um lugar fundamental na história da etnologia no Brasil.

---

20 LARAIA, Roque. *Tupi, índios do Brasil atual*. São Paulo: FFCLH, 1986, p. 37. [Versão revista da tese defendida em 1972].

21 VIVEIROS DE CASTRO, Eduardo. *Araweté, os deuses canibais*. Rio de Janeiro: Zahar, Anpocs, 1986. [Versão revista da tese defendida em 1984 no Programa de Pós-Graduação de Antropologia Social do Museu Nacional].

22 PEIRANO, Mariza. "A antropologia esquecida de Florestan Fernandes: os Tupinambá". *Anuário Antropológico*, nº 82, 1984.

Funcionalismo tropical

Como bem lembra Mariza Peirano, para Florestan, teorias e métodos não são nem poderiam ser camisas de força. Diferentes situações, diferentes problemas pedem teorias e metodologias distintas. Menos do que pensar fases funcionalistas ou marxistas deste autor, teríamos de pensar em problemas suscitados pelos materiais empíricos com os quais ele se deparou. Segundo Peirano, a modernidade da obra de Florestan residiria, entre outras coisas, numa espécie de relativização teórica, na fidelidade aos dados, o que inclui, como não poderia deixar de ser, a atenção às exegeses nativas.

> O funcionalismo de Florestan Fernandes caracterizando-se, portanto, por uma postura relativizadora, anti-etnocêntrica, que procura a 'reconstrução intelectual' de totalidades sociais a partir de uma fidelidade aos dados levou o autor ao que hoje seria aceito, simplesmente, como uma postura antropológica básica.[23]

O funcionalismo – e sobretudo o estrutural-funcionalismo presente em autores como Radcliffe-Brown, Evans-Pritchard e Fortes – seria o método supostamente mais apropriado para apreender a coerência interna de uma sociedade, reconstruir uma realidade distante. Livros como *Organização* e *Função* permitiriam vislumbrar a "feição do todo" de uma sociedade indígena, articulando diferentes planos como a ecologia, o parentesco, a morfologia social e a religião.

Como escreveu Robert Thornton, as monografias funcionalistas teriam um certo compromisso com o holismo. E esse holismo, antes de ser um retrato fidedigno da realidade, seria uma espécie de artifício retórico. Thornton argumenta que as sociedades assim tratadas seriam como livros: todos divididos em partes, isto é, capítulos, que se complementam de modo orgânico. Referindo-se a Fortes, o autor afirma que a sociedade tallensi espelha a organização das monografias do antropólogo

---

23 PEIRANO, Mariza. "A antropologia esquecida de Florestan Fernandes: os Tupinambá". *Anuário Antropológico*, nº 82, 1984, p. 32.

sul-africano: compõem-se de segmentos que, juntos, constituem a totalidade social.[24] Em *Organização*, esse modelo se vê realizado: partimos da distribuição espacial, passando pela geometria dos grupos locais, pelo sistema de parentesco, pelas categorias de idade até chegar ao conselho dos anciãos, instituição política mais importante, baseada na gerontocracia e não na figura de líderes centralizadores. Enfim, uma totalidade vai se revelando a partir da apresentação das partes, e o político despontaria como domínio que mais se aproxima de uma imagem do todo.

Já *Função* deve menos a esse estilo fortesiano, mesmo sem abdicar da ideia de totalidade. Nesse livro, estaríamos mais próximos de Mauss. Em primeiro lugar, porque a guerra é apresentada como um "fato social total": diferentes esferas da sociedade tupinambá giram em torno dela e se misturam. Ela seria como o *kula* trobriandês ou o *potlach* kwakiutl (duas figuras paradigmáticas da dádiva): mobiliza o princípio de reciprocidade, gerando um sistema de prestações totais. Esse "fato social total" não poderia ser dissociado do sacrifício do inimigo, o sentido mesmo da guerra, nexo da "civilização tupinambá".[25] Dando continuidade ao denso escrutínio de fontes que havia sido experimentado em *Organização*, *Função* se divide em três "livros". O primeiro disserta sobre a "tecnologia guerreira": principia com a descrição das "armas" – aspecto mais material da guerra – para desembocar num excurso sobre a organização das expedições e das atividades guerreiras. Toda essa tecnologia passaria forçosamente pela dimensão mágico--religiosa. Não haveria guerra sem xamanismo (o domínio dos pajés) e suas técnicas de proteção e predição de acontecimentos. É no segundo

---

24 A ideia de Thornton é desenvolvida por Strathern, que oferece uma revisão crítica da relação entre partes e todos na antropologia social britânica. THORNTON, Robert. "The metaphor of ethnographical holism". *Cultural Anthropology*, vol. 3, nº 3, 1988; STRATHERN, Marilyn. *O gênero da dádiva*: problemas com mulheres e problemas com a sociedade na Melanésia. Campinas: Editora da Unicamp, [1988] 2006.

25 Peirano (PEIRANO, Mariza. "A antropologia esquecida de Florestan Fernandes: os Tupinambá". *Anuário Antropológico*, nº 82, 1984) lembra que, como Mauss havia feito com os Esquimó (Inuit), Florestan reconstrói, a despeito das diferenças internas, uma "civilização Tupinambá", civilização constituída por povos inimigos que guerreiam entre si, embora partilhem inúmeros elementos cosmológicos e linguísticos.

livro que vemos desenvolvida a tese central: a guerra é responsável pela coesão da sociedade tupinambá; por meio do ato sacrificial ela produz o "Nós coletivo". A primeira parte deste segundo livro aborda o papel socializador da guerra – especialmente a maneira pela qual ela modela uma personalidade guerreira masculina –, ao passo que a segunda se concentra no ritual de execução do inimigo, analisado justamente à luz da teoria do sacrifício de Mauss e Hubert.[26] O terceiro livro apresenta as conclusões, destacando três contribuições do trabalho: para o conhecimento da guerra na sociedade tupinambá, para o conhecimento da sociedade tupinambá e, por fim, para o conhecimento sobre a guerra em geral. Em comparação à *Organização*, *Função* é uma obra mais teórica e mais ambiciosa, que visa superar o plano da descrição para alcançar uma interpretação propriamente sociológica do fenômeno da guerra. Para isso, não se furta a um minucioso – e exaustivo – cotejo das fontes históricas.

Função foge da ortodoxia funcionalista, flertando com temas caros à escola de "cultura e personalidade", protagonizada por autoras norte-americanas como Margareth Mead e Ruth Benedict. Como salientado, um dos focos de Florestan é a formação da personalidade masculina por meio da guerra. Nesse ponto, ele se inspira bastante em *Naven*, monografia de Bateson sobre o ritual de mesmo nome do povo Iatmul da Papua Nova Guiné que, como o ritual antropofágico tupinambá, cruza aspectos guerreiros com a iniciação masculina.[27] Note-se que a monografia de Bateson rompe com as convenções da antropologia social britânica, ao apresentar o mesmo ritual a partir de diferentes perspectivas.[28] A perspectiva sociológica,

---

26 MAUSS, Marcel; HUBERT, Henri. *Sobre o sacrifício*. São Paulo: Ubu, [1899] 2017.

27 Leirner nota uma certa aproximação entre as abordagens de Bateson e de Florestan, uma vez que ambas derivam da dramatização ritual de conflitos e do horizonte guerreiro (o *naven* era associado à prática de caça às cabeças de inimigos) o estabelecimento de relações sociais equilibradas. BATESON, Gregory. *Naven*: um exame dos problemas sugeridos por um retrato compósito da cultura de uma tribo da Nova Guiné, desenhado a partir de três perspectivas. São Paulo: Edusp, [1936] 2018; LEIRNER, Piero. "A antropologia que Florestan esqueceu". *Novos Estudos*, vol. 36, nº 2, 2017.

28 Sobre o "retrato compósito" do naven oferecido por Bateson, ver a excelente apresentação de Amir Geiger (2018) em: BATESON, Gregory. *Naven*: um exame

funcionalista, que toma o rito como fator de coesão social, seria apenas uma delas. Bateson acrescenta à sua análise a perspectiva estrutural-lógica, que privilegia ideias (*eidos*) e premissas culturais, e a perspectiva comportamental, que persegue comportamentos (*etos*), afetos e temperamentos associados aos gêneros masculino e feminino. Não haveria para Bateson, note-se, uma precedência lógica do social. A tese de que o social explica o social não é aqui soberana. A coesão tampouco poderia ser tomada como premissa, mas sim como algo fabricado no e pelo ritual. Se Bateson partia de uma tradição britânica empenhada em pensar a "sociedade", ele não abria mão de dialogar com uma tradição norte-americana, mais interessada na "cultura" – algo que Radcliffe-Brown chamava de "abstração" –, na formação da "personalidade" e dos "temperamentos".

Se Florestan se inspira na monografia de Bateson, trazendo sobretudo o tema da formação da "personalidade masculina" para o interior de sua análise – o ritual antropofágico surge aqui como lugar da fabricação do guerreiro a partir da interação com o inimigo e do contraste com o mundo feminino[29] –, não devemos esquecer que ele não abre mão de uma hierarquização teórica e metodológica, na qual a sociologia funcionalista fornece a explicação causal última. Nas "Conclusões", aliás, ele associa a guerra tupinambá ao ritual de sacrifício do inimigo, e este à afirmação de um "Nós coletivo". Interpreta, finalmente, a guerra tupinambá como "instrumento da religião" (*instrumentum religionis*), como algo a serviço da relação com forças sobrenaturais, no caso, os espíritos dos mortos e os ancestrais míticos. Eis então o que ele propõe como sendo a "função latente" da guerra, em oposição a uma "função manifesta". Se a consciência indígena aponta a vingança como causa da guerra, seria preciso buscar além, num plano sociológico, aquém da consciência, uma causalidade última. Segundo Florestan, cabe ao analista examinar

---

dos problemas sugeridos por um retrato compósito da cultura de uma tribo da Nova Guiné, desenhado a partir de três perspectivas. São Paulo: Edusp, [1936] 2018.

29 A ideia de Florestan do ritual antropofágico como uma espécie de "iniciação masculina" – iniciação que pode inclusive ser repetida ou mesmo "magnificada" – foi discutida em SZTUTMAN, Renato. *O profeta e o principal*: a ação política ameríndia e seus personagens. São Paulo: Edusp/Fapesp, 2012.

com seriedade a "função manifesta", mas seu alvo deve ser aquilo que permanece latente e que depende da interpretação do sociólogo.[30] Ele se apoia, mais uma vez, em Durkheim: "a consciência é um mau juiz do que se passa no *fundo do ser*, porque não penetra até ele".[31] A sociologia funcionalista teria, em suma, um acesso privilegiado ao "fundo do ser" de uma sociedade, por exemplo, a tupinambá. Se Florestan flerta com o experimentalismo e ecletismo de Bateson é para, em seguida, hierarquizar as questões e desvelar um princípio causal último. É nesse sentido que *Função* pode ser vista como um exercício exemplar de reflexão sobre o princípio de causalidade na etnologia e na sociologia. No balanço sobre a investigação etnológica no Brasil até os anos 1960, com pouca modéstia, o próprio Florestan se refere ao seu livro como "a única tentativa de explicação interpretativa na antropologia",[32] isto é, a única empresa propriamente rigorosa, científica. E aqui o vemos se afastar significativamente tanto da tradição ensaísta, as grandes interpretações do Brasil, como dos estudos etnológicos de aculturação, que pressupõem a dissolução de sociedades sem jamais tê-las conhecido como totalidades dotadas de coerência interna.

Outra questão metodológica e epistemológica que atravessa tanto *Organização* como *Função* é a da consistência das "evidências" sobre as quais se constrói a análise, ou seja, o estatuto do trabalho de reconstituição da sociedade tupinambá via fontes históricas heterogêneas. Florestan lembra que muitos trabalhos de antropologia, sobretudo aqueles realizados no século XIX, já haviam realizado reconstituições por meio de fontes. No entanto, poucos teriam sido aqueles que se preocuparam efetivamente com as consequências metodológicas de tal empresa. Fernandes ousou

---

30 Florestan toma de Mannheim a distinção entre função latente e função manifesta. Seria possível aproximar essa distinção daquela entre modelos inconscientes e modelos conscientes, como proposta por Lévi-Strauss. LÉVI-STRAUSS, Claude. *Antropologia estrutural*. São Paulo: Ubu, [1958], 2017.

31 FERNANDES, Florestan. *A Função Social da Guerra na Sociedade Tupinambá*. São Paulo: Edusp, [1952] 1970; apud, p. 353; grifos meus.

32 FERNANDES, Florestan. "Tendências teóricas da moderna investigação no Brasil". *In*: ______. *A investigação etnológica no Brasil e outros ensaios*. Rio de Janeiro: Graal, [1958] 1975, p. 187.

escrever duas "monografias clássicas" – seguindo as exigências e o rigor do método funcionalista, que se baseia na pesquisa de campo – a partir do escrutínio de fontes históricas. Ele explicitou sua metodologia de trabalho num importante artigo publicado na Revista do Museu Paulista, de 1949.[33] Ali ele defendia a possibilidade de submeter o material contido nas fontes à análise etnológica. Pretendendo-se fiel aos critérios de cientificidade da etnologia, aliava o método etnográfico – a observação – ao método indutivo-comparativo, visando a generalizações sobre a guerra entre os Tupinambá.

Florestan propôs um método capaz de "medir" a veracidade das fontes por meio de um trabalho exaustivo de justaposição e triagem: deixando de lado aspectos literários-retóricos (algo que poderia causar assombro a historiadores e críticos literários, já debruçados sobre esse material), ele manteve o foco na informação contida em cada texto. Não lhe interessava uma análise propriamente histórica, tampouco a avaliação da condição da produção dos documentos, como exigiria uma historiografia mais rigorosa. Ele atuava como sociólogo, não como historiador, domesticando o material heteróclito das fontes para extrair delas um retrato da sociedade tupi. A veracidade dessas fontes era medida, ora por meio de um método quantitativo, com a criação de tabelas de linhas (temas) e colunas (autores), permitindo comparar estatisticamente os textos tratados, ora por meio de um método qualitativo, capaz de elencar temas recorrentes e comparar o tratamento dado a eles por cada autor. Florestan elegia, por exemplo, o cosmógrafo do rei de França, André Thevet, como o autor que teria oferecido os dados mais confiáveis, ao passo que os jesuítas Manuel da Nobrega e José de Anchieta, como aqueles cujas informações estariam mais contaminadas pela ideologia ocidental-cristã, devendo ser utilizados com mais cautela, com mais filtros. Por meio de uma metodologia fundamentada, Florestan viu-se

---

33 "A análise funcionalista da guerra: possibilidades de aplicação à sociedade Tupinambá. Ensaio de análise crítica da contribuição etnográfica dos cronistas para o estudo sociológico da guerra entre populações aborígenes do Brasil quinhentista e seiscentista", de 1949. Republicado como "Um balanço crítico da contribuição etnográfica dos cronistas" em: *A investigação etnológica no Brasil e outros ensaios*. Rio de Janeiro: Graal, 1975.

apto a discriminar nas fontes o que seria "juízo de valor" e "juízo de realidade", portanto, o que poderia efetivamente ser tratado como "fato" e como "dado". Florestan construiu, "purificou" fatos, mas o fez de acordo com exigências muito rigorosas. E estes fatos o constituíram como etnólogo, especialista dos Tupinambá e teórico da guerra.[34]

Florestan jamais negligenciou a heterogeneidade das fontes, tendo em vista o diferente perfil e propósito dos autores e os intervalos de tempo que os separam. Ele sempre esteve ciente, por exemplo, de que o contexto espaço-temporal no qual escreveram o huguenote Jean de Léry e o franciscano André Thevet – a experiência da França Antártica na região da Guanabara (1555-1560) – era muito diverso daquele no qual escreveram os capuchinhos Yves d'Évreux e Claude d'Abbeville – a experiência da França Equinocial no Maranhão (1612-1615). O ponto é que ele sempre esteve mais interessado em encontrar um denominador comum entre esses escritos – uma "forma tupinambá" menos ou mais estável – do que em analisar suas diferenças ou as transformações que certamente ocorreram nos diferentes tempos e espaços, e que envolviam distintas maneiras de relação entre indígenas e colonizadores europeus.[35]

---

[34] Como escreveu Latour, não haveria ciência sem um trabalho de "purificação". E como ele afirmou em relação a Pasteur – se Pasteur "fez" (no sentido de "fazer aparecer") os micróbios, foram os micróbios que o "fizeram" como cientista. LATOUR, Bruno. *Jamais fomos modernos*: ensaio de antropologia simétrica. São Paulo: Editora 34, [1991] 1994.

[35] Apesar de sua ousadia, Florestan não foi o primeiro etnólogo de inspiração funcionalista a trabalhar com fontes e não com dados advindos da pesquisa de campo. Evans-Pritchard, lembremos, escreveu *Os Sanusi da Cirenaica* em 1949 – estudo de uma ordem islâmica de beduínos nômades na região sul da Líbia – a partir de fontes históricas. Evans-Pritchard distingue este livro de uma monografia etnográfica propriamente dita, que se inscreve num momento particular ou num determinado período de tempo. Ele seria, antes, um livro que trata o desenvolvimento de uma sociedade ou cultura ao longo do tempo; no caso, uma ordem islâmica que sofre transformações na sua estrutura segmentar durante o conflito colonial. EVANS-PRITCHARD, Edward E. *The Sanusi of Cyrenaica*. Oxford: Clarendon Press, 1949. Diferentemente, *Função*, de Florestan, não teria esse interesse de reconstituir um processo histórico: ainda que reconstruída por meio de documentos, poderíamos ver nela uma monografia etnográfica clássica.

Uma outra teoria da guerra

Uma das ambições de *Função* é oferecer, por meio do conhecimento da guerra tupinambá, uma teoria geral da guerra. Inspirado por Bateson, e antecipando alguns estudos da Escola de Manchester, Florestan está interessado em compreender o conflito não como fator de desordem, mas como propulsor ou repositor da ordem. O que os Tupinambá ensinam é que a guerra pode ser um fator de eunomia, de equilíbrio. Florestan anteciparia também o "contra-Hobbes" que Miguel Abensour atribui a Pierre Clastres: os ditos selvagens ensinam que a guerra não estaria associada à natureza antissocial do homem; pelo contrário, ela seria a base mesma de sua vida social.[36] Em suma, a equação hobbesiana entre guerra e natureza antissocial, que fundamenta o conceito de Estado moderno, não teria validade universal. Como Clastres, em seu *Arqueologia da violência: a guerra nas sociedades primitivas*, Florestan afasta explicações de que a guerra responde a necessidades biológicas e de adaptação ao meio para situá-la num terreno propriamente social. Ora, se para Clastres o social é aquele que resiste ao poder coercitivo, para Florestan o social é, antes de tudo, a garantia de coesão, da afirmação de um "Nós coletivo". Quem seria esse "Nós coletivo" no caso estudado por Florestan? Não o conjunto dos Tupinambá, mas o grupo local, a comunidade que vinga e, portanto, honra seus mortos.[37] Para

---

[36] ABENSOUR, Miguel. "Le contre Hobbes de Pierre Clastres". *In*: ______ (Coord.). *L'esprit des lois sauvages*: Pierre Clastres ou une nouvelle anthropologie politique. Paris: Éditions du Seuil, 1987; CLASTRES, Pierre. "Arqueologia da violência: a guerra nas sociedades primitivas". *In*: ______. *Arqueologia da violência*: pesquisas de antropologia política. São Paulo: Cosac Naify, [1977] 2011.

[37] A essa altura deste Prefácio, é importante fazer um adendo sobre o emprego do termo Tupinambá, que Fernandes generaliza para a maior parte dos povos de língua tupi descritos pelas fontes do XVI e do XVII. Tupinambá não é exatamente o nome de um povo. Nas fontes, Tupinambá aparece muitas vezes como o nome de aliados tupi dos colonizadores franceses, em oposição, por exemplo, aos Tupiniquim ou Tememinó, aliados dos portugueses. O termo mais preciso para falar do conjunto de povos falantes do tupi que habitavam a costa seria "Tupi da costa". No entanto, como Florestan, sigo aqui usando o termo Tupinambá de modo genérico, sem atentar para as distinções. Para uma discussão sobre essas distinções e para a questão dos etnônimos que aparecem nas fontes, ver MONTEIRO, John. *Tupis, Tapuias e*

Florestan, seguindo Mauss e Hubert, o "Nós coletivo" seria afirmado no sacrifício do cativo de guerra. O sacrifício permitiria a comunhão entre os vivos por meio da reiteração da continuidade entre eles e os mortos, os ancestrais.

Florestan pergunta-se em que sentido se pode falar de guerra entre os Tupinambá, uma vez que entre eles esta não teria por objetivo a conquista territorial ou a obtenção de escravos, bem como não daria lugar a uma corporação separada de guerreiros, isto é, um exército. Se é possível falar de guerra entre os Tupinambá, isso exigiria pensar "outro tipo de guerra" e, assim, tratá-la pela sua positividade e não pelo que lhe é ausente. A imagem de uma guerra orientada pelo rito sacrificial contrasta com a da guerra de conquista. Não se tratava, para os Tupinambá, de aniquilar um povo ou comunidade, bastava capturar um inimigo vivo, que deveria ser familiarizado e, algum tempo depois, submetido ao ritual de execução, no qual seu crânio seria estraçalhado por um valente matador e sua carne, consumida em uma suntuosa cauinagem (festa de bebida fermentada). A guerra tupinambá estaria a serviço do ritual sacrificial, e não de uma forma de subordinação ou aniquilação de outrem. Ou, se quisermos estender um paralelo com Clastres, a guerra tupinambá não seria justamente uma "guerra de Estado", uma vez que não visaria à unificação política.

Outra ideia importante de *Função* é a de que a guerra tupinambá pode prescindir de exército ou organização militar, o que não significa que ela ignore táticas e estratégias, pelo contrário.[38] Como salientado, essas táticas e estratégias tinham por objetivo não a conquista territorial, mas a captura de vítimas sacrificiais. O objetivo dessa guerra em pequena escala seria, em suma, trazer cativos para realizar rituais antropofágicos. Ela não estaria subordinada às forças armadas e à

Historiadores: estudos de História Indígena e do Indigenismo. Campinas: Unicamp, 2001. Tese (Livre-docência); SZTUTMAN, Renato. *O profeta e o principal*: a ação política ameríndia e seus personagens. São Paulo: Fapesp, 2012.

[38] Florestan define como tática "movimentos realizados dentro do campo de visão e ao alcance das armas de tiro do inimigo, o que levou um técnico do assunto a expor enfaticamente que o 'campo de batalha é a província da tática'" (p. 111).

organização militar, mas sim a um domínio "mágico-religioso". Florestan admite, no entanto, que o bando guerreiro tupinambá – "grupo local em deslocamento"[39] – pode conhecer uma "inflexão militar", manifestando certa diferenciação de papéis e posições, como líderes guerreiros, emissários, batedores e mesmo músicos, como teria frisado o cronista Gabriel Soares de Souza. Haveria diferenciação de papéis, mas não exatamente hierarquia, "alma" da constituição de um exército. Haveria líderes guerreiros, mas não comandantes.[40]

No apêndice "f" de *Função*, Florestan discorre sobre o termo "militar", defendendo uma abordagem sociológica capaz de oferecer uma "compreensão por assim dizer 'localizada' do uso das forças armadas".[41] Para ele, a guerra deveria ser pensada para além da contenda armada, uma vez que incluiria fases anteriores e posteriores a ela.[42] No caso dos Tupinambá, as expedições guerreiras eram precedidas por ritos preparatórios, incluindo atos de "deliberação e de aprovação mágico-religiosa", e tinham por objetivo a realização do ritual de execução do inimigo. Contudo, Fernandes não se furta em estender o termo militar para a guerra tupinambá:

> O emprego genérico do termo militar é fundamentado pelos tratadistas militares. Nenhuma razão de ordem científica impugna a transferência dessa conotação do termo para o campo da sociologia. Ao contrário ela se justifica cabalmente, tendo-se

---

[39] FERNANDES, Florestan. *A Função Social da Guerra na Sociedade Tupinambá*. São Paulo: Edusp, [1952] 1970, p. 108.

[40] Dialogando com Florestan, Leirner distingue a guerra indígena da guerra "civilizada", impulsionada por causas econômicas e, sobretudo, pela hierarquia. Seria possível, entrentanto, divisar um denominador comum entre essas duas formas: a relação de inimizade. LEIRNER, Piero. *Mini-Manual da Hierarquia Militar*: uma perspectiva antropológica. Seattle: Independent Publisher/Amazon, 2020.

[41] FERNANDES, Florestan. *A Função Social da Guerra na Sociedade Tupinambá*. São Paulo: Edusp, [1952] 1970, p. 389.

[42] No *Leviatã*, Hobbes faz referência ao "estado de guerra" (*Warre*), que não se reduz às batalhas (e portanto às contendas armadas). HOBBES, Thomas. *Leviathan or The Matter, Forme and Power of a Commonwealth Ecclesiasticall and Civil*. London: Penguin, [1651] 2017.

> em vista o objeto da investigação sociológica da guerra e o aproveitamento dos seus resultados por outras disciplinas.[43]

O autor acaba por ampliar a noção de "militar", mesmo que esta apareça sob um sentido contingente e transitório. Entre os Tupinambá, os guerreiros não constituiriam uma associação especial e a função militar se encontraria subordinada a uma pequena diferenciação, que não poderia confundir-se com uma hierarquia propriamente dita. Líderes guerreiros eram geralmente homens maduros (da categoria de idade *tujuae*), o que reiteraria a tese da "gerontocracia", bastante discutida em *Organização*. Não eram quaisquer homens maduros, mas aqueles que, por seus feitos guerreiros, passavam por um processo de "peneiramento". Em suma, a sociedade tupinambá estava fortemente preparada para a guerra – uma evidência disso era a forte presença de paliçadas nas aldeias –, mas isso não redundava num esquema piramidal, capaz de fundar um exército.[44]

Entre os Tupinambá não haveria guerra e suas "inflexões militares" sem rituais e sem a "participação" (no sentido de Lévy-Bruhl) dos espíritos. A escolha do inimigo, bem como a seleção dos guerreiros e seus líderes, não poderia prescindir da mediação de xamãs, que faziam a ponte necessária com o "outro mundo". Para Florestan, tudo na guerra estava associado ao campo "mágico-religioso". Em outras palavras, a guerra não era conduzida apenas por humanos, mas também por extra-humanos (os espíritos) e ex-humanos (os mortos).

---

[43] FERNANDES, Florestan. *A Função Social da Guerra na Sociedade Tupinambá*. São Paulo: Edusp, [1952] 1970, p. 395.

[44] Um paralelo interessante pode ser buscado na análise de Clastres sobre a guerra entre os povos indígenas do Chaco. Clastres reconhece nos Chulupi o esboço de diferenciação de uma "sociedade de guerreiros", uma sociedade separada que poderia se constituir em exército. No entanto, ele sinaliza mecanismos que impedem essa emergência, que impedem que esses guerreiros, movidos pelo desejo de glória, constituam um órgão separado, capaz de pôr em risco o ideal de indivisão da "sociedade primitiva". CLASTRES, Pierre. "O infortúnio do guerreiro selvagem". *In*: ______. *Arqueologia da violência*: pesquisas de antropologia política. São Paulo: Cosac & Naify, [1977] 2011.

Ao tomar a ação dos xamãs como "tecnologia guerreira", Florestan amplia também as noções de técnica e de tecnologia. Segundo o autor, armas e técnicas de guerra tampouco poderiam ser compreendidas, entre os Tupinambá, fora da relação com o sobrenatural. A ibirapema, o tacape utilizado para estraçalhar o crânio do inimigo, seria um "instrumento sagrado". Florestan recusa análises de cunho materialista que condicionam a evolução da sociedade à evolução de objetos técnicos, uma vez que, para ele, a técnica depende via de regra de uma definição social. Há em *Função* uma fina descrição das armas e das técnicas de combate dos Tupinambá. O autor discrimina, por exemplo, "armas de choque" – tacapes, flechas emplumadas, fumaça de pimenta – e "armas de proteção" – escudos, paliçadas –, evidenciando que todas deviam estar sempre adornadas e escarificadas, tais os corpos dos guerreiros. Muitos desses ornamentos eram, aliás, feitos com ossos e dentes de animais ferozes ou de inimigos, constituindo espécies de troféus. A ornamentação seria outro aspecto fundamental da técnica, uma vez que enfeites ativariam poderes "mágico-religiosos". Florestan aproxima, ainda, as armas aos instrumentos musicais, como as cornetas e os pífanos de flautas feitos de ossos dos inimigos, os quais não deviam faltar nas expedições guerreiras, visto que assumiam uma função bélica fundamental. Ele reconhece nesses objetos – sempre análogos aos corpos – um forte sentido de agência.[45] Fora dessa agência e desse universo de tecnologias xamânicas, nenhuma guerra seria possível.

Por uma ciência tupi

Como propôs Viveiros de Castro, Florestan fundou o campo da "etnologia clássica" no Brasil. Ele dava continuidade ao trabalho de Alfred Métraux, o primeiro etnólogo a extrair das fontes quinhentistas e seiscentistas sobre os Tupinambá uma reflexão propriamente antropológica. O interesse de Métraux era o de se aproximar do que seria

---

[45] Aqui, mais uma vez, Florestan antecipa algumas das questões mais importantes da etnologia indígena contemporânea: a *agência* (termo que ele, aliás, não emprega) dos objetos, a analogia (e a contiguidade) entre corpos e objetos, bem como o sentido cosmológico da técnica (uma verdadeira "cosmotécnica" ameríndia).

uma "civilização tupi-guarani", buscando continuidades entre povos do passado – os antigos Tupi e Guarani – e povos do presente. Essa continuidade poderia ser atestada, entre outras coisas, na religião desses povos; por exemplo, no profetismo que impulsionava suas migrações, fenômeno descrito nas fontes do XVI e XVII, mas também em monografias de início do século XX, como aquela que Curt Nimuendaju escreveu sobre os Guarani Apapocuva.[46]

Diferentemente de Florestan, Métraux, sob inclinação mais difusionista, não escreveu uma monografia de caráter propriamente sociológico sobre os Tupinambá. Ele teria inclusive desencorajado o jovem etnólogo a seguir com a análise da organização social desse povo, acreditando que o material disposto nas fontes era insuficiente. O próprio se surpreendeu com a qualidade dos trabalhos de Florestan, convidando-o a publicar o segundo capítulo do Livro II de *Função* no *Journal de la Société des Américanistes*, veículo prestigiado de circulação de textos de etnologia americanista.[47] Nesse capítulo, Florestan apresentava sua tese central: a de que a causa última da guerra tupinambá não seria a vingança – como sugeriam muitos dos cronistas –, mas sim o sacrifício do cativo, visando ao restabelecimento de um "Nós coletivo". Esse aspecto crucial da religião tupinambá eclipsaria de certa maneira o fenômeno do profetismo (o complexo da busca pela "terra sem mal") tão enfatizado por Métraux.

Lembremos que, segundo Florestan, a guerra tupinambá possuía uma "função manifesta" e uma "função latente", esta última cabendo

---

[46] Métraux escreveu uma série de trabalhos sobre a "civilização tupi-guarani". A mais importante de todas talvez seja *La religion des Tupinambá et ses relations avec d'autre tribus tupi-guarani* (São Paulo: Companhia Editora Nacional, [1928] 1979). Para um balanço da contribuição de Métraux, ver BALDUS, Hebert. "Métraux e a etnologia brasileira". *Revista do Museu Paulista*, vol. XIV, 1963. Para um desdobramento crítico do trabalho de Métraux, ver HÉLÈNE, Clastres. *La terre sans mal*: le Prophétisme Tupi. Paris: Seuil, 1975; NIMUENDAJU, Curt Unkel. *As lendas da criação e destruição do mundo como fundamentos da religião dos Apapocúva-Guarani*. São Paulo: Hucitec, [1914] 1987.

[47] FERNANDES, Florestan. "La guerre et le sacrifice humain chez les Tupinambá". *Journal de la Société des Américanistes*, vol. 41, nº 1, 1952.

ao sociólogo revelar. A "função manifesta" era a vingança – ao menos era o que boa parte das fontes parecia revelar, baseadas em discursos dos próprios nativos. Era preciso vingar o morto do grupo, isso era o que explicava as expedições guerreiras. Constava em algumas crônicas que a "alma" do cativo morto pelos inimigos ficava presa à terra. Era preciso que se efetuasse a vingança para que ela fosse liberada e, enfim, encontrasse o caminho da "terra da abundância", destino pós-morte dos guerreiros eminentes.[48] Fernandes condiciona a vingança a uma escatologia: ao morrer, a pessoa tupinambá liberaria diferentes "almas", uma delas apenas – *ang* – seria imortal, destinando-se à terra da abundância que, em muitos relatos, coincide com a "terra sem mal", morada de divindades e destino das migrações proféticas.[49]

Florestan propõe uma conexão entre o tema vingança e o da escatologia para chegar à "função latente" da guerra: o sentido mesmo da religião tupinambá. Os Tupinambá se vingariam para liberar a "alma" do parente morto e isso os permitiria entrar em contato direto com o mundo dos mortos e das divindades, habitantes da tal "terra da abundância". Seria o sacrifício, nos termos propostos por Mauss e Hubert, que possibilitaria esse contato e, portanto, produziria um sentimento de congraçamento e unidade. Por meio do sacrifício, do estraçalhamento do crânio do cativo, que o grupo vingaria seu morto, reafirmando laços com os antepassados e se fortalecendo enquanto unidade. A guerra apareceria então como "instrumento da religião", religião tomada no

---

48 As fontes parecem concordar que a terra da abundância era o destino quase exclusivo dos homens guerreiros. No entanto, era dada as mulheres a chance de alcançá-la pela devorando voraz da carne dos inimigos. Este ponto foi analisado em SZTUTMAN, Renato. *O profeta e o principal*: a ação política ameríndia e seus personagens. São Paulo: Fapesp, 2012.

49 Florestan reconhece a dificuldade em operar com a dicotomia corpo e alma entre os Tupinambá. Ele chega a falar de uma "alma do corpo" em oposição a uma alma verdadeiramente espiritual (p. 280). O tema da multiplicidade de "almas" e da partibilidade da pessoa se tornaria central para os estudos tupi a partir dos anos 1980. Ver, nesse sentido, VIVEIROS DE CASTRO, Eduardo. *Araweté, os deuses canibais*. Rio de Janeiro: Zahar/Anpocs, 1986; GALLOIS, Dominique. *O movimento na cosmologia Waiãpi*: criação, expansão e transformação do universo. São Paulo: Universidade de São Paulo, 1988 Tese (Doutorado).

sentido mais durkheimiano do termo: expressão da coesão social, comunhão com o sagrado, representação do Todo. Florestan concebe o ritual antropofágico – rito de execução do inimigo – como espécie de "culto dos ancestrais". A vítima seria entregue aos ancestrais do grupo como compensação pela perda de um parente, o que consistiria na "aplicação mágico-religiosa do princípio de reciprocidade".[50]

Florestan compara, assim, o ritual antropofágico aos ritos funerários: se no primeiro é preciso destruir a "integridade do ser" da vítima, devorando-o num repasto festivo regado a cauim, nos últimos o que se pretende é orientar a "alma" – *ang* – do morto em direção à "terra da abundância". O matador, aquele que executa o inimigo, deve tomar precauções para se proteger da "alma" – *ang* – do inimigo; por isso, não pode participar da festa, devendo manter-se recluso. Segundo Florestan, o momento da reclusão seria também o do encontro com o "espírito tutelar" de um morto do grupo, o mesmo que lhe revelará o novo nome, fonte maior de prestígio de um guerreiro.

Florestan extrai das fontes um "modelo" capaz de explicar a sociedade tupinambá: sociedade que se realizava na guerra e no sacrifício do inimigo, cuja função latente seria o restabelecimento dos princípios da "eunomia social", isto é, a ordem e a disciplina.[51] É nesse sentido que Viveiros de Castro vê em *Função* uma obra fundadora da "etnologia clássica" brasileira, que vai na contramão dos estudos sobre aculturação e integração à sociedade nacional. É Viveiros de Castro quem restitui o lugar da "ciência tupi" de Florestan Fernandes, revertendo o "esquecimento", do qual falava Peirano. E ele o faz sob uma leitura crítica, oferecendo um novo modelo, desta vez baseado na comparação

---

50 *A função social da guerra*, p. 343. O *Essai sur la nature et la fonction du sacrifice*, de 1899, de Mauss e Hubert, antecipa a reflexão sobre a reciprocidade desenvolvida no *Essai sur le don*, de 1924, de Mauss. No primeiro texto, a reciprocidade se estabelece entre humanos e divindades em nome de uma unidade social. No segundo, a reciprocidade é o que está na origem mesma dos laços sociais.

51 Note-se que eunomia e disnomia não são apenas conceitos sociológicos. Eunomia era, na mitologia grega, filha de Zeus, personificação da lei e da ordem natural. Opunha-se à Disnomia, filha da Discórdia, espírito (*daemon*) que personificava a desordem cívica e a ilegalidade.

do material tupinambá com etnografias de povos tupi-guarani atuais, a começar pela sua etnografia sobre os Araweté, do sudeste do Pará. Uma tal empresa já haveria sido posta em prática por Laraia (1986), como vimos. Se Laraia estendia a reflexão de Florestan sobre a organização social e o parentesco, é Viveiros de Castro quem revisita o tema da guerra para daí extrair uma nova perspectiva para a etnologia indígena, não apenas a brasileira.

De maneira simplificada, diríamos que, em *Araweté, os deuses canibais* (1986), Viveiros de Castro substitui a explicação funcionalista de Fernandes por uma explicação estruturalista. Como o próprio Viveiros de Castro afirmaria mais tarde, sua démarche seria antes pós-estruturalista, escapando do domínio do simbolismo e de uma epistemologia que acaba por se sobrepor às filosofias nativas.[52] De modo geral, Viveiros de Castro se contrapõe à interpretação que Florestan faz do ritual antropofágico como culto dos ancestrais, acusando o último de ter postulado a existência de uma comunidade de ancestrais ou mesmo de divindades, informação que não parece se verificar nas fontes. Lendo o material histórico a partir da experiência com os Araweté, Viveiros de Castro concluirá que se é possível falar de sacrifício, este diz respeito à construção da pessoa do guerreiro a partir de uma relação *imanente* com o inimigo. A execução do inimigo não seria uma forma de perpetuação de um "Nós coletivo", mas de alteração de si por meio do outro, um "devir-outro". E isso restitui o lugar da vingança para além de uma "função manifesta": estraçalhar o crânio da vítima é antes perpetuar uma relação de inimizade, que está na base da constituição da pessoa e da vida social.

A restituição da ideia de vingança e, portanto, da explicação indígena em detrimento de uma causalidade sociológica é tema de um ensaio importante, escrito por Viveiros de Castro em conjunto com Manuela Carneiro da Cunha.[53] Os autores exploram o tema da

---

52 VIVEIROS DE CASTRO, Eduardo. *Metafísicas canibais*: elementos para uma antropologia pós-estrutural. São Paulo: Ubu, [2009] 2015.

53 CARNEIRO DA CUNHA, Manuela; VIVEIROS DE CASTRO, Eduardo. "Vingança e temporalidade: os Tupinambá". *In*: ______. *Cultura com aspas*. São

relação entre memória e vingança, afastando-se consideravalmente de Florestan. Se, para este, a guerra tupinambá procurava manter acesa a memória dos mortos e dos ancestrais – daí sua relação com um "culto de ancestrais" –, para aqueles, o motor da guerra seria a própria vingança, e isso apontaria mais ao futuro que ao passado. Não se faria guerra para lembrar de um parente morto, mas para perpetuar a vingança, para gerar novas guerras. O que estaria em jogo é propriamente uma "memória do futuro". Matador e inimigo constituíam, juntos, o "átomo da vingança", algo que existe para se perpetuar no tempo, desenhando uma temporalidade que não é nem linear, nem cíclica, mas sim "espiralada".

Em sua monografia sobre os Krahô, povo Jê do Brasil Central, Carneiro da Cunha escrevia sobre a inexistência de um "culto dos ancestrais" entre boa parte dos indígenas das terras baixas da América do Sul. A autora contrastava sociedades de linhagens africanas, nas quais cultos a ancestrais eram fundantes, a sociedades cognáticas das terras baixas, nas quais predominariam "técnicas de esquecimento" em relação aos mortos. Entre os Krahô, por exemplo, os mortos seriam "outros", isto é, aqueles com os quais se deve estabelecer forte descontinuidade, visto que constituiriam o negativo da vida social, ocupando um lugar de alteridade comparável ao dos animais e dos espíritos patogênicos.[54] Dialogando com Carneiro da Cunha, Viveiros de Castro reconhece nos Araweté – e em outros povos tupi – essa mesma descontinuidade. Na escatologia araweté, o destino dos mortos é ter sua alma – ã (análoga ao *ang* tupinambá) – devorada pelas divindades celestiais, os *Maï*. Uma vez devorados, eles se tornariam também *Maï*. Os Araweté transporiam o canibalismo ritual dos Tupinambá para um plano celestial, onde os mortos são os inimigos dos vivos. Diferentemente dos Krahô, porém, que estabelecem uma relação de "dupla negação" com os mortos, os Araweté travam com eles uma relação de "dupla afirmação": o morto torna-se um "deus inimigo", destino de toda pessoa araweté. Em suma,

---

Paulo: Ubu, [1985] 2017. Note-se que este artigo, originalmente publicado no *Journal de la Société des Américanistes*, é dedicado a Florestan Fernandes.

54 CARNEIRO DA CUNHA, Manuela. *Os mortos e os outros*: uma análise do sistema funerário e da noção de pessoa entre os índios Krahó. São Paulo: Hucitec, 1978.

segundo Viveiros de Castro, o outro, o inimigo não seria um espelho (uma imagem invertida), mas um "destino".[55]

Em *Araweté, os deuses canibais*, Viveiros de Castro refuta a ideia de Florestan de uma continuidade entre vivos e mortos e, portanto, da vingança e do canibalismo como "mecanismos restaurativos--recuperativos" que cancelariam a "heteronomia mágica criada pela morte prévia de um membro do grupo".[56] Ressalta Viveiros de Castro: "nenhuma fonte (...) autoriza essa conclusão, que Fernandes tem de ir buscar na teoria, pois ela é essencial para o fechamento de [sua tese sobre o] sacrifício aos ancestrais".[57] Florestan lançaria mão, assim, de uma petição de princípio: postula uma comunidade de mortos e ancestrais a quem se destina o sacrifício para explicar a guerra como função das necessidades e exigências dos mortos do grupo. A vontade teórica do autor o faria obliterar as próprias fontes e as exegeses nativas ali contidas. Comparando o material das fontes com as etnografias de povos tupi atuais, Viveiros de Castro desfaz o laço entre antropofagia e culto aos ancestrais para sublinhar a centralidade da relação de inimizade, essa sim o motor das sociedades tupi.

Segundo Viveiros de Castro, o ritual antropofágico tupinambá (que culmina no diálogo decisivo entre o cativo e seu executor), assim como o canibalismo celestial araweté, põe em cena uma troca de pontos de vista entre o matador e sua vítima. O matador tupinambá, ao sair da reclusão, ganhava um novo nome e obtinha cantos, signos de que ele havia sido alterado, transformado pela relação com o inimigo (cuja

---

55 VIVEIROS DE CASTRO, Eduardo. *Araweté, os deuses canibais*. Rio de Janeiro: Zahar/Anpocs, 1986. A ideia de que os mortos são forçosamente "outros" e que não haveria lugar para rituais que celebram em alguma medida a continuidade entre vivos e mortos é problematizada por Vander Velden (2014), que se apoia em novas etnografias sobre o assunto. Vander Velden recupera justamente as análises de Florestan, questionando a noção de "esquecimento" enfatizada por Carneiro da Cunha e Viveiros de Castro no artigo acima citado.

56 VIVEIROS DE CASTRO, Eduardo. *Araweté*: os Deuses Canibais. Rio de Janeiro: Zahar/Anpocs, 1986, p. 87.

57 VIVEIROS DE CASTRO, Eduardo. *Araweté*: os Deuses Canibais. Rio de Janeiro: Zahar/Anpocs, 1986, p. 653.

"alma" deveria ser amansada). O guerreiro araweté também recebia cantos, *awin maraka*, "música dos inimigos". Em ambos os casos, a palavra entoada era sempre do inimigo; ao cantar, o matador se colocava no "ponto de vista do inimigo".[58] Eis, segundo Viveiros de Castro, o sentido último da antropofagia: pôr-se no lugar de outrem, devir-outro. O que se devorava era uma abstração, uma posição:

> O que se comia era uma posição: a posição de Inimigo, não a substância de um inimigo. O que se come de um homem será sempre Espírito, relação incorporal. (...) Incorporação da inimizade, portanto, e não devoração da carne ou do espírito (concebido como substância) de um inimigo: generalidade e abstração.[59]

O problema da antropofagia não seria, para Viveiros de Castro, propriamente sociológico – restaurar o "Nós coletivo" – mas sim intelectual, existencial, filosófico, "devir-outro". O autor escapa da chave simbolista presente no estruturalismo para aproximar o pensamento tupi da filosofia da diferença de Gilles Deleuze e Félix Guattari: a antropofagia não como simbolização da alteridade, mas um modo efetivo de alteração de Si, um modo de devir. Ela revelaria um novo "Cogito", um "Cogito canibal", veículo de uma metafísica avessa ao Ser, à Identidade. Florestan teria notado que a guerra baseia-se numa reciprocidade de mortes; no entanto, esta reciprocidade permaneceria associada a uma ideia de identidade, de interioridade social, de unidade do grupo. Na interpretação de Viveiros de Castro, o que se troca são pontos de vista, e esse perspectivismo estaria associado a um princípio de devir, de transformação. Eis "a inconstância

---

58 Viveiros de Castro vislumbra aqui um *perspectivismo* – matador e inimigo como posições intercambiáveis, um assumindo o lugar do outro –, ideia que será desenvolvida no diálogo com Tânia Stolze Lima, tratando então de casos, em que o que se troca são posições de humano e não-humano, vivo e morto. VIVEIROS DE CASTRO, Eduardo. "Perspectivismo e multinaturalismo na América indígena". *In*: ______. *A insconstância da alma selvagem e outros ensaios de antropologia*. São Paulo: Ubu, [2002] 2017; LIMA, Tânia Stolze. "O dois e seu múltiplo: reflexões sobre o perspectivismo em uma cosmologia tupi". *Mana*, vol. 2, nº 2, 1996.

59 VIVEIROS DE CASTRO, Eduardo. *Araweté*: os Deuses Canibais. Rio de Janeiro: Zahar/Anpocs, 1986, p. 669.

da alma selvagem": os Tupi pareciam muitas vezes aceitar sem relutância a catequese cristã, no entanto, eles se apropriavam de elementos e afetos exógenos para levar adiante esse desejo de transformação de si, e não de subordinação a outrem.[60] A interpretação de Viveiros de Castro recupera o "Manifesto" de Oswald de Andrade, com suas sagazes intuições, e de certo modo esquecidas por Florestan: "Só me interessa o que não é meu. Lei do homem. Lei do antropófago".[61]

A reflexão de Viveiros de Castro em *Araweté, os deuses canibais* aponta para um "modelo metafísico tupi" – modelo que será estendido para outros povos indígenas das terras baixas sul-americanas e também uma "experiência de pensamento" capaz de questionar as fundações das "metafísicas modernas".[62] Ainda que este projeto metafísico se distancie em muito do caminho trilhado por Florestan, Viveiros de Castro não deixa de reconhecer no autor de *Função* a "rotação de perspectiva" necessária para o observador entrar em consonância com o ponto de vista indígena, com seu universo conceitual próprio, que coloca em risco o que tomamos por social, por sujeito, por alteridade.[63] O "erro" de Florestan teria sido tão somente eclipsar concepções indígenas em favor de uma teoria sociológica geral, que concebe o social como realidade transcendente. De certo modo, foi pela sociologia – no caso, interessada pelos dilemas da sociedade brasileira – que Florestan teria deixado a ciência tupi, a etnologia.[64] A sociedade tupinambá, ele bem

---

60 VIVEIROS DE CASTRO, Eduardo. "O mármore e a murta: sobre a inconstância da alma selvagem". *In*: ______. *A insconstância da alma selvagem e outros ensaios de antropologia*. São Paulo: Ubu, [2002] 2017.

61 ANDRADE, Oswald de. "Manifesto Antropófago". *In*: ______. *Manifesto Antropófago e outros textos*. São Paulo: Penguin/Companhia das Letras, [1928] 2017.

62 Viveiros de Castro desdobra, assim, o argumento contido em Araweté, os deuses canibais em *Metafísicas canibais* (VIVEIROS DE CASTRO, Eduardo. *Metafísicas canibais*: elementos para uma antropologia pós-estrutural. São Paulo: Ubu, [2009] 2015).

63 VIVEIROS DE CASTRO, Eduardo. "Etnologia brasileira". *In*: MICELI, Sergio (Coord.). *O que ler na ciência social brasileira, 1970-1995*. São Paulo: ANPOCS, 1999.

64 Lembro aqui da distinção heurística proposta por Lévi-Strauss (1958) entre a sociologia como "ciência social do observador" – aquela que fala a partir do universo conceitual da sociedade do próprio observador – e a etnologia como "ciência social

sabia, não era "parte" do Brasil, mas o "ponto zero" que precisou ser suplantado para que este viesse a existir.

Os Tupinambá e o Brasil

Seria injusto dizer que Florestan teria simplesmente virado as costas para o problema da interação dos Tupinambá (e outras sociedades indígenas) com a sociedade colonial, a futura "sociedade brasileira". O ponto é que não era esse o propósito de livros como *Organização* e *Função*. Como vimos, o problema da "mudança social/cultural" esteve presente nos primeiros escritos do autor, retornando em textos posteriores a *Função*, que iam aos poucos deixando de lado os assuntos indígenas.

Em 1946, Fernandes publicava o artigo "Tiago Marques Aipobureu: um Bororo marginal", resultado de um seminário promovido por Baldus na Escola Livre de Sociologia e Política. Dialogando com os estudos de aculturação, ele refletia sobre o "drama psicológico" de um indígena letrado, um "Bororo civilizado" – educado, como muitos, por missionários – que se vê numa situação de desajustamento ao buscar um retorno à vida comunitária e religiosa de seu povo. Duplamente rejeitado pelos Bororo e pelos missionários, Tiago Marques Aipobureu acaba relegado a uma condição marginal, incapaz de conciliar os dois mundos em conflito. Com esse estudo, baseado sobretudo em trabalhos de Baldus e dos salesianos Colbacchini e Albisetti, Fernandes pretendia atentar para

> (...) os efeitos desastrosos da catequese e da assimilação dos índios quando desenvolvidas sem nenhum plano racional e sem nenhuma preocupação pelo destino pessoal das personalidades nativas, 'cristianizadas' ou 'abrasileiradas' pelos brancos.[65]

---

do observado" – aquela que se deixa pautar por um universo conceitual outro, o que força um deslocamento radical.

[65] FERNANDES, Florestan. "Tiago Marques Aipobureu: um Bororo marginal". *In*: ______. *A investigação etnológica no Brasil e outros ensaios*. São Paulo: Global, [1945] 1975, p. 123.

Esse texto de um autor em início de formação traça uma crítica contundente ao processo colonial, mas ainda mantém o sujeito indígena, dividido entre dois mundos, em uma posição de passividade. É só em textos posteriores a *Função*, como o já referido "Tendências teóricas da moderna investigação etnológica no Brasil", de 1957, que Florestan retoma o problema do contato com a sociedade colonial para reconhecer nos sujeitos indígenas um papel mais ativo. Em "Os Tupi e a reação à Conquista", publicado em 1960, numa coletânea organizada por Sérgio Buarque de Hollanda, Florestan ilumina o problema da "reação tupinambá" ao poder colonial e mobiliza uma certa antropologia política, que já se fazia notar em *Organização* e *Função*.[66] Pergunta-se se existiria, afinal, um padrão de reação à Conquista próprio aos Tupinambá, afastando-se de visões externalistas e simplificadoras, como as de Gilberto Freyre. Na primeira parte do artigo, "O sistema tribal de relações sociais", Florestan oferece um breve panorama da organização sociopolítica tupinambá, recuperando análises de *Organização* e *Função*, por exemplo, sobre modos de competição por prestígio e influência, padrões de aliança e formação do Conselho de Anciãos.[67] Na segunda parte, busca articular o tema da "organização tribal" ao da "reação à Conquista", refletindo sobre os efeitos desintegradores da invasão europeia, sobre a ameaça ao padrão de equilíbrio interno ("indiferenciado e rígido"). Para Florestan, é a passagem do "escambo" à "agricultura" que transforma qualitativamente a relação entre indígenas e colonizadores. Passa-se de relações menos ou mais simétricas de troca – que envolvem, inclusive, as trocas matrimoniais – para um modelo de exploração e expropriação. Esse modelo, abraçado pelos portugueses, seria responsável pela destruição gradual da organização social tradicional. Florestan distingue então três agentes nesse processo: os colonos, que visam à

---

66 Sobre elementos dessa antropologia política nos textos de Florestan sobre os Tupinambá, ver SZTUTMAN, Renato, *O profeta e o principal*: a ação política ameríndia e seus personagens. São Paulo: Edusp/Fapesp, 2012.

67 Note-se aqui a forte influência do *African Political Systems*, de Fortes e Evans-Pritchard, já presente em *Função*: Fernandes fala em tribos como "unidades políticas" internamente segmentadas. FORTES, Meyer; EVANS-PRITCHARD, Edward E. (Coord.). *Sistemas políticos africanos*. Lisboa: Fundação Calouste Gulbenkian, [1940] 1981.

sujeição total dos indígenas, os administradores e os agentes da Coroa, que buscam estabelecer alianças com certas grupos, de modo a subjugar outros, e, por fim, os jesuítas, que almejam a catequese, a conquista de almas. Em todos os casos, faz-se valer o projeto de pôr em xeque a autonomia das sociedades indígenas.

Florestan destaca, em suma, três formas de reação à Conquista observadas entre os Tupinambá nos séculos XVI e XVII. A primeira seria uma "reação ativa": o enfrentamento bélico com os conquistadores. O exemplo oferecido é o da Guerra dos Tamoios, ocorrida na década de 1560, na região da Guanabara. A segunda forma não conformaria propriamente um ato de reação, mas sim duas alternativas de submissão: o aldeamento missionário e a escravização. Os aldeamentos, cuja adesão se dava por vezes de maneira voluntária, conduziam à dissolução das formas socioculturais indígenas. A terceira forma de reação seria "passiva", baseada em movimentos de migração e fuga em direção ao sertão e à Amazônia; enfim, a refúgios onde a presença europeia não se fazia notar. Note-se que Florestan oscila entre ver aí um mecanismo de "acomodação" e a forma "mais consistente com as possibilidades dinâmicas do sistema organizatório tribal",[68] uma vez que deslocaria a luta pela sobrevivência e pela autonomia para o "terreno ecológico",[69] na busca de territórios isolados.

Florestan vê na guerra dos Tamoio um caso exemplar de "reação ativa". Sabe-se que a guerra dos Tamoio constituiu um capítulo importante para a historiografia brasileira: ela teve origem na aliança política entre franceses e diferentes comunidades tupinambá contra os colonizadores portugueses.[70] Aliança baseada em casamentos e laços de afinidade que

---

68 FERNANDES, Florestan. "Os Tupi e a reação à conquista". *In*: ______. *A investigação etnológica no Brasil e outros ensaios*. São Paulo: Global, [1960] 1975.

69 FERNANDES, Florestan. "Os Tupi e a reação à conquista". *In*: ______. *A investigação etnológica no Brasil e outros ensaios*. São Paulo: Global, [1960] 1975, p. 39.

70 Esses franceses eram, na maioria das vezes, remanescentes da França Antártica, que teria sido derrotada em 1555 pelas tropas portuguesas. Sobre a França Antártica, ver OSWARD, Cristina. *Entre os Tupinambá*: a gesta dos franceses na Guanabara. Rio de Janeiro: UFRJ, 2009. Tese (Doutorado). Sobre relações de qualidade entre colonos franceses e indígenas, ver PERRONE-MOISÉS, Beatriz. *Relações preciosas*: franceses e ameríndios no século XVII. São Paulo: USP, 1996. Tese (Doutorado).

foi referida nas cartas jesuíticas como "confederações". A sua derrota acarretou a expulsão definitiva dos franceses, as migrações indígenas em direção ao sertão e a consolidação da presença portuguesa na costa sudeste, culminando na fundação definitiva na Guanabara da cidade do Rio de Janeiro.[71] Florestan reconhece nessa guerra um paradoxo. De um lado, os fatos comprovavam que "as populações aborígenes tinham capacidade de opor resistência organizada aos intuitos conquistadores dos brancos".[72] De outro, inconsistências eram apontadas:

> Tudo parecia indicar que os brancos seriam varridos da região. (...) No entanto, o êxito dos índios foi parcial e efêmero. As fontes de funcionamento eficiente da sociedade tribal impediram a formação do sistema de solidariedade supratribal, exigido pela situação. As *alianças* fragmentaram-se e a luta contra o invasor retomou o antigo padrão dispersivo, que jogava índios contra índios, em benefício dos brancos. É que os laços de parentesco, que promoviam a unidade das tribos, engendravam rivalidades insuperáveis, mesmo em ocasiões de emergência, no âmbito mais amplo da cooperação intertribal.[73]

Por conta de "rivalidades insuperáveis", inscritas na lógica do parentesco e da afinidade, os Tupinambá aliados se mostravam incapazes de compor uma unidade política maior, mesmo em se tratando de grupos todos muito próximos do ponto de vista cultural e linguístico. Tais dificuldades teriam feito com que eles perdessem a guerra e fossem varridos da costa. Mas a Guerra dos Tamoio não poderia ser pensada

---

71 Em *Organização* (pp. 46 e 47), Florestan faz referência a uma confederação de 20 mil pessoas, desta vez no Maranhão e incluindo povos Tapuia, lideradas pelo principal Pacamon. Esta teria se formado depois da expulsão dos franceses pelos portugueses, repetindo a história da Guanabara. Derrotados, os indígenas fugiam para o sertão ou para a mata, ou então aceitavam o jugo dos missionários portugueses.

72 FERNANDES, Florestan. "Os Tupi e a reação à conquista". *In*: ______. *A investigação etnológica no Brasil e outros ensaios*. São Paulo: Global, [1960] 1975, p. 37.

73 FERNANDES, Florestan. "Os Tupi e a reação à conquista". *In*: ______. *A investigação etnológica no Brasil e outros ensaios*. São Paulo: Global, [1960] 1975, p. 37; grifos do autor.

simplesmente como uma reação ao poder colonial. Ela não abria mão do mais importante: não o horizonte da união, mas a oposição entre grupos tupi inimigos. Tão necessário quanto a expulsão dos portugueses era fazer a guerra com os Tupiniquim, aliados deles. Guerrear contra os portugueses, na companhia de franceses, era um modo de garantir a continuidade das antigas guerras.

Tamoio não é o nome de um povo ou etnia, mas sim uma aliança – contextual – entre chefes tupinambá de diferentes grupos locais, alguns deles guardando a memória de inimizades. Tamoio, na língua indígena, significava tão somente os "velhos", os "avós", aqueles que se juntam para guerrear contra inimigos em comum. O que Florestan parece conceber como negativo – a dificuldade de constituir uma unidade política tupinambá coesa –, autores como Pierre Clastres concebem como salutar, isto é, como recusa de um modelo estatal de organização e como possibilidade de manter a autonomia por meio da dispersão. Inspirados em Clastres, Perrone-Moisés e Sztutman sugeriram que, para os Tupinambá, mais importante que um projeto e "confederação" era a possibilidade de continuar fazendo a guerra do "seu jeito", isto é capturando inimigos, esmagando crânios, fazendo cauinagens, trocando de nome. O sentido da guerra dos Tamoio, para os Tamoio, não seria a conformação de uma nova unidade política – os Tamoio –, mas sim a recusa de um modelo europeu de política, que assassina as multiplicidades em nome da união. Os Tupinambá não estariam simplesmente reagindo aos colonizadores, mas afirmando diante deles um outro modo de vida, de existência.[74] O mesmo poderia ser dito em relação às fugas e migrações, que não poderiam ser reduzidas a uma reação "passiva": elas constituíam um motor de dispersão, de busca de novos territórios, que é também uma busca pela autonomia. O paradoxo apontado por Florestan talvez seja falso: os Tupinambá tinham condições de fazer a guerra contra os portugueses, mas eles não abriam mão da *sua* guerra, não aceitavam sucumbir a uma guerra de conquista.

---

74 PERRONE-MOISÉS, Beatriz; SZTUTMAN, Renato. "Notícias de uma certa confederação Tamoio". *Mana*, vol. 16, nº 2, 2010.

Gostaria de concluir este Prefácio com uma questão: em que medida teriam os Tupinambá realmente perdido a guerra? Por mais terrível e violento que tenha sido o processo de sua expulsão da costa, penso que seria possível assumir, diferentemente, que a guerra em questão não terminou, e que certos processos podem ser menos irreversíveis do que Florestan imaginava. Florestan escrevia seus livros sobre os Tupinambá na passagem dos anos 1940 para os 1950, período no qual se desenhava um projeto de modernização para o Brasil, projeto para o qual os povos indígenas constituíam um forte obstáculo. Teorias da aculturação e da transfiguração étnica, como vimos, assumiam que o destino desses povos era o de perderem suas especificidades, de serem assimilados ao "mundo dos brancos". Esse prognóstico terrível teria quase se confirmado nas décadas de 1960 e 1970, mas teria deixado de se sustentar após a década de 1980, quando se viu florescer no Brasil um movimento indígena plural, articulado em torno da luta por direitos à terra e à diferença, direitos que passariam a ser garantidos pela Constituição de 1988. A partir de então, o horizonte de assimilação passa a ser questionado e os indígenas passam a provar, para o descontentamento de alguns setores da sociedade brasileira, que não são meras figuras do passado, o "ponto zero" estacionado da história do Brasil, mas que estão lutando – e por que não, guerreando – para fazer valer o seu futuro.

Filho de seu tempo, Florestan não resistiu à ideia de que o destino dos indígenas era o de se assimilarem, se transformarem em camponeses, caboclos, bugres, proletários, enfim, "pobres". Com a possibilidade cada vez mais escassa de encontrar refúgios em locais supostamente marcados pela escassez, nada mais lhes restaria. O que a história indígena no Brasil dos últimos 40 anos tem evidenciado, contudo, é que esse caminho pode ser revertido, isto é, caboclos, bugres podem voltar a ser indígenas. O que era pensado como processo de mestiçagem e assimilação pode conhecer o seu reverso. Florestan talvez se espantasse se, nos dias de hoje, se deparasse com uma imensa massa de povos então reconhecidos como camponeses ou mestiços, reivindicando identidades indígenas, recolhendo provas (históricas e arqueológicas, inclusive) de seu parentesco com populações autóctones, convertendo o que era visto como folclore em cultura e em modo de vida, exigindo enfim o título de "resistentes" e se engajando em ações de reivindicação e retomada de seus territórios tradicionais. Dentre esses povos, boa parte deles no Nordeste, alguns recobram para si o nome Tupinambá, recobrando também a continuidade com os antigos habitantes da costa brasílica, estes que eram considerados "extintos".

O Nordeste e algumas partes da Amazônia – por exemplo, algumas reservas extrativistas no Acre e no baixo Tapajós (Pará) – são cenários privilegiados de atuação desses povos "resistentes", povos que para lutar contra a perseguição tiveram de escamotear suas especificidades culturais e linguísticas. Povos que foram expulsos de suas terras, tendo de se submeter a regimes de escravização por dívida. Como escreve Marcio Goldman, comparando os Tupinambá da Serra do Padeiro (Olivença, sul da Bahia) aos Maia mexicanos:

> Os Tupinambá da Serra do Padeiro não são os 'descendentes' dos antigos Tupinambá: eles são aqueles Tupinambá que foram capazes de sobreviver a uma experiência devastadora. (...) De seu próprio ponto de vista, o ponto central dessa articulação entre identidade e diferença, continuidade e descontinuidade parece se situar no plano cosmológico. Conhecidos pelo culto que prestam aos encantados, continuam a ver suas práticas religiosas usadas para negar a eles o direito à terra, sob o argumento de que assim como fenotipicamente eles não parecem índios, sua religião estaria mais próxima das religiões de matriz africana do que de práticas indígenas.[75]

Goldman vê nos Tupinambá do sul da Bahia um exemplo de "relação afroindígena". Não apenas a evidência de uma "mistura" entre populações indígenas e afrodescendentes, mas sim o resultado de uma aliança contra o inimigo comum, os europeus, e, sobretudo, contra o perigo de sua sobredeterminação por este inimigo. À medida que as teorias da mestiçagem recaem neste horizonte de sobredeterminação – indígenas e negros sendo subsumidos pelo polo "branco" –, Goldman

---

[75] GOLDMAN, Marcio. "Quinhentos anos de contato: por uma teoria etnográfica da (contra) mestiçagem". *Mana*, vol. 21, nº 3, 2015, p. 655.

prefere falar em "contra-mestiçagem", que não deixa de ser um ato de "contracolonização".[76] Os Tupinambá pensam-se, assim, como povos resistentes, povos que resistiram à assimilação ao "mundo dos brancos" e, para tanto, buscaram novas alianças, dentre elas, com os "encantados", seres da terra.

Como enfatiza Renata Tupinambá, jornalista e cofundadora da Radio Yandê: "O meu povo, por muito tempo, foi tido como extinto, mas cobertos de sangue e lágrimas a gente renasceu. E a Funai nos reconheceu novamente em 2003".[77] Os Tupinambá do sul da Bahia sempre se pensaram como "caboclos", "índios civilizados", "misturados". Há evidências históricas de que descendem de habitantes de um aldeamento jesuíta criado em 1680, reunindo povos falantes de línguas tupi. No século XX, com o *boom* do cacau, terras habitadas por eles passavam a ser loteadas e eles, expulsos, tendo então de enfrentar uma situação de confinamento. No ano 2000, depois de conflitos resultantes da comemoração dos 500 anos de "descobrimento do Brasil", davam início ao movimento de retomadas de suas terras, duramente reprimido pelos fazendeiros da região.[78] Em 2003, começa a pressão para a demarcação da Terra Indígena Tupinambá de Olivença, concluída em 2009 e ainda à espera de seu reconhecimento legal pela União. Nas palavras de Rosivaldo Ferreira da Silva, o cacique Babau:

> O povo Tupinambá, quando segue a tradição, é um povo espiritual, nada nos afeta, pois estamos muito ligados à terra (...). Aqueles que estão seguindo a linha direta dos encantados, as linhas tradicionais da ancestralidade, esse povo está forte, bem, altamente sustentável, e o Tupinambá se multiplicando pelo país.

---

[76] BISPO DOS SANTOS, Antonio. *Colonização, quilombos*: modos e significações. Brasília: Associação de Ciências e Saberes para o Etnodesenvolvimento AYÓ, 2018.

[77] TUPINAMBÁ, Renata. "Eu quero ligar a TV e ter ali um conteúdo produzido por indígenas". Disponível em: https://pib.socioambiental.org/pt/%E2%80%9CEu_quero_ligar_a_TV_e_ter_ali_um_conte%C3%BAdo_produzido_por_ind%C3%ADgenas%E2%80%9D. Acessado em: 10.02.2022.

[78] VIEGAS, Suzana. *Terra calada*: os Tupinambá na Mata Atlântica do Sul da Bahia. Rio de Janeiro: 7 Letras, 2007.

> Em todas as partes do país estão se levantando com muita força, estão questionando, estão dizendo, 'estamos vivos'.[79]

Babau, que tem sido duramente perseguido e ameaçado de morte, associa a luta pela terra, essa guerra interminável, ao domínio dos encantados – a um só tempo manifestações do mundo natural e da potência dos ancestrais. Como evidencia Alarcon, as retomadas tupinambá são geralmente impulsionadas por profecias de retorno à terra. A penetração contínua de não indígenas é associada a uma espécie de "adoecimento da terra", que explica a debandada dos encantados. A degradação ambiental e a destruição dos rios, efeitos da monocultura do cacau, acabariam por afastar esses seres. Curar a terra seria atraí-los novamente e, assim, restituir um modo de vida adequado. Os encantados seriam, segundo o discurso de líderes como Babau, os verdadeiros protagonistas das retomadas. Pois "a terra pela qual lutam não é para si, mas para os encantados, que solicitariam o engajamento dos Tupinambá em sua recuperação".[80] As retomadas seriam um projeto coletivo, uma "estratégia de mobilização do efetivo retorno da terra".[81] Retorno da terra, e não simplesmente à terra: retorno de todo um modo de vida, de existência, que inclui a relação com esses seres extra-humanos.

Como disse o cacique Babau, os Tupinambá estão se multiplicando pelo Brasil. Longe da costa baiana, na região do baixo Tapajós, para citar um exemplo, um conjunto de famílias da Reserva Extrativista Tapajós-Arapiuns também reivindica o nome (e a ascendência) Tupinambá e põe em ação a autodemarcação de sua terra. Como enfatiza o cacique Seu Braz, "Sempre fomos índios", contrapondo-se ao discurso dos fazendeiros que alegam não haver mais indígenas na região. Como

---

[79] ALCÂNTARA, Fernanda. "Cacique Babau explica como os povos indígenas garantem a recuperação da floresta". Disponível em: https://mst.org.br/2021/05/31/semana-da-mata-atlantica-entrevista-com-cacique-babau/. Acessado em: 10.02.2022.

[80] ALARCON, Daniela. *O retorno da terra*: as retomadas na aldeia Tupinambá da Serra do Padeiro, Sul da Bahia. São Paulo: Elefante, 2020, p. 297.

[81] ALARCON, Daniela. *O retorno da terra*: as retomadas na aldeia Tupinambá da Serra do Padeiro, Sul da Bahia. São Paulo: Elefante, 2020, p. 428.

conta Zuker, Seu Braz é quem organizou a abertura de uma picada para demarcar o território dos "guerreiros" tupinambá, onde hoje já se encontram 20 aldeias. Como Babau, Seu Braz atribui o impulso da autodemarcação a seres sobrenaturais – encantados, visagens, protetores das águas e da mata. Segundo ele, é preciso demarcar terras para conter a destruição das florestas – o avanço da soja, das madeireiras, da mineração e das hidrelétricas.[82]

Outro exemplo recente de ressurgência Tupi pode ser encontrado na região Sudeste. Sabe-se que a costa sul e sudeste do Brasil era composta por povos Tupi e Guarani, estes últimos muitas vezes referidos nas fontes como Carijó. Nos séculos XVI e XVII, os Guarani ocupavam uma vasta região, ao sul de São Vicente, compondo o quadro de guerra e comércio com os povos Tupi. Nos dias de hoje, a costa sudeste é ocupada por povos Guarani, especialmente os subgrupos conhecidos como Mbya e Nhandeva. Boa parte dos Nhandeva dessa região, reconhecendo-se como "misturados" quando contrastados aos Mbya, têm reivindicado o nome "Tupi", afirmando-se frutos da "mistura" entre Guarani vindos do sul ou do oeste e os antigos Tupi da costa, remanescentes de aldeamentos missionários. Como sugerem Almeida, Danaga e Mainardi, a denominação Tupi carrega um forte sentido da "mistura"; contudo, "mistura" nesse caso pressupõe resiliência, designa uma resistência a 500 anos de colonização.[83] Tupi, de norte a sul, seriam povos resistentes, que souberam ultrapassar justamente aquilo que Florestan chamou de "marginalidade", condição daqueles que sucumbem à subordinação nas situações de aldeamento e cativeiro. Esses povos souberam, em suma, transformar os paradoxos vividos em virtudes e trunfos.

Todos esses exemplos evidenciam que os Tupi, os Tupinambá não são apenas um capítulo concluído da história do Brasil. Entre a fuga para

---

82 ZUKER, Fabio. "A autodemarcação da Terra Indígena Tupinambá no Baixo Tapajós". *In*: ______. *Vida e morte e uma Baleia-Minke no interior do Pará e outras histórias da Amazônia*. São Paulo: Publication Studio, 2019.

83 ALMEIDA, Ligia; DANAGA, Amanda; MAINARDI, Camila. "Um nome que faz diferença". *In*: GALLOIS, Dominique; MACEDO, Valéria (Coord.). *Nas redes guarani*. São Paulo: Hedra, 2018.

o sertão, para as cabeceiras e a integração, a assimilação ao mundo dos brancos sempre houve um espaço intermediário, em que movimentos aparentemente irreversíveis puderam ser desfeitos. As retomadas de terras e de modos de vida indígenas constituem um movimento de *contra-integração* ao Brasil. Se Florestan vivesse nos tempos de hoje – tempos em que os indígenas são declarados como os maiores inimigos do Capital, uma vez que se fazem como obstáculos ao progresso e à modernização, como empecilhos para o desenvolvimento do agronegócio e da indústria pecuária em seus moldes mais predatórios – talvez ele reencontrasse nesses povos uma maneira de repensar o Brasil e reinventar uma sociologia ou uma etnologia renovadamente militante. Florestan concluiria, quem sabe, que a reação tribal à conquista – mas também ao capitalismo, à modernização – jamais cessou em 522 anos e que essa reação – ou melhor, *resistência*, pois que não apenas reativa, mas sobretudo existencial – talvez possa ajudar os brasileiros a pensar em como conter a expansão mortífera, que tem posto em xeque não apenas o Brasil, mas todo o planeta.

Como destacaram alguns leitores de sua obra, Florestan teria passado de um entusiasmo em relação à modernização (a "nossa revolução", como queria Sergio Buarque de Hollanda)[84] para uma visão cética e pessimista: a nossa modernização só fez gerar mais e mais desigualdades, veja-se o caso do racismo, que sobrepõe classe social e cor, e que hoje não pode mais ser escamoteado por ideologias de mestiçagem e democracia racial. Talvez seja esse ceticismo e esse pessimismo que permitiriam um reencontro com os povos indígenas, não como povos fadados à aniquilação por conta de formas débeis de reação, mas sim como sujeitos resistentes, que atravessaram cinco séculos de colonização e ainda assim permanecem fiéis a modos de existência pautados na interação entre vida social e ambiente e formas de organização avessas à centralização e à coerção. É esse limite à modernização, oferecido pelos indígenas, que poderia ser experimentado nas ciências sociais. E esse limite já estava refletido em livros essenciais como *Organização* e, sobretudo, *Função*, livro sobre a guerra, guerra que, sabemos, não cessa

---

[84] BUARQUE DE HOLLANDA, Sérgio. *Raízes do Brasil*. São Paulo: Companhia das Letras, [1936] 2002.

de se transformar. É preciso lê-los, relê-los, redescobri-los para que, enfim, possamos estender e atualizar o sentido da militância que sempre orientou o pensamento de Florestan Fernandes.

RENATO SZTUTMAN

Referências bibliográficas

ABENSOUR, Miguel. "Le contre Hobbes de Pierre Clastres". *In*: ______ (Coord.). *L'esprit des lois sauvages*: Pierre Clastres ou une nouvelle anthropologie politique. Paris: Éditions du Seuil, 1987.

ALARCON, Daniela. *O retorno da terra*: as retomadas na aldeia Tupinambá da Serra do Padeiro, Sul da Bahia. São Paulo: Elefante, 2020.

ALCÂNTARA, Fernanda. "Cacique Babau explica como os povos indígenas garantem a recuperação da floresta". Disponível em: https://mst.org.br/2021/05/31/semana-da-mata-atlantica-entrevista-com-cacique-babau/. Acessado em: 10.02.2022.

ALMEIDA, Ligia; DANAGA, Amanda; MAINARDI, Camila. "Um nome que faz diferença". *In*: GALLOIS, Dominique; MACEDO, Valéria (Coord.). *Nas redes guarani*. São Paulo: Hedra, 2018.

ANDRADE, Oswald de. "Manifesto Antropófago". *In*: ______. *Manifesto Antropófago e outros textos*. São Paulo: Penguin/Companhia das Letras, [1928] 2017.

BALDUS, Herbert. "Métraux e a etnologia brasileira". *Revista do Museu Paulista*, vol. XIV, 1963.

BALDUS, Herbert. *Tapirapé*: tribo tupi no Brasil central. São Paulo: Nacional, 1970.

BATESON, Gregory. *Naven*: um exame dos problemas sugeridos por um retrato compósito da cultura de uma tribo da Nova Guiné, desenhado a partir de três perspectivas. São Paulo: Edusp, [1936] 2018.

BISPO DOS SANTOS, Antonio. *Colonização, quilombos*: modos e significações. Brasília: Associação de Ciências e Saberes para o Etnodesenvolvimento AYÓ, 2018.

BUARQUE DE HOLLANDA, Sérgio. *Raízes do Brasil*. São Paulo: Companhia das Letras, [1936] 2002.

CARNEIRO DA CUNHA, Manuela. *Os mortos e os outros*: uma análise do sistema funerário e da noção de pessoa entre os índios Krahó. São Paulo: Hucitec, 1978.

CARNEIRO DA CUNHA, Manuela; VIVEIROS DE CASTRO, Eduardo. "Vingança e temporalidade: os Tupinambá". *In*: ______. *Cultura com aspas*. São Paulo: Ubu, [1985] 2017.

CLASTRES, Hélène. *La terre sans mal*: le Prophétisme Tupi. Paris: Seuil, 1975.

CLASTRES, Pierre. *A sociedade contra o Estado*: pesquisas de antropologia política. São Paulo: Ubu, [1974] 2017.

CLASTRES, Pierre. *Arqueologia da violência*: pesquisas de antropologia política. São Paulo: Cosac Naify, [1977] 2011.

CARDOSO DE OLIVEIRA. *O índio e o mundo dos brancos*. Campinas: Editora da Unicamp, [1964] 1996.

CARDOSO DE OLIVEIRA. *Urbanização e tribalismo*. Rio de Janeiro: Zahar, 1968.

CASTRO, Eduardo. "Perspectivismo e multinaturalismo na América indígena". *In*: ______. *A insconstância da alma selvagem e outros ensaios de antropologia*. São Paulo: Ubu, [2002] 2017.

EVANS-PRITCHARD, Edward E. *The Sanusi of Cyrenaica*. Oxford: Clarendon Press, 1949.

EVANS-PRITCHARD, Edward E. "Social Anthropology: Past and Present The Marett Lecture". *Man*, vol. 50, pp. 118-124, 1950.

FAUSTO, Carlos. "Fragmentos de história e cultura tupinambá: da etnologia como instrumento crítico de conhecimento etno-histórico". *In*: CARNEIRO DA CUNHA, Manuela (Coord.). *História dos Índios no Brasil*. São Paulo: Companhia das Letras, 1992.

FAUSTO, Carlos. *Inimigos Fiéis*: História, Guerra e Xamanismo na Amazônia. São Paulo: Edusp, 2001.

FERNANDES, Florestan. *A Organização Social dos Tupinambá*. São Paulo: Hucitec, [1948] 1989.

FERNANDES, Florestan. *A Função Social da Guerra na Sociedade Tupinambá*. São Paulo: Edusp, [1952] 1970.

FERNANDES, Florestan. "La guerre et le sacrifice humain chez les Tupinambá". *Journal de la Société des Américanistes*, vol. 41, nº 1, 1952.

FERNANDES, Florestan. A *integração do negro à sociedade de classes*. São Paulo: Contracorrente, [1965] 2021.

FERNANDES, Florestan. *A revolução burguesa no Brasil*: ensaio de interpretação sociológica. São Paulo: Contracorrente, [1974] 2020.

FERNANDES, Florestan. *A investigação etnológica no Brasil e outros ensaios*. São Paulo: Global, [1975] 2009.

FERNANDES, Florestan. "Em busca de uma sociologia crítica e militante". *In*: ______. *A sociologia no Brasil*. Petrópolis: Vozes, 1977.

FORTES, Meyer; EVANS-PRITCHARD, Edward E. (Coord.). *Sistemas políticos africanos*. Lisboa: Fundação Calouste Gulbenkian, [1940] 1981.

GALLOIS, Dominique T. *O movimento na cosmologia Waiãpi*: criação, expansão e transformação do universo. São Paulo: Universidade de São Paulo, 1988. (Tese de doutorado).

GEIGER, Amir. "Apresentação". *In*: BATESON, Gregory. *Naven*: um exame dos problemas sugeridos por um retrato compósito da cultura de uma tribo da Nova Guiné, desenhado a partir de três perspectivas. São Paulo: Edusp, [1936] 2018.

GOLDMAN, Marcio. "Quinhentos anos de contato: por uma teoria etnográfica da (contra) mestiçagem". *Mana*, vol. 21, nº 3, 2015.

HÉLÈNE, Clastres. *La terre sans mal*: le Prophétisme Tupi. Paris: Seuil, 1975.

HOBBES, Thomas. *Leviathan or The Matter, Forme and Power of a Commonwealth Ecclesiasticall and Civil*. London: Penguin, [1651] 2017.

LARAIA, Roque. *Tupi, índios do Brasil atual*. São Paulo: FFLCH, 1986.

LATOUR, Bruno. *Jamais fomos modernos*: ensaio de antropologia simétrica. São Paulo: Editora 34, [1991] 1994.

LEIRNER, Piero. "A antropologia que Florestan esqueceu" *Novos Estudos*, vol. 36, nº 2, 2017.

LEIRNER, Piero. *Mini-Manual da Hierarquia Militar*: uma perspectiva antropológica. Seattle: Independent Publisher/Amazon, 2020.

LÉVI-STRAUSS, Claude. "Guerre et commerce chez les indiens de l'Amérique du Sud". *In*: ______. *Renaissance*. Paris, 1943.

LÉVI-STRAUSS, Claude. *As estruturas elementares do parentesco*. Petrópolis: Vozes, [1949] 1982.

LÉVI-STRAUSS, Claude. *Antropologia estrutural*. São Paulo: Ubu, [1958] 2017.

LIMA, Tânia. "O dois e seu múltiplo: reflexões sobre o perspectivismo em uma cosmologia tupi". *Mana*, vol. 2, nº 2. Rio de Janeiro: Contracapa, 1996.

MÉTRAUX, Alfred. *A Religião dos Tupinambás e suas Relações com as Demais Tribos Tupi-Guaranis*. São Paulo: Companhia Editora Nacional, [1928] 1979.

MARRAS, Stelio. "O Brasil e os brasis no Antropoceno: bifurcações à vista". *Revista do IEB*, nº 77, 2020.

MAUSS, Marcel; HUBERT, Henri. *Sobre o sacrifício*. São Paulo: Ubu, [1899] 2017.

MAUSS, Marcel. *Ensaio sobre o dom*: forma e razão da troca nas sociedades arcaicas. São Paulo: Ubu, [1924] 2017.

MONTEIRO, John. *Tupis, Tapuias e Historiadores*: estudos de História Indígena e do Indigenismo. Campinas: Unicamp, 2001. (Tese de livre-docência).

NASCIMENTO ARRUDA, Maria Arminda. "The contemporary relevance of Florestan Fernandes". *Sociologia e Antropologia*, vol. 8, nº 1, 2018.

NIMUENDAJU, Curt Unkel. *As lendas da criação e destruição do mundo como fundamentos da religião dos Apapocúva-Guarani*. São Paulo: Hucitec, [1914] 1987.

OSWARD, Cristina. *Entre os Tupinambá*: a gesta dos franceses na Guanabara. Rio de Janeiro: UFRJ, 2009. (Tese de doutorado).

PASSADOR, Luiz Henrique. *Herbert Baldus e a antropologia no Brasil*. Campinas: Unicamp, 2002. (Tese de mestrado).

PEIRANO, Mariza. "A antropologia esquecida de Florestan Fernandes: os Tupinambá". *Anuário Antropológico*, nº 82, 1984.

PEIXOTO, Fernanda. *Diálogos brasileiros*: uma análise da obra de Bastide. São Paulo: Fapesp, 2000.

PERRONE-MOISÉS, Beatriz. *Relações preciosas*: franceses e ameríndios no século XVII. São Paulo: USP, 1996. (Tese de doutorado).

PERRONE-MOISÉS, Beatriz. "A vida nas aldeias dos Tupi da costa". *Oceanos*, vol. 42, 2000.

PERRONE-MOISÉS, Beatriz. "Os Brasis em Lévi-Strauss". *Diacrítica*, vol. 23, 2009.

PERRONE-MOISÉS, Beatriz; SZTUTMAN, Renato. "Notícias de uma certa confederação Tamoio". *Mana*, vol. 16, nº 2, 2010.

RIBEIRO, Darcy. *Os índios e a civilização*: a integração das populações indígenas ao Brasil moderno. Rio de Janeiro: Global, [1970] 2017.

SCHADEN, Egon. *Aspectos Fundamentais da Cultura Guarani*. São Paulo: Edusp, 1974.

STRATHERN, Marilyn. *O gênero da dádiva: problemas com mulheres e problemas com a sociedade na Melanésia*. Campinas: Editora da Unicamp, [1988] 2006.

SZTUTMAN, Renato. *O profeta e o principal*: a ação política ameríndia e seus personagens. São Paulo: Fapesp, 2012.

THORNTON, Robert. "The metaphor of ethnographical holism". *Cultural Anthropology*, vol. 3, nº 3, 1988.

TUPINAMBÁ, Renata. "Eu quero ligar a TV e ter ali um conteúdo produzido por indígenas". Disponível em: https://pib.socioambiental.org/pt/%E2%80%9CEu_quero_ligar_a_TV_e_ter_ali_um_conte%C3%BAdo_produzido_por_ind%C3%ADgenas%E2%80%9D. Acessado em: 10.02.2022.

VIVEIROS DE CASTRO, Eduardo. *Araweté*: os Deuses Canibais. Rio de Janeiro: Zahar, 1986.

VIVEIROS DE CASTRO, Eduardo. "Etnologia brasileira". *In*: MICELI, Sergio (Coord.). *O que ler na ciência social brasileira, 1970-1995*. São Paulo: ANPOCS, 1999.

VIVEIROS DE CASTRO, Eduardo. *A inconstância da alma selvagem e outros ensaios de antropologia*. São Paulo: Cosac Naify, 2002.

VIVEIROS DE CASTRO, Eduardo. *Metafísicas canibais*: elementos para uma antropologia pós-estrutural. São Paulo: Ubu, [2009] 2015.

VELDEN, Felipe Vander. "O retorno dos ancestrais, ou alguma coisa que sei sobre o Florestan dos antropólogos". *Revista Florestan*, vol. 10, nº 2, 2014.

VIEGAS, Suzana. *Terra calada*: os Tupi-nambá na Mata Atlântica do Sul da Bahia. Rio de Janeiro: 7 Letras, 2007.

WAGLEY, Charles; GALVÃO, Eduardo. *Os índios Tenetehara*: uma cultura em transição. Rio de Janeiro: MEC, 1961.

ZUKER, Fabio. "A autodemarcação da Terra Indígena Tupinambá no Baixo Tapajós". *In*: ______. *Vida e morte e uma Baleia-Minke no interior do Pará e outras histórias da Amazônia*. São Paulo: Publication Studio, 2019.

LIVRO I

A TECNOLOGIA GUERREIRA

INTRODUÇÃO

Nesta parte do trabalho pretendo analisar os aspectos guerreiros do sistema tecnológico dos tupinambá. A análise implicará a consideração de certos problemas que, usualmente, são excluídos das preocupações dos sociólogos quando investigam fenômenos desta natureza. Em particular, a atenção dada aos aspectos ergológicos do sistema guerreiro dos tupinambá poderia parecer excessiva. Por isso, considero da maior importância a exposição dos motivos que me levaram a estender o objeto da análise. São dois os motivos: um, nasceu das exigências da investigação particular empreendida; outro, resultou da colocação do problema da técnica na ciência moderna.

Quanto ao primeiro motivo, é sabido que as pesquisas de reconstrução histórica não se podem circunscrever às inferências baseadas exclusivamente nas informações fornecidas de modo direto e explícito pelas fontes históricas compulsadas. Ao contrário, impõe-se, como regra de trabalho, entre outros recursos, a exploração sistemática de evidências estabelecidas de modo indireto. Em virtude dos conhecimentos que possuímos sobre as formas de adaptação dos tupinambá ao meio natural circundante, sabe-se que a guerra desempenhava um papel relevante na estratégia tribal da "luta pela vida".[85] Do êxito das atividades guerreiras dos tupinambá dependia extensamente o funcionamento "normal" dos

[85] Cf. o trabalho do autor: *A organização social dos tupinambá*, pp. 97-109.

sistemas econômico e organizatório tribais. Em torno delas giravam todas as possibilidades de preservação do domínio e usufruto de áreas territoriais ocupadas e de conservação da iniciativa nos movimentos de invasão de áreas territoriais dominadas por outros grupos tribais. É legítimo admitir, portanto, que a descrição minuciosa da tecnologia guerreira dos tupinambá (inclusive em seus aspectos ergológicos) representa um meio adequado, e sem dúvida o único acessível em nossos dias, para se investigar a função da guerra no plano ecológico daquelas sociedades tribais. As duas implicações sociológicas de semelhante análise são evidentes, exprimindo: 1) quais eram as fontes da "eficiência" do sistema guerreiro tribal; 2) como este se integrava à estrutura e ao funcionamento do sistema adaptativo da sociedade tupinambá.

O segundo motivo refere-se à explicação da técnica como fenômeno social. Como salienta Mannheim, a palavra *técnica* não se aplica somente a "objetos tangíveis", como as máquinas, instrumentos de produção em sociedades industriais, mas também às "relações sociais e ao próprio homem".[86] Esta maneira de encarar a técnica envolve um alargamento na manipulação tradicional do conceito. Mesmo os sociólogos que admitiam a extensão do conceito às situações humanas, como Espinas, restringiam sua compreensão aos processos operativos das "artes úteis" e "adultas", isto é, as "práticas conscientes e refletidas", em certo sentido opostas às "práticas simples, que se estabelecem espontaneamente".[87] Por isso, o mesmo especialista sugeria a aplicação do termo *prática* para designar "todas as manifestações coletivas do querer, tanto aquelas que são espontâneas, quanto aquelas que são refletidas".[88] Contudo, graças à contribuição dos historiadores e especialmente dos etnólogos, o termo *técnica* também foi aplicado às "práticas inconscientes

---

[86] MANNHEIM, Karl. *Libertad y planificación social*, p. 246. Parece-me conveniente assinalar aqui que alguns autores criticam a ideia de "uma técnica moral", rejeitando assim a extensão do conceito de técnica às relações humanas (cf., por exemplo, PARODI, Dominique. *Le Problème moral et la pensée contemporaine*, p. 44).

[87] ESPINAS, Alfred. *Les Origines de la technologie*, pp. 114/115.

[88] ESPINAS, Alfred. *Les Origines de la technologie*, p. 115. A sugestão teve pouco sucesso, pois é sabido que o termo *prática* possui dois sentidos correntes bem definidos nas ciências sociais (cf. LEVY-BRUHL, Lucien. *La Morale et la science des mœurs*, p. 9).

e espontâneas", independentemente do grau de civilização das sociedades investigadas.[89] Paralelamente, as razões que aconselhavam o emprego discriminado do termo *tecnologia* – como ciência "dos grupos de regras práticas, das artes ou das técnicas observadas nas sociedades humanas adultas, de algum modo civilizadas"[90] – deixaram de existir. Por isso, a maioria dos especialistas designa com esse termo, ou por meio da expressão *sistema tecnológico*, o conjunto de processos operativos e de conhecimentos técnicos incorporados ao equipamento adaptativo das sociedades humanas.[91]

Portanto, na investigação dos sistemas tecnológicos cabe à sociologia um conjunto de problemas específicos. Todas as sociedades dispõem de um equipamento cultural adaptativo, por cujo intermédio o meio natural circundante é domesticado e as fontes de recursos naturais são protegidas

---

89 *Aliás, para alguns autores modernos, que se têm dedicado à análise da técnica de uma perspectiva histórico-cultural, como Spengler, o termo possui um significado essencial muito mais amplo. O termo técnica exprimiria sempre, de modo sintético, toda "atividade que tem um fim", podendo ser empregado tanto no sentido de técnica da espécie (no plano da animalidade) quanto no sentido de técnica humana (no plano da cultura)*; cf. SPENGLER, Oswald. *El hombre y la técnica*, caps. I, II e III, especialmente p. 19, pp. 42-45 e pp. 54-58.

90 ESPINAS, Alfred. *Les Origines de la technologie*, p. 115. Lalande oferece uma definição mais geral: "estudo dos processos técnicos, no que eles têm de geral e em sua relação com o desenvolvimento da civilização" (LALANDE, André. *Vocabulaire technique et critique de la philosophie*, p. 1084).

91 Segundo F. Mentré seria impreciso o emprego metonímico da palavra, pois "a tecnologia é a teoria ou a filosofia das técnicas" (cf. LALANDE, André. *Vocabulaire technique et critique de la philosophie*, p. 1084). A crítica de Mentré foi aceita pela maioria dos membros da Sociedade Fancesa de Filosofia presentes à reunião em que o vocábulo foi apreciado: não obstante, encarando-se a questão do ponto de vista da forma de integração dos conhecimentos técnicos e dos processos operativos à cultura de um povo, primitivo ou civilizado, e do tipo de consciência social desenvolvida pelas pessoas em interação a respeito dos mesmos, pode-se emitir um juízo diferente sobre o referido parecer. Alguns autores, provavelmente para evitar essas dificuldades, substituem o termo técnica por outros equivalentes; assim, Leroy-Gourhan usa a expressão "meio técnico" para designar a "totalidade dos meios de ação material" e o termo "tecnologia" para referir a ciência que estuda a organização e a evolução dos "elementos técnicos" (cf. LEROY-GOURHAN, André. *Évolution et techniques*: milieu et techniques, pp. 363-370 e 472). Entretanto, em consequência de uma orientação estritamente culturalista, as relações sociais são excluídas da compreensão do conceito de "meio técnico".

contra outras sociedades, os animais e as mudanças naturais cataclísmicas; o organismo humano é adestrado para suportar a *vida em sociedade*; e os indivíduos são encadeados em uma rede organizada de relações de interdependência biótica, expressadas e atualizadas socialmente através de "objetos tangíveis" e de "processos operativos".[92] Os problemas específicos levantados pela investigação do sistema tecnológico, assim compreendido, podem ser distribuídos em três categorias: 1) como os elementos e os conhecimentos técnicos promovem a domesticação do meio natural circundante e o adestramento de organismos biológicos para a "vida social"; 2) como os elementos e os conhecimentos técnicos são criados ou adquiridos socialmente, integrando-se em unidades socioculturais mais amplas, e como estas se articulam às demais esferas da sociedade; 3) como os elementos e os conhecimentos técnicos se refletem nas relações humanas, contribuindo para desenvolver tipos determinados de ordenação e de controle sociais das ações e das atividades das personalidades em interação.

Ora, a pesquisa destes aspectos da tecnologia guerreira dos tupinambá, dentro dos limites das possibilidades de reconstrução histórica, implicava necessariamente uma análise extensiva dos "meios elementares" de ação guerreira dos tupinambá. Por isso, procurei descrever: os "objetos tangíveis" (as armas) através dos quais os tupinambá enfrentavam os seres vivos, que partilhavam com eles os recursos do meio natural circundante (primeiro tópico desta parte do trabalho); as formas de organização social das atividades humanas durante os empreendimentos guerreiros e a contenda armada (segundo tópico desta parte do trabalho). As evidências possíveis a respeito da função ecológica da guerra na sociedade tupinambá, é claro, precisaram ser extraídas, indiretamente, destas descrições, combinadas a dados explícitos, fornecidos pelas próprias fontes primárias, sobre os fins das expedições guerreiras.

---

92 As principais fontes teóricas desta explanação são as seguintes (na ordem aproximada de aproveitamento no contexto): WARNER, William Lloyd; LUNT, Paul Sanborn. *The social life of a modern community*, pp. 17-21; MALINOWSKI, Bronislaw. *A scientific theory of culture*, pp. 52-131; MARX, Karl; ENGELS, Friedrich. *The German ideology*, pp. 16-43; EVANS-PRITCHARD, E. E. *The Nuer*, cap. II; PARK, Robert E. *Ecologia humana* (passim) e *Symbiosis and socialization* (passim); HOLLINGSHEAD, August de Belmont. *Human ecology* (passim).

Verifica-se, pois, que os dois motivos, responsáveis pela extensão da análise, atuaram no mesmo sentido. E que a forma de sistematização dos materiais adotada nesta parte do trabalho, na falta de outras, apresenta a dupla vantagem de corresponder às possibilidades concretas de exploração das fontes primárias e de satisfazer pelo menos as exigências mínimas de investigação do fenômeno em uma sociedade particular. Além disso, espero ter evitado certas deficiências de orientação metodológica em que incorreram alguns especialistas ao tratar do fenômeno, procedendo como se a guerra e o sistema tecnológico de uma sociedade dada fossem duas realidades distintas, apenas vinculadas entre si.[93]

---

[93] Veja-se, por exemplo, o estudo das relações entre a guerra e a tecnologia nas sociedades ocidentais, feito por Kaempffert. Adotando a orientação clássica de estudo das *repercussões sociais*, o autor não dá nenhuma atenção ao que se poderia presumir como sendo o problema básico em uma análise desse tipo: a guerra como parte do sistema tecnológico das sociedades ocidentais (cf. KAEMPFERT, Waldemar. *War and technology*, passim). Nesse sentido, o método adotado nesta parte da monografia conforma-se à orientação metodológica seguida por E. R. Van Dyke (cf. ROBINSON, Edward Van Dyke. *War and economics in history and in theory*, esp. pp. 133/134).

CAPÍTULO I

AS ARMAS

As armas constituem os instrumentos materiais do combate: os artefatos por cujo intermédio os grupos de guerreiros antagônicos em luta decidem de fato o *curso militar* da guerra. Por isso, embora a "guerra" e os "instrumentos de guerra" sejam coisas distintas,[94] é impossível compreender claramente a primeira sem conhecer de modo preciso o arsenal dos combatentes. Graças às investigações etnográficas de Métraux,[95] no entanto, os artefatos guerreiros dos tupinambá já são conhecidos. Limitei-me, em vista disso, à transcrição das descrições fornecidas por este autor, completando-as, quando necessário (especialmente no que se refere ao uso das armas, aspecto do sistema guerreiro dos tupinambá que não interessou àquele especialista).

A sistematização dos dados disponíveis, e aproveitáveis cientificamente, ofereceu poucas dificuldades. Conforme Leroi-Gourhan, "o conjunto de meios pelos quais se podem capturar ou matar os seres vivos (compreendendo-se o homem nesta categoria) impõe duas divisões desiguais: as *armas* e as *armadilhas*. A classificação mais cômoda consiste em separar as

---

94 TURNEY-HIGH, Harry Holbert. *The practice of primitive war*, p. 1; para este autor, as armas são artefatos que servem como intermediários entre a inteligência dos guerreiros e seus objetivos (TURNEY-HIGH, Harry Holbert. *The practice of primitive war*, p. 3).

95 MÉTRAUX, Alfred. *La Civilization materielle des tribus tupi-guarani.*

armas curtas: faca, sabre, machado, maça etc.; as *armas longas*: lanças, arpões etc.; as *armas de projéteis*: arcos e sarabatanas".[96] Esta classificação, é óbvio, baseia-se exclusivamente sobre critérios formais; o mesmo autor assinala como se poderia torná-la mais precisa, referindo-a ao "emprego das armas" (*armas curtas de mão, armas longas de mão* e *armas de tiro*). Contudo, como observa Marcel Mauss, "as armas podem ser estudadas como formando uma indústria geral com usos especiais – uma mesma faca será empregada para a caça, para a guerra, para a matança".[97] Por isso, seria melhor distinguir as armas umas das outras de acordo com a função que lhes é atribuída. Na teoria dos poderes militares encontra-se uma classificação bastante simples, em que as armas são caracterizadas da seguinte maneira, na base de um critério funcional: 1) armas de fogo (ou de tiro, num sentido mais amplo); 2) armas de choque; 3) armas de mobilidade: 4) armas de proteção. Turney-High pensa que essa classificação também é aplicável ao estudo do equipamento guerreiro dos "povos primitivos",[98] tendo eu seguido este parecer, adotando o esquema na sistematização dos dados relativos às armas empregadas nos contactos guerreiros pelos tupinambá. Lembro, porém, que em sociedades de determinados níveis de civilização, como a dos tupinambá, as "armas de mobilidade" são os próprios homens. O organismo humano realiza, então, as operações essenciais de deslocação no espaço, de aproximação dos inimigos e de complementação "militar" das armas de tiro e de choque, executadas em outras sociedades por meio da utilização técnica de animais ou de engenhos de guerra. Isso explica por que tais aspectos do sistema guerreiro tupinambá foram analisados adiante, e não neste tópico do trabalho.

Os observadores quinhentistas e seiscentistas que descreveram o equipamento guerreiro dos tupinambá não mencionam, pelo menos da forma que seria desejável do ponto de vista sociológico, aspectos importantíssimos do mesmo: inclusive os que dizem respeito ao modo

---

96 LEROY-GOURHAN, André. *Évolution et techniques*: milieu et techniques, p. 13; os termos estão grifados no original.

97 MAUSS, Marcel. *Manuel d'ethnographie*, p. 38.

98 TURNEY-HIGH, Harry Holbert. *The practice of primitive war*, pp. 4/5; sobre a classificação funcional e a função das armas, cf. pp. 4-12, p. 69.

manual de aplicação das armas. Mas, como se sabe, não é dado ao pesquisador evitar, em estudos de reconstrução histórica, as lacunas oriundas de deficiências das fontes primárias. Embora preferisse fazer uma análise tão completa quanto possível do manejo das armas pelos tupinambá,[99] tive que me contentar com a exploração das informações que os cronistas julgaram dignas de relato. Como se verá, elas mal correspondem à necessidade que temos de conhecer a eficiência e as habilidades guerreiras dos tupinambá.

a. As armas de tiro

A arma de tiro dos tupinambá era o arco e a flecha. Usavam-na nos combates a distância, complementando-a pelo emprego combinado das flechas incendiárias e de "gases nocivos". "Os arcos dos tupinambá", escreve Métraux, "parecem ter sido bastante compridos. Talhados em madeira negra extremamente dura, eles eram de difícil distensão. Sua secção era plano convexa, pelo que se pode julgar pelo arco representado no quadro de Eckhout. Às vezes eles eram ornamentados com uma guarnição de 'palmas trançadas'; tratava-se provavelmente de um mosaico [ou trançado] de palha que cobria a madeira. Cardim,* que nos dá esta indicação, ajunta com efeito que estas palmas eram de diferentes cores. As extremidades dos arcos podiam ser também adornadas com plumas".[100] O mesmo etnólogo informa o seguinte, a respeito da corda: "a corda de seus arcos era de algodão, mais raramente de fibra de tucum, e era frequentemente pintada de verde ou vermelho. Quando o arco era retesado, as pontas inaproveitadas da corda eram enroladas

---

[99] Cf. nota *a*, no apêndice, pp. 543-545.

[100] MÉTRAUX, Alfred. *La Civilization materielle des tribus tupi-guarani*, p. 70. **Nota de Métraux*: "e os [arcos] fazem de boas madeiras, e muito galantes, tecidos com palma de várias cores e lhes tingem as cordas de verde ou vermelho" (CARDIM, Pe. Fernão. *Tratados da terra e gente do Brasil*, ed. usada por Métraux, Rio de Janeiro, 1925, p. 179; na edição utilizada neste trabalho, p. 158). A matéria-prima era o conhecido "pau-d'arco" (*Tecoma heptaphylla*, Mart.). O quadro de Eckhout vem representado na figura 1 (extraída de THOMSEN, Thomas. *Albert Eckhout ein Niederländischer Maler und sein gönner Moritz der Brasilianer*, p. 9).

nas duas extremidades".[101] Quanto à flecha, a mesma fonte fornece as seguintes indicações: "As flechas dos tupinambá eram do tamanho de uma braça [1,60 m aproximadamente]. Seu cabo era feito com uma cana sem nós. É possível que a fixação fosse reforçada por uma peça de madeira, mas a passagem de Léry onde este pormenor é fornecido não é concludente a semelhante respeito. De todos os tupi-guarani, os guarayú e os pauserna são, no meu conhecimento, os únicos que fazem uso deste pequeno tampo de madeira".

"As plumas de suas flechas tinham, aproximadamente, um palmo de comprimento. Elas eram fendidas em duas e cada metade era aplicada ao cabo, ao qual ela era fixada por suas duas extremidades por um fio de algodão. Este tipo de emplumação, chamado de emplumação do Este do Brasil (*East Brazilian feathering*), é característico da maioria das tribos tupi-guarani".[102]

Os tupinambá empregavam como ponta de flecha:

1) seja uma simples haste de madeira rija, arpoada; ou não, de um pé e meio;

2) seja uma lasca de taquara em forma de lanceta, com um pé e meio de comprimento aproximadamente;

3) seja um osso ou "ossos de peixes pontiagudos e mais ou menos do tamanho de um dedo pequeno, muito bem amarrados e com uma ponta recurvada em forma de gancho";*

4) seja um dente de tubarão ou de outro animal, seja enfim o rabo de uma arraia.[103] Como não possuíam aljavas, guardavam suas flechas em um estojo de casca.[104]

---

[101] MÉTRAUX, Alfred. *La Civilization materielle des tribus tupi-guarani*, p. 70.

[102] MÉTRAUX, Alfred. *La Civilization materielle des tribus tupi-guarani*, p. 73.

[103] MÉTRAUX, Alfred. *La Civilization materielle des tribus tupi-guarani*, p. 75; **Nota de Métraux*: Claude d'Abbeville, ed. 1614, usada por Métraux, fol. 288v.; cf. p. 220 da edição utilizada neste trabalho.

[104] MÉTRAUX, Alfred. *La Civilization materielle des tribus tupi-guarani*, p. 78.

Métraux assevera categoricamente que "o costume de envenenar as flechas é estranho aos tupi-guarani".[105] É provável que tenha razão, pois somente Cardim, pelo que sei, informa o contrário: "e às vezes as ervam [às flechas] com peçonha",[106] não sendo, no entanto, confirmado por outras fontes. Cardim refere-se ao emprego dos dentes de tubarões: os tupinambá usariam-nos como pontas para as flechas "por serem muito agudos, cruéis, e peçonhentos, e raramente saram das feridas ou com dificuldade";[107] e Léry afirma a mesma coisa sobre semelhante utilização dos ferrões do rabo da arraia, que "são muito venenosos".[108] Estas informações, entretanto, nada têm de comum com a explanação de Cardim transcrita acima, segundo a qual os tupinambá teriam praticado o envenenamento das flechas.

O uso das flechas incendiárias é documentado por Staden e Thevet; aproveitando os dados fornecidos por estas fontes, escreve Métraux: "em tempo de guerra, os tupinambá incendiavam as aldeias de seus adversários, atirando sobre suas cabanas flechas em cuja ponta ardia uma mecha de algodão".[109] A primeira fonte descreve um ataque dos nativos em que as flechas incendiárias foram utilizadas contra os brancos, e dá informações a respeito da fabricação das mesmas. "Aproximaram-se da povoação, lançaram ao ar grande quantidade de flechas que deviam atingir-nos quando caíssem, utilizando também muitas delas às quais haviam amarrado mechas de algodão embebido em cera. Com estas flechas acesas pretendiam atear fogo ao teto das choças"; "apanham também algodão, misturam-no com cera, prendem-no sobre as flechas e inflamam-nas. São as flechas incendiárias".[110] O cronista francês

---

105 MÉTRAUX, Alfred. *La Civilization materielle des tribus tupi-guarani*, p. 77; a mesma coisa é sustentada por Sérgio Buarque de Holanda (cf. *Índios e mamelucos na expansão paulista*, p. 272).

106 CARDIM, Pe. Fernão, p. 158.

107 CARDIM, Pe. Fernão, p. 75.

108 LÉRY, Jean de, p. 170.

109 MÉTRAUX, Alfred. *La Civilization materielle des tribus tupi-guarani*, p. 77.

110 STADEN, Hans, pp. 47 e 178, respectivamente; nesta página escreve ainda o seguinte: "e empregam também flechas ardentes contra as choças dos adversários para atear-lhes fogo".

indica, por seu turno, o que acontecia após o emprego bem-sucedido das flechas incendiárias, pondo em evidência sua função no combate: "e quando alcançam a aldeia, usam o artifício de lançar fogo às cabanas dos adversários, a fim de obrigá-los a sair do abrigo, juntamente com sua bagagem, suas mulheres e seus filhos".[111]

O uso de *gases nocivos* (fumaça de pimenta) pelos tupinambá foi analisado primeiramente por Nordenskiöld. Este etnólogo explica a função dessa arma ofensiva pela necessidade de desalojar os inimigos de seus redutos fortificados (as paliçadas): "com suas imperfeitas armas ofensivas, os índios deviam sentir grande dificuldade no assalto a uma aldeia que fosse bem fortificada".[112] Métraux também se refere ao emprego dos gases nocivos pelos tupinambá, aceitando essa explicação: "para desalojar seus inimigos de uma fortificação ou de uma praça forte, os tupinambá, como em nossos dias os oyampi, queimavam pimenta de Caiena, cuja fumaça produz efeitos análogos aos dos gases irritantes".[113] As informações em que estas explanações se baseiam são fornecidas por Hans Staden. O cronista participou da defesa de Igaraçu, em colaboração com os portugueses, e presenciou como os índios tupi praticavam a operação: "os índios nada podiam fazer-nos nas barcas. Trouxeram então galhos secos de suas trincheiras e os atiraram no espaço existente entre a praia e os botes. Queriam incendiá-los e jogar às chamas pimenta que aí medra. A fumaça nos obrigaria a fugir".[114] Adiante volta a referir-se a esta técnica guerreira e relaciona sua utilização ao ataque de grupos locais nativos fortificados.

> Ouvi-lhes dizer também, mas não vi propriamente, que utilizam pimenta, que há em sua terra, e com que conseguem afugentar das fortificações os seus inimigos. Isto se dá da maneira seguinte: quando o vento sopra, fazem uma grande fogueira e lançam-lhe dentro um montão de pés de pimenta. Se a fumaça

---

[111] THEVET, Frei André. *Singularidades*, p. 227.

[112] NORDENSKIÖLD, Erland. *Palisades and "noxious gases" among ths South-American indians*, pp. 220/221.

[113] MÉTRAUX, Alfred. *La Civilization materielle des tribus tupi-guarani*, p. 85.

[114] STADEN, Hans, p. 48.

> dá de encontro às cabanas, o inimigo tem que sair então para fora. Assim narram e eu creio, pois já estive uma vez, como já foi dito, com os portugueses, em uma província daquela terra, que se chama Pernambuco. Lá permanecemos com um navio, em um braço de mar em seco, porque a maré nos supreendera, tendo vindo muitos selvagens que nos queriam capturar, o que não conseguiram. Atiraram muitos arbustos secos entre o navio e a praia e esperavam afugentar-nos com a fumaça da pimenta, mas não puderam, entretanto, atear-lhes fogo.[115]

Os dados expostos evidenciam que a principal arma de combate a distância dos tupinambá era o arco e a flecha. As flechas incendiárias constituíam, evidentemente, um desenvolvimento técnico desta arma ofensiva, ocorrido no sentido de satisfazer a necessidade de compelir os adversários ao contato pessoal e direto, à disputa decisiva por meio das armas de choque. Os gases nocivos tinham a mesma função. Contudo, é provável que sua aplicação fosse mais reduzida, pois sua eficácia dependia de fatores naturais ingovernáveis (existência e direção dos ventos, condições favoráveis do terreno etc.) e da possibilidade fortuita de atuação constante dos mesmos, de modo a exporem inevitavelmente os inimigos, pelo menos durante certo tempo, a uma situação intolerável. Por isso, não é de admirar que Hans Staden não tenha observado, como relata, o emprego desta técnica nas expedições guerreiras dos tupinambá de que participou ou teve notícia. Doutro lado, ambas as técnicas (flechas incendiárias e gases nocivos) complementavam o arco e a flecha em combinações de natureza tática. É compreensível que se tornavam armas vantajosas e temíveis em duas condições ideais: 1) quando o inimigo era apanhado inteiramente de surpresa; 2) quando o inimigo se encontrava encurralado dentro das próprias fortificações, dispondo os atacantes de alguma espécie de superioridade.

As informações sobre a capacidade guerreira dos tupinambá e suas habilidades no manejo do arco e da flecha são pouco descritivas.

---

115 STADEN, Hans, pp. 178/179. *Staden explica por que a operação não deu resultado: "não conseguiram porém levar a cabo o seu plano, pois nesse entremeio voltou de novo a maré"* (p. 48).

Pode-se, mesmo, qualificá-las como "generalizações do senso comum": exposições sintéticas de experiências pessoais ou de conhecimentos indiretos, obtidos de terceiros, sobre o comportamento dos guerreiros tupinambá. Entretanto, essa é a única fonte, acessível em nossos dias, capaz de proporcionar alguns esclarecimentos sobre tais aspectos do sistema guerreiro dos tupinambá. Por isso, a citação dessas exposições dos cronistas possui inegável importância analítica.

Gandavo asseverava em sua *História*:[116] "as armas com que pelejam são arcos e flechas nas quais andam tão exercitados que de maravilha erram a coisa a que apontarem, por difícil que seja de acertar. E no despedir delas são mui ligeiros em extremo, e sobretudo mui arriscados nos perigos, e atrevidos em gran maneira contra seus adversários"; a mesma informação é repetida pelo cronista em seu *Tratado*:[117] "a coisa que apontarem não na erram, são mui certos com estas armas e temidos na guerra, andam sempre nela exercitados". Anchieta também ressalta a habilidade deles no uso do arco e das flechas, escrevendo: "São guerreiros e grandes flecheiros; basta ver um olho só descoberto a um homem para lhe pregar; são tão destros que não lhes escapa passarinho que não matem, e a flechadas matam o peixe na água".[118] Com o mesmo vigor, outras fontes apreciam de maneira uniforme esta capacidade dos tupinambá. Cardim, por exemplo, quase repete a informação de Anchieta: "e são grandes flecheiros e tão certeiros que lhes não escapa passarinho por pequeno que seja, nem bicho do mato, e não têm mais que quererem meter uma flecha por um olho de um pássaro ou de um homem, ou darem em qualquer outra coisa, por pequena que seja, que o não façam muito ao seu alvo, e por isso são muito temidos, e tão intrépidos e ferozes que mete espanto".[119] Mais interessantes ainda são as

---

[116] GANDAVO, Pero de Magalhães. *História*, p. 124.

[117] GANDAVO, Pero de Magalhães. *Tratado*, p. 50.

[118] ANCHIETA, Joseph de. *Cartas*, pp. 433/434; quanto à habilidade dos tupinambá no flechamento dos peixes, cf. THEVET, Frei André. *Singularidades*, p. 169; e STADEN, Hans, p. 159. Sobre o emprego do arco e flecha em combates, Staden afirma laconicamente: "atiram com rapidez" (p. 178).

[119] CARDIM, Pe. Fernão, p. 158.

considerações e as comparações feitas por Léry e Abbeville. O primeiro não esconde a admiração sentida pelos franceses diante da habilidade dos tupinambá como flecheiros, afirmando, quanto ao arco, que "um europeu não o poderia vergar e muito menos atirar com ele mas tão somente o conseguiria com um arco desses que usam os meninos indígenas de nove ou dez anos de idade".[120] Adiante estende a comparação à eficiência demonstrada no tiro; "quanto ao arco dirão comigo os que o viram em exercício que embora com os braços nus o envergam com tanta desenvoltura e atiram com tanta rapidez que não desagradariam aos ingleses, considerados ótimos flecheiros; pois um índio, com molhos de flechas na mão, lançaria uma dúzia de setas mais depressa que um inglês meia dúzia delas";[121] segundo o mesmo autor, os próprios tupinambá teriam desenvolvido apreciações comparativas a respeito da eficiência de sua arma de tiro: "e diziam, aliás com razão, que atiravam mais depressa seis flechas do que nós um tiro de arcabuz".[122] O capuchinho francês limita-se a comparar a habilidade, comprovada no tiro, dos seus compatriotas à dos tupinambá: "e são tão destros que nunca erram o ponto visado; e tão rápidos que atiram seis flechas enquanto os nossos arqueiros lançam apenas três".[123]

Essas considerações dos autores quinhentistas e seiscentistas permitem supor, como seria de esperar, tratando-se de guerreiros adestrados no emprego do arco e das flechas, que esta arma ofensiva alcançava toda a eficiência possível nas mãos dos tupinambá. Estes foram exímios mestres no manejo dessa arma, cuja capacidade destrutiva também é descrita nas mesmas fontes. Assim, Staden refere-se ao incêndio do grupo local de Mambucaba, provocado por um ataque dos tupiniquim, inimigos dos tupinambá.[124] E sabe-se pelo menos o que os brancos pensavam sobre a gravidade dos ferimentos causados pelas flechas. Cardim, por exemplo, dá algumas informações, tão

---

[120] LÉRY, Jean de, p. 169.

[121] LÉRY, Jean de, p. 170.

[122] LÉRY, Jean de, p. 171.

[123] ABBEVILLE, Claude d', p. 230.

[124] STADEN, Hans, p. 104.

pitorescas quanto significativas: "estas flechas ao parecer, parece coisa de zombaria, porém é arma cruel; passam umas couraças de algodão, e dando em qualquer pau o abrem pelo meio, e acontecem passarem um homem de parte a parte, e ir pregar no chão".[125] As referências de Abbeville não são menos expressivas; graças à técnica de construção das pontas das flechas, estas se tornavam realmente perigosas: "o que faz com que o indivíduo ferido, se não for atravessado pela flecha, tenha solução melhor em completar a obra do que em tentar retirá-la, porquanto, neste caso, arrisca-se a trazer no gancho [na ponta da flecha] as próprias entranhas".[126] Essas indicações são confirmadas por Léry, que compara os efeitos das flechas aos da carga do arcabuz: "mas eu direi que por mais que nos resguardemos com cabeções de búfalos, saias de malha ou outras armaduras ainda mais resistentes, robustos como são e impetuosos no tiro, os nossos selvagens nos transpassariam o corpo com as suas flechas tão bem como nós o faríamos com um tiro de arcabuz".[127] Portanto, pelo que se pode inferir atualmente, os tupinambá manejavam com grande habilidade e eficácia a arma ofensiva de que dispunham, nos tipos de combate em que se empenhavam, e estavam aptos (de acordo com a opinião expressada pelos cronistas) a extrair delas um rendimento destrutivo apreciável.

b. As armas de choque

A principal arma de choque dos tupinambá era o tacape (tipo de clava), empregada tanto no combate corpo a corpo quanto nos sacrifícios rituais; é considerada por Métraux como "a arma de predileção dos tupinambá".[128] A matéria-prima do tacape era uma madeira dura, de cor vermelha ou negra: provavelmente o "pau-de-arco".[129] Conforme

---

[125] CARDIM, Pe. Fernão, p. 158.

[126] ABBEVILLE, Claude d', p. 230.

[127] LÉRY, Jean de, p. 171.

[128] MÉTRAUX, Alfred. *La Civilization materielle des tribus tupi-guarani*, p. 80.

[129] Cf. MÉTRAUX, Alfred. *La Civilization materielle des tribus tupi-guarani*, p. 81, nota 1.

Gabriel Soares, os guerreiros transportavam-no a tiracolo.[130] O tacape "tinha um tope mais ou menos roliço, quase triangular. A haste, de comprimento de 7 a 8 palmos, tinha perto do tope uma largura de 4 dedos, estreitando-se progressivamente na direção da extremidade inferior. Esta era ornamentada com um mosaico [ou trançado] de palha, nitidamente evidenciado no desenho de Staden em que uma destas clavas rituais é representada".[131] "O punho da clava era enriquecido 'com uma guarnição que eles chamavam *Aterabébé* feita de diversas espécies de plumas, lindamente entrelaçadas e justapostas'.* Esta guarnição de penas era feita segundo a mesma técnica que os barretes ou as capas de plumas. Da ponta da haste pendiam os cordões aos quais eram presos os tufos ou, mais exatamente, os penachos. Na véspera da execução do prisioneiro, a clava-espada era polvilhada de cascas de ovos azuis reduzidas a finas parcelas, aderidas à madeira por meio de cera. Aplicavam-lhe também rodelas de conchas".[132]

Existem ainda dois espécimes das clavas dos tupinambá. Um se encontra no Museu Etnográfico de Berlim e outro no Museu do Trocadero, em Paris.[133] Segundo Métraux, que estudou os dois espécimes, eles são idênticos. O exemplar existente no Museu Etnográfico de Berlim (cf. figura 4) é descrito da seguinte maneira pelo referido etnólogo: "seu comprimento total é de 1,20 m e a largura maior de seu tope é de 0,20 m. Seu punho é ornamentado por uma densa franja de fios de origem vegetal ligados a um cordão de algodão relativamente encorpado. A extremidade dos cordéis assim obtidos termina em um tufo de penas vermelhas, provavelmente de *ibis rubra*, do qual só restam atualmente alguns fragmentos".[134]

---

130 GABRIEL SOARES, p. 990; cf. também MÉTRAUX, Alfred. *La Civilization materielle des tribus tupi-guarani*, p. 81.

131 MÉTRAUX, Alfred. *La Civilization materielle des tribus tupi-guarani*, pp. 81/82.

132 MÉTRAUX, Alfred. *La Civilization materielle des tribus tupi-guarani*, p. 82. **Nota de Métraux: Abbeville, folha 292v., da edição usada por Métraux; p. 232 da edição utilizada neste trabalho.*

133 Cf. MÉTRAUX, Alfred. *La Civilization materielle des tribus tupi-guarani*, p. 81, nota 2.

134 MÉTRAUX, Alfred. *La Civilization materielle des tribus tupi-guarani*, p. 81, nota 2.

Com base na documentação disponível, nada se pode afirmar de positivo quanto à existência ou não, no combate, de momentos táticos distintos, vinculados à natureza e à utilização das armas tupinambá (de tiro e de choque). Pode-se reconhecer precisamente apenas a função das armas de tiro durante a abordagem e a preparação dos contendores para o choque decisivo, corpo a corpo. Contudo, parece pouco provável que este se desenrolasse exclusivamente através do tacape. Como se verá adiante, o arco e as flechas eram também empregados nesta parte da luta armada; e uma informação de Anchieta sugere além disso o uso da flecha como uma espécie de lança, sem o auxílio complementar do arco.[135] Os recursos pessoais dos guerreiros desempenhavam, por sua vez, um papel importante nessa fase da contenda. A astúcia, a agilidade e a força física encontravam, a julgar por algumas descrições de combate, que serão aproveitadas adiante, extenso campo de aplicação, mesmo sem nenhuma complementação material por meio de armas. As gravuras de Thevet e de Léry, que ilustram cenas de combate, apesar do reduzido valor etnográfico que possuem, servem para documentar estas modalidades de choque. A figura 13 mostra que o tacape, o arco e a flecha eram igualmente empregados nesta fase da luta armada. As figuras 10, 11 e 12 evidenciam a mesma coisa, revelando ainda algumas formas de aplicação da energia física (como guerreiros desarmados ou caídos enfrentavam os antagonistas ou de que modo procuravam segurar o adversário, introduzindo um dedo no orifício destinado à colocação do tembetá). Na gravura 10 vê-se também que dois guerreiros manejavam as flechas como se estas fossem lanças rudimentares. As mesmas ilustrações não deixam dúvida quanto ao fato de ter o tacape assumido, aos olhos dos europeus, o caráter de arma por excelência do combate corpo a corpo dos nativos.

A conclusão de que ele foi a principal arma de choque dos tupinambá esbarra, no entanto, com uma fonte aparentemente discrepante. Staden não enumera o tacape entre as armas que integravam o equipamento

---

135 A informação de Anchieta diz respeito a uma desavença em um grupo local tupi; uma velha enterrou, da maneira indicada, duas flechas no estômago de um rapaz (ANCHIETA, Joseph de. *Cartas*, p. 100).

guerreiro dos tupinambá.[136] Descreve-o apenas como peça de sacrifício ritual.[137] Além disso, não indica as armas através das quais foram mortos os prisioneiros sacrificados no acampamento de retorno, em que esteve com aqueles índios.[138] Uma análise mais minuciosa patenteia, porém, que o depoimento de Staden não invalida os dados fornecidos pelas demais fontes. Em primeiro lugar, a expedição descrita por ele abrangia exclusivamente uma frota de canoas, estando portanto os tripulantes equipados para um combate marítimo (combate a alguma distância, por meio de arcos e flechas). Em segundo lugar, é reconhecível o lapso narrativo daquele cronista: sabe-se, pela gravura relativa ao acampamento de retorno, onde foram sacrificados os prisioneiros feridos gravemente, que pelo menos alguns guerreiros tupinambá se encontravam munidos de tacape.[139] Observam-se nitidamente nessa gravura dois tacapes, sendo que em um deles é visível até a ornamentação. Portanto, não podem subsistir dúvidas, em nossos dias, quanto à função de arma de choque desempenhada pelo tacape no equipamento guerreiro dos tupinambá. Somente seria preciso admitir que ela era complementada, no combate, por outros recursos técnicos (como as armas de tiro, usadas com estes fins especiais: de choque; e a capacidade física dos guerreiros na luta corporal).

As referências ao manejo e aos efeitos destrutivos do tacape são bem pobres. Cardim qualificava tais armas como *cruéis* "porque não dão ferida, mas pisam e quebram a cabeça de um homem sem haver remédio de cura".[140] Esta informação é corroborada por Brandão e por Gabriel Soares. De acordo com o primeiro autor, os tacapes seriam "espadas curtas de um pau pesado e forte, que desbaratam e põem por

---

[136] Cf. STADEN, Hans, caps. 27-28, pp. 177-179.

[137] Cf. STADEN, Hans, pp. 179-182.

[138] Cf. STADEN, Hans, p. 129.

[139] Cf. STADEN, Hans, p. 130; nem poderia ser diferente, pois o tacape constituía o instrumento sagrado através do qual se consumava o sacrifício ritual dos prisioneiros. Uma passagem pouco conclusiva de Gabriel Soares sugere que nem todos os guerreiros transportavam tacape consigo: "toma cada um (...) seu pavês e arco e flechas na mão, e outros levam além disto uma espada de pau a tiracolo" (p. 390).

[140] CARDIM, Pe. Fernão, p. 159.

terra qualquer parte do corpo aonde assenta o golpe".[141] Gabriel Soares trata especificamente do ataque: "para o que vão apercebidos de uns paus, à feição de arrochos, com uma quina por uma ponta, com o que da primeira pancada que dão na cabeça ao contrário, lhe fazem em pedaços".[142] Léry observou a destreza com que os tupinambá manejavam os tacapes[143] e descreveu-os da seguinte maneira: "é afiado como um machado, cortando como este por ser de madeira dura e pesada como o bucho. E são tão hábeis, quando enraivecidos, no manejo do tacape, que dois de nossos mais destros espadachins teriam dificuldade em haver-se com um tupinambá".[144] Apesar da pobreza das indicações específicas, essas fontes salientam duas coisas: 1) os tacapes dos tupinambá ocasionavam efeitos comparáveis aos de qualquer outra espécie de clava ou de maça, apesar da matéria-prima de que eles eram feitos. Por isso, no combate corpo a corpo eles se tornavam realmente armas perigosas e eficientes; 2) a habilidade dos tupinambá no manejo dessa arma de choque devia ser apreciável, pois mereceu a atenção e o reconhecimento dos cronistas, acostumados ao emprego das armas de choque européias, de transporte mais fácil, de manejo mais simples e superiores quanto à capacidade destrutiva.

c. As armas de proteção

Os tupinambá conheciam dois tipos de arma de proteção: o escudo, utilizado como meio de proteção pessoal pelos guerreiros, e a paliçada, por cujo intermédio conseguiam alguma segurança coletiva contra as armas de tiro dos inimigos, seja durante o ataque a grupos locais adversários, seja na defesa dos próprios grupos locais. "Como armas defensivas, os tupinambá somente possuíam escudos redondos,

---

[141] BRANDÃO, Ambrósio Fernandes, pp. 283-284.

[142] GABRIEL SOARES, p. 391.

[143] "Os indígenas manejam destramente os seus tacapes", escreve (p. 170). Adiante compara essas armas às espadas dos europeus: "Se as manejassem como sabem manejar seus tacapes seriam elas em suas mãos bem perigosas" (Léry, p. 170).

[144] LÉRY, Jean de, p. 169; outros dados sobre os efeitos dos golpes de tacape serão indicados adiante, quando tratar do sacrifício ritual.

geralmente de couro de tapir, de madeira leve ou de casca. Esses escudos eram comumente pintados de várias cores ou guarnecidos de penas de canindés".[145] Brandão informa que "as rodelas, que também consigo levam, são grandes e pintadas, feitas de um pau leve, bastante a lhes cobrir todo o corpo, com que se reparam das flechas dos inimigos".[146] Thevet confirma esta informação: "a terceira peça do armamento é o escudo, que usam os índios na guerra. É muito comprido e feito de peles de um animal, cuja cor é igual à das vacas, todavia diverso no tamanho".[147] Conforme já indiquei, as gravuras de Thevet e de Léry, que ilustram cenas de combate, possuem um valor etnográfico muito reduzido; em duas delas (cf. gravuras 11 e 12), os escudos são representados, sem que se possa julgar, no entanto, se eram ou não tão grandes como o afirmam Brandão e o próprio Thevet. Quanto à função defensiva da arma, os cronistas que a ela se referem confirmam a informação de Brandão.[148] Além disso, cumpre ressaltar que ofereciam alguma segurança efetiva contra as armas aborígenes de tiro: Thevet, pelo menos, observa o seguinte: "esses escudos são tão fortes e sólidos quanto os barceloneses, de modo que resistem a um tiro de arcabuz, e, consequentemente, a armas menos poderosas".[149]

Métraux reconstruiu os dois tipos de paliçada dos tupinambá: as empregadas durante o ataque a grupos locais inimigos e as construídas como meio de defesa dos seus próprios grupos locais. Quanto à primeira, escreve: "quando os tupinambá assediavam uma aldeia, construíam bem

---

[145] MÉTRAUX, Alfred. *La Civilization materielle des tribus tupi-guarani*, p. 84.

[146] BRANDÃO, Ambrósio Fernandes, p. 284.

[147] THEVET, Frei André. *Singularidades*, p. 231; segundo Estevão Pinto, Thevet refere-se às cascas de tartarugas (cf. nota 1, in loc. cit.).

[148] Léry escreve o seguinte: "usam ainda rodelas ou escudos de couro seco, feitos com a parte mais espessa da pele do *tapirassu*; são largas, chatas e redondas como um fundo de tamboril da Alemanha. *Entretanto não as usam no combate de perto como os nossos soldades, utilizam-nas apenas para resguardo contra as flechas inimigas*" (p. 170; o grifo é meu). Abbeville informa laconicamente: "usam também escudos ou rodelas de couro muito resistente, a que dão o nome de *uaracapa* e com os quais se resguardam das flechas inimigas" (p. 230).

[149] THEVET, Frei André. *Singularidades*, p. 231.

perto dela uma paliçada com ramos de árvores e com sarças. Eles impediam assim toda espécie de sítio e ficavam ao abrigo de suas flechas. Se eles fossem surpreendidos por um bando de inimigos superiores em número, eles se entrincheiravam detrás de uma fortificação análoga".[150] A paliçada construída em torno das malocas dos tupinambá vem representada em uma das melhores xilogravuras de Staden (cf. figura 5). Utilizando as informações fornecidas pelas fontes quinhentistas e seiscentistas, eis como Métraux restabeleceu etnograficamente o segundo tipo de fortificação:

> (...) as aldeias dos tupinambá situadas nas proximidades de tribos inimigas eram protegidas contra toda agressão por uma paliçada dupla. A cerca exterior era formada de grossas estacas pontudas, fixadas na terra a certa distância umas das outras, mas a intervalos suficientemente próximos para impedir que alguém se introduzisse entre eles. A segunda cerca elevava-se a 20 ou 30 palmos em torno da primeira. Compunha-se de troncos de palmeiras fendidos, apertados uns aos outros de modo a não deixar nenhuma abertura, exceto estreitas seteiras para as flechas dos arqueiros. Esta paliçada tinha a altura de uma toesa e meia e formava ângulos reentrantes e salientes que permitiam surpreender o inimigo de flanco. No caso de ataque iminente, os tupinambá enterravam cunhas de madeiras pontudas ao alcance das flechas da fortificação.[151]

Estas fortificações, erguidas principalmente nas povoações localizadas perto de tribos inimigas,[152] constituíam um abrigo relativamente seguro – pelo menos quando os atacantes dispunham de um equipamento militar do tipo do que os tupinambá possuíam. Por isso, Nordenskiöld

---

150 MÉTRAUX, Alfred. *La Civilization materielle des tribus tupi-guarani*, p. 85. A figura 7, extraída do livro de Hans Staden, representa rudimentarmente três fortificações dessa espécie.

151 MÉTRAUX, Alfred. *La Civilization materielle des tribus tupi-guarani*, pp. 57/58.

152 E. Nordenskiöld assevera quc as paliçadas eram em geral construídas quando havia acesso para um bosque, indicando além disso que se tratava de um empreendimento de larga magnitude, exigindo a cooperação de muitos homens (cf. op. cit., p. 225).

associou, como foi visto acima, o uso dos gases nocivos às condições de segurança criadas por semelhantes fortificações. Adiante procurarei mostrar, entretanto, que esta não era a única técnica, conhecida e praticada pelos aborígenes, de desalojamento dos inimigos sitiados.

d. Acessórios do equipamento guerreiro

A análise precedente incidiu sobre os aspectos formais e funcionais das armas que integravam o equipamento guerreiro dos tupinambá; aparentemente, o assunto parece esgotado: todas as armas tribais (de tiro, de choque e de proteção) foram descritas e, à medida do possível, referidas às suas formas manuais de aplicação. Todavia, seja-me permitido fazer uma pergunta: dando-se ao guerreiro tupinambá um arco, algumas flechas, um tacape, um escudo etc., ele se sentiria "militarmente" equipado para a guerra? É óbvio que não. Existiam outros elementos, também incorporados ao equipamento guerreiro tribal, dos quais dependia o sucesso "militar" dos guerreiros. Entre eles é preciso contar: as insígnias guerreiras; os instrumentos musicais, quando empregados com finalidades guerreiras; alguns processos mágicos, associados à guerra; e, por fim, a utilização de troféus. Esses elementos vinculavam-se de tal maneira às atividades dos guerreiros que é impossível negar-lhes uma função de ordem instrumental, de caráter técnico, por cujo intermédio eram alcançados certos objetivos durante as expedições guerreiras ou no decorrer dos combates.[153] Infelizmente, esta parte do equipamento guerreiro dos tupinambá foi pouco penetrada pelos europeus. Escapou-lhes quase que por completo o significado dos artefatos (inclusive das armas descritas acima) empregados pelos guerreiros e dos comportamentos por eles observados nas expedições guerreiras. Nada impede que se tente coligir o que é possível saber a respeito; nesta parte do trabalho me limitarei, porém, à análise das insígnias guerreiras, dos instrumentos musicais e da utilização dos troféus. Os processos mágicos associados à

O mesmo autor discute outros problemas, relativos à integração desse elemento às culturas das sociedades aborígenes sul-americanas (cf. pp. 238-241).

[153] Cf. nota *b*, no apêndice, pp. 545/546.

guerra serão naturalmente examinados na parte relativa à organização das expedições guerreiras.

Algumas gravuras das obras quinhentistas e seiscentistas revelam que os tupinambá guerreavam ornamentados: o combate constituía uma situação propícia à ostentação dos diferentes adornos masculinos.[154] Em conjunto, os textos dessas obras comprovam que a pintura do corpo, os adornos e as incisões traduziam, de maneira simbólica, o valor pessoal e os poderes carismáticos de que estavam dotados os contendores, inclusive como e enquanto guerreiros. Tais símbolos correspondiam ao reconhecimento público de capacidades pessoais, demonstradas de modo notório em determinadas situações por seus portadores; todavia, é impossível descobrir neles um significado especial, capaz de refleti-los como insígnias guerreiras. Por isso, Métraux escreve o seguinte a respeito: "parece que os chefes tupinambá, cuja autoridade era mínima, não se distinguiam dos outros guerreiros por insígnias particulares e o mesmo fato pode ser assinalado relativamente a todas as demais tribos tupi-guarani, com exceção dos chiriguano".[155] Apenas em um sentido lato seria possível encarar os adornos ou certas peculiaridades da personalidade dos combatentes como insígnias guerreiras. Staden, por exemplo, informa: "enfeitam-se com penas vermelhas como sinal identificador frente aos contrários".[156] Explicação correspondente é atribuída ao tipo de tonsura: "é tanta a variedade que têm em se tosquiarem, que pela cabeça se conhecem as nações":[157] "o modo de pentear o cabelo é diferente para os homens, para com ele se distinguirem as tribos".[158] Contudo, as fontes insinuam que mesmo assim havia uma inflexão particular desses valores, denotativa da situação enfrentada pelos guerreiros. Segundo Brandão, através dos ornamentos de pena para a cabeça procuravam amedrontar

---

[154] Sobre a pintura de corpo, as incisões e a ornamentação, cf. MÉTRAUX, Alfred. *La Civilization materielle des tribus tupi-guarani*, pp. 128-198; MÉTRAUX, Alfred. *La Religion des tupinambá*, p. 178.

[155] MÉTRAUX, Alfred. *La Civilization matérielle des tribus tupi-guarani*, p. 266.

[156] STADEN, Hans, p. 178.

[157] CARDIM, Pe. Fernão, p. 148.

[158] BARLEU, Gaspar, p. 23.

os inimigos.[159] Uma associação de caráter mágico explicaria por sua vez a tonsura, dando-lhe uma função correlata à dos ornatos de penas.[160] E mesmo ornamentos como o tembetá, assinalados como índices de prestígio pessoal,[161] exprimiam a preocupação de impressionar o inimigo; Gabriel Soares pelo menos afirma que se submetiam à dolorosa operação "por parecer temerosos a seus contrários".[162]

A escassez de informações não impede que se vislumbre a existência de uma correlação entre os adornos masculinos e o comportamento dos guerreiros diante dos inimigos. Como atributos da personalidade masculina, interferiam nos combates, como em outras situações enfrentadas pelos homens. Mas, é provável que a vigência de significados especiais alargasse, nessas ocasiões, o âmbito dentro do qual eles podiam determinar o curso das ações masculinas na sociedade tupinambá.

Em sua análise dos instrumentos musicais dos tupinambá, Métraux anota somente a função bélica do tambor: "o tambor era conhecido pelos tupinambá antes da chegada dos europeus"; Thevet e Soares de Souza referem-se a ele como um acessório indispensável a toda expedição militar".[163] Os relatos dos cronistas sugerem, no entanto, que os demais instrumentos de música dos tupinambá partilhavam da mesma função. Gabriel Soares, por exemplo, informa o seguinte: "os roncadores levam tamboril, outros levam buzinas, que vão tangendo pelos

---

159 "E da mesma maneira [emplumam] as cabeças, para com isso se fazerem mais temidos" (BRANDÃO, Ambrósio Fernandes, p. 284).

160 "E isso foi o que lhes ensinaram os seus ancestrais, a saber, que a rasura empresta a seu dono um extraordinário denodo" (THEVET, Frei André. *Singularidades*, p. 193).

161 Cf. CARDIM, Pe. Fernão, p. 153; THEVET, Frei André. *Singalaridades,* p. 207; VASCONCELLOS, Pe. Simão de. *Notícias curiosas*, p. 76.

162 GABRIEL SOARES, p. 371. Aliás, Vasconcellos informa que o aumento de número de tembetás se processava em conexão com as façanhas praticadas pelos guerreiros (cf. loc. cit.). Quanto à preocupação de amedrontar os inimigos, escreve Evreux: "porque as onças e os javalis são os animais mais ferozes do mundo, eles arrancam os seus dentes e os trazem nos lábios e orelhas, a fim de parecerem mais terríveis" (p. 82).

163 MÉTRAUX, Alfred. op. cit., pp. 214-217; trecho citado, p. 215.

caminhos";[164] no momento do assalto, faziam "com isso [com gritos] e com suas buzinas e tamboris grande espanto".[165] Staden confirma o informante português: "assaltam, sob grande gritaria, batendo os pés ao solo e soprando em instrumentos, que fazem de cabaças".[166] Coube a Léry, porém, fornecer a descrição mais minuciosa:

> (...) tanto no momento da partida como ao levantarem acampamento nos lugares onde pousam, surgem indivíduos armados de cornetas da grossura de um oboé e de quase um pé e meio de largura na extremidade inferior, a que chamam *inybia*. Esses indivíduos tocam no meio das tropas para lhes dar coragem e excitação. Outros carregam pífanos e flautas feitas de ossos dos braços e pernas dos inimigos devorados e não cessam tampouco de tocar durante todo o caminho, incitando o bando guerreiro a matar e devorar os adversários contra os quais se atiram.[167]

O quadro de informações é completado por Thevet, que se refere ao uso dos mesmos instrumentos na marcha do retorno.[168] É preciso salientar que essas informações são coerentes com a documentação iconográfica deixada pelos cronistas; nas gravuras que ilustram os livros de Staden, Thevet e Léry reconhecem-se, de fato, esses instrumentos, nas mãos dos guerreiros em luta. Pelas observações de Léry, confirmadas por Thevet,[169] verifica-se que a própria função bélica dos instrumentos musicais dos tupinambá não passou desapercebida aos olhos dos brancos.

---

164 GABRIEL SOARES, p. 390.

165 GABRIEL SOARES, p. 391.

166 STADEN, Hans, p. 178.

167 LÉRY, Jean de., pp. 171/172.

168 THEVET, Frei André. *Singularidades*, p. 237.

169 "Flautas, tamboris e outros instrumentos parecem despertar os ânimos adormecidos, ou excitá-los, a exemplo do que faz o fole com o braseiro meio extinto" (THEVET, Frei André. *Singularidades*, p. 2117). Deixei de referir-me nesta parte do trabalho ao significado mágico possuído pelas próprias armas, de ataque ou de defesa, em virtude da falta de dados positivos. Evreux sugere que o significado mágico de certos instrumentos, como o "machado de pedras" (uma espécie de clava) dos tremembé, conhecidos inimigos dos tupinambá, inflectia no curso das atividades guerreiras.

Os dados expostos sugerem também qual seria a função dos troféus nas expedições guerreiras. Os ossos dos inimigos sacrificados ritualmente ou mortos em combate tornavam-se instrumentos musicais e eram empregados como técnica de intensificação do ânimo belicoso dos combatentes. Além disso, os dentes desses inimigos, ordenados em colares, constituíam ornamentos ostentados pelos guerreiros em pugna.[170] Léry descreve como irritavam e ameaçavam os adversários, acenando-lhes com tais troféus: "e mostrando-se mutuamente os ossos dos prisioneiros que haviam comido e os colares de dentes de mais de duas braças de comprimento que alguns traziam pendentes no pescoço; e o espetáculo dessa gente era horrível".[171]

Embora não permitam concluir muito a respeito, os dados expostos mostram que os ornamentos, os instrumentos musicais e alguns troféus integravam-se obrigatoriamente ao equipamento "militar" dos tupinambá. Na expedição guerreira desempenhavam funções específicas, servindo quer para ressaltar o valor pessoal dos guerreiros empenhados em combates, quer para intensificar o ânimo belicoso dos combatentes, quer para provocar a ebulição dos ódios intertribais. Em vista disso, patenteia-se o que tais elementos significavam para os tupinambá, como parte de sua tecnologia guerreira: meios de complementação das armas de ataque e de defesa, graças aos quais conseguiam elevar a eficiência individual e coletiva dos guerreiros.

Assim, escreve: "*Caruatapyran* pegando um desses machados, feito em forma de crescente, ensinou-me o que eu não sabia, dizendo-me terem os *Tremembés* o costume mensal de velar toda a noite fazendo seus machados ficarem perfeitos, em virtude da superstição, que nutriam, de que indo para a guerra armados com tais instrumentos nunca seriam vencidos, e sim sempre vencedores" (EVREUX, Pe. Ives d', p. 180).

170 Métraux refere-se da seguinte maneira a esses elementos culturais: "os Tupinambá conservavam os ossos dos prisioneiros que haviam comido; com as tíbias fabricavam as flautas e com os dentes, colares" (op. cit., pp. 269/270).

171 LÉRY, Jean de, p. 173.

CAPÍTULO II

A ORGANIZAÇÃO DAS EXPEDIÇÕES E ATIVIDADES GUERREIRAS

O estudo das expedições guerreiras põe em evidência como os tupinambá canalizavam socialmente as energias e as habilidades pessoais dos guerreiros e dos seus colaboradores, compensando através de técnicas sociais de ordenação das suas atividades o alcance limitado do arsenal bélico. É verdade que se poderia considerar a "eficiência" dos instrumentos de combate dos tupinambá, e dos processos operativos ligados ao uso deles, de outro ponto de vista. Pelo que se sabe, os tupinambá estavam, ao menos nas regiões do Brasil onde entraram em contato com os europeus, no mesmo nível de civilização que as demais tribos aborígenes. O grau de eficiência do sistema "militar" que possuíam seria, pois, algo relativo, tanto quanto o das tribos aborígenes, resultando da equivalência técnica dos combatentes.[172] Os contatos com os brancos exemplificam como o rompimento desvantajoso dessa equivalência técnica teve efeitos desastrosos para os tupinambá e demais sociedades aborígenes. Contudo, parece-me patente que este segundo ponto de vista não exclui o primeiro: implica-o, ao contrário, já que só se compara com resultados positivos de unidades socioculturais precisamente conhecidas.

172 Essa constatação corresponde à conhecida assunção, segundo a qual as *dimensões da guerra* dependem de modo imediato do equipamento guerreiro empregado (cf. ROSS, Edward Alsworth. *Principles of sociology*, p. 317).

A análise das técnicas sociais através das quais os tupinambá imprimiam uma configuração socialmente definida às atividades dos guerreiros e dos seus colaboradores envolve duas espécies de problemas. Em primeiro lugar, é preciso considerar como o sistema "militar" dos tupinambá se integrava ao sistema organizatório tribal. Como se sabe, em nenhuma situação *a guerra constitui um fim em si mesma*;[173] os fins da guerra são determinados socialmente: cada sociedade possui padrões éticos próprios de *relações com estranhos*,[174] nascidos e desenvolvidos em função de condições reais de existência social, aos quais se vinculam os ideais coletivos de guerra e de paz. Por isso, a organização e o funcionamento do sistema militar dependem dos objetivos atribuídos à guerra em cada sociedade. Antes mesmo da investigação científica, a reflexão filosófica já pusera em evidência a conexão existente entre as formas

---

173 Cf. especialmente NOVICOW, Jacques. *La Guerre et ses prétendus bienfaits*, cap. I, pp. 3-11; SOREL, Georges. *Réflexions sur la violence*, p. 248; HUBERT, René. *Les Interprétations de la guerre*, pp. 45 e 96/97; LOWIE, Robert H. *An introduction to cultural anthropology*, pp. 219 e ss. Baseando-se em semelhante constatação, aliás, L. Gumplowicz sugere que a sociologia deveria se limitar à análise dos "fins da guerra" (cf. *Sociologie et politique*, p. 191). Segundo Spiegel, a guerra constitui um fim em si mesma quando é desenvolvida sem ser motivada por nenhum interesse "ulterior", real ou imaginário, econômico ou de outra categoria (cf. SPIEGEL, Henry William. *The economics of total war*, p. 4). É óbvio que nem mesmo as "sociedades primitivas", ao contrário do que pensa este autor, conheceram ou conhecem semelhante modalidade de guerra.

174 É enorme a bibliografia sobre as relações existentes entre a hostilidade e a solidariedade grupal; o autor extraiu das seguintes fontes teóricas os principais pontos de referência para apreciação do problema: BERGSON, Henri. *Les Deux sources de la morale et de la religion*, pp. 283/284 e 305; BLUMER, Herbert. *Morale*, pp. 207-214; DAVIE, Maurice R. *La Guerre dans les sociétés primitives*, pp. 34-42 e 188; DURKHEIM, Émile. *La divison del trabajo social*, Livro I, caps. II-III; ELLWOOD, Charles A. *The psichology of human society*, pp. 165/166; GIDDINGS, Franklin H. *Studies in the theory of human society*, pp. 213-219; HADLOCK, Wendell S. *War among the northeastern woodland indians*, pp. 204/205; MAY, Mark A. *A social psichology of war and peace*, cap. II; PARK, Robert E. *The social function of war*, pp. 566-70; SUMNER, William. *Folkways*, pp. 12/13; SUMNER, William Graham; KELLER, Albert Galloway. *The science of society*, vol. I, cap XIV, pp. 356-361; SPENCER, Hebert. *Principes de sociologie*, tomo II, pp. 144/145, e tomo III, pp. 635/636; TARDE, Gabriel. *Les Lois sociales*, pp. 78/79; TYLOR, Sir Edward Burnett. *Anthropology*, vol. II, pp. 139/140.

de estratificação social e o aparecimento de um grupo permanente de guerreiros (em um sentido mais restrito, o *exército*). Platão, por exemplo, ligava a especialização militar à competição das sociedades humanas no plano ecológico[175] e considerava os indivíduos especializados na *arte da guerra* como "artesãos da salvação da pátria".[176] O princípio social integrativo, pressuposto nesta explicação, foi formulado sociologicamente na conceituação clássica de Spencer: "o exército é a nação mobilizada" e "a nação é o exército em disponibilidade";[177] e continua a ter vigência teórica, pois Park apenas retoca esta conceituação, encarando o exército como "uma sociedade dentro da sociedade".[178] Contudo, os resultados da investigação sociológica permitem colocar a questão em termos mais amplos. A comunidade de guerreiros tanto pode constituir uma ordem social cerrada, supondo então "uma socialização completamente autônoma e fechada para o exterior", quanto pode representar uma ordem social aberta, vinculada de maneira variável e relativa aos tipos correspondentes de associação local política.[179] Isto mostra a conveniência teórica de se considerar o sistema militar como uma esfera dependente da sociedade: torna-se possível descobrir, assim, em que sentido se processa, em função dos objetivos sociais da guerra, a integração das atividades dos guerreiros em segmentos sociais característicos e, através destes, ao sistema organizatório da sociedade como um todo.

---

175 PLATÃO. *La Republique* ou *L'État*, cf. Livro I, pp. 123/124, e Livro II, pp. 147 e ss.

176 PLATÃO. *Les Lois*, cf. Livro XI, p. 260.

177 SPENCER, Hebert. *Principes de sociologie*, tomo II, p. 144. Adiante, Spencer ajusta a conceituação às *sociedades primitivas*: "nas sociedades simples todos os adultos machos são guerreiros, o exército é a sociedade mobilizada, e a sociedade é o exército em disponibilidade" (op. cit., vol. III, p. 635). Os etnólogos reelaboraram essa teoria, que é apresentada da seguinte maneira por George Montandon: "nos primeiros grupos organizados o exército, instrumento da guerra, era formado por todos os homens capazes de transportar armas. Todavia, isso não significa que todos tivessem sempre o objetivo de tomar parte da guerra" (artigo "Guerra", p. 93). A explanação de Lowie, segundo a qual "a guerra está ligada aos ideais e à estrutura social de um povo", ilustra claramente a posição dos etnólogos contemporâneos diante do problema (cf. LOWIE, Robert H., op. cit., p. 129).

178 PARK, Robert E. *The social function of war*, pp. 557/558.

179 WEBER, Max. *Economia y sociedad*, vol. IV, p. 77.

Em segundo lugar, é necessário analisar a estrutura e o funcionamento desse segmento social na sociedade tupinambá. Isto é, investigar o próprio sistema "militar" daqueles aborígenes enquanto e como um conjunto de atividades específicas, coordenadas socialmente. Se os objetivos sociais da guerra determinam de fato a extensão e o caráter das associações de guerreiros, estas devem refletir, em sua organização, as consequências de semelhante vinculação em cada situação particular enfrentada por seus membros. Rousseau exprimia-se com penetração quando asseverava que "é a relação das coisas e não dos homens que constitui a guerra".[180] As atividades dos componentes dos "grupos de guerreiros" – quanto à duração, às proporções e ao caráter mais ou menos destrutivo – desencadeiam-se e configuram-se em torno das *relações reais* que articulam umas às outras as sociedades humanas. Encarando--se o objeto de estudo sob este prisma, compreende-se melhor por que são mantidos, em sociedades estrutural e funcionalmente tão distintas, "órgãos de ataque e de defesa" aptos a funcionar a qualquer momento, sob pressão das circunstâncias, quaisquer que sejam os ideais e as disposições coletivas de "viver em paz".[181] Nesse sentido, o conhecido aforismo de Napoleão, segundo o qual um "exército" precisa estar em estado de combater em todo dia e a qualquer hora,[182] é tão verdadeiro para as "sociedades primitivas" quanto para as "sociedades civilizadas". Aquele ponto de vista também evidencia que a análise da função da guerra se coloca acima do plano imediato das *operações militares* e das suas consequências mais ou menos destrutivas, embora a investigação incida, no caso, predominantemente sobre o curso e as finalidades restritas das mesmas. Morte e destruição são efeitos inevitáveis da guerra; em escala proporcionada à composição do "exército" e ao nível técnico do arsenal militar empregado, acompanham sempre todas as manifestações históricas conhecidas da contenda armada. Todavia, essa é, meramente, uma contingência e um meio da guerra; sua função, no quadro das relações reais, consiste em promover a distribuição das sociedades humanas no

---

180 ROUSSEAU, Jean-Jacques. *Du Contrat social*, p. 50.

181 Cf. CONSTANTIN, A. *Le Role sociologique de la guerre et le sentiment national*, p. 186.

182 Cf. NAPOLEON I. *Memoires pour servir a l'histoire de France*, vol. IV, p. 335.

espaço, de maneira a garantir o domínio coletivo das fontes de subsistência nele existentes, e a preservar ou fortalecer as barreiras sociais que o simbolizam.[183] É preciso, no entanto, saber como isto é assegurado, como se constituem e como operam os "órgãos" responsáveis pela segurança de uma sociedade.

As linhas precedentes delineiam o plano a seguir no estudo das expedições guerreiras na sociedade tupinambá. Primeiro, será estudada a integração da guerra na sociedade tupinambá: como a guerra era motivada socialmente e quais eram os seus objetivos, e como se desenvolvia o ritual guerreiro. Depois, serão analisados os "órgãos" de ataque e de defesa daquela sociedade – o bando guerreiro, a organização para o combate, o retorno ao grupo local ("retirada", num sentido mais restrito). Como fica evidenciado pela discussão acima, semelhante tratamento do fenômeno não implica nenhuma concepção "atomística" da guerra; ao contrário, ele corresponde à necessidade de descobrir e explicar os laços de interdependência existentes entre a organização social e o sistema guerreiro dos tupinambá.

2.1 A Guerra na Sociedade Tupinambá

A análise sistemática da função social da guerra na sociedade tupinambá só poderá ser feita adiante (cf. o Livro Segundo deste trabalho), pois ela depende de um conhecimento mais íntimo do fenômeno. Nesta parte da monografia, apenas será examinado o aspecto da mesma subordinado às relações reais. Alguns especialistas designam-no com a expressão *função ecológica da guerra*, levando em consideração a parte tomada pela guerra na adaptação das sociedades humanas ao meio natural circundante. Contudo, parece-me desnecessário complicar de tal modo a terminologia sociológica: o conceito de função social abrange naturalmente esta esfera da realidade. Além disso, basta que se tome o cuidado de referi-la como "função social da guerra no plano ecológico" para se obter uma particularização conceptual suficientemente clara.

---

[183] PARK, Robert E. *The social function of war*, pp. 559-564; NOVICOW, Jacques. *Les Luttes entre sociétés humaines et leurs phases successives*, p. 52.

O estudo dos aspectos da guerra ligados ao papel por esta desempenhado na configuração do *equilíbrio biótico* da sociedade tupinambá revela: a) em que sentido a interdependência econômica dos membros de um mesmo grupo local ou de grupos locais aliados contribuía para criar condições favoráveis ao estabelecimento de laços de solidariedade social e à emergência de ações coletivas de envergadura; b) os limites dentro dos quais a rotinização das atividades guerreiras exprimia-se através da atuação permanente dos fatores tribais condicionadores ou impulsionadores da guerra. Razões de ordem expositiva aconselharam-me a separar o tratamento dos dois problemas em tópicos distintos e a adotar a expressão *ritual guerreiro*,[184] suficientemente inclusiva para referir o segundo tópico.

2.1.1 Motivação e objetivos da guerra

As relações entre grupos locais que não estavam ligados entre si por laços de parentesco eram relações de hostilidade. A documentação disponível põe em evidência que os aborígenes, inclusive os tupinambá, viviam em um estado de guerra crônico. Cada grupo se encontrava permanentemente exposto e sujeito a ataques dos inimigos; embora a frequência dos ataques fosse maior nas zonas fronteiriças, onde os tupinambá e os seus inimigos se viam forçados a partilhar territórios contíguos, tudo indica que esta perspectiva enquadrava-se entre os assuntos e os acontecimentos rotineiros da vida tribal. Contudo, a tendência a definir o *estranho* como *inimigo*, e a tratá-lo como tal, também se manifesta em outras direções. Assim, quaisquer encontros ocasionais ofereciam uma oportunidade para a luta armada: os homens andavam sempre equipados para semelhantes emergências e enfrentavam-nas com muito ardor belicoso. Encontros desta espécie podiam ocorrer de várias formas. Algumas vezes, o bando de guerreiros interrompia uma incursão punitiva por defrontar-se com inimigos no trajeto. Quer

---

[184] Cf. LOWIE, Robert H., op. cit., pp. 228/229. Como se verá, procurei não me limitar, porém, aos rituais preparatórios da guerra e de tratamento dos inimigos capturados, de natureza mágica.

pertencessem ou não ao grupo local que deveria ser atacado, tornavam--se imediatamente um precioso objetivo militar. Mas, os homens que dispensavam proteção às mulheres, quando estas iam cuidar das hortas ou tentavam algum empreendimento econômico, ou quando realizavam certas viagens em companhia delas, empenhavam-se igualmente em combate, se isto fosse necessário. As trocas ocasionais transformavam-se em combates singulares; ou davam origem a verdadeiras ciladas, por meio das quais os tupinambá matavam ou aprisionavam muitos adversários. A regra estabelecida nessas ações como ideal de comportamento guerreiro e como modelo da conduta masculina pode ser formulada da seguinte maneira: em nenhuma circunstância favorável deveriam permitir que um inimigo conservasse a vida ou a liberdade pessoal. Se por ventura um inimigo se apresentasse em um grupo local e fosse recebido como hóspede, depois do ritual de recepção lacrimosa e depois de esclarecida a sua procedência, aprisionavam-no inapelavelmente, destinando-o ao sacrifício ritual. Em tais casos, apenas os grandes pajés, que gozavam da faculdade de *trânsito-livre*, conseguiam muitas vezes escapar com vida. Como "ponto de honra", os tupinambá afirmavam aos europeus que os inimigos jamais deveriam ou poderiam ser poupados. Todos os meios técnicos conhecidos e todas as situações de combate que conduzissem a esse objetivo pareciam-lhes legítimos; o essencial consistia em aprisionar, sacrificar e ingerir ritualmente o maior número possível de inimigos.[185]

As informações disponíveis mostram ainda como os padrões de hostilidade e os ideais guerreiros inflectiam nas relações dos grupos tribais conhecidos. Os tupinambá mantinham, em cada um dos *nichos*

---

185 Fontes básicas: BARLEU, Gaspar, pp. 23/24; CARDIM, Pe. Fernão, p. 154; EVREUX, Pe. Ives d', pp. 79 e 122/123; GABRIEL SOARES, p. 385; GANDAVO, Pero de Magalhães. *Tratado*, pp. 48-51; LÉRY, Jean de, pp. 72 e 175; NOBREGA, Pe. Manuel da. *Cartas do Brasil,* pp. 90/91; LOPES DE SOUZA, Pero, p. 154; PIGAFETTA, Antonio, p. 62; Schmidt, pp. 169/170; STADEN, Hans, pp. 101/102, p. 104, pp. 126/127, p. 152; THEVET, Frei André. *Singularidades*, pp. 225/226, p. 246, pp. 249/250; e *Cosmographie*, f. 909; VASCONCELLOS, Pe. Simão de. *Notícias curiosas*, p. 78. A expressão "estado de guerra crônico" foi extraída de Max Weber (cf. op. cit., vol. IV, p. 78).

ocupados pelos componentes de seus grupos locais, relações guerreiras com os inimigos situados em territórios circunjacentes.

A ampla cadeia de ódios e antagonismos intertribais abrangida por estas relações é referida por todas as fontes acessíveis; assim, na região do Rio de Janeiro-São Vicente, eram seus inimigos: os tupiniquim, os tabajara, os carijó, os guianá, os timiminó, os karajá, os maracajá e os goitacaz; na Bahia, são indicados como seus inimigos: os tupiniquim, os tupiná, os tabajara, os caeté, em certas áreas, inclusive em virtude da associação com os brancos, também os aimoré (e, através dos amoipira, considerados um ramo dos tupinambá, os ubirajara e os maracá); na região do Maranhão-Pará, seus inimigos seriam: os tremembé, os tabajara, os caeté, os potiguar. Os tupinambá que viveram na ilha dos Tupinambaranas tiveram relações com grupos tribais designados nas fontes como "guayazis", "mutaius", "curiatós", "andirazes" e "maraguazes"; o caráter dessas relações continua obscuro, embora se saiba que alguns desses grupos tribais se submeteram à força aos tupinambá ou foram, juntamente com outras tribos, por eles desalojados.[186]

Os dados expostos abrem duas pistas, desde que se considere a guerra na sociedade tupinambá do ponto de vista das relações reais: 1) a guerra representaria, para aqueles aborígenes, uma extensão da "luta pela vida" no plano biológico? Ou, 2) ela responderia a necessidades vitais, encobertas de algum modo pela cultura, mas subjacentes a toda e qualquer espécie de atividades guerreiras tribais? Existe de fato um "plano animal" na guerra; os guerreiros inimigos colocam-se, muitas vezes, nas emboscadas, nas ciladas, tanto quanto nas cerimônias antropofágicas, em relações do tipo presa-caçador.[187] São numerosos os trechos, encontradiços nas obras dos cronistas, em que estes salientam a

---

186 Sobre a distribuição dos tupinambá e suas relações com os demais povos aborígenes no Brasil quinhentista e seiscentista, cf. MÉTRAUX, Alfred, op. cit., primeira parte, cap. II; e especialmente FERNANDES, Florestan, op. cit, cap. I. Quanto ao significado do termo *tabajara*, cf. MÉTRAUX, Alfred, op. cit. pp. 15/16; R. H. Lowie critica com razão, por sua vez, o emprego do termo *tapuia* (cf. The "*tapuia*", pp. 553-556).

187 Cf. WEULE, R. *Urzeite*, in *Kulturgeschicht des Krieges*, pp. 9/10; MUMFORD, Lewis. *Tecnica* y *civilización*, tomo I, pp. 166/167. A. Huxley critica esse ponto de vista,

impressão que lhes causava o comportamento guerreiro dos tupinambá.[188] O que poderia nos interessar no momento, porém, é a transferência dos conhecimentos adquiridos no plano animal da "luta pela vida" às relações humanas. Sabe-se que os tupinambá davam grande importância à observação do comportamento dos animais, e que procuravam reproduzi-lo, incorporando-o assim à personalidade humana. Evreux refere, de passagem, o seguinte: "mais do que nós são eles fiéis à natureza", explicando adiante "que estes selvagens imitam com a maior perfeição possível os pássaros e animais do seu país, o que eles exaltam nos cantos que recitam em suas festas".[189] As informações que incidem expressamente sobre a guerra são, a este respeito, bem pobres. Ainda assim, permitem constatar que certos comportamentos animais eram considerados satisfatórios pelos tupinambá graças ao reconhecimento de sua eficiência adaptativa, e que se institucionalizaram em virtude da aquisição de significados mágicos (de "magia simpática": tanto com relação à magia homeopática ou imitativa quanto com relação à magia contagiosa). Evreux, por exemplo, escreve: "de sorte que ao vê-los emplumados, dir-se-ia que são emas, que só têm penas nestas três partes do corpo"; "quis saber por intermédio de meu intérprete por que traziam sobre os rins estas penas de emas; responderam-me que seus pais lhes deixaram este costume para ensinar-lhes como deviam proceder na guerra, imitando a ema, pois quando ela se sente mais forte ataca atrevidamente o seu perseguidor, e quando mais fraca abre suas asas, despede o voo e arremessa com os pés areia e pedras sobre seus

---

considerando "a guerra como um fenômeno puramente humano" e sustentando que "somente o homem organiza o morticínio em massa de sua própria espécie" (cf. cap. "War", in *Ends and means*, pp. 89/90).

188 Parece-me desnecessário transcrever ou indicar aqui a ocorrência de tais informações nos textos. Lembro as citações feitas na parte relativa à utilização das armas pelos tupinambá, que serão completadas adiante por outras, a respeito da contenda armada: os termos "ferocidade", "feroz" etc. são muito empregados pelos informantes para qualificar o comportamento guerreiro daqueles aborígenes. Certos autores, como Anchieta e Cardim, comparam-nos expressamente aos animais: "andam e rompem como bichos"; "são como bichos do mato". Tais reflexões são feitas quando se referem às técnicas guerreiras dos tupinambá.

189 Evreux, citações extraídas das pp. 74 e 81, respectivamente.

inimigos: assim devemos fazer, acrescentam eles".[190] Staden, por sua vez, informa que tiravam "seus nomes dos animais selvagens", relatando também o que lhe disse o chefe Cunhambebe, enquanto comia carne humana: "Jauára ichê", "Sou um jaguar".[191] As abstenções alimentares sublinham a preocupação dos tupinambá em evitar a ingestão de carnes de animais lerdos e lentos, o que lhes comunicaria tais atributos, avaliados como negativos.[192]

Estes dados em nada esclarecem, no entanto, as origens materiais da guerra na sociedade tupinambá. Mostram somente a existência de uma ligação íntima entre o comportamento guerreiro e a adaptação ao meio natural circundante, deixando entrever a possibilidade de transferências dos conhecimentos acumulados na luta contra os animais à luta contra os homens. Mas, é provável que o inverso também ocorresse. De modo que não se pode afirmar com segurança, relativamente à sociedade tupinambá, que o caçador fosse o mestre e o embrião do guerreiro.[193] Staden afirma categoricamente: "para onde quer que vão, seja no mato ou na água, levam consigo arco e flechas".[194] O "caçador" e o "guerreiro" coexistiam de fato nos tipos de personalidade masculina cujo *status* fosse de "homem adulto" (*avá* ou *tujuáe*). O adestramento dos indivíduos do sexo masculino no uso das técnicas tribais de ataque e de defesa processava-se muito antes, a partir da infância, e principalmente através da caça;[195] esta era uma consequência das formas tribais de socialização, nada aparentando de

---

190 EVREUX, Pe. Ives d', pp. 80/81. Nesta página escreve ainda que "muitas pessoas se admirarão" de "como é possível buscarem estes selvagens meios de governaremse entre as práticas animais". Sobre o significado mágico dos ornamentos, cf. MÉTRAUX, Alfred. *La Religion des tupinambá*.

191 STADEN, Hans, pp. 169 e 132, respectivamente.

192 Cf. THEVET, Frei André. *Singularidades*, pp. 186 e 299; LÉRY, Jean de, p. 134.

193 STEINMETZ, S. R. sustenta essa teoria, explicando o aparecimento da guerra pela transferência dos conhecimentos acumulados pelos homens nas lutas contra os animais à luta contra os representantes da sua própria espécie (*La Guerre, moyen de selection colective*, p. 225).

194 STADEN, Hans, p. 159.

195 Cf. FERNANDES, Florestan. *A organização social dos tupinambá*, pp. 226 e ss.

comum com as fontes das atividades guerreiras normais dos tupinambá. Em toda a documentação conhecida, apenas uma informação de Cardim sugere que a luta contra os animais, pelo menos certos espécimes mais perigosos, estava colocada no mesmo plano que a luta contra o homem, pois continha o mesmo significado e acarretava as mesmas consequências sociais, seja para o "caçador" bem-sucedido, seja para o grupo. "Porém são os índios tão ferozes que há índio que arremete com uma onça, e tem mão nela e depois a matam em terreiro como fazem aos contrários, tomando nome e fazendo-lhe todas as cerimônias que fazem aos mesmos contrários".[196] Além disso, como acontecia com os restos mortuários dos inimigos sacrificados, utilizavam com fins rituais parte do esqueleto do animal morto: "das cabeças delas usam por trombetas".[197] Contudo, mesmo esta informação explícita é insuficiente, como base empírica, para sustentar qualquer espécie de explicação biogenética da guerra na sociedade tupinambá.

Até agora, desta explanação resultam duas inferências positivas: 1) os tupinambá aplicavam os conhecimentos desenvolvidos no decorrer da competição com outras espécies animais; no plano biótico, às relações com os representantes da mesma espécie; 2) a *situação de luta* tendia para uma definição cultural do antagonista penetrada de representações e de valores mágicos, quebrando assim de certo modo a distinção entre "seres humanos" e "animais". Por isso, como consequência das formas de adaptação ao meio natural circundante (compreendendo este inclusive os organismos vivos, da mesma espécie ou não, empenhados em relações competitivas), é inegável que a guerra representava, para aqueles aborígenes, uma extensão da "luta pela vida" no plano estritamente biológico. Apesar de todo o equipamento cultural, os guerreiros defrontavam-se, nos combates singulares ou coletivos, com a mentalidade do caçador que persegue uma presa; isto é, empregando o conceito utilizado por alguns etnólogos, a modalidade de contato guerreiro envolvia um "plano animal". Os dados

---

196 CARDIM, Pe. Fernão, p. 34. Adiante serão examinados outros dados sobre o sacrifício da onça, fornecidos por Thevet.

197 CARDIM, Pe. Fernão, loc. cit.

conhecidos, entretanto, não permitem ir além destas constatações, impondo, ao contrário, uma atitude de reserva.

Já que a documentação explícita é inconsistente para se chegar ao fundo da questão, o melhor é procurar uma pista interpretativa indireta. Ora, Novicow salienta que, embora a luta contra os animais tenha desempenhado um papel importante no acrescimento dos meios humanos de ataque e de defesa, a transferência dos conhecimentos assim obtidos para o plano das relações humanas não determina, por si mesma, a emergência da guerra. Ela só explica geneticamente a guerra quando a transferência desses recursos ao plano de luta entre os homens ocorre tendo por objetivo o aprovisionamento de carne humana: "fazem-se então guerras puramente fisiológicas ou alimentares, como os animais".[198] Esta observação repõe em bases mais seguras a interpretação biogenética da guerra. Separando a transferência de conhecimentos do plano da adaptação de indivíduos pertencentes à mesma espécie, da função desempenhada pela aplicação desses conhecimentos, isola o que existe de específico ou de tópico da determinação biótica da guerra. No caso particular investigado, verifica-se que ocorreu de fato a transferência (a julgar por algumas informações deixadas pelos cronistas, analisadas acima). Porém, a documentação disponível não deixa nenhuma dúvida a respeito do fim do aprisionamento de inimigos: ele não estava subordinado a motivos fisiológicos, à necessidade de aprovisionamento regular de carne humana, destinada à alimentação.[199] Os tupinambá praticavam a antropofagia sob a forma ritual (apesar de alguns cronistas pretenderem insinuar o contrário), de modo que a ingestão da carne dos inimigos sacrificados possuía um significado simbólico e mágico. Portanto, o "plano animal" da guerra, na sociedade tupinambá, é insuficiente para explicar por si mesmo e de maneira imediata as origens do fenômeno no sistema organizatório tribal. Aliás, a própria indiferenciação notada na definição do antagonista e o sacrifício ritual de certos animais, como

---

[198] NOVICOW, Jacques. *Les Luttes entre sociétés humaines et leurs phases successives*, op. cit., p. 25 ss. e p. 51.

[199] A função social da antropofagia é analisada em outra parte deste trabalho; por isso, considero desnecessário tratar mais detidamente do assunto aqui.

a onça, projetam o caráter ultrafisiológico do repasto coletivo (note-se: a carne da onça não era ingerida).

Com isto, passamos para o segundo problema, indagando se existiam e procurando verificar quais eram as necessidades vitais subjacentes às atividades guerreiras dos tupinambá.[200] As explicações dos autores quinhentistas e seiscentistas sobre a causação da guerra na sociedade tupinambá não são uniformes entre si, embora subsista uma coerência apreciável na indicação do fator social básico na determinação das atividades guerreiras. De acordo com a ênfase posta em certos aspectos da guerra, ou na enumeração dos fins reconhecidos das atividades guerreiras, pode-se distinguir da seguinte maneira as "teorias" elaboradas pelos cronistas:

a) *a guerra como disputa de território*: somente um autor se refere a este aspecto, ao tratar dos aborígenes que viviam no Amazonas. Assim mesmo, subordina este motivo ao canibalismo real: "mas também lutam para tirar as terras uns dos outros".[201] Adiante, serão mencionadas outras indicações, pelas quais se perceberá a conexão existente entre a disputa ou conservação de territórios e as atividades guerreiras dos tupinambá.

b) *a pilhagem como atividade guerreira*: os autores que mencionam este aspecto da guerra entre os tupinambá o fazem de tal maneira que não se pode afirmar que eles atribuíssem, de fato, importância à pilhagem na determinação da guerra. Anchieta relata que "no ano de 1568, na semana santa, se levantou alguma da escravaria dos portugueses, a saber, de Japacé, Paranamirim, e outras fazendas, fugindo para o sertão, na qual fugida mataram alguns portugueses, pondo fogo a algumas fazendas, *roubando o que podiam*".[202] A mesma fonte informa que os mamelucos e os aborígenes seus aliados, quando da guerra aos tupinambá do Rio de Janeiro, atacaram um dos grupos locais destes, para se aprovisionarem de alimentos, bem como de mudas e sementes para as suas próprias

[200] Cf. nota *c*, no apêndice, pp. 547/548.

[201] CARVAJAL, p. 114.

[202] ANCHIETA, Joseph de. *Cartas*, p. 373; isso ocorreu na Bahia.

hortas.[203] Todavia, estas informações dizem respeito a situações criadas em consequência dos contatos com os brancos. Em primeiro lugar, sabe-se que os nativos davam muito valor aos objetos dos europeus: os ataques às fazendas seriam coroados, quando bem-sucedidos, pela pilhagem dos bens econômicos dos brancos. Em segundo lugar, o outro exemplo, que poderia ilustrar técnicas nativas de aprovisionamento de utilidades durante a campanha, possui reduzido valor analítico. O caráter ocasional do comportamento descrito é evidente, pois o próprio Anchieta liga-o à crise de alimentos no bando guerreiro atacante.

Seria, portanto, interessante verificar se a pilhagem desempenhava um papel definido nas guerras entre grupos locais nativos em que a interferência dos brancos não se fizesse sentir. A documentação a este respeito é muito pobre. Thevet apenas insinua essa possibilidade: "navegam os índios sempre perto da costa, desembarcando, quando se sentem bem fortes, nas aldeias por ventura encontradas no caminho, as quais atacam e saqueiam".[204] As informações de Gabriel Soares possuem o mesmo defeito, pois não se pode concluir muito de uma explanação deste tipo: "*no despojo desta guerra não tem o principal coisa certa, e cada um leva o que pode apanhar*".[205] Evreux refere-se a uma incursão dos tapuia contra os tupinambá do Mearim. Nessa ocasião, "vindo os tapuias de mansinho para surpreendê-lo, ouviram grande matinada na casa do feiticeiro, e por isso não se animaram a atacar, receando superioridade de defensores, *contentando-se com carregar os milhos e raízes, e assim se foram*".[206] Isto era perfeitamente possível; as hortas dos nativos eram levantadas a alguma distância dos grupos locais. Contudo, o texto põe em evidência o caráter eventual do empreendimento: a impossibilidade do ataque deu origem a uma manifestação punitiva. A pilhagem, segundo me parece, tinha no sistema econômico tupinambá reduzidíssima importância. É

---

203 ANCHIETA, Joseph de. *Cartas*, pp. 247 e 253.

204 THEVET, Frei André. *Singularidades*, p. 236.

205 GABRIEL SOARES, p. 392.

206 EVREUX, Pe. Ives d', p. 302; sobre as distâncias existentes entre as hortas e os grupos locais, cf. ABBEVILLE, Claude d', p. 226; THEVET, Frei André. *Singularidades*, pp. 341/342.

provável que entre os direitos dos captores se encontrasse o de posse dos bens pertencentes aos cativos. Mas, isto como consequência da ideia segundo a qual existiria uma ligação íntima entre a pessoa e as coisas por ela possuídas, e não em virtude da exploração econômica das atividades guerreiras.[207] Em conclusão, as explanações dos autores quinhentistas e seiscentistas contêm pequeno valor, permitindo apenas reconhecer a existência de uma vinculação ocasional entre as atividades guerreiras e a pilhagem.

c) *a guerra e o canibalismo real*: quase todas as fontes tratam da antropofagia entre os tupinambá e salientam que a guerra tinha como propósito o aprisionamento de inimigos para o sacrifício. Porém, não passou despercebido, como se verá adiante, o significado ritual dessas atividades. Apenas Carvajal afirma, relativamente a índios que povoavam o Amazonas, que o canibalismo real definia o objetivo básico da guerra: "assim comem os seus prisioneiros, sendo este o motivo principal das suas guerras".[208] A precariedade desta explanação é tão perceptível que dispensa comentários;

d) *a guerra como forma de vingança*: esta é a explicação da guerra encontrada pela maioria dos cronistas. O mérito pelo estabelecimento da "teoria" mais completa cabe, sem dúvida possível, a Gandavo: seguem-se-lhe Jean de Léry, Abbeville e Thevet. O método interpretativo utilizado pela maioria dos autores é o da exclusão dos aspectos considerados irrelevantes, no cotejo da motivação social da guerra nas sociedades européias e tupinambá. Eis o que escreve Gandavo: "e assim a guerra que agora têm uns contra os outros não se levanta na terra por serem diferentes em leis nem em costumes, nem por cobiça alguma de interesse: mas porque antigamente se algum acertava de matar outro, como ainda agora algumas vezes acontece (como eles sejam vingativos e vivam como digo absolutamente sem terem superior algum a que

---

[207] Sobre a economia tupinambá como economia de subsistência, cf. terceira parte do cap. II de *Organização social dos tupinambá* (*Sistema econômico e relações sociais*), especialmente pp. 75/76 e p. 87); quanto à ligação dos objetos à personalidade do proprietário, idem, pp. 125-128.

[208] CARVAJAL, loc. cit.

obedeçam nem temam) os parentes do morto se conjuravam contra o matador e sua geração e se perseguiam com tão mortal ódio uns aos outros que daqui veio dividirem-se em diversos bandos, e ficarem inimigos da maneira que agora estão".[209] Um exemplo fornecido nesta fonte revela, além disso, que quando possível a vingança deveria ser feita de modo a punir o responsável pelo "derramamento de sangue com êxito fatal" ou, no mínimo, pessoas pertencentes ao grupo social daquele (retaliação vicária).[210] Por isso, escreve que "somente com esta sede de vingança sem esperanças de despojos, nem doutro algum interesse que a isso os mova, vão muitas vezes buscar seus inimigos mui longe".[211] Como se vê, Gandavo exclui claramente da motivação social da guerra na sociedade tupinambá tanto a diferenciação interétnica quanto qualquer espécie de aproveitamento econômico das atividades guerreiras; graças à análise que faz dos mecanismos de vingança coletiva, põe à margem também o canibalismo real.

A exatidão de sua análise, pelo menos no que se reportava aos aspectos da motivação social da guerra visível à observação direta, é comprovada de modo global ou parcial por outras fontes. Léry, que em certos sentidos completa as indicações de Gandavo, assevera que os tupinambá não guerreavam para conquistar terras, "porquanto sobejam terras para todos".[212] Doutro lado, exclui a pilhagem e o tráfico dos fatores prováveis da guerra: "não pretendem tampouco enriquecer-se com os despojos dos vencidos ou o resgate dos prisioneiros".[213]

Como o cronista português, explica-a pela retaliação: "confessam eles próprios serem impelidos por outro motivo: o de vingar pais e amigos presos e comidos, no passado";[214] adiante, retoma a explicação, afirmando que "essa gente tem arraigado no coração o sentimento de

---

[209] GANDAVO, Pero de Magalhães. *História*, pp. 117/118.

[210] GANDAVO, Pero de Magalhães. *História*, pp. 127/128.

[211] GANDAVO, Pero de Magalhães. *História*, p. 124.

[212] LÉRY, Jean de, p. 167.

[213] LÉRY, Jean de, pp. 167/168.

[214] LÉRY, Jean de, p. 168.

vingança", e cita como exemplo o caso da mulher maracajá que preferia ver o filho crescer entre os seus, e vingar-se depois dos tupinambá, a que partisse com segurança para a França.[215] Os outros autores que aportam uma confirmação global a Gandavo são Abbeville, Thevet e Nóbrega. O primeiro lembra o seguinte, excluindo igualmente os fatores de ordem ecológica ou de ordem econômica da motivação da guerra na sociedade tupinambá:

> (...) é preciso primeiramente que se saiba que não fazem a guerra para conservar ou estender os limites de seu país, nem para enriquecer-se com os despojos de seus inimigos, mas unicamente pela honra e pela vingança. Sempre que julgam ter sido ofendidos pelas nações vizinhas ou não, sempre que se recordam de seus antepassados ou amigos aprisionados e comidos pelos seus inimigos, excitam-se mutuamente à guerra, a fim, dizem, de tirar desforra, de vingar a morte de seus semelhantes.[216]

Nóbrega manifesta-se aproximadamente nos mesmos termos: "não se guerreiam por avareza, porque não possuem de seu mais do que lhes dão a pesca, a caça e o fruto que a terra dá a todos, mas somente por ódio e vingança, sendo tão sujeitos à ira que, se acaso se encontram em o caminho, logo vão ao pau, à pedra ou à dentada".[217] Thevet, por sua vez, insiste apenas na vingança de sangue, mas deixa subentendida a exclusão dos demais fatores sociais.

> Se perguntar alguém por que se guerreiam reciprocamente os selvagens – visto não haver, entre eles, potentados e excessivas riquezas, ou visto conceder-lhes a terra incomensurável tudo o de que necessitam, bastará saber que a causa de suas guerras não se apóia em nenhuma razão, a não ser o desejo de vingança gratuita, tal como fazem os animais ferozes. Assim, incapaz de chegar a um honesto entendimento, alega essa gente, em forma

---

[215] LÉRY, Jean de, p. 175.

[216] ABBEVILLE, Claude d', p. 229.

[217] NOBREGA, Pe. Manuel da. *Cartas do Brasil*, pp. 90/91.

> de justificativa, simplesmente que aqueles a quem combatem são os seus contrários de longa data.[218]

Não se pense que as atitudes de Thevet na apreciação da emergência das guerras tribais fossem prejudicadas pela incompreensão de suas fontes mais profundas (conforme sugere a referência à vingança como algo gratuito). O cronista francês sublinha que, na determinação das mesmas, sempre estava envolvida "alguma injúria recente" e revelou grande acuidade no registro do massacre do jovem tabajara, amigo dos franceses, pelos tupinambá.[219] Entre os autores que confirmam parcialmente essa interpretação das guerras tribais estão Barleu, Evreux e Vasconcellos. O primeiro afirma categoricamente: "são avidíssimos de vingança e de sangue humano".[220] Analisando o comportamento dos tupinambá para com seus inimigos, os quais eram por eles expostos a diversas provações, Evreux explica que procediam daquele modo "por pensarem que sua honra depende da vingança"; "entre todos os vícios a que estão sujeitos estes bárbaros, sobressai a vingança, que nunca perdoam, e a praticam logo que podem, embora a boa aparência com que tratam seus inimigos reconciliados".[221] Idêntica informação é adiantada por Vasconcellos, segundo o qual "são por extremo vingativos com crueldade desumana; não se esquecem jamais dos agravos, até tomar vingança deles, ainda que seja estando expirando".[222]

Nos diálogos rituais, travados entre o matador e o prisioneiro, encontram-se os melhores exemplos para a apreciação e a confirmação críticas das explicações expendidas pelos cronistas. O seguinte excerto, extraído de Staden, dá uma ideia precisa do caráter desta documentação: "sim fala o matador, aqui estou eu, quero matar-te, pois tua

---

218 THEVET, Frei André. *Singularidades*, p. 232; cf. também pp. 248/249, em que afirma que punham "na vingança, embora gratuita e desarrazoada, a causa de suas guerras".

219 Cf. THEVET, Frei André. *Singularidades*, pp. 232 e 249/250.

220 BARLEU, Gaspar, p. 24.

221 EVREUX, Pe. Ives d', pp. 122/123.

222 VASCONCELLOS, Pe. Simão de. *Notícias curiosas*, p. 78.

gente também matou e comeu muitos dos meus amigos".[223] Nesse sentido, também é importante a descrição da recepção que tiveram os sobreviventes de um bando de tupinambá, que caiu em uma emboscada engendrada pelos tremembé. Isso causou "tanta indignação, que todos, voz em grita e chorando, especialmente as mães e as mulheres, insistiram pela vingança, ao que aquiesceram os principais".[224] Portanto, pode-se concluir que, de fato, a vingança constituía o principal fator da guerra na sociedade tupinambá. Aliás, a veracidade e a consistência da "interpretação" a que chegaram, predominantemente, os cronistas, foram postas em relevo mesmo pela investigação científica, nos estudos de Métraux e do autor deste trabalho.[225]

Faltam, nesta tentativa de enumeração e de interpretação, apreciações sobre o pensamento dos autores quinhentistas e seiscentistas a respeito do papel desempenhado pelo rapto de mulheres e pelos valores mágicos e religiosos na determinação da guerra. As informações contidas nas fontes compulsadas não apresentam a mesma consistência interpretativa que se evidencia no tratamento dispensado pelos cronistas aos outros aspectos do fenômeno. Por isso, não vejo inconveniente em passar para o exame do significado que a contribuição dos cronistas pode ter para nós, ou, o que seria mais preciso, para o estudo sociológico da motivação da guerra, deixando a análise desses problemas para a segunda parte do trabalho. Primeiramente, é clara a interferência da situação étnica dos cronistas em seu esquema interpretativo. A experiência que traziam das guerras na Europa não favorecia muito a compreensão dos mecanismos sociais da guerra em povos que ainda não tinham desenvolvido entre si um "honesto entendimento". Sem dúvida, a concepção do mundo ocidental dirigia, na época, a atenção dos cronistas para o assunto: de um lado, a guerra desempenhava um importante papel na vida dos povos europeus; de outro, as condições de contato faziam com que se interessassem sobremaneira pelos meios de ataque e de defesa de que

---

[223] STADEN, Hans, p. 182.

[224] EVREUX, Pe. Ives d', p. 178.

[225] Cf. MÉTRAUX, Alfred. *La Religion das tupinambá*, pp. 124 e ss.; FERNANDES, Florestan, op. cit., pp. 103-109.

dispunham as sociedades aborígenes. Mas, os "quadros geográficos", os "limites nacionais", a espécie de "guerra de conquista" etc., com que estavam familiarizados, não se ajustavam às guerras tribais, pelo menos de modo a conduzir a uma compreensão global das mesmas. Explica-se assim por que os aspectos mais exóticos e singulares das guerras tribais foram examinados e descritos com precisão. Eles se impunham com vigorosa espontaneidade à observação interessada dos cronistas. Os demais aspectos, localizados na penumbra das esferas de observação, deixaram de ser elevados ao campo de consciência dos observadores. Em seu aparato teórico faltavam os instrumentos adequados de análise, capazes de introduzir, nas relações entre o sujeito e o objeto, algo que pudesse orientar e robustecer a faculdade perscrutadora da inteligência.

Em segundo lugar, é natural que se reconheça: o conteúdo positivo dessas interpretações de "senso comum" é relativamente apreciável. Em conjunto, com exceção da terceira "teoria" (na ordem de exposição), põem em evidência que a guerra não constituía, na sociedade tupinambá, um fim em si mesmo. Ao contrário, definem-na como um meio através do qual aqueles aborígenes procuravam conseguir algo culturalmente determinado. Além disso, comportam um tratamento da guerra tribal que não era de todo inadequado, pois graças a ele conseguiram "isolar" o fator social básico na motivação da guerra (a "vendetta") e "explicar" o mecanismo que o punha em funcionamento. A própria variedade de "teorias" possui, para o especialista, um significado concreto. Ela sugere, pelo menos, que nos tateios da inteligência para descobrir as causas das guerras tribais certos fatores chegaram a ser pressentidos. A impressão que eles produziram no espírito dos cronistas veio até nós, embora a forma de expressão dos mesmos esteja longe de ser suficientemente compreensiva e clara para que a consideremos completa ou satisfatória.

Os resultados da condensação e do exame crítico das "teorias" sobre a motivação social da guerra na sociedade tupinambá, acima expostos, colocam um problema decisivo, de cujo esclarecimento dependem, em grande parte, a percepção e a explicação das necessidades vitais subjacentes às guerras tribais. O problema consiste no seguinte: a "vingança de sangue" constituía uma função exclusiva dos ideais coletivos de retaliação, ou em sua determinação intervinham outras variáveis, ligadas às formas tribais de adaptação ao meio natural circundante? Para se responder a esta questão, seria preciso verificar se as condições de eunomia tribal eram simplesmente asseguradas pelo restabelecimento automático do equilíbrio, por meio da retaliação, ou se esta acarretava outras consequências sociais constantes.[226] Se a segunda alternativa se impuser, ficará patente que os ideais coletivos de retaliação, os quais impulsionavam e canalizavam as ações dos indivíduos na direção dos fins estabelecidos socialmente, deverão ser encarados como manifestações ideológicas.

Em um trabalho anterior, já deixei resolvido este problema;[227] seja-me permitido, pois, aproveitar os resultados positivos daquela investigação. Nela ficou estabelecido que o princípio básico do sistema econômico dos tupinambá consistia na "autoprodução": a sua economia era uma economia de subsistência. A acumulação de utilidades e a troca desempenhavam, naquela economia tribal, um papel muito limitado, alcançando acanhadíssimo desenvolvimento. Por isso, a satisfação das necessidades materiais, incluindo-se entre elas tanto a alimentação quanto a proteção dos organismos, dependia direta e estreitamente, no sentido mais literal possível, dos "recursos da natureza".[228] Semelhante dependência articulava, em uma teia de relações adaptativas, de caráter competitivo, tanto os seres vivos, indiscriminadamente, uns aos outros, quanto os diferentes grupos humanos (tribos), que partilhavam de uma mesma posição na biosfera. Graças às informações deixadas pelos cronistas, sabe-se que a essa teia de relações adaptativas ligavam-se: a) um

---

[226] Sobre o conceito eunomia, cf. RADCLIFFE-BROWN, A. R. *On the concept of function in social science*, p. 397. Este emprego do conceito envolve o aproveitamento da contribuição de Durkheim à conceituação do que é "normal" no funcionamento das estruturas sociais, de capital importância pura a análise do problema proposto (cf. DURKHEIM, Émile. *Les Règles de la methode sociologique*, pp. 47 e ss.).

[227] Cf. *A organização social dos tupinambá*, pp. 97 e ss. Nesta parte do trabalho serão aproveitados outros resultados, obtidos na reconstrução do sistema econômico dos tupinambá (cf. especialmente, op. cit., pp. 74/75 e pp. 84-97; ou, cf. a edição independente da mesma análise, *A economia tupinambá*, pp. 11/12, pp. 26-51). Encontrar-se-á nas páginas citadas a fundamentação empírica das explanações teóricas feitas neste ensaio.

[228] Cf. op. cit., pp. 75-77 e pp. 81-87.

padrão espacial de distribuição no meio físico dos grupos locais e das unidades sociais inclusivas (as tribos), a que se integravam; b) uma forma de apropriação dos recursos naturais definida socialmente, a qual correspondia à composição morfológica das sociedades aborígenes. Assim, não só cada unidade tribal distinta possuía o domínio sobre uma porção determinada de territórios, mas ainda os grupos locais que constituíam essas unidades precisavam circunscrever espacialmente suas atividades extrativas e hortícolas, de modo a evitarem as incursões aos "nichos" dos demais grupos locais solidários. Os dados disponíveis mostram que estas incursões podiam se tornar perigosas, no caso de se defrontarem bandos pertencentes a grupos tribais inimigos.[229]

Entre os diferentes cálculos acessíveis atualmente aos especialistas, a respeito da extensão dos territórios sujeitos ao domínio de um grupo local, parecem possuir maior objetividade os que se referem aos tupinambá que viviam na ilha do Maranhão. Segundo estes cálculos, cada grupo local deveria dominar, em média, uma área territorial de 45 km^2, aproximadamente.[230] Na verdade, o significado científico deste dado é bem pequeno. Falta-lhe o que interessa ao especialista: informações concretas sobre a disponibilidade dos recursos naturais em semelhante área e sua conexão com as necessidades relativas da população por ela sustentada. Além disso, parece provável que a porção de territórios normalmente explorados pelos membros de um grupo local abrangesse um total maior (os tupinambá estavam comprimidos no Norte do Brasil, em consequência dos efeitos dos contatos com os portugueses). Mesmo assim, o dado serve como um índice tangível, embora precário, das condições materiais da adaptação das populações aborígenes ao meio natural circundante. Ele sugere, particularmente, que o "intercâmbio com a natureza" não era indiscriminado, e que a satisfação das necessidades fundamentais dos componentes dos grupos locais, em virtude da competição destes como "unidades de vida" no plano biótico, precisava ser provida através de recursos limitados. A análise sociológica do sistema econômico dos tupinambá mostrou-me, aliás, que ele funcionava,

---

[229] Cf. STADEN, Hans, pp. 77 e 177; EVREUX, Pe. Ives d', pp. 180/181.

[230] Cf. FERNANDES, Florestan, op. cit., p. 74.

enquanto subsistiam condições favoráveis ao aprovisionamento normal de recursos pela coleta, pela caça ou pelos trabalhos hortícolas, como parte e no seio da estrutura social dos grupos locais.

Todavia, é preciso considerar os aspectos dinâmicos das relações adaptativas indicadas. O tipo de ocupação da própria posição na biosfera, culturalmente desenvolvida pelos tupinambá e outros povos nativos contemporâneos, tendia para o "esgotamento" periódico da mesma. Dentro de certo lapso de tempo, os recursos naturais nela existentes, ou exploráveis pelo esforço técnico das populações humanas, deixavam de corresponder às necessidades vitais daquelas populações. Isto significa, em outras palavras, que as populações aborígenes destruíam o equilíbrio biótico, exaurindo os recursos naturais disponíveis nos nichos ocupados (é o que alguns especialistas designam com a expressão "ocupação destrutiva" e outros com o termo "devastação").[231] Como o sistema tecnológico de que dispunham não lhes possibilitava a regeneração ou a *restituição* do meio (como preferem dizer os geógrafos), e como tampouco fosse isto indispensável para a sua sobrevivência, os povos aborígenes, e entre eles os tupinambá, restabeleciam o equilíbrio biótico através da ocupação de novos nichos. O que se tem designado como *nomadismo* das primitivas populações aborígenes do Brasil eram movimentos migratórios desse tipo, graças aos quais conseguiam condições adaptativas favoráveis à própria subsistência.

Na ruptura de equilíbrio biótico ocorria a seguinte alternativa: a eunomia dos grupos locais, que integravam uma unidade tribal, podia ser afetada ou isoladamente, ou em conjunto. Pode-se distinguir, portanto, duas espécies de movimentos migratórios.

> Em primeiro lugar, deve-se considerar as migrações e a fixação em novas áreas situadas dentro da mesma porção de território sujeitos ao domínio de grupo local ou de grupo tribal. Em segundo lugar, deve-se considerar a invasão de territórios pertencentes

---

[231] Sobre o emprego desses conceitos, cf. BRUNHES, Jean. *La Geographie humaine*, p. 190; MYRES, John L. *Devastation*, passim.

> a outras tribos. Nestes casos, à invasão podiam suceder-se fenômenos de sucessão, com o deslocamento parcial ou total dos primitivos grupos de população.[232]

As migrações do primeiro tipo eram realizadas periodicamente, enquanto as do segundo só se tornavam possíveis e necessárias quando privações muito sérias se impunham de modo permanente.[233] Neste caso, é preciso salientar que os recursos naturais também podiam se tornar insatisfatórios em virtude da presença de outros agrupamentos humanos. Os brancos destruíram completamente o equilíbrio interno das sociedades aborígenes que se mantiveram em contato com suas povoações; tais sociedades passaram a existir em estado "normal" de disnomia. Mas, são evidentes, na rede de ajustamentos recíprocos dos grupos tribais inimigos, os efeitos produzidos pela disputa de mesmas posições na biosfera. Quando elas não comportavam todas as massas socialmente organizadas de pretendentes, de maneira a distribuí-las dentro da mesma área geográfica, uns agrupamentos tribais deslocavam os outros ou então se apropriavam com exclusividade dos nichos cobiçados. Os sucessivos movimentos demográficos dos tapuia, tupiná e tupinambá, na Bahia, descritos por Gabriel Soares, ilustram cabalmente esta explanação.[234]

Qual era, porém, a relação existente entre os fenômenos analisados e a guerra? Os dados expostos, fixando a função da guerra como parte do sistema tecnológico tupinambá, indicam com clareza qual era a ligação. De fato, que sublinham tais dados senão que a guerra constituía um dos instrumentos por meio dos quais os tupinambá, como as demais sociedades aborígenes, preservavam o equilíbrio biótico? Basta que se examine o papel desempenhado pelas atividades guerreiras nos

---

[232] FLORESTAN, Fernandes. *A organização social dos tupinambá*, p. 88.

[233] Cf. op. cit., pp. 93-96 e pp. 91-93 e pp. 96/97, respectivamente; deixo de fazer aqui, por desnecessária, a análise dos tipos de migrações.

[234] GABRIEL SOARES, p. 37, pp. 360/361; cf. também: VASCONCELLOS, Pe. Simão de. *Notícias curiosas*, p. 31; e MÉTRAUX, Alfred. *Migrations historiques des tupi-guarani*, pp. 4-6; a análise desses movimentos será feita adiante (cf. pp. 61-63).

dois tipos de movimentos migratórios acima discriminados para que se compreenda isso. No decorrer da análise precedente insisti com frequência sobre a contribuição do desequilíbrio biótico para o desencadeamento dos movimentos migratórios. Entretanto, a ruptura pura e simples do equilíbrio biótico seria insuficiente para explicar o fenômeno. Por si mesma, ela nem poderia desencadear as migrações nem garantir o seu alcance ou o seu grau de sucesso; ela representava o que a maioria dos especialistas preferiria designar como uma "condição" das migrações. Segundo as descrições disponíveis, o fator ativo seria de natureza social. Os ideais coletivos levavam os tupinambá a respeitarem os padrões de comportamento legados por seus antepassados, quanto à necessidade de mudanças periódicas, embora reconhecendo nelas outras vantagens, ou a aspirarem à terra sem males.[235] Mas, tanto a possibilidade quanto a eficiência dos movimentos coletivos então realizados repousavam sobre uma base material. Esta concentrava-se principalmente, graças às condições dinâmicas da adaptação, no sistema guerreiro tribal.

O papel desempenhado pela guerra na conquista de novas posições na biosfera é evidente. Os tupinambá se apossaram dos férteis territórios do litoral da Bahia após desalojarem dali os tupiná. Anteriormente, estes haviam feito o mesmo aos tapuia. Apenas, em consequência da invasão dos tupinambá, a rede de ajustamentos foi modificada e ampliada. Os insucessos dos antigos povoadores aborígenes significavam recuo para o interior, ocupação de novos nichos no sertão.[236] Idênticos fenômenos ocorreram durante as migrações dos tupinambá para o Amazonas. Os grupos tribais que se opuseram à invasão foram por estes exterminados ou subjugados, e seus territórios ocupados. Segundo Heriarte, estes movimentos assumiram a forma de movimentos messiânicos: "dizem que, no ano de 1600, saíram seus antepassados do Brasil em três tropas, em busca do *Paraíso Terreal* (coisa de bárbaros) rompendo e conquistando terras e havendo caminhado um certo tempo chegaram àquele sítio,

---

[235] Cf. FERNANDES, Florestan, loc. cit.

[236] Cf. indicações bibliográficas da nota 150. Sobre os movimentos para o norte, cf. ACUÑA, p. 262, e HERIARTE, Maurício de, pp. 224/225; também FERNANDES, Florestan, op. cit., pp. 96/97.

que acharam abundante". Porém, tenho a impressão de que a parte tomada pela guerra na conquista de novas posições na biosfera não explica cabalmente a função por ela exercida no sistema tecnológico tribal. As incursões contra os grupos locais inimigos, circunvizinhos aos dos tupinambá, e pertencentes a unidades tribais que competiam com eles no plano biótico, sugerem claramente isso. Tais incursões eram feitas após a fixação nos territórios conquistados ou submetidos ao domínio tribal; mas não possuíam, como se viu, nenhuma finalidade "econômica" descoberta: em particular, preocuparam os cronistas pelo fato de não visarem a conquista de fontes suplementares de recursos naturais, de caráter permanente. Isso indica, por menos aparente que o seja, que as duas aplicações das técnicas guerreiras tribais (nas "invasões" no decorrer dos movimentos de dispersão; e nas "incursões", enquanto durasse a ocupação de determinada posição na biosfera) tinham estreita ligação entre si, e que ambas estavam subordinadas ao mesmo conjunto de relações adaptativas. Em outras palavras, a guerra possuía uma função definida na organização ecológica das comunidades aborígenes, tupinambá inclusive, interferindo por isso nas condições de competição intercomunitária e no estabelecimento do equilíbrio biótico.

Esta interpretação torna-se mais clara e consistente quando referida ao padrão de organização ecológica das comunidades aborígenes. A ocupação destrutiva dos nichos se apresenta como o caraterístico mais saliente daquelas comunidades e como o principal fator na inflexão da competição intercomunitária no plano biótico. Ora, a ocupação destrutiva dos nichos implicava um duplo desenvolvimento na organização das unidades ecológicas consideradas (os grupos locais) e das "constelações ecológicas" por elas compostas.[237] De um lado, ela dependia do domínio tribal sobre os territórios ocupados. Sem esta condição, seria impossível um mínimo de autonomia de movimentos

---

[237] Emprego os conceitos *unidade ecológica* e "constelação ecológica" no sentido que lhes atribui R. D. McKenzie (cf. *The scope of human ecology*, p. 169; este autor utiliza o segundo conceito entre aspas). As "constelações ecológicas" seriam compostas, no caso, por conjuntos de grupos locais solidários entre si ("tribos"), dispondo todos de interesses básicos comuns de conquista ou de preservação do domínio coletivo sobre determinados territórios e os recursos naturais neles existentes.

e de segurança, indispensáveis para a exploração do meio físico, para os deslocamentos rotineiros dos indivíduos ou as mudanças periódicas dos grupos locais, e para a própria organização da defesa da comunidade e da exploração dos recursos naturais a ela pertencentes. De outro lado, impunha à exploração de territórios o sinete da transitoriedade, pois a fixação resultante da ocupação destrutiva era, por sua própria natureza, passageira. Em consequência disso, as comunidades aborígenes estavam ecologicamente organizadas para essa circunstância. Possuíam plasticidade e consistência interna para os inevitáveis movimentos periódicos de dispersão e contavam com um equipamento cultural capaz de ser aplicado, quando necessário, à disputa de territórios desejados mas sujeitos ao domínio de unidades tribais inimigas. Como se vê, ambos os desenvolvimentos da organização ecológica daquelas comunidades acarretavam situações específicas, às quais os tupinambá só se poderiam ajustar através de atividades guerreiras. À guerra caberia, pois, assegurar o equilíbrio biótico: seja mantendo o controle tribal sobre os nichos ocupados, seja garantindo a "conquista" de novos nichos.

Entretanto, é preciso que se assinale o seguinte: segundo esta interpretação, o sistema guerreiro dos tupinambá não preenchia, por si mesmo, a função ecológica indicada. Ela emergia, por assim dizer espontaneamente, das relações adaptativas dos seres humanos, resultantes da forma assumida pela competição dos grupos locais tupinambá entre si e com os grupos locais integrados a unidades tribais inimigas. Como tais relações apresentavam uma configuração própria, a que se vinculava a guerra enquanto e como parte do sistema tecnológico tupinambá, parece-me conveniente tratar também desse aspecto do problema. Alguns especialistas, diga-se de passagem, pensam, a este respeito, que a configuração das relações adaptativas nas "sociedades primitivas" seria comparável à configuração "organísmica" de certos animais inferiores. Por isso, consideram-na como algo indiferenciado, desprovido de "um centro de dominância", em tudo semelhante ao que Child denomina, relativamente a organismos inferiores, "configuração de superfície interna"; exprimindo-se dessa maneira, escreve McKenzie: "as comunidades humanas primitivas, como as formas orgânicas, têm mais vida na periferia ou parte que é mais exposta aos perigos do ambiente". "A região principal, para onde convergem as atenções, é o limite externo, onde, à noite, há geralmente guardas estacionados para evitar os salteadores".[238] Todavia, semelhante ponto de vista não possui um fundamento sólido. Ele próprio se justifica apenas como um "vício da razão": acostumados a lidar com as "sociedades civilizadas", nas quais existe apreciável correlação entre as instituições e seu padrão de distribuição espacial, os ecólogos querem às vezes interpretar os fenômenos ecológicos em outras sociedades segundo o esquema das "áreas naturais" e seu padrão urbano de interdependência. Contudo, as relações adaptativas não são menos humanas pelo fato de ocorrerem no plano biótico, e se sua expressão espacial chega a interessar ao sociólogo, é porque esta constitui um bom quadro de referências para a compreensão objetiva daquelas. Encarando-se o problema proposto desta maneira, verifica-se que a exclusividade sobre uma determinada posição na biosfera não era a única consequência ecológica da guerra na sociedade tupinambá.

Os resultados da competição entre as comunidades aborígenes no plano biótico eram naturalmente muito variáveis. Teoricamente, pelo menos, pode-se admitir que todas as unidades tribais tinham probabilidades de ser bem-sucedidas, quer nas tentativas de preservação do domínio tribal sobre posições na biosfera, quer na realização de movimentos de invasão. As observações deixadas pelas fontes são muito pobres e não permitem afirmar nada de concreto nem a respeito das alternativas realmente possíveis de adaptação de várias unidades tribais a uma mesma posição na biosfera, nem sobre os movimentos de dispersão dos tupi, em sua totalidade. Quanto aos tupinambá elas evidenciam, porém, duas coisas importantes: a) os brancos que entraram em contato com estes aborígenes no Brasil sempre os encontraram em vizinhança com grupos tribais inimigos e em guerra permanente com eles; b) aqueles aborígenes se achavam, no período de colonização do Brasil, em plena fase de dispersão: invadiam e se fixavam em áreas geográficas ocupadas por outras unidades tribais. Os contatos com

---

[238] MCKENZIE, Roderick D. *Dinâmica e organização mundial*, pp. 299/300; no texto citado encontra-se também a referência a Child.

os brancos, desequilibrando as relações simbióticas dos grupos tribais localizados em áreas espaciais contíguas, contribuíram ainda mais para intensificar os movimentos de dispersão dos tupi, em particular dos tupinambá, fortemente concentrados em regiões do litoral. Isso quer dizer que, na realidade, algum fator se introduzia na determinação do equilíbrio biótico; os resultados da competição nem sempre eram os mesmos para todas as unidades tribais em presença, pois os tupinambá ilustram concretamente o contrário. Eles alcançaram uma espécie de *supremacia*, nas relações com as outras comunidades aborígenes, que precisa ser explicada. A simples disposição de um eficiente sistema guerreiro não esclarece suficientemente a questão. Relembro que as dimensões da guerra eram as mesmas em todas as sociedades aborígenes (cf. pp. 88 ss. e nota 162). Por isso, seria necessário isolar o fator que interferia na adaptação dos tupinambá ao meio natural circundante, de modo a criar (pelo menos durante o período em que foram observados e descritos pelos cronistas) condições sumamente favoráveis ao emprego do seu sistema guerreiro.

A análise do padrão ecológico de organização e de distribuição espacial das comunidades aborígenes em competição mostra que tal fator era a dominância.[239] Em função da economia de subsistência e da ocupação destrutiva do meio, a competição tendia a desenvolver relações de natureza simbiótica entre as unidades ecológicas (os grupos locais). É claro que estes competiam também entre si no seio das unidades tribais, e não apenas com os grupos locais inimigos. Mas a segregação deles em nichos próprios, dentro dos quais deviam ser extraídos os recursos necessários à subsistência das populações correspondentes, dava origem a um padrão ecológico de ocupação do meio em que a interdependência das partes repousava no interesse básico comum de conquistar ou de manter o domínio sobre determinada porção de territórios. Ao contrário do que acontece em outras organizações ecológicas, a interdependência das unidades solidárias não nascia, portanto, do cruzamento e da convergência das atividades econômicas globais. Cada grupo local, deste ponto

---

239 Sobre o emprego do conceito de dominância, cf. *A organização social dos tupinambá*, nota 252 (p. 99).

de vista, constituía uma unidade autônoma; no entanto, articulava-se e dependia das demais unidades ecológicas solidárias, para a conquista ou na preservação do próprio nicho. A dominância difundia-se, pois, pelas unidades ecológicas; cada uma desempenhava um papel ativo na conservação ou na apropriação de territórios. Isto não significa, porém, condensação da vida "na periferia" ou no "limite externo" da organização ecológica. Se as incursões guerreiras dos inimigos visavam de preferência aquelas unidades isoladamente, tal coisa ocorria em virtude da própria difusão da dominância pelas unidades do sistema: para solapar a posição da "constelação ecológica" era indispensável atingir vigorosamente as suas partes. Doutro lado, dois exemplos mostram como os tupinambá reagiam, quando tais incursões ameaçavam destruir o seu domínio territorial sobre certas áreas geográficas: as forças dos grupos locais solidários eram reunidas e atiradas contra os perturbadores do equilíbrio biótico.[240]

Alguns dados, escolhidos na documentação disponível, elucidarão empiricamente as explanações precedentes, contribuindo ao mesmo tempo para ampliar o seu alcance teórico. Restringi-me a três situações concretas: a) movimentos de dispersão coroados de êxito; b) movimentos de dispersão parcialmente bem-sucedidos; c) condições de competição após a fixação em determinada área natural.[241] Quanto

---

240 Um exemplo diz respeito às relações entre os tupinambá da ilha do Maranhão e os tremembé. Estes ameaçaram a liberdade de movimentos e o aprovisionamento de certos bens naturais, provocando a organização de uma forte expedição guerreira dos tupinambá (cf. EVREUX, Pe. Ives d', pp. 178-181). O outro refere-se à chamada "Confederação dos Tamoios". As fontes que tratam deste acontecimento, em particular Anchieta, revelam que a competição entre os tupinambá e os portugueses alcançara tal intensidade que os nativos pretendiam exterminar os brancos, ou desalojá-los da capitania de São Vicente (as referências bibliográficas seriam numerosas; além das cartas de Anchieta, em que o jesuíta trata do assunto, cf. VASCONCELLOS, Pe. Simão de. *Chronica*, I, p. 9, e *Vida do venerável...*, I, pp. 65 ss.).

241 É provável que alguns movimentos de dispersão dos tupinambá tenham fracassado. As fontes não registam, porém, nenhum exemplo dessa espécie; os movimentos de dispersão frustrados, descritos por Knivet e Abbeville, resultaram das condições de contacto com os portugueses, e o seu fracasso, pelo menos quanto ao descrito por Knivet, foi motivado pela interferência ativa e brutal daqueles. Por isso, deixei de examiná-los aqui, pois não poderiam servir como índice das condições tribais

à primeira situação, pode-se ilustrá-la com informações fornecidas por Gabriel Soares. Este autor, que afirma ter recolhido as informações "dos índios muito antigos",[242] descreve os movimentos de sucessão através dos quais os tupiná desalojaram os tapuia da Bahia e foram por sua vez posteriormente desalojados pelos tupinambá. Após expulsarem os tapuia, os tupiná, que desceram do sertão "à fama da fartura da terra e mar desta província", nela se fixaram. A luta contra os antigos povoadores durou alguns anos, mas finalmente conseguiram o domínio dos territórios cobiçados; em consequência, "possuíram e senhorearam muitos anos aquelas terras". Mas, para se conservarem naquela posição, precisaram manter guerra permanente com os tapuia, localizados no sertão.[243] O equilíbrio biótico assim constituído, com o padrão de dominância favorável aos tupiná, foi quebrado pelos tupinambá. Estes souberam da "grossura e fertilidade desta terra, se ajuntaram e vieram além do rio de São Francisco descendo sobre a terra da Bahia, que vinham senhoreando, fazendo guerra aos tupinás que a possuíam, destruindo-lhe suas aldeias e roças, matando aos que lhe faziam rosto, sem perdoarem a ninguém, até que os lançaram fora da vizinhança do mar". Os tupiná tiveram que abandonar aqueles territórios, deslocando-se para o sertão. Entraram então em competição com os tapuia, que se tinham fixado nos territórios contíguos à região litorânea; empurraram-nos mais para o interior.[244] Esta descrição mostra como se processou, após a invasão dos tupinambá, a alteração da organização ecológica e a modificação do padrão de dominância que a sustinha. A invasão dos tupinambá

---

de adaptação ao meio natural circundante. Doutro lado, a seleção feita justifica-se teoricamente: para os fins da presente análise não precisava acumular todo o material existente sobre o assunto, bastando apreciar os dados mais significativos. Daí o não-aproveitamento das fontes que descrevem os movimentos de dispersão dos tupinambá no Norte do Brasil e de outras, que tratam da fixação dos tupinambá no Rio de Janeiro e na Bahia.

242 GABRIEL SOARES, p. 360; adiante, salienta escrupulosamente o seguinte: "dos quais tupinambás e tupinas se tem tomado, esta informação, em cuja memória andam estas histórias de geração a geração" (p. 361).

243 GABRIEL SOARES, pp. 360/361.

244 GABRIEL SOARES, p. 361.

provocou redistribuição no espaço na base do novo padrão de dominância estabelecido, transferindo o domínio territorial para os invasores.

A segunda situação também pode ser ilustrada com dados fornecidos por Gabriel Soares. Trata-se da segregação dos amoipira em uma área continental do São Francisco. Os grupos aborígenes designados por esse nome pertenciam ao contingente dos tupinambá que invadiram os territórios ocupados pelos tupiná. Acontece que eles precisaram combater os grupos locais tapuia, perseguindo-os terra adentro pela região do São Francisco. Enquanto isso, os outros bandos tupinambá atacavam os tupiná pelo litoral da Bahia. Quando os tupiná foram finalmente desalojados dos seus territórios, os tupinambá, que guerreavam na região do São Francisco, viram-se inopinadamente entre dois grupos tribais inimigos: os tapuia e os tupiná. Não podendo resistir com sucesso, ou tentar uma retirada, atravessaram o São Francisco e ali se fixaram, por "se contentarem da terra".[245] Como se vê, o sucesso deste movimento de dispersão foi apenas parcial. Ainda assim, o padrão de dominância desenvolvido permitiu-lhes não só a sobrevivência, como a ocupação de uma posição ecológica considerada satisfatória.

O próprio Gabriel Soares reúne indicações a respeito da terceira situação (algumas apresentadas acima): primeiro os tupiná, com relação aos tapuia, e depois os tupinambá, com relação a ambos, mantiveram-se nos territórios ocupados durante ou enquanto conseguiram revidar com êxito os ataques aos próprios grupos locais. Isto quer dizer, em outras palavras, que a conservação da posição ecológica conquistada dependia da preservação do padrão de dominância estabelecido na competição com as demais "constelações ecológicas" no período de invasão. É que isso se processava através das incursões guerreiras, feitas de modo permanente e recíproco por bandos armados pertencentes aos grupos locais inimigos em competição. Contudo, muito mais importante é o que se pode inferir das narrativas de Hans Staden. Na obra do cronista alemão, como na de outros (refiro-me especialmente a Léry, Thevet, Anchieta, Abbeville e Evreux), encontram-se dados que confirmam esta interpretação da função

---

245 GABRIEL SOARES, pp. 409/410.

das incursões guerreiras. Mas somente ele sugere algo que é capital para a interpretação da função ecológica da guerra na sociedade tupinambá.[246] Como artilheiro dos portugueses e prisioneiro dos tupinambá, penetrou profundamente no significado das relações dos aliados daqueles, os tupiniquim, com os segundos. Por meio de suas descrições chega-se a compreender que as "rotas guerreiras" dos tupinambá, que provinham do norte, haviam sido interrompidas apenas transitoriamente (na verdade, coube aos brancos botar-lhes um paradeiro). As incursões guerreiras contra os tupiniquim, e outros grupos tribais inimigos da região, permitindo manter o padrão de dominância desenvolvido, indiretamente estabeleciam as condições para o reencetamento das "rotas guerreiras" quando as consequências da ocupação destrutiva assim o exigissem. Verifica-se, portanto, que as incursões guerreiras, contribuindo para preservar o padrão de dominância criado nas relações adaptativas dos tupinambá com o meio (inclusive os demais ocupantes humanos): 1) ligavam-se à necessidade de conservar posições ecológicas conquistadas; 2) prendiam-se à necessidade de garantir a autonomia de movimentos, não só dentro dos territórios dominados, mas num sentido mais amplo, de modo a assegurar-lhes a iniciativa na escolha seja da época propícia ao abandono de posições ecológicas esgotadas, seja da direção das "rotas guerreiras".

Estes novos resultados teóricos da análise dão margem para reflexão. De fato, eles colocam sob um prisma inteiramente diferente às conclusões anteriores. Embora comprovando que a guerra interferia diretamente no estabelecimento do equilíbrio biótico das comunidades tribais, põem em relevo que tal interferência não se explica por ela como e enquanto simples técnica de adaptação ao meio. Mas, sim, como função das relações humanas: ou, para ser mais preciso, como função das relações humanas na forma que elas assumiam em consequência das condições dinâmicas de ocupação do meio físico pelas sociedades aborígenes. Evidentemente, isto suscita, por sua vez, outro problema: que fatores determinavam o padrão de dominância estabelecido nas relações dos tupinambá com os grupos tribais inimigos? Sem dúvida, a própria guerra, como parte do sistema

---

[246] STADEN, Hans, cf. especialmente capítulos 14-18 e as descrições sobre as incursões guerreiras dos tupinambá.

tecnológico tribal, desempenhava algum papel em sua determinação; fazia-o, e isso ficou bem claro nas ilustrações apresentadas acima, em função da composição e do funcionamento das sociedades aborígenes. Resta saber se é possível, e até que ponto, descobrir os fatores ocultos, apenas subentendidos na análise precedente.

Segundo alguns especialistas, a dominância pode resultar, na competição do homem com os outros homens, do crescimento natural da população.[247] Haveria semelhante correlação entre o padrão de dominância descrito e o "predomínio numérico" dos tupinambá? É difícil responder positivamente a esta pergunta. As fontes insinuam que a guerra contribuía para manter o equilíbrio biótico inclusive através da regulamentação restritiva do crescimento da população. Abbeville, por exemplo, informa que a natalidade era elevada entre os tupinambá, sendo as crianças numerosas até a idade de oito anos; por isso, acrescenta em seguida, "sem as guerras, seria o país muito povoado".[248] Acuña fornece uma informação complementar, asseverando ser a guerra o "desaguadouro ordinário de tanta multidão, sem a qual não caberiam naquela terra".[249] Knivet, por seu lado, refere-se a uma situação concreta: ele e seus companheiros estiveram em um grupo local tapuia, em que encontraram poucos homens. Disseram-lhes, então, que os homens foram dizimados em combates com os tupinambá.[250] Estes dados, se indicam alguma coisa, é que a guerra constituía um fator de mortalidade. Nada esclarecem quanto à situação dos tupinambá em comparação com os grupos tribais com que competiam. As mesmas lacunas são observáveis nas descrições das populações aborígenes da Bahia e do Rio de Janeiro feitas por Anchieta. Somente Gabriel Soares lança uma pista boa; mas é muito vaga para ser aproveitada. A título de sugestão, contudo, não vejo inconveniente em indicá-la aqui. Logo após a referência ao desalojamento dos tupiná, pelos

---

[247] Cf. HOLLINGSHEAD, August de Belmont. *Human ecology*, cap. 12, espec. pp. 113/114.

[248] ABBEVILLE, Claude d', p. 224.

[249] ACUÑA, p. 199.

[250] "E interrogando-as acerca de seus maridos, informaram-nos que, tendo eles saído a guerrear com os Tamoios, foram todos mortos" (KNIVET, Anthony, p. 229).

tupinambá, escreve: "deste gentio tupiná há já muito pouco, em comparação do muito que houve, o qual se consumiu com as fomes e guerras que tiveram com seus vizinhos, de uma parte e da outra".[251] O mesmo autor dá um exemplo inverso, relativo aos amoipira: "onde esta gente multiplicou de maneira que tem senhoreado ao longo deste rio de São Francisco, a que o gentio chama o Pará, mais de cem léguas, onde agora vivem".[252] Essas informações sugerem, e é provável que isto ocorresse na realidade, a existência de uma relação entre a dominância e o montante da população. Além disso, o segundo exemplo mostra que a adaptação dos tupinambá ao novo habitat favoreceu o crescimento de suas populações, o que repercutiu no aumento de território sujeito ao domínio tribal.

É possível, no entanto, que o fator principal fosse de ordem cultural. Duas fontes fazem referência ao motivo que presidia as grandes migrações dos tupinambá, levando-os a abandonar um habitat em busca de outro. Era a crença na existência da *terra sem males*, ou do *Paraíso Terreal*, como escrevia Heriarte,[253] e na possibilidade de ela ser alcançada pelos seres humanos. O reconhecimento das condições insatisfatórias de vida e a escolha da direção do movimento migratório se processavam, culturalmente, por meios religiosos. Um pajé (ou mais que um; o texto de Abbeville, em que fundamentei a análise, trata apenas de um) assumia os papéis de líder carismático da migração coletiva, que adquiria por sua vez o caráter de movimento messiânico.[254] A respeito do aspecto que nos interessa aqui, cheguei às seguintes conclusões:

> Penso que ainda se pode aprofundar esta análise, situando os fatores religiosos e as sanções morais, correspondentes como

---

[251] GABRIEL SOARES, pp. 408/409.

[252] GABRIEL SOARES, p. 410.

[253] As duas fontes são Gandavo e Abbeville; no trabalho de minha autoria, já citado, encontrar-se-á uma análise da situação dos fatores religiosos nessas migrações e do condicionamento material das mesmas, com o aproveitamento das contribuições de C. Nimuendajú, A. Métraux e E. Schaden (cf. espec. pp. 91-93).

[254] O pajé, no movimento descrito por Abbeville, convencera os tupinambá de que, "se quisessem acreditar nele e segui-lo, iriam todos para o paraíso terrestre dos caraíbas e profetas" (ABBEVILLE, Claude d', p. 252).

> fonte de uma forma específica de controle do comportamento. Recebendo um caráter religioso, o movimento comunicava aos indivíduos um estado de tensão emocional permanente e dava-lhes uma crença profunda nos poderes mágicos pessoais, adquiridos por meio de cerimônias mágico-religiosas. A aplicação das forças daí resultantes e a direção coletiva que esta aplicação devia receber dependiam em parte do líder carismático.* É fácil compreender que tais movimentos, do ponto de vista da ação coletiva e da consecução dos fins visados, adquiriam uma força especial. Transformavam-se em irresistíveis aludes humanos capazes de destruir ou neutralizar os obstáculos mais sérios, colocados entre eles e os objetivos comuns, pela natureza ou grupos tribais inimigos. Isso talvez explique a formidável força de expansão dos tupinambá, ainda durante os princípios dos quinhentos, admirada com espanto até em nossos dias.[255]

Se esta interpretação for aceita como verdadeira pode-se estabelecer uma hipótese capaz de elucidar completamente o problema. Como foi visto acima, o motivo aberto das incursões guerreiras contra os grupos locais inimigos circunvizinhos consistia na retaliação. Um fator de ordem religiosa (a crença na necessidade do "derramamento de sangue com êxito fatal", para *vingar* os parentes e amigos mortos nas mesmas circunstâncias pelos inimigos, intervinha pois igualmente no desencadeamento e na regulamentação social das atividades guerreiras nas áreas ocupadas e sujeitas ao domínio dos tupinambá. Por isso, acredito ser possível ligar os dois aspectos conhecidos da função social da guerra na sociedade tupinambá e verificar quais são as suas implicações na esfera do sistema de adaptações e controles tribais do meio natural circundante. Procedendo-se assim, fica-se sabendo que o padrão de dominância estabelecido pelos tupinambá nas suas relações com os demais agrupamentos humanos que competiam com eles seria de ordem cultural. Mas de natureza religiosa, não tecnológica. Tanto os

---

255 FERNANDES, Florestan, op. cit., p. 93; **citação (in loc. cit.)*: "Ver especialmente MÉTRAUX, Alfred. *La Religion des tupinambá*, p. 200; *Curt Nimuendajú, Leyenda de la creacion y juicio final del mundo como fundamento de la religion de los apapokuvaguarani*, p. 3 ss. e 55 ss".

fatores de ordem demográfica (o movimento natural da população ou, o que seria mais preciso, "a vitalidade da população")[256] quanto os de ordem tecnológica (no caso, particularmente o sistema "militar"), cuja atuação é facilmente reconhecível, estariam subordinados a ele.[257] O padrão de dominância descrito seria, portanto – se a hipótese for aceita como válida –, função dos valores religiosos, que penetravam completamente a teia de relações intra e intertribais, abrangendo assim inclusive as relações de caráter adaptativo. A guerra, encarada como e enquanto técnica de adaptação, mantinha uma relação de interdependência com o padrão de dominância estabelecido: ao mesmo tempo que contribuía para configurá-lo, como instrumento de ação humana e das relações sociais, era por ele condicionada.[258] O alcance desta conclusão é muito grande, especialmente em se tratando de populações tão dependentes do meio natural, como os tupinambá. Ela corrobora a teoria defendida por vários etnólogos e sociólogos, segundo a qual não é o meio físico que determina de modo imediato a estrutura dos agrupamentos sociais, mas, ao contrário, são o nível de civilização e a organização social das sociedades humanas que determinam as condições de ocupação do meio físico e o tipo correspondente de "domesticação" do mesmo.

Resumo

Com isto, desenha-se a resposta ao problema proposto. O método expositivo adotado, passando gradualmente dos aspectos mais simples e visíveis para os mais complexos e obscuros do fenômeno, permitiu pôr em evidência que a "vingança de sangue" não constituía uma função exclusiva dos ideais coletivos de retaliação. Aliás, a análise

---

[256] Cf. HALBWACHS, Maurice. *Morfologia social*, cap. III, segunda seção, em que emprega esse conceito para designar "o poder que o grupo tem de se reproduzir" (p. 150).

[257] Esse resultado constitui uma evidência empírica da retificação feita neste trabalho à teoria da técnica de E. Dupréel (cf. nota 69, p. 51).

[258] Para evitar confusões, esclareço que emprego os termos "condição, condicionamento" etc. no sentido de "antecedentes não imediatos", "dependências indiretas", "causa da causa" etc.; cf SIMIAND, F. *Le Salaire, l'évolulion sociale et la monnaie*, I, pp. 20-24.

demonstrou que a mesma coisa pode ser dita das migrações coletivas, que assumiam a forma de movimentos messiânicos: a elevação coletiva à *terra sem males*, ou ao *Paraíso Terreal*, não era a única função dos ideais de segurança no "paraíso terrestre". À motivação da guerra ligava-se outra variável, condicionada pelo padrão de organização ecológica dos grupos locais e das "constelações ecológicas" por eles compostas, e pela forma de ocupação do meio, que ele implicava, em virtude da competição com outros seres vivos, inclusive humanos, da rudimentaridade do sistema tecnológico e da exaustão periódica dos nichos povoados. Embora não o determinasse, a guerra interferia no estabelecimento e na manutenção do equilíbrio biótico. Este conformava-se, tendo-se em vista as situações de vida dos tupinambá conhecidas historicamente, ao padrão de dominância desenvolvido nas relações competitivas daqueles aborígenes entre si e com os demais agrupamentos humanos. Por isso, o padrão de dominância condicionava o papel da guerra como e enquanto técnica tribal de adaptação, enquanto esta contribuía para mantê-lo ou modificá-lo. A conservação do domínio sobre ou a conquista de posições ecológicas e a preservação da autonomia de movimentos na deslocação espacial parecem ter sido os efeitos constantes das atividades guerreiras dos tupinambá. Os ideais e valores coletivos, que forneciam a base emocional e lógica do comportamento humano aos tupinambá, não exprimiam estes efeitos entre os "objetivos da guerra" reconhecidos culturalmente. Isso não impede que se descubram, atrás deles, a cadeia de relações reais a que estavam vinculadas as atividades guerreiras e a espécie de necessidades materiais que elas concorriam para satisfazer.

2.1.2 O ritual guerreiro

O "ciclo de guerra" na sociedade tupinambá era dotado de ritmo regular: os ritos estabeleciam com precisão o que os indivíduos deviam fazer no curso dos acontecimentos e situações sociais que se desenrolassem entre a determinação do ataque e a consumação do sacrifício dos inimigos aprisionados. A rigor, todas as atividades guerreiras faziam parte de um conjunto de ritos, organicamente integrados e interdependentes. Nele também se integravam os ritos de sacrifício do inimigo, de antropofagia e de renomação. Mesmo a regulamentação social do comportamento dos guerreiros e dos outros componentes dos bandos armados se processava por meios rituais. Contudo, restringi-me, nesta parte do estudo, à reconstrução dos ritos relativos à determinação da guerra, dos ritos preparatórios das ações guerreiras, dos ritos propiciatórios, observados durante as incursões guerreiras, e dos ritos de tratamento do "estranho", isto é, do inimigo.

Os motivos que me convenceram a adotar semelhante sistematização dos materiais são simples, mas ponderáveis. Em primeiro lugar, os ritos ligados à definição das obrigações dos componentes dos bandos guerreiros suscitam problemas partícularíssimos, cujo exame depende da discussão de questões especiais, como "princípio de formação", "horizonte militar", "disciplina militar", "liderança guerreira" etc. É evidente a conveniência de tratá-los separadamente, pois este método, além de favorecer a análise, permite compreendê-los como peças de sistema "militar" tribal. Em segundo lugar, o sacrifício ritual, a antropofagia cerimonial e os rituais de renomação, quando investigados em termos da função por eles desempenhada na organização tribal, implicam problemas de outra natureza que a dos ritos a serem descritos agora. Tais ritos garantiam a conservação do equilíbrio social e não tinham nenhuma conexão imediata com o sistema tecnológico tupinambá. Ao contrário portanto dos ritos discriminados no parágrafo anterior, que, apesar de "não tratarem a guerra como uma matéria prática", tinham por finalidade ou assegurar o êxito das expedições guerreiras dos tupinambá, ou desenvolver entre os contendores certos liames específicos, sem os quais não poderiam manter relações duradouras, se isto se tornasse necessário.

Como foi visto, a *vingança de sangue* fornecia o fundamento culturalmente objetivo e consciente das guerras tribais. O mecanismo através do qual se processava a escolha dos inimigos a serem atacados é que estabelecia, porém, as condições particulares e concretas da vingança. Reunidos em conselho, os velhos deliberavam sobre a oportunidade ou a necessidade de realizar incursões guerreiras contra determinados grupos locais inimigos. As reuniões, segundo Hans Staden, efetuar-se-iam no terreiro, no espaço central livre, deixado pelas malocas: "na noite desse mesmo dia, ao clarão da lua, se reuniram os mais nobres no pátio, em meio das choças";[259] a mesma fonte contém uma xilogravura que ilustra a informação: os *principais* do grupo local de Ubatuba estão reunidos no terreiro, ao luar, e enquanto praticam uma fumagem coletiva, discutem e refletem sobre o assunto da reunião ("conferenciaram e deliberaram quando deviam matar-me") (cf. gravura 25); Gabriel Soares confirma aquele cronista, escrevendo o seguinte: "para o que [deliberação da guerra] se ajuntam no terreiro da sua aldeia as pessoas mais principais, e fazem seus conselhos, como fica declarado".[260] Outras fontes asseveram, no entanto, que semelhantes reuniões eram feitas na *casa dos homens* ou na *casa grande*.[261] É pouco provável que se esclareça, com os dados acessíveis atualmente, essa questão. Entre os cronistas não mencionados, apenas Thevet dá uma pista suscetível de aproveitamento, confirmatória das informações de Abbeville, Evreux e Brandão. Ao tratar da distribuição ritual das diferentes partes do corpo do prisioneiro destinado a sacrifício próximo, com efeito assinala: "depois eles se reúnem todos em sua casa da aldeia, que eles chamam Carbé".[262] Mas, ele próprio deixa margem para dúvidas; pois afirma um pouco adiante que o termo *Carbé* se aplicava ao "meio da praça das quatro choças".[263] Em vista disso, parecem-me justas as conclusões a que cheguei em trabalho anterior:

---

259 STADEN, Hans, p. 102.

260 GABRIEL SOARES, p. 389; cf. também p. 385.

261 BRANDÃO, Ambrósio Fernandes, p. 282; ABBEVILLE, Claude d', p. 51, p. 59, pp. 78/79, p. 82 e p. 92; EVREUX, Pe. Ives d', p. 133 e p. 249.

262 THEVET, Frei André, ms. inédito, fl. 54.

263 THEVET, Frei André, ms. inédito, fl. 57; sobre o termo *Carbé* e sua ocorrência na obra dos cronistas, cf. a nota 104 de Sérgio Buarque do Holanda ao ms. inédito de Thevet: "essa palavra, de etimologia discutível, deve acentuar-se aparentemente na última sílaba. No próprio ms. de Thevet ocorre, à fl. 57, a forma *Carbé*. Léry e outros franceses escreveram *Carbet*. Entretanto, o autor dos *Diálogos das grandezas do Brasil* registra *Carpe* para significar a casa redonda levantada ao centro dos terreiros das aldeias, onde se faziam os ajustamentos públicos dos índios 'para haverem de determinar qualquer guerra'. Em nenhum outro escrito conhecido de autor português encontra-se esse nome". Cf. *Diálogos das grandezas do Brasil* (Rio de Jáneiro,

> (...) é provável que os tupi adquiriram o conhecimento da *casa grande* em contacto com o branco. O costume de se reunirem nas malocas existia, entretanto, antes do contacto com os brancos. Ao descrever a recepção do visitante, Gabriel Soares informa que o principal se reunia com os "anciãos da aldeia" "em outra casa" (o hóspede ficava na maloca do principal). Posteriormente, e sobre isto não existem dúvidas, construíram uma casa destinada exclusivamente às reuniões dos homens. Assim, no grupo local juniparã, depois de erigirem uma capela, construíram perto dela "uma casa grande para suas reuniões, porquanto não queriam que o lugar do conselho e de suas assembléias se encontrasse afastado da casa de devoção". Contudo, nos grupos locais em que ainda não existiam capelas, o capuchinho francês encontrou a aludida *casa grande* ou *casa dos homens*. Brandão descreve-a como sendo "uma casa redonda, que só para o efeito têm alevantada no meio da praça de suas aldeias".[264]

Em todo caso, quer se processasse ao ar livre, no terreiro, quer em um local abrigado, a reunião dos chefes constituía uma condição indispensável à determinação da guerra.

As descrições permitem reconstruir as principais fases dessa reunião. Parece que o assunto a ser debatido era proposto por um dos chefes tribais; é o que se pode inferir do seguinte trecho de Gabriel Soares: "Quando o principal da aldeia quer praticar algum negócio de importância, manda recado aos índios de mais conta, os quais se ajuntam no meio do terreiro da aldeia, onde em estacas, que têm para

---

1930, p. 273 e p. 294). O dr. Plínio Ayrosa assevera o seguinte: "no tupi parece-me clara a origem da palavra, pois *okara* é o pátio interno e *okarape* ou *okarpe* significa no pátio interno", o que está de acordo com as indicações fornecidas por Thevet na fl. 57 do ms. in.

264 FERNANDES, Florestan, op. cit., pp. 279-281; citações correspondentes: GABRIEL SOARES, p. 384; ABBEVILLE, Claude d', p. 92; BRANDÃO, Ambrósio Fernandes, p. 282; "sobre a casa dos homens", ver também BALDUS, Herbert; WILLEMS, Emílio. *Dicionário de etnologia e sociologia*, pp. 42/43; e a análise de Herbert Baldus, em: *Os tapirapé, tribo tupi no Brasil central*, parte publicada na *Revista do Arquivo Municipal*, CXI, São Paulo, 1946, pp. 105-107.

isso metidas no chão, armam suas redes de redor da do principal, onde também se chegam os que querem ouvir estas práticas, porque entre eles não há segredos".[265] A mesma fonte esclarece que os demais circunstantes "assentavam em cócoras", cabendo exclusivamente aos velhos se manifestarem sobre o assunto, cada um por sua vez: e "como tudo está quieto, propõe o principal sua prática, a que todos estão muito atentos; e como acaba sua oração, respondem os mais antigos cada um por si". Os velhos, ou *tujuáe*, que desempenhavam tais papéis eram os "que em seu tempo se mostraram valentes na guerra".[266] Evreux indica que quando um *tujuáe* discorria era "ouvido com todo o silêncio na *casa grande*, fala grave e pausadamente usando de gestos, que bem explicam o que ele quer dizer e o sentimento com que fala".[267] Chegavam assim "a concluir no que hão de fazer"; é provável, no entanto, que o consenso nem sempre se estabelecesse com facilidade, pois isso é expressamente declarado por um dos cronistas.[268] Durante a reunião, procediam à fumagem coletiva e cauinavam. Da fumagem coletiva só participavam os gerontes, em virtude do símbolo da autoridade atribuído à mesma e ao seu significado mágico, enquanto da cauinagem participavam também os circunstantes classificados como *avá*.[269]

Entre as fontes conhecidas, coube a Léry fornecer a melhor descrição do comportamento de um *mborubichá* em semelhantes circunstâncias.

> Perambulando, ou sentados em suas redes, os velhos exortam os companheiros da seguinte maneira: "Nossos predecessores, dizem falando sem interrupção uns após outros, não só combateram

---

265 GABRIEL SOARES, p. 385; Thevet afirma que as mulheros e as crianças não podiam participar dessas reuniões (cf. ms. in., fls. 81v.-82).

266 ABBEVILLE, Claude d', p. 229; cf. também LÉRY, Jean de, p. 168.

267 EVREUX, Pe. Ives d', p. 133; cf. também GABRIEL SOARES, p. 385 ("e quando um fala, calam-se todos os outros, até que vêm a concluir no que hão de fazer"); THEVET, Frei André. *Singularidades*, pp. 225/226.

268 "Sobre o que têm suas alterações muitas vezes" (GABRIEL SOARES, p. 385).

269 Cf. GABRIEL SOARES, pp. 385/386; ABBEVILLE, Claude d', p. 229; FERNANDES, Florestan, op. cit., pp. 281/282.

> valentemente mas ainda subjugaram, mataram e comeram muitos inimigos, deixando-nos assim honrosos exemplos; como pois podemos permanecer em nossas casas como fracos e covardes? Será preciso, para vergonha e confusão nossa, que os nossos inimigos venham buscar-nos em nosso lar, quando outrora a nossa nação era tão temida e respeitada das outras que a ela ninguém resistia? Deixará a nossa covardia que os Margaiá e os *peroangaipá*, que nada valem, invistam contra nós?". Em seguida, o orador bate com as mãos nos ombros e nas nádegas e exclama: – *Erima, erima, tupinambá conominassú, tã, tã* etc., o que quer dizer: "não, não, gente de minha nação, poderosos e rijos mancebos, não é assim que devemos proceder; devemos ir procurar os inimigos ainda que morramos todos e sejamos devorados, mas vinguemos os nossos pais".[270]

O cronista refere-se também às reações emocionais das pessoas que participavam dessas reuniões como sendo fortes e imediatas.[271]

Deve-se considerar, porém, que as incursões guerreiras geralmente eram realizadas para vingar uma ofensa recente. As "pregações" dos *mborubichá* visavam, pois, atiçar as emoções já polarizadas contra os inimigos, procurando canalizá-las na direção dos fins comuns de revindita. Além disso, Abbeville põe em relevo que as cauinagens criavam condições propícias ao estabelecimento de consenso e à aceitação das determinações dos velhos.[272] Suponho que é, entretanto, ao caráter sagrado das cauinagens, mais do que ao estado de embriaguês, que se devem atribuir tais efeitos.

---

270 LÉRY, Jean de, pp. 168/169; cf. nota 420 de Plinio Ayrosa, à obra de Léry: "A frase: '*Erima, erima! Tupinombá kurumi asú tantã*' etc. diz apenas: Não! Não! Os tupinambás são rapazes rijos etc.".

271 "Depois dessa arenga, que às vezes dura mais de seis horas, os ouvintes que ouvem com atenção e não perdem uma palavra, sentem-se animados, fazem das tripas coração e depois de percorrer trefegamente as aldeias congregam-se em grande número em lugar previamente designado" (LÉRY, Jean de, p. 169).

272 "Antes, porém, de deliberar, preparam um cauim e fumam e bebem à vontade. Depois de bebidos, aceitam sem discutir tudo o que os antigos resolverem a favor da paz ou da guerra" (ABBEVILLE, Claude d', p. 229).

Assim que chegavam a uma resolução (escolha do inimigo a ser atacado e época do ataque),[273] submetiam-na à apreciação do pajé, presente à reunião dos principais. Eis o que escreve Brandão a respeito:

> (...) a este tal toca aprovar ou desaprovar a jornada, comprometer bom ou mau sucesso, para o que usam de uma coisa assaz ridiculosa, a qual é que, quando afirmam que vencerão os inimigos, mostram umas redes pequenas, dizendo que nelas os hão de meter a todos manietados, como se fossem peixes, e outras vezes, com uns abanos que têm lavrados de palma, prometem haverem-nos de enxotar de modo que logo se ponham em fugida; e tanto crédito dão a esta vaidade, que têm por sem dúvida que assim lhes há de suceder.[274]

Depois disto, a resolução era comunicada a todos os membros do grupo local – ou dos grupos locais solidários, se fosse uma expedição guerreira de maior envergadura – para que se aprestassem para a guerra.

Então começavam os ritos de preparação para a guerra. Pode-se distinguir claramente entre eles: os ritos que regulavam a acumulação de material bélico e de alimentos; e os que se prendiam à necessidade de excitação psíquica dos guerreiros. Os ritos através dos quais os tupinambá reuniam os recursos materiais para a guerra articulavam-se às modificações do ritmo de vida tribal por ela provocadas. É sabido que "o estado de guerra produz uma grave alteração no sistema das necessidades e no

---

273 Referências a outras fontes, que tratam do assunto: THEVET, Frei André. *Cosmographie universelle*, fl. 941; THEVET, Frei André. *Singularidades*, p. 225; GABRIEL SOARES, p. 389 ("onde assentam a que parte hão de ir dar a dita guerra, e em que tempo"); LÉRY, Jean de, p. 169; BRANDÃO, Ambrósio Fernandes, p. 282 ("e ali decretam as causas que têm para fazerem guerra ao inimigo, e o modo com que devem prosseguir nela"); STADEN, Hans, p. 177 ("Quando pretendem empreender uma excursão guerreira em terra de seus inimigos, reúnem-se os seus principais e deliberam como se deve agir, dando-o a conhecer aos homens, em todas as choças, para que se aprestem, e citam então uma qualidade de frutos arbóreos; quando estes estiverem maduros, pretendem partir, pois não sabem determinar ano e dia. Fixam também às vezes o tempo de partida, no qual desova uma espécie de peixe, que chamam pirati em sua língua. À época da desova chamam piracema").

274 BRANDÃO, Ambrósio Fernandes, p. 282.

sistema dos obstáculos. Surge uma nova necessidade, a de vencer a guerra: isso torna-se o essencial para a comunidade. A posição comparativa das demais necessidades e a proporção de aplicação a elas das riquezas é profundamente alterada por esta nova necessidade".[275] Este conhecimento, obtido no estudo das sociedades ocidentais, não é menos verdadeiro com relação à sociedade tupinambá. O que já foi exposto a respeito da economia tupinambá[276] é suficiente para revelar as limitações do sistema tribal de produção de utilidades. Visando a satisfação restrita das necessidades imediatas, ele deixava pouca margem à acumulação de bens excedentes. De modo que as expedições guerreiras de certa envergadura precisavam ser suportadas pelos produtos de atividades econômicas desenvolvidas sob o influxo do estado de guerra. Processava-se uma intensificação das atividades econômicas, tanto masculinas quanto femininas (no sentido da divisão tribal do trabalho: por sexo e idade), ocasionando o que se poderia entender como "quebra" do ritmo rotineiro da vida tribal. Embora não chegasse a ser perturbadora, em virtude de os bandos guerreiros disporem, em seu sistema organizatório, como se verá adiante, de técnicas de apropriação dos recursos naturais, a intensificação das atividades produtivas desenha-se com nitidez nas descrições dos cronistas.

Thevet observava que "os víveres de guerra são os alimentos comuns do país, as farinhas de raízes (essas farinhas, delicadas quando novas, depois que envelhecem são tão agradáveis ao gosto quanto o podem ser a cevada e a aveia), as caças silvestres, o peixe, tudo torrado ao moquém".[277] A conservação dos alimentos sob a forma de farinha possuía, do ponto de vista bélico, mais de uma vantagem. Em primeiro lugar, o alimento ficava menos sujeito à deterioração; alguns deles, mesmo, como a *farinha de guerra*,[278] podiam ser guardados durante longo tempo. Em segundo lugar, essa técnica simplificava o transporte dos

---

275 Arnaldo de Valles, artigo "Guerra", p. 60.

276 Outras indicações podem ser encontradas na publicação do autor sobre a *Economia tupinambá*, passim.

277 THEVET, Frei André. *Singularidades*, p. 229.

278 Staden refere-se explicitamente às três consequências das técnicas tribais, de conservação, utilização e transporte dos alimentos: "(...) recolhem grande porção de

mantimentos. As mulheres podiam carregar maiores quantidades de alimentos, despendendo menor soma de esforços. Em terceiro lugar, quanto aos padrões alimentares, favorecia o emprego combinado de alimentos básicos na dieta tupinambá. Está claro que isto tinha a sua importância para os guerreiros: durante as excursões contra os grupos locais circunvizinhos, não se viam expostos a privações alimentares mais ou menos sérias, mantendo ao contrário o mesmo padrão alimentar.

Assim que a deliberação da guerra caía no domínio público, começava a preparação dos alimentos.[279] As mulheres e as filhas dos guerreiros tratavam de produzir em abundância *farinha de munição* ou *farinha de guerra*, "porque dura muito", explica Gabriel Soares, "para se fazer a dita guerra". Segundo Evreux, procediam assim "por saberem, naturalmente, que um soldado bem nutrido vale por dois, que a fome é a coisa mais perigosa num exército, por transformar os mais valentes em covardes, e fracos, os quais em vez de atacarem os inimigos buscam meios de viver". Os homens dedicavam-se, por sua vez, ao preparo do equipamento militar. Fabricavam ou consertavam canoas; confeccionavam

---

peixes, torram-nos sobre o fogo, esmagam-nos, fazendo deles farinha, que secam bem a fim de que se conserve por muito tempo. Levam-na para casa e comem-na juntamente com a de mandioca. Se levassem assados os peixes para casa, então não se conservariam por muito tempo, pois não o salgam. Também levam uma vasilha mais farinha de peixe do que aí caberiam peixes assados inteiros" (p. 159). Adiante descreve minuciosamente as técnicas de produção de farinha de raízes e de carnes, de veações ou de peixes, salientando que a farinha obtida "conserva[-se] por muito tempo" (p. 163). A *farinha grossa* ou *farinha de guerra*, feita de mandioca, duraria segundo essa fonte, que a designa como *uaitã*, "perfeitamente um ano" (STADEN, Hans, cf. p. 163 e p. 177). Gandavo confirma-o, pois escreve: "há todavia farinha de duas maneiras: uma se chama de guerra e outra fresca. A de guerra se faz desta mesma raiz, e depois de feita fica muito seca e torrada de maneira que dura mais de um ano sem se danar" (*História*, p. 81). No ms. inédito, porém, Thevet afirma que a *farinha de guerra*, segundo os próprios índios, duraria "três ou quatro meses" (fl. 39; sobre o assunto, cf. também nota 65, de Sérgio Buarque de Holanda, ao ms. de Thevet). Evreux ajunta um esclarecimento que merece ser indicado aqui: "é diferente da usual esta farinha de munição, por ser mais bem cozida, e misturada com *cariman* para durar mais tempo, embora menos saborosa, porém mais sã e fresca" (p. 82).

279 EVREUX, Pe. Ives d', pp. 79/80; GABRIEL SOARES, pp. 389/390; STADEN, Hans, p. 177; THEVET, Frei André, ms. in., fl. 53 (o qual também se refere à construção de caminhos).

arcos e tacapes; produziam flechas em quantidade; e preparavam os ornamentos de penas – para a cabeça, para o tronco, para os membros e para as armas.[280] A eficiência dos guerreiros nos combates dependia diretamente do arsenal "militar". A informação de Léry, transcrita em outra parte deste trabalho, é precisa nesse sentido: o cronista condiciona a habilidade dos flecheiros nativos à disposição de certa quantidade de flechas. No combate naval descrito por Staden, do qual participou o próprio informante, os tupinambá venceram porque se esgotou o estoque de flechas dos tupiniquim.[281]

Enquanto se preparavam militarmente para a guerra, os tupinambá observavam outros ritos, por intermédio dos quais procuravam assegurar-se uma "superioridade" decisiva em relação aos inimigos a serem atacados. Tomando-se por base a natureza dos ritos então observados (ocorrência ou não de invocações das forças sobrenaturais), pode-se distinguir duas espécies de ritos preparatórios, destinados à excitação dos guerreiros e à aferição do moral coletivo: os ritos em que os *principais* se dirigiam aos demais componentes do bando guerreiro, estimulando-os à vingança dos ancestrais e à aspiração de um comportamento heroico; e os ritos em que os pajés se comunicavam com os espíritos dos antepassados e invocavam a sua manifestação. A documentação a respeito das duas séries de ritos é pobre e desigual; permite, no entanto, estabelecer essa distinção e sugere qual era a função social desses ritos.

As "pregações" constituíam o meio através do qual os *principais*, chefes de malocas e de grupos locais ou velhos, importantes em virtude de suas relações de parentesco, atualizavam os valores tribais e estabeleciam o padrão de comportamento a ser seguido nas atividades rotineiras ou na guerra.[282] Abbeville e Gabriel Soares deixaram algumas informações a respeito da aplicação à guerra desta forma gerontocrática

---

280 EVREUX, Pe. Ives d', p. 80; GABRIEL SOARES, pp. 379/380; STADEN, Hans, p. 177.

281 STADEN, Hans, p. 128 ("quando suas flechas se esgotaram porém, subjugaram-nos os tupinambás e os aprisionaram"; o combate durou duas horas aproximadamente).

282 CARDIM, Pe. Fernão, pp. 146/147 e 272; ANCHIETA, Joseph de. *Cartas*, p. 433.

de controle social. Os dois textos são claros, indicando que a tarefa cabia ao *principal* ou chefe escolhido para líder da expedição guerreira; apenas discrepam na localização dos papéis desempenhados pelo líder guerreiro no conjunto de rituais que precediam à contenda armada: o capuchinho afirma que eles precediam à preparação do arsenal "militar", enquanto o cronista português assinala o contrário.[283] O contraste destas informações não possui, no caso, um significado especial. Pois o conhecimento da integração e do funcionamento das *pregações* no sistema organizatório tribal evidencia que, de fato, as duas séries de ritos eram concomitantes, realizando-se em momentos diferentes do dia, mas dentro de uma mesma porção de tempo (a compreendida entre a resolução da guerra e a partida dos bandos guerreiros). Quanto à finalidade dos ritos, ambas as fontes revelam que os líderes guerreiros expunham, com ênfase, o padrão ideal de comportamento masculino durante as expedições contra os inimigos e o fundamento sagrado destas, do qual decorriam a inevitabilidade e o caráter propício da contenda armada.

---

[283] Transcrição dos textos: a) GABRIEL SOARES, p. 390: "(...) e como todos estão prestes de suas armas e mantimentos, às noites antes da partida anda o principal pregando ao redor das casas, e nesta pregação lhes diz onde vão, e a obrigação que têm de ir tomar vingança de seus contrários, pondo-lhes diante a obrigação que têm para o fazerem e para pelejarem valorosamente; prometendo-lhes vitória contra seus inimigos, sem nenhum perigo da sua parte, de que ficará deles memória para os que após eles vierem cantar em seus louvores; e que pela manhã comecem de caminhar". b) ABBEVILLE, Claude d', pp. 229/230: "Escolhem para chefe o que julgam mais hábil e valente, e este vai de cabana a cabana exortando os homens e, com grandes gritos, dizendo-lhes como se devem preparar para a guerra. Mostra-lhes também que é importante se apresentar com coragem, pois pela covardia perderiam, para sua desonra, a reputação guerreira da nação conquistada pelos antepassados na matança e esquartejamento dos inimigos". "Tais discursos e encorajamentos, que duram não raro três a quatro horas, os animam de logo se meterem a preparar as armas, a farinha e demais provisões necessárias à guerra. E, no dia marcado, reúnem-se todos no lugar designado". c) Brandão: "E, em o dia determinado para a partida, tem cuidado o seu principal de antemanhã sair ao terreiro, e por roda dele anda fazendo pregação, e a grandes brados anima a todos os seus soldados, que pelejem e acometam ao inimigo valorosamente, alembrando-lhes para isso algumas façanhas e vitórias dos seus antepassados e fraquezas do inimigo" (p. 283). A descrição de Abbeville sugere, à primeira vista, que o cronista trata aí dos ritos desenvolvidos no *conselho* de chefes, analisado acima; as referências à pessoa a quem cabia fazer as pregações e à perambulação pelas malocas esclarecem suficientemente que não.

A comunicação com os espíritos dos antepassados é descrita por Thevet, cuja contribuição pode ser criticada por meio do cotejo com outras fontes. Eis o trecho em que o cosmógrafo francês condensa os conhecimentos que adquiriu sobre os aludidos ritos:

> Quando se trata de saber alguma coisa nova, de importância, usam os indígenas de certas cerimônias e inovações diabólicas, a saber: levantam, primeiramente, uma choça nova, jamais habitada, estendendo dentro dela uma rede branca e limpa; em seguida, transportam para a referida oca grande quantidade de víveres, inclusive o cauim (que é a sua bebida ordinária, mas fabricada por uma donzela de dez ou doze anos) e a farinha de raízes (que os índios usam em lugar do pão); finalmente, depois de tudo assim preparado, o povo, reunido, conduz esse gentil profeta à cabana, onde o mesmo permanece sozinho, depois que uma das moças lhe der água para lavar-se. É preciso notar, entretanto, que, antes do mistério, o pajé deve abster-se de relações sexuais com a sua esposa. Isso por espaço de nove dias (...). Em seguida, quando fica só na cabana e quando todo o povo já se tem afastado do local, estende-se o feiticeiro no leito e começa a invocar o espírito maligno. A invocação dura toda uma hora, havendo ainda outras cerimônias do costume, mas que não podem ser percebidas; de tal modo que, no final do rito, o espírito acaba por chegar, silvando e assobiando (como dizem). Afirmam mesmo alguns índios que esse espírito aparece, em certas ocasiões, na presença de toda a gente. Ninguém o vê, mas todos percebem qualquer coisa semelhante a um ruído ou uivo. Ao que todos exclamam, a uma só voz: – *Rogamos-te dizer a verdade ao nosso profeta, que te aguarda lá dentro* (...). As perguntas, com as respectivas respostas, dizem respeito aos seus inimigos, a saber, o que pensam eles, quem terá a vitória, se alguém será aprisionado e devorado pelos contrários, ou ferido por algum animal feroz etc. (...) Chama-se o espírito *houioulsira*.[284]

---

[284] THEVET, Frei André. *Singularidades*, pp. 217/218. À mesma descrição consta do ms. in. (cf. fls. 50v.-51).

A descrição é informativa, indicando claramente que: 1) os ritos então realizados tinham uma finalidade divinatória: não visavam atrair a proteção das forças sobrenaturais, mas sim verificar se estas lhes eram favoráveis; os mesmos ritos eram observados em outras circunstâncias, além das situações criadas pela guerra; 3) os pajés desempenhavam os papéis centrais no desenvolvimento dos ritos, colocando-se, em relação ao espírito invocado, na posição de intermediário do grupo; 4) quando os ritos se ligavam a situações guerreiras, o espírito invocado prestava informações específicas a respeito do curso futuro dos acontecimentos (se os inimigos estavam ou não prevenidos; se os tupinambá ganhariam ou não a vitória; se as expedições causariam ou não algumas vítimas, e quais seriam elas). Como se vê, a única questão capital, que fica obscura, é a relativa ao espírito invocado (*houioulsira*). O texto apenas sugere sua natureza imaterial, embora algumas vezes pudesse ser pressentido pelos participantes dos rituais. Estêvão Pinto tentou esclarecer o seu significado, sugerindo que a palavra *houioulsira* provavelmente referia-se a um pássaro.[285] Contudo, parece-me que o próprio texto de Thevet exclui semelhante possibilidade, já que não ocorria a materialização do espírito (além disso, as fontes que descrevem o aparecimento do matintapereira sublinham o caráter ocasional da ocorrência; aqueles pássaros surgiam quando os antepassados desejavam comunicar-se com os vivos, independentemente da celebração de ritos invocativos). Por isso, é preciso procurar uma resposta nas demais fontes que fornecem indicações sobre os mesmos rituais.

Ora, os dados coligidos por Anchieta denotam a existência de um lapso nas descrições de Thevet. O *maracá*, instrumento sagrado dos tupinambá, possuía uma função definida nos rituais, parecendo fora de dúvida que estava nele o espírito invocado.[286] A veracidade

---

[285] Cf. Estêvão Pinto, nota 1, à p. 218 de *Singularidades*.

[286] "Um dia, antes de entrarem em combate, os que vinham de outra parte (como é costume entre eles) começaram a oferecer sacrifício a seus feiticeiros (a que chamam *pagés*) em uma casita para isso construída, interrogando-os eles sobre o que lhes sucederia no conflito" (ANCHIETA, Joseph de. *Cartas*, pp. 40-41); "estes índios têm grandíssimas guerras entre si, umas nações contra outras, o que é comum em toda a Índia do Brasil; e depois que aqui estamos foram à guerra e um dia antes

desta conclusão pode ser comprovada pelas informações reunidas por Hans Staden. Este autor afirma, de fato, que os guerreiros tupinambá que participaram da incursão a Bertioga haviam "profetizado" sobre a mesma, através dos seus "ídolos" (os *maracás*).[287] Adiante, ao descrever os rituais de consagração dos *maracás*, indica também que, no coroamento destes rituais, os espíritos dos *maracás* manifestavam-se sobre a guerra.[288] "Ordenam-lhes então os adivinhos que partam para a guerra na captura de inimigos, pois apetece aos espíritos que estão nos *maracás* comer carne escrava. E partem após para a guerra". Com isto, está resolvida a questão, pois Métraux já pôs em evidência que os espíritos, que se manifestavam através dos *maracás*, eram "as almas dos ancestrais".[289] Os espíritos consultados naqueles rituais eram as almas dos antepassados; e como o demonstra o exame dos textos aproveitados aqui, deles dependia diretamente a realização das incursões guerreiras e o "conhecimento da situação" por parte dos seus componentes.

Esses ritos pertenciam, no entanto, a um conjunto mais amplo de rituais. As fontes conhecidas sugerem isto, pois nelas vêm descritas outras formas de invocação dos espíritos, vinculadas às guerras tribais. Assim, Staden anota a observância de um rito em que as mulheres desempenhariam, em estado de êxtase, o papel que nos rituais examinados acima cabia aos *maracás*: o de veículo de comunicação entre os vivos e os espíritos. "Primeiramente vão os selvagens a uma choça, tomam uma após outra todas as mulheres da habitação e incensam-nas. Depois deve cada uma gritar, saltar e correr em roda, até ficar tão exausta que cai ao solo como morta. Então diz o feiticeiro: 'Vede. Agora está morta. Logo a farei viva de novo'. Quando volta a si, diz

---

da batalha fizeram uma cabana, segundo seu costume, onde puseram uma cabaça cheia ao modo de rosto humano, ataviada com plumas. Os feiticeiros que fazem isto chamam *pagés*, para sacrificar-lhe e perguntar-lhe do sucesso da guerra" (idem, p. 72). A segunda citação é mais importante; nela se encontra uma descricão do *maracá* e uma "interpretação" dos ritos, que assinala o caráter dos mesmos.

287 STADEN, Hans, p. 124.

288 Cf. STADEN, Hans, pp. 173/174.

289 Cf. MÉTRAUX, Alfred. *La Religion des tupinambá*, pp. 74 e ss.

ele, está apta a predizer coisas futuras, e quando partem após para a guerra, sobre esta têm as mulheres que profetizar".[290] Esta informação é importante, porque mostra que as mulheres desempenhavam um papel ativo nos rituais de preparação para a guerra, servindo como uma espécie de "cavalo" dos espíritos nos momentos de transe. Mas, não me parece que este fosse um rito independente. Ao contrário, Staden deixa implícito que se tratava de uma das fases dos rituais de invocação dos espíritos por meio dos *maracás*.[291] Segundo Nóbrega, o estado de êxtase das mulheres seria posterior ao relato dos pajés (o que colocaria este rito logo a seguir à invocação dos espíritos, através dos *maracás*):

> Em chegando o feiticeiro com muita festa ao lugar, entra em uma casa escura e põe uma *cabaça*, que traz em figura humana, em parte mais conveniente para seus enganos e mudando sua própria voz em a de menino, lhes diz (...) e que hão de matar muitos dos seus contrários, e cativarão muitos para seus comeres (...) e outras coisas semelhantes lhes diz e promete, com que os engana, de maneira que crêem haver dentro da cabaça alguma coisa santa e divina, que lhes diz aquelas coisas, as quais creem. Acabando de falar o feiticeiro, começam a tremer, principalmente as mulheres, com grandes tremores em seu corpo, que parecem demoninhadas (como de certo o são), deitando-se em terra, e escumando pelas bocas, e nisto lhes persuade o feiticeiro que então lhes entra a santidade; e a quem isto não faz tem-lho mal.[292]

Provavelmente, estas estão entre as cerimônias que não puderam ser percebidas por Thevet. Qual era a função delas no conjunto dos rituais de invocação dos espíritos, eis o que é impossível saber atualmente.

Os ritos de interpretação dos sonhos constituíam a outra forma de previsão do curso da guerra. O relato dos sonhos era feito em público,

---

290 STADEN, Hans, p. 175.

291 Cf. as informações contidas no capítulo anterior, da obra de STADEN, Hans (cap. 23), especialmente o último parágrafo.

292 NOBREGA, Pe. Manuel da. *Cartas do Brasil*, pp. 99/100.

encarregando-se os pajés de sua interpretação. O conteúdo dos sonhos denotaria realmente o encadeamento das ocorrências, estando isso fora de dúvida para os tupinambá. Por meio deles, sabiam com antecedência, portanto, se venceriam a guerra ou se seriam derrotados por seus inimigos. Quando os sonhos evidenciavam a segunda alternativa, desistiam da expedição guerreira projetada.[293]

Somente após a observação deste complexo de rituais é que o bando guerreiro partia. Evreux refere-se ainda a uma cerimônia pública de despedida,[294] mas a passagem em questão é bem pouco informativa. Como se vê, é possível caracterizar, com base na documentação conhecida, o desenvolvimento e a função dos ritos preparatórios da guerra, através dos quais os tupinambá excitavam o espírito dos guerreiros e aferiam o moral coletivo. Contudo, os próprios cronistas oferecem indicações a respeito da relação existente entre a observância dos ritos e o estado psíquico dos guerreiros. Completa-se, assim, a análise da função daqueles ritos: ao lado das necessidades a que eles respondiam, pode-se considerar também as suas consequências, do ponto de vista do comportamento coletivo.

Staden e Brandão ligam diretamente o comportamento guerreiro dos tupinambá às crenças tribais, associadas aos ritos reconstruídos;[295] aquele

---

293 STADEN, Hans, pp. 124 e 177 (nesta, escreve: "Depois disto consultam os pajés, os adivinhos, se de fato vencerão. Estes dizem naturalmente que sim, ordenando-lhes porém que atentem aos sonhos que tiverem com os inimigos. Quando a maioria sonha que vão assar a carne do seu inimigo, significaria isto a vitória. Quando, entretanto, virem assar a sua própria carne, isto nada de bom prognostica, e neste caso deveriam permanecer em casa"); Thevet confirma-o (cf. *Singularidades*, pp. 211-221: "Por isso, notando e observando diligentemence as coisas, acreditam que tudo o que veem em sonhos deve, na realidade, acontecer. Se, por exemplo, sonham que derrotam os inimigos, ou que serão por eles vencidos –, não há quem os possa dissuadir do contrário, acreditando nisso tanto quanto os cristãos depositam fé nos Evangelhos"; "São os *pajés*, a quem contam os sonhos e a quem encarregam de interpretá-los. Pensam os selvagens que os pajés só dizem a verdade").

294 "Assim preparados bebem publicamente o vinho de *muay*, e dizem adeus aos que ficam" (EVREUX, Pe. Ives d', p. 82).

295 STADEN, Hans, p. 124; BRANDÃO, Ambrósio Fernandes, p. 282 (cf. trecho citado, p. 90, correspondente à nota 190).

observa o seguinte, com relação aos componentes do bando guerreiro, que pretendiam atacar os portugueses e os tupiniquim em Bertioga: "alguns deles tinham feito profetizar sobre a guerra, através dos seus ídolos, sonhos e outras bobagens em que se atinham, de modo que marchavam confiantes para a empresa". E o segundo assevera que os aborígenes não punham em dúvida as revelações dos *pajés*. Embora menos preciso na focalização das causas, Gandavo é mais minucioso: "gente é esta muito atrevida e que teme muito pouco a morte, e quando vão à guerra sempre lhes parece que têm certa a vitória e que nenhum de sua companhia há de morrer. E quando partem dizem, vamos matar: sem mais consideração, e não cuidam que também podem ser vencidos".[296] Os rituais de preparação para a guerra funcionavam, portanto, com eficiência, a julgar pelas afirmações dos três cronistas. Semelhante conclusão também pode ser obtida de modo indireto. O que se conhece sobre o conjunto de rituais destinados à preparação da guerra evidencia que a convicção de vitória dos componentes de um bando guerreiro, no momento da partida, devia ser naturalmente grande (a organização das expedições guerreiras dependia da manifestação favorável – em virtude da aprovação ou do desejo expresso – dos espíritos dos ancestrais; sem ela, a expedição seria perigosa e por isso mesmo não a realizariam). Os mesmos rituais provocavam, nas personalidades dos participantes, a ebulição dos valores mais profundos da consciência coletiva, graças à qual as obrigações sagradas para com os antepassados, os ódios tribais e a aspiração a uma conduta heróica penetravam as atitudes e os ideais de ação dos indivíduos.

Os "ritos propiciatórios", vividos no decorrer da incursão guerreira, constituíam uma sequência dos rituais acima descritos, possuindo, no fundo, o mesmo caráter. Com essa designação procurei apenas distingui-los dos ritos anteriores; mas eles são *propiciatórios* em um sentido particular: por seu intermédio os tupinambá continuavam a sondagem dos espíritos dos antepassados, tentando descobrir se eles

---

[296] GANDAVO, Pero de Magalhães. *Tratado*, p. 50; no capítulo XI da *História* refere-se à mesma coisa, com ligeiras diferenças: "quando vão à guerra sempre lhes parece que têm certa a vitória e que nenhum de sua companhia há de morrer, e assim em partindo dizem, vamos matar, sem mais outro discurso, nem consideração, e não cuidam que também podem ser vencidos" (op. cit., p. 124).

eram ou permaneciam favoráveis às ações guerreiras empreendidas. Não procuravam por meio deles, portanto, tornar os espíritos favoráveis, mas somente conhecer a disposição em que se encontravam com referência à empresa em desenvolvimento, o que era de grande importância nos casos de *vingança* de parentes memoráveis ou de ancestrais míticos. Por isso, desempenhavam a mesma função que os ritos já analisados. Não representavam, porém, o único meio de comunicação com o mundo sobrenatural e de interpretação dos espíritos. Algumas fontes mostram, embora superficialmente, que dispensavam o maior interesse às manifestações das forças sobrenaturais. Tais manifestações interferiam diretamente no curso das ações guerreiras, cujo prosseguimento ou interrupção subordinava-se à índole dos presságios a que davam margem.[297]

---

[297] Exemplos fornecidos pelas fontes: a) BRANDÃO, Ambrósio Fernandes, p. 254: "esse [o ânimo] têm eles muito grande, como já disse; mas de sorte que, se indo caminhando com toda esta bravosidade, ouvirem cantar um pássaro, do qual já fiz menção, agourento para eles, desamparam a jornada, e se tornam a recolher" (o cronista refere-se à *peitica*, cf. nota 12 de Rodolfo Garcia, p. 302); b) THEVET, Frei André. *Singularidades*, p. 223 e p. 236: "os selvagens mantêm outra crença estranha, a saber, quando navegam, no mar ou no rio, à procura de seus inimigos, acreditam, se surge alguma tempestade, como sempre sucede, que a mesma tem relação com as almas dos parentes e amigos. A razão disso não sabem, mas, para apaziguar a tormenta, lançam alguma coisa na água, a título de oferenda. E, por esse meio, esperam acalmar os elementos"; adiante esclarece que "lançam na água uma pena de perdiz, ou outra qualquer coisa, pensando, por esse meio, apaziguar as ondas"; c) GANDAVO, Pero de Magalhães. *História*, pp. 126/127: "e como também por seguirem muitos agouros, e qualquer coisa que se lhes antolha o bastante para retirá-los de seu intento e tão inconstantes e pusilânimes são nesta parte, que muitas vezes com partirem de suas terras mui determinados, e desejosos de exercitarem sua crueldade, se acontece encontrar uma certa ave, ou qualquer outra coisa semelhante, que eles tenham por ruim prognóstico, não vão mais por diante com sua determinação, e dali consultam tornar-se outra vez, sem haver algum da companhia que seja contra este parecer. Assim que com qualquer abusão destas, a todo tempo, se abalam mui facilmente, ainda que estejam mui perto de alcançar vitória, porque já aconteceu terem uma aldeia quase rendida e por um papagaio que havia nela falar umas certas palavras que eles lhe tinham ensinado, levantaram o cerco, e fugiram sem esperarem o bom sucesso que o tempo lhes prometia, crendo sem dúvida, que se assim o não fizeram morrerão todos a mão de seus inimigos"; d) Se encontrassem uma cobra ou uma onça no caminho, o que consideravam um "mau presságio", retornavam incontinênti ao grupo local (cf. THEVET, Frei André, ms. in fl. 53).

Somente Staden refere-se aos "ritos propiciatórios" observados pelos tupinambá nos acampamentos feitos durante as incursões guerreiras.[298] De acordo com sua descrição, as pregações dos *principais* corresponderiam à primeira fase dos rituais. Assim, após acamparem na ilha de São Sebastião, "à tarde andou o chefe Cunhambebe pelo acampamento, no bosque, exortando-os, e disse que não deviam estar agora muito longe da terra do inimigo. Cada qual devia lembrar-se bem do sonho que tivesse à noite e cuidasse de sonhar algo feliz". Depois disso ocorreu uma cerimônia em que se utilizaram dos *maracás*: "depois que ele acabou de falar, dançaram com os seus ídolos até a noite. Foram então dormir".[299] Quanto às pregações dos chefes guerreiros, outra fonte confirma o cronista alemão. Assim, Gabriel Soares descreve como, nas diversas situações em que os tupinambá se empenhavam em combate com os tupiná, os seus líderes orientavam-nos na ação e incitavam-nos a um comportamento heroico.[300] Ao amanhecer do dia imediato realizaram a cerimônia pública de relato e interpretação dos sonhos, coroada novamente por uma dança pré-guerreira com os *maracás*. [Cunhambebe] "chamou após os outros principais em frente da sua cabana. Sentaram-se todos em círculo no chão. Fez-lhes dar de comer. Depois que comeram, relataram seus sonhos, e havia muitos destes que os agradaram bastante. A seguir dançaram de alegria com os maracás".[301] Parece-me desnecessário insistir sobre a função social destes ritos. Como os demais, acentuavam a consciência da hostilidade contra os inimigos e revelavam o caráter propício ou não da empresa. Além disso, cumpre-me assinalar a importância das referências

---

298 STADEN, Hans, pp. 126-128, pp. 177/178. É preciso que se note, porém, que os dois textos de Staden são consistentes entre si e que as cerimônias por ele descritas integram-se coerentemente aos rituais guerreiros conhecidos dos tupinambá.

299 STADEN, Hans, pp. 126/127. Adiante escreve: "Partem após. Quando chegam às vizinhanças da terra dos seus inimigos, ordenam-lhes então os principais, na noite da véspera do ataque ao campo adversário, que prestem atenção aos sonhos que tiverem nessa noite". "Tomei parte com eles numa excursão guerreira. Quando havíamos chegado à terra inimiga, foi o principal, na noite de vispera, àquela em que queriam atacá-la, a todo acampamento, dizendo aos guerreiros que deviam atentar bem aos sonhos que lhes viessem nessa noite" (pp. 177/178).

300 Cf. GABRIEL SOARES, p. 393.

301 STADEN, Hans, pp. 127/128 e 177/178. A citação foi extraída da p. 178.

de Staden às danças pré-guerreiras, pois é conhecida a relação existente entre estas danças e a comunhão dos ideais coletivos.[302]

Os ritos de "tratamento do estranho", enquanto associados à duração da expedição guerreira, abrangem: a) o aprisionamento dos inimigos; b) a integração transitória dos prisioneiros à vida associativa tribal, no seio dos grupos locais a que pertencessem os vencedores.[303]

A uma circunstância fortuita deve-se o conhecimento dos primeiros ritos. Evreux admoestara um escravo, com que o presentearam os tupinambá, recebendo a seguinte resposta: "na guerra não me puseste a mão sobre a espádua, como fez aquele que me deu a ti, para agora me repreenderes".[304] O incidente atraiu a atenção do capuchinho francês para aquele rito, pois, como escreve:

> (...) nasceu-me logo a curiosidade de saber por intermédio do meu intérprete o que ele queria dizer, e então fiquei ciente de ser uma cerimônia de guerra entre estas nações, quando um é prisioneiro do outro bater-lhe este com a mão sobre a espádua e dizer-lhe – faço-te meu escravo – e desde então este infeliz cativo, por maior que seja entre os seus, se reconhece escravo e vencido, acompanha o vencedor (...) Capacitei-me da veracidade da informação em virtude da ocorrência da mesma com outros ritos tribais, através dos quais eram regulamentadas as ações e as atividades dos escravos nos grupos locais dos tupinambá. Além disso, a autodescrição do aprisionamento

---

302 A propósito, é conveniente lembrar as conclusões a que chegou Radcliffe Brown na análise da função social da dança pré-guerreira na sociedade andamanesa; segundo a citada autoridade, cabe-lhe: 1) despertar, no espírito de cada indivíduo, o sentido da unidade do grupo social; 2) intensificar o ódio coletivo contra o grupo hostil, e assim produzir um estado de excitamento e de elação da grande importância na fixação da capacidade pugnitiva dos guerreiros (cf. *The Andaman islanders*, pp. 252/253).

303 A edição não conseguiu localizar nos manuscritos originais o que o autor escreveu na primeira parte desta nota. Mantemos esta chamada a fim de preservar a ordem proposta no original. Os demais ritos de tratamento dos prisioneiros serão analisados em outra parte deste trabalho.

304 EVREUX, Pe. Ives d', p. 100; na mesma página ocorre a citação seguinte.

de Staden, como sugere Ferdinand Dénis, fornece uma evidência indireta.[305]

Encontro, porém, outro valor nas informações de Staden. Colocando-nos diante do problema da função do ritual de aprisionamento dos inimigos, aquela fonte complementa os dados consignados por Evreux. Reduzindo as citações ao essencial, eis o que escreve Staden: "começaram então a brigar em torno de mim. Um dizia que havia sido o primeiro a alcançar-me, outro, que me havia aprisionado"; "eles eram de várias aldeias e alguns estavam desgostosos por ter de voltar à casa sem uma presa. Por isso disputavam com aqueles que me retinham. Uns diziam que haviam se acercado tão perto de mim como outros, queriam pois ter de mim uma parte, e matar-me no próprio lugar"; "afinal o chefe, que queria possuir-me, tomou a palavra e disse que deviam conduzir-me vivo para casa, a fim de que suas mulheres também me vissem com vida e tivessem o divertimento que lhes cabia à minha custa. Nessa ocasião haveriam de matar-me a 'cauim pepica', isto é, preparariam bebidas, organizariam uma festa e devorar-me-iam conjuntamente. Assim convieram e ataram-me quatro cordas ao pescoço". Esta descrição mostra duas coisas. Em primeiro lugar, que, dadas as condições em que se processava o contato com o inimigo no combate, o ritual de aprisionamento constituía um meio para definir as relações existentes entre um guerreiro (ou mais) e o inimigo sobrepujado. Em segundo lugar, que, quando a observância do ritual era impraticável, os tupinambá reconheciam de outra maneira os direitos e deveres recíprocos dos indivíduos. Assim conseguiam garantir a unidade do bando de guerreiros e a realização dos outros ritos, ligados à necessidade de vingança coletiva contra o grupo hostil (refiro-me, particularmente, ao sacrifício público dos prisioneiros).

É impossível reconstruir completamente os rituais de integração do prisioneiro, embora Staden, principalmente, e Thevet tenham deixado

---

[305] Cf. STADEN, Hans, pp. 80-82, de onde foram extraídos os trechos citados em seguida. Veja-se a nota 32, de Ferdinand Dénis, in Evreux, p. 399. Brandão alude também ao ritual (cf. *Díalogos*, p. 285).

preciosa documentação a respeito. As relações entre dois oponentes modificavam-se de forma radical após os ritos de aprisionamento; laços de subordinação prendiam o vencido ao guerreiro que o sobrepujara. Parece que esta circunstância era insuficiente, no entanto, para permitir a incorporação do cativo à vida associativa dos vencedores, pois continuava a possuir as "impurezas" do *estranho*. As fontes nada esclarecem sobre este aspecto das relações dos tupinambá com os inimigos derrotados. Mas o desenvolvimento posterior dos rituais sublinha o duplo objetivo dos aborígenes, em semelhantes situações, compelidos ao convívio compulsório dos cativos, pelo menos durante certo tempo, em virtude das regras que governavam o sacrifício ritual. Em primeiro lugar, atuavam sobre a personalidade do *estranho*, procurando remover as "impurezas" que poderiam torná-lo perigoso à comunidade. Em segundo lugar, abriam concomitantemente, no círculo de relações sociais comunitário, uma posição para o cativo, atuando então sobre as suas próprias pessoas. Como se vê, os rituais observados após o aprisionamento tinham por fim estabelecer as condições de ajustamento recíproco entre os tupinambá e seus prisioneiros, graças às quais os inimigos podiam ser sacrificados fora do campo de luta armada e, às vezes, muito depois da ocorrência da captura.

Esses rituais seguiam um desenvolvimento complexo. Pelo que se pode inferir das descrições disponíveis, abrangiam seis momentos capitais; dois ainda no seio do bando guerreiro e quatro no grupo local dos vencedores. Do ponto de vista das relações do tipo captor-cativo e grupo-cativo, a trajetória seguida por eles era bem simples, pois logo se apagavam as vinculações pessoais entre cativo e captor, caindo o primeiro sob o domínio direto e a disposição imediata do grupo. As vinculações pessoais com o captor (ou com a personalidade que o substituísse) reatam-se somente depois da atribuição de um *status* ao cativo na comunidade, e em grande parte como consequência do mesmo.

A recepção agressiva parece ter sido o primeiro rito observado nas relações dos vencedores com o vencido. Infelizmente, apenas Staden fornece uma descrição cientificamente aproveitável, e no caso tratava-se do seu próprio aprisionamento. É provável que, por isso, as informações do cronista alemão sejam lacunosas; os papéis que cabiam aos prisioneiros em tais ritos só poderiam ser desempenhados normalmente por personalidades aborígenes. Sua descrição representa, no entanto, a parte tomada pelos tupinambá na recepção agressiva do prisioneiro:

> (...) quando me trouxeram para a praia, vi estacionadas, à distância de um ou dois lanços de pedra, as suas canoas, que eles haviam puxado para a terra, sob um arvoredo. Próximo daí estava ainda um grande número de selvagens que correram todos ao meu encontro, logo que viram como eu para aí tinha sido trazido. Estavam, como era seu costume, ornados de penas e mordiam seus braços, a fim de significar a ameaça de que iriam devorar-me. À minha frente ia um chefe com o tacape que empregam para abater os prisioneiros. Discursava e narrava que em mim havia aprisionado e feito escravo a um "peró" – assim chamam eles aos portugueses – e que agora queria vingar em mim a morte de seus amigos. Junto das canoas alguns me deram socos.[306]

Adiante, indica que, no acampamento dos tupinambá, estes mantiveram o mesmo comportamento: "eles me rodearam e davam-me a entender, com gestos ameaçantes, como iriam devorar-me"; "deitaram-se em torno de mim, à noite, zombando e chamando-me em sua língua: *Xeremimbaba in dé*, que quer dizer: 'Tu és meu animal prisioneiro'".[307] Essa descrição revela que ao tratamento agressivo do prisioneiro estava associado um significado peculiar, expresso simbolicamente nas ameaças canibalescas e na pregação do líder guerreiro. A aceitação do *estranho* subordinava-se assim ao desejo e à necessidade de vingança, servindo os parentes e amigos mortos pelos adversários no "leito de honra" como penhor das relações estabelecidas entre as personalidades hostis em presença (os captores e o cativo).

---

[306] STADEN, Hans, p. 51.

[307] STADEN, Hans, citações extraídas da p. 84; o dr. Plinio Ayrosa esclareceu que "*che rimbába ndé* diz apenas: tu és meu animal doméstico". O seguinte trecho dá uma ideia de como os brancos aprisionados quebravam o curso normal dos ritos então observados pelos aborígenes: "na minha grande aflição e miséria, pensei em coisas que, antes, nunca me haviam vindo à mente, no triste vale de lágrimas em que aqui vivemos, e cantei com os olhos úmidos de pranto, do fundo do coração, o salmo:

Os componentes do bando guerreiro e seus prisioneiros, quando estes também eram nativos, observavam ainda outros ritos, que à falta de designação melhor chamarei de *ritos de confrontação*. O conhecimento destes ritos é mais completo, pois Staden teve oportunidade de vê-los praticados no acampamento de *Ocaraçu*, sendo protagonistas os tupinambá e alguns prisioneiros tupiniquim.

> Na mesma tarde [Cunhambebe] ordenou que cada qual devia trazer o seu prisioneiro a um lugar, que ficava fronteiriço ao bosque, junto do mar. Assim fizeram. Os índios se reuniram, formaram uma grande roda e colocaram dentro os prisioneiros. Estes deviam todos juntos cantar e matraquear com os ídolos, os maracás. Depois, um após outro, discursava com audácia, dizendo: "Sim, partimos, como fazem os homens corajosos, a fim de a vós, nosso inimigo, aprisionar e comer. Mas então tivestes a supremacia e nos capturastes. Isso não nos importa. Guerreiros valorosos morrem na terra dos seus inimigos.
> E a nossa terra ainda é grande Os nossos logo nos vingarão em vós". Ao que respondiam os outros: "Vós já exterminastes muitos dos nossos. Tal queremos vingar em vós". Quando terminaram de discursar assim, cada um conduziu o seu prisioneiro ao seu abrigo.[308]

Uma vinheta ilustra esta excelente descrição, representando os guerreiros tupinambá dispostos em círculo, segurando seus maracás, e os prisioneiros tupiniquim ao centro (cf. figura 15).[309] É evidente a função deste ritual: competia-lhe determinar a posição recíproca dos guerreiros e dos cativos, definida em face das obrigações coletivas de revindita (quanto aos captores) e das expectativas de consumação posterior da mesma, pelos parentes e amigos (quanto aos cativos). A

'Do abismo da miséria clamo eu a Ti'. Ao que disseram os selvagens: 'Vejam como ele grita; agora está desesperado'" (p. 84).

308 STADEN, Hans, pp. 132/133.

309 Razões de ordem técnica, provavelmente, levaram o desenhista a reduzir o número de atores: catorze guerreiros formam a roda e três prisioneiros estão no centro, quando se sabe que eram numerosos (cf. STADEN, Hans, pp. 124, 128 e 133). Quanto ao resto, a vinheta é fidedigna às descrições do texto.

função sagrada dos ritos é evidenciada pela incorporação dos *maracás*. O grau de compenetração que possuíam quanto às determinações ou às expectativas de vingança transparece claramente, por sua vez, na dignidade com que se comportavam captores e cativos.

Depois disso, ocorria a recepção agressiva dos prisioneiros no grupo local a que se destinavam. "Quando trazem para casa um inimigo, batem-lhe as mulheres e as crianças primeiro".[310] Outras informações de Staden esclarecem melhor, contudo, a natureza e o curso destes ritos. Ao se aproximar do grupo local, o cativo tinha que "lhes gritar em sua língua: *Aju ne xé peê remiurama,* isto é, 'Estou chegando eu, vossa comida'".[311] Processava-se nesse momento o contato do prisioneiro com os componentes do grupo local, que não haviam participado da expedição guerreira.

> Acudiram então todos, moços e velhos, das cabanas, que ficavam num outeiro, e queriam ver-me. Os homens se retiraram com os arcos e flechas para suas moradias e deixaram-me com

---

[310] STADEN, Hans, p. 179; segundo Thevet, a recepção do cativo no grupo local era precedida por determinadas cerimônias, nas quais as mulheres praticavam ações que indicavam intenções canibalísticas. O cativo só entrava no grupo local depois de construída uma cabana sem cobertura, na qual deveria passar a primeira noite. Essa cabana se localizaria fora do espaço ocupado pelas malocas do grupo; enquanto durava essa reclusão, os captores realizavam uma cauinagem (THEVET, Frei André, ms. in., fls. 53v.-54).

[311] STADEN, Hans, p. 87. Cf. também GANDAVO, Pero de Magalhães. *História*, p. 131. ("Primeiramente quando tomam algum contrário se logo naquele flagrante o não matam levam-no a suas terras para que mais a seu sabor se possam todos vingar dele. E tanto que a gente da aldeia tem notícia que eles trazem o tal cativo, daí lhe vão fazendo um caminho até obra de uma légua pouco mais ou menos onde o esperam. Ao qual em chegando recebem todos com grandes afrontas e vitupérios tangendo-lhes umas flautas que costumam fazer das canas das pernas doutros contrários semelhantes que matam da mesma maneira"); CARDIM, Pe. Fernão, p. 160 ("Chegando à sua terra, o saem a receber as mulheres gritando e juntamente dando palmadas na boca, que é recebimento comum entre eles"); ABBEVILLE, Claude d', p. 230: ("Se fazem prisioneiros, amarram-nos e levam-nos em triunfo para suas aldeias, onde as mulheres, e principalmente as velhas, os recebem com imensa alegria, batendo com as mãos na boca e dando gritos de satisfação"); cf. ainda, THEVET, Frei André. *Singularidades*, p. 237; LÉRY, Jean de, p. 175; NOBREGA, Pe. Manuel da. *Cartas do Brasil*, p. 100.

> as mulheres que me rodearam. Algumas foram à minha frente, outras atrás, dançando e cantando uma canção que, segundo seu costume, entoavam aos prisioneiros que tencionavam devorar. Assim trouxeram-me elas até a caiçara, fortificação de estacas longas e grossas que rodeia suas choupanas como a cerca de um jardim. Utilizam-na como anteparo contra o inimigo. No interior da caiçara arrojaram-se as mulheres todas sobre mim, dando-me socos, arrepelando-me a barba, e diziam em sua linguagem: Xé *anama poepika aé!* "Com esta pancada vingo-me pelo homem que os teus amigos nos mataram".[312]

Depois levavam o prisioneiro à maloca do captor e ofereciam-lhe a rede em que deveria dormir, mas lá ainda continuavam as atitudes agressivas das mulheres, até que ele se deitasse.[313] Destes ritos só participavam as mulheres e as crianças. Os homens estavam reunidos em outra maloca, realizando cerimônias imperceptíveis ao cronista.[314] Parece-me que os ritos descritos visavam conceder aos moradores do grupo local oportunidade semelhante à desfrutada pelos componentes do bando guerreiro, de definição da própria posição diante do cativo. Possuíam, pois, o mesmo significado e a mesma função que os ritos de recepção agressiva no bando guerreiro. As minúcias da exposição permitem, desta vez, pôr em relevo o caráter vingativo de certas ações, como os castigos corporais infligidos ao prisioneiro. Isto situa a ligação existente entre os ritos de recepção agressiva e a distensão das emoções recalcadas em virtude de comportamentos hostis dos inimigos, sugerindo que aqueles ritos interferiam no estabelecimento das condições de convivência com o *estranho* de uma maneira mais profunda do que se poderia supor à primeira vista.

---

312 STADEN, Hans, p. 87.

313 Cf. STADEN, Hans, p. 88; depois de deitar-se na rede, o prisioneiro era deixado em paz (cf. também GANDAVO, Pero de Magalhães. *História*, p. 132).

314 "Os homens estavam durante este tempo reunidos em uma outra choça. Lá bebiam cauim e cantavam em honra de seus ídolos, chamados Maracá, que são matracas feitas de cabaças, os quais talvez lhes houvessem profetizado que iriam fazer-me prisioneiro". "O canto eu ouvia, mas durante meia hora não houve nenhum homem perto de mim, apenas mulheres e crianças" (STADEN, Hans, p. 58).

Os dois momentos seguintes dos rituais de integração, distinguidos sob as designações de "ritos de preparação do prisioneiro" e "ritos de renovação da sepultura", mesclavam-se entre si. Apenas a excepcional importância dos segundos levou-me a enfrentar as dificuldades de separá-los conceptualmente. De acordo com Staden, os ritos de preparação do prisioneiro desenrolavam-se no dia imediato à recepção agressiva, cabendo às mulheres cuidar da depilação e da ornamentação dos cativos. Eis como descreve tais ritos:

> Mais tarde disseram-me os irmãos: "As mulheres agora te conduzirão ao *poracé*". Eu ainda não entendia essa palavra então. Significava dança e divertimento. Puxaram-me pelas cordas que eu tinha ao pescoço, fora da choça para o pátio. Acorreram todas as mulheres que estavam nas sete choças, tocaram-me, enquanto os homens se foram. Tiravam-me umas pelos braços, outras pelas cordas atadas ao pescoço, tão fortemente que eu quase não podia respirar. O que tinham em mente, quando assim me arrastavam, não sei. (...) Elas trouxeram-me diante da choça do chefe *Guaratinga-açu* – em português: a grande garça branca. Diante desta choça jazia um pequeno monte de terra fresca. Para aí me conduziram e colocaram-me sobre ele. Algumas me seguraram. Nada mais pensei senão que queriam sacrificar-me e procurava em torno pelo *ibira-pema,* a maça com que executam os prisioneiros. Perguntei também se me matariam logo, mas elas responderam: "ainda não". Caminhou então para mim uma das mulheres do grupo. Tinha uma lasca de cristal presa a um instrumento, que parecia um ramo encurvado, e com isso raspou-me as sobrancelhas.[315]

Staden evitou que lhe cortassem a barba nessa ocasião: alguns dias depois, porém, realizaram o seu intento. Esta fase do ritual é

---

[315] STADEN, Hans, p. 89, p. 90 e p. 91; o cabelo havia sido cortado no dia anterior, após a oferta da rede (cf. p. 88). Cardim dá a esse respeito informações aparentemente discrepantes: a depilação e a ornamentação do prisioneiro seriam feitas no decorrer da viagem de retorno do bando guerreiro ("e antes de entrar nas povoações que há pelo caminho os enfeitam, depenando-lhes as pestanas e sobrancelhas e barbas, tosquiando-os ao seu modo, e empenando-os com penas amarelas tão bem assentadas

documentada iconograficamente (cf. figura 16). Referindo-se às mesmas cerimônias quando praticadas com prisioneiros aborígenes, informa apenas o seguinte: "A seguir [após a recepção agressiva] colam-lhe ao corpo penas cinzentas, raspam-lhe as sobrancelhas, dançam-lhe em torno e amarram-no bem, a fim de que não lhes possa escapar".[316]

Em seguida, passaram à fase decisiva dos rituais de integração dos prisioneiros; mesmo sem entender o significado das cerimônias a que o submetiam, Staden descreve-as com vivacidade:

> Do lugar onde me haviam raspado as sobrancelhas, conduziram-me as mulheres em frente da choça em que estavam os seus ídolos, os maracás, e fizeram uma roda em volta de mim. Fiquei no meio. Duas mulheres amarraram-me com um cordel alguns chocalhos em uma perna e por detrás, no pescoço, de modo que me ficasse acima da cabeça, um leque quadrangular de penas de caudas de papagaios, que eles chamam *araçoiá*. Depois começaram elas todas a cantar. De acordo com o seu compasso, devia eu bater com a perna à qual estavam atados os chocalhos, de modo que chocalhasse acompanhando o seu canto.[317]

Coube a Thevet o mérito de ter consignado informações que esclarecem o significado da totalidade dos rituais e, em particular, das cerimônias descritas nestes dois parágrafos do trabalho. Segundo esta fonte, o prisioneiro era conduzido à maloca do defunto que deveria ser vingado, e cuja sepultura era então renovada pelo cativo. Nessa

---

que lhes não aparecia cabelo"), cf. *Tratado*, pp. 159/160. Contudo, é possível que isso ocorresse de fato nas expedições de maior envergadura, das quais participavam as mulheres, às quais competia, no sistema tribal de divisão do trabalho, a preparação dos prisioneiros. Nas duas expedições guerreiras descritas por Staden as mulheres não participaram, e a visita a um dos grupos locais solidários ao de Ubatuba foi feita posteriormente; Staden descreve como ele foi conduzido àquele grupo local por seus captores (cf. capítulo 28). Em todo caso, a informação de Cardim mostra a conveniência de separar, nos rituais de integração do prisioneiro, os ritos de preparação dos ritos de renovação da sepultura, como fiz neste trabalho.

[316] STADEN, Hans, p. 179.

[317] STADEN, Hans, p. 91.

ocasião punham diante dele a rede, o arco, as flechas, os ornamentos e outros objetos pertencentes ao morto para que deles se servisse o cativo enquanto vivesse.[318] Sabe-se, assim, qual era a procedência da rede e dos ornamentos oferecidos a ou postos em Hans Staden pelas mulheres tupinambá. Quanto ao significado do procedimento, escreve o cosmógrafo francês: "quanto ao arco e flechas, era-lhes necessário limpar e purificar, pois não é permitido a nenhum deles valer-se de objetos de qualquer morto, até que um dos seus inimigos os tenha usado, e tenha removido a corrupção que eles pensam existir".[319] Em síntese, os ritos de preparação do prisioneiro e de renovação da sepultura ultimavam a integração do prisioneiro ao grupo local dos vencedores. Ele sofria modificações em sua personalidade, representadas simbolicamente no corte do cabelo, na depilação, no ornamento, e sua vida era oferecida ao parente morto ou ao antepassado, em cuja memória deveria ser morto e ingerido ritualmente. Depois destas duas fases dos rituais, estava apto a receber uma mulher e a viver entre os tupinambá até a época do sacrifício. Adquiria, em outras palavras, um *status* dentro da comunidade.

O reconhecimento formal da nova situação do prisioneiro fazia-se através de outro rito. A disposição do cativo deixava de ser pública, transferindo-se então da comunidade para o captor ou seu substituto (isto é, para a pessoa encarregada de sacrificá-lo futuramente). Daí em diante, enquanto vivesse na comunidade, o cativo devia morar na maloca daquela pessoa. Staden refere-se a este rito, embora o faça superficialmente: "concluída a dança fui entregue ao *Ipiruguaçu* e lá conservado sob severa guarda. Disseram-me que ainda tinha algum tempo de vida".[320]

---

[318] THEVET, Frei André. *Cosmographie*, fl. 944; ms. in, fls. 58v.-59.

[319] THEVET, Frei André, loc. cit.; os demais fins desse rito serão analisados adiante.

[320] STADEN, Hans, p. 93. Staden refere-se a seguir a uma cerimônia cujo significado é impossível determinar atualmente ("trouxeram todos os ídolos que havia na choça, colocando-os em torno de mim e contaram que estes ídolos haviam profetizado que aprisionariam um português" – isto é, a ele próprio, que assim era encarado

Resumo

A análise precedente põe em evidência que, a julgar pelo que se pode apreender pela reconstrução histórica, a guerra seguia um curso estritamente determinado na sociedade tupinambá. Graças aos mecanismos sociais do sistema organizatório tribal, as situações sociais, que deviam ser enfrentadas pelos indivíduos quando se preparava ou se realizava uma expedição guerreira, e os valores sociais, que tornavam possíveis os ajustamentos humanos exigidos nestas ocasiões, repetiam-se em conexão e com extrema regularidade. Tanto o comportamento individual quanto o coletivo estavam de antemão prescritos: o arcabouço estruturado da sociedade automaticamente diluía o circunstancial e o fortuito nos ritos e nos costumes tribais. Os empreendimentos guerreiros eram decididos e desenvolvidos por meio de ritos interdependentes; de tal maneira que se pode dizer que o *estado de guerra* exprimia-se na sociedade tupinambá sob a forma de uma "cadeia de ritos", cuja extensão variava na ordem direta dos efeitos positivos dos ritos observados. Daí a necessidade de distinguir entre a função de cada rito na constelação dos rituais guerreiros e a função de toda a cadeia de ritos. Como foi visto, o "ritual guerreiro" abrangia quatro séries fundamentais de ritos, excluindo-se aqueles que diziam respeito à regulamentação das atividades "militares" e à consumação da vingança coletiva. A primeira correspondia aos ritos relativos à determinação da guerra, através dos quais os vivos interpretavam a vontade dos mortos ou as determinações dos costumes. A segunda continha os ritos preparatórios da guerra, que apanhavam a comunidade como um todo e possuíam uma dupla função: prover as necessidades materiais do bando guerreiro e aferir o moral coletivo. A terceira abarcava os rituais "propiciatórios", por intermédio dos quais os componentes do bando guerreiro examinavam o caráter propício das forças sobrenaturais e exauriam das tradições revivescidas os ideais de heroísmo. A quarta compreendia os ritos de apropriação e de tratamento do *estranho,* que estabeleciam as vinculações e as condições de

---

pelos tupinambá. A interpretação aqui desenvolvida, sobre a função dos ritos de integração do prisioneiro, é coerente com a análise de A. Métraux, que põe em relevo o objetivo da adoção (cf. *La Réligion des tupinambá*, pp. 129-131).

convivência dos tupinambá com os cativos e vice-versa. No sentido mais amplo, os rituais tinham por função: 1) coordenar as reações contra os inimigos e as aplicar em uma direção determinada; 2) ajustar o estado de tensão emocional dos indivíduos aos móveis "militares" da expedição guerreira, de modo a garantir o equilíbrio do sistema organizatório do bando guerreiro ou do grupo local; 3) intensificar os laços de solidariedade e a comunhão dos valores sociais dentro do "nosso grupo"; 4) atualizar os ressentimentos e os rancores acumulados nas fricções com os grupos hostis, sob uma forma positiva, de modo a legitimar os propósitos de vingança coletiva e a propor a empresa guerreira como um dever sagrado mas viável; 5) conceder ao grupo a disposição de seres humanos imoláveis aos espíritos dos antepassados mortos de maneira cruenta, condição básica do equilíbrio tribal.

2.2 A Contenda Armada

Os resultados positivos desta investigação, até o momento, demonstram quais eram as proporções das guerras tribais. O equipamento "militar" empregado pertence, sem discussão possível, a um *nível de civilização* rudimentar. Este fato, como já foi visto, não interferiu nas relações dos povos aborígenes, no sentido de criar condições de superioridade ou de inferioridade nos combates à mão armada, pois a guerra possuía a mesma dimensão sociocultural em todos eles. Contudo, é um índice expressivo de grau de potencialidade destrutiva das guerras tribais. Parece-me claro que o equipamento "militar" atuava, indiretamente, como um fator restritivo do extermínio de seres humanos, embora seja impossível determinar com precisão dentro de que limites. Do mesmo modo, o papel desempenhado pela guerra na esfera das relações reais não repousava – e isso é evidente – no seu caráter destrutivo, em sua capacidade de eliminação em massa dos inimigos. As atividades guerreiras ligadas seja à conquista de uma nova posição na biosfera, seja à conservação de territórios, tinham por objetivo deslocar grupos de população ou manter um certo *statu quo* na ocupação e exploração do meio externo por grupos hostis circunvizinhos. O sucesso delas dependia naturalmente das perdas infligidas aos adversários; porém, nenhuma evidência ponderável sugere que tais perdas precisassem ser muito altas. Como a escravidão não sofreu nenhum desenvolvimento de natureza econômica, de modo a se tornar um sistema racional de exploração do trabalho dos cativos, mesmo sob o aspecto do montante de prisioneiros eram reduzidos os efeitos demográficos das guerras tribais. Quanto ao canibalismo, o fato de ele possuir um significado ritual exclui qualquer possibilidade de ver-se nele um fator de intensificação dos efeitos destrutivos da guerra tribal. Portanto, quer se encare a guerra do ponto de vista do equipamento "militar" dos aborígenes, quer no plano das relações reais, o resultado é o mesmo. Parece que as consequências demográficas das guerras tribais não se refletiam profundamente na composição dos grupos locais hostis, quer considerando-se o número de indivíduos mortos em combate, quer atentando-se ao número de indivíduos aprisionados.

Ora, o caráter vindicativo das expedições guerreiras e o ritual guerreiro a que elas se submetiam são evidências do mesmo tipo, conduzindo igualmente àquelas conclusões. Por causa do objetivo expresso e consciente das expedições guerreiras, estas tinham por fim aprisionar um certo número de inimigos, destinados ao sacrifício ritual.[321] Embora as fontes sejam omissas a respeito da conexão existente entre a vingança dos antepassados e o número necessário de vítimas, algumas descrições mostram que os tupinambá ficavam satisfeitos com a captura de poucos inimigos, mesmo de um só (como o exemplifica o aprisionamento de Hans Staden). E isso é compreensível, pois a vingança constituía uma relação de reciprocidade, confinando-se as suas consequências destrutivas às próprias proporções assumidas pelas guerras tribais. Doutro lado, a estrita ritualização das atividades guerreiras exercia uma função conservadora patente: cabia-lhe deter os efeitos e os limites das guerras tribais, contendo-os no nível das dimensões alcançadas por estas. Dadas a composição e a organização dos bandos guerreiros e dos grupos locais, é difícil conceber a possibilidade de incorporação de um número muito elevado de prisioneiros aos rituais prescritos (pelo menos

---

[321] Cf. MÉTRAUX, Alfred. *La Réligion des tupinambá*, p. 124; FERNANDES, Florestan, op. cit., p. 104. A análise das indicações contidas nas fontes será feita adiante.

em desproporção com o número de captores). Essas duas evidências comprobatórias são de grande importância, pois situam o fenômeno no contexto das relações sociais.

A análise da documentação disponível, como se verá nas páginas seguintes, comprova tais conclusões. Os efeitos destrutivos da guerra nas sociedades aborígenes descritas pelos cronistas assumiam realmente acanhadas proporções. Diante disso, coloca-se o problema de saber se aquele tipo de relação hostil com os grupos estranhos pode ou não ser designado com o termo *guerra*. Muitos autores pretendem que se deveria estabelecer uma distinção precisa entre a "guerra verdadeira" ou simplesmente a "guerra" e a "rixa" ou "contenda privada".[322] De acordo com semelhante ponto de vista, as relações hostis dos tupinambá com os povos tribais circunvizinhos cairiam, pelo que se viu nos parágrafos precedentes, dentro da segunda categoria; não seriam "guerra propriamente dita" ou "guerra". Todavia, a orientação metodológica seguida neste trabalho permite superar as dificuldades criadas por essa maneira

---

[322] Cf. CLAUSEWITZ, Karl Von. *On war*, pp. 31/32. Alguns etnólogos adotaram essa proposição do problema. Weule, por exemplo, sustenta que a "guerra efetiva" ou "verdadeira" é um produto retardado na evolução cultural da humanidade, aparecendo em conexão com a organização política das sociedades (WEULE, R. op. cit., pp. 6 ss. e especialmente pp. 15/16); e Leo Frobenius salienta, no mesmo sentido, que a "guerra real" só aparece "quando são atingidos a fase agrícola e os graus superiores da cultura", considerando como razias as demais manifestações da luta armada (cf. *Menschenjagden und Zweikämpfer*, p. 131; apud DAVIE, Maurice Rea, p. 132, nota 1). Turney-High tenta dar uma fundamentação sistemática à teoria, desenvolvendo-a à luz dos princípios da organização militar (cf. *The practice of primitive war*, pp. 14-22). O sucesso de seu ponto de vista é evidenciado pela incorporação do mesmo aos mais recentes manuais de antropologia (cf. HERSKOVITS, Melville J. *Man and his works*, p. 344; HOEBEL, E. Adamson. *Man in the primitive world*, p. 393; JACOBS, Melville; STERN, Bernhard J. *Outline of anthropology*, pp. 190-192). É interessante verificar a colocação do problema fora dos círculos etnológicos; em *La Grande Encyclopédie*, a guerra nas sociedades primitivas é designada como "guerra privada" (cf. tomo XIX, p. 529). Spenser Wilkinson, no seu artigo sobre a guerra em *The Encyclopaedia Britannica*, rejeita o arcaico ponto de vista, abrangendo no mesmo conceito as duas manifestações do fenômeno: "a guerra é uma luta entre sociedades humanas – nas condições primitivas entre tribos selvagens, no mundo civilizado entre estados" (vol. XXIII, p. 321).

dogmática e etnocêntrica de encarar o assunto.[323] Aqui, a guerra é examinada como uma forma de relação entre grupos tribais antagônicos. Por isso, tenho dado menos atenção às proporções do fenômeno na sociedade tupinambá do que à sua função. Acho dispensável fornecer, nesta parte do trabalho, esclarecimentos suplementares sobre a rede de determinações que articulava a guerra à estrutura social da sociedade tupinambá. Apenas julgo oportuno lembrar que, de acordo com as evidências estabelecidas por via teórica, nos dois parágrafos anteriores, mesmo as proporções da guerra precisam ser compreendidas em termos da função por ela desempenhada no contexto social.

Por isso, circunscrevi-me ao ponto de vista exposto acima, segundo o qual a análise sociológica deve abranger também os segmentos sociais constituídos pelos guerreiros, ainda que, como acontece na sociedade tupinambá, eles estejam longe de nos lembrar as falanges gregas, as legiões romanas ou os exércitos dos povos ocidentais modernos. Como foi sugerido naquela parte do trabalho, os objetivos sociais da guerra determinam a extensão e o caráter das associações de guerreiros. Essa é a razão por que a guerra na sociedade tupinambá realizava-se em "pequena escala" (em comparação com outras sociedades, é claro). A função da guerra no sistema organizatório tribal implicava o seu desenvolvimento sob a forma ritual, com riscos menos intensos, que em outras sociedades, para os guerreiros. Isso, entretanto, não poderia impedir que a considerasse como "guerra verdadeira" e procurasse investigar como se processava a coordenação social das atividades dos guerreiros como e enquanto agentes humanos dos "órgãos" de ataque e de defesa da sociedade tupinambá. O plano seguido no tratamento do problema é, por sua vez, deveras simples. Primeiro, estudei os bandos guerreiros, procurando pôr em relevo os princípios que regulamentavam o comportamento humano no decorrer das incursões contra os grupos hostis. Depois, tratei do choque armado (o combate), através do qual se verifica

---

[323] Cf. o trabalho de minha autoria *Análise funcionalista da guerra: possibilidades de aplicacão à sociedade tupinambá* (primeira parte), no qual se encontra, além da crítica a esse tipo de compreensão do fenômeno, a conceituação adotada pelo autor (transcrita na introdução: cf. nota 7, p. 27).

quais eram as operações de ataque e de defesa dos tupinambá. Por fim, aproveitei as indicações deixadas pelas fontes a respeito das operações ulteriores ao ataque a um grupo local inimigo (a *retirada* ou "retorno"). Tais indicações poderiam ser incorporadas à parte relativa à organização e ao funcionamento dos bandos guerreiros; não quis quebrar, no entanto, a continuidade naturalmente estabelecida pela maneira adotada de sistematização dos materiais. Isso explica a manutenção do terceiro tópico e a preocupação de aproveitar em separado uma documentação relativamente pobre.

2.2.1 O bando guerreiro

Como foi visto, a função da guerra no nível ecológico vinculava-se aos dois tipos de deslocamento no espaço praticados pelos tupinambá: os movimentos de dispersão e os movimentos rotineiros, resultantes da ocupação destrutiva de uma posição biótica determinada. Pode-se distinguir duas modalidades correspondentes de organização das atividades guerreiras. A primeira, abrangendo vários grupos locais, ligados entre si pelo propósito comum de conquista de uma nova posição na biosfera, pelas atitudes e sentimentos oriundos da atualização de valores míticos e de ideais mágico-religiosos tribais, e sujeitos à liderança de uma ou mais personalidades carismáticas (os pajés). A segunda, que podia ou não abranger a totalidade dos grupos locais solidários. Sabe-se que os guerreiros de um mesmo grupo local reuniam-se para realizar uma incursão punitiva contra grupos locais hostis; mas também combinavam as suas forças, provavelmente tendo em vista a eficiência do ataque, às de outros grupos locais solidários. Contudo, organizavam, além dessas, incursões de que participavam as mulheres e as crianças, isto é, todos os habitantes do grupo local. Isto dependia, naturalmente, das distâncias a serem percorridas e da duração previsível da incursão guerreira.

A documentação disponível sobre as duas modalidades de organização das atividades guerreiras é heterogênea. Com referência à primeira modalidade, ela é extremamente pobre e lacunosa. As descrições de Gabriel Soares nada esclarecem a respeito, pois o cronista português limitou-se aos resultados das migrações e das guerras intertribais por elas provocadas, deixando completamente de lado o seu processo. Abbeville e Knivet focalizam com alguma minúcia certos movimentos de dispersão. O primeiro, ao cuidar da "história de um certo personagem que dizia ter descido do céu" e ao relatar o que aconteceu aos tupinambá que seguiram um de seus líderes carismáticos;[324] o segundo, ao descrever o funesto movimento dos tupinambá do sertão do Rio de Janeiro em direção ao litoral do Brasil meridional.[325] Porém, as informações adiantadas pelos dois cronistas não subministram uma base empírica consistente à análise sociológica. A exposição de Knivet é deveras medíocre, principalmente em se tratando de um movimento de que participou; dela só merecem atenção os dados relativos à massa de indivíduos, que compunha o "exército" em deslocamento: entre mulheres e homens, adultos e crianças, seriam "ao todo 30 mil".[326] Esta informação, cuja veracidade é impossível determinar, sugere a existência de mecanismos específicos de controle social das atividades guerreiras em semelhantes situações. O ritual guerreiro, descrito acima, dificilmente comportaria, sem nenhuma suplementação sociocultural, estruturas humanas tão complexas. Os textos de Abbeville, que só conseguiu recolher informações indiretas sobre o assunto, deixam patente que a principal fonte de controle social nessas expedições era a liderança carismática. Nos dois movimentos que menciona, cabiam ao líder carismático a orientação e a chefia pessoal da empresa coletiva. Segundo este cronista, a migração dos tupinambá para o norte se processou sob a inspiração de um pajé, que encarnava um de seus antepassados, ao qual se teriam subordinado mais de 60 mil indivíduos. Competia-lhe a direção dos ritos através dos quais os tupinambá acreditavam alcançar o "paraíso terrestre dos caraíbas e profetas",[327] e atribuíam-lhe todos os poderes inculcados aos *pajé-açu* na tradição tribal.

---

324 ABBEVILLE, Claude d', cap. XII, pp. 65 ss., e pp. 252/253, respectivamente.

325 KNIVET, Anthony, ed. bras., pp. 86-90.

326 KNIVET, Anthony, idem, p. 87; essa informação é repetida adiante (cf. p. 142).

327 ABBEVILLE, Claude d', p. 252; quanto ao primeiro movimento, chefiado por um branco que se impôs aos potiguar como *pagé-açu*, veja-se também SCHADEN, Egon. *Ensaio etnosociológico sobre a mitologia heróica de algumas tribos indígenas do Brasil*, pp. 47/48; a discussão do autor sobre as atribuições dos líderes carismáticos nos movimentos messiânicos evidencia a natureza da função dos papéis então atribuídos aos pajés.

A documentação relativa à segunda modalidade de organização das atividades guerreiras é bem mais rica. Permite analisar a atuação dos mecanismos de divisão social do trabalho e de controle social nos dois casos aludidos: quando o bando guerreiro era constituído apenas por homens de um ou mais grupos locais,[328] e quando o bando guerreiro era integrado também por pessoas sem adestramento "militar" (as mulheres e as crianças). A conexão existente entre essas incursões guerreiras e o ciclo ecológico é assinalada, ainda que superficialmente, por autores quinhentistas. Assim, parece que as excursões que abrangiam toda a população de um grupo local (ou de mais do que um) realizavam-se após a coleta;[329] isso garantia, provavelmente, o suprimento de víveres vegetais durante certo tempo. As incursões de pequenos bandos armados, compostos só por homens, por sua vez, vinculavam-se com frequência a algum fenômeno natural, como a época da desova das tainhas (a piracema), a de amadurecimento do milho etc. (a existência em abundância de milho ou de mandioca permitia a fabricação de grandes quantidades de cauim, indispensável nas cerimônias que se seguiam ao aprisionamento de inimigos ou que se relacionavam ao sacrifício ritual).[330] Nestes casos,

---

328 As descrições do ritual guerreiro, aproveitadas em outra parte deste trabalho (cf. acima, pp. 67-88), referem-se a esse tipo de incursão.

329 Cf. THEVET, Frei André. *Singularidades*, p. 341: "em tempo de paz os selvícolas americanos não se ocupam senão de suas plantações e, só na estação propícia, são arrastados à guerra"; adiante esclarece o seguinte: "a colheita é feita duas vezes por ano: no Natal (que é o tempo de verão, quando o sol está no Capricórnio) e por ocasião dos Pentecostes" (idem, p. 342) – isto é, aproximadamente, entre novembro e dezembro e em maio. Além do motivo indicado acima (aprovisionamento de mantimentos), existem outras evidências da conexão da guerra com o ciclo ecológico: os homens, durante os períodos de plantação e de colheita, estavam presos aos trabalhos hortícolas direta ou indiretamente, seja na derrubada e na preparação dos terrenos (coivara), seja na proteção às mulheres, empenhadas no plantio, na colheita ou no transporte dos produtos agrícolas.

330 Staden informa que precisavam tomar o maior cuidado na observação dos tupinambá em novembro, época do amadurecimento do milho, e em agosto, quando ocorria a piracema. Nessas épocas, os bandos guerreiros tupinambá atacavam com violência os tupiniquim fazendo incursões em seus territórios (STADEN, Hans, pp. 77/78). A ligação entre colheita do milho e outras raízes, a fabricação de cauim e a guerra também é apontada por STADEN, Hans (cf, p. 77, p. 125, p. 134 e p. 177). Outra ilustração é fornecida por Evreux: "os Tremembé atacavam os Tupinambá num

os tupinambá, ou os seus inimigos – pois semelhante comportamento era posto em prática por todos –, utilizavam-se de certos lugares como autênticas *ratoeiras*, preparando neles eficazes ciladas. A preocupação deles é evidente: daquela maneira surpreendiam um número regular de inimigos, reunidos em um mesmo local e facilmente aprisionáveis, em virtude da distração proporcionada pelo próprio trabalho, da inexistência de meios defensivos, como as paliçadas, e das dificuldades de obtenção de socorro.

Fica entendido, portanto, que só cuidarei aqui da segunda modalidade de organização das atividades guerreiras. Em consonância com a orientação metodológica adotada, pareceu-me conveniente analisar, primeiro, como a determinação social do *objetivo "militar"* inflectia na organização das atividades guerreiras. Depois passarei a estas tomadas isoladamente, encarando-as como atividades específicas, configuradas socialmente através de uma unidade integrativa (o bando guerreiro). Assim, penso ter evitado a ilusão dos que concebem o exército como algo que existe em si e para si, tanto quanto a dos que acreditam explicar toda a realidade apontando as conexões existentes entre o "exército" e a sociedade.

A escolha dos inimigos a serem atacados, como foi visto, processava-se socialmente. As *ofensas cruéis*, resultantes do "derramamento de sangue com êxito fatal" de um ou mais membros de um grupo local, criavam condições disnômicas de existência, as quais só podiam ser removidas através de ações vindicativas. Por isso, as guerras tribais constituíam uma função da *vingança*, nascendo espontaneamente das relações entre grupos hostis. Contudo, parece que diversos grupos

---

lugar chamado *Areias Brancas*, onde sabiam que os Tupinambá recolhiam, em certas épocas, os filhotes e os ovos meio chocos de um pássaro vermelho e âmbar-gris, que coalhava aquelas praias" (Cf. EVREUX, Pe. Ives d', pp. 180-811 e 178). Parece que não existia nenhum fundamento econômico em tais operações. Pelo menos quanto aos tupinambá do Rio de Janeiro, sabe-se concretamente que não visavam melhor ou maior aprovisionamento de peixes, mas sim a captura de alguns inimigos. A abundância de peixes facilitava, no entanto, o abastecimento da munição de boca do bando guerreiro (cf. STADEN, Hans, pp. 125 e 127). Staden assevera, entretanto: "nessa época empreendem eles em geral uma excursão guerreira, a fim de melhor poderem aprovisionar-se de víveres" (p. 78).

hostis entravam na categoria de "objetivos militares potenciais" dos tupinambá. A eleição do grupo hostil a ser efetivamente atacado ocorria, então, por meios rituais: as deliberações tomadas pelos velhos no conselho de chefes, com base na vontade expressa dos espíritos dos antepassados consultados pelos pajés, ou na interpretação de acontecimentos infaustos (como a morte de um membro do "nosso grupo"), é que definiam o objetivo "militar" das incursões guerreiras. O processo social de escolha do inimigo a ser atacado promovia, pois: 1) a fixação da posição recíproca de certo grupo com relação a outros grupos antagônicos, como consequência dos imperativos emanados da consciência social das injúrias, reais ou aparentes, recebidas por seus membros; 2) a localização consequente dos móveis e das expectativas de *vingança*; 3) a determinação do objetivo "militar" da incursão a ser realizada e o autoesclarecimento dos guerreiros quanto ao fim da mesma. Em síntese, o objetivo "militar" das incursões guerreiras emergia de situações sociais concretas, transportando consigo a marca profunda do sistema organizatório daquelas sociedades tribais.

Essa forma peculiar de definição social do objetivo "militar" subentende outro problema. Assim, seria necessário verificar se a maneira tribal de determinação do objetivo "militar" se refletia diretamente na realização das incursões guerreiras. Parece-me evidente que sim, nem poderia ser diferente, pois tanto o alcance quanto as proporções das incursões guerreiras ligavam-se diretamente à definição social do objetivo "militar". Toda a organização do bando guerreiro repousava tecnicamente, de fato, no conhecimento do objetivo "militar". Três elementos básicos estavam subordinados a ele: a distância a ser percorrida, a duração da expedição e a composição do bando guerreiro. Como se verá, estes três elementos influenciavam-se mutuamente, embora dependessem, por sua vez, de outros fatores, de natureza cultural ou social. Neles residia, porém, a importância prática da escolha antecipada do grupo hostil a ser atacado. Se por ventura for possível falar em "estratégia" com relação ao tipo de guerra estudado neste trabalho,[331] é em torno desses elementos que se concentravam os '"problemas

[331] Cf. nota *d*, em apêndice, pp. 548-551.

estratégicos" com que se defrontavam os líderes guerreiros tribais. Os autores quinhentistas e seiscentistas não registraram como tais problemas caíam na esfera de consciência dos tupinambá nem como foram por eles resolvidos culturalmente. Os dados que serão expostos adiante sugerem, no entanto, a possibilidade de que eles entrassem em linha de conta nas ponderações dos velhos.

A distância do objetivo militar variava naturalmente com a distribuição espacial dos grupos locais dos tupinambá e dos seus inimigos. A inexistência de dados que permitam organizar um mapa da distribuição torna precária qualquer tentativa de determinação das distâncias médias, mínimas e máximas percorridas pelos bandos guerreiros tupinambá. As indicações diretas consignadas pelos cronistas são elucidativas, mas superficiais. As mais fidedignas e satisfatórias encontram-se no relato de Hans Staden: os tupinambá atacavam os tupiniquim e os portugueses localizados além da Bertioga.[332] As descrições de outros cronistas, como Gabriel Soares, Evreux, Cardim, não propiciam uma localização tão precisa; por isso deixo de apreciá-las aqui. Alguns autores tratam descritivamente do assunto; assim, Gandavo frisa: "vão muitas vezes buscar seus inimigos mui longe caminhando por serras, matos, desertos e caminhos mais ásperos".[333] Anchieta, Nóbrega, Léry e Abbeville dão as distâncias percorridas pelos componentes dos bandos guerreiros, mas as informações são discrepantes. O primeiro, referindo-se aos tupinambá, escreve que "nem bastam serras e montanhas mui ásperas, nem tormentas mui graves, para lhes impedir seu cruel ofício".[334] Todavia, oferece uma estimativa, que valeria para os tupi da costa de uma maneira geral, mais objetiva: "comumente caminham mais de trezentas milhas para a guerra".[335] Nóbrega restringe sensivelmente o percurso das jornadas, assegurando que as tribos em guerra se distanciavam umas das outras dez,

---

[332] Consulte-se o mapa 4, desenhado por W. Kloster, in Staden, entre pp. 202/203. No regresso da Bertioga, os tupinambá percorreram trinta milhas, em três dias de viagem (cf. STADEN, Hans, p. 87).

[333] GANDAVO, Pero de Magalhães. *História*, p. 124.

[334] ANCHIETA, Joseph de. *Cartas*, p. 197; e também p. 74.

[335] ANCHIETA, Joseph de. *Cartas*, p. 45.

quinze e vinte léguas.[336] Estas informações aproximam-se das de Léry, segundo o qual os tupinambá percorriam 25 a trinta léguas facilmente, em busca dos inimigos.[337] Surpreendente e discrepante a afirmação de Evreux: considerando-os como a *nação* "mais inclinada à guerra e a viagens", assevera que quatrocentas ou quinhentas léguas nada são para eles quando vão atacar seus inimigos e fazê-los escravos.[338] Apesar da extrema dispersão em que viviam os aborígenes naquela parte do Brasil, e de as fontes jesuítas mostrarem que de fato eles percorriam grandes distâncias nas entradas, graças ao sistema hidrográfico da região, é pouco provável que tais espaços fossem vencidos nas incursões dos bandos guerreiros.

Não obstante, os dados mais consistentes (os ministrados por Staden, Léry, Nóbrega e Anchieta) demonstram que as distâncias percorridas pelos bandos guerreiros, quando não atacavam grupos locais situados em territórios confinantes,[339] ainda que variáveis, eram relativamente grandes. Isto refletia-se na duração das incursões guerreiras. Como dizia Gabriel Soares, "dura muito, para se fazer a dita guerra".[340] A excursão descrita por Staden fora conduzida contra inimigos localizados nas proximidades: durara ao todo onze dias.[341] Entretanto, de acordo com o afastamento do objetivo "militar", podia durar muito mais. Thevet relata que chegavam a alcançar até cinco ou seis meses.[342] A cadeia completava-se dessa maneira, pois a composição do bando guerreiro dependia naturalmente destes fatores. O bando guerreiro de que participou Staden abrangia, aproximadamente, 684 indivíduos, todos do sexo masculino.[343] Como retornariam dentro de pouco tempo,

---

[336] NOBREGA, Pe. Manuel da. *Cartas do Brasil*, p. 90.

[337] LÉRY, Jean de, p. 172.

[338] EVREUX, Pe. Ives d', p. 79.

[339] O mínimo conhecido, em termos de distância, é registrado por Pero Lopes de Souza: os grupos locais inimigos combatiam-se reciprocamente dentro de uma área de duas léguas (cf. LOPES DE SOUZA, Pero, p. 154).

[340] GABRIEL SOARES, p. 390.

[341] STADEN, Hans, p. 133.

[342] THEVET, Frei André. *Cosmographie*, fl. 941; *Singularidades*, p. 225.

[343] STADEN, Hans, p. 124.

dispensavam mais participantes, como as mulheres, por exemplo.[344] Já na outra alternativa, a organização do bando guerreiro processava-se em outras bases, o que não escapou a Thevet: todos os membros do grupo local compunham, então, a expedição punitiva.

Essa cadeia de interdependências só explica parcialmente, porém, a morfologia dos bandos guerreiros. Ela mostra que o sistema "militar" dos tupinambá era bastante consistente e integrado, a ponto de determinar, em função do objetivo "militar": 1) a coordenação, no espaço e no tempo, das atividades guerreiras; 2) a canalização de uma soma de energias humanas proporcional ao alcance e à natureza do empreendimento guerreiro. Resta analisar agora as determinações oriundas da integração do sistema "militar" à cultura e à organização social daquelas sociedades tribais.

Quanto à distância, é preciso saber como a cultura equipava os guerreiros para o deslocamento no espaço, e se a extensão deste impunha alguma espécie de barreira às atividades guerreiras. As fontes compulsadas ressaltam que os tupinambá possuíam amplo conhecimento do meio externo. Combinando tais conhecimentos ao emprego das técnicas tribais de orientação e de locomoção, podiam realizar excursões a lugares distantes. Gabriel Soares, que se interessou por estas questões, resume da seguinte maneira as suas observações:

> (...) têm os tupinambás grande conhecimento da terra por onde andam, pondo o rosto no sol, por onde se governam; com o que atinam grandes caminhos pelo deserto, por onde nunca andaram.[345]
>
> (...) costuma este gentio, quando anda pelo mato sem saber novas do lugar povoado, deitar-se no chão, e cheirar o ar, para ver se lhe cheira a fogo, o qual conhecem pelo faro a mais de meia légua, segundo a informação de quem com eles trata mui familiarmente; e como lhe cheira a fogo, se sobem às mais altas

---

[344] Para outro exemplo, veja-se Diogo Campos Moreno, in Almeida, vol. II, pp. 177/178.

[345] GABRIEL SOARES, p. 388.

> árvores que acham, em busca de fumo o que alcançam com a vista de mui longe, o qual vão seguindo, se lhes vem bem ir aonde ele está; e se lhes convém desviar-se dele o fazem antes que sejam sentidos; e por os tupinambá terem este conhecimento da terra e do fogo, se faz muita conta deles, quando se oferece irem os portugueses à guerra a qualquer parte, onde os tupinambá vão sempre adiante, correndo a terra por serem de recado, e mostrando a mais gente o caminho por onde hão de caminhar, e o lugar onde se hão de aposentar cada noite.[346]

O uso constante destas técnicas de orientação, baseadas nas relações adaptativas com o meio natural circundante, desenvolvia naturalmente os sentidos dos indivíduos, em particular a vista e o olfato. Eis o que salienta um cronista francês, o qual completa (ainda que com certo exagero) as indicações de Gabriel Soares: "no que diz respeito aos sentidos naturais, tanto internos como externos, jamais achei ninguém, indivíduo ou nação que os superasse"; "têm o olfato tão perfeito que, como um cão (à excepção da bondade), reconhecem a pista de um inimigo e discernem duas pessoas de nações diferentes".[347] A mesma fonte descreve um acidente que demonstra o desenvolvimento do sentido visual nos tupinambá: na viagem à França, descobriram muito antes que os marinheiros os indícios de terra, "embora muitos da nossa tripulação tivessem excelente vista". "Assim como a vista", ressalta Abbeville, "têm eles os outros sentidos do ouvido, do paladar, e do tato".[348]

A locomoção descansava nos próprios recursos dos organismos humanos, quando se tratava de deslocamento sobre a terra, ou por meio de canoas, quando podiam atingir o objetivo "militar" navegando pelos rios ou junto à costa marítima. As canoas – os tupinambá, como outras tribos tupi, conheciam também as jangadas, mas sua utilização nas incursões guerreiras não é documentada – constituíam o único elemento ergológico usado pelos tupinambá como instrumento de transporte na

---

[346] GABRIEL SOARES, p. 389; cf. também THEVET, ms. in., fl. 53v.

[347] ABBEVILLE, Claude d', p. 243.

[348] ABBEVILLE, Claude d', p. 244.

guerra. Suas habilidades náuticas eram tão refinadas que impressionaram vivamente os europeus; ainda agora, Métraux pensa que "os tupi-guarani são com os caribe os mais hábeis navegantes da América do Sul".[349] Eis como este etnólogo caracteriza as canoas daqueles aborígenes:

> (...) as canoas dos tupinambá eram de dois tipos: umas, escavadas nos troncos de árvores, podiam suportar um número elevado de remeiros, enquanto que outras, feitas de uma peça de casca, possuíam menor capacidade. Exteriormente os dois tipos de embarcação não deviam apresentar um aspecto muito diferente, nada havendo por isso de surpreendente no fato de terem os antigos viajantes confundido-as com frequência.[350]

Os cronistas dão informações tanto sobre a tripulação quanto sobre o emprego conjugado de canoas em frotas. Entre as várias fontes, é preciso pôr de lado Simão de Vasconcellos e Evreux, cujas informações discrepam do resto da documentação disponível. O primeiro assevera que os tupinambá do Rio de Janeiro "faziam embarcações fortíssimas, capazes as maiores de 150 guerreiros"; enquanto o capuchinho explica que as canoas feitas de um só tronco "conduzem às vezes duzentas ou trezentas pessoas com as suas competentes munições".[351] A exclusão de ambas as informações não se funda na comprovação da inveracidade das mesmas – o que é impossível determinar atualmente, inclusive através da colação de textos –, mas no fato de se poder presumir, pelo que se sabe a respeito da situação de contato dos tupinambá com os brancos, que essas embarcações eram construídas em colaboração com os franceses. Quanto às demais fontes: Anchieta afirma que a tripulação variava de

---

349 MÉTRAUX, Alfred. *La Civilisation matérielle*, p. 207; Staden escrevia em seu tempo que, nelas, "viajam tão distantes quanto lhes apraz" (p. 176).

350 MÉTRAUX, Alfred. loc. cit.; Thevet informa que, no dia em que despojavam a árvore da casca com que faziam o barco, guardavam completa abstinência – "não bebem e nem comem, temendo, segundo dizem, que se fizessem o contrário, algum mal lhes aconteceria em viagem"; THEVET, Frei André. *Singularidades*, p. 235.

351 VASCONCELLOS, Pe. Simão de. *Vida do venerável*, vol. 1, p. 78; EVREUX, Pe. Ives d', p. 80.

vinte a 25 pessoas, sendo que às vezes elevava-se a mais de trinta; Gandavo, Gabriel Soares e Cardim asseveram que as canoas comportavam de vinte a trinta tripulantes; Staden limita-se a trinta, mas Pigaffeta fala de trinta a quarenta, enquanto Léry e Thevet asseguram que nelas podiam viajar de quarenta a cinquenta pessoas.[352] Excluindo-se os dois autores citados anteriormente, o total maior é oferecido por Pero Lopes de Souza, segundo o qual a tripulação se comporia de sessenta indivíduos.[353] Duas referências concretas, encontradas em Staden (dezoito tripulantes) e em Anchieta (vinte tripulantes), concernentes a situações vividas pelos dois autores, tendem para as informações menores.[354] Com base nestes dados pode-se admitir que a capacidade média de transporte das canoas dos tupinambá atingia uma tripulação de vinte a 25 pessoas.[355] As frotas de guerra destes índios se compunham de sessenta a duzentas canoas[356] – "e todas navegam próximas umas das outras e tão rapidamente que em poucos momentos se perdem de vista".[357]

Apesar dos conhecimentos sobre o meio externo e da disposição de técnicas de orientação e de locomoção eficientes (quando encaradas, é óbvio, do ponto de vista dos tipos correspondentes de relações

---

[352] ANCHIETA, Joseph de. *Cartas*, pp. 172 e 203; GANDAVO, Pero de Magalhães. *História*, p. 125; GABRIEL SOARES, p. 380; CARDIM, Pe. Fernão, p. 60; STADEN, Hans, p. 176; PIGAFETTA, Antonio, p. 59; LÉRY, Jean de, p. 172; THEVET, Frei André. *Singularidades*, p. 235 em seu ms. inédito, Thevet firmou-se por um total menor, entre trinta e quarenta pessoas (cf. fls. 86v.-87; veja-se também fl. 65).

[353] Pero Lopes apud Estêvão Pinto, vol. II, p. 180.

[354] STADEN, Hans, p. 124; ANCHIETA, Joseph de. *Cartas*, p. 232.

[355] Métraux considera exageradas as cifras contidas nas obras de Staden, Léry e Thevet (cf. *Civilization matérielle*, p. 209). O leitor encontrará nesta monografia a análise das dimensões das canoas (in loc. cit.). A esse respeito Staden escreve que tinham "mais ou menos quatro pés de largura e quarenta de comprimento, algumas mais longas, outras menos" (p. 176); segundo Cardim, elas eram mui grandes tendo sete ou oito palmos de largura e cinquenta ou mais palmos de comprimento (p. 60). Fazendo-se as conversões necessárias, verifica-se que as informações das duas fontes não divergem de maneira apreciável.

[356] Cf. LÉRY, Jean de, p. 172; THEVET, Frei André. *Singularidades*, p. 235; ANCHIETA, Joseph de. *Cartas*, p. 203.

[357] LÉRY, Jean de, loc. cit.

adaptativas), as expedições guerreiras esbarravam com uma barreira de ordem geográfica. A penetração nos territórios ocupados por tribos inimigas trazia consigo um risco sério: o bando atacante podia ser surpreendido, depois de uma ação bem-sucedida, por suas próprias vítimas e aliados. Se a abordagem ocorresse longe dos territórios sujeitos ao domínio da tribo a que pertencia o bando guerreiro atacante, as perspectivas de socorro por parte dos seus aliados se tornavam pequenas, elevando-se os perigos proporcionalmente.[358] A mesma coisa acontecia nas incursões realizadas pelo mar, pois Staden relata como os tupiniquim e os portugueses provocaram os tupinambá nas imediações da ilha de Santo Amaro, sem que estes se animassem a um encontro decisivo.[359] No fundo, o fator limitativo analisado, traduzindo a relação existente entre a posição geográfica do inimigo e a do bando guerreiro atacante, era de ordem estratégica. Evitar o "encurralamento" em uma área territorial dominada pelo grupo hostil atacado e por seus aliados parece ter sido um dos grandes princípios da guerra na cultura tupinambá.

Quanto à duração das incursões guerreiras, que atingiria às vezes até quatro ou cinco meses, segundo Thevet, é possível reconhecer atualmente a atuação de três fatores convergentes: dois vinculados à morfologia dos grupos locais (funcionamento do "órgão" de defesa dos grupos locais; conexão entre a subsistência do bando guerreiro e o ciclo ecológico); e outro que resultava da relação de forças, estabelecida efetivamente no decorrer do combate, entre o bando guerreiro atacante e o corpo de guerreiros do grupo local atacado (condições do choque armado com o inimigo). A guerra constituía, na sociedade tupinambá, uma atividade masculina. Por isso, a defesa dos grupos locais repousava no corpo de guerreiros, composto de indivíduos socialmente considerados aptos para a guerra. Se todos os guerreiros de um grupo local se ausentassem ao mesmo tempo, por causa da guerra, é evidente que os

---

[358] Cf. GABRIEL SOARES, cap. CLXIX.

[359] Cf. STADEN, Hans, pp. 82/83; cf. também a descrição, na mesma fonte, do ataque dos tupiniquim ao grupo local Ubatuba; o bando atacante desistiu da empresa assim que se tornou patente a impraticabilidade de uma vitória rápida (STADEN, Hans, pp. 101/102).

demais moradores ficariam à mercê dos ataques dos inimigos; doutro lado, as incursões sempre implicavam algum enfraquecimento no sistema defensivo dos grupos locais, pois os componentes dos bandos punitivos eram extraídos do seu corpo de guerreiros.[360] Os cronistas não deram a devida atenção a tais aspectos da organização tribal, mas parece que situações desse tipo estavam sujeitas à regulamentação social. Assim, quando um grupo local sofria danos graves (destruição das malocas, das lavouras etc.) em virtude de ataques dos inimigos, a prestação de ajuda econômica se processava de modo a abranger apenas uma parte da população masculina dos grupos locais solidários, que lhe deviam cooperação.[361] A existência de mais de um líder guerreiro, com os homens a ele subordinados, em cada grupo local[362] é outra evidência da mesma espécie: tal circunstância facilitava diversas possibilidades de aplicação combinada das energias masculinas, seja nos trabalhos rotineiros, seja nas prestações recíprocas de serviços entre parentelas de grupos locais solidários, seja na realização de incursões contra grupos hostis circunvizinhos, permitindo conservar nos grupos locais, no entanto, se isto fosse necessário, uma reserva mínima de homens aptos para a guerra.

---

[360] Knivet indica que ele e seus companheiros encontraram um grupo local "tapuia" que "quase só continha mulheres" – seus maridos haviam ido à guerra contra os tupinambá (cf. ed. bras., p. 67). Staden relata que pretendia ficar no grupo local de Ubatuba, quando os tupinambá realizaram a incursão contra os tupiniquim, pois com a partida dos guerreiros caberia provavelmente às mulheres a fiscalização dos seus atos ("era também meu intento escapar para o navio francês, se me deixassem em casa" – p. 124). O mesmo cronista fornece outro exemplo, mas de caráter positivo: o ataque dos tupiniquim ao grupo local de Ubatuba falhou porque se achava a postos o corpo de guerreiros da comunidade (cf. pp. 101/102).

[361] Staden dá um bom exemplo da forma tribal de entreajuda econômica entre parentelas pertencentes a grupos locais solidários: depois da destruição do grupo local de Mambucaba pelos tupiniquim, Nhaêpepô-oaçu, do grupo local de Ubatuba, reuniu os seus parentes e amigos que "moravam em sua cabana", e para lá se dirigiram, visando colaborar na reconstrução das malocas (cf. p. 104). Sobre a destruição das lavouras, cf. ANCHIETA, Joseph de. *Cartas*, p. 183 e p. 185. N.E. A edição não conseguiu localizar a última parte da nota..

[362] Quanto ao número de líderes guerreiros por grupo local, cf. o trabalho de minha autoria *A organização social dos tupinambá*, pp. 272-4; sobre o número de guerreiros subordinados a cada líder, cf. especialmente Diogo de Campos Moreno, in Almeida, vol. II, pp. 177-8.

Portanto, considerando-se a duração da guerra do ponto de vista do funcionamento do sistema defensivo dos grupos locais, chega-se a duas inferências básicas: 1) as condições de defesa do grupo local ligavam-se à determinação do tempo dentro do qual deveriam se desenvolver as incursões dos bandos guerreiros constituídos só por homens e empenhados na luta contra grupos hostis circunvizinhos. Sem dúvida, nelas se encontra um dos fatores responsáveis pela orientação do sistema "militar" tribal no sentido de contornar, nesse tipo de incursão, os combates prolongados; preferiam antes transferir o projeto de apresamento de inimigos ou tentar novas investidas contra outros grupos locais inimigos, situados na rota do bando guerreiro.[363] A incorporação ao bando guerreiro de mulheres, crianças e velhos incapazes de participar ativamente da guerra, nas incursões cuja duração prevista era grande, provinha também da necessidade de oferecer alguma segurança efetiva a pessoas dependentes. Neste caso, a duração das incursões guerreiras atuava, ainda que de forma secundária, como um fator concomitante da ampliação dos quadros humanos dos bandos guerreiros.

A duração da incursão guerreira dependia também das relações existentes entre a subsistência dos componentes do bando guerreiro e o ciclo ecológico. Como se viu, a guerra tinha seu "período propício" na sociedade tupinambá, ligando-se ainda a certos fenômenos naturais. É possível assinalar, entretanto, outras vinculações entre a guerra e o ciclo ecológico. Assim, a alimentação dos indivíduos que integravam os bandos guerreiros constituídos só por homens repousava predominantemente nos recursos do meio natural circundante. Staden ministra indicações precisas a respeito: a munição de boca que levavam consigo era a farinha de mandioca; a ela combinavam outros alimentos da dieta tupinambá, conseguidos através da pesca ou da caça.[364] Por essa razão

---

363 Staden registra, por exemplo, como os tupiniquim atacaram o grupo local de Ubatuba e como, depois de desistirem desse objetivo, repetiram a façanha contra o grupo local de Mambucaba, onde foram melhor sucedidos (cf. pp. 101/102 e p. 104).

364 Cf. STADEN, Hans, p. 125 ("os índios chamam piracema a este tempo da desova. Nesta época partem todos para a guerra, tanto os Tupinambá como os seus inimigos, e durante a marcha apanham e comem os peixes"; "aí – no acampamento – apanhamos muito peixe, piratis ou tainhas"), e especialmente pp. 177/178. Thevet,

é que aguardavam a época da piracema para realizarem suas incursões guerreiras – a própria natureza se encarregava de provê-los de alimentos básicos à sua subsistência. Outro tipo de vinculação é reconhecível com referência aos bandos que abrangiam toda a população do grupo local: incursões de grandes proporções e prolongadas tornavam-se então materialmente possíveis, graças ao fato de os bandos guerreiros disporem de uma estrutura interna adaptada às variações do ciclo ecológico. Nos momentos de escassez de víveres, aproveitavam-se dos conhecimentos que possuíam sobre estas variações para a plantação de certos vegetais (cf. adiante). Verifica-se pelos dois exemplos, portanto, que a duração das incursões guerreiras subordinava-se às formas tribais de aprovisionamento direto dos recursos naturais; a dependência do homem com relação à natureza não se quebrava sequer durante as excursões guerreiras, pois o sistema econômico nativo não previa a acumulação de víveres em quantidade suficiente para assegurar o abastecimento completo dos bandos guerreiros. Por isso, a duração das incursões constituía uma função do ciclo ecológico, implicando, além disso, no caso das expedições mais amplas, a incorporação ao bando guerreiro de pessoas capazes de cuidarem da obtenção e da preparação de alimentos de procedência vegetal.

O outro fator que influía sobre a duração das incursões guerreiras, as condições do choque armado com o inimigo, manifestava-se de modos diferentes, de acordo com a composição do bando guerreiro. Quando o bando guerreiro se compunha só de homens e atuava nas circunvizinhanças, se o ataque não fosse cercado de êxito de maneira relativamente rápida, os atacantes retraíam-se e desistiam da empresa.[365] Além de outros motivos, faltava à própria estrutura dos bandos guerreiros deste tipo suficiente consistência organizatória para resistir a campanhas mais prolongadas. Em outras palavras, do ponto de vista "tático", se me

---

quando indica quanto tempo durava a excursão guerreira (quatro a cinco meses, às vezes), não diz se se referia a um bando masculino desse tipo ou ao que abrangia todo o grupo local (cf. ms. in., fl. 85).

365 Cf. o exemplo fornecido por Staden e já lembrado neste trabalho (veja-se a nota 353). Adiante, ao analisar as técnicas de combate, pretendo voltar ao assunto, aproveitando as indicações contidas em outras fontes; o mesmo posso asseverar com relação às técnicas de retirada.

for permitido usar este termo aqui, os bandos guerreiros em questão estavam organizados para os combates de curta duração: para o ataque de surpresa e a exploração dos seus efeitos na captura de adversários. Se as condições do choque armado garantissem pelo menos a equivalência de forças (o inimigo poderia estar prevenido sobre o ataque, o seu corpo de guerreiros capacitado para oferecer uma resistência inesperada etc.), a insistência por parte dos atacantes inverteria a posição recíproca dos combatentes, como o testemunha Gabriel Soares, transformando-se as expedições em algo fatal aos próprios atacantes. Quando o bando guerreiro correspondia literalmente ao grupo local em marcha, a situação era outra. Mesmo que o ataque de surpresa falhasse, o bando guerreiro dispunha de consistência interna suficientemente sólida para suportar uma guerra prolongada, se isto fosse decidido. Como se verá adiante, possuíam meios para sitiar o grupo hostil durante algum tempo. O cerco prolongava-se de acordo com a relação efetiva das forças antagônicas em presença; nunca, entretanto, depois de revelar-se infrutífero para os atacantes.[366] Conclui-se, pois, que a duração das incursões guerreiras variava em conexão com as condições do choque armado, resultantes da relação efetiva das forças que se defrontavam.

A composição do bando guerreiro, pelo que me foi dado alcançar através da documentação conhecida, prendia-se a quatro fatores: a população masculina em idade guerreira dos grupos locais; o funcionamento dos mecanismos tribais de vingança; o aprovisionamento de recursos naturais durante a incursão contra os inimigos; e as expectativas de reação do inimigo. Quanto ao primeiro fator, os dados disponíveis não são muito esclarecedores. Somente por via indireta é possível insinuar atualmente semelhante conexão. A julgar pelos aldeamentos feitos pelos jesuítas, variava bastante o montante da população dos grupos locais;[367]

---

366 Seja em virtude da equivalência de forças (veja-se, por exemplo, as descrições do sitiamento dos brancos por guerreiros nativos em Igaraçu, feitas por STADEN, Hans, pp. 46-49); seja em virtude da impossibilidade em que se viam os atacantes de manter indefinidamente uma posição sólida diante do inimigo, capaz de receber a qualquer momento auxílio "militar" de grupos locais aliados.

367 Sobre o número da população das aldeias mantidas pelos jesuítas na Bahia, cf. *A organização social dos tupinambá*, p. 37; não existem, no entanto, dados acerca da

e com ele variava, naturalmente, a composição interna daquelas populações. Assim, alguns grupos locais possuíam maior número de guerreiros que outros. A este respeito, é ilustrativa a enumeração de chefes dos grupos locais tupinambá feita por Abbeville;[368] a maioria dos grupos locais possuía apenas um chefe, mas havia grupos com dois e até com três ou quatro chefes. Isto quer dizer, considerando-se a forma tribal de imposição de liderança, que eram variáveis o montante e a composição interna da população dos grupos locais discriminados pelo cronista francês. De modo que alguns podiam suportar a formação de mais de um bando guerreiro em seu seio. A mesma coisa se infere do relato de Campos Moreno, cujas informações evidenciam como conseguiu integrar um bando de quinhentos guerreiros nativos, extraídos de doze *aldeias* distintas. A contribuição de cada grupo local foi muito variada, tendo alguns cedido quase quarenta "freicheiros".[369] É útil observar, porém, que o número de guerreiros por grupo local devia ser muito maior, pois cada um deu apenas uma parte de suas forças. Referindo-se às "aldeias" da Companhia de Jesus na Bahia, Gabriel Soares trata da aldeia de Santo Antônio, "onde haverá mais de trezentos homens de peleja", e, conjuntamente, das aldeias do Espírito Santo e de São João, "em as quais terão setecentos homens de peleja pelo menos".[370] Embora tais dados não sejam representativos para os grupos locais nativos, independentes ou livres da influência dos brancos, eles dão uma ideia concreta da situação demográfica dos grupos locais (as "aldeias" dos jesuítas foram organizadas tendo por base o seu modelo). Ainda que

---

composição da população de grupos locais nativos. Em 1730, a Companhia de Jesus possuía, na ilha de São Luís, uma aldeia composta por 265 indivíduos, assim distribuídos: 116 homens; 109 mulheres; 38 meninos e adolescentes; e dois catecúmenos (Serafim Leite, *História da Companhia de Jesus no Brasil*, vol. III, p. 142). Em 1694 essa aldeia contava com uma população maior, dispondo de trezentos guerreiros. Esses dados não são, infelizmente, representativos para a população dos grupos locais nativos, nas condições de vida anteriores à chegada dos brancos.

368 Cf. ABBEVILLE, Claude d', pp. 139-151.

369 Cf. MORENO, Diogo de Campos, loc. cit.

370 GABRIEL SOARES, pp. 46/47 e p. 48; Caminha informa que ao demandarem a praia, "ali acudiram logo obra de duzentos homens, todos nus, e com arcos ou setas nas mãos" (p. 208), que pertenciam a um grupo local situado nas imediações.

sob reservas, pode-se admitir que a composição dos bandos guerreiros dependia do montante e da composição da população dos grupos locais, especialmente do setor masculino dessa população.

As obrigações recíprocas nascidas das relações de parentesco (consanguíneo ou por afinidade) definiam a responsabilidade relativa de cada indivíduo na *vingança* de um parente morto pelos inimigos (de modo real ou suposto). A consciência da injúria era mais intensa no círculo de pessoas ligadas ao morto por laços de parentesco, e isto se refletia na composição do bando guerreiro, tanto quanto na escolha do objetivo "militar". Pois tais pessoas, submetidas à liderança do parente mais atingido pela injúria e portanto mais responsável na *vingança* do morto, se reuniam para "punir" os membros do grupo hostil culpados pela ocorrência. Gandavo descreve uma incursão deste tipo, liderada por um chefe tupiniquim cujo filho fora morto durante um assalto dos tupinambá ao grupo local em que moravam.[371] Quando as obrigações afetavam círculos maiores de pessoas, as incursões eram realizadas por várias parentelas, integradas em um mesmo bando guerreiro; é o que descreveram Evreux, com relação aos tupinambá do Maranhão (na guerra contra os tremembé), Staden e Anchieta, com referência aos tupinambá do Rio de Janeiro (nas expedições contra os tupiniquim e os portugueses). Em síntese, os mesmos motivos sociais que determinavam a seleção do objetivo "militar" interferiam na composição do bando guerreiro, fazendo com que este dependesse, quanto ao número de componentes, dos ideais tribais de retaliação.

A relação entre o aprovisionamento de recursos naturais e a composição do bando guerreiro é evidente. Como já foi assinalado, a duração das incursões e a quantidade de víveres transportada implicavam certas atividades econômicas, cujas finalidades se concentravam quer na suplementação dos alimentos disponíveis, quer no reabastecimento de determinados mantimentos, como por exemplo a farinha de mandioca. Os guerreiros não podiam, naturalmente, ocupar-se de todos estes misteres, embora nas pequenas incursões cuidassem os mais jovens

---

[371] Cf. GANDAVO, Pero de Magalhães. *História*, pp. 127-129.

também da caça e da pesca.[372] Daí a ampliação dos quadros humanos dos bandos guerreiros: a participação de outras pessoas, além dos guerreiros, resultava e tornava possível, ao mesmo tempo, as incursões de grande envergadura.

É impossível determinar exatamente, em nossos dias, como as expectativas de reação do inimigo inflectiam na composição dos bandos guerreiros, pois não se pode saber atualmente como e dentro de que limites o espírito mágico-religioso das atividades guerreiras atuava na motivação das atitudes através das quais os tupinambá se representavam o próprio valor guerreiro e o dos adversários. Mas, parece que o aproveitamento de experiências anteriores, adquiridas nas guerras tribais, ocorria de fato. A composição do bando guerreiro de modo a abranger as forças de vários grupos locais solidários, para a luta contra inimigos aborígenes ou civilizados, como o demonstram as descrições de Evreux, Staden, Anchieta, Nóbrega, Knivet etc., não sublinham outra coisa. Ao contrário, quando subestimavam a capacidade de reação do grupo hostil a ser atacado, agiam com menos prudência. Léry fornece um exemplo nesse sentido: na ilha Grande vivia um grupo de maracajá, submetido aos tupinambá, "tendo sido deixado em paz"; "entretanto, certa vez, após beberem cauim os tupinambá, muito excitados, resolveram saqueá-lo, alegando tratar-se de descendentes de inimigos mortais. Para lá se dirigiram à noite, apanhando a pobre gente desprevenida, e tal carnificina fizeram que causava dó".[373] Outras evidências indiretas se encontram nas representações dos nativos sobre o valor e a fama guerreira dos diversos grupos tribais e dos seus chefes mais importantes, referidas por Salvador, Acuña, Cardim, Abbeville e Vieira, que me dispenso de examinar aqui. Por isso, penso que se devem considerar, malgrado as lacunas das fontes, as expectativas de reação dos inimigos ao lado dos demais fatores que determinavam a composição do bando guerreiro.

A análise desenvolvida nas páginas precedentes incidiu exclusivamente sobre o substrato material dos bandos guerreiros. Se consegui

---

[372] Cf. STADEN, Hans, p. 178.

[373] LÉRY, Jean de, p. 183.

expor os resultados da investigação com suficiente clareza, ficaram elucidadas as principais questões relacionadas com as funções adaptativas desta estrutura social, bem como com as funções integrativas que nelas repousavam ou que a elas se ligavam tangencialmente. Do ponto de vista morfológico falta analisar ainda, portanto, a própria organização das ações e atividades guerreiras ou subsidiárias através e no seio dos bandos guerreiros. O método expositivo a seguir é simples: primeiro tratarei dos bandos guerreiros constituídos só por homens, e depois dos que eram integrados por toda a população de um ou mais grupos locais.

O bando guerreiro que se dedicava a incursões contra grupos hostis circunvizinhos se compunha, como já foi indicado, só de homens. É provável que abrangesse indivíduos que não possuíam *status* de guerreiro, pois as informações disponíveis mostram que as incursões realizadas por tais bandos se efetuavam principalmente através de canoas. E Evreux assevera que os *Kunumi-guassú*, indivíduos cuja idade variava de doze a 25 anos e não estavam ainda capacitados para enfrentar os inimigos como guerreiros, "acostumam-se a remar, e por isso são escolhidos para tripularem as canoas quando vão à guerra".[374] Staden acrescenta que, nos acampamentos, competia aos "jovens" caçar, pescar e preparar os produtos dessas atividades;[375] como não esclarece o significado de "jovem", fica-se sem saber se se referia a indivíduos que pertenciam a categoria dos *Kunum˜i-guasú* ou à dos *Avá*, de que participavam os guerreiros (seriam no caso os mais moços entre estes). Ambas as coisas são possíveis; mas o princípio tribal segundo o qual os guerreiros só deviam cuidar da guerra durante as incursões torna a primeira hipótese plausível. Se esta conclusão for verdadeira, os bandos punitivos masculinos abrangiam indivíduos de três categorias de idade diferentes: os *Kunum˜i-guasú*, os *Avá* e os *Tujuáe*, cabendo aos últimos o exercício da liderança. Os primeiros ocupavam-se do aprovisionamento

---

[374] EVREUX, Pe. Ives d', p. 131; a mesma fonte consigna outra informação coerente com essa: (as canoas) "São conduzidas por mancebos fortes e robustos, escolhidos de propósito" (p. 80).

[375] (Cunhambebe) "ordenou além disso aos jovens que, pela madrugada, caçassem e pescassem. Assim se fez, e o principal mandou preparar o que caçaram" (p. 178).

do bando e do impulsionamento das canoas; os segundos e os terceiros dedicavam-se às atividades guerreiras.

Nessas incursões, os tupinambá procediam de modo a chegar à noite às proximidades do grupo hostil, efetuando o ataque pela madrugada.[376] A "rota guerreira" subordinava-se a um modelo tal, que tanto poderiam atacar grupos locais inimigos quanto preparar ciladas aos seus moradores. Assim, atacaram consecutivamente Bertioga e São Vicente;[377] enquanto a incursão de que participou Staden almejava o segundo objetivo: "tinham a intenção de dirigir-se à região da Bertioga, onde me haviam aprisionado, esconder-se em redor do mato nas vizinhanças da povoação, e levar prisioneiros os inimigos que aí lhes caíssem às mãos".[378] O encontro ocasional dos inimigos nas proximidades da costa, navegando em cinco canoas, obrigou-os a modificar imediatamente os planos anteriores: os tripulantes daquelas canoas foram atacados e aprisionados.[379]

Estes bandos chegavam a abranger forças ponderáveis; Staden menciona um que se compunha das tripulações de setenta canoas, ou seja, computando dezoito tripulantes por canoa (é quanto estimava a tripulação de cada canoa na incursão de que participou), um total de 1.260 indivíduos.[380] O deslocamento no espaço processava-se de modo a permitir-lhes se aproximarem do inimigo ao entardecer, para poderem atacá-lo pela madrugada. Por isso erguiam seus acampamentos, nos quais construíam cabanas, de acordo com uma escala favorável aos planos de abordagem do objetivo "militar"; na incursão a Bertioga, por exemplo, levantaram dois acampamentos: um em Ubatuba e outro diante da ilha de São Sebastião.[381] Partindo daqui pela manhã, "desejavam no mesmo

---

[376] STADEN, Hans, cf. pp. 74/75; cf. também Thevet, ms. in., fl. 82.

[377] STADEN, Hans, loc. cit.; cf. também o ataque dos tupiniquim a grupos locais tupinambá, pp. 102-104.

[378] STADEN, Hans, pp. 124/125; lembro que o aprisionamento de Staden ocorreu nessas circunstâncias – cf. pp. 78-82.

[379] STADEN, Hans, p. 128.

[380] STADEN, Hans, p. 74; cf. adiante, p. 148.

[381] STADEN, Hans, pp. 125/126.

dia chegar bem perto da terra do seu inimigo, até um lugar chamado Boiçuganga, onde queriam ficar de espreita até à tarde".[382] As operações realizadas de preparação do ataque tinham também a sua complexidade. No ataque a Bertioga, *verbi gratia*, combinaram duas frotas de canoas, que agiriam de modo conjugado.[383] Referindo-se aos mesmos índios, Anchieta informa que possuíam duzentas canoas para atacar os brancos e seus aliados da capitania de São Vicente; planejavam realizar o ataque segundo uma espécie de rodízio: uns atacariam primeiro e depois retornariam, encontrando já outros a caminho, beneficiando-se em conjunto do apoio concedido por forças descidas do sertão.[384]

O bando guerreiro constituído por pessoas de ambos os sexos e de todas as idades possuía naturalmente uma organização muito mais complexa. A estrutura interna do bando guerreiro em questão comportava certa diferenciação: de acordo com os princípios de organização das atividades sociais por sexo e idade, cada indivíduo desempenhava no seio do bando os papéis prescritos pela tradição tribal ao tipo correspondente de personalidade. O princípio básico de organização dos bandos guerreiros foi bem percebido por um dos cronistas: os guerreiros não podiam nem deviam ser distraídos das atividades guerreiras enquanto durasse a incursão.[385] Por isso, o sistema econômico do bando guerreiro precisava garantir o aprovisionamento regular e a preparação de víveres, bem como o transporte de equipamento material, sem o concurso dos indivíduos classificados como *avá* e *tujuáe* ("guerreiros"); eles só carregavam as próprias armas.[386] As mulheres transportavam tudo o mais (as redes, os víveres e as "munições necessárias à guerra").[387] Além disso, a elas competia o abastecimento

---

382 STADEN, Hans, pp. 127/128.

383 Cf. STADEN, Hans, pp. 125/126.

384 ANCHIETA, Joseph de. *Cartas*, pp. 203/204.

385 Cf. EVREUX, Pe. Ives d', pp. 78-80.

386 GABRIEL SOARES, p. 390; THEVET, Frei André. *Singularidades*, p. 229 ("carregam os guerreiros somente as armas, levando as flechas na mão").

387 GABRIEL SOARES, p. 390; THEVET, Frei André. *Singularidades*. pp. 228/229 e ms. in., fl. 85v.; LÉRY, Jean de, p. 171; EVREUX, Pe. Ives d', p. 178. Segundo

de água doce, a conservação do fogo e a armação das redes, trabalhos árduos mesmo em outras condições.[388] Se a expedição fosse feita em parte ou totalmente por meio de canoas, então atribuíam aos jovens as tarefas de remeiros,[389] e incumbiam as mulheres de "esvaziar e lançar fora a água, servindo-se de uma vasilhazinha fabricada com certa espécie de coco".[390] Quando a provisão de mantimentos se esgotava (especialmente aqueles de procedência vegetal, como as diversas variedades de farinha), o bando guerreiro interrompia sua marcha em direção ao objetivo "militar" e fixava-se temporariamente em um dos trechos da "rota guerreira". Preparavam terrenos para a plantação dos vegetais necessários, seja o milho ou a mandioca, e dali só partiam depois da colheita e da preparação das farinhas.[391]

Em resumo, os dados expostos definem claramente a natureza do bando analisado: ele era, num sentido preciso, o grupo local ou a tribo (entendida como um conjunto de grupos locais solidários) em deslocamento. Tudo ocorria como se as distâncias sumissem, e grupos hostis longínquos se tornassem inopinadamente vizinhos fronteiros.

Knivet, durante a guerra as mulheres carregavam às costas as provisões, mas condicionadas em cestos (cf. ed. bras., p. 123).

388 EVREUX, Pe. Ives d', p. 178.

389 EVREUX, Pe. Ives d', p. 80 e p. 131.

390 THEVET, Frei André. *Singularidades*, p. 235.

391 Brandão escreve que "cada um leva consigo o que lhe é necessário para alguns dias; e quando lhes falta, o buscam pelos campos, matos e rios, porque deles se sustentam" (p. 283). Essa informação é incompleta, pois Knivet e Abbeville indicam que as interrupções da marcha regulavam-se em função do reaprovisionamento de víveres, obtidos pela horticultura. O primeiro refere-se a uma "entrada", em que a técnica nativa de reabastecimento foi empregada pelos portugueses: "neste sítio permanecemos dois meses; o capitão fez a colheita destes campos que os índios tinham plantado com mandioca, ordenando a cada homem que fizesse farinha como sua provisão para o caminho de casa, pois, disse ele, aqui retornaria" (KNIVET, Anthony, ed. bras., p. 72). Abbeville trata do mesmo assunto, mas a situação descrita diz respeito a nativos (provavelmente os potiguar): "alimentou-se esta [a expedição] durante a viagem, unicamente de raízes que extraíam da terra, de frutas colhidas nas árvores, de peixes e pássaros que apanhavam e de outras espécies de animais e também de farinha que carregavam; e quando esta lhes faltava, paravam para plantar a mandioca e se demoravam no lugar até que estivesse no ponto para a fabricação da farinha" (p. 65).

Perguntar-se-á, portanto, a razão de ser do termo "bando guerreiro", aplicado a este tipo de organização das atividades sociais. O simples fato de a população de um grupo local (ou de mais do que um) mobilizar-se, para ir combater um inimigo distante, não justificaria a denominação... Mas, havia uma *inflexão "militar"* nessa estrutura social, que não se evidenciava apenas na preocupação de eximir os guerreiros das tarefas masculinas rotineiras. Pois em tais bandos, que segundo Knivet chegariam a conter 5 mil indivíduos,[392] os "guerreiros" desempenhavam papéis definidos em termos de sua "posição militar". Os "roncadores" conduziam instrumentos de música (tamboris, inúbias, pífanos e flautas), "que vão tangendo pelo caminho, com que fazem grande estrondo";[393] os "batedores", que se punham em ação no território dos inimigos: "e como saem fora dos seus limites, e entram pela terra dos contrários, levam ordinariamente suas espias adiante, que são sempre mancebos muito ligeiros, que sabem muito bem este ofício";[394] os" emissários" punham os bandos guerreiros, ou os grupos locais atacados, em comunicação com os grupos locais aliados;[395] e os líderes guerreiros, que assumiam a chefia da expedição, mas possuíam atribuições limitadas (as obrigações dos componentes do bando eram determinadas pela tradição e os diversos "principais" partilhavam com eles os papéis através dos quais a atualizavam): "e antes que se abalem, faz o principal capitão da dianteira que eles têm por grande honra, o qual vai mostrando o caminho e o lugar onde hão de dormir cada noite".[396] Além disso, a marcha estava sujeita a certas regras, ditadas por preocupações de ordem estratégica. A incursão poderia durar bastante tempo (até cinco ou seis meses, conforme Thevet), de modo que a aproximação com o

---

[392] Knivet referia-se a uma expedição dos tupinambá contra os tupiniquim, de que participou (cf. ed. bras., pp. 85-86). A questão do número dos componentes será examinada adiante.

[393] GABRIEL SOARES, p. 390; LÉRY, Jean de, pp. 171/172.

[394] GABRIEL SOARES, p. 390.

[395] THEVET, Frei André. *Cosmographie*, fl. 941.

[396] GABRIEL SOARES, p. 390. Sobre os processos de atualização dos ideais e das tradições tribais, cf. acima, *ritual guerreiro* (pp. 86-109).

inimigo se fazia devagar.[397] O essencial consistia em dispor as etapas de tal maneira que: 1) a presença do bando guerreiro passasse despercebida ao inimigo; 2) o último percurso fosse realizado à noite; 3) e ficassem garantidas as condições para um ataque de surpresa, pela madrugada.

Todos esses aspectos da incursão guerreira foram elucidados por Gabriel Soares.[398] A ordem de marcha era a de *fileira simples*: "e a ordenança com que se põe a caminho, é um diante do outro, porque não sabem andar de outra maneira" – a qual, além de se ajustar às exíguas trilhas abertas pelos nativos, garantiria maior segurança aos caminhantes.[399] Cada etapa compreendia de uma légua e meia a duas, "que é o que se pode andar até às nove horas do dia". Então acampavam, "o que fazem perto de água, fazendo suas choupanas, a que chamam tajupares, as quais fazem arruadas, deixando um caminho pelo meio delas". O fogo era acendido dentro dos tijupás, e a cada jornada faziam um acampamento semelhante. Quando chegavam a duas jornadas dos inimigos, deixavam de fazer fogo durante o dia, "por não serem sentidos deles pelos fumos que se veem de longe". A última jornada ou etapa percorriam-na à noite, mas se articulava de tal forma às anteriores, que devia coincidir com o plenilúnio e permitir o desfecho do ataque pela alvorada, de supresa ("e ordenam-se de maneira que possam dar aos contrários de madrugada, e em conjunção de lua cheia para andarem a derradeira jornada de noite pelo luar, e tomarem seus contrários despercebidos e descuidados").

Resumo

Resumindo, com base na documentação disponível pode-se distinguir, na sociedade tupinambá, duas modalidades de organização das atividades guerreiras, em estreita conexão com a organização ecológica do sistema comunitário tribal: uma, que suportava os movimentos de

---

397 Cf. STADEN, Hans, p. 125; THEVET, Frei André. *Singularidades*, p. 228.

398 N.E. A edição não conseguiu localizar a primeira parte da nota.; cf. também EVREUX, Pe. Ives d', pp. 178/179.

399 Cf. BUARQUE DE HOLANDA, Sérgio. *Índios e mamelucos na expansão paulista*, pp. 185 e 194.

invasão dos tupinambá; outra, que contribuía para lhes assegurar as posições ecológicas ocupadas. Em virtude das lacunas das fontes, somente a segunda modalidade de organização das atividades guerreiras pode ser submetida a uma análise sistemática. Por meio desta, verifica-se que as "incursões guerreiras" nem sempre eram realizadas por bandos armados do mesmo tipo: os quadros humanos do *bando guerreiro*, o alcance e as proporções das atividades coletivas, no tempo e no espaço, variavam de acordo com a definição social do objetivo "militar". Uma cadeia de vinculações, reconhecível mesmo por intermédio da investigação histórica, fazia com que os elementos do substrato material destes bandos (tomando-se cada um dos tipos isoladamente e como uma estrutura integrada) se articulassem coerentemente uns com outros, seja quanto ao funcionamento do sistema "militar" tribal, seja quanto ao funcionamento do sistema organizatório dos grupos locais e das tribos. Por fim, em função das variações morfológicas, o grau de diferenciação interna não era o mesmo nos dois tipos de bandos guerreiros, sendo mais complexa nos que se compunham de toda a população de um ou mais grupos locais, e mais simples nos que abrangiam exclusivamente indivíduos do sexo masculino; e cada tipo apresentava formas próprias de canalização das energias humanas e de ordenação das atividades sociais no tempo, no espaço e na promoção dos ajustamentos recíprocos dos indivíduos como e enquanto membros daquelas estruturas integrativas.

2.2.2 O combate

A documentação relativa ao choque armado entre as forças nativas antagônicas não é, infelizmente, tão rica quanto seria de desejar. Contudo, ela comporta alguns dados positivos essenciais, suscetíveis de esclarecer os principais problemas que podem ser colocados, a esse respeito, pelo especialista. Em particular, a documentação evidencia, corroborando as reflexões do autor expostas acima (cf. nota 321), que as "operações militares" assumem configurações próprias, dentro de cada sociedade, pois entremostra os contornos da mesma na sociedade tupinambá. Sem dúvida, o "contato" armado dos tupinambá com os seus inimigos dificilmente pode ser concebido como evidência de "guerra verdadeira" junto aos povos que conseguiram desenvolver combinações organizatórias mais racionais, eficientes e "econômicas" das forças armadas, e que elaboraram aquilo que seria legítimo designar, com propriedade, como *configuração da liderança militar*;[400] da perspectiva de nossa cultura (o que quer dizer: etnocentricamente!), a ausência completa de traços dessa espécie no choque armado entre os aborígenes excluiria toda ligação possível entre o "combate" tal como eles o praticavam e tal como é planejado e dirigido pelos grandes capitães. Para nós, a tática envolve a função da liderança pessoal; de modo que o processo do choque armado é muitas vezes definido como uma condição da "mente" e da "capacidade" do comandante[401] ou de sua intuição[402] – o que é verdadeiro também para outras sociedades, que alcançaram um nível militar reconhecidamente "superior".[403] E implica necessariamente, do ponto de vista organizatório, formações peculiares; pois, como escreve um especialista, "organização militar consiste em coluna e linha",[404] por onde se conclui que "as operações táticas não são primitivas".[405] Ora, como se verá a seguir, a liderança pessoal atingiu um desenvolvimento

---

400 A questão proposta será devidamente analisada adiante (cf. pp. 430-462).

401 Cf., por exemplo, artigo "Guerra", em *The Encyclopaedia Britannica*, de S. Wilkson, vol. XXIII, p. 325. Como o "processo da batalha consiste sempre na ação de matar e ferir", sem ser no entanto "um fim em si mesmo, exceto à medida que diminui o número de inimigos", descarrega-se sobre o comandante a responsabilidade pela consecução do objetivo, através da superação, da desmoralização e da desorganização das forças antagônicas (cf. ibidem).

402 A esse respeito, afirma Napoleão, provavelmente a maior encarnação de líder guerreiro nas sociedades ocidentais: "a ciência militar consiste em bem calcular primeiro as possibilidades, e depois em realizar, quase matematicamente, a parte do acaso" – cabendo aos "gênios" a intuição do acaso, pois segundo Napoleão o acaso sempre permanece "um mistério para os espíritos medíocres", apesar de ser "uma realidade para os espíritos superiores" (Cf. *Vues politiques*, p. 287).

403 Tome-se, por exemplo, a sociedade grega: Platão escrevia em seu tempo que "tanto na paz como na guerra todos têm sempre os olhos sobre o que comanda, nada fazendo senão sob sua direção, e abandonando-se à sua condução nas mais pequenas coisas" (*Les Lois*, p. 295).

404 TURNEY-HIGH, Harry Holbert, op. cit., p. 19.

405 TURNEY-HIGH, Harry Holbert, op. cit., p. 14. Esse autor assevera ainda que a perspicácia para estabelecer certas regras simples e a técnica de organização grupal das atividades guerreiras faltam, ou têm faltado, à maioria dos povos primitivos (cf. p. 14 e p. 18). Quanto à organização das atividades militares por meio da linha,

acanhado entre os tupinambá, e seus líderes guerreiros não exerciam, no decorrer dos combates, nenhum papel que lembre, mesmo remotamente, os atribuídos aos nossos *comandantes*; e quanto à formação para o choque, foi em contato com os brancos que tomaram conhecimento da existência e das vantagens da coluna e da linha.

Quer isto dizer que as dimensões da guerra tribal não comportavam "operações táticas"? A resposta à questão depende do que se designe com o termo *tática*. Descendo-se às particularizações expostas no parágrafo anterior, vigentes com relação a sociedades como a nossa, por exemplo, é óbvio que ela será negativa. Num sentido mais amplo, porém, *tática* designa os movimentos realizados dentro do campo de visão e ao alcance das armas de tiro do inimigo, o que levou um técnico no assunto a expor enfaticamente que "o campo de batalha é a província da tática".[406] Admitindo-se isto, não seria difícil considerar o choque armado entre os aborígenes brasileiros estudados como manifestação concreta da "guerra verdadeira" (em uma das suas modalidades), mesmo do ponto de vista militar;[407] e a compreensão dos movimentos realizados no decorrer do "contato" sob o nome de *tática* surgiria como uma consequência natural de semelhante atitude diante da realidade investigada. As implicações sociológicas do segundo

escreve: "a linha é a formação tática mais simples, e um traço sociológico [sic!] sem o qual não pode existir guerra verdadeira" (idem, pp. 19/20).

406 FALLS, Cyril, op. cit., p. 100; note-se que Clausewitz define-a aproximadamente da mesma maneira, embora tenha acentuado, como teórico da ciência militar, o aspecto subjetivo do fenômeno (cf. *On war*, p. 62: a tática "ensina o uso das forças armadas em combates"). Tomando em consideração a distinção militar entre "combate" e "batalha" (cf. T. S. Hernandez, op. cit., pp. 24/25), apliquei somente o primeiro termo à luta amiudada entre os tupinambá e seus inimigos.

407 Aliás, Clausewitz, na definição de *batalha*, não insiste sobre os instrumentos e os meios (que envolvem, inclusive, o nível de organização das atividades humanas), mas sobre o processo e o objetivo da mesma (cf. *On war*, p. 198). Nessa definição, acentua que a batalha é "um conflito arrostado com todas as nossas energias para a consecução de uma vitória real". O próprio ponto de vista militar deixa aberto, portanto, o caminho para adoção de uma abordagem relativista do fenômeno, seja através do método etnológico, seja através do método sociológico. A esse respeito, cf. especialmente a nota *f*, em apêndice, sobre o emprego do termo militar nesta monografia. N.E. A edição não conseguiu localizar a última parte da nota.

ponto de vista são claras. Primeiro, à constatação: *a guerra é um fenômeno social, que varia de sociedade para sociedade*, acrescenta o seguinte corolário: *os meios propriamente militares da guerra variam em conexão com as gradações sociais do fenômeno, de uma sociedade para outra*. Os resultados teóricos da investigação empreendida neste trabalho, expostos até o momento, traduzem exatamente a verdade da constatação e do seu corolário. Em contraste com outras sociedades – algumas na África, outras no "mundo ocidental", da Grécia antiga aos nossos dias –, a guerra na sociedade tupinambá não evoluiu no sentido de se realizar como um *instrumento da política* (ou, em outras palavras, como uma força de expansão do sistema organizatório tribal). Integrava-se a estruturas sociais cuja natureza mágico-religiosa fazia dela o meio por excelência de exacerbação, e o estado mais forte da consciência coletiva – seja na comunhão dos vivos entre si, seja na comunhão dos vivos com os mortos ou com entidades "sobrenaturais –, e circunscrevia socialmente os efeitos de sua manifestação. Aqui, e não no *sistema "militar"* destes aborígenes, está a explicação sociológica do "nível militar" da guerra na sociedade tupinambá. O sistema organizatório tribal não comportava o livre jogo das forças sociais desencadeadas pela guerra; por isso, continha-a dentro do seu próprio "ritmo fisiológico". Os meios da guerra (os "humanos" tanto quanto os "materiais") confinavam-se naturalmente às necessidades impostas pela organização daquelas sociedades: as formações e a exploração racional de certas operações táticas e estratégicas mais complexas não teriam sentido nem função no marco da guerra tribal. Como produtos sociais, tais meios caracterizam menos um "momento" na história cultural da guerra do que um estado estrutural das sociedades humanas.[408]

São visíveis as repercussões do sistema organizatório tribal tanto na forma quanto nas condições do choque armado. As "dimensões" da guerra tribal, determinadas cultural e socialmente por aquele sistema, refletiam-se de modo direto no combate, conformando as funções de liderança guerreira e os meios "militares" de choque. As pessoas que podiam exercer as funções de liderança guerreira eram extraídas da

---

[408] Cf. nota *e*, em apêndice, pp. 551-560.

categoria dos *tujuáe*, a qual abrangia os homens de maior experiência e dotados de mais prestígio e de *poder* (no sentido mágico-religioso).[409] Semelhante critério de seleção não excluía, porém, o de valor pessoal; como se sabe, as aptidões pessoais dos indivíduos compreendidos em uma mesma categoria social variam consideravelmente, pois o sistema de *peneiras* dos grupos sociais funciona homogeneamente apenas no que diz respeito à avaliação de certas capacidades encaradas como mínimas ou fundamentais. Entre os *tujuáe*, escolhiam para "chefes" das expedições guerreiras "os velhos que já mataram e comeram maior número de inimigos", reconhecidos pelos companheiros como "mais hábeis" e "mais valentes".[410] Embora "nas coisas tocantes à guerra, lhe guardam mais respeito; porque ele é o que as trata e ordena" (segundo Brandão), suas atribuições "militares", quando vistas da perspectiva oferecida por nossa cultura, eram acanhadíssimas, limitando-se praticamente às pregações e à orientação do bando guerreiro durante a incursão, como já foi apontado. Quanto ao combate, só intervinham através das pregações, por cujo intermédio estimulavam os guerreiros. O seguinte testemunho é bastante esclarecedor: "porém pelejam desordenadamente e desmandam-se muito uns e outros em semelhantes brigas, porque não têm capitão que os governe, nem outros oficiais de guerra a quem hajam de obedecer nos tais tempos".[411] Em uma sociedade de "organização igualitária", em que a dominação era exercida pelos velhos de modo impessoal e em nome da tradição,[412] nem mesmo em situações críticas uma personalidade encontraria condições sociais de autoimposição aos companheiros. E a pequena parcela de "poder" atribuída ao "líder guerreiro", além de ser sancionada pela tradição tribal, nela se escudava em suas manifestações concretas. Por isso, esse "poder" exprimia-se

---

409 EVREUX, Pe. Ives d', p. 132 (deviam ter, aproximadamente, de quarenta anos para cima).

410 LÉRY, Jean de, p. 171; ABBEVILLE, Claude d', p. 229; VASCONCELLOS, Pe. Simão de. *Coisas curiosas*, pp. 79/80; BRANDÃO, Ambrósio Fernandes, p. 281.

411 GANDAVO, Pero de Magalhães. *História*, p. 125.

412 Cf. FERNANDES, Florestan. *A organização social dos tupinambá,* cap. v, esp.; uma descrição viva e completa das atribuições dos "principais" no combate é fornecida em Gabriel Soares (cf. p. 393).

verbalmente: o "líder guerreiro" (ou os "líderes") tornava-se o veículo humano da cultura, o meio por excelência de atualização da matéria coletiva e a encarnação simbólica das obrigações sagradas dos combatentes. Se desempenhasse cabalmente os papéis definidos em termos desta "posição" e se combatesse com desassombro e valentia, mantendo-se ele próprio à altura dos deveres e dos ideais estipulados na tradição, seria conduzido com os companheiros à *vitória*. Se falhasse, isto é, se deixasse de corresponder às expectativas tribais de comportamento, perdia de modo imediato a "posição" de "líder guerreiro".[413]

Os "meios militares" de choque conformavam-se culturalmente ao equipamento guerreiro tribal, descrito acima, e socialmente à "organização" para o combate. Esta articulava-se, pelo número de guerreiros, à estrutura do sistema organizatório tribal e suportava, em virtude de sua própria constituição interna, as ações e os movimentos impostos pelo "contato" com o inimigo. Vista através da documentação disponível, a "organização" para combate se ajustava às três situações concretas, enfrentadas pelos guerreiros tupinambá: a) o ataque dos bandos guerreiros, constituídos só por homens, a grupos locais circunvizinhos ou a seus membros, apanhados de surpresa (seja pescando, seja viajando em canoas etc.); b) o ataque a grupos locais inimigos situados em lugares longínquos, que levava à formação de bandos guerreiros integrados por todos os membros de um grupo local, ou por uma confederação de grupos locais solidários; c) os ataques a grupos locais ou a tribos inimigas, que opunham barreiras aos tupinambá, nos seus movimentos migratórios. Nestes casos, como mostram Gabriel Soares e Acuña, as forças dos tupinambá atuavam como uma espécie de "rolo compressor", devastando os contingentes humanos da paisagem. Era também a modalidade de "organização" que descansava mais profundamente sobre valores mágicos e religiosos. Contudo, só as duas primeiras modalidades de "organização" são acessíveis à

---

[413] Vasconcellos informa que qualquer indivíduo escolhido para *chefe* guerreiro impunha-se aos companheiros "enquanto não comete covardia; porém, em fazendo-a ou sonhando-a, é logo deposto, nem fazem mais caso algum dele" (loc. cit.). O fundamento e as condições sociopsíquicas da liderança guerreira serão examinados adiante, na segunda parte do presente trabalho.

investigação sociológica, pois as informações consignadas por Gabriel Soares, Abbeville, Acuña, Heriarte e Knivet sobre as ações guerreiras empreendidas pelos tupinambá durante os movimentos migratórios não possuem a consistência cientificamente desejável. Além desses, seria conveniente considerar os "combates singulares", a respeito dos quais a documentação também é escassa. Tais combates se originavam de encontros casuais entre pessoas pertencentes a grupos locais hostis, sendo referidos nas fontes compulsadas como consequência da proteção masculina às mulheres (nas viagens de um casal) ou como resultado da *troca ocasional*.[414]

Há ilustração para três tipos de "contato armado", por meio dos quais os componentes do bando guerreiro constituído só por homens atacavam os inimigos. O aprisionamento de Staden exemplifica como praticavam a emboscada. Ocultos no mato, surpreendiam os inimigos, travavam luta com eles, subjugavam-nos e depois conduziam-nos às suas povoações. Nessas situações, procediam do mesmo modo que nos demais tipos de ataque, atemorizando os inimigos com gritos e ações agressivas: "como eu caminhasse através da selva, levantou-se de ambos os lados do caminho um grande alarido, como é hábito entre os selvagens. Essa gente correu para mim, e reconheci que eram índios. Eles cercaram-me, visaram-me com arcos e flechas e assetearam-me. (...) abateram-me ao solo, atirando sobre mim e ferindo-me a chuçadas. Porém machucaram-me apenas".[415] O mesmo cronista descreve o desenvolvimento do combate marítimo:

---

[414] CARDIM, Pe. Fernão, p. 154; PIGAFETTA, Antonio, p. 62; BARLEU, Gaspar, p. 23 (este cronista afirma que também eram "temerários e pressurosos" nos "combates singulares", p. 24); LÉRY, Jean de, pp. 71/72. Cf. tb. NOBREGA, Pe. Manuel da. *Cartas do Brasil*, pp. 90-91; THEVET, Frei André. *Singularidades*, p. 225; FERNANDES, Florestan, op. cit., pp. 85-87. Quanto à troca ocasional, é útil lembrar que a documentação não permite verificar se, entre os tupinambá e seus inimigos, as relações hostis constituíam o prelúdio do intercâmbio comercial, como acontece com os nhambiquara (cf. LEVI-STRAUSS, Claude. *Guerra e comércio entre os índios da América do Sul*, p. 141 e p. 143; esse autor supõe que o mesmo fenômeno ocorria "entre numerosas populações da América pré-colombiana").

[415] STADEN, Hans, pp. 80/81; os brancos sofreram, em Piratininga, São Vicente e Itanhaém, muitos ataques desse tipo; cf. ANCHIETA, Joseph de. *Cartas*, p. 171,

> (...) enquanto seguíamos ao longo da costa, vimos de fato canoas que vinham de trás duma ilha ao nosso encontro. Exclamaram então os índios: "Lá vêm os nossos inimigos, os 'tupiniquins'". Quiseram esconder-se com as canoas atrás duma rocha para deixar que os outros se aproximassem descuidosamente. Eles nos perceberam porém e viraram em fuga para a sua morada. Recuamos a toda a força, durante bem quatro horas, atrás deles, até que por fim os alcançamos. Eram cinco canoas cheias, todas da Bertioga.

Contra estas, os tupinambá jogaram a força de suas 38 embarcações (cf. Staden, p. 124), mas ainda assim o combate durou "duas horas inteiras": "quando suas flechas se esgotaram porém, subjugaram-nos os tupinambá e os aprisionaram", sendo os inimigos gravemente feridos mortos logo depois.[416] Quanto ao manejo do arco nas canoas e ao uso dos remos, sabe-se que "com o mesmo remo em punho de uma parte e outra da canoa, sustentam o arco e despedem a seta com destreza grande. E quando o pede o perigo, com o mesmo remo se escudam, porque era seu remar em pé, e tinham os remos uns como escudetes,

---

pp. 181 ss.; STADEN, Hans, p. 75; Serafim Leite, *História da Companhia de Jesus no Brasil*, esp. vol. I, pp. 286-8, 293; carta de Jorge Moreira e João Eanes, in F. Varnhagen, *História geral do Brasil*, vol. I, p. 400 ss. (os efeitos de semelhantes incursões são relatados: "matando muitos cristãos e fazendo-lhes muitas vexações, e há poucos dias que mataram muitos cristãos que vinham do Paraguai, neste campo, e depois vieram sobre uma povoação de cristãos que se chama Itanhaem e levaram alguns escravos"; "matando cada dia cristãos e fazendo cada dia muitos males, não deixam de vir a nós e têm mortos muitos cristãos e levado suas mulheres e filhos e muitos escravos"); *Actas da Câmaras de S. Paulo*, vol. I, pp. 42-44 (refere, inclusive: "que sempre matam no sertão homens brancos como mataram a Geraldo e a Francisco de Serzedo e a João Fernandes e a outros muitos"; sobre os ataques dessa espécie a Santos e São Vicente, ibidem: "e o dito gentio tamoio é tão contínuo em vir às ditas vilas e fazer os ditos assaltos que não tem medo nem arreceio nenhum ao virem fazer e não tão somente o fazem por mar mas também por terra". Levavam os escravos e os europeus que conseguiam apanhar, e especialmente as mulheres brancas); VASCONCELLOS, Pe. Simão de. *Vida do venerável*, vol. 1, cap. IV.

416 STADEN, Hans, p. 128; cf. também THEVET, Frei André. *Singularidades*, p. 235; GANDAVO, Pero de Magalhães. *História*, p. 125.

com que reparavam as flechas dos contrários".[417] Staden, Thevet e Gandavo aludem aos ataques destes bandos a grupos locais hostis. "Como [os tupiniquim] atacassem as choças e começassem a atirar todos juntos, encheram-se os assaltados [os tupinambá] de grande pânico, e as mulheres quiseram fugir"; graças à resistência oferecida pelos tupinambá, no entanto, os assaltantes se retiraram sem nenhum sucesso.[418] No ataque a outro grupo local tupinambá, o mesmo bando guerreiro conseguiu aprisionar uma criança, pois os demais moradores fugiram.[419] Parece, porém, que quando passavam despercebidos, podendo vencer com facilidade a vigilância e as cercas dos inimigos, e se assim impunham os imperativos de *vingança*, procediam com maior ousadia. É o que se depreende da informação relativa a um ataque de um bando guerreiro tupiniquim contra um grupo local tupinambá:

> (...) e dali a poucos dias deram consigo na terra dos contrários, que seria distância de três jornadas pouco mais ou menos, onde fizeram suas ciladas junto da aldeia em parte que mais pudessem ofender a seus inimigos; e tanto que anoiteceu o mesmo principal se apartou da companhia com dez ou doze flecheiros escolhidos de que ele mais se confiava, e com eles entrou na mesma aldeia dos inimigos, que o haviam ofendido, e deixando-os à porta, só, sem outra pessoa o seguir, começou de rodear uma casa e outra, espreitando com muita cautela, de maneira que não fosse sentido, e da prática que eles tinham uns com outros veio a conhecer pela notícia do nome qual era, e onde estava o que havia morto seu filho, e para se acabar de satisfazer, chegou-se da banda de fora à sua estância, e como foi bem certificado de ele ser aquele, deixou-se estar lançado em terra esperando que se aquietasse a gente, e tanto que viu horas acomodadas para fazer a sua, rompeu a palma mui mansamente de que a casa estava coberta, e entrando foi-se direito ao matador, ao qual cortou

---

417 VASCONCELLOS, Pe. Simão de, op. cit., pp. 78/79.

418 STADEN, Hans, p. 102; sobre esse tipo de ataque, cf. também Thevet, ms. in., fl. 87.

419 STADEN, Hans, p. 104; sobre tais incursões, cf. também THEVET, Frei André. *Singularidades*, p. 236. Segundo Thevet, assim que capturavam um inimigo, os tupinambá realizavam a marcha de retorno (cf. ms. in., fl. 53v.).

> logo a cabeça em breve espaço com um cutelo, que para isso levava. Feito isto tomou-a nas mãos e saiu fora a seu salvo, os inimigos que neste tempo acordaram ao reboliço e estrondo do morto conhecendo serem contrários, começaram de os seguir. Mas como seus companheiros que ele havia deixado em guarda estavam prontos ao sair da casa, mataram muitos deles, e assim se foram defendendo até chegarem às ciladas, donde todos saíram com ímpeto contra os que os seguiam e ali mataram muitos mais. E com esta vitória se vieram recolhendo para sua terra com muito prazer e contentamento.[420]

O choque do outro tipo de bando guerreiro com as forças de grupos locais inimigos é descrito por um número maior de fontes. Isso favorece a análise das ações guerreiras recíprocas, em tais situações, facilitando a compreensão das consequências propriamente "militares", da proporção das forças empenhadas em luta e da equivalência cultural das técnicas de ataque e de defesa utilizadas pelos antagonistas. O ataque era desfechado ao despontar do dia e de surpresa.[421] Os atacantes conseguiam intimidar os inimigos, desorientando-os e desorganizando-os, por dois meios capitais de aproveitamento da "surpresa": soltavam em uníssono "tamanho urro", acompanhado pelos sons emitidos por seus instrumentos musicais, que produziam assim "grande espanto";[422] e aplicavam ao alvo

---

420 GANDAVO, Pero de Magalhães. *História*, pp. 128/129.

421 STADEN, Hans, p. 178 ("o ataque sempre tem lugar de madrugada, quando o dia desponta"); ABBEVILLE, Claude d', p. 230; GABRIEL SOARES, p. 391; GANDAVO, Pero de Magalhães. *História*, p. 126 (o cronista salienta a preocupação dos atacantes de surpreenderem os inimigos "a hora em que os achem mais descuidados"); THEVET, Frei André. *Singularidades*, pp. 226-227 e ms. in., fl. 53v. (esclarece também que os ataques durante o dia ocorriam, mas eram menos frequentes); LÉRY, Jean de, p. 172; Thevet e Gandavo designam o dealbar do dia com a palavra noite, o que é compreensível, embora impróprio, pois pode levar os leitores a estabelecer confusões; as demais fontes localizam com precisão a relação existente entre o "momento" do ataque e a contagem do tempo dos aborígenes.

422 Cf. especialmente: GABRIEL SOARES, p. 391; LÉRY, Jean de, p. 173; STADEN, Hans, p. 178; KNIVET, Anthony, ed. bras., p. 89 (esclarece que também zuniam "os arcos e as flechas, com ruído imenso"); THEVET, Frei André. *Singularidades*, p. 223.

visado a combinação concentrada das forças destrutivas de que dispunham, seja disparando flechas em quantidade, inclusive incendiárias, seja distribuindo com rapidez e violência os golpes dos tacapes[423] – de acordo com as condições mesmas do choque armado. Por isso, o desenvolvimento e o desenlace do combate dependiam, em grande parte, do sucesso alcançado pelos atacantes nesta fase da luta. A condução e o estabelecimento do *contato militar*, frutos do engenho e da ascendência do líder guerreiro, refletiam-se sensivelmente no curso da contenda armada, chegando mesmo a determinar o seu desfecho. Falhando aqui, tornava-se uma tarefa difícil, para os atacantes, obter compensações satisfatórias ou decisivas através de outras combinações táticas.

As proporções do choque armado dependiam naturalmente dos meios de defesa do grupo local atacado. Nem todos os grupos locais possuíam paliçadas. Segundo as informações disponíveis, parece que esse sistema defensivo só era erguido em torno das malocas de grupos locais situados em zonas fronteiriças, mais sujeitos às incursões dos inimigos.[424] Evidentemente, o ataque a grupos locais desprovidos de fortificações constituía uma empresa guerreira mais fácil, mas implicava maiores riscos de contra-ataque durante a marcha de retorno. No momento do ataque, porém, propiciava aos atacantes condições especiais de aproveitamento dos efeitos da surpresa. Os atacados eram compelidos imediatamente ao combate corpo a corpo, através dos tacapes, e tinham poucas possibilidades de oferecer proteção segura às mulheres e às crianças ou de organizar com êxito a fuga coletiva do lugar crítico. A essa situação refere-se Gabriel Soares, quando escreve que no "primeiro encontro não perdoam a grande nem a pequeno" e que, "quando os vencedores se recolhem, põem fogo às casas da aldeia em que deram", levando consigo os prisioneiros;[425] e Léry:

---

[423] Sobre o uso indicado das armas tribais de tiro e de choque, cf. especialmente: STADEN, Hans, pp. 47 e p. 102; GABRIEL SOARES, p. 391; THEVET, Frei André. *Singularidades*, p. 227 e pp. 232/233; ms. in., fl. 82v. (em que explica que o ateamento do fogo visava compelir os inimigos a saírem das malocas).

[424] Cf. acima, pp. 107-110; Thevet afirma não só que os grupos locais eram fortificados, mas ainda que um grande número de guerreiros se encarregava de vigiar durante a noite, para prevenir ataques possíveis dos inimigos (cf. ms. in., fl. 82).

[425] GABRIEL SOARES, pp. 391/392; cf. tb. p. 393.

> (...) deixando os companheiros com as mulheres uma ou duas jornadas atrás, aproximam-se cautelosamente os mais valentes, emboscando-se nas florestas. E assim ficam escondidos mais de 24 horas às vezes. Surpreendendo o adversário, agarram homens, mulheres e meninos e levam-nos de regresso a suas tabas, onde são os prisioneiros executados, moqueados e finalmente devorados. Essas surpresas são tanto mais fáceis quanto eles não têm as aldeias fechadas nem portas nas casas.[426]

Portanto, o ataque em tais condições acarretava, para os componentes de um grupo local qualquer, graves consequências.

Por isso, alguns grupos locais estavam providos de fortificações, ou as construíam assim que a iminência de um ataque era pressentida.[427] O importante, aqui, é que as fortificações não visavam apenas assegurar condições passivas, embora "econômicas", de defesa (de modo a garantir exploração mais eficiente das forças disponíveis e ganhar algum tempo para a organização da resistência). Elas eram feitas de forma a cobrirem ou a suportarem materialmente outras exigências de natureza tática, como a organização do contra-ataque, ou da evasão segura dos componentes do grupo local atacado. Entre os dois sistemas de cercas, que constituíam as paliçadas, colocavam estrepes agudos e dificilmente perceptíveis – espalhados também nos caminhos que davam acesso ao grupo local; e preparavam atalhos ocultos, por meio dos quais garantiam autonomia de movimentos do interior da fortificação para fora. Os guerreiros do bando atacante que caíam nessas armadilhas rústicas transformavam-se em vítimas dos guerreiros do grupo atacado, os quais os flechavam à vontade. Os atalhos davam-lhes ainda certa vantagem, pois saindo por eles rechaçavam os atacantes, "trucidando parte deles" e aprisionando outros, cuja locomoção tornava-se deveras penosa em

---

426 LÉRY, Jean de, p. 172.

427 Além da descrição das paliçadas, feita acima, vejam-se as descrições de STADEN, Hans, pp. 155/156; LÉRY, Jean de, pp. 172/173; THEVET, Frei André. *Singularidades*, p. 227; ms. in., fl. 82; GABRIEL SOARES, pp. 366/367. Este autor informa que a construção da paliçada podia ocorrer assim que tivessem percebido a iminência de um ataque (cf. esp. pp. 392/393).

virtude dos estrepes distribuídos pelos caminhos.[428] Por isso, escreve Gandavo: "pela mor parte os que estão na aldeia ficam melhorados na peleja, e as mais das vezes se tornam os cometedores desbaratados para suas terras sem conseguirem vitória, nem triunfarem de seus inimigos, como pretendiam; e isto assim por não terem armas defensivas nem outros apercebimentos necessários para se entreterem nos cercos, e fortificarem contra seus inimigos".[429]

Algumas das dificuldades encontradas pelos atacantes, nesses casos, eram obviadas pelo emprego de certas técnicas de assédio ao inimigo. Construíam uma fortificação, chamada *caiçara*, por meio da qual se aproximavam lentamente e com maior segurança dos inimigos assediados, e os abordavam. Do ponto de vista tático, este tipo de fortificação representava uma tentativa de organização do ataque com economia de pessoas, de munições e de movimentos. Contudo, para que fosse posta em prática, tornava-se necessário que: 1) a relação "militar" entre as forças dos atacantes e as dos atacados abrisse aos primeiros alguma perspectiva de êxito; 2) a provisão de alimentos e de munições suportasse o prolongamento do combate; 3) a duração do assédio pudesse ser contida dentro de certos limites estratégicos, pois um prolongamento indefinido colocaria os atacantes em situação crítica (escassez de víveres ou de munições) ou os poria à mercê dos inimigos, cujos aliados às vezes eram prevenidos e contra-atacavam; 4) tivesse êxito no isolamento dos inimigos sitiados, de modo a promover o "corte" em seu sistema de abastecimento e a impedir a comunicação com os grupos locais circunvizinhos e aliados, submetendo-os assim a alguma espécie de controle. Várias fontes contêm descrições do cerco aborígene, tal como era praticado pelos tupi (tupinambá inclusive):

> (...) e sendo caso que os tupinambá acham seus contrários apercebidos com a sua cerca feita, e eles se atrevem a os cercar, fazem-lhe por de redor outra contra-cerca de rama e espinhos

---

[428] Cf. indicações bibliográficas da nota anterior.

[429] GANDAVO, Pero de Magalhães. *História*, p. 126.

> muito liada com madeira que metem no chão, a que chamam caiçá, pela qual enquanto verde não há coisa que os rompa, e ficam com elas seguros das flechas dos contrários, e de noite falam mil roncarias, e jogam as pulhas de parte a parte, até que os tupinambás abalroam a cerca ou levantam cerco, se senão atrevem com ele, ou por lhes faltar o mantimento;[430]
> (...) e quando acontece não poderem logo entrá-los por alguma cerca de madeira lhes ser impedimento que eles têm em redor da aldeia para sua defensão, fazem outra semelhante algum tanto separada da mesma aldeia e assim vão chegando cada noite dez doze passos, até que um dia amanhece pegada com a dos contrários, onde muitas vezes se acham tão vizinhos que vêm a quebrar as cabeças com paus que arremessam uns aos outros;[431]

e, relativamente ao combate entre os portugueses e índios aliados contra os temiminó, cujas paliçadas eram feitas de pedras ("eles têm muitas aldeias nas ilhas que ficam no rio Paraíba; estas aldeias são todas fortificadas com grandes pedras sobrepostas, como paliçadas, de regular altura; dentro destas paliçadas há muros de barro e pedra"):

> (...) quando chegou reforço de homens do Espírito Santo, os selvagens se amedrontaram e puseram-se a fugir da aldeia. Assim que vimos isto, construímos o que os portugueses chamam caniçados, feitos de bambus, de sete ou oito varas de comprido, de maneira que nenhuma seta pode atravessá-los; estes caniçados, os portugueses e índios, que estavam de nosso lado, carregavam diante de si como uma parede. Desse modo chegamos à muralha de sua aldeia e a arrasamos, com muitos feridos e mortos de nosso lado.[432]

---

430 GABRIEL SOARES, p. 392 encontram-se em frei Vicente do Salvador várias descrições de cercos desse tipo, praticados pelos portugueses e seus aliados nativos durante a colonização do Nordeste (cf. Livros IV e V, passim).

431 GANDAVO, Pero de Magalhães. *História*, p. 126.

432 KNIVET, Anthony, ed. bras., pp. 129/130.

Coube a Hans Staden proporcionar-nos a descrição mais completa de um cerco aborígene (praticado segundo as técnicas guerreiras dos tupi). O cerco originou-se de conflitos provocados pelos portugueses, e o "campo da luta" foi Igaraçu, uma povoação situada em Pernambuco. Uma parte da população do navio na qual Staden se achava engajado (ao todo quarenta homens) foi enviada à povoação como reforço. Segundo o cronista, "o número dos defensores montava, incluindo-nos, a cerca de noventa cristãos. Acrescente-se a este número trinta negros e escravos brasileiros, a saber, selvagens que pertenciam aos colonos. Os selvícolas que nos sitiavam estimavam-se em oito mil. Nossa única proteção consistia numa estacada de cepos".[433] As peripécias e o desfecho do assédio revelam, por sua vez: a) que o fracasso do cerco podia ocorrer, de fato, quando as condições do mesmo, enumeradas no parágrafo anterior, não eram satisfeitas; b) que os aborígenes aproveitavam taticamente os recursos da natureza, exploráveis nesse sentido (tanto os acidentes do terreno quanto os produtos vegetais, como os galhos secos, a pimenta, as árvores etc.); c) que o alarido, além da intimidação, visava dificultar ou impossibilitar a comunicação entre os inimigos. A riqueza de informações aconselha, pois, a transcrição integral do relato de Staden, do qual apenas foi omitido o último parágrafo:[434]

> O lugar onde estávamos sitiados era rodeado de mata. Nesta haviam disposto os selvagens duas fortificações com ajuda de grossos troncos de árvores. Aí se recolhiam durante a noite e esperavam pelas nossas sortidas. De dia permaneciam em valas, que haviam cavado ao redor da povoação, das quais saíam para escaramuças. Quando lhes atirávamos, estendiam-se no chão, para escapar às balas. Assim, sitiaram-nos de tal modo que, donde estávamos, ninguém podia entrar ou sair. Aproximaram-se da povoação, lançaram ao ar grande quantidade de flechas, que deviam atingir-nos quando caíssem, utilizando também muitas delas às quais haviam amarrado

---

433 STADEN, Hans, p. 46.

434 STADEN, Hans, pp. 47-49. A técnica indicada, por meio da qual os nativos se protegiam dos projéteis das armas de fogo, foi provavelmente aprendida com os brancos (com os franceses, suponho).

> mechas de algodão embebido em cera. Com estas flechas acesas pretendiam atear fogo ao teto das choças. Ameaçavam também devorar-nos, se nos pudessem capturar.

Restava-nos apenas pouca provisão de boca, e esse pouco já se tinha consumido. Lá na terra é muito usado buscar-se diariamente, ou cada dois dias, raízes frescas de mandioca para fazer farinhas e bolos. Mas então, não podíamos ir às plantações.

Como víssemos que iriam faltar-nos víveres, fomos com duas barcas à colônia de Itamaracá, a fim de abastecer-nos. Haviam os índios posto grandes árvores sobre o canal, estando grande número deles em ambas as margens, na esperança de tolher-nos a viagem. Em violento esforço, removemos os entulhos, mas a maré baixou, de sorte que ficamos em seco. Os índios nada podiam fazer-nos nas barcas. Trouxeram então galhos secos de suas trincheiras e os atiraram no espaço existente entre a praia e os botes. Queriam incendiá-los e jogar às chamas pimenta que aí medra. A fumaça nos obrigaria a abandonar as barcas. Não conseguiram porém levar a cabo seu plano, pois nesse entremeio voltou de novo a maré. Assim pudemos prosseguir até Itamaracá e obter víveres dos seus habitantes. À nossa volta haviam entulhado o caminho no mesmo lugar. Tinham posto, como antes, árvores na corrente dágua e ficaram emboscados às margens. Duas árvores estavam semicortadas à sua base, no tronco, e as suas copas amarradas com uma planta trepadeira ou cipó. Esta planta cresce como lúpulo, porém é mais grossa. Mantinham os índios as pontas de cipó em seu entrincheiramento, e pretendiam, à nossa passagem, puxá-las de modo que as árvores quebrando-se se abatessem sobre nossas barcas. Avançamos e aí atravessamos, porque a primeira árvore tombou para o lado do seu esconderijo e a outra n'água, um pouco atrás do nosso naviozinho. Antes de romper caminho através dos entulhos, que restavam desde a nossa ida, gritamos pelos nossos companheiros que se achavam no local sitiado para que viessem em nossa ajuda. Quando porém principiamos a chamar, gritaram os índios de permeio, de sorte que os nossos não nos puderam ouvir. Não podiam eles ver-nos também, visto haver uma capoeira que nos separava. Estávamos entretanto tão perto uns dos outros que poderiam ter-nos ouvido, se os índios não houvessem feito aquele alarido.

Por fim trouxemos víveres à povoação, e como os índios viram que nada conseguiriam, fizeram a paz e foram-se de novo. O cerco tinha durado quase um mês. Dos índios, alguns pereceram [escravos dos brancos]; de nós cristãos, porém, nenhum.

Uma xilogravura ilustra a descrição, e foi reproduzida neste trabalho (cf. figura 7). Outro assédio desse tipo foi levado a efeito pelos tupinambá, na Bahia, contra a povoação de Francisco Pereira Coutinho. Os aborígenes puseram-nos em "grande aperto, porque lhe cercaram a vila e fortaleza, tomando-lhe a água e mais mantimentos, os quais nesse tempo lhe vinham por mar da capitania dos Ilhéus, os quais iam buscar da vila as embarcações, com grande risco dos cercados, que estiveram nestes trabalhos, ora cercados, ora com tréguas, sete ou oito anos, nos quais passaram grandes fomes, doenças e mil infortúnios, a quem este gentio tupinambá matava gente cada dia".[435] Os tupinambá foram bem-sucedidos "militarmente", reduzindo os portugueses da povoação à impotência, já que estes só puderam responder "a tamanha e tão apertada guerra" fugindo para a capitania dos Ilhéus.

Os combates entre os tupinambá e seus inimigos também se realizavam em campo aberto. A documentação disponível permite reconhecê-los em duas situações: a) quando o grupo a ser atacado descobria a iminência do ataque e não dispunha de tempo para construir fortificações; b) quando um grupo atacante era repentinamente surpreendido, na viagem de retorno, por forças inimigas. A primeira alternativa pode ser exemplificada com o ataque dos tupinambá a um grupo local carijó: "por volta das quatro da madrugada aportamos a uma grande baía, e avistamos o mar; dobrando uma ponta da praia, divisou-se uma aldeia; o mais depressa possível desembarcamos os homens. O dia começando a despontar, um da aldeia, saindo à praia, avistou-nos, pelo que toda a aldeia se levantou em armas e tivemos rija

---

[435] Gabriel Soares trata do assunto no capítulo XVIII de sua obra; a citação foi extraída da p. 51.

escaramuça. Éramos em número superior e muito mais ordenados, por isso pusemo-los em fuga, destruindo uma porção deles".[436] Quanto à segunda, sabe-se que o combate ocorria logo que os tupinambá pressentiam os perseguidores, mas não a tempo de construírem uma caiçara; "e quando os tupinambá pelejam no campo, andam saltando de uma banda para outra, sem estarem nunca quedos, assobiando, dando com a mão no peito, guardando-se das flechas que lhe lançam seus contrários, e lançando-lhe as suas com muita fúria".[437] Thevet e Léry também se referem a esta modalidade de combate. O primeiro escreve: "arrojando-se uns aos outros, os selvagens descarregam, copiosamente, flechas, maças e espadas de pau, a ponto de não haver mais belo espetáculo que tal refrega. Isto é, agarram-se em todos os sítios possíveis, mesmo com o botoque nos lábios, mostrando, algumas vezes, com o objetivo de intimidar os inimigos, os ossos daqueles que venceram em combate. Em suma, empregam os indígenas todos os meios destinados a amofinar os seus contrários".[438] O segundo afirma ter assistido a uma contenda dessas, entre os tupinambá e os maracajá:

> (...) quando porém os inimigos pressentem os adversários, os exércitos se encontram e o combate é cruel. Posso falar com exatidão por já ter sido espectador de uma luta. Eu e outro francês, arrostando o perigo de sermos agarrados e devorados pelos margaiá, mas levados pela curiosidade, acompanhamos certa vez os nossos selvagens em número de quase 4 mil homens e assistimos a uma escaramuça ocorrida na praia. E vimo-los combater com tal fúria como nem a gente mais insana e alucinada o faria. Logo que os nossos tupinambás avistaram os

---

436 KNIVET, Anthony, ed. bras., p. 88.

437 GABRIEL SOARES, pp. 393/394. Gandavo também trata das técnicas aborígenes de frustração do corpo: "meneando-se todo, com grande ligeireza de uma parte para outra, para que não possam os inimigos apontar nem fazer tiro em pessoa certa" (*História*, p. 125).

438 THEVET, Frei André. *Singularidades*, p. 227; e cf. também p. 232 e ms. in., fls. 84v.-85. Thevet assevera que mesmo caídos no chão, mordiam os adversários; e que seguravam o inimigo vencido pelo furo labial, em que costumavam colocar o tembetá (cf. figuras 10, 11 e 12).

> inimigos, a quase um quarto de légua de distância, principiaram a urrar como não o fariam os nossos caçadores de lobos; e tão alto berravam que nessa hora não poderíamos ouvir o trovão. A proporção que se aproximavam redobravam os gritos, soavam as cornetas, levantando os adversários os braços em sinal de ameaça e mostrando-se mutuamente os ossos dos prisioneiros que haviam comido e os colares de dentes de mais de duas braçadas de comprimento que alguns traziam pendentes no pescoço; e o espetáculo dessa gente era horrível. Ao se enfrentarem, porém, foi ainda pior. A trezentos passos uns dos outros saudaram-se a flechadas e desde o início da escaramuça voaram as setas como moscas. Se alguém era ferido, como vimos muitos, depois de arrancá-las corajosamente do corpo quebrava as setas, e como cão raivoso mordia-lhes os pedaços; nem por isso deixava entretanto de voltar ao combate. Esses americanos são tão ferozes e encarniçados em suas guerras que, enquanto podem mover braços e pernas, combatem sem recuar nem voltar as costas. Finalmente, quando chegaram ao alcance das mãos alçaram as clavas descarregando-as com tal violência que quando acertavam na cabeça do inimigo o derrubavam morto como entre nós os magarefes abatem os bois.
>
> O combate durou quase três horas e houve de parte a parte muitos mortos e feridos, mas os nossos tupinambás foram afinal vencedores, fazendo mais de trinta prisioneiros entre homens e mulheres, que trouxeram para suas aldeias.[439]

É impossível determinar, atualmente, a frequência das diferentes modalidades de combate. A análise ecológica mostra que os tupinambá retinham, graças ao padrão de dominância resultante da competição com as demais comunidades aborígenes, a iniciativa no ataque. Se tal resultado da análise for legítimo, os tupinambá sofreriam ataques desse gênero, mas o praticariam, como "represália", em maior escala que os seus inimigos. Pelo menos com relação à Bahia, uma das fontes confirma de fato esse resultado: "e estes assaltos, que os tupinambás vão dar nos tupinaês e outros contrários seus, lhes acontece também a eles

[439] LÉRY, Jean de, pp. 173/174.

por muitas vezes, do que ficam muito mal tratados, se não são avisados primeiro, e apercebidos; mas as mais das vezes eles são os que ofendem a seus inimigos, e são mais prevenidos, quando vêm nestas afrontas de mandar pedir socorro a seus vizinhos, e lho vem logo dar com muita presteza".[440] Contudo, ainda assim fica obscura essa face do problema; pois faltam dados precisos, por assim dizer específicos e numéricos, que esclareçam suficientemente a intensidade e a mutualidade das ações guerreiras, como e enquanto forma de relação intertribal.

Seria possível ventilar ainda, partindo da documentação conhecida, outras questões, relativas às condições ou aos efeitos do combate. Tomando como critério o valor das mesmas como contribuição ao esclarecimento do combate aborígene, selecionei entre elas as que dizem respeito à organização da contenda armada e ao significado tribal da *vitória* em sua conexão com o ritmo demográfico da luta armada. Quanto à organização da contenda armada, as descrições transcritas acima dão uma ideia do que era o combate aborígene. Massas de homens se arremessavam umas contra as outras, no momento do choque direto, de tal modo que aparentaram, aos olhos dos europeus, absoluta ausência de *ordem militar*. Knivet, que em virtude de sua vida no Brasil conheceu intimamente as técnicas guerreiras dos aborígenes, testemunha a propósito dos tupinambá "a maneira primitiva do combate indígena em que, sem nenhuma organização, se atiravam os selvagens sobre seus inimigos, como touros".[441] Contudo, Knivet tinha em mente a "organização" dos exércitos europeus, pois, segundo afirma, ensinou-os "a colocar-se em linha de batalha, a permanecer de emboscada, fazer retirada, forçar seus inimigos a cair numa armadilha". À análise sociológica compete pôr em evidência, ao contrário, quais eram os princípios de organização da contenda armada tal como ela era praticada pelos nativos. As investigações sociológicas sobre o comportamento coletivo demonstram suficientemente que a ação conjugada é impraticável sem alguma espécie de organização. Se esta não existisse e não ordenasse de alguma maneira as ações dos oponentes, mesmo a chamada "maneira

---

[440] GABRIEL SOARES, p. 393.

[441] KNIVET, Anthony, ed. bras., p. 85.

primitiva do combate indígena" seria impossível: o combate redundaria em chacina indiscriminada, tão perigosa para os atacantes quanto para os atacados, incapazes de dirigir a aplicação das próprias forças e capacidades destrutivas.

O que se sabe a respeito dos rituais guerreiros (cf. pp. 250-319) abre uma pista à interpretação dos princípios organizatórios do combate aborígene. A *disciplina* ligada àqueles rituais emergia espontaneamente da própria ação coletiva; ela não se impunha de cima para baixo, por intermédio de controles personalizados, nem racionalmente, através de formações desenvolvidas graças à consciência das relações existentes entre os meios e os fins "militares", como acontece quando se penetra no marco cultural do "exército". Via de regra, os ritos promovem a regulamentação social do comportamento humano restringindo ou eliminando as formas exteriores de controle pessoal. Como salienta Sumner, o ritual constitui a "forma perfeita" de treinamento social dos indivíduos e de regularização dos hábitos produzidos pelo treinamento.[442] Seus efeitos refletem-se no ajustamento "automático" ou "mecânico" dos indivíduos às situações sujeitas a controle ritual (no caso, é óbvio, de os indivíduos em questão terem passado por um treinamento prévio). Quando se consideram tais comportamentos em conjunto, como partes de configurações ou estruturas sociais, verifica-se que o predomínio de formas rituais de coerção social depende do grau de indiferenciação interna do agregado social e origina obrigações morais e vínculos sociais característicos. Durkheim, que se dedicou com proficiência à investigação deste fenômeno, explica que a integração dos indivíduos a agregados sociais desse tipo se processa de tal maneira que as obrigações morais não só são gravadas em todas as consciências, mas são gravadas tão fortemente que correspondem a sentimentos coletivos intensos e precisos. Por isso, a coesão social deixa de repousar, nesses agregados, na diferenciação e na interdependência das partes. Nasce, ao contrário, da forma de participação da consciência coletiva ou comum: semelhanças profundas ligam diretamente os indivíduos à sociedade, produzindo ajustamentos que não só são *gerais*, mas também

---

[442] Cf. SUMNER, William Graham. *Folkways*, p. 60.

coletivos.[443] Examinando-se o "combate aborígene" à luz desta teoria, compreende-se positivamente como se processava a ordenação das atividades guerreiras dos tupinambá.

Os rituais guerreiros observados pelos tupinambá visavam promover, entre outras coisas, a comunicação dos guerreiros com os espíritos dos antepassados e com outras forças sobrenaturais (estado de participação), a revivescência e a intensificação dos valores tribais relativos à *vendetta* e a coordenação das reações coletivas provocadas nas consciências individuais em consequência das situações vividas durante a prática dos ritos. Encarando-se a função dos rituais guerreiros do ponto de vista dos ajustamentos sociais realizados por seu intermédio, o que se constata? Que os efeitos mencionados se articulavam organicamente uns aos outros, como variáveis interdependentes de uma mesma função. Esta pode ser indicada, em termos mais gerais, como sendo a forma social assumida na sociedade tupinambá pela organização das atividades guerreiras. Graças aos efeitos que produziam, os ritos guerreiros geravam as condições dentro das quais se processava o ajustamento dos indivíduos às situações criadas pela ou durante a guerra. Estimulando as consciências individuais de maneira uniforme, provocavam a emergência de estados fortes e precisos da "consciência comum", em que assentavam seja a integração social das atividades individuais, seja a unidade do comportamento coletivo ou grupal. As reações dos indivíduos empenhados no choque armado adquiriam um caráter suprapessoal, possuindo pois a mesma natureza e intensidade, e tendendo para os mesmos objetivos. Por isso, integravam-se de modo imediato às outras, segundo um processo "mecânico" (de acordo com a terminologia durkheimiana). Assim, o mecanismo sociopsíquico de conformação das reações pessoais assegurava pela base a coesão social das atividades guerreiras. Através dos ritos, a *ordem "militar"* do "combate aborígene" se impunha espontaneamente aos combatentes. A disciplina constituía um dos produtos diretos da consciência social das obrigações pessoais e do ritmo coletivo imprimido à satisfação das mesmas.

---

[443] Cf. DURKHEIM, Émile. *La division del trabajo social*, esp. Livro I, Cap. II.

Em vista disso, é indispensável saber se a forma indicada de organização das atividades guerreiras merece de fato a qualificação de "militar". Parece-me que a discussão precedente não deixa margem para dúvidas. De fato, a forma de organização "militar" das atividades guerreiras dos tupinambá corresponde ao "nível de desenvolvimento militar" alcançado por povos cujo sistema sociocultural comporta pequeno grau de diferenciação interna. Os autores que sustentam o contrário fazem-no movidos por uma pressuposição falsa, segundo a qual a organização "militar" das atividades guerreiras dos povos cujo sistema sociocultural comporta pronunciada ou extrema diferenciação interna *deve* ser considerada como padrão da própria "organização militar". Os inconvenientes desta interpretação residem nas limitações que acarreta: ela restringe a compreensão do fenômeno às manifestações do mesmo que apresentam determinados caracteres formais. Os autores que adotam este ponto de vista são levados a subestimar a *natureza* das atividades guerreiras e a *função* por elas desempenhada no contexto social imediato. Aplicando-se os dois critérios ao reconhecimento e à explicação das atividades guerreiras, obtém-se no entanto um apreciável alargamento na perspectiva de interpretação científica do fenômeno. Com referência à guerra na sociedade tupinambá (e em outras sociedades do mesmo tipo estrutural), o que foi exposto até o momento neste trabalho evidencia:

1) que a natureza guerreira das atividades desenvolvidas pelos componentes dos grupos hostis em presença provinha do significado das mesmas para os combatentes e da função que elas exerciam como forma de relação intertribal;

2) que os caracteres formais do equipamento guerreiro e da organização das expedições guerreiras ou do combate subordinavam-se de tal modo aos princípios organizatórios daquelas sociedades tribais que, do ponto de vista sociológico: a) seria estéril concebê-los isoladamente, abstraídos das condições concretas de existência social; b) em si mesmos não têm suficiente valor explicativo, capaz de fundamentar uma interpretação positiva da forma tribal de organização "militar" das atividades guerreiras;

3) que a *guerra* abrangia, no sistema sociocultural, uma série de situações e de atividades sociais sincrônicas. Segundo o grau de interdependência e a ordem de sequência das situações e atividades sociais abrangidas pela guerra, é possível isolar entre elas um conjunto que só pode ser devidamente qualificado como "militar". São as situações e as atividades apanhadas pelos rituais por cujo intermédio se processavam a escolha do inimigo a ser atacado, a seleção dos líderes guerreiros, a organização das expedições guerreiras, a regulamentação da contenda armada e a realização do retorno ao grupo local (ou aos grupos locais solidários);

4) que as situações e as atividades deste tipo, que integravam a esfera "propriamente militar" do sistema organizatório tribal, compreendiam ações, movimentos e operações que, quanto aos seus caracteres essenciais, são encontradiços, mais ou menos diferenciados, em todos os "sistemas militares". São as ações, os movimentos e as operações através dos quais os tupinambá realizavem as incursões guerreiras e combatiam os inimigos, regulamentados no sistema organizatório tribal pelos ritos e pela tradição. De acordo com os resultados implícitos da reconstrução levada a efeito, tais ações, movimentos e operações penetravam, em parte, o domínio da estratégia, mas predominantemente eram de natureza tática.

Sem dúvida, o melhor caminho para a verificação da consistência científica das inferências precedentes, estabelecidas por via indireta, é de caráter *prático*. Impõe-se pois a seguinte pergunta: a forma tribal de organização "militar" das atividades guerreiras garantia de fato, quando encarada do ponto de vista dos objetivos da guerra e das condições da mesma nas sociedades aborígenes, ajustamentos eficientes? Algumas evidências empíricas patenteiam que sim, confirmando os resultados positivos da interpretação anterior. Assim, as descrições do "combate aborígene" revelam que os tupi (os tupinambá inclusive) praticavam antes do choque armado um ritual cuja função aparente consistia em definir a posição recíproca dos oponentes. Algumas delas, transcritas neste trabalho, contêm referências ao ritual (cf. acima, Gabriel Soares,

Staden, Thevet e Léry, pp. 41-43, e 46/47); Thevet também trata de maneira mais minuciosa do assunto:

> (...) são os selvagens americanos obstinados e valorosos, a tal ponto que, antes de se juntarem e baterem, algumas vezes se colocam na liça, afastados os contendentes, uns dos outros, cerca de um tiro de arcabuz, passando todo o dia a ameaçarem-se – caras o mais cruel e espantosamente possível, urros e gritos (com confusão tal que não se poderia ouvir uma trovoada), braços e mãos elevados para o ar – todos armados de maças e espadas de pau – *valentes somos* (dizem)! *Já devoramos vossos pais: agora chegou a vez da vossa vingança*!
> "Nós somos", dizem eles em seu dialeto, "valentes, e ousados, e temos comido vossos pais, assim vos comeremos nós, e possuiremos vossas mulheres e filhos. E vos reduziremos à extrema pobreza, como nos predisseram nossos caraíbas, e pajés".[444]

Nesses diálogos rituais, em que jogavam "as pulhas de parte a parte", os guerreiros de renome davam-se a conhecer aos inimigos, pretendendo atemorizá-los.[445] É fácil reconhecer o significado e a função dessas ações: através delas os combatentes procuravam assegurar-se o domínio sobre os inimigos. Elas eram, portanto, de natureza mágica. Mostrando os ossos e os dentes dos inimigos mortos em combate ou sacrificados ritualmente, os guerreiros aborígenes punham em prática um processo da magia imitativa, segundo o qual o *semelhante produz o semelhante*. Do mesmo modo, os guerreiros que possuíam grande prestígio atemorizavam os antagonistas menos por suas habilidades como e enquanto guerreiros que em virtude dos poderes carismáticos, incorporados às suas personalidades em consequência dos sucessos anteriores: graças a eles, poderiam reduzir os oponentes à condição dos inimigos

---

444 Thevet, respectivamente: *Singularidades*, p. 233, ms. in., fl. 86v. Neste texto, Thevet indica muito bem a função mágica dos gestos e ameaças. Salvador, como Gabriel Soares, emprega o termo *pulha* para designar esta espécie de relações agressivas (cf. p. 290).

445 Salvador refere-se a um líder aborígene, famoso entre os nativos, que "só com se nomear dizendo: eu sou *Tavira*, acobardava e atemorizava a todos" (p. 367).

aprisionados ou mortos por suas mãos.[446] Além desses, aplicavam, através dos rituais em questão outro processo da magia imitativa: "os índios temiminós, de pé nos muros de sua aldeia, vestidos de penas e com o corpo inteiramente pintado de preto e vermelho, horríveis de se ver, tendo em suas mãos um objeto com formato de uma roda, toda feita de plumas, à qual ateavam fogo, sacudindo-a por cima de suas cabeças, gritavam aos portugueses: '*lovae eyave pomombana*', que quer dizer, 'assim como isto sereis destruídos'".[447]

As ações guerreiras estavam, pois, penetradas de valores mágicos. A guerra tribal, que em sua origem tinha um motivo de ordem religiosa e que se desenvolvia por meio de uma sequência de ritos mágico-religiosos, acarretava, na *esfera militar*, um conjunto de situações suscetíveis de *tratamento mágico*. A própria guerra era atribuída, pelos atacados, à ação dos espíritos maus e nefastos, que os tupinambá chamavam *Aignan* e *Uaiupia*;[448] e os atacantes desistiam imediatamente da empresa, por sua vez, quando ocorria um presságio desfavorável, seja no decorrer da incursão guerreira, seja durante o combate, qualquer que fosse o curso real dos acontecimentos.[449] Isto significa que os ritos guerreiros não só ligavam os indivíduos uns aos outros diretamente, sem nenhuma espécie de mediação, mas, ainda, que eles prescreviam de fato as maneiras "corretas" e "eficazes" de conduta durante a guerra, determinando tanto a natureza e o encadeamento das ações guerreiras quanto as formas de autofiscalização do comportamento e as expectativas coletivas de sucesso ou insucesso. Voltando à interpretação do

---

[446] Os cronistas não conseguiram compreender o significado dessas ações; por isso, atribuíram-lhes um significado estritamente "militar".

[447] KNIVET, Anthony, ed. bras., p. 129.

[448] THEVET, Frei André. *Cosmographie*, fl. 945; EVREUX, Pe. Ives d', p. 292; em seu manuscrito inédito, Thevet indica que os tupinambá atribuíam aos "cheripicouarez" prejudiciais dos franceses as derrotas que sofriam (cf. fls. 83 e 83v.: "eles nos diziam, e acusavam que os nossos *cheripicouarez* eram prejudiciais, que lhe traziam um dano tal").

[449] N.E. A edição não conseguiu localizar a primeira parte da nota. É preciso notar que Thevet afirma que o retorno teria um caráter ritual: assim que chegavam ao seu grupo local, tornavam a partir para a terra dos inimigos, que deviam ser atacados (ms. in., fl. 53).

"combate aborígene", é possível acrescentar-lhe agora novos elementos, completando-a. As ações levadas a efeito na contenda armada (como as anteriores, relativas à preparação das expedições guerreiras e à sua realização), não constituíam *ações puramente militares*. Nas sociedades que comportam um grau apreciável de diferenciação social, as atividades guerreiras perdem os significados suplementares, apresentando-se com um caráter puro ou quase puro e concentrando-se em órgãos sociais característicos, como o "exército". Na sociedade tupinambá, cujo grau de diferenciação interna não chegou a produzir nenhum resultado nesse sentido, as atividades guerreiras estavam, como se viu, carregadas de significados extramilitares. A magia penetrava completamente a "esfera militar" do sistema organizatório tribal – o que encontra uma explicação nos mesmos fatores sociais que determinavam os mecanismos do comportamento coletivo e, em consequência, a forma tribal de organização "militar" das atividades guerreiras. O próprio estado estrutural do sistema organizatório tribal, responsável pelo modo de participação da consciência coletiva ou comum e pelo funcionamento dos controles sociais correspondentes, implicava as duas coisas: a) interpenetração de significados e funções das atividades e valores sociais; b) distribuição das atividades sociais segundo os princípios de divisão do trabalho por sexo e idade.

A interpenetração das atividades e valores sociais – que levou Marcel Mauss a afirmar que os fatos sociais constituem *fatos totais* nas sociedades primitivas – é ao mesmo tempo um produto e um fator de preservação do estado estrutural que a engendra. Os dados disponíveis mostram que as atividades guerreiras dos tupinambá continham significados e funções mágicos, mas não os limites dentro dos quais estes eram responsáveis pela conservação do arcabouço do "combate aborígene". Entretanto, o que se sabe a respeito da contenda armada entre os aborígenes faz supor que ela mesma seria impraticável sem que a dupla relação se efetuasse. Somente em contato com os brancos receberam os nativos influências culturais disjuntivas, que expuseram os fundamentos mágicos e religiosos das técnicas de combate nativas. Quanto à distribuição das atividades guerreiras, o que foi visto demonstra que ela se processava sem nenhuma especialização. A guerra era um mister masculino. A partir de certa idade, aproximadamente depois dos 25 anos, todos os membros masculinos da população que conseguiam se ajustar positivamente aos padrões ideais de personalidade do "Homem" passavam a participar das incursões guerreiras e, em consequência, dos bandos guerreiros. Na verdade, esta era uma condição mesma do estado estrutural da sociedade tupinambá, cuja coesão dependia das semelhanças que prendiam entre si os seus componentes. Com isso, porém, as atividades guerreiras tornavam-se um dos traços coexistentes da personalidade do homem-adulto e difundiam-se no interior das duas camadas de idade integradas por homens-adultos (a dos *avá* e a dos *tujuáe*). Em outras palavras, os valores e as atividades guerreiras amoldavam-se à estrutura básica do sistema organizatório tribal. Os guerreiros não constituíam, como tais, uma comunidade fechada sobre si mesma e separada do meio social interno; a mentalidade guerreira e a capacidade "militar" não se concentravam, por conseguinte, em um segmento social da sociedade, mas difundiam-se por ela toda, apanhando mais profundamente os homens adultos.

Os resultados desta análise sugerem, naturalmente, um exame mais aprofundado do tema em questão, em particular no que diz respeito à eficiência dos ajustamentos produzidos pela forma tribal de organização "militar" das atividades guerreiras. Ora, para se ficar sabendo isto, seria necessário estabelecer um confronto entre as condições do combate e os ajustamentos guerreiros desenvolvidos pelo sistema organizatório tribal. Três elementos essenciais precisam ser relembrados: 1) as descrições relativas aos rituais de preparação para a guerra e aos ritos "propiciatórios" assinalam que cada guerreiro possuía e comunicava-se com espíritos protetores; 2) segundo se depreende da análise do "combate aborígene", a observância dos rituais referentes ao choque armado assegurava a cada guerreiro, graças aos fundamentos mágicos dos mesmos, uma parcela de domínio sobre os inimigos; 3) além desta, cada guerreiro tinha ainda uma soma de "poderes sobrenaturais", variável de pessoa a pessoa, adquirida através de provas reais, pelo aprisionamento ou execução ritual de inimigos (ela era objetivamente representada pelas incisões e ornamentos dos guerreiros, e constituía um índice das habilidades pessoais e da coragem de cada um). Os três elementos articulavam-se uns aos outros na vida social, circunscrevendo em conjunto a *chance* de um guerreiro no combate. O problema que se coloca aqui é o seguinte: a forma tribal de organização "militar" das atividades guerreiras era coerente com essas condições de ação pessoal dos combatentes? Seria possível responder *a priori* que sim, pois nessa coerência é que repousava o próprio funcionamento do sistema guerreiro das sociedades aborígenes.

Todavia, a análise das situações de combate oferece argumentos comprobatórios, que dispensam esse recurso. Dadas as condições da ação dos guerreiros, os ajustamentos sociais mais eficientes seriam os que pudessem garantir a coordenação social das energias individuais e a coesão grupal com: 1) um mínimo de controles personalizados ou de controles pessoais diretos; 2) um máximo de autonomia pessoal no combate com os inimigos e na condução da luta contra eles. Os guerreiros precisavam atuar sob o impulso de sua inspiração, de modo a aproveitar todas as probabilidades ou todas as oportunidades pessoais de êxito, submetendo-se no entanto aos mecanismos do comportamento coletivo. Sem dúvida, os ajustamentos sociais produzidos pela forma tribal de organização "militar" das atividades guerreiras satisfaziam cabalmente essas exigências. Ela garantia a unidade grupal de ação e de movimentos desenvolvendo a disciplina como algo espontâneo, resultante das próprias atividades dos guerreiros. Estas, ela as regulamentava de maneira impessoal, pelos ritos: os indivíduos se impunham e perseguiam, como pessoais, os fins mesmos da ação coletiva. Agindo nessa direção com o máximo de autonomia e de autodeterminação, os guerreiros se expunham a menores riscos e tinham maiores perspectivas de aproveitamento das capacidades pessoais. No fundo, sem quebrar a unidade de ação grupal, a forma indicada de organização das atividades guerreiras fracionava o choque direto, reduzindo-o a uma série de pugnas de pares ou entre pequenos grupos, no seio de grandes massas de combatentes.

Como se vê, os ajustamentos produzidos pela forma tribal de organização "militar" das atividades guerreiras eram de fato eficientes, confirmando-se assim as inferências estabelecidas acima. Além disso, o confronto revela qual a origem das confusões dos autores que negam o caráter de guerra e de "organização militar" ao combate desse tipo. É que eles subestimaram as próprias condições sociais da luta armada, preocupados como estavam com os modelos de organização militar das atividades guerreiras fornecidos pelas "sociedades civilizadas". Nestas, é inegável que a liderança pessoal adquiriu grande importância, tanto na imposição da disciplina quanto na condução das operações bélicas. E em consequência da especialização e da interdependência das funções militares, a coluna e a linha tornaram-se formas mais vantajosas e racionais de coordenação das atividades guerreiras. Contudo, o combate tal como era praticado pelos tupinambá não comportava esses princípios de organização militar das atividades guerreiras – o que está longe de significar que eles não a conheciam sob forma alguma...

O substrato material e humano, que suportava a contenda armada, é parcamente descrito nas fontes. Que não existia nenhuma diferenciação ocupacional no bando de guerreiros, no momento do choque, depreende-se das descrições do "combate aborígene", transcritas acima. As funções de liderança guerreira, como eram praticadas pelos tupinambá, não implicavam nenhuma espécie de especialização "militar". Como intérprete da tradição, o líder guerreiro era menos um *técnico* do que um agente da atualização dos valores coletivos. A reconstrução das diferentes fases da guerra tribal mostra que o líder exercia maior influência na orientação das incursões e na preparação do ataque do que no curso do combate. Contudo, de acordo com os princípios de organização deste, os papéis que desempenhava tinham uma inflexão "militar": motivando os guerreiros e exacerbando o estado de exaltação emocional em que se achavam, contribuíam efetivamente para desenvolver neles atitudes favoráveis aos ajustamentos esperados. Por meio de uma explanação da época, adquire-se uma sugestiva noção das várias facetas da intervenção do líder guerreiro no "combate aborígene":

> (...) quando os tupinambás estão cercados de seus contrários, as pessoas de mais autoridade dentre eles lhes andam pregando de noite que se esforcem e pelejem como bons cavaleiros, e que não temam os seus contrários; porque muito depressa se verão

> vingados deles porque lhes não tardará o socorro muito; e as mesmas pregações costumam fazer quando eles têm cercado seus contrários, e os querem abalroar; e antes que deem o assalto, estando juntos todos à noite atrás, passeia o principal de redor dos seus, e lhes diz em altas vozes o que hão de fazer, e os avisa para que se apercebam e estejam alerta: e as mesmas pregações lhes faz, quando andam fazendo as cercas de caiçá, para que se animem, e façam aquela obra com muita pressa.[450]

A outra atividade mencionada como sendo exclusiva de certas personalidades durante o combate é a coleta das flechas: as velhas recolhiam as flechas, entregando-as depois aos guerreiros.[451] Essa atividade também não implica nenhuma especialização "militar"; ao contrário, conforma-se aos princípios tribais de divisão do trabalho por sexo e idade. Quanto à comunicação entre grupos locais solidários, ocasionada pelos combates com os inimigos, sabe-se que os tupinambá a utilizavam nos momentos críticos.[452] É impossível alcançar atualmente, no entanto, se essa atividade deu ou não origem a papéis específicos, regulamentados socialmente e atribuídos a certas personalidades. Inclino-me a pensar que, provavelmente, incumbiam aos guerreiros jovens tais tarefas, sem que elas envolvessem outra coisa senão as regras de divisão de trabalho por idade. Por último, o tratamento dos feridos, pertencentes ao próprio bando, não atraiu como devia a atenção dos cronistas. Segundo Vasconcellos, "cada um é médico de si, e dos seus; e aplica com grande destreza os remédios, assim interiores, como exteriores".[453] Este princípio geral sublinha, quando aplicado à guerra, que cada guerreiro devia cuidar dos ferimentos recebidos por sua pessoa, se eles não apresentassem muita gravidade. Neste caso, as descrições do combate aborígene indicam que os guerreiros tupinambá transportavam consigo os companheiros "mal feridos", que não caíssem nas mãos dos inimigos. Staden frisa que

---

[450] GABRIEL SOARES, p. 393.

[451] GANDAVO, Pero de Magalhães. *Tratado*, p. 50.

[452] Cf. GABRIEL SOARES, p. 393; THEVET, Frei André. *Cosmographie*, fl. 941.

[453] VASCONCELLOS, Pe. Simão de. *Notícias curiosas*, p. 89.

tratavam deles ("quando um dos seus é ferido, utilizam ervas especiais para a cura").[454] Mas nada adianta sobre a natureza e o processo da "cura".

Um problema difícil é o que diz respeito ao número de combatentes. Os dados fornecidos pelas fontes suscitam justificadas reservas, pois parecem encobrir estimativas exageradas. Deixando de lado os dados concernentes ao combate entre pequenos bandos guerreiros, compostos exclusivamente por homens, eis as informações deixadas pelas principais fontes:[455]

2.000 a 3.000 combatentes . . . . Gandavo;

4.000 combatentes . . . . Léry;

5.000 combatentes . . . . Knivet;

6.000, 8.000 até 10.000 combatentes . . . . Thevet;

8.000 combatentes . . . . Staden;

8.000 até 10.000 combatentes . . . . Léry.

Como se vê, as estimativas são elevadas. Segundo Thevet, tais combates não só punham em luta "aldeias contra aldeias", mas chegavam a abranger confederações de sete a oito "aldeias" contra forças correspondentes. Os dados sobre as populações aborígenes são muito pobres, tornando impraticável a verificação positiva indireta.[456] Todavia, eles não excluem de modo absoluto a veracidade das informações indicadas; a mobilização de um grupo local dava origem à formação de

---

454 STADEN, Hans, p. 178; veja-se também Brandão, que descreve o processo através do qual tratavam das feridas feitas pelas flechas, por meio do fogo (p. 123).

455 GANDAVO, Pero de Magalhães. *História*, p. 125; GANDAVO, Pero de Magalhães. *Tratado*, p. 50; LÉRY, Jean de, pp. 171 e 173; KNIVET, Anthony, ed. bras., p. 85; STADEN, Hans, p. 46; THEVET, Frei André. *Singularidades*, p. 225; THEVET, Frei André. *Cosmographie*, fl. 941; cf. também ms. in., fl. 81v.

456 FERNANDES, Florestan, op. cit., pp. 63/64.

bandos de 650 a 850 indivíduos, aproximadamente, nas zonas de menor densidade, e a bandos bem mais volumosos, em regiões mais povoadas. Uma confederação que atingisse as populações de sete ou oito grupos locais deveria de fato abranger um elevado número de componentes. É preciso considerar, ainda, que alguns dados são fornecidos como produtos da observação direta e da experiência pessoal (cf. Knivet e Staden; e Léry, quanto à primeira estimativa). Knivet refere-se a outros totais,[457] consistentes com os mencionados: relativamente a uma expedição organizada pelos portugueses, em Pernambuco, fala em 3.400 combatentes – 3 mil índios e quatrocentos brancos; outra, no Espírito Santo, teria abarcado 3.500 indivíduos – 3 mil índios e quinhentos brancos; e assevera que uma expedição de caráter mi gratório compreendeu 30 mil indivíduos. Essas informações são confirmadas por Salvador, cujas descrições sobre a colonização portuguesa do Nordeste patenteiam que os nativos conseguiam reunir, através da confederação de grupos locais solidários, forças consideráveis (de 3 mil até 20 mil indivíduos!). Contudo, é conveniente encarar com reservas essas informações, apesar da consistência por elas revelada em consequência do cotejo das fontes ou da comparação com os dados relativos às populações dos grupos locais. É de se supor que tais estimativas sejam precárias, pois eram obtidas a olho (e às vezes no ardor do combate, nas guerras entre os brancos e os nativos). E os homens do século XVI, como salienta Lucien Febvre,[458] tinham adquirido pouco treino no manejo dos algarismos e quase nenhum no que tange ao espírito da exatidão aritmética... Estas ressalvas não afetam a análise anterior, baseada nas informações diretas sobre a organização "militar" da contenda armada; ao contrário, o que se depreende de fato – que o "combate aborígene" chegava a comportar massas humanas relativamente grandes, ainda que bem menores do que indicam os cronistas – tem seu lado positivo. É mais uma confirmação à eficiência dos rituais guerreiros, como fontes e forma de regulamentação social das atividades guerreiras.

---

[457] KNIVET, Anthony, ed. bras., p. 117, p. 129 e p. 87.

[458] FEBVRE, Lucien. *O homem do século XVI*, pp. 10-4; cf. também *Le Problème de l'incroyance au XVIe siècle*, pp. 421-426.

O ritmo demográfico do "combate aborígene" subordinava-se estreitamente ao significado que a *vitória* possuía para os contendores. Na verdade, é possível perceber certas flutuações, quer quanto ao número de prisioneiros, quer quanto ao de vítimas, ligadas às condições mesmas do combate. Assim, os pequenos bandos guerreiros davam por finda sua missão quando aprisionavam um inimigo, como exemplifica o aprisionamento de Staden. Mas, nos combates de maiores proporções, as perdas eram mais consideráveis, especialmente quando a luta se impunha como consequência de movimentos migratórios. Em todo caso, os combates provocados pelas incursões contra inimigos circunvizinhos via de regra terminavam com um número pequeno de vítimas, pelo menos quando se toma em conta o número de oponentes. Isso se explica em função do fim ou dos objetivos do combate: fazer um certo número de prisioneiros, imoláveis aos espíritos dos antepassados ou dos parentes mortos pelos inimigos. A *vitória* possuía, para os tupi (os tupinambá inclusive), um significado bem definido. Anchieta e Brandão apanharam claramente este aspecto da guerra tribal:[459] "se reduzem ao cativeiro quatro ou cinco inimigos, voltam sem mais outro motivo e os comem com grandes festas de cantares, e copiosíssima libação de vinhos (que fabricam de raízes), de modo que nem as unhas perdem"; "e da mesma maneira, posto que vão para cometer alguma grande empresa, se, antes de chegarem a tal parte, encontrarem acaso alguns outros inimigos e os matarem, se contentam com isso, tornando-se a recolher, com deixarem o demais por fazer".

Quando as condições do combate eram desfavoráveis ao grupo atacado, seus membros abandonavam imediatamente as habitações ou fugiam dos atacantes, embrenhando-se no mato ou imprimindo grande velocidade às embarcações.[460] Às vezes, os fugitivos viam-se compelidos a deixar alguns dos seus em poder do inimigo (geralmente crianças, velhos ou mulheres); os atacantes apoderavam-se dos prisioneiros, dos bens que lhes interessassem, e procediam à destruição das malocas pelo fogo. Como

---

459 ANCHIETA, Joseph de. *Cartas*, p. 45; BRANDÃO, Ambrósio Fernandes, p. 284.

460 Cf. especialmente os exemplos em: ANCHIETA, Joseph de. *Cartas*, p. 247; STADEN, Hans, p. 83 e p. 104; KNIVET, Anthony, ed. bras., pp: 85/86 e p. 88; SALVADOR, Frei Vicente do, loc. cit.

técnica de combate, a fuga também era praticada pelos atacantes, como já foi assinalado. Isso quer dizer que as próprias condições do combate atuavam (ou podiam atuar) no sentido de restringir os efeitos destrutivos das operações "militares". Portanto, como técnica de combate, a fuga era coerente com o significado tribal da *vitória*, desempenhando uma função paralela que, no plano demográfico, produzia os mesmos resultados.

Algumas fontes consignam dados concretos sobre o número de vítimas do "combate aborígene". Assim, Léry afirma que os tupinambá aprisionaram trinta maracajá, no combate a que assistiu; Staden revela que os guerreiros do grupo local de Ubatuba, que participaram do bando cujas ações descreve, fizeram quinze vítimas, transportadas consigo: dois mortos e treze vivos (ao todo, parece que os componentes do bando capturaram noventa inimigos, aproximadamente); Knivet informa que os tupinambá, no combate com os carijó, aprisionaram trezentos inimigos, "entre homens e mulheres".[461] Quanto ao último exemplo, é evidente que a elevação do número de vítimas pode ser atribuído ao caráter das guerras entre os aborígenes, provocadas pela invasão de posições ecológicas ocupadas. Outros dados, fornecidos por fontes quinhentistas e seiscentistas, entre as quais o próprio Knivet e frei Vicente do Salvador, não são utilizáveis. Pois dizem respeito a combates entre os nativos e os brancos, e embora estes utilizassem também as técnicas aborígenes de combate e empregassem forças nativas, o fim das expedições era outro: o apresamento ou a destruição de tribos hostis. Estas confederavam-se entre si, para fazer frente ao invasor europeu, e em consequência o número de mortos e de prisioneiros subia de maneira espantosa. Da casa da dezena e da centena, suficientes para exprimir os efeitos demográficos do "combate aborígene", os cronistas saltam à casa do milhar, para referir as devastações humanas produzidas nas populações aborígenes pelos colonizadores.

Contudo, as incursões guerreiras dos aborígenes constituíam atividades periódicas. Por restritos que fossem seus efeitos destrutivos,

---

[461] LÉRY, Jean de, p. 174; STADEN, Hans, pp. 128 e 133; KNIVET, Anthony, ed. bras., p. 80.

eles tinham, forçosamente, que se refletir na demografia dos grupos locais. Episodicamente, alguns reflexos foram pressentidos pelos autores quinhentistas e seiscentistas. Os indivíduos mais expostos ao aprisionamento, durante os assaltos aos grupos locais, eram naturalmente as crianças, os velhos e as mulheres, pois, naqueles momentos, "salvam-se de ordinário os que têm boas pernas". No decorrer da fuga, aqueles indivíduos caíam com maior facilidade em poder dos inimigos.[462] Os azares do combate atingiam de modo mais direto, no entanto, os próprios combatentes. Em conjunto, porém, parece que a guerra contribuía para manter o equilíbrio demográfico, contendo dentro de certos limites o crescimento vegetativo das populações aborígenes.[463]

Resumo[464]

Em resumo, a contenda armada, tal como era praticada pelos tupinambá, constituía a principal fase do desenvolvimento propriamente

---

462 Cf. especialmente: EVREUX, Pe. Ives d', p. 79; KNIVET, Anthony, ed. bras., p. 86; STADEN, Hans, cf. p. 104; ANCHIETA, Joseph de. *Cartas*, p. 247.

463 É o que sugere Acuña, ao escrever, tratando de tribos circunvizinhas, que a guerra era "o desaguadouro ordinário de tanta multidão sem a qual já não caberiam naquela terra" (p. 199), Quanto aos reflexos parciais na demografia dos grupos locais: Abbeville informa que as crianças eram muito numerosas até a idade de oito anos e que, se não fossem as guerras, "seria o país muito povoado" (p. 224). Thevet assinala que os próprios tupinambá argumentavam que "era preferível destruir os contrários, a fim de evitar que os mesmos incitassem novas guerras" (*Singularidades*, p. 246). Pode-se avaliar os reflexos da guerra sobre a população masculina dos grupos locais atentando-se para o que registra Knivet: em um grupo local "tapuia os brancos encontraram quase que só mulheres"; "e interrogando-as acerca de seus maridos informaram-nos que, tendo eles saído à guerra com os *Tamoios*, foram todos mortos" (p. 229). Abbeville confirma a informação deste cronista, ao ligar a poliginia aos efeitos da guerra: "além disso, exterminando-se os homens em guerras contínuas, ficam inúmeras mulheres sem marido" (p. 223), N. B.: Alguns desses dados já foram aproveitados acima (cf. p. 82).

464 O presente sumário é mais extenso que os anteriores em virtude da necessidade de aproveitamento de conclusões sugeridas pela análise da organização dos bandos guerreiros e das expedições guerreiras, e porque nele precisei resumir os principais resultados da análise da "esfera militar" do sistema guerreiro dos tupinambá. Há alguns problemas, relativos ao uso do vocabulo *militar* e às conexões existentes

"militar" da guerra tribal. Como o ataque representava, no seio dela, o momento crítico da luta, as operações de ordem estratégica eram efetuadas pelos atacantes tendo em vista o sucesso que poderiam alcançar assegurando-se não só as condições favoráveis ao assalto de supresa, mas ainda os meios de sua exploração "militar". Este elemento se apresenta como a *constante* do combate aborígene nas suas diversas modalidades. Quando certos elementos (como a resistência dos inimigos em grau inesperado ou certas manifestações mágicas, concebidas como desfavoráveis aos atacantes) interferiam no estabelecimento dessas condições, os atacantes desistiam da empresa, quaisquer que fossem as perspectivas reais de êxito. Por isso, o curso e o desfecho do combate ligavam-se estreitamente às condições do ataque. Entretanto, a forma e as proporções do combate dependiam também da composição dos bandos guerreiros. Os pequenos bandos guerreiros se dedicavam exclusivamente à guerra de emboscada e aos assaltos rápidos a grupos locais inimigos. Os bandos guerreiros mais densos, que chegavam a abranger os componentes de sete ou oito grupos locais, empenhavam-se em campanhas mais complexas, realizando incursões demoradas e assediando os inimigos durante o tempo necessário à preparação do choque decisivo ou durante o tempo considerado conveniente aos próprios atacantes. Por fim, quando toda uma tribo se deslocava, suas forças militares se mantinham em disposição permanente de luta, aptas para enfrentarem os inimigos eventuais, quaisquer que fossem as condições da contenda armada. A organização para o combate se processava espontaneamente, através dos rituais guerreiros. Por meio deles é que o sistema organizatório tribal promovia a atribuição de *status* e papéis aos combatentes, ajustando-os às situações guerreiras e integrando suas atividades pessoais à ação coletiva ou grupal. Embora não existisse nenhuma espécie de especialização "militar", os ritos asseguravam a atualização dos valores tribais e a exaltação do moral coletivo, estimulando a autoconsciência das obrigações éticas através da

---

entre os resultados desta investigação, quanto à caracterização precedente da esfera militar do sistema guerreiro dos tupinambá, e o ponto de vista sustentado por alguns tratadistas militares, que não puderam ser convenientemente explanados no texto. Por isso, remeto o leitor interessado à nota *f*, em apêndice, dedicada, ainda que perfunctoriamente, ao esclarecimento desses problemas (cf. pp. 560-567).

atuação dos líderes guerreiros. As atribuições destes eram restringidas pelos rituais, mas transcorriam no nível do tipo de integração tribal das atividades guerreiras. Por isso, sem operarem como especialistas na "arte da guerra", a intervenção dos líderes guerreiros contribuía poderosamente para: 1) uniformizar as atitudes e as reações pessoais dos guerreiros, através das quais se processava pela base a unidade grupal de ação; 2) amparar o próprio teor "militar" das atividades dos combatentes. Apesar de o "combate aborígene" não comportar formações para o choque, por meio dos ritos: 1) obtinham (ou acreditavam obter) alguma parcela de poder sobre os inimigos e sobre o curso da ação guerreira; 2) canalizavam socialmente os sentimentos, as emoções e as atividades dos combatentes, coordenando assim as operações "militares". Em outras palavras, os mecanismos impessoais e informais de controle social e de organização "militar" das atividades guerreiras produziam ajustamentos altamente eficazes, com relação às situações criadas pela guerra – quer quanto ao nível de integração das atividades dos combatentes, quer quanto à "eficiência" das operações bélicas. Encarando-se tais mecanismos do ângulo dos ajustamentos pessoais, verifica-se que, determinando o *status* e os papéis de cada combatente, eles correspondiam às condições da própria ação guerreira individual. Por isso, abriam aos indivíduos empenhados no combate canais adequados ao aproveitamento concreto das oportunidades de êxito: 1) convertendo a contenda armada entre massas humanas mais ou menos grandes em relações agonísticas de pares ou de pequenos grupos; 2) concedendo aos combatentes a capacidade de autodeterminação dos movimentos pessoais e de aplicação localizada das próprias energias. Ainda que o "combate aborígene" não estivesse sujeito a regras, que determinassem o comportamento recíproco dos oponentes e regulamentassem os direitos e os deveres de vencidos e vencedores, os rituais guerreiros continham automaticamente os efeitos destrutivos da guerra. Eles condicionavam indiretamente tanto a duração do assédio e do choque direto quanto o ritmo demográfico do combate, expressado em um pequeno número de vítimas (mortos ou prisioneiros).

Os "meios militares" de choque, que se conformavam culturalmente ao equipamento guerreiro empregado pelos aborígenes, recebiam uma configuração social definida graças à atuação dos mecanismos postos em funcionamento pelo sistema tribal de organização "militar" das atividades guerreiras. Ora, isto significa que as dimensões da guerra tribal refletiam-se diretamente no "combate aborígene", determinando a sua forma, o seu curso, as suas proporções e os seus efeitos. Semelhante constatação sugere que existe uma vinculação estreita entre a guerra como e enquanto fenômeno social e os meios propriamente "militares" através dos quais ela é realizada. No caso particular investigado, é preciso notar que os motivos das expedições guerreiras, expressados culturalmente, não coincidiam com a função real da guerra no e como parte do sistema tecnológico tupinambá. Todavia, as proporções e os efeitos destrutivos do "combate aborígene", conformados aos "meios militares" de luta armada utilizados pelos nativos, conseguiam satisfazer as necessidades oriundas das duas cadeias de determinações, coerentes entre si. O reconhecimento da vinculação indicada acarreta algumas implicações (que não foram discutidas no texto): a) a guerra é um fenômeno social, caracterizando-se pela função por ela desempenhada no contexto social, e não pelos atributos "militares" de uma de suas fases – a da contenda armada; b) dada a natureza recíproca da vinculação, os atributos "militares" da guerra podem ser considerados como índices do grau de desenvolvimento "militar" de um sistema guerreiro. Contudo, as explanações resultantes de semelhante tipo de interpretação do fenômeno não possuem valor explicativo, mas descritivo; c) o caráter "militar" das relações agonísticas, entre indivíduos ou grupos, não repousa na forma de objetivação cultural dos meios de luta empregados, mas deriva da função e do significado sociais das ações empreendidas no curso das relações agonísticas. Nesse sentido, seria legítimo admitir, mesmo, que toda espécie de ação guerreira, independentemente da forma de objetivação cultural e do nível de civilização correspondente, contém algumas dimensões "militares" fundamentais. Tais dimensões podem ser interpretadas como elementos essenciais ou básicos das operações "militares".

Em consequência dessas implicações, o reconhecimento da vinculação existente entre a guerra como fenômeno social e a forma de objetivação cultural dos meios propriamente "militares" da guerra favorece a compreensão do *tipo ou grau de "inflexão militar" de um sistema guerreiro*. Assim, em vez de sugerir a negação do caráter de "guerra verdadeira" ou de "operações militares" à contenda armada aborígene, a interpretação sociológica permite indicar dentro de que limites era ela *militar*. Segundo demonstram os dados disponíveis, era pequeno o grau de "inflexão militar" do sistema guerreiro tupinambá. As operações propriamente "militares", além de não serem "puras", isto é, de não se desprenderem de outros significados e funções complementares, abrangiam um conjunto de fases pouco importantes, quando relacionadas à sequência total de rituais desencadeados pela guerra. A rigor, somente uma parte dos rituais de escolha do grupo hostil a ser atacado, e as operações e movimentos realizados no decorrer da incursão guerreira, o combate com os inimigos e o retorno ao ponto de partida é que integravam a "esfera militar" do sistema guerreiro tribal. São as seguintes as constatações mais significativas a respeito, comportadas pela análise das atividades que caíam dentro desta esfera:

> 1) Como relações sociais, as atividades guerreiras dos aborígenes que se combatiam se ajustavam reciprocamente umas às outras, de modo ativo e imediato. As ações guerreiras de ataque provocavam sempre uma resistência qualquer proporcional, mais ou menos pronta, intensa e organizada – isto é, achavam uma correspondência em ações equivalentes, de defesa e, muitas vezes, de contra-ataque. As atividades realizadas nessas circunstâncias e os "meios militares" que as suportavam submetiam-se a controle social e constituíam elementos objetivados culturalmente: eram pois atividades que se repetiam da mesma maneira, dadas certas condições. Por isso, os grupos hostis se defrontavam, nas guerras tribais, possuindo um duplo conhecimento prévio recíproco: um, relativo ao equipamento guerreiro a ser empregado; outro, referente ao curso provável das atividades guerreiras.
>
> 2) Os "meios militares" de choque, tanto quanto os de aproximação do inimigo, eram os *melhores* que as culturas das sociedades aborígenes podiam assegurar. Sua eficácia resultava da equivalência de dimensões dos sistemas guerreiros dos povos

aborígenes (inclusive os tupi) e dos resultados práticos por eles produzidos. É óbvio que existe uma relação reversível entre a preservação da "esfera militar" dos sistemas guerreiros aborígenes e a saturação das necessidades reais ou aparentes, mas objetivadas socialmente, que determinavam a guerra ou eram por ela desencadeadas.

3) A disposição de "meios militares" equivalentes (no sentido implicado pela dimensão da guerra tribal) e a consciência social do curso provável das atividades guerreiras repercutiam nas operações preparatórias do choque armado ou realizadas em seu transcurso, todas de caráter "militar": a) as condições da luta armada deviam ser impostas ao inimigo de modo a conceder aos atacantes algumas vantagens iniciais. A morfologia dos grupos locais e os "meios militares" da guerra tribal somente comportavam a exploração "militar" de *uma* condição: a do fator tempo. Por isso, o *momento* do ataque era sempre o menos propício à organização da defesa e o mais favorável ao aproveitamento, pelos atacantes, dos efeitos sociopsíquicos da surpresa; b) graças à natureza, à forma e à função dos "meios militares" da guerra tribal, somente o corpo a corpo podia *decidir* o desfecho do combate. Por isso, a organização informal do "combate aborígene" compreendia algumas operações de ordem tática, através das quais os adversários procuravam se assegurar as condições mais propícias a si próprios no corpo a corpo. Em primeiro lugar, as fortificações dos aborígenes (paliçadas e caiçaras) atestam que tanto os defensores quanto os atacantes possuíam uma noção definida a respeito da economia de pessoas, de energias e de atividades, facultada pela utilização daquelas técnicas de proteção. E mostram que procuravam neutralizar, por seu intermédio, seja o ataque, seja os movimentos de defesa ou de contra-ataque. Em segundo lugar, os atacantes empreendiam outras operações correlatas, por meio das quais pretendiam compelir os sitiados ao choque direto: uso combinado das flechas incendiárias e de *gases nocivos*, "cortes" no abastecimento de víveres e de água, isolamento do inimigo assediado, prejudicando ou impedindo

sua comunicação com outros grupos locais. Em terceiro lugar, os sitiados promoviam movimentos de contra-ataque, suscetíveis de inverter a seu favor uma situação crítica, ou quebravam o assédio pedindo auxílio "militar" aos grupos locais aliados. Por fim, mesmo no decorrer do choque direto, a organização informal do "combate aborígene" propiciava aos guerreiros condições favoráveis à aplicação "militar" de suas energias e de suas habilidades pessoais, reduzindo as tarefas de cada um a pugnas circunscritas. De acordo com as proporções das forças empenhadas na contenda armada, é óbvio que isto podia beneficiar os atacantes. Em conjunto, as constatações apresentadas demonstram a existência de uma desproporção entre as operações de ordem estratégica e as de ordem tática na "esfera militar" do sistema guerreiro dos tupinambá. O tipo de aproveitamento "militar" imprimido pela tradição às técnicas de ataque e de defesa conferia maior importância às segundas, que prevaleciam completamente sobre as primeiras.

2.2.3 O retorno ao grupo local

Qualquer que fosse o curso ou o desfecho do combate, os atacantes precisavam organizar em seguida a expedição de retorno ao próprio grupo local ou ao ponto de partida do bando guerreiro. O material apresentado no decorrer da análise da contenda armada mostra que:

1) O sucesso do ataque nem sempre era certo. Às vezes, os atacantes ficavam em situação desvantajosa, principalmente quando os inimigos dispunham de meios defensivos seguros, ou estavam prevenidos a respeito do ataque. Então, eram compelidos a passar à defensiva e a bater em retirada. Outras vezes, o assédio se prolongava demasiadamente, sem oferecer perspectivas de culminar em um choque direto e decisivo. Nesse caso, os atacantes desistiam de seus projetos e empreendiam a retirada.

2) O significado tribal da *vitória* possuía implicações peculiares. O bando guerreiro "vencedor" era aquele que conseguia ficar no

campo de batalha enquanto os componentes do bando guerreiro "vencido" fugiam pelos arredores, ou que empreendia a retirada levando em seu poder alguns inimigos. Por isso, o desfecho favorável do "combate aborígene" não produzia, com exceção das guerras de invasão, a ocupação dos territórios sujeitos ao domínio tribal dos inimigos. Em consequência, um ataque bem-sucedido era naturalmente coroado pelo retorno imediato dos "vencedores" aos seus grupos locais. Além disso, a "vitória" dispensava outro desenlace decisivo, que o proporcionado pela debandada dos inimigos atacados e a apropriação, por parte dos atacantes, de um certo número de vítimas (mortos ou prisioneiros).

3) A expedição de retorno abrangia marchas que conduziam os atacantes diretamente aos seus grupos locais, ou ao ponto de partida do bando guerreiro (quando este era composto por membros de vários grupos locais), como atestam as informações de Staden. Neste lugar efetuavam, então, a repartição das vítimas (mortos e prisioneiros).

Segundo Brandão, os padrões que regulamentavam o comportamento dos guerreiros no decorrer das marchas de retorno, que se iniciavam assim que tivessem feito alguns prisioneiros, punham ênfase na rapidez de movimentos: "e então o que mais corre fugindo e primeiro chega à aldeia de onde partiram, esse tal é reputado por mais valente; porque dizem ser acompanhado de grande alento e forças, por haver corrido mais que os companheiros".[465] Parece que esta informação é verdadeira no que diz respeito aos pequenos bandos guerreiros; com relação aos outros, a proteção masculina às mulheres exclui tal possibilidade. Sabe-se, no entanto, que as marchas de retorno eram realizadas com a maior rapidez possível.[466] É fácil compreender por quê: os inimigos podiam organizar um contra-ataque e surpreender os atacantes dentro dos territórios sujeitos ao seu domínio ou impor-lhes um combate em

---

465 BRANDÃO, Ambrósio Fernandes, p. 284; sobre a ligação entre o aprisionamento de inimigos e o encetamento do retorno, cf. Thevet, ms, in., fl. 53v.

466 Cf. STADEN, Hans, p. 125 ("na volta, porém, viajam o mais depressa que podem").

condições desvantajosas. Os tupinambá do Rio de Janeiro atacaram, por exemplo, uma povoação constituída por portugueses e índios aliados, conseguindo aprisionar um inimigo. Os índios atacados saíram em perseguição dos tupinambá e tiveram tanto êxito que libertaram o companheiro e se apoderaram das quatro canoas e de parte do equipamento guerreiro, abandonados pelos atacantes.[467]

Nas incursões de maior envergadura, empreendiam as marchas de retorno assim que consumavam a destruição das habitações dos "vencidos". Eis como essas marchas, e as operações "militares" correspondentes, são descritas por Gabriel Soares:

> E recolhem-se logo andando todo o que lhe resta do dia, e toda a noite pelo luar com o passo mais apressado, trazendo suas espias detrás, por se arrecearem de se ajuntarem muitos do contrário, e virem tomar vingança do acontecido a seus vizinhos, como cada dia lhes acontece (...) Acontece muitas vezes aos tupinambás, quando se vêm recolhendo para suas casas, dos assaltos que deram em seus contrários, ajuntar-se grande soma deles, e virem-lhe no alcance até lhe não poderem fugir; e ser-lhe necessário esperá-los, o que fazem ao longo d'água, onde se fortificam fazendo sua cerca de caiçá; o que fazem com muita pressa para dormirem ali seguros de seus contrários, mas com boa vigia; onde muitas vezes são cercados e apertados dos contrários; mas os cercados veem por trás desta cerca a quem está de fora, para empregarem todas as suas flechas à vontade, e os de fora não veem quem lhes atira; e se não vêm apercebidos para os abalroarem, ou de mantimentos, para continuarem com o cerco, se tornam a recolher, por não poderem abalroar aos tupinambás como queriam.[468]

Quando o bando guerreiro vitorioso alcançava os territórios em que seus componentes residiam, os moradores dos grupos locais aliados,

---

[467] ANCHIETA, Joseph de. *Cartas*, pp. 249/250.

[468] Gabriel Soares, trechos extraídos das p. 392 e p. 393.

por onde passavam, e os do próprio grupo local a que pertenciam, manifestavam publicamente o regozijo que sentiam pela *vitória*. Anchieta explica que esta possuía grande importância para os vencedores, pois "alegram-se toda a vida com o desvanecimento da singular vitória".[469] Por isso, além dos rituais de tratamento do "estranho", através dos quais promoviam a integração dos prisioneiros ao próprio meio social, ocorriam cerimônias diretamente ligadas à celebração da *vitória*. Logo que os companheiros dos captores tinham notícia do sucesso, preparavam "um caminho até obra de meia légua pouco mais ou menos onde o esperam".[470] A mesma fonte indica que os captores andavam com os prisioneiros "triunfando de uma parte para outra",[471] apresentando-se assim em companhia deles em outros grupos locais. Ao passarem por estes, "vinham os moradores ao nosso encontro dançando, pulando e batendo palmas. Festejavam o sucesso";[472] "e, então, em torno dos que regressam vitoriosos, aos lares, ninguém pode imaginar quantas festas e alaridos fazem".[473]

Essas cerimônias tinham uma função específica. Argutamente, observa Abbeville: "não se aborrecem com os feitos guerreiros de outras aldeias, porém cheios de estímulo procuram imitá-las ou ultrapassá-las".[474] De fato, o princípio de reciprocidade estava na base das fontes tribais de controle do comportamento guerreiro. Graças a isso, as cerimônias de integração dos prisioneiros e de recepção dos companheiros vitoriosos, além de prepararem os tupinambá para o convívio com os cativos e para os rituais subsequentes (os de sacrifício, antropofagia e renomação), desempenhavam uma função relevante no sistema organizatório tribal:

---

469 ANCHIETA, Joseph de. *Cartas*, p. 45.

470 GANDAVO, Pero de Magalhães. *História*, p. 131.

471 GANDAVO, Pero de Magalhães. *História*, p. 132.

472 LÉRY, Jean de, p. 175.

473 THEVET, Frei André. *Singularidades*, p. 228; adiante, escreve: "quando os selvagens tornam, vitoriosos, às suas choças, mostram, todos, sinais de alegria, fazendo soar as flautas e tamboris, ou, então, cantando a seu modo" (p. 237); cf. também ms. in., fl. 87.

474 ABBEVILLE, Claude d', p. 250.

estimulavam a competição guerreira entre os grupos locais solidários, contribuindo para revivescer os ideais guerreiros e para intensificar, através da atualização da consciência da posição recíproca de cada um deles em relação aos outros grupos locais e aos inimigos comuns, os vínculos sociais existentes entre eles. Porém, quando os componentes do bando guerreiro eram malsucedidos, os que conseguiam retornar aos próprios grupos locais descreviam os insucessos aos seus companheiros. Os mesmos estímulos guerreiros se faziam sentir, agora dirigidos de modo violento contra os inimigos. Os companheiros das vítimas, em particular seus parentes, exigiam que elas fossem vingadas, de modo que o malogro de uma incursão guerreira podia dar origem, naturalmente, a outra.[475]

Resumo

Como se vê, a organização do bando guerreiro nas marchas de retorno tinha em vista a relação com os inimigos. Os padrões de comportamento guerreiro regulamentavam as atividades dos componentes do bando de modo a favorecer a rapidez de deslocamento e a segurança coletiva dos indivíduos empenhados na ação. As operações "militares" desenvolvidas nessas situações implicavam: 1) a fiscalização dos prováveis movimentos de contra-ataque, feita pelos "espias"; 2) a exploração estratégica do fator tempo: precisavam realizar as marchas explorando esse fator de maneira a frustrar as tentativas de contra-ataque. Assim, procuravam evitar possíveis represálias, recolhendo-se aos seus grupos locais enquanto aqueles ainda se achavam desorganizados; 3) a preparação da defesa: no caso de um contra-ataque, preparavam-se para a luta de modo a impor aos inimigos pelo menos algumas condições da contenda armada. O choque assumia, então, a forma e o curso, já conhecidos, do "combate aborígene". Se falhassem na organização e na realização destas operações, os componentes de um bando guerreiro atacante se transformavam em vítimas da empresa por eles mesmos engendrada. Por fim, as cerimônias de recepção do bando guerreiro punham em

---

475 Cf. EVREUX, Pe. Ives d', p. 178.

funcionamento os mecanismos guerreiros de controle social. Expunham os membros dos grupos locais a fortes emoções e sentimentos, os quais os levavam seja à repetição das façanhas cometidas por alguns deles, seja a desejar violentamente a vingança dos companheiros malsucedidos. Em síntese, aquelas cerimônias lubrificavam e intensificavam os laços de solidariedade existentes entre grupos locais aliados.

LIVRO II

OS MECANISMOS TRIBAIS DE CONTROLE SOCIAL E A GUERRA

INTRODUÇÃO

A função da guerra no plano das *relações reais* foi metodicamente analisada na primeira parte desta monografia. Apesar das dificuldades inerentes aos trabalhos de reconstrução histórica, a documentação empírica acessível permitiu examinar os principais problemas relativos ao papel desempenhado pela guerra na adaptação dos tupinambá ao meio natural circundante (inclusive, é claro, no condicionamento e na determinação das relações adaptativas dos tupinambá entre si e com outros grupos da mesma espécie). Contudo, o alcance explicativo da análise desenvolvida restringe-se às ações e às atividades imediatamente ligadas ou desencadeadas pelos empreendimentos guerreiros, pois mesmo a discussão prévia dos motivos e objetivos da guerra tribal (cf. pp. 175 ss.) foi realizada com o intuito de mostrar que relação existia entre os empreendimentos guerreiros e a organização da sociedade tupinambá. Por isso, o conhecimento obtido é apenas parcial: abrange somente as consequências e os efeitos da guerra tribal que eram "ignorados" pelos tupinambá. Tais aspectos da guerra caíam, como já foi indicado, fora de seu campo de consciência social; pois não existia, na cultura desses povos, nenhuma objetivação que exprimisse o significado prático e a importância material das expedições guerreiras.

Portanto, para completar a análise da guerra na sociedade tupinambá, seria preciso investigar as seguintes questões fundamentais: a) por que os indivíduos empenhados nos empreendimentos guerreiros agiam de modo coordenado, isto é, como "personalidades socializadas", com referência às ações e atividades sociais especificamente ligadas com a guerra; b) quais eram os fundamentos sociais em que repousava, durante os "estados de guerra", o comportamento coletivo; c) que aspectos da guerra caíam no campo de consciência social dos tupinambá, recebendo assim uma explicação etnocêntrica, e que função desempenhavam na preservação do equilíbrio social. Como se vê, todas estas questões dizem respeito a problemas de controle social. Compete-me indicar nesta introdução: se as fontes compulsadas fornecem dados capazes de suportar a investigação desse tipo de problemas; e, no caso positivo, qual a orientação adotada no estudo sociológico desses problemas na sociedade tupinambá e na apresentação dos materiais.

Quanto aos dados de fato disponíveis, um trabalho anterior, de crítica interna do conteúdo etnográfico das fontes quinhentistas e seiscentistas, patenteou a consistência das mesmas nesse particular e as possibilidades de aproveitamento sociológico das informações nelas contidas. Constatei, então, que a documentação disponível não parece inferior, sob muitos aspectos, à que um especialista poderia reunir através da observação direta, e que ela permite examinar os principais problemas que poderiam ser suscitados pela análise sociológica da integração e da função da guerra no sistema organizatório da sociedade tupinambá.[476]

Quanto à segunda questão, convém salientar que encarei o controle social como uma das esferas de sistema organizatório da sociedade tupinambá. Delimitando o problema dessa maneira, cheguei à conclusão de que o controle social desempenha duas funções básicas: 1) desenvolve nos indivíduos associados a capacidade para a convivência e para a ação conjugada; 2) promove a integração das situações sociais de vida de modo a imprimir um caráter suprapessoal ou coletivo às ações e às atividades sociais dos *socii*, tornando-as reciprocamente coerentes entre si. As duas funções são complementares e interdependentes. Se

---

[476] Cf. o trabalho do autor *A análise funcionalista da guerra: possibilidades de aplicação à sociedade tupinambá*, esp. parte II ("Fontes primárias para o estudo da guerra na sociedade tupinambá").

os ajustamentos dos indivíduos às situações sociais de vida pressupõem que atuem como "personalidades socializadas",[477] a emergência e o desenvolvimento destas constituem, por sua vez, resultados da participação das situações sociais de vida. Contudo, a presente investigação comprovou que as duas funções possuem mecanismos próprios e que, sob esse aspecto, são unilaterais e infrutíferas as teorias sociológicas que acentuam a predominância de uma função sobre outra, ou que sublinham a equivalência de ambas.[478] A primeira função é diretamente responsável pela criação das condições sociopsíquicas da interação social, enquanto a segunda interfere profundamente, como um dos fatores dinâmicos da vida social, no estabelecimento do grau de coesão e de unidade do comportamento coletivo.

Em consequência das duas funções, o controle social liga-se mediatamente à preservação do equilíbrio social. Neste trabalho terei que dar, em virtude da importância que ela possuía no sistema organizatório da sociedade investigada, muita atenção a essa função derivada do controle social. Entretanto, penso que o conhecimento indicado não é suficiente para fundamentar a generalização, aceita e sustentada como cientificamente verdadeira por vários sociólogos, segundo a qual *a* função do controle social seria a de manter a "ordem social". Primeiro, semelhante explanação apenas apanha o controle social no plano da "estática social". É sabido, no entanto, que o controle social também desempenha, em proporções variáveis de acordo com a natureza dos tipos sociais,[479] uma função dinâmica. Além disso, não é exato que a preservação da "ordem social" seja um produto exclusivo do controle social. Simmel já demonstrou, em uma análise brilhante, que *a*

---

[477] Cf. ELLWOOD, Charles A. *The psychology of human society*, p. 159.

[478] Cf. o artigo do autor "O estudo sociológico do controle social", em que são analisadas e criticadas as teorias de Tönnies, Durkheim e Gurvitch, e em que é aproveitada a contribuição desses sociólogos e a de Ross, Park e Burgess, Mannheim, Bernard etc., ao estudo do controle social.

[479] Cf. SPENCER, Herbert. *Introduction à la science sociale*, p. 66; e especialmente DURKHEIM, Émile. *La division del trabajo social*, passim, e o aproveitamento de sua contribuição, feito por MANNHEIM, Karl. *Libertad y planificación social*, pp. 271-273.

estabilidade ou a *ordem social* depende de múltiplos fatores, inclusive os que foram definidos acima como funções específicas do controle social.[480] O objeto desta investigação não comporta, todavia, o tratamento de ambos os problemas. De um lado, lidei com fenômenos que, por sua própria natureza, dizem respeito a uma "situação estática". De outro, foi visto acima que era nula a potencialidade da guerra como "fator social construtivo" na sociedade tupinambá (cf. pp. 386-391 e nota 398), pouco aberta a mudanças.

A subdivisão em dois tópicos gerais da segunda parte deste trabalho, a qual corresponde às duas funções básicas do controle social, constitui um esforço para esclarecer, de modo tão completo quanto possível, os três complexos problemas referidos no começo desta introdução. De fato, a primeira subdivisão ("A socialização e a guerra") permitirá tratar do problema *a)*, enquanto a segunda ("Os fundamentos guerreiros do comportamento coletivo") abrangerá os problemas *b*) e *c*). Tenho a impressão de que a orientação metodológica adotada facilitou sobremaneira a exploração dos dados disponíveis, e que o método expositivo empregado simplificou a apresentação dos resultados da investigação. Como norma de trabalho, procurei analisar todos os problemas envolvidos pelo assunto sobre os quais a documentação apresenta uma consistência mínima. Assim, suponho ter contribuído, no que estava ao meu alcance e com as lacunas inevitáveis, para esclarecer melhor o objeto desta parte da monografia, mostrando como a guerra penetrava ou interferia nos mecanismos de controle social da sociedade tupinambá. Apenas deixei de lado o controle social das ações e atividades guerreiras vinculadas à organização e à realização das excursões guerreiras e ao choque armado, naturalmente porque isso já foi analisado na primeira parte.

---

[480] SIMMEL, Georg. *Sociologia*, II, pp. 153-175.

CAPÍTULO I

A SOCIALIZAÇÃO E A GUERRA

O emprego do termo *socialização*, na sociologia, não se tem subordinado a uma conotação uniforme. O contraste entre sua utilização como um "termo de apreciação" e suas aplicações com fim meramente "descritivo"[481] acarreta inúmeras confusões. Acresce, além disso, que o termo possui, no segundo sentido, duas acepções distintas: 1) uma, mais geral, que se refere aos processos sociais através dos quais personalidades em interação influenciam-se reciprocamente e a "herança social" é transmitida; 2) e outra, restrita às sociedades ocidentais ou ocidentalizadas, que designa os processos sociais através dos quais o Estado tem estendido ou tende a estender o seu poder de *controle*, e as situações criadas pelo solapamento, extinção ou desnivelamento de certos direitos e privilégios. Evidentemente, o termo é empregado, nesta monografia, de modo descritivo e na primeira acepção, mais inclusiva. A seguinte definição caracteriza a compreensão sociológica do fenômeno, assim delimitado: "a socialização é a forma, realizada de diversas maneiras, através da qual os indivíduos, sobre a base de interesses naturais ou ideais, momentâneos ou duradouros, conscientes ou inconscientes, que impulsionam causalmente ou induzem teleologicamente, constituem uma unidade na qual se realizam aqueles interesses".[482]

---

[481] Cf. PARK, Robert E.; BURGESS, Ernest W. *Introduction to the science of sociology*, p. 496.

[482] SIMMEL, Georg. *Sociologia*, I, p. 14; sobre os efeitos psíquicos da socialização, assim entendida, cf. ainda vol. II, pp. 157-159.

Os dados contidos na documentação disponível são, no entanto, de natureza a favorecer antes a análise do "conteúdo ou matéria" da socialização, segundo a terminologia de Simmel, do que a sua forma. Para compensar tais lacunas das fontes históricas (quando apreciadas de um ângulo sociológico), pareceu-me conveniente considerar os dados positivos e explícitos como descrições de "situações de vida" na sociedade tupinambá. Este artifício de análise, em si mesmo legítimo e necessário, além de justificável diante da natureza da documentação explorada, permitiu lidar com os problemas de socialização em termos de "posição social" (*status*) e de "participação da cultura" nas suas vinculações recíprocas. Assim, não só ambos os aspectos do fenômeno (a "forma" e o "conteúdo") foram focalizados sociologicamente, na medida em que o poderiam ser em uma monografia como a presente; mas ainda foi esclarecida que parte a guerra tomava nos subprocessos de socialização, que interferiam na formação da personalidade dos guerreiros, e em sua distribuição e localização na estrutura social.

1.1 Os ideais guerreiros na formação da personalidade masculina

Há autores que se preocupam em saber, em seus estudos ou discussões de natureza "sociológica", se a guerra constitui ou não uma *atividade masculina*. Suponho, no entanto, que a análise sociológica do fenômeno não alimenta semelhante preocupação. Em nenhuma sociedade a "guerra" se apresenta como algo que diga respeito a ou que afete exclusivamente o setor masculino da população. Se isso quase sempre é verdade quanto aos aspectos "militares" da guerra, não é, ou é em grau muito menor, quanto às demais situações envolvidas ou desencadeadas pela guerra. Na sociedade tupinambá, como foi visto na primeira parte deste trabalho, a guerra só constituía uma "atividade masculina" em suas esferas "militares". Assim mesmo, as mulheres participavam de alguns tipos de expedição guerreira e chegavam a desempenhar nelas algumas atividades de caráter cooperativo, embora "amilitares". Nas situações posteriores ao combate, os seus papéis eram relevantes, pois participavam ativamente dos rituais de recepção dos prisioneiros, de seu sacrifício ritual e das cerimônias antropofágicas, sendo além disso, como os homens, afetadas por seus resultados ou efeitos. Contudo, é a esfera "militar" que serve de ponto de referência para a caracterização das personalidades masculina e feminina com relação à guerra. Na sociedade tupinambá, o *guerreiro* era o homem, e não a mulher (excetuando-se as mulheres tríbades, que representavam desvios do tipo normal de personalidade feminina, e eram raras). Nesse sentido, pode-se dizer que a guerra era uma *atividade masculina* na sociedade tupinambá.

As consequências teóricas dessa constatação são óbvias, pois o problema da formação e desenvolvimento da personalidade do *guerreiro* fica naturalmentc confinado ao setor masculino da sociedade investigada. Graças a isso, ao invés de indagar como se processava, de um modo geral, a organização da personalidade tupinambá e que importância os valores guerreiros possuíam dentro dela, procurei conhecer diretamente os meios através dos quais os tupinambá imprimiam uma configuração guerreira à personalidade masculina. As questões prejudicadas, relativas à comunhão de certos valores guerreiros por todos os membros ativos da população, são esclarecidas no lugar conveniente (cf. adiante, "Os fundamentos guerreiros do comportamento coletivo", segunda subdivisão desta parte do trabalho). O caminho a ser percorrido por enquanto envolve apenas duas perguntas fundamentais: 1) é possível caracterizar a função desempenhada pelos ideais guerreiros no processo de formação da personalidade masculina na sociedade tupinambá? 2) como se processava a aquisição dos valores guerreiros e que influência eles exerciam na configuração da personalidade masculina dos tupinambá? Destas duas questões, apenas a segunda precisa ser examinada à luz da documentação empírica disponível, pois a primeira é suficientemente esclarecida pelos conhecimentos já obtidos a respeito da formação e da organização da personalidade masculina na sociedade tupinambá.

O adestramento dos indivíduos para a vida social se processava no seio dos grupos domésticos e através da participação concreta das atividades rotineiras, sendo desenvolvido e organizado na base do sexo e da idade dos pacientes. Por isso, na análise sociológica do processo de formação da personalidade masculina na sociedade tupinambá convém tomar as categorias de sexo e de idade como ponto de referência. Aliás, como salienta Linton, este método permite considerar os problemas relativos à constituição da personalidade "em termos da comunidade, de posição social e de participação da cultura" por grupos de indivíduos,[483] ou seja, em termos dos mecanismos sociais de atribuição de *status* e papéis a indivíduos que apresentam, em comum, determinados requisitos psicossociais. É verdade que os tupinambá não chegaram a elaborar um sistema de categoria de sexo e idade que sulcasse profundamente a estrutura social, como acontece em outras sociedades tribais; contudo, em uma investigação do tipo da presente este aspecto da questão tem pouca importância, pois só está em jogo o funcionamento das categorias de sexo e idade como existiam na sociedade tupinambá em sua conexão com a guerra.

Os adestramentos guerreiros específicos começavam quando os indivíduos do sexo masculino passavam a ser designados como *kunum˜i-guasú*, isto é, quando atingiam, segundo Evreux, a idade de quinze a 25 anos, aproximadamente. Nesta idade, eram admitidos nas reuniões dos "adultos" (os *avá* e *tujuáe*), embora lhes fosse vedado manifestar-se a respeito dos assuntos discutidos, e participavam das expedições guerreiras, na qualidade de "tripulantes" (remadores) das canoas ou de caçadores dos bandos armados. Não exerciam ainda, no entanto, atividades propriamente guerreiras; estas só podiam ser praticadas pelos indivíduos considerados socialmente como "adultos". Porém, ao alcançarem os limites da categoria da idade em apreço (segundo suponho, pois esse aspecto do sistema tribal de determinação de *status* continua obscuro), viam suspensas certas proibições inerentes ao seu *estado*, entre elas a de combater os inimigos em companhia dos guerreiros. Em consequência, podiam participar das expedições e das operações à mão armada. O reconhecimento formal do *status* de guerreiro se processava posteriormente, em função dos sucessos alcançados pelos jovens nos combates: se conseguissem aprisionar um inimigo e sacrificá-lo ritualmente, podiam passar, então, pelos rituais de renomação e ser chamados "homens" (*avá*). Por isso, a participação das expedições guerreiras engendrava, de fato, certas oportunidades aos mancebos, para que demonstrassem suas aptidões pessoais. Os que atravessassem tais provas de modo satisfatório

---

[483] LINTON, Ralph. *Age and sex categories*, passim; citação extraída da p. 589.

conquistavam o direito de passar pelos rituais que dariam acesso ao *status* de "homem". Portanto, o *status* que lhes era atribuído nessa época pela comunidade consistia em um *status condicional*. Graças às relações e às obrigações de parentesco, alguns jovens não se submetiam às provas "militares"; limitavam-se a sacrificar um inimigo, recebido de "presente" do seu *pai* ou do marido da irmã, e a passar pelos ritos subsequentes de renomação.[484] Semelhante alternativa sugere que as provas "militares", por que passavam os jovens nas expedições de que participavam com um *status condicional* de guerreiro, não possuíam a rigor uma função seletiva, de peneiramento social. Como os indivíduos que não contavam com a cooperação indicada dos parentes (parece que esta era a norma) dependiam diretamente dos resultados de seus esforços pessoais, impõe-se a conclusão de que o sucesso "militar", pelo menos para uma parte considerável da população masculina ascendente, constituía uma condicão fundamental no sistema tribal de "promoções sociais".[485]

Quando os indivíduos alcançavam essa fase de sua vida, que os tornava aptos para receberem os adestramentos guerreiros específicos, através da participação direta da luta armada, já tinham acumulado uma série de experiências e de conhecimentos indispensáveis ao exercício dos novos papéis que deviam desempenhar. Como se verá adiante, o adestramento no manejo das armas começava na infância; os neófitos não precisavam ser treinados pelos adultos, pois sabiam empregá-las tecnicamente. Do mesmo modo, o conhecimento do meio físico circundante crescia correlatamente com o desenvolvimento natural do homem, literalmente integrado à paisagem. A participação prévia de outras atividades acessíveis (caça, pesca, coleta etc.) favorecia seja o conhecimento íntimo do meio físico ambiente, seja a aquisição das técnicas tribais de adaptação às circunstâncias criadas pela presença de inimigos,

---

484 As informações de Gabriel Soares levam a supor que se tratava do genitor; todavia, as descrições de Staden revelam que os tios paternos também cediam seus prisioneiros aos sobrinhos. Thevet dá a outra informação, segundo a qual o marido da irmã fornecia seus prisioneiros aos "cunhados", para que estes pudessem trocar "o nome de sua infância" (cf. *Cosmographie*, fl. 932. e ms. in., fl. 65v.).

485 A explanação precedente baseia-se especialmente nos dados contidos em FERNANDES, Florestan. *A organização social dos tupinambá*, pp. 229-231.

da mesma espécie ou não. A consciência das obrigações atribuídas aos guerreiros não se subordinava, por sua vez, à admissão aos bandos armados. Ao contrário, os tupinambá expunham seus filhos, desde a mais tenra idade, à influência dos valores guerreiros tribais e às solicitações belicosas de seu sistema sociocultural. Portanto, ao serem admitidos nos bandos guerreiros, os mancebos estavam não só habilitados para combater, mas ainda capacitados para sentir os impulsos sociais que impeliam coletivamente os tupinambá à luta armada. O significado sagrado das obrigações dos guerreiros e dos fins das expedições ou incursões punitivas não lhes eram estranhos nem precisavam ser aprendidos.[486] Estes fatos são de suma importância para a interpretação da organização da personalidade masculina dos tupinambá. Pois eles indicam, claramente, que a transição de uma categoria de idade para outra (de *kunum˜i-guasú* para *avá*) se processava sem que os neófitos precisassem receber dos adultos amplos conhecimentos de ordem "militar", mantidos até aquela época como segredos para eles. A rigor, só aprendiam a se comportar diante dos inimigos nas situações grupais de luta armada inerentes às modalidades tribais de combate. E essa aprendizagem se efetuava sem nenhuma complicação ritual, isto é, estritamente de acordo com o padrão tribal de educação dos jovens; este consistia, como se sabe, em expô-los a situações concretas, nas quais pudessem pôr em prática seus conhecimentos e habilidades e aprender, através de experiências pessoais e dos *exemplos* fornecidos pelos adultos, novas combinações daqueles conhecimentos ou coisas desconhecidas por eles.

Contudo, é óbvio que a transição de uma categoria para outra, correspondendo a uma das fases críticas da vida dos homens, deveria afetar de algum modo não só a forma de constelação dos valores integrados à personalidade masculina, mas primariamente o seu próprio conteúdo. Se os reflexos da transição, provocados pelos adestramentos guerreiros específicos, de caráter "militar", não alteravam substancialmente nem a primeira nem o segundo, é provável que outras determinações, ligadas com a situação social de guerreiro, o fizessem, transformando a ambos

---

486 Cf. análise posterior, pp. 475 ss.; e FERNANDES, Florestan, op. cit., pp. 116-118 e cap. IV.

ao mesmo tempo. Em outras palavras, é preciso considerar a questão do ângulo das atribuições e obrigações totais contraídas socialmente pelos indivíduos do sexo masculino que passavam de uma categoria para outra, ou seja, em termos da configuração imprimida à personalidade masculina em virtude da ascensão ao novo *status*. De fato, a análise anterior nada mais esclarece senão que a estrutura básica da personalidade masculina comportava um tipo de desenvolvimento que poderia ser comparado ao esquema do crescimento biológico (*orgânico,* no sentido de Dewey). Resta isolar o próprio produto desse desenvolvimento na fase em apreço, para ver como as ações e as atividades guerreiras, mediante a alteração de *status*, repercutiam então na organização da personalidade masculina.

Isso implica uma consideração psicológica preliminar do problema. A psicologia descritiva nos ensina que o desenvolvimento psíquico se processa de modo gradativo e contínuo, possuindo porém cada época ou fase da vida um "valor vital", que lhe é peculiar. Embora a cada época ou fase se associem desenvolvimentos psíquicos mais complexos, elas não têm por fim senão a sua própria plenitude.[487] Ora, a *vivência* engendrada pelos desenvolvimentos psíquicos indicados (transição para categoria de *avá,* "homem"), não era a do Homem *tout court*, mesmo segundo as representações dos tupinambá, mas a de indivíduos que passavam a fazer da guerra uma atividade rotineira, além do mais essencial na complexa teia de dramas de sua existência cotidiana. Pelo que se pode inferir indiretamente, com base nos complicados rituais a que se submetiam os mancebos nessa época, trata-se de uma vivência carregada de emoções e de experiências, de incertezas e de provações, graças à qual, pela primeira vez, os indivíduos adquiriam uma noção convicta e sentida do significado da vida para o homem. Ela correspondia, do princípio ao fim, aos "anos de decisão", em que se resolvia, no sentido mais amplo possível, o *destino* dos homens – seja quanto ao

[487] Cf. DILTHEY, Wilhelm. "Ideas acerca de una psicologia y analitica". *Psicologia y teoria del conocimiento*, especialmente pp. 308/309 e 323-328. O conceito de "vivência" é empregado no sentido psicológico, de acordo com as definições do mesmo autor (cf. op. cit., pp. 419-423, e *La esencia de la filosofia*, pp. 134-139). Em seu significado expresso o termo abrange também as experiências vividas socialmente na "interação entre pessoas diferentes".

curso imediato e futuro da existência terrena, seja quanto às relações com os espíritos dos antepassados e à perspectiva de uma existência *post-mortem* conforme aos ideais de vida futura no além. Foi tendo em vista a expressão desses acontecimentos da vida anímica no plano social da vida dos tupinambá, que escrevi o seguinte:

> (...) pode-se considerar esta categoria – a categoria de *Avá* – como sendo a mais importante na vida de um homem tupinambá, embora não fosse aquela em que iria possuir mais poder e prestígio. Ele tornava-se guerreiro, obtinha o reconhecimento social da sua maturidade e contraía núpcias, isto é, realizava três coisas fundamentais em um lapso de tempo relativamente curto. A consecução dos três objetivos, doutro lado, processava-se segundo uma ordem bem definida, pois cada um deles dependia estreitamente dos demais.[488]

O "valor vital" dessa época ou fase da vida dos tupinambá equivale, portanto, ao da conquista e afirmação da "maturidade" masculina em outras sociedades. Mas, o dinamismo interno da mesma, condicionado em grande parte por influxos das novas "experiências de vida", apresenta aspectos peculiares, que precisam ser postos em relevo aqui. A classificação social de "homem" repercutia imediatamente em toda a vida social dos indivíduos: no plano das adaptações ao mundo físico e biológico, estendendo o alcance das relações entre eles e a natureza, através da ampliação dos quadros de suas atividades e da permissão à satisfação regular de certas necessidades fisiológicas; no plano dos ajustamentos ao meio social ambiente, alterando o seu círculo de convivência e de atuação social, enquanto e como *socii*; e, por fim, no plano das vinculações com as entidades sobrenaturais, com as quais entravam em contacto e sob cujo signo, aliás, se processava a própria classificação deles como "homens". Isso quer dizer, então: 1) que todas as personalidades masculinas classificadas sob a categoria de "homem" (*avá*) estavam expostas à atuação de um conjunto de fatores externos,

[488] Cf. *A organização social dos tupinambá*, pp. 230/231.

de ordem cultural e social, cuja influência na vida anímica dos tupinambá pode ser constatada sem que se tornem necessárias referências especiais às flutuações e diferenças de reações pessoais, ocasionadas pela diversidade dos tipos psicológicos; 2) que os desenvolvimentos psíquicos posteriores, em direção a configurações mais integradas e complexas da personalidade masculina, e as uniformidades que podem ser notadas em suas tendências básicas, também se ligavam à atuação daqueles fatores externos. Em síntese, os aspectos peculiares dessa época ou fase da vida dos tupinambá repousavam, realmente, nas condições de existência social, nos fatores externos que contribuíam para imprimir um caráter definido à estrutura de sua vida anímica, embora não determinassem o dinamismo interno da mesma.

Ora, as descrições das "situações de vida" enfrentadas pelos tupinambá nessa época mostram que os fatores externos dominantes (que não só davam *sentido* às ações sociais e às aspirações mais profundas dos indivíduos, mas ainda conformavam a própria manifestação e a ordenação dos demais fatores) eram de natureza religiosa. Em torno das obrigações dos vivos para com os mortos, da vingança dos antepassados e da satisfação dos desejos antropofágicos dos espíritos,[489] é que se polarizavam as vivências masculinas e os núcleos de condensação e de intensificação da vida social, especialmente dos homens. A conquista do novo *nome*, que condicionava socialmente a transformação da personalidade masculina, segundo as concepções tribais, e que daria lugar à "promoção" para o *status* de *homem*, através dos rituais de sacrifício do inimigo e de renomação, se processava graças às relações que se estabeleciam entre o matador e o espírito do ancestral ou do parente morto de modo sangrento, vingado publicamente. Além disso, era mediante os valores religiosos e à sua observância estrita que se constituíam e se mantinham

---

489 Além das fontes teóricas citadas adiante, para esta parte da afirmação cf. a informação de Staden, segundo a qual "apetece aos espíritos que estão nos maracás comer carne escrava" (p. 174). E. Volhard designa esse tipo de canibalismo ritual, em que "a carne humana não é ingerida em amor dos companheiros vivos, mas dos mortos", com a expressão *banquete da vitória* (*Il cannibalismo*, p. 507). A análise sociológica da antropofagia na sociedade tupinambá será feita na segunda subdivisão desta parte do trabalho.

a equivalência e o mútuo entrosamento entre os dinamismos ou desenvolvimentos psíquicos (na vida psíquica dos indivíduos) e o ritmo social da vida tribal. De acordo com as concepções tribais, o desenvolvimento da "pessoa" constituía um processo sem termo definido. Mesmo após o desaparecimento do círculo dos vivos, os *avá* e *tujuáe*, por exemplo, precisavam arrostar várias provações e superar diversos riscos para atingirem a "sociedade dos antepassados" (*guajupiá*); e, segundo insinuam certas informações de Abbeville, o seu retorno à terra sob aparência humana constituía ponto de crença para os tupinambá.[490] Nos limites da vida terrena, o sistema de categorias de idade continha os marcos sociais que referiam as etapas percorridas pelos indivíduos nesse desenvolvimento, em que o *motus perpetuus* eram os mortos. As obrigações dos vivos diante deles possuíam um *caráter circular*, e o próprio ato da "vingança" envolvia um compromisso sagrado: praticando as incisões, os matadores se expunham de novo ao "protesto de vingança",[491] ao invés de se libertarem dele. A morte sangrenta de companheiros, em combates coletivos ou singulares, ampliava as malhas daquela complexa cadeia de obrigações ético-religiosas, mas não os seus mecanismos. Por isso, os cronistas se representavam, com ingenuidade e etnocentrismo mas empiricamente, a "carreira" dos grandes guerreiros como uma sucessão de homicídios.

Em que sentido, porém, tais valores promoviam a equivalência e o entrosamento do curso dos dinamismos psíquicos ao ritmo social de vida tribal? Propiciando aos indivíduos os estímulos mais profundos à satisfação dos papéis e atribuições inerentes ao *status* social ocupado, e contribuindo para concatenar, assim, as condições de influência dos fatores externos no processo da vida anímica. Desde que se encarem as situações de vida, enfrentadas pelos homens, de uma perspectiva funcionalista, não será difícil representar empiricamente essa explanação:

---

[490] Cf. ABBEVILLE, Claude d', pp. 252/253.

[491] Cf. EVREUX, Pe. Ives d': "soube destes selvagens, que duas razões os levam a cortar assim seus corpos, uma significa o pesar e o sentimento, que têm pela morte de seus pais, e outra representa o protesto de vingança, que contra estes prometem eles, como valentes e fortes" (pp. 98/99).

as ações praticadas pelos indivíduos no decorrer dos rituais de sacrifício dos inimigos, de ingestão de sua carne e de renomação, estavam sujeitas a duas espécies de mecanismos, que repercutiam de modo distinto na determinação do significado e na padronização social das mesmas. De um lado, os valores religiosos que atuavam em sua motivação e as condições dentro das quais se processava o seu desenvolvimento imprimiam-lhes certa regularidade e davam-lhes certa estabilidade. A esses mecanismos se subordinavam os fatores socioculturais da vida anímica no que eles possuíam de "exteriores" aos indivíduos e de "objetivos". Em um sentido literal, traziam em si a marca da sociedade tupinambá, do que fora herdado socialmente dos antepassados, através das relações educacionais com os velhos. Por isso, esses mecanismos compreendiam tanto os impulsos oriundos de um estoque comum de ideias e crenças, que repousava no modo de participação da cultura, quanto as condições externas das ações, criadas pela estrutura institucionalizada das situações sociais vividas. Mas, de outro lado, estavam os significados subjetivos das ações, os mecanismos que "quebravam" o seu caráter de mera repetição, contribuindo para dar uma feição pessoal às mesmas, ou para fazer com que elas se polarizassem em torno de tendências psicológicas, heterogêneas e variáveis de indivíduo para indivíduo. Infelizmente, esses aspectos da realidade escaparam aos cronistas. Apenas se sabe que determinados matadores, por exemplo, conseguiam empolgar a assistência, enquanto outros se expunham ao ridículo. Sabe-se também que as ações praticadas nos rituais referidos não eram unívocas quanto ao seu significado social. À medida que um homem ampliava o número de suas vítimas, os efeitos e mesmo o sentido daquelas ações se modificavam sensivelmente: o sacrifício ritual de uma vítima humana e a conquista de um nome representavam uma coisa para o mancebo, que se tornava *avá*, e outra bem diferente para o *avá* que já era um guerreiro experimentado. O primeiro encontrava nas situações vividas a *condição* de passagem para a categoria de "homem"; o segundo esperava delas outros resultados, tão importantes para ele quanto para o mancebo a ascensão de *status*: preservar sua posição e aumentar seu "poder" ou carisma, o que acarretaria a elevação crescente de seu prestígio. Por isso, embora seja impossível compreender atualmente o significado subjetivo daquelas ações, no plano estritamente psicológico, sabe-se o que elas "valiam" socialmente em cada época da vida dos indivíduos, e como elas se encadeavam entre si em função desses significados, descrevendo a trajetória percorrida pelos homens a partir do momento em que se viam reconhecidos como adultos. Em resumo, as ações em apreço, quando referidas a seus mecanismos sociais na sociedade tupinambá, revelam-se sob dois prismas à análise sociológica: 1) apresentam-se uniformes e idênticas a si mesmas em todas as situações de vida prováveis, no que diz respeito à motivação social e às condições que cercavam a sua atualização, prescritas ritualmente;[492] 2) mostram-se variáveis, dentro de certos limites, quanto aos significados, que presidiam a concepção delas como valores, por parte dos agentes, e quanto a seus efeitos sociais, embora entre estes o incremento de carisma fosse uma consequência constante.

Essa sumária descrição indica, apesar de demasiado esquemática, as conexões que existiam entre o desenvolvimento da vida anímica e o ritmo de vida social dos tupinambá, e até que ponto tais conexões se estabeleciam mediante valores religiosos. Estes valores saturavam cada um dos momentos da vida anímica, orientando os ajustamentos sociais que se deveriam processar, em virtude das situações que a sociedade tribal antepunha aos indivíduos, e organizando as bases sociopsíquicas dos desenvolvimentos ulteriores da personalidade masculina. Assim, à medida que as ações praticadas no decorrer dos rituais de sacrifício, de ingestão de carne humana e de renomação contribuíam para preencher os ideais de vida dos tupinambá,[493] relacionando os atos concretos aos valores que os regiam, elas articulavam reciprocamente o desenvolvimento da estrutura da personalidade e as sequências da "carreira social" dos indivíduos.

---

492 Aliás, as descrições de Cardim mostram que a ritualização dessas ações comportava algumas diferenças; o ritual prescrito para o mancebo que praticava o primeiro sacrifício seria mais complicado que o ritual obedecido pelos guerreiros experientes (cf. CARDIM, Pe. Fernão, p. 170). Veja-se também Thevet, a quem não passou despercebido esse aspecto dos rituais de sacrifício (cf. ms. in., fl. 61).

493 Evidentemente, ações de outro tipo (atividades econômicas, alargamento do grupo doméstico e suas consequências nas relações sociais etc.) tendiam a produzir os mesmos efeitos. Entretanto, esse aspecto da questão não entra em causa no momento.

As mesmas conexões são visíveis nos desenvolvimentos psíquicos posteriores. Como se sabe, aqueles indígenas acreditavam que um homem alcançava o máximo de "poder" depois dos quarenta anos, aproximadamente, quando se incorporava à categoria dos *tujuáe*. Era em torno dessa época da vida anímica que se projetavam as tendências mais significativas de diferenciação da personalidade masculina: os indivíduos podiam ser chefes de malocas, de grupos locais, líderes guerreiros e pajés. Não resta dúvida, a personalidade dos *tujuáe* representava culturalmente, para os tupinambá, o tipo de configuração mais complexa e harmoniosa da vida anímica do homem. Ora, o próprio processo de "crescimento" da personalidade de um *avá* comportava a emergência dessa configuração de personalidade masculina. O aumento de carisma, através do aprisionamento e do sacrifício de certo número de inimigos – variável de acordo com a diligência e as aptidões pessoais de cada um –, acompanhava o lento processo de adestramento dos sentidos, das emoções e da inteligência a que se submetiam os homens, fazendo com que a aquisição do *status* de *tujuáe* fosse uma ocorrência natural e necessária na vida de um homem "normal". Mas, desde que um indivíduo se classificava como *tujuáe*, ele tinha que arcar com as obrigações mais "pesadas" que poderiam ser atribuídas a um homem, segundo as concepções dos tupinambá. Nessa fase ou época da vida, mesmo sem se notabilizar de modo especial diante dos companheiros, um homem se aproximava tanto dos padrões ideais de personalidade, definidos na cultura tupinambá, que todas as suas ações – no trabalho, na guerra e nos cerimoniais – precisavam ser cuidadosamente ponderadas. Eles carregavam consigo a sabedoria dos antepassados e os ensinamentos da vida. E se tivessem sido bem-sucedidos na acumulação de "poderes" ou de carisma, através dos sacrifícios rituais e das relações com entidades sobrenaturais, podiam inclusive transformar-se em grandes pajés e locomover-se com relativa liberdade no mundo perigoso dos espíritos, aprendendo coisas inacessíveis a seus companheiros senão por seu intermédio. Por isso, os jovens se dedicavam à observação dos atos dos *tujuáe*, ouviam as suas palavras e os imitavam, criando para eles uma função importante: a de renovar os laços entre o passado e o presente, de que se desincumbiam preservando ou restaurando as tradições. Não admira, portanto, que esta fosse considerada a mais bela fase da vida pelos tupinambá, e que acreditassem que dela um homem poderia partir para o convívio com os espíritos dos antepassados.

A descrição precedente revela os fundamentos psíquicos da dominação gerontocrática naquela sociedade tribal e dá a chave para a compreensão dos estímulos mais profundos que agitavam as preocupações dos *tujuáe*. Um duplo sistema de solicitações imprimia, nessa época, uma direção definida e progressiva à vida psíquica dos homens, impedindo que se entorpecessem psicologicamente ou se isolassem socialmente, encerrando-se dentro do seu próprio mundo. De um lado, jamais um *tujuáe* se consideraria desobrigado de "deixar o exemplo", destinado aos jovens, em geral, mas particularmente significativo para os seus descendentes. A estes competiria manter o "nível" das tradições dos parentes mortos e dos ancestrais, às quais se incorporariam de modo imediato e como normas de ação os "exemplos" dos parentes vivos. Apreciada deste ângulo, a responsabilidade de um *tujuáe* era enorme, pois a sua conduta não daria a conhecer apenas o que ele e seus antepassados "valiam", mas ainda o que presumivelmente seriam os seus "filhos" e os "filhos de seus filhos". De outro lado, os espíritos[494] não se satisfaziam com as demonstrações de "valor" dadas por um homem no plano das relações sociais. Eles exigiam muito mais dos vivos, e era por isso que os *avá* e *tujuáe* faziam tantos prodígios: a vontade ou as disposições dos espíritos precisavam ser constantemente descobertas e satisfeitas. E ainda que se possa dizer que os *tujuáe* transferiam para os espíritos, inconscientemente, a sua própria vontade, os seus próprios desejos, aproveitando as funções religiosas a eles atribuídas como instrumento de dominação, o fato é que lhes cabia zelar pelas relações entre os vivos e os espíritos. As impulsões oriundas desse sistema de solicitações compeliam os *tujuáe* a se manterem ativos e realizadores até o esgotamento de suas energias físicas, dando-lhes ânimo para cumprirem as atribuições inerentes a seu *status*, inclusive as que implicavam o exercício da dominação tradicional. Em suma, a correspondência entre o comportamento dos *velhos*, desenvolvido sob inspiração pessoal ou sob o influxo da coerção

---

[494] As "almas" dos ancestrais e "avós", pelo que se pode alcançar através da documentação disponível.

social, e o que a sociedade esperava deles constituía, no plano psíquico, uma função dos valores que inspiravam suas ações e que polarizavam positivamente os seus desejos e ambições.

Contudo, em que sentido essa análise poderia nos esclarecer a respeito da função dos valores guerreiros na formação da personalidade masculina dos tupinambá? Suponho que, quanto a isso, não há margem para dúvidas. Já foi indicado várias vezes neste trabalho que a guerra, no que caía ou dependia da consciência social dos tupinambá, se reduzia literalmente a um *instrumentum religionis*. É difícil à nossa mentalidade, mesmo com o auxílio do método sociológico, uma inteligência completa desta afirmação. Ela não significa simplesmente que a guerra tinha, naquelas sociedades tribais, uma "origem" religiosa – os espíritos interferiam na determinação das incursões e das expedições guerreiras; ou que visava a um "fim" religioso – a captura de inimigos para o sacrifício ritual; ou, ainda, que ela seguia um "curso" religioso, estranho aos princípios da arte militar racional – o sucesso ou o insucesso das atividades guerreiras dependia diretamente do sobrenatural. Embora me fosse impossível penetrar mais profundamente que os outros em uma realidade tão complexa e esquiva, pareceu-me que a guerra, pelo menos dentro dos limites em que a pude compreender relacionando-a com alguns elementos conhecidos da concepção do mundo daqueles aborígenes, se integrava ao complexo tribal de valores religiosos e que, se ela possuía um significado existencial para os tupinambá, ele não se separava das condições e da natureza de sua vida religiosa. O fato de ter analisado a estrutura e os desenvolvimentos da personalidade em termos de suas conexões com os valores religiosos corresponde ao cuidado metódico que se impunha tomar, para não conceber os valores guerreiros em si mesmos e para não lhes imputar uma influência exorbitante na formação da personalidade masculina. Seria conveniente particularizar a análise, já que esses riscos foram evitados, conduzindo-a para seu objeto específico.

É indispensável, porém, que fique claro o seguinte: constatar que a guerra é, em uma sociedade particular, "instrumento da religião" não equivale a dizer que ela não possui nenhuma função social própria. A guerra também pode ser, como demonstra a sociologia, "instrumento" de outras manifestações da vida social, como a economia, o direito, a política. Apesar disso, através das dependências a que se subordina é que a função social da guerra se eleva e se impõe com nitidez à investigação científica. Entre as críticas feitas à *Organização social dos tupinambá*, algumas atingiram esse aspecto da questão; mas de tal modo que se elas contivessem algum fundamento empírico a guerra seria destituída de qualquer função própria na sociedade tupinambá, em virtude de ser um *instrumentum religionis*! Ora, a análise anterior confirma o acerto da posição metodológica assumida pelo autor, impondo à consideração dois temas básicos: primeiro, se a guerra possuía, e até que ponto possuía, uma função socializadora na sociedade tupinambá; segundo, se os substratos guerreiros dos valores religiosos tinham, ou não, uma função positiva nos dinamismos psíquicos.

Quanto ao primeiro tema, é sabido que a guerra, como as demais formas de luta, exerce uma função socializadora. Simmel, entre outros, põe em evidência esse fato, tanto no que concerne à ação recíproca dos *socii* quanto no que respeita às suas atitudes: atuando nas relações dos militantes, a guerra se reflete na organização de suas personalidades. Por isso, sustenta que a guerra produz, por si mesma, alterações significativas nas pessoas dos combatentes. Os indivíduos que lutam *recolhem-se sobre si próprios* e concentram suas energias em determinados fins.[495] Os cronistas se descuidaram dessas consequências da guerra, mas é possível reconhecê-las indiretamente. As situações de vida que os indivíduos enfrentavam após serem admitidos nos bandos guerreiros, como combatentes ou militantes, repercutiam nos quadros de suas atividades rotineiras, fazendo com que a guerra caísse dentro deles. Seria vão reunir cogitações sobre os prováveis efeitos psíquicos da transformação da guerra em atividade rotineira masculina, inclusive sobre seus reflexos nas vivências dos homens que se tornavam *guerreiros*. Essa não é uma tarefa da sociologia, malgrado o valor atribuído por alguns especialistas às elaborações de caráter puramente conjectural.[496] Uma coisa, porém, é certa e pode ser admitida sem o auxílio de documentação explícita.

---

[495] SIMMEL, A. op. cit., vol. I, pp. 247-257 e pp. 302/303.

[496] Cf., por exemplo, BAUER, Wilhelm. *Introducción al estudio de la historia*, pp. 494/495.

É que a participação dessas situações de vida alterava em algum sentido as vivências masculinas, pois acarretava a aquisição de novas experiências e a atualização ou enriquecimento de certos valores e emoções, conservados de modo latente até então na personalidade dos homens.

Por isso, pode-se falar em uma inflexão das vivências masculinas, em consequência da participação normal e constante das atividades guerreiras. Um *kunum˜ı-guasú*, a partir do momento em que se integrava a um bando guerreiro, começava a aprender como se comportar diante dos inimigos e transferia conhecimentos obtidos anteriormente, em particular sobre o manejo das armas e das técnicas adaptativas tribais, do plano da luta contra os animais para o plano da luta contra os homens. Além disso, experimentava pela primeira vez, na qualidade de "militante", as emoções proporcionadas por esse tipo de luta. Adquiria então uma noção concreta do que vinha a ser um *kerembave* ou um *tetanatu*, isto é, um "forte" e "valente", dentro do seu próprio elemento,[497] e o que um homem precisava fazer no campo de luta para merecer semelhantes qualificações. Ao mesmo tempo, os ódios e as tensões contra os inimigos, acumulados desde a infância, encontravam na luta uma aplicação prática e efetiva. Parece, portanto, que a partir do momento em que a guerra se tornava uma atividade rotineira na vida de um homem, ela se incorporava à sua personalidade como uma realidade anímica, fazendo parte de si mesmo, exprimindo-se em suas ações, nas suas ideias e nos seus sentimentos.

Tais conclusões encaminham naturalmente a discussão do segundo tema. Separando a motivação e o condicionamento sociais das situações de vida, da influência que elas exerciam por si mesmas na determinação do comportamento e das atitudes dos indivíduos, a análise permitiu circunscrever, de certa forma, a função socializadora das atividades guerreiras. Resta saber, agora, se esta função pode ser representada de um ponto de vista genético, isto é, em termos de sua

---

[497] Termos indicados por Abbeville, grafados e traduzidos de acordo com os ensinamentos de Rodolfo Garcia (cf. ABBEVILLE, Claude d', pp. 232/233 e notas correspondentes, de R. Garcia).

importância presumível nos dinamismos da vida psíquica dos tupinambá. Em virtude da carência de dados explícitos, seria conveniente lançar mão de um artifício analítico, qual seja o de considerar a guerra na sociedade tupinambá do ângulo em que ela se apresenta, nitidamente, como substrato dos valores religiosos.

Observadas deste prisma, as conexões entre a guerra e a religião naquela sociedade tribal evocam a explicação hegeliana da dialética do senhor e do escravo. A guerra constituía um substrato da religião tribal, sendo uma de suas determinações ou, em outras palavras, um *instrumentum religionis*; mas, graças a esta conexão, ela se tornava, reciprocamente, uma das determinações da religião tribal. A guerra se realizava para e através da religião tribal: ela não possuía uma essência própria. Sua realidade anímica constituía uma consequência da função dos valores religiosos na formação da personalidade masculina. Por isso, os valores religiosos é que determinavam propriamente as orientações belicosas das vivências masculinas. O exercício ou não das atividades guerreiras, bem como a intensidade e o volume das mesmas, e o grau de consciência social da importância delas na vida prática dependiam da natureza das obrigações religiosas, atribuídas socialmente aos indivíduos, em cada época de sua vida, através do sistema de categorias de idade. Contudo, na vida religiosa dos tupinambá, pelo menos na forma pela qual ela foi descrita pelos cronistas, a guerra jogava o papel de *conditio sine qua non*. Todo o complexo sistema de ritos de comunicação com os antepassados e os fundamentos em que ele se assentava subordinavam-se ao sacrifício de vítimas humanas: e pelo que se sabe elas não se apresentavam espontaneamente ao massacre.[498] Precisavam ser obtidas à força, por meio da luta armada.

Isso explica por que a conexão existente entre a guerra e os dinamismos psíquicos, descritos acima, era profunda, apesar de se estabelecer por mediação dos valores religiosos. Em certo sentido, a correspondência às obrigações atribuídas aos indivíduos em cada época

---

[498] Gabriel Soares (p. 385) refere-se às cerimônias de recepção lacrimosa de indivíduos que pertenciam a grupos tribais inimigos. No decorrer da cerimônia se processava

de sua vida, inclusive as religiosas, ligava-se às aptidões guerreiras e à capacidade de fazer prisioneiros, demonstradas nos combates. Ainda que a cooperação dos parentes pudesse facilitar alguns dos ajustamentos esperados (por exemplo, a oferta da vítima para o primeiro sacrifício praticado por um jovem), os indivíduos que não possuíssem aqueles predicados guerreiros não conseguiriam corresponder às expectativas tribais de comportamento. De um lado, a cooperação dos parentes precisaria ser compensada posteriormente; de outro, aquele sacrifício, como foi indicado, não preenchia senão as condições de "passagem" para a categoria dos *avá*. O sistema de "promoções sociais" dos tupinambá funcionava de tal maneira que os fracassados nos empreendimentos guerreiros jamais poderiam colocar suas ambições e aspirações no nível das expectativas normais. Estritamente falando, o prestígio e o carisma dos *socii* não provinham, nem de modo mediato, de seus feitos guerreiros; entretanto, para que um indivíduo pudesse satisfazer as exigências instituídas no sistema tribal de "promoções sociais" e adquirir suficientes "poderes" ou dotes carismáticos, pelo menos até firmar sua posição no grupo dos *tujuáe*,[499] precisaria não só realizar vários feitos guerreiros: teria que ser ele próprio um *guerreiro*, capaz de agir como um "forte" em todas as circunstâncias previstas de contacto à mão armada com inimigos. Esta expectativa era tão nítida e incisiva, que se refletia até nos comportamentos ritualizados do matador e da vítima no decorrer do sacrifício. Os indivíduos a cuja personalidade faltavam os predicados de belicosidade estavam condenados a uma vida terrena irrisória, sujeitos a ser designados depreciativamente como *cuave eim*,[500] e a uma vida *post-mortem* problemática, pois lhes seria dificílimo o acesso

---

a identificação do visitante, e, sendo "contrário", raramente escapava com vida. Presumivelmente, tais casos deveriam ser esporádicos.

499 Depois disso, havia outras fontes de aquisição de prestígio e de incremento do carisma, que não dependiam diretamente da guerra (como a extensão da parentela por meio de casamentos ou a prática do xamanismo).

500 Termo registrado por ABBEVILLE, Claude d' (pp. 230/231); segundo o cronista francês, indicaria o "poltrão e frouxo de coragem". Mas Rodolfo Garcia assegura que *caubeyma* significa, etimologicamente, imbecil e tolo: enquanto Plínio Ayrosa traduz *Kuabeyma* por "o que não sabe, ignorante".

à sociedade dos antepassados. Resumindo: a função socializadora da guerra na sociedade tupinambá contribuía para imprimir uma configuração característica às relaçoes sociais, tanto no plano tribal quanto no intertribal, e repercutia nos dinamismos da vida psíquica, nos quais desempenhava um papel ativo, inflectindo a formação da personalidade masculina no sentido das orientações belicosas do *ethos* tribal.[501]

Visto isso, a análise pode ser estendida à segunda questão, de modo a apanhar os problemas que dizem respeito aos processos através dos quais os valores guerreiros eram integrados à personalidade masculina. Esses problemas podem ser reduzidos, fundamentalmente, a dois:

---

[501] A análise acima, sobre a função dos ideais guerreiros no processo de formação da personalidade tupinambá, repousa em: MÉTRAUX, Alfred – a) *La Religion des tupinambá*, especialmente as descrições dos ideais de personalidade masculina expressos na mitologia tribal e das consequências sociais do sacrifício ritual (cf. caps. II e XI); b) *The Tupinambá*, pp. 112/113 e pp. 119-126 (neste ensaio, é fundamental a explanação sobre a importância dos valores religiosos no sistema sociocultural dos tupinambá e suas conexões com a guerra e com o canibalismo); c) *Warfare, cannibalism and human trophies*, passim (evidentemente, nas passagens referentes aos tupinambá). Quanto às relações entre a guerra e a religião tribal, neste trabalho de Métraux, são fundamentais as seguintes interpretações: 1) os tupinambá procuravam formar nos rapazes, desde a infância, a mentalidade do "vingador", isto é, do homem que "deveria capturar prisioneiros e sacrificá-los ritualmente, em compensação por todas as perdas sofridas por sua tribo nas mãos dos inimigos" (p. 384); 2) as conexões entre a guerra e o sistema de "promoções sociais", por intermédio dos valores religiosos, refletiam-se na integração da guerra na estrutura social, fazendo com que ela se mantivesse regularmente acesa, o que significa que a guerra atuava de modo permanente nas mesmas direções, produzindo constantemente os mesmos efeitos (cf. p. 385); cf. ainda FERNANDES, Florestan. *A organização social dos tupinambá*, cap. IV e suplementarmente cap. V (menos importantes, mas esclarecedoras, são as passagens relativas ao culto dos antepassados, pp. 161-167, e às atividades masculinas no sistema tribal de divisão do trabalho, pp. 109-122). É absolutamente impossível acompanhar as inferências de caráter teórico sem o conhecimento dos dados reunidos nos dois citados capítulos; recomendo com particular empenho, também, o exame cuidadoso do diagrama v, referente ao *status* masculino na sociedade tupinambá (p. 244), e chamo a atenção do leitor para as análises que serão feitas a seguir (inclusive na subdivisão B: "Repercussões da guerra na estrutura social"), pois elas contêm evidências empíricas para as principais explanações contidas nesta parte do trabalho. Sobre os termos usados pelos tupinambá para conotar os atributos guerreiros (ou a ausência deles) dos homens, consulte-se ainda: MÉTRAUX, Alfred. *La Religion des tupinambá*, pp. 168/169.

a) os processos sociais e as situações de vida correspondentes de caráter propriamente educativo, através dos quais as gerações dominantes procuravam orientar, de modo direto ou indireto, a formação dos imaturos e dos jovens do sexo masculino; b) os processos sociais e as situações de vida correspondentes que determinavam, de maneiras diversas e em graus variáveis, a atualização dos valores guerreiros tribais. Ambos os processos sociais podiam afetar tanto as esferas mais profundas da estrutura da personalidade masculina quanto suas zonas superficiais. Doutro lado, é visível a ligação de ambos, quanto à forma e à função, com o contexto social: respondiam, completando-se reciprocamente, à necessidade de formar "personalidades guerreiras", isto é, personalidades afeitas à guerra como rotina.[502]

A educação dos imaturos se processava em grande parte no grupo doméstico, e seus primeiros desenvolvimentos eram regulados pelas obrigações dos pais para com os filhos, definidas em termos de sexo e de idade. Quanto aos indivíduos de sexo masculino, que nos interessam aqui, sabe-se que dependiam estreitamente dos cuidados da mãe até atingirem a idade aproximada de oito anos, em que passavam para a categoria dos *kunum˜ı*. Durante esse período de tempo, que abrangia duas categorias de idade (*mitã* e *kunum˜ı-mirı˜*), a mãe satisfazia diretamente

---

[502] Como se vê, trata-se de verificar até que ponto os fatores que determinam o grau de importância da guerra na organização social de uma sociedade dada repercutem nas técnicas e processos educativos, orientando-os em um sentido guerreiro. Esse tema já atraiu a atenção de alguns especialistas, como Paul Barth (*Die Geschichte der Erziehung in Saciologischer Beleuchtung*, *compte-rendu* de DURKHEIM, Émile, pp. 685/686), e L. G. Brown, com referência às sociedades ocidentais contemporâneas (*Social pathology*, p. 574). Entretanto, a separação teórica dos dois tipos de técnicas e processos sociais constantemente confundidos pelos sociólogos, baseada nos resultados da psicologia e da etnologia modernas, contém implicações que precisam ser indicadas aqui. Em primeiro lugar, quanto aos mecanismos de controle social, a distinção permite circunscrever a função das técnicas e dos processos educativos, separando-a da função das técnicas e dos processos de atualização de atitudes. Sentimentos e ideias que, graças a experiências educativas prévias, constituem "valores" para os indivíduos. Em segundo lugar, a mesma distinção permite considerar a congruência existente entre os dois tipos de técnicas e processos sociais, em uma sociedade dada, de suma importância para a explicação da integração social, embora tenha sido subestimada até hoje na sociologia.

as necessidades alimentares e higiênicas dos filhos, tornando-se sua principal fonte de conforto e de segurança. Por isso, desempenhava o importante papel de mentora dos filhos nos adestramentos sociais ocorridos nessas duas fases da vida masculina. As relações entre ela e os filhos possuíam forte cunho afetivo, embora os meios de disciplina empregados fizessem prevalecer, branda mas decididamente, a vontade dos adultos. O adestramento no uso do arco e da flecha e a aprendizagem dos cantos e danças da tribo começavam então: o primeiro, informalmente, nos grupos de folguedos dos meninos, que recebiam dos pais arcos e flechas proporcionados ao seu tamanho e vigor, e se exercitavam em seu manejo e na pontaria atirando em cabaças que eles próprios reuniam; a segunda, no convívio com os "pais".[503] Tornando-se um *kunum˜ı*, porém, o menino se libertava da tutela da mãe, para cair na do pai, em cuja companhia passava a participar das diversas atividades masculinas, relacionadas com a pesca e com a caça, e sob cuja influência adquiria os conhecimentos necessários à sua "vida social". Em síntese, cabia ao pai orientar os adestramentos básicos dos filhos e os ajustamentos às situações que precisavam enfrentar no início de sua "carreira" de homens. Depois de passarem por esta fase, que ia mais ou menos dos oito aos quinze anos, estavam capacitados para agir com maior independência nas atividades econômicas, cooperando de modo mais diligente na manutenção da família, e para ser admitidos nos bandos guerreiros, seja na qualidade de remadores, seja com *status* condicional de combatente. Então, os *kunumı˜-guasú* saíam da órbita de tutelagem dos pais, passando para a dos velhos em geral, aos quais serviam nas reuniões dos homens e aos quais chegavam a obsequiar com pequenas ofertas, e em cujo convívio aprendiam as tradições tribais e sua aplicação à resolução dos problemas práticos.[504]

Essa sumária descrição das sucessivas relações educacionais dos imaturos na sociedade tupinambá revela: a) como e de que pessoas

---

503 A fonte que dá essa informação não esclarece o papel tomado pelo pai ou pela mãe nessas relações com os filhos: "logo pequeninos os ensinam os pais a bailar e a cantar (CARDIM, Pe. Fernão, p. 154).

504 Cf. FERNANDES, Florestan, op. cit., pp. 223-230.

adquiriam estes conhecimentos indispensáveis aos ajustamentos sociais que deles esperavam em cada época de sua vida; b) em que sentido se alargava o círculo de relações sociais, com seus efeitos educativos, de um rapaz, em consequência da complicação crescente de suas atribuições e obrigações sociais. Contudo, se ela possuía algum, que papel desempenhava a guerra nesse processo? Os próprios cronistas tentaram responder a essa questão, procurando *avaliar* a importância dos valores guerreiros na educação tribal. Assim, escrevem Brandão, Thevet e Léry, por exemplo:

> Aos filhos ensinam de pequenos a que sejam guerreiros e inclinados à guerra, e para efeito os adestram no arco e flecha, de modo que, com terem pequeno corpo, são grandes flecheiros, para que os exercitam na caça.[505]
> Vê-los-eis ensinar às crianças, de três ou quatro anos de idade, a manejar o arco e a flecha, e, de vez em quando, a exortá-las à valentia, a vingar-se dos inimigos, ou a morrer de preferência a perdoar a quem quer que seja".[506]
> Se me perguntarem ainda o que ensinam os selvagens aos filhos, quando grandes, responderei que nos capítulos VIII, XIV e XV e noutros trechos desta narrativa já me referi à índole guerreira desta gente e a seus costumes em relação aos inimigos. Como é facil de imaginar, não possuem colégios nem escolas de ciências ou artes liberais; a ocupação ordinária de todos, grandes e pequenos, é a caça e a guerra, no que se mostram verdadeiros sucessores de Lamech, Nemrod e Esaú; mas também se ocupam em matar e comer gente.[507]

Essas explanações são, porém, insatisfatórias. Elas sublinham as tendências mestras das preocupações educativas dos adultos: 1) ensinar

---

505 BRANDÃO, Ambrósio Fernandes, p. 277; sobre os adestramentos para o uso das armas, cf. ainda: CARDIM, Pe. Fernão, pp. 274/275; EVREUX, Pe. Ives d', p. 130; GABRIEL SOARES, p. 371.

506 THEVET, Frei André. *Singularidades*, p. 249.

507 LÉRY, Jean de, pp. 206/207.

aos imaturos como utilizar as armas de que dispunham; 2) estimular, através de motivações de caráter afetivo, as atitudes dos imaturos: a) de modo a criar em seu espírito um ideal de comportamento nas relações à mão armada com os inimigos; b) e levando-os a se identificarem com os seus parentes e com os companheiros de tribo, de maneira a dirigirem suas atitudes agressivas contra os inimigos tradicionais.[508] Mas, restaria saber como tais orientações da educação tribal eram praticadas e como elas se integravam na vida social dos imaturos. Como os cronistas não se manifestam a respeito desses aspectos do assunto, procurei elucidá-los indiretamente, através do que se conhece de certas situações sociais vividas pelos imaturos em determinados rituais.

Na realidade, poder-se-ia dizer que os tupinambá nasciam sob o signo da guerra e que a integração dos recém-nascidos à sua parentela e à tribo envolvia um compromisso guerreiro. Antes de se tornar consciente desse fato, o indivíduo já suportava o peso de uma herança de ódios e de votos de vingança. Assim, os rituais de nascimento abrangiam uma cerimônia no decorrer da qual o pai oferecia ao filho um tacape e um arco com flechas; a cerimônia ocorria logo após a queda do umbigo e vem descrita por duas fontes:

> (...) se é macho dá-lhe logo [o pai] um pequenino tacape e um arco miúdo com flechas curtas de penas de papagaio; depois de colocar tudo isso junto do menino beija-o risonho e diz: "Meu filho, quando cresceres serás destro nas armas, forte, valente e belicoso para te vingares dos teus inimigos".[509]
>
> (...) até que lhe cai o umbigo, que é de ordinário até os oito dias, e até que não lhe caia não deixam o jejum, e em lhe caindo, se é

---

508 A análise completa desse processo depende de dados que as fontes não fornecem; contudo, através da participação dos imaturos de certos rituais, descritos pelos cronistas, é possível lançar alguma luz sobre as conexões existentes entre a preservação da coesão social, graças à convergência das atitudes agressivas para os inimigos, e às experiências da vida infantil. O leitor interessado encontrará uma análise sistemática do problema, encarado do ponto de vista psicanalítico, em ROHEIM, G. *War, crime and covenant*, pp. 25-38 e pp. 152/153.

509 LÉRY, Jean de, pp. 204/205.

> macho lhe faz [o pai] um arco com flechas, e lho ata no punho da rede, e no outro punho muitos molhos d'ervas, que são os contrários que seu filho há de matar e comer.[510]

Embora a segunda descrição seja a mais completa, os dados contidos em ambas são consistentes entre si e se completam. Quanto ao significado da oferta do arco e flechas, outra fonte esclarece que constituía um "sinal e grito de guerra ou vingança contra os seus inimigos".[511] Em sua tentativa de interpretação desta cerimônia, Karsten chegou à conclusão de que ela tinha um duplo objetivo, de caráter mágico; tornar o recém-nascido um virtuoso e um "bravo" e protegê-lo contra os inimigos sobrenaturais.[512] Essa interpretação encontra fundamento na explicação da oferta ritual de unhas de onça e garras de pássaro, observada logo depois do nascimento, a qual tinha por fim desenvolver no recém-nascido as qualidades de um caçador e de um bom pescador, e torná-lo "mais virtuoso" e "de grande coragem".[513] A interpretação global da função dos ritos de nascimento revelou, por sua vez, que de fato as ofertas rituais constituiriam técnicas mágicas através das quais os adultos supunham *comunicar* aos recém-nascidos certas qualidades, sentimentos e poderes virtuais.[514] Em suma, a oferta de armas tinha por fim transmitir aos recém-nascidos os atributos de um guerreiro. Ainda que se possa pôr em dúvida a eficiência prática das técnicas indicadas (do ponto de vista da comunicação efetiva de qualidades e sentimentos guerreiros aos recém-nascidos), a observância dos ritos patenteia por si mesma desde quando julgavam os adultos ser necessário interferir na vida dos imaturos e despertá-los para a guerra.

---

510 CARDIM, Pe. Fernão, pp. 149/150.

511 THEVET, Frei André. *Singularidades*, p. 255.

512 Cf. KARSTEN, Rafael. *The civilization of South American indians*, pp. 117/118.

513 Cf. THEVET, Frei André. *Cosmographie*, fls. 915-916 e ms. in., fl. 67v. Aliás, o próprio Thevet frisa que as cerimônias indicadas visavam a tornar os recém-nascidos bons e valentes guerreiros (cf. op. cit., fl. 915).

514 Cf. FERNANDES, Florestan. *A organização social dos tupinambá*, pp. 147-159, esp. p. 157.

Outros exemplos mostram que a técnica de expor as crianças do sexo masculino a situações que implicavam a comunhão dos sentimentos e ideais guerreiros dos adultos representava uma constante da educação tribal. Uma dessas circunstâncias era muito importante para os meninos: trata-se dos rituais ligados à perfuração do lábio. Eis como uma das fontes os descreve, referindo-se às preocupações guerreiras dos tupinambá:

> É-lhes peculiar também um outro costume estranho: o de furar o lábio inferior. Ao atingirem seus filhos a idade de quatro a seis anos, preparam os índios um festim (o cauim), para o qual convidam todos os parentes e amigos do menino, além de todos os habitantes da aldeia e circunvizinhanças. Depois de *cauinar* bastante e de dançar durante três dias consecutivos, segundo seu costume, mandam vir o menino e dizem-lhe que lhe vão furar o lábio para que se torne um guerreiro valente e prestigiado. A criança assim encorajada apresenta espontaneamente o lábio, com satisfação e decisão; pega-o então o índio incumbido de furá-lo e atravessa-o com um osso pontiagudo fazendo um grande buraco. Se o menino grita ou chora, o que raramente acontece, dizem-lhe que não prestará para nada, que será sempre um covarde, um homem sem coragem. Se ao contrário, como ocorre comumente, se mostra corajoso e forte, tiram da cerimônia bom augúrio e afirmam que será mais tarde grande, bravo e valente guerreiro.[515]

Segundo a descrição transcrita, os rituais de perfuração do lábio tinham por fim desenvolver as qualidades guerreiras nos meninos, mas serviam ao mesmo tempo como uma espécie de diagnóstico social de suas aptidões para a guerra. Contudo, do ponto de vista sociológico,

---

[515] ABBEVILLE, Claude d', p. 214; a descrição mostra que essa era uma ocasião solene na vida tribal. Adiante o cronista assevera a mesma coisa explicitamente, ao enumerar as "solenidades tribais" (cf. p. 218). Thevet esclarece que o "osso" de que os tupinambá se utilizam como perfurante eram fragmentos de chifres de veado, pois acreditavam "que esse osso não é venenoso e impede qualquer consequência funesta à operação". (*Singularidades*, p. 298).

merece particular atenção a referência ao comportamento dos pacientes naquelas circunstâncias. O autodomínio de emoções fortes em tão tenra idade sugere que a educação tribal conseguia submeter as ações dos meninos a um controle efetivo e que vários ideais dos adultos possuíam para eles o significado existencial de valores.

Noutra circunstância, em que se evidenciam as mesmas preocupações educativas dos adultos, os meninos se viam envolvidos de modo mais dramático nas relações com os inimigos e na teia de ódios intertribais. Refiro-me à aspersão ou esfregação ritual do sangue do inimigo sacrificado no corpo de crianças do sexo masculino;[516] esse ritual é descrito por várias fontes:

> (...) tendo-se o cuidado de aparar o sangue e com ele banhar os meninos, a fim de torná-los, como dizem, bravios (nesse momento, os selvagens concitam os filhos a tomar o exemplo dos maiores, sendo de crer que de igual modo procedem os seus contrários).[517]
>
> (...) e então, incrível crueldade, assim como nossos caçadores jogam a carniça aos cães para torná-los mais ferozes, esses selvagens pegam os filhos uns após outros e lhes esfregam o corpo, os braços e as pernas com o sangue inimigo a fim de torná-los mais valentes.[518]
>
> (...) e as mães com os meninos ao colo (...) estreiam-nos para a guerra tingindo-lhes os braços com aquele sangue.[519]

Cabeza de Vaca descreve esse ritual entre os guarani, em que se desenvolvia de modo diferente: quando o prisioneiro caía sob o golpe

---

516 Abbeville se manifesta de modo impreciso sobre o assunto, afirmando que a aspersão de sangue atingia todos os "convivas" do sacrifício ritual (cf. p. 229). As informações citadas a seguir indicam precisamente que as cerimônias se realizavam para e com as crianças.

517 THEVET, Frei André. *Singularidades*, p. 244; cf. também ms. in., fls. 60v.-61 (esta descrição é mais complicada).

518 LÉRY, Jean de, p. 180.

519 CARDIM, Pe. Fernão, p. 170.

do matador, três meninos, de idade variável entre seis e sete anos, acercavam-se do seu corpo, empunhando uma machadinha cada um. O maior de todos ou o filho do principal descarregava o primeiro golpe; depois, os três se dedicavam à mesma tarefa em conjunto, até fazerem saltar sangue do inimigo. Enquanto isso, os adultos os estimulavam, dizendo-lhes em voz alta que fossem valentes e que tivessem "ânimo para matar seus inimigos e para andar nas guerras", e que nunca se esquecessem de que o inimigo morto matara antes, por sua vez, seus próprios parentes. Por isso, deviam vingar-se deles.[520]

É impossível recuperar atualmente, com a documentação disponível, o significado integral desses ritos para os tupinambá. As descrições deixam claro a sua natureza e os seus objetivos, de ordem mágica: os adultos pretendiam, por seu intermédio, incorporar à personalidade dos meninos certas qualidades e sentimentos, como a bravura e o ódio aos inimigos. Isso significa, em outras palavras: 1) que se estabeleceria uma ligação de tal ordem entre os meninos e a vítima, que aqueles assimilariam energias e predicados pessoais desta; 2) que as ações praticadas então pelos meninos produziam, como efeito fundamental, a identificação deles com os adultos, levando-os a desejarem a vingança dos parentes mortos pelos inimigos. Todavia, o teor positivo dos processos mágicos em jogo obrigam-me a admitir que essa interpretação é incompleta. "Estreiam-nos para a guerra", assevera Cardim; o que pretenderia insinuar o atiladissímo cronista? Segundo suponho, o mesmo raciocínio que explica por que os adultos expunham as crianças àquelas situações ("o semelhante produz o semelhante") sugere uma resposta a essa questão. Transferindo para as crianças certas qualidades do "contrário" sacrificado, os tupinambá provavelmente pretendiam defendê-las dos inimigos: não do espírito do morto, apenas, mas ainda das ações vindicativas dos seus parentes vivos.[521] As qualidades incorporadas pelos meninos à sua personalidade alcançavam uma aplicação prática, a qual, pelo que se

---

[520] CABEZA DE VACA, Alvar Nuñez, pp. 195/196.

[521] São bastante conhecidas as análises de Frazer a respeito desses aspectos da magia homeopática e positiva, para que seja necessário insistir sobre os mecanismos de tais práticas mágicas. Aliás, a presente interpretação não as baseia propriamente nos

pode julgar a partir de uma informação de Thevet relativa ao sacrifício da onça, consistiria em protegê-los contra o espírito do morto. Além disso, é presumível que a impregnação do corpo deles com substâncias do corpo da vítima produziria outros efeitos protetivos: a incorporação de qualidades pertencentes a ela contribuiria para defender magicamente os imaturos contra os ataques dos inimigos, representando um ardil para reduzir os azares da guerra com relação às suas pessoas. Por isso, é provável que os rituais de aspersão ou de esfregação do sangue das vítimas possuíssem um significado muito mais profundo, quer para os adultos, quer para os meninos. Observando-os, os meninos assumiriam um verdadeiro compromisso sagrado naquela ocasião: obrigar-se-iam literalmente, diante dos parentes vivos e dos adultos circunstantes, a um *pacto de sangue*. Se alguns destes caíssem em poder dos inimigos ou fossem mortos em combate, nos imaturos recairia a obrigação da revindita, a ser praticada quando se tornassem guerreiros. Em síntese, aqueles rituais produziam resultados em dois planos distintos. No da magia, em virtude de sua natureza, preenchiam dois objetivos diversos, embora ligados entre si: a transferência de atributos dos guerreiros sacrificados para a personalidade dos meninos, e a proteção de suas pessoas, em consequência, contra os empreendimentos ulteriores de vingança, do espírito do morto ou realizados pelos companheiros e parentes das vítimas. No das relações sociais, atuavam como uma forma direta de controle social, através da qual os adultos desenvolviam nos imaturos do sexo masculino atitudes e sentimentos de lealdade e de identificação para com o grupo. O exemplo revela, nesse sentido, que o impacto dos valores religiosos na educação tribal e na vida dos tupinambá, graças ao qual os vivos eram governados pelos mortos, encontrava um fundamento nas relações sociais dos adultos com os imaturos.

As atitudes e sentimentos, adquiridos através da participação desses rituais, eram postos à prova e enriquecidos em outras ocasiões. As fontes assinalam, por exemplo, que a ingestão de carne humana não era praticada exclusivamente pelos adultos. Um mingau, feito com as

---

mecanismos em questão, mas nos fundamentos sociopsíquicos daqueles rituais na sociedade tupinambá.

vísceras das vítimas, era comido pelas mulheres e crianças;[522] além disso, "o miolo do crânio, a língua e tudo o que podem aproveitar, comem as crianças".[523] É provável que os adultos lhes dessem, ainda, outras partes do corpo das vítimas, pois Staden relata um incidente que teve com os tupinambá, ocasionado por suas observações a um menino que "tinha um osso da perna do escravo, com alguma carne, e a comia".[524] Segundo Cardim, as crianças também tomavam parte ativa dos rituais de preparação do corpo do prisioneiro para o consumo: "(...) o qual [magarefe] lhe faz um buraco abaixo do estômago, segundo seu estilo, por onde os meninos primeiro metem a mão e tiram pelas tripas".[525] Embora as informações não esclareçam o significado dessas ações, elas são preciosas por uma razão: atestam que o princípio de *aprender fazendo*, que orientava as ações educativas dos adultos nos adestramentos referentes às atividades "produtivas", dominava igualmente a preparação dos meninos para as relações com os inimigos. Doutro lado, os velhos se encarregavam de transmitir, por meio de "pregações", aquilo que não poderia ser aprendido por intermédio das experiências diretas. Faziam-nas quer pela madrugada, quando concitavam os companheiros a cumprirem suas obrigações rotineiras de acordo com o que estipulavam as tradições e os exemplos dos antepassados, quer nas reuniões dos homens, nas quais perpetuavam os conhecimentos conservados na memória coletiva transmitindo-os ao *kunum˜ı-guasú* e aos *avá*.[526] O incitamento à guerra e a revivescência dos ódios tribais se processavam através dessas "pregações"; os estímulos mais vigorosos nesse sentido, porém, eram feitos nas reuniões dos homens, atingindo por isso entre os imaturos somente os "rapazes", isto é, os *kunum˜ı-guasú*.

Os resultados da explanação anterior mostram que, apesar do alcance das relações educativas com os adultos, havia um círculo de

---

522 STADEN, Hans, p. 183; cf. THEVET, Frei André. *Singularidades*, p. 244, e ms. in., fls. 60v-61, que confirma parcialmente as informações fornecidas por Staden.

523 STADEN, Hans, pp. 183/184.

524 STADEN, Hans, p. 113; cf. também p. 114.

525 CARDIM, Pe. Fernão, pp. 167/168.

526 FERNANDES, Florestan, op. cit., p. 240.

experiências inacessível à maioria dos imaturos. Não é difícil perceber os fundamentos e a função desse aparente hiato do sistema educacional dos tupinambá:[527] ele constituía uma consequência e uma condição, ao mesmo tempo, da dominação gerontocrática. A continuidade e a estabilidade da sociedade tribal dependiam, naturalmente, da transmissão da cultura pelos adultos. Mas, a graduação dela se submetia a um ritmo social, que era o que correspondia aos desígnios, atribuições e aspirações da camada dominante. Os valores essenciais à formação e ao desenvolvimento da lealdade para com o "nosso grupo", essenciais inclusive para a aceitação do "nosso grupo", tal como era, e da própria dominação gerontocrática, achavam uma forma de expressão precoce, sendo transmitidos pelos adultos tão cedo quanto possível. Daí as preocupações educativas destes, que os levavam a expor as crianças a situações sociais do tipo das descritas acima.[528] Contudo, os demais conhecimentos precisavam ser transmitidos lentamente, de modo a impedir o nivelamento das gerações ascendentes e dominantes na base do que as distinguia: o grau de apropriação das tradições tribais e de domínio da sua aplicação às diversas situações de vida, criadas pelas relações dos tupinambá entre si, com o meio físico ambiente e com as forças ou entidades sobrenaturais.

Evidências diretas desses fatos se encontram, por exemplo, em ritos descritos por Staden e Léry. O primeiro autor observou que somente as mulheres e as crianças participavam das cerimônias de recepção agressiva dos cativos. "Os homens estavam durante esse tempo reunidos em uma outra choça. Lá bebiam cauim e cantavam em honra de seus ídolos, chamados Maracá, que são matracas feitas de cabaças, os quais talvez lhes houvessem profetizado que iriam fazer-me prisioneiro. (...) O canto eu ouvia, mas durante meia hora não houve nenhum homem

---

[527] Evidentemente não se coloca aqui a questão de saber quais eram os fatores biopsíquicos que permitiam explicar, do ponto de vista psicológico, esse hiato.

[528] Essa explanação é corroborada, em conjunto, pelas conclusões de Boas, segundo as quais a educação nas sociedades primitivas desenvolve no espírito dos imaturos, seja em consequência da "imitação inconsciente" ou das ações educativas deliberadas dos adultos, associações emocionais dirigidas para os costumes da tribo (Cf. *The mind of primitive man*, p. 237).

perto de mim, apenas mulheres e crianças".[529] O mesmo cronista se refere aos rituais de consagração dos maracás pelos pajés[530] e assevera: "Depois disto, designam os adivinhos um dia. Desocupa-se uma choça, na qual nenhuma mulher ou criança deve permanecer. Os feiticeiros ordenam que cada um pinte de vermelho seu maracá, adorne-o com penas e lá entre. Querem então dar às matracas o poder de falar". A outra fonte completa suas informações, indicando que tais cerimônias ocorriam "de três em três ou de quatro em quatro anos", que elas abrangiam também a fumegação dos guerreiros pelos pajés (sendo, portanto, de natureza mágico-religiosa), e que as mulheres e crianças se mostravam atemorizadas.[531]

> Paramos então e voltamos para saber o objetivo da assembleia; nisto os selvícolas se separaram subitamente em três bandos. Os homens recolheram-se a uma casa, as mulheres entraram noutra e as crianças numa terceira. Como vi dez ou doze caraíbas entre eles, suspeitei algum acontecimento extraordinário e convenci meus companheiros a permanecerem ali até averiguá-lo. (...) Antes de se separarem das mulheres e meninos, os caraíbas proibiram-lhes severamente de sair das casas em que se encontravam; aí também nos encerraram. Já havíamos começado a almoçar sem nada perceber ainda do que pretendiam os selvagens quando principiamos a ouvir na casa dos homens, a qual distava talvez trinta passos daquela em que estávamos, um murmúrio surdo de rezas; imediatamente as mulheres, em número de quase duzentas, se puseram todas de pé e muito perto umas das outras. Os homens pouco a pouco erguiam a voz e os ouvíamos distintamente repetir uma interjeição de encorajamento: *He, he, he, he.* Mas ainda nos espantamos, porém, quando as mulheres, por seu turno, a repetiram com voz trêmula: *He, he, he, he.* (...) Assim aconteceu durante um quarto de hora e nós

---

[529] STADEN, Hans, p. 88.

[530] STADEN, Hans, pp. 173/174; trecho transcrito da p. 174.

[531] LÉRY, Jean de, pp. 191-197. A descrição, apesar de lacunosa, é um documento cientificamente muito importante, pois contém referências às relações entre os ritos e os mitos na sociedade tupinambá.

> não sabíamos o que fazer. Ao mesmo tempo urravam, saltavam com violência, agitavam os seios e espumavam pela boca até desmaiar como vítimas de ataques epiléticos (...) Também os meninos se agitavam e torturavam, no aposento em que se achavam encerrados e, embora já frequentasse os selvagens há mais de seis meses e estivesse até certo ponto acostumado com seus costumes, confessarei que tive medo (...). Ao cessarem o ruído e os urros confusos dos homens, calaramse também as mulheres e os meninos; mas voltaram todos a cantar, mas dessa feita de um modo tão harmonioso que o medo passou e tive o desejo de tudo ver de perto.[532]

Ambos os exemplos mostram que as mulheres e as crianças eram excluídas de certos rituais, e portanto das experiências e conhecimentos correspondentes, só acessíveis aos homens adultos (a omissão das fontes não permite afirmar se os *kunum˜ı-guasú* participavam ou não desses rituais). Embora sejam de ordem mágico-religiosa as razões que levavam os tupinambá a procederem desse modo, é óbvio que semelhantes proibições tinham por função, no plano das relações sociais, acentuar a distância social existente entre os *homens* e as mulheres e crianças, pondo em atividade os mecanismos em que repousavam as formas tribais de dominação gerontocrática.

A hipervalorização da personalidade dos homens maduros (dos *tujuáe*, em particular), produzida naturalmente no espírito dos imaturos em virtude das técnicas tribais de transmissão da cultura, era estimulada de modo direto pelos velhos. Estes procuravam em

---

532 LÉRY, Jean de, trechos extraídos das pp. 192/193. Talvez seja conveniente indicar que os rituais descritos por Staden e Léry, e parcialmente apresentados acima, foram referidos em *A análise funcionalista da guerra: possibilidades de aplicação à sociedade tupinambá* (cf. tabelas I e II e texto correspondente), sob a designação de "cerimônias de Jurupari". A proibição do acesso das mulheres e das crianças aos rituais levou-me a escolher aquela designação, que constitui um ponto de referência mais geral para os especialistas. O leitor encontrará uma apreciação crítica do emprego etnológico do termo e uma analise da função social das "Festas de Jurupari" como forma de dominação masculina com relação às mulheres em SCHADEN, Egon. *Ensaio etno-sociológico sobre a mitologia heróica de algumas tribos indígenas do Brasil*, pp. 140-155 e p. 157.

certas ocasiões intimidar as crianças, com o fito de desenvolver nelas atitudes de subordinação aos adultos e de conformismo social.[533] Os efeitos desse tipo de educação atingiam profundamente a vida psíquica dos imaturos. Os cronistas se impressionaram com a solicitude e o respeito revelados no tratamento que dispensavam aos adultos. Mas, suas observações se referem a ajustamentos externos, a comportamentos que não afetavam profundamente suas emoções e sentimentos. É na cataclismologia tribal que se poderá buscar um exemplo capaz de sugerir o grau de consciência social alcançado pelos imaturos quanto à sua desigualdade (e ao significado e efeitos a ela associados) com relação aos homens maduros.

> A certa estrela chamam os índios *januare*, cão. Dizem, ao verem a lua deitar-se, que a estrela late ao seu encalço como um cão, para devorá-la. Quando a lua permanece muito tempo escondida durante o tempo das chuvas, acontece surgir vermelha como sangue da primeira vez que se mostra. Afirmam então os índios que é por causa da estrela *januare* que a persegue para devorá-la. Todos os homens pegam então seus bastões e voltam-se para a lua batendo no chão com todas as forças e gritando, *eicobé cheramoin goé, goé, goé*; *eicobé cheramoin goé*, "au, au, au, boa saúde meu avô, au, au, au, boa saúde meu avô". Entrementes as mulheres e as crianças gritam e gemem e rolam por terra batendo com as mãos e a cabeça no chão. (...) Vim a saber que pensam morrer quando veem a lua assim sanguinolenta após as chuvas. Os homens batem então no chão em sinal de alegria porque vão morrer e encontrar o avô a quem desejam boa saúde, por estas palavras: *eicobé cheramoin goé, goé, goé, au, au, au, boa saúde, meu avô, boa saúde*. As mulheres, porém, têm medo da morte e por isso gritam, choram e se lamentam.[534]

---

533 "Vi também um principal, pela manhã cedo, percorrer todas as choças, arranhando com um dente aguçado de peixe as pernas das crianças, para amedrontá-las a fim de que os pais as pudessem ameaçar, se fossem peraltas: 'Ele voltará!'. Assim procuram fazer calar as crianças" (STADEN, Hans, p. 172).

534 ABBEVILLE, Claude d', p. 247. *Januare* ou *Jaguar* "é a estrela da tarde, ou Vésper" conforme nota de R. Garcia (in Abbeville, loc. cit.). Segundo Métraux, *Tamoĩ*

O desespero dos meninos se explica pela perspectiva de serem *destruídos* pelo cataclismo, pois a vida "post-mortem" na sociedade dos antepassados ainda não era acessível para eles (como o era raramente para as mulheres). Ficariam, ao contrário da maioria dos *avá* e *tujuáe*, condenados à danação, vagando miseravelmente pela terra, como espíritos nefastos mas sujeitos a muitos riscos.

As análises precedentes comportam duas conclusões fundamentais: 1) que as condições de existência social compeliam os adultos a envolver extensamente os imaturos na teia de suas complicações; 2) que isso se processava através da inclusão dos imaturos em certas situações de vida ou por meio da ação educativa pessoal dos adultos. Os adultos invadiam, assim, as esferas da vida psíquica infantil e juvenil, fazendo com que os imaturos encarassem como valores uma ampla série de ações, de compromissos, de sentimentos, de ideias e de ideais; entre estes sobressaíam os que diziam respeito aos fundamentos sagrados da *vingança*, aos padrões de comportamento masculino na guerra e ao tratamento dos inimigos capturados. Por isso, embora os tupinambá não empregassem meios violentos de disciplina, eles sobrecarregavam a vida mental infantil e juvenil, saturando-a precocemente com as inquietações e preocupações sombrias que os dominavam. Naturalmente, os efeitos desse tipo de educação se refletiam na dinâmica da sociedade tribal, afetando inclusive a função ativa da guerra. Nesse sentido, as análises precedentes entremostram duas evidências de conexões entre a guerra e a estrutura da sociedade tribal. Primeiro, que o sistema de "promoções sociais", posto em funcionamento graças à estratificação por sexo e idade, estava fortemente articulado ao exercício da dominação tradicional pelos velhos. Por isso, a graduação social na transmissão dos conhecimentos não só seguia um ritmo social, como foi assinalado, mas repousava em todo um edifício social e se processava em moldes estritamente suprapessoais. Segundo, que a dominação gerontocrática determinava, por sua própria natureza e essência, a valorização das ações e das ideias dos velhos; por conseguinte, as suas pregações e a sua conduta *valorizavam*, aos olhos dos imaturos em geral, a guerra e as

---

significaria "o grande ancestral" (cf. *Religion des tupinambá*, pp. 21/22).

atividades a ela associadas. Isso quer dizer que a aceitação pelas crianças do sexo masculino e pelos jovens do significado atribuído culturalmente às ações e aos empreendimentos guerreiros não promanavam, pura e simplesmente, da vontade soberana dos velhos: suas reações subjetivas, estabelecidas com base nas atitudes exteriorizadas por estes, jogavam um importante papel nesse processo. Resta verificar, agora, em que sentido as conexões indicadas, entre a educação tribal e a guerra, se vinculavam ao funcionamento do sistema organizatório tribal.

Esse problema só pode ser considerado teoricamente, isto é, em termos dos resultados das análises desenvolvidas acima. Mas, tais resultados, por sua vez, fornecem uma estreita margem à interpretação sociológica. Por seu intermédio não é possível discutir senão dois aspectos do problema: a) as relações existentes entre os mecanismos de mobilidade social e o sistema tribal de "promoções sociais"; b) a situação social de guerreiro em face das condições de estabilidade do sistema organizatório tribal. Embora abranjam questões cruciais, os referidos resultados apenas esclarecem uma face do problema: a referente aos processos sociais que, na dinâmica daquelas sociedades tribais, atuavam por assim dizer sob um ritmo fisiológico.

Quanto à primeira questão, é preciso que se atente para a natureza da desigualdade social estabelecida entre as diversas categorias de idade. Ela repousava em um princípio biológico que alguns especialistas qualificam como sendo um "princípio natural de distinção e integração".[535] Ainda que não se deva encarar semelhante princípio como um fator explicativo da estratificação social, o fato é que ele fornece um significativo ponto de referência à interpretação sociológica, pois exprime, de certo modo, as tendências sociais de classificação e de ascensão dos indivíduos por grupos, em determinadas sociedades. Na sociedade tupinambá, por exemplo, a distinção dos indivíduos do sexo masculino por categorias de idade deu margem a um tal sistema de graduação social, que a maturidade e o envelhecimento biológico, na forma em que eram reconhecidos cultural e socialmente, acarretavam o aumento crescente

---

[535] Cf. MALINOWSKI, Bronislaw. *A scientific theory of culture and other essays*, pp. 57 ss.

de prestígio e de poder. Em outras palavras, o sistema de "promoções sociais" dos tupinambá concedia, pela base, as mesmas oportunidades reais de ascensão social a todos os indivíduos do sexo masculino. A evidência de aptidões pessoais (ou da ausência delas) e a cooperação dos parentes (concessão de vítimas e ofertas compensatórias de *noivas*) podiam adiantar ou retardar a classificação dos indivíduos; isso se patenteia através de alguns casos particulares, focalizados pelos cronistas. Mas, tanto uma quanto a outra apenas afetavam os limites dentro dos quais as transições de umas categorias para outras tendiam a ser realizadas. As transições, em si mesmas, não eram frustradas a ninguém, e as barreiras a transpor eram, fundamentalmente, idênticas para todos.

Em consequência, a desigualdade não caía, na esfera da consciência social – especialmente dos *kunum˜ı-guasú* e dos *avá* –, como uma injustiça, sendo antes representada como algo "natural". Nessas camadas da população masculina os privilégios dos velhos e a consequente concentração do poder político e mágico-religioso em suas mãos não originavam movimentos de inquietação social e de rebelião. Pode-se afirmar isso não só partindo das explanações anteriores, sobre os efeitos integrativos da educação tribal, mas ainda pelas seguintes razões: quase todos os cronistas ficaram impressionados com a harmonia transparente nas relações dos jovens com os velhos, cuja assimetria se caracterizava pelo tratamento respeitoso dispensado a estes por aqueles; nenhuma fonte menciona a existência de movimentos sociais dessa espécie nas sociedades tupi; por fim, são várias as indicações segundo as quais conflitos e antagonismos floresciam nas relações sociais dos tupinambá, mas na camada dominante dos *tujuáe*, especialmente entre os velhos que se tornavam "principais" e "pajés", muito zelosos e ciumentos do prestígio e do poder porventura alcançados pelos companheiros. Os conflitos dos jovens com os adultos, descritos nas fontes, surgiram graças aos contactos com os brancos e a seus efeitos destribalizadores, e não chegaram a assumir uma configuração definida, sob a forma de movimentos sociais. Além disso, essa interpretação encontra uma confirmação teórica na sociologia: os movimentos sociais de inquietação ou de rebelião correspondem à necessidade de reajustar as estruturas sociais às condições emergentes de existência, desenvolvendo-se e objetivando-se socialmente, por isso, em sociedades estratificadas nas quais a unidade social é mantida por meios dinâmicos (pela transformação social); ao contrário, os sistemas organizatórios de sociedades nas quais a unidade é preservada por meios estáticos (pela tradição, por exemplo, como acontecia com os tupinambá) não comportam o aparecimento desses movimentos como fatores sociais construtivos.[536] Em suma, pode-se admitir que o sistema de promoções sociais dos tupinambá continha forças integrativas, que atuavam no sentido da conservação da estabilidade social.

Essa conclusão é muito importante, pois permite focalizar a guerra do ângulo de sua função integrativa na estrutura da sociedade tribal. Em sua forma de inclusão à estrutura social, a guerra constituiu um dos canais de ascensão social e um dos principais mecanismos tribais de controle social. As atividades e os feitos guerreiros condicionavam a aquisição de prestígio e o aumento de carisma, particularmente dos jovens iniciados e dos guerreiros que pertenciam à categoria dos *avá*, refletindo-se assim no sistema de graduação social dos indivíduos. Todavia, em virtude da peculiar situação da guerra como *instrumentum religionis*, as atividades e os feitos guerreiros não eram perseguidos socialmente como valores em si e para si; sua exteriorização no comportamento dos indivíduos não era o fruto imediato dos "instintos combativos" ou do "espírito naturalmente guerreiro dos *tupinambás*", como erradamente supuseram os cronistas. Eles resultavam, antes, das próprias condições da luta armada e dos adestramentos recebidos previamente. Por isso, a simples exteriorização de atos de bravura "militar" ou de "heroísmo" seria irrelevante do ponto de vista da avaliação dos combatentes por seus companheiros. As aptidões guerreiras só repercutiam na "carreira social" de um indivíduo quando suas atividades culminavam no aprisionamento de inimigos, cujo sacrifício ritual lhe daria a oportunidade de conquistar novos nomes. Em consequência, a vitalidade e o denodo dos guerreiros mais jovens não introduziam vantagens decisivas na

---

536 Cf. esp. SIMMEL, Georg, op. cit., vol. II, cap. VIII (passim). Convém notar que Simmel omite os casos em que a conservação da unidade social por estabilidade se origina da inconsistência relativa dos laços que entrosam entre si os segmentos da estrutura social, tão frequentes com relação às sociedades primitivas, inclusive quanto aos tupinambá.

competição com os *velhos*. Ao contrário, a experiência destes e a cooperação compulsória dos parentes (especialmente dos "filhos" e durante certo tempo a dos "genros") compensavam-nos largamente, ampliando inclusive suas probabilidades de fazer prisioneiros e seu prestígio como guerreiros. Isso significa que a interferência da guerra no sistema de "promoções sociais" dos tupinambá, como e enquanto condição para a obtenção de prisioneiros, se processava de modo a torná-la uma força estritamente disciplinada da estrutura social. No ajustamento recíproco dos indivíduos pertencentes às distintas gerações em presença, sua função consistia em engrenar os canais de ascensão social ligados ao sacrifício ritual com os mecanismos preservadores da hierarquia tribal.

Estes se manifestavam, por sua vez, através da dominação gerontocrática. Graças ao fundamento mágico-religioso da guerra tribal, aos velhos cabiam os principais papéis nos rituais de consulta e de invocação dos espíritos, de determinação da guerra e de seleção dos seus objetivos "militares", de preparação mágico-religiosa dos guerreiros e de liderança dos bandos guerreiros (cf. acima, Parte I, *O ritual guerreiro* e *O bando guerreiro*). Em outras palavras, os *meios da guerra* naquelas sociedades se concentravam nas mãos dos velhos e eram por eles manipulados. É certo que o faziam de forma impessoal, pois agiam em nome da tradição e como pessoas "experientes" e "capacitadas", inclusive para comunicar-se com as entidades sobrenaturais sobre o curso da guerra; quaisquer que fossem, porém, as fontes de legitimação e as modalidades de objetivação de seu poder, o fato é que eles se impunham aos demais companheiros e os "dirigiam" praticamente, através da comunicação com os espíritos e da interpretação mágica das circunstâncias das ações. Por isso, os meios de controle social vinculados ou desencadeados pela guerra implicavam o exercício da dominação gerontocrática e contribuíam, por seu intermédio, para reforçar os esteios em que repousava a estabilidade da sociedade tribal.

Coloca-se naturalmente, portanto, a segunda questão. Os resultados analíticos do exame da primeira questão revelam que os mesmos fatores que explicam a inexistência de condições para o aparecimento de movimentos de inquietação social ou de rebelião na sociedade tupinambá também explicam quais eram e como atuavam os mecanismos que mantinham a estabilidade de sua estrutura social. Contudo, eles próprios insinuam que a situação social de guerreiro possuía uma conexão mais profunda com esses mecanismos, pois é evidente que no bojo deles operavam forças integrativas engendradas fora do plano das relações entre as camadas de idade, apesar de estarem vinculadas a elas como uma de suas consequências. Não será difícil representar a referida conexão, desde que seja considerada em termos dos ajustamentos produzidos pela educação tribal.

Como foi visto, os tupinambá nasciam sob o signo da guerra e cresciam e se formavam em um clima de belicosidade. Todavia, os indivíduos só tinham oportunidades concretas de dar vazão efetiva aos impulsos de hostilidade e aos sentimentos belicosos a partir de certa fase de sua vida, a qual correspondia à transição operada com a passagem da categoria do *kunum˜ı-guasú* à de *avá*. Isso quer dizer que os conhecimentos obtidos até agora se referem a duas tendências psicossociais: 1) a formação de atitudes de hostilidade contra os "inimigos", desde a infância, processo em que se observa como as técnicas tribais de educação se ligavam aos mecanismos psicológicos de projeção e de identificação;[537] 2) a atualização dessas atitudes em situações concretas de vida, processo em que os mesmos mecanismos psicológicos se objetivavam operativa e praticamente, dando origem a comportamentos agressivos nas relações com os "inimigos". Para unir interpretativamente as duas tendências seria necessário enfrentar a seguinte questão: "existia alguma relação entre ambas as tendências, configuradas em torno de épocas distintas da vida anímica e social dos indivíduos?". Uma resposta positiva, ainda que hipotética, a essa questão lançaria alguma luz sobre a parte tomada pela sociedade no condicionamento e na organização da vida psíquica dos seus membros.

Ora, a existência dessa relação é evidente. Encaradas psicologicamente, ambas as tendências envolvem a satisfação dos mesmos impulsos

---

537 Na explicação das relações existentes entre esses mecanismos e a guerra tenho em mente as interpretações de ROHEIM, G. *War, crime and the covenant*, pp. 25-38; e TOLMAN, Edward Chace. *Drives toward war*, caps. IV-VI.

(repressão de reações hostis contra os parentes e os membros do "nosso grupo", projetadas nos "inimigos", isto é, nos membros dos "grupos dos outros"); as *modalidades* de satisfação dos impulsos é que variavam: da satisfação simbólica, operada através de ofertas cerimoniais e da participação de certos rituais, os indivíduos do sexo masculino evoluíam gradativamente para a satisfação direta dos impulsos referidos, tornando-se assim eles próprios "matadores" e "vingadores". Segundo suponho, isso indica: 1) que as modalidades de satisfação dos impulsos estavam correlacionadas ao sistema tribal de categorias de idade; 2) e que os nexos efetivos dessa correlação resultavam das técnicas educativas tribais, por cujo intermédio as gerações dominantes disciplinavam inconscientemente a intensidade da vida afetiva e social dos imaturos e dos guerreiros jovens. Portanto, se este raciocínio estiver certo, a concessão do *status* condicional de guerreiro aos *kunum˜ı-guasú* e as experiências dos guerreiros recém-iniciados constituíam uma espécie de coroamento da educação dos jovens e de sua preparação para a vida "madura". Esta interpretação encontra uma evidência indireta, mas decisiva, nos efeitos sociais da atribuição do *status* de *homem* aos rapazes que "provassem" suas aptidões, no mínimo por meio do sacrifício de uma vítima humana. De fato, a situação de guerreiro, conquistada desse modo pelos rapazes, lhes abria várias oportunidades de aquisição de prestígio, às quais correspondiam outras tantas possibilidades de afrouxamento das tensões emocionais acumuladas anteriormente ou de satisfação concreta de impulsos reprimidos.

A análise precedente, apesar de suas insuficiências, deixa entrever que a graduação da vida afetiva dos tupinambá seguia um curso paralelo à graduação de sua vida social, e, o que é mais importante para os sociólogos, que a forma de manifestação de certos processos psicológicos pode ser condicionada pela estrutura social, como no caso as modalidades de satisfação dos impulsos de hostilidade e de polarização das atitudes agressivas. Mas, ainda há outro aspecto relevante: a estrutura social também condicionava a época de manifestação desses processos. Isso significa que a organização social não se explica pura e simplesmente pelos mecanismos de projeção e de identificação, como acreditam alguns psicólogos e psicoetnólogos; e que, ao contrário, a sociedade desempenha um papel ativo, através das situações de vida em que coloca seus membros individuais, no desencadeamento dos processos psíquicos vinculados à construção e à preservação do equilíbrio social. No caso em questão, não é difícil constatar as relações entre as modalidades de satisfação direta dos impulsos de hostilidade e a dinâmica da sociedade tribal. A situação social de guerreiro (condicional, primeiro; normal, depois), quando era alcançada pelos jovens, dava origem a comportamentos que produziam duas espécies de resultados imediatos: a) a descarga dos impulsos agressivos dos rapazes em objetivos exteriores ao grupo; b) a intensificação dos laços afetivos para com os membros do "nosso grupo", dirigida especialmente para aqueles que, então, se tornavam "companheiros" (isto é, os *avá* e *os tujuáe*, pertencentes às duas camadas dominantes na sociedade tribal.) Ora, é preciso que se atente para o fato de que isso ocorria em uma época na qual as atitudes agressivas dos jovens poderiam achar uma válvula em outros alvos, particularmente nos *velhos* do "nosso grupo"; cujas ações estavam nas próprias raízes psicológicas daquelas atitudes. Por aqui se vê que a guerra atuava, graças ao condicionamento social dos processos psíquicos e enquanto elemento do sistema tribal de técnicas educativas, como uma das principais agências de ajustamento dos jovens às situações sociais criadas em uma sociedade gerontocrática. Ela não era, como alguns intérpretes da guerra o supõem, ao tratarem de exemplos semelhantes, uma simples *distração* ou um *meio de despistamento,* inconscientemente empregado pelos *velhos* para afastar as condições insatisfatórias de existência social da esfera de consciência dos jovens; mas constituía uma das forças sociais que construíam, por dentro, a estabilidade da sociedade tribal.

Ao lado desse sistema de técnicas educativas, por cujo intermédio os valores guerreiro eram incorporados à personalidade masculina, existia outro sistema por que promoviam a atualização daqueles valores, seja através de situações da vida cotidiana, seja através de meios especiais, destinados a criar um ambiente de exaltação bélica. Como o sistema de técnicas educativas, em que repousava, também se refletia de modo construtivo na organização da personalidade masculina: pois o papel dos valores guerreiros na vida psíquica dos tupinambá constituía, em grande parte, uma função dos efeitos socializadores das técnicas de atualização daqueles mesmos valores.[538] A ele se ligavam tanto a seleção dos valores guerreiros que deviam ser retidos de modo permanente na lembrança vivida dos homens e das mulheres e exteriorizados repetidamente em seu comportamento, quanto a precipitação das impulsões belicosas do sistema organizatório tribal.

São muitas as referências ao modo de atualização dos valores guerreiros através de situações rotineiras; poucas possuem, porém, suficiente consistência para um aproveitamento científico. Os relatos mais informativos e completos, a esse respeito, se referem às situações vividas pelos sujeitos no desenvolvimento dos rituais observados durante a recepção lacrimosa e os funerais. Não obstante, pode-se reconhecer que o processo cultural em questão também dependia da guerra propriamente dita, pois a cadeia de ações sociais condicionadas ou motivadas pela luta armada e suas consequências abrangia comportamentos que, por sua natureza, determinavam a exteriorização de valores guerreiros. Assim, desde o comportamento das esposas durante a ausência dos guerreiros[539] e a conduta audaciosa dos líderes guerreiros no combate,[540] até as práticas

---

[538] As páginas seguintes representam uma tentativa para compreender sociologicamente como os processos sociais condicionavam e determinavam o papel dos comportamentos adquiridos na vida psíquica dos tupinambá. A sugestão foi encontrada em uma leitura de Bateson, que se limita a indicar o problema do ponto de vista etnológico (cf. BATESON, Gregory. *Cultural determinants of personality*, pp. 732/733).

[539] Cf. CARDIM, Pe. Fernão, p. 148, em que informa o seguinte: "e as mulheres quando andam de dó, cortam os cabelos, e também quando os maridos vão longe, e nisto mostram terem-lhe amor e guardarem-lhe lealdade". Presumivelmente, Cardim não conseguiu apanhar o significado desse comportamento das mulheres tupinambá; sabe-se que de fato a referida ausência era motivada pelas incursões guerreiras. A julgar pelos relatos etnológicos sobre outras sociedades tribais, o comportamento descrito estaria ligado com as condições de segurança do guerreiro durante a incursão (cf. esp. FRAZER, James George. *The golden bough*, pp. 25-27 e pp. 210/211).

[540] Entre os exemplos acessíveis, convém citar a descrição feita por Knivet (ed. bras., p. 92) do comportamento do chefe *Abauçanga*, no combate com os goitacá: "Assim, em três dias nos conduziram a uma baixada pantanosa, habitada pelos guaitacazes; ao chegarmos às suas moradas, Abauçanga, avançando ao mais cerrado dos portugueses,

antropofágicas[541] e a exibição ritual dos restos mortuários das vítimas,[542] as ações desencadeadas direta ou indiretamente pela guerra promoviam a atualização intensa dessa espécie de valores da cultura tribal.

Eis como Cardim descreve a parte da recepção lacrimosa, que nos interessa aqui:

> Entrando algum hóspede pela casa a honra e agasalho que fazem é chorarem-no: entrando, pois, logo o hóspede na casa o assentam na rede, e depois de assentado, sem lhe falarem, a mulher e filhos e mais amigas se assentam ao redor, com os cabelos baixos,

---

proclamou: 'Aquele que nunca viu Abauçanga, contempleme agora, e aqueles que ousarem seguir-me, sintam-me a coragem'. E assim, com seu arco e flechas, lançou-se ao mais denso dos inimigos, onde foi ferido por vinte e uma setas". Tratando dos diversos guerreiros nativos, do grupo tupi, que combateram contra ou a favor dos portugueses, Salvador dá várias referências, igualmente ilustrativas, ao se referir a chefes como *Tavira*, *Zorobabé*, *Assento de Pássaro*, *Braço de Peixe*, *Pau Seco*, *Porquinho*, *Tiquaruçu* etc. Entre elas, destacam-se se as relativas ao primeiro, que, segundo as informações desse cronista, penetrara sozinho no campo dos inimigos: "e assim os nossos subitamente na cerca deram ao meio dia e contudo pelejaram mais de duas horas sem a poderem entrar, exceto o Tavira, que, temerariamente trepando por ela, se lançou dentro com uma espada e rodela, e nomeando-se começou a matar e ferir os inimigos, até lhe quebrar a espada e ficar com só a rodela, tomando nela as flechas, o que visto pelo capitão Rui de Aveiro e Bento da Rocha, seu soldado, tiraram por uma seteira duas arcabuzadas, com que os inimigos se afastaram e lhe deram lugar de tornar a subir pela cerca e sair-se dela com tanta ligeireza como se fora pássaro. E com este e outros semelhantes feitos tanto nome havia ganhado este índio entre os inimigos que, só com se nomear dizendo: eu sou Tavira acovardava e atemorizava a todos" (SALVADOR, pp. 366/367). Gandavo fornece uma descrição, sob todos os aspectos, comparável à de Knivet (cf. *História*, p. 180).

541 Enquanto moqueavam a carne das vítimas, as velhas estimulavam o espírito guerreiro dos homens, exortando-os a manter inimigos em cativeiro, prontos para o sacrfício (cf. LÉRY, Jean de, p. 180).

542 A conservação de ossos das vítimas é descrita por Léry. Esse cronista se refere ao costume dos tupinambá, que consistia em exibir ritualmente aos visitantes os restos mortuários dos inimigos. No decorrer do ritual afirmavam que daquele modo terminariam "todos os seus inimigos" (LÉRY, Jean de, p. 181). Isso evidencia o caráter mágico da instituição. A interpretação do processo de retribuição mágica, que será feita no último capítulo (cf. pp. 377-403), porá em evidência a importância de semelhantes informações.

> tocando com a mão na mesma pessoa, e começam a chorar todas em altas vozes, com grande abundância de lágrimas, e ali contam em prosas trovadas quantas coisas têm acontecido desde que se não viram até aquela hora, e outras muitas que imaginam, e trabalhos que o hóspede padecem pelos caminhos, e tudo o mais que pode provocar a lástima e o choro.[543]

Evreux informa que, nessa ocasião, narravam o que se conservava por tradição, "desde os tempos imemoriais": "e o mesmo fazem quando se visitam, porque abraçando-se com amizade, e chorando, contam um ao outro, palavra por palavra quem foram seus avós e antepassados, e o que se passou no tempo em que viveram".[544] Em particular, ressaltavam os sacrifícios feitos por seus hóspedes, e os riscos que naturalmente enfrentaram, durante a viagem: "*Sê benvindo! És um dos nossos bons amigos! Quanto sofreste para vir visitar-nos!*".[545] "*Tiveste tanto trabalho em vir ver-nos. És bom. És valente*".[546]

As cerimônias de recepção lacrimosa, como revelam as transcrições, implicavam a atualização das tradições tribais e, através destas, dos valores guerreiros conservados na memória coletiva. Uma das funções daquelas cerimônias consistia em determinar a posição social do hóspede; daí a importância das relações genealógicas e a necessidade de expô-las com toda minúcia.[547] Isso explica por que "narravam", em semelhantes circunstâncias, coisas relativas ao passado, aspecto da cerimônia que tanto preocupou Evreux. Todavia, várias alternativas se apresentavam nessas cerimônias, a julgar pelas descrições de Gabriel Soares; o recém-chegado, em vez de um *parente* desconhecido, podia

---

543 CARDIM, Pe. Fernão, pp. 150/151; cf. GABRIEL SOARES, pp. 382-385. Sobre a instituição da recepção lacrimosa, cf. MÉTRAUX, Alfred. *La Religion des tupinambá*, pp. 180-188; e Estêvão Pinto, *Os indígenas do Nordeste*, vol. II, pp. 265-272.

544 EVREUX, Pe. Ives d', pp. 122/123.

545 THEVET, Frei André. *Singularidades*, p. 268; cf. tb. ms in., fl. 72.

546 LÉRY, Jean de, p. 214.

547 Sobre as relações entre a integração a grupos de parentesco e o *status* social cf. *A organização social dos tupinambá*, pp. 145/146, 161 ss., pp. 291/292.

ser um membro do próprio grupo local ou um parente de um grupo local circunvizinho. Nesse caso o relato dos acontecimentos recentes e imediatos tornava-se mais importante. De qualquer modo, os riscos inerentes à viagem caíam no campo de consciência social e punham em efervescência os laços de solidariedade social.[548]

O panegírico dos mortos dava oportunidade à exaltação das aptidões guerreiras, e nele transparece, presumivelmente melhor que em outras instituições tribais, a importância da guerra como critério de avaliação social das personalidades. As descrições dos cronistas, em particular as de Evreux,[549] mostram que o pranteamento se condicionava ao sexo e à idade do morto. Quando se tratava de um guerreiro, enquanto carpiam o morto as mulheres engrandeciam as suas qualidades, inclusive as belicosas:

> As mulheres sobretudo se exaltam nas lamentações e gritam tão alto que mais parecem cães ou lobos a uivarem. Berram umas, arrastando a voz: "Era bom caçador e excelente pescador". E outras acrescentam: "Que bravo matador de *perós* e *margaia* era ele, e como nos vingava". E assim, excitando-se mutuamente e se abraçando, não cessam a ladainha de seus louvores enquanto o cadáver estiver presente e dizem por miúdo, tudo o que em vida o defunto praticou.[550] Nessa ocasião, ouvi-los-eis levantar tal ruído e harmonia quais os que fazem os cães e os gatos. Isto é, homens e mulheres, alguns estendidos em suas redes, outros acocorados em terra e abraçados uns aos outros, exclamam em sua língua: – *Como nosso pai e amigo foi um homem de bem! Como combateu na guerra! Como destruiu tantos inimigos! Como era forte e possante, trabalhando bem os campos e apanhando caças ou peixe para o nosso alimento! Morreu! Nunca mais o veremos, senão após a morte, junto aos nossos amigos, na região onde já os viram os pajés, segundo*

---

548 A inflexão guerreira das cerimônias indicadas reponta em outra descrição, fornecida por Thevet; esse cronista informa que os tupinambá se apoderavam de armas dos europeus, "ameaçando com ela os seus inimigos. Ameaças em que tomam parte, também, as palavras e os gostos" (*Singularidades*, p. 270).

549 Cf. EVREUX, Pe. Ives d', cap. XXI, pp. 127 ss.

550 LÉRY, Jean de, p. 122.

> *nos contam!* E dizem outras palavras mais nesse mesmo tom, que repetem, em seus lamentos, mais de 10 mil vezes, dias e noites, por espaço de quatro ou cinco horas cada vez.[551]

Segundo Evreux, o panegírico do morto era feito por algum chefe: "Depois de muitas lamentações, o principal da aldeia ou o principal dos amigos fazia um grande discurso muito comovente, batendo muitas vezes no peito e nas coxas, e então contava as façanhas e proezas do morto, dizendo no fim – *Há quem dele se queixe? Não fez em sua vida o que faz um homem forte e valente?*".[552]

Como se vê, as cerimônias funerárias, através do pranteamento e panegírico do morto, criavam situações em que os feitos guerreiros dos homens eram não só relatados, mas ainda postos em confronto com as expectativas e os ideais de comportamento encarados socialmente como *valores*. Os estímulos no sentido das impulsões guerreiras do sistema organizatório tribal tornavam-se mais fortes, no entanto, quando o morto caía em combate: então, as carpideiras exigiam no pranteamento a sua vingança. "Mas quanto ao arrancamento do cabelo, ficai sabendo, que apenas as mulheres e as moças sabem do cativeiro ou morte na guerra dos seus pais ou maridos, cortam os cabelos, gritam e lamentam-se horrivelmente, excitando os seus semelhantes à vingança, a tomar as armas e a perseguir seus inimigo".[553] Em casos dessa espécie, como o indica um exemplo descrito por Gandavo,[554] a observância das cerimônias funerárias dependia da consumação da vingança. O que significa que tais cerimônias se prendiam muito mais profundamente à guerra do que seria de esperar, quando se consideram apenas os casos de *morte natural*. Todavia, mesmo nestes elas tinham, entre outras, a função de exaltar o espírito guerreiro e de incentivar os ideais de conduta belicosa. Thevet se refere de modo muito sagaz a esse fato:

---

551 THEVET, Frei André. *Singularidades*, pp. 260/261; cf. também: ABBEVILLE, Claude d', p. 230; CARDIM, Pe. Fernão, p. 151; e Thevet, ms. in., fls. 69v.-70.

552 EVREUX, Pe. Ives d', p. 166.

553 EVREUX, Pe. Ives d', p. 99.

554 GANDAVO, Pero de Magalhães. *História*, pp. 127-129.

> Só no fim de um mês é que os filhos do morto celebram algumas festas e solenidades em honra deste [do morto], para o que convidam os seus amigos. Reúnem-se todos, recobertos de pinturas de diversas cores, de plumas e de outros adereços característicos, nessa ocasião praticando mil entretenimentos e cerimônias (...). Assim, como dizia, reunidos e paramentados de cores várias, os selvagens americanos entregam-se a danças, jogos, batucada, ao som de instrumentos, peculiares ao país, inclusive flautas fabricadas com os ossos dos braços e pernas dos inimigos, enquanto os mais velhos não cessam de beber e comer, servidos pelas mulheres e demais parentes do defunto. *Esse costume, segundo fui informado, tem por objetivo elevar o ânimo dos jovens, comovê-los, incitá-los à guerra e encorajá-los contra seus adversários.*[555]

Quanto aos meios de excitamento das atitudes belicosas, é preciso distinguir os valores em que se projetavam as impulsões e os ideais guerreiros da cultura tribal, das técnicas específicas de equilibração do moral dos guerreiros e de intensificação das atitudes agressivas contra os inimigos. As descrições disponíveis indicam que os primeiros penetravam todas as esferas do sistema sociocultural da sociedade tupinambá, enquanto as últimas eram reduzidas e repousavam em princípios mágico-religiosos.

A tecnologia, as maneiras, o cerimonial, a mitologia, a magia e a religião continham elementos construídos em torno ou sobre as obrigações e os ideais guerreiros. Bastam alguns exemplos para pôr isso em evidência. Assim, quanto à tecnologia, é conhecido o refinamento dos tupinambá na produção de suas armas e ornamentos, que constituíam os acessórios do seu equipamento guerreiro.[556] Abbeville, *verbi gratia*, escreve: "São muito engenhosos e ativos na fabricação de tudo o que precisam para a caça, a pesca ou a guerra. São capazes de mil invenções para enfeitar seus arcos, suas flechas, seus ornatos de penas".[557] Outras fontes dão informações semelhantes, mas seria ocioso transcrevê-las aqui.

---

555 THEVET, Frei André. *Singularidades*, pp. 261/262; o grifo é meu.

556 Cf. acima, pp. 25-39.

557 ABBEVILLE, Claude d', p. 246.

O fato é que a guerra repercutia extensamente no sistema tecnológico tribal, inclusive de uma forma que passou despercebida aos cronistas: pois ela se refletia tanto nas técnicas de deslocamento no espaço, através da ordem de marcha ou de navegação e das relações entre os homens e as mulheres, quanto nas técnicas de exploração dos recursos naturais, circunscrita a raios de ação determinados em grande parte pelo potencial guerreiro das tribos, como foi visto. Mesmo a domesticação, pouco desenvolvida entre os tupinambá, sofria uma inclinação belicosa: as mulheres, que se dedicavam ao adestramento de papagaios, ensinavam-nos a pedir farinha e, entre outras coisas, "a incitar os homens à guerra, a fim de aprisionar inimigos e, depois, devorá-los".[558] Quanto às mulheres, o conhecimento que já possuímos a respeito do ritual guerreiro, da recepção lacrimosa, das cerimônias funerárias, do sacrifício ritual, da antropofagia cerimonial e dos ritos de renomação, demonstra quão estreitamente o comportamento manifesto, quando integrado a situações sociais sujeitas a controle, era condicionado por obrigações e atribuições definidas em termos das relações diretas ou indiretas dos sujeitos das ações com os inimigos. Conviria acrescentar alguns dados sobre o comportamento fúnebre dos homens, os temas das pregações dos velhos e o significado de certos símbolos. O pranteamento só era praticado pelos homens em algumas situações, entre as quais as produzidas pelos insucessos guerreiros: "Também os homens se choram uns aos outros, mas é em casos alguns graves, como mortes, desastres de guerra etc.".[559] Em suas pregações, os velhos incitavam os companheiros à guerra, estimulando-os a se comportarem diante dos inimigos de acordo com os ideais tribais de valentia e de conduta heróica.[560] As penas e a forma de penteado funcionavam como símbolos, identificando os combatentes;[561] as incisões também

---

[558] THEVET, Frei André. *Singularidades*, p. 293.a

[559] CARDIM, Pe. Fernão, p. 151.

[560] As referências são abundantes; cf., por exemplo: CARDIM, Pe. Fernão, p. 272; ANCHIETA, Joseph de. *Cartas*, p. 433; EVREUX, Pe. Ives d', pp. 122/123 e p. 133; LÉRY, Jean de, pp. 168/169; MONTAIGNE, Michel de, p. 181; THEVET, Frei André. *Singularidades*, p. 314, e ms. in., fl. 81v.-82.

[561] Cf., por exemplo: STADEN, Hans, p. 178; CARDIM, Pe. Fernão, p. 153; BARLEU, Gaspar, p. 23.

exprimiam a capacidade de um homem como e enquanto guerreiro, significando o número de inimigos sacrificados por ele; e os tembetás não só correspondiam subjetivamente ao desejo dos guerreiros "de parecerem temerosos aos seus contrários", mas ainda denotavam o prestígio, o valor e os feitos guerreiros de seus portadores.[562] Esses símbolos se incorporavam ao conjunto de valores descritos acima como "acessórios do equipamento guerreiro" e delimitam, para a sociedade tupinambá, o que Boas designava com a expressão *simbolismo militar*.[563] Quanto ao cerimonial, as análises feitas até agora (e que serão completadas adiante, no que concerne ao sacrifício ritual, à antropofagia ritual e aos ritos de renomação) patenteiam de que modo as regulamentações e os controles sociais estabelecidos por seu intermédio respondiam, mediata ou imediatamente, às impulsões belicosas do sistema organizatório tribal. Normalmente, os cerimoniais eram precedidos ou se seguiam, quando não se realizavam concomitantemente, das *cauinagens*; estas *fêtes de boisson*, como as chama Métraux, se integravam de fato aos cerimoniais e possuíam um caráter sagrado.[564] Pois, durante as *cauinagens* [os tupinambá] "cantam, assobiam e se incitam uns aos outros a portarem-se valentemente e a fazerem muitos prisioneiros na guerra".[565] Essa informação é confirmada por outra fonte, que enumera os temas dos cantos: "seus cantos são em louvor de uma árvore, de um pássaro, de um peixe ou de qualquer outro animal ou coisa e não contêm palavras escandalosas; mas, principalmente, cantam seus combates, suas vitórias, seus triunfos e outros feitos guerreiros, tudo no sentido de exaltar o valor militar".[566]

---

562 Cf., por exemplo: GABRIEL SOARES, p. 371; VASCONCELLOS, Pe. Simão de. *Notícias Curiosas*, p. 76; THEVET, Frei André. *Singularidades*, pp. 205/206 (e indicações, fornecidas em nota de rodapé, por Estêvão Pinto); CARDIM, Pe. Fernão, p. 153.

563 BOAS, Franz. *The mind of primitive man*, p. 243; o grifo é meu.

564 Cf. MÉTRAUX, Alfred. *La Religion des tupinambá*, p. 197: "o simples fato de que a absorção de bebidas se impunha cada vez que o interesse da tribo entrava em jogo, prova que este ato se revestia de um caráter religioso".

565 LÉRY, Jean de, p. 119. Sobre as cauinagens, cf. tb. Thevet, ms. in., fl. 40.

566 ABBEVILLE, Claude d', p. 237. Thevet informa, ainda, que os assuntos guerreiros constituíam os temas centrais das conversas cotidianas (cf. ms. in., fl. 71v.).

Quanto à mitologia, os relatos estão longe do que se poderia considerar "satisfatório", mesmo em se tratando de observadores leigos. Sabe-se, no entanto, pelas descrições disponíveis, que os cerimoniais abrangiam explanações de caráter mítico; provavelmente, tais explanações propiciavam a base "lógica" das atitudes e das ações sociais associadas aos rituais. Segundo suponho, isso significa que a mitologia não só recolhia os temas guerreiros e as impulsões belicosas do sistema organizatório tribal, mas ainda lhes imprimia uma forma e os enquadrava à dinâmica da vida social tribal. Contudo, é impossível analisar, com a documentação existente, sejam as condições, sejam os efeitos desse processo. Positivamente, pode inferir-se apenas que os acontecimentos significativos para a coletividade se incorporavam às tradições tribais, mantendo-se assim na memória coletiva, e desvendar-se algumas das repercussões da guerra na mitologia. Sobre a retenção dos acontecimentos significativos na memória coletiva, em sua conexão com a guerra, escreve Abbeville: "Recordam-se os velhos de fatos passados há 120, 140 e 160 anos, e às vezes mais, e contam com minúcias os empreendimentos, os estratagemas e outras particularidades do passado, quer para animar os seus a fazerem a guerra contra os inimigos, quer para divertir os próprios amigos. Têm naturalmente uma memória feliz e quanto mais altamente colocados mais magnânimos desejam mostrar-se".[567] Através dos mitos, os tupinambá explicavam a origem do tacape e as razões da superioridade dos brancos;[568] doutro lado, graças às ligações existentes

---

[567] ABBEVILLE, Claude d', p. 250; cf. também THEVET, Frei André. *Singularidades*, p. 314. Em outras partes deste ensaio, o mesmo problema é referido com relação à documentação de outras fontes. Observe-se, de passagem, que a informação de Abbeville é coerente com os resultados das investigações etnológicas: Van Gennep, por exemplo, chegou à conclusão de que a "tenacidade" das lendas é de cinco ou seis gerações; depois, o tempo transforma-se "num verdadeiro caos" (cf. GENNEP, Arnold van. *La Formation des légendes*, Livro V, esp., cap. II.

[568] Cf. LÉRY, Jean de, p. 198 (trecho do relato nativo registrado por este cronista: "depois deste veio outro [mair] e em sinal de maldição doou-nos o tacape com o qual nos matamos uns aos outros; e há tanto tempo já o usamos que se agora desistíssemos desse costume as outras nações vizinhas zombariam de nós"). Sobre a explicação mítica da desigualdade cultural entre brancos e nativos, cf. ABBEVILLE, Claude d', pp. 60/61 (note-se: o texto do discurso do *Japi-açu*, tal como vem descrito nessa fonte, revela que o cronista não se limitou a registrá-lo, apenas; trata-se

entre o *status* social, a noção de *pessoa* e a guerra, esta interferia indiretamente na motivação das atitudes dos tupinambá nos ajustamentos a situações consideradas cataclísmicas em seus mitos.[569] Os textos mais importantes para a análise da representação e da importância da guerra na mitologia tupinambá são os referentes aos gêmeos míticos.[570] Mas, infelizmente, eles são incompletos[571] e não oferecem base nenhuma para conclusões seguras a propósito, embora *Tamendonare* e *Ariconte* sejam neles descritos de tal modo que cada um apresenta certos caracteres essenciais do tipo ideal de personalidade masculina daqueles índios. "*Tamendonare* [dizem eles] era um grande administrador, e bom pai de família, possuindo mulher e filhos, e gostando de cultivar a terra. *Ariconte* ao contrário não se importava com nada disso, inclinava-se somente para a guerra, não desejando senão subjugar por sua força todas as nações vizinhas, e inclusive seu irmão".[572] Thevet informa que os tupinambá consideravam *Tamendonare* "mais homem de bem que *Ariconte*"; todavia, o mesmo texto aponta *Tamendonare* como um homem valente, capaz de replicar com dignidade e elevação a seu irmão: "Ora, chegou um dia em que, voltando esse guerreiro de uma batalha, levou um braço de um seu inimigo a seu irmão *Tamendonare*, dizendo-lhe com grande altivez e arrogância: Vai-te, covarde que és, ficarei com tua mulher e teus filhos, porque tu não és bastante forte para te defenderes. O bom chefe de família, vendo assim falar seu irmão, foi muito ferido em seu orgulho. E por isso lhe disse: se tu fosses tão valente como o dizes, tu terias trazido o teu inimigo inteiro". Encarando-se o personagem

---

de uma peça modificada, tendo em vista fins políticos, especialmente com o fito de influenciar a política colonial francesa; alguns trechos parecem ser, no entanto, verídicos).

569 N.E. A edição não conseguiu localizar a primeira parte da nota. Adiante, procurarei expor outros dados, que elucidarão melhor as conexões dos comportamentos referidos com a noção de vida futura dos tupinambá.

570 THEVET, Frei André. *Cosmographie*, fls. 914-5; ms. in., fls. 44-44v.

571 Cf. MÉTRAUX, Alfred. *La Religion des tupinambá*, p. 41.

572 THEVET, Frei André, loc. cit. O leitor encontrará em Métraux uma análise comparativa dos temas do mito (cf. op. cit., pp. 31-43). Segundo esclareceu Plínio Ayrosa, a grafia francesa de *Tamendonare* deve ser vertida para *Tamanduár*.

desse ângulo, evidencia-se que ele se encontrava mais próximo do que *Ariconte* do ideal de personalidade masculina dos tupinambá, no qual o guerreiro pressupunha o "bom chefe de família", pois a própria guerra consistia em um meio para ajustes entre parentelas (a *vingança* dos parentes mortos pelos inimigos). Por isso, ainda que *Tamendonare* seja descrito como uma personalidade menos belicosa, podia ser indigitado como o ancestral dos tupinambá.[573]

Parece-me desnecessário apontar, agora, as ligações existentes entre a magia, a religião e a guerra na sociedade tupinambá. A análise do ritual guerreiro e dos processos de socialização não só mostrou que os tupinambá conheciam uma magia guerreira e a guerra constituía um *instrumentum religionis*, como revelou boa parte das relações tangenciais dessas instituições. Por isso, poderei limitar-me, aqui, à exposição de alguns exemplos característicos, com o objetivo de precisar melhor como as orientações guerreiras do sistema organizatório tribal se projetavam nessa esfera da cultura. Outros aspectos dessa conexão serão examinados adiante.

Certas proibições e interdições alimentares estavam diretamente subordinadas ao desejo de manter ou aumentar as qualidades guerreiras dos homens. Assim, "quando os índios apanham um veado ou corça, primeiramente, antes que tornem à cabana, cortam as pernas dianteiras e traseiras da caça, acreditando que, se assim não o fizessem, isso lhes tiraria o poder, a si e aos filhos, de capturar os inimigos em suas correrias";[574] "embora sejam assaz supersticiosos quanto ao uso de certos animais, quer terrestres, quer aquáticos, isto é, aqueles que são vagarosos no andar (ao contrário de outros mais rápidos na carreira ou no vôo, tais como os cervos e as corças). Tudo porque acreditam que a carne dos animais vagarosos os tornaria demasiadamente pesados, condição inconveniente para quem se visse acometido pelo inimigo";[575] "além

---

[573] Thevet mostra-se embaraçado nessa passagem, pois lhe parecia que os tupinambá eram tão "sanguinários" quanto os temiminó, apontados no mito como os descendentes de *Ariconte*.

[574] THEVET, Frei André. *Singularidades*, p. 299 e ms. in., fl. 88 (nesta obra, assevera também que não comiam carne de corça; cf. fls. 88-88v.).

[575] Idem, p. 186; e também ms. in., fls. 46v. e 75.

dessas duas espécies de aves domésticas, criam os nossos selvagens patos, a que chamam *ypec*. Como, porém, esses pobres tupinambás acreditam estupidamente que se comessem desse animal de andar vagaroso não poderiam correr quando perseguidos por seus inimigos, muito hábil será quem os persuadir do contrário. Pela mesma razão se abstêm de todos os animais lentos, inclusive de certos peixes, como a arraia, que não nadam com rapidez".[576] A proibição do intercurso sexual com mulheres grávidas prendia-se aos mesmos motivos: se os filhos fossem do sexo masculino, tornar-se-iam um "*bardache* ou *bougeron*, que eles chamam em sua língua *Teuir*: o que lhes é muito detestável e abominável, somente em falar".[577] A aquisição de virtudes e qualidades guerreiras dependia de técnicas mágicas, como se poderá inferir dos dados relativos aos rituais de nascimento, de perfuração do lábio e de aspersão e esfregação do sangue das vítimas nas crianças de sexo masculino;[578] do mesmo modo, os adultos encontravam nas cerimônias de sacrifício das vítimas, nos ritos antropofágicos e de renomação meios mágicos de aquisição ou de incrementação dos "poderes" guerreiros,[579] e na interpretação dos sonhos, uma fonte para a *descoberta* do curso da própria guerra. Além de Staden, cujas informações são transcritas acima, outras fontes se referem a semelhante utilização dos sonhos.[580]

As crenças religiosas, relativas à comunicação com os antepassados e à vida futura, também continham temas suscitados ou vinculados com a guerra. O matinta-pereira, por exemplo, que lhes trazia notícias dos

---

576 LÉRY, Jean de, p. 134.

577 THEVET, Frei André. *Cosmographie*, fl. 933 e ms. in., fl. 68v. *Tivira* é um termo que aplicavam para designar os homossexuais. O termo *bardache* seria o correspondente encontrado em sua língua por Thevet, pois no *Dictionnaire général de la langue française*, de A. Hatzfeld, A. Darmesteter e A. Thomas (7ª ed., 1924), vem indicado que o termo *bardache*, do italiano *bardascia*, significa: "celui qui se prête à la lubricité d'un autre homme" (vol. I, p. 199). O termo *bardache* é indicado por Linton para referir o mesmo tipo de desajustamento de personalidade em tribos norte-americanas das planícies (cf. R. Linton, *O homem*, pp. 521-523).

578 N.E. A edição não conseguiu localizar a nota.

579 N.E. A edição não conseguiu localizar a nota.

580 N.E. A edição não conseguiu localizar a nota.

parentes mortos, industriava-os a respeito dos seus inimigos: "dizem os índios que esse pássaro deplora a morte de seus amigos, avivando a memória dos mesmos" e que "o seu canto lhes recorda os amigos mortos, acreditando que são estes que lhas enviam – para boa sorte deles e infelicidade dos inimigos";[581] "os nossos tupinambás imaginam entretanto ao ouvirem-na clamar à noite, principalmente, serem seus parentes e amigos mortos que a enviam em sinal de boa fortuna, para animá-los na guerra; creem firmemente que observando o que lhe indica o augúrio (...) vencerão os inimigos nesta terra".[582] As crenças concernentes à imortalidade da alma e à vida futura sublinhavam, por sua vez, os ideais de comportamento guerreiro, como se poderá inferir dos seguintes excertos:

> Acreditam que suas almas, que sabem ser imortais, ao se separarem do corpo vão para além das montanhas, onde se encontra o antepassado, o avô, num lugar chamado *uajupiá*; aí, no caso de uma vida conforme aos bons costumes, vivem eternamente suas almas como num paraíso, saltando, cantando e divertindo-se sem cessar.
> Essa vida que julgam boa não é aferida pelo bem, nem pela virtude, porém pela crueldade e desumanidade. Julgam-se tanto mais honestos quanto maior número de prisioneiros massacram; e consideram uma vida boa a que se gasta na guerra, na exibição da valentia e na hostilidade encarniçada contra o inimigo; e acham covardes e efeminados os que não têm ânimo para isso; esses vão ter com Jurupari, que os atormenta eternamente.[583]
> Os selvagens julgam que a alma, a quem chamam de *cherepicouare*, seja imortal. Ouvi essa opinião, quando lhes perguntei em que se tornaria o espírito após a morte. As almas dos que valorosamente lutaram contra seus inimigos (dizem) seguem, em companhia de várias outras, para os lugares deliciosos – os

---

581 THEVET, Frei André. *Singularidades*, p. 261 e p. 295. Métraux identificou o pássaro como sendo o *cuculus caianus* L. ou matinta-pereira (cf. *La Religion des tupinambá*, p.69).

582 LÉRY, Jean de, pp. 140/141.

583 ABBEVILLE, Claude d', p. 252.

> bosques, os jardins, os vergéis; as dos que, ao contrário, não defenderam bem o torrão natal, vão viver ao lado de *agnan* (...) Os selvagens acreditam nessas coisas com segurança, sem nenhuma vacilação.[584]
> (...) acreditam não só na imortalidade da alma, mas ainda que, depois da morte, as que viveram dentro das normas consideradas certas, que são as de matarem e comerem inimigos, vão para além das altas montanhas dançar em lindos jardins com as almas de seus avós. Ao contrário as almas dos covardes vão ter com *Ainhãn,* nome do diabo, que as atormenta sem cessar;[585]

mais completo, porém, é Evreux, que ao lado dessas indicações, informa que as mulheres, como os "homens maus", nem sempre conseguiam alcançar o "lugar": "os selvagens creem supersticiosamente terem as mulheres, depois de mortas, muita dificuldade de deparar com o lugar onde, além das montanhas, dançam os seus antepassados, e que muitas ficam pelos caminhos, se é que lá chegam".[586] No entanto, é preciso não esquecer o que já foi visto em outras partes deste trabalho: eram os espíritos que determinavam, através de cerimônias presididas pelos pajés, os inimigos que deviam ser atacados, a época em que o ataque e a vingança precisavam ser consumados, tanto quanto o sucesso ou insucesso das expedições guerreiras.

As principais técnicas específicas de equilibração do moral dos guerreiros e de intensificação das atitudes agressivas contra os inimigos ou foram descritas e analisadas na parte relativa ao *ritual guerreiro*, ou o serão adiante, quando tratar dos *fundamentos guerreiros do comportamento coletivo.* Todavia, considero indispensável a apreciação, ainda que sumária, de uma importante cerimônia mágico-religiosa, através da qual os pajés transmitiam aos homens adultos certos "poderes", que os tornariam mais "fortes" nos choques com os inimigos. Trata-se da fumegação

---

584 THEVET, Frei André. *Singularidades*, pp. 221/222, e cf. *Cosmographie,* fl. 923, ms. in., fls.97v.-98.

585 LÉRY, Jean de, p. 188, e cf. ainda p. 141 e p. 195.

586 EVREUX, Pe. Ives d', pp. 138/139, e cf. p. 294 e p. 296.

dos guerreiros pelos pajés, cerimônia integrada ao conjunto de rituais a que dava lugar a consagração dos maracás;[587] eis como Léry descreve a cerimônia em questão:

> Unidos uns aos outros, mas de mãos soltas e fixos no lugar, formam roda, curvados para a frente e movendo apenas a perna e o pé direito; cada qual com a mão direita na cintura e o braço e a mão esquerda pendentes, suspendem um tanto o corpo e assim cantam e dançam. Como eram numerosos, formavam três rodas no meio das quais se mantinham três ou quatro caraíbas ricamente adornados de plumas, cocares, máscaras e braceletes de diversas cores, cada qual com um maracá em cada mão. E faziam ressoar essas espécies de guizos feitos de certo fruto maior do que um ovo de avestruz. (...) Os caraíbas não se mantinham sempre no mesmo lugar como os outros assistentes; avançavam saltando ou recuavam do mesmo modo e pude observar que, de quando em quando, tomavam uma vara de madeira de quatro a cinco pés de comprimento em cuja extremidade ardia um chumaço de *petun* e voltavam-na acesa para todos os lados soprando a fumaça contra os selvagens e dizendo "– Para que vençais os vossos inimigos recebei o espírito da força". E repetiamna por várias vezes os astuciosos caraíbas.
>
> Essas cerimônias duraram cerca de duas horas e durante esse tempo quinhentos ou seiscentos selvagens não cessaram de dançar e cantar de um modo tão harmonioso que ninguém diria não conhecerem música. Se, como disse, no início dessa algazarra, me assustei, agora me mantinha absorto ao coro ouvindo os acordes dessa imensa multidão e sobretudo a cadência e o estribilho repetido a cada copla: *Hê, he ayre, heyrá, heyrayre, heyra, heyre, uêh.* E ainda hoje quando recordo essa cena sinto palpitar o coração e parece-me a estar ouvindo.
>
> Para terminar bateram com o pé direito no chão com mais força e depois de cuspirem para a frente, unanimemente, pronunciaram duas ou três vezes com voz rouca: *Hê, hyâ, hyá, hyá.*[588]

---

[587] N.E. A edição não conseguiu localizar a nota.

[588] LÉRY, Jean de, pp. 193-195; cf. STADEN, Hans, cap. 23 (Livro II).

Segundo o mesmo cronista, os goitacá foram os inimigos especialmente ameaçados no decorrer dos rituais.[589]

Quanto à fumegação e à função mágico-religiosa que ela preenchia, as referências a um pajé do Maranhão confirmam as informações de Léry; "tomava uma grande taboca de bambu, enchia-a de *petum*, deitava-lhe fogo numa das extremidades, e depois soprava a fumaça sobre os selvagens dizendo: 'recebei a força do meu espírito, e por ele gozareis sempre saúde, e sereis valente contra vossos inimigos'".[590] Doutro lado, evidências confirmatórias são estabelecidas pelo próprio Léry e outras fontes: a) assim, sabe-se que os pajés tinham, entre outras, a faculdade de comunicar o espírito a quem quisessem;[591] b) e que os tupinambá acreditavam que os pajés comunicariam certos "poderes" aos guerreiros: "[os pajés] os convencem de que nada lhes impede de comunicar-se à alma contida no corpo";[592] "e fazem crer [os pajés] não somente que se comunicam com os espíritos e assim dão força a quem lhes apraz, para vencer e suplantar os inimigos na guerra".[593] No entanto, levantam-se duas dificuldades, que provavelmente não poderemos resolver em nossos dias: 1) os "poderes" transmitidos emanavam de fato da personalidade dos pajés, ou estes eram apenas uma espécie de intermediários entre os guerreiros e os espíritos? 2) os "poderes" eram transferidos diretamente à pessoa dos guerreiros, ou por intermédio de algum instrumento sagrado? Ao tratar dessa cerimônia, Métraux infelizmente não se preocupou com tais questões.[594] Mas elas são deveras cruciais, e, ainda que não possam ser resolvidas,

---

589 LÉRY, Jean de, p. 195 ("Haviam em seguida ameaçados os goitacazes, proclamando, de acordo com os caraíbas, que haviam de devorá-los, embora esses selvagens sejam tão valentes que nunca os tupinambás os puderam submeter").

590 EVREUX, Pe. Ives d', p. 176.

591 ANCHIETA, Joseph de. *Cartas*, p. 331 (cf. trecho transcrito adiante, nota 178, p. 250).

592 THEVET, Frei André. *Singularidades*, p. 277; cf. também ms. in., fl. 78v. ss.

593 LÉRY, Jean de, p. 191.

594 Cf. MÉTRAUX, Alfred. *La Religion des tupinambá*, p. 85; de um modo geral, atribui às relações com os *espíritos* o poder de que dispunha cada pajé (idem, p. 86).

é conveniente que as consideremos, para conseguir um conhecimento mais positivo da função que ela desempenhava.

Segundo é possível supor, com base na documentação disponível – especialmente nos dados fornecidos por Evreux[595] –, a "força" dos pajés provinha do número e da espécie de espírito com que eles podiam manter relações. Então, eles não comunicariam atributos de suas próprias personalidades às personalidades dos companheiros que sofriam a sua influência; mas serviam de mediadores entre os guerreiros e o sobrenatural. A fumaça do *petum* seria a técnica que permitiria estabelecer essas conexões. Evidentemente, como a própria "força" e "virtude" dos pajés provinham de tais espíritos, o ato implicava a transmissão de parte de sua "força" e "virtude" a um terceiro. O seguinte trecho de Evreux dá algum fundamento a esta hipótese: "estes feiticeiros têm uma maneira particular de comunicar seu espírito aos outros, isto é, por meio da erva *petum* introduzida num caniço, de que eles puxam a fumaça, lançando-a sobre os circunstantes ou soprando-a mesmo na cana, exortando-os a receber seu espírito e sua virtude".[596] Isso nos leva, no entanto, à segunda questão: os cronistas franceses captaram bem as relações dos pajés com os guerreiros, mas perderam de vista o papel dos instrumentos sagrados nessas relações. Ora, Staden foi mais feliz, sob esse aspecto, pois nos ensina o seguinte: "Logo que estão todos reunidos, toma o adivinho o maracá de cada um deles e incensa-o com uma erva que chamam pitim. Segura então a matraca bem junto à boca, chocalha-a e diz-lhe: 'Né cora', fala agora e faze-te ouvir, se aí estás. Profere após em voz alta e depressa uma palavra, de modo que não se pode bem distinguir se a emitiu ele ou a matraca. Os presentes acreditam que a matraca a disse, mas o próprio feiticeiro a emitiu. Assim o faz com todas as matracas, uma após outra, e cada um fica pensando que o seu maracá tem grande poder".[597] Depois disso, o guerreiro presumivelmente estava capacitado para comunicar-se pessoalmente com o espírito a que se associara (ou se

595 EVREUX, Pe. Ives d', cf. esp. pp. 297 ss. Note-se: a informação indicada, de Anchieta, é de caráter confirmatório.

596 EVREUX, Pe. Ives d', pp. 314/315.

597 STADEN, Hans, p. 174.

submetera?) através do seu maracá: "Quando o pajé, o feiticeiro, tornou divinas todas as matracas, toma cada qual a que lhe pertence de volta, chama-a 'querido filho', faz-lhe uma pequena choupana, na qual será colocada, põe-lhe em frente comida e implora-lhe tudo quanto a si é necessário".[598] O espírito não seria, portanto, *incorporado* à personalidade dos guerreiros, mas ficaria sendo o "seu" espírito: o espírito cujo desejo de vingança o próprio guerreiro deveria aplacar e do qual receberia alguma espécie de proteção sobrenatural, que determinaria em última instância o seu sucesso ou insucesso diante dos inimigos.[599]

Tais resultados, ainda que hipotéticos, esclarecem em parte a função mágico-religiosa da cerimônia de fumegação dos guerreiros pelos pajés e explicam por que ela se integrava no conjunto de rituais observados no decorrer da consagração dos maracás. E, o que nos interessa mais no momento, permitem compreender a função social da aludida cerimônia: ela constituía uma técnica de manipulação do espírito guerreiro dos adultos, um meio de preparação psicológica para o combate, seja quanto às atitudes diante da guerra a que dava origem, seja quanto à convicção de segurança pessoal e de bom êxito que desenvolvia nos guerreiros. Nesse sentido é que ela pode ser interpretada como uma técnica de equilibração do moral dos guerreiros e de intensificação das atitudes agressivas contra os inimigos.

Em síntese, esse breve exame da atualização dos valores guerreiros na sociedade tupinambá, através das situações de vida e dos meios de excitamento das atitudes belicosas, sugere até que ponto a guerra e as impulsões sociais dela resultantes penetravam o *ethos* da cultura tribal. Em particular, ele mostra que os efeitos socializadores das técnicas de atualização dos valores guerreiros eram congruentes com os das técnicas

---

598 STADEN, Hans, p. 174. Essa descrição mostra que se trata do espírito de um parente morto, que devia ser vingado. Ao invés de "filho", poderia ser outro parente. A oferta de alimentos liga-se à crença de que os mortos tinham as mesmas necessidades que os vivos.

599 Relembro, aqui, o que Staden escreve nessa passagem a respeito: "ordenam-lhes então os adivinhos que partam para a guerra na captura de inimigos pois apetece aos espíritos que estão nos maracás comer carne escrava" (p. 174).

educativas, tendendo a acentuar, na organização da personalidade masculina, a importância de atitudes, sentimentos e ideias ligados direta ou indiretamente com a guerra[600] A configuração da personalidade masculina e as constelações que lhe davam uma expressão concreta no curso da vida dos indivíduos constituíam em grande parte um produto da atuação de processos sociopsíquicos polarizados, cultural e socialmente, em torno das duas espécies de técnicas.

Resumo

Os dados expostos permitiram lidar com os principais problemas com que se defrontam os sociólogos quando focalizam o processo de socialização em uma sociedade particular e com relação a um fator societário específico (a guerra, no caso), do ângulo da formação da personalidade. Apesar de suas limitações, a análise precedente revela que função a guerra desempenhava nos processos psicológicos e sociopsíquicos através dos quais os indivíduos se transformavam em "seres sociais" na sociedade tupinambá. Embora a guerra estivesse longe de ser, por si mesma, uma preocupação obsessiva na vida dos tupinambá, o conjunto de valores sociais a que ela dava origem ou de que ela era condição imediata se articulava de tal modo ao sistema tribal de valores sociais, que ela atuava como um dos elementos sociais básicos do sistema organizatório tribal. Por isso, os mecanismos sociais que promoviam – por meios diretos ou indiretos, pessoais ou impessoais – a socialização de atitudes, sentimentos, ideias e ideais repousavam extensamente na guerra, quando não nasciam das condições ou imperativos sociais criados por ela ou por suas consequências.

Em primeiro lugar, a análise pôs em evidência as conexões existentes entre os valores guerreiros e os dinamismos da vida psíquica dos tupinambá. Ainda que as conexões se estabelecessem por intermédio dos valores religiosos, elas eram tão profundas que a função socializadora da guerra repercutia na organização da personalidade masculina,

---

[600] N.E. A edição não conseguiu localizar a nota.

contribuindo assim para determinar seja a sua estrutura, seja o seu desenvolvimento e o ritmo dentro do qual este se processava. Nesse sentido, os valores guerreiros desempenhavam uma função construtiva na formação da personalidade masculina, colocando a guerra entre as instituições tribais que promoviam a equivalência e o entrosamento dos dinamismos psíquicos ao ritmo da vida social. Em segundo lugar, a análise indica que essa função da guerra repousava nos processos sociais, e nas situações sociais correspondentes, através dos quais as gerações ascendentes eram "treinadas" para a vida social e a herança cultural era transmitida e perpetuada. Antes mesmo de possuírem consciência do que faziam, viam-se os indivíduos do sexo masculino envolvidos em uma complexa teia de compromissos guerreiros, que definiam suas obrigações belicosas tanto com relação aos vivos quanto na direção dos mortos; desses compromissos jamais poderiam libertar-se, pois eles cresciam, por assim dizer, com eles e complicavam-se dia a dia. Em outras palavras, as impulsões e as orientações belicosas do sistema organizatório tribal davam origem à necessidade de formar personalidades altamente sensíveis e leais para com semelhantes compromissos. Isso era obtido por intermédio de um duplo sistema de técnicas culturais, de educação e de atualização dos valores guerreiros, reciprocamente coerentes e complementares. A função socializadora dessas técnicas abrangia naturalmente, no que diz respeito aos valores guerreiros: a sua incorporação à personalidade dos *socii* e a determinação da sua importância na vida psíquica deles, dando à guerra, no plano psicológico, um lugar correspondente ao que ela ocupava no *ethos* da cultura tribal.

1.2 Repercussões da Guerra na estrutura social

A análise anterior focaliza a função socializadora da guerra de ângulo psicológico, pois ela tem por objeto mostrar, especificamente, as conexões desse fenômeno com os processos que modelavam a personalidade masculina na sociedade tupinambá. Somente de passagem, e assim mesmo quando indispensável, foram tais processos referidos às condições do meio social ambiente, responsável em grau maior ou menor pela existência, natureza e função dos referidos processos. Seria necessário completar a análise, estendendo-a a essas condições, no mínimo para verificar que sulcos a guerra cavara no seio da estrutura social, que a engendrava e continha, e como os seus efeitos se refletiam no estabelecimento do equilíbrio social.

O sistema organizatório da sociedade tupinambá abrangia três constelações básicas de relações sociais: a comunitária, a intercomunitária ou tribal, a intertribal.[601] A primeira nascia da vida em comum e das condições da convivência social nos grupos locais. A segunda correspondia ao sistema de relações sociais desenvolvido pelos grupos locais que se ligavam entre si por laços de parentesco e de solidariedade. A terceira compreendia as relações dos tupinambá com os grupos tribais inimigos, circunvizinhos ou não.

> Cada complexo dispunha de forças sociais próprias e abrangia um certo número de situações interativas regulamentadas. Assim, enquanto as relações que constituíam os dois primeiros sistemas se baseavam em sentimentos de afinidade e padrões de cooperação, e os exprimiam, as relações que constituíam o terceiro sistema baseavam-se em e exprimiam sentimentos de ódio e padrões de antagonismo. As ações recíprocas, no interior do sistema comunitário e do sistema intercomunitário ou tribal, tendiam a assumir caráter associativo e desenvolviam nos indivíduos atitudes centrípetas, em relação às pessoas e aos valores desta esfera do sistema organizatório. As ações recíprocas no sistema intertribal tendiam a assumir um caráter dissociativo e desenvolviam atitudes centrífugas, em relação às pessoas e aos valores desta esfera do sistema organizatório.[602]

A guerra, graças à sua integração no sistema organizatório tribal, repercutia naturalmente nas três constelações básicas de relações sociais.[603]

---

601 Cf. FERNANDES, Florestan. *A organizacão social dos tupinambá*, pp. 295-299. A análise acima também se baseia nos dados e conclusões expostos em outras partes do trabalho citado, os quais fundamentam as explanações teóricas contidas no texto.

602 FERNANDES, Florestan, op. cit., p. 296.

603 Cumpre ressaltar que o apreveitamento do conceito de "repercussão social" não envolve a aceitação de outras noções, como "fórmula social", "causa", "tipo" etc.,

Pelo que se pode inferir atualmente, a terceira constelação apanhava um número limitado de situações sociais, pois os grupos locais que não se integravam à mesma tribo se consideravam inimigos, ainda que pertencessem à mesma etnia, e os contatos entre eles ou se produziam em virtude da guerra, ou conduziam a choques armados. As relações sociais que a constituíam eram, por natureza, belicosas. As duas outras constelações abrangiam um número mais extenso de situações sociais, muitas delas sem nenhuma relação direta com a guerra. Entretanto, mesmo situações desta espécie davam origem a atividades guerreiras, graças ao perigo constante de assalto à mão armada dos inimigos (daí, por exemplo, a necessidade de proteção masculina às mulheres, durante os trabalhos agrícolas ou no decorrer de viagens de curto percurso). As condições de ocupação do meio físico e as obrigações estabelecidas pelo sistema de parentesco e pelo sistema religioso criavam, doutro lado, situações sociais cujo desfecho normal era a guerra. Por isso, as relações sociais integradas em ambas as constelações possuíam um substrato bélico ou tinham, então, um caráter guerreiro específico. Entre essas relações destacam-se as que derivavam do funcionamento do sistema "militar" dos grupos locais, que chegavam a operar como unidades de ataque e de defesa, e as que se desenvolviam graças ao funcionamento do sistema "militar" dos grupos locais solidários, os quais se prestavam ajuda e participavam de expedições guerreiras comuns, de envergadura tribal.

Em suma, o conjunto de repercussões que articulavam a guerra, de forma reversível, às três constelações básicas de relações sociais fazia com que esse fenômeno cruzasse em todos os sentidos a organização social da sociedade tupinambá. Ela era, concomitantemente, um dos produtos do funcionamento do sistema organizatório tribal e um dos fatores sociais em que repousava o funcionamento normal do mesmo.[604] O significado sociológico dessa inferência é muito grande, já que ela

---

associadas de modo característico à manipulação do referido conceito pelos discípulos do Le Play (Cf. ROUX, Paul. *Précis de science sociale*, pp. 196 ss.).

604 Cf. MÉTRAUX, Alfred. *Warfare, cannibalism and human trophies*, p. 385; MÉTRAUX, Alfred. *The Tupinambá, passim*. E cf. acima, *Parte I, Motivação e objetivos da guerra*.

nos permite compreender que a guerra se vinculava, como causa, condição ou efeito (a natureza das repercussões importa pouco, no caso), com as duas esferas do sistema organizatório tribal: a da sociabilidade espontânea e a da estrutura social.[605] Todavia, os dados disponíveis não alcançam, em virtude de sua procedência leiga, os aspectos da vida social relativos à sociabilidade espontânea. À medida que a vida social caiu sob o campo de visão dos cronistas como uma realidade dinâmica, os comportamentos descritos (e às vezes também interpretados) eram do tipo daqueles que se repetem com uniformidade, por serem constitucionalizados. Por isso, são comportamentos que exprimem o sistema tribal de posições sociais (ou os papéis sociais polarizados em torno delas) e, em grau menor, os princípios em que repousavam a integração e o funcionamento normal desse sistema.

Assim, somente será examinada aqui a função da guerra na constituição da estrutura social da sociedade tupinambá. Como as questões relacionadas com as implicações sociais do sacrifício humano são sociologicamente distintas das que dizem respeito à convivência transitória dos captores com os cativos, são duas as questões fundamentais que se apresentam à análise: 1) Até que ponto ou dentro de que limites a guerra funcionava como um dos mecanismos tribais de determinação de *status*, e como ela se inseria, com esse caráter, no sistema de relações sociais

---

[605] O conceito de sociabilidade espontânea não é empregado aqui com o sentido que lhe atribui G. Gurvitch (cf. *Essais de sociologie*, "Des formes de la sociabilité", Section I). É evidente que ela é entendida (no sentido aceito no presente trabalho) como sendo a esfera da organização social que abrange as ações regulamentadas socialmente, de modo parcial ou total, direto ou indireto, cuja manifestação não depende da situação recíproca dos *socii* no sistema de posições sociais. Toda sociedade possui em seu sistema organizatório uma esfera de sociabilidade espontânea, embora ela tenda a ser muito pequena em sociedades de tipo "fechado" e "sagrado", como a dos tupinambá. As razões teóricas de semelhante manipulação do conceito encontram-se em argumentos explorados sociologicamente por F. Tönnies, embora nem sempre de uma maneira que ainda hoje possa ser considerada satisfatória (cf. *Communauté et société* e *Princípios de sociologia*); toda manifestação de sociabilidade envolve "relações reciprocamente positivas", qualquer que seja sua expressão estrutural e a forma concreta de associação produzida. Daí a constante referência das ações, se não a valores ou a fins, a expectativas ou a pessoas de outrem, em condições criadas pelas situações sociais vividas pelos sujeitos das ações.

dos tupinambá? 2) Os cativos eram destinados ao sacrifício ritual: mas qual era o seu *status* na comunidade dos captores, enquanto viviam, e que atribuições sociais ele lhes conferia? Pretendendo responder a ambas as questões, dividi em duas partes o presente capítulo: a) condições e efeitos sociais da participação das atividades guerreiras; b) a situação social dos cativos.

1.2.1 Condições e efeitos sociais da participação das atividades guerreiras

É evidente que a consideração sociológica da primeira questão abrange fenômenos de natureza diversa. Em primeiro lugar, a participação das atividades guerreiras, vista do ângulo da estrutura social, constituía o "produto" da atuação de um conjunto de processos de peneiramento das personalidades masculinas. O exercício das atividades guerreiras sujeitava-se a controle grupal, e somente ao preencher determinadas *condições* podiam os jovens ser admitidos aos bandos guerreiros e passar, então, pelas cerimônias que marcariam sua nova classificação social. Em segundo lugar, a participação das atividades guerreiras colocava os indivíduos nela envolvidos em competição permanente por certos valores e por prestígio. Graças a ela, o peneiramento das personalidades masculinas sofria uma deflexão, passando a processar-se de um modo muito mais árduo e complexo. Assim, importaria assinalar, sobretudo, os *efeitos* da participação das atividades guerreiras na situação social dos agentes. Em terceiro lugar, ambos os fenômenos (*condições* e *efeitos* da participação das atividades guerreiras) subordinavam-se, quer quanto ao seu aparecimento, quer quanto às suas consequências, à forma de integração e ao ritmo de funcionamento da estrutura social; eles estavam para com esta em uma relação de "elementos constitutivos".

Devido às limitações da documentação disponível, porém, a análise se concentrará sobre as conexões entre a guerra e os mecanismos tribais de determinação de *status* e papéis. Em função desse problema básico também serão examinadas: as conexões entre a guerra e as formas tribais de liderança e dominação; as conexões entre a guerra e as forças sociais que preservavam a unidade da estrutura social. Os três problemas já mereceram alguma atenção neste trabalho, pois foram abordados de passagem nas subdivisões relativas ao "ritual guerreiro", à "contenda armada" e aos "ideais guerreiros na formação da personalidade masculina". Apenas agora, no entanto, eles serão examinados de modo sistemático e tendo como ponto de referência a integração e o funcionamento da estrutura social da sociedade tupinambá.

Dois eram os eixos do sistema tribal de posições sociais: 1) os mecanismos sociais através dos quais se processava a *atribuição* dos *status* aos *socii*; 2) os mecanismos sociais através dos quais se processava a diferenciação dos *socii* com base nas qualidades pessoais, reveladas e reconhecidas socialmente. Linton distingue os produtos desses mecanismos, do ponto de vista da distribuição e da localização dos *socii* na estrutura social, por meio dos conceitos de *status atribuído* e de *status adquirido.*[606] Embora a função de ambos os conjuntos de mecanismos sociais fosse fundamentalmente a mesma, a importância e as consequências de cada espécie de *status* estavam correlacionadas ao desenvolvimento sociopsíquico dos *socii* e aos "graus" do sistema tribal de "promoções sociais". Por isso, convém analisá-los separadamente, primeiro, para depois verificar até que ponto eles se complementavam reciprocamente e qual era a contribuição de cada um deles para a integração e a preservação da estrutura social.[607]

A atribuição de *status* repousava no princípio de parentesco, complementado pelos princípios de sexo e de idade. Na medida em que constituía uma condição do sistema de parentesco, o *status* era transmitido patrilinearmente aos indivíduos de sexo masculino. Mesmo depois de tornar-se um "principal", graças às suas façanhas guerreiras ou

---

606 Cf. LINTON, Ralph. *O homem*, pp. 135 ss.; o mesmo autor estabelece outra distinção entre "*status* ativo" e "*status* latente", de grande utilidade para a análise da dinâmica dos ajustamentos sociais (cf. *The cultural background of personality*, pp. 50-52).

607 A análise que será feita a seguir se apoia nos resultados da investigação anterior (cf. *A organização social dos tupinambá*, caps. IV e V, em particular). A particularização da análise à atuação da guerra como critério de determinação de *status* e como fator de coesão social se fará através do aproveitamento de documentação original.

mágico-religiosas, ao número de esposas e de descendentes, às aptidões especiais para as ocupações masculinas ou para a oratória etc., o *status* de um homem dependia largamente de sua linhagem; a importância das relações genealógicas era tão grande que cada qual conhecia e descrevia a própria árvore genealógica, a partir dos ancestrais remotos.[608] Presumivelmente, porém, o princípio de parentesco definia a posição de um indivíduo com relação a todos os demais componentes do "nosso grupo", quer pertencessem ou não à própria parentela ou ao mesmo grupo local. Em outras palavras, estabelecia de modo suficientemente nítido se um indivíduo devia ser considerado e tratado como "amigo" e "parente" ou como "estranho" e "inimigo". Todavia, era insuficiente para corresponder a todas as necessidades criadas pela convivência social e tampouco permitia satisfazer os ajustamentos oriundos das relações adaptativas. Por isso, ele era complementado pelos princípios de sexo e de idade, e por outros critérios de classificação, ligados com as formas tribais de reconhecimento social das habilidades pessoais exteriorizadas.

Os princípios de sexo e de idade tinham por função integrar os papéis dos *socii* às condições sociais criadas pelo sistema tribal de adaptações ao meio natural físico e humano. Graças ao primeiro princípio, as atividades sociais eram bipartidas em dois núcleos distintos, distribuindo-se assim as responsabilidades quanto ao provimento dos recursos naturais e à realização de serviços. Sem dúvida, esse princípio sublinhava as principais regulamentações das atividades sociais, pois estas, encaradas independentemente dos quadros de referência de tempo e de espaço, eram ordenadas através da divisão sexual do trabalho social. No entanto, a adequação dos serviços e das responsabilidades às pessoas que os exerciam introduzia o outro princípio de ordenação das atividades sociais. Isso quer dizer que o princípio de idade, no plano dos ajustamentos provocados pelas atividades econômicas, era subsidiário do princípio de sexo. Cabia-lhe, porém, uma função capital nos ajustamentos que dependiam dos adestramentos dos organismos humanos para a vida social, inclusive na coordenação dos caracteres fisiológicos e na ordenação das relações sexuais (na medida em que estas não se

---

608 Cf. especialmente *A organização social dos tupinambá*, pp. 145/146.

subordinavam às regulamentações do sistema de parentesco). Fora da esfera das relações adaptativas, a intervenção dos dois princípios na regulamentação das ações e atividades sociais era muito pequena. Eles serviam como critérios secundários de distinção dos *socii* nos grupos de parentes (nas relações de membros da mesma geração ou no tratamento recíproco de parentes de sexos diferentes) e forneciam uma base para o tratamento recíproco de pessoas que não pertenciam à mesma parentela.

Em suma, o *status* atribuído, graças à combinação dos três princípios de parentesco, sexo e idade, colocava os *socii* em condições de se ajustarem às mais diversas situações sociais: desde as que emergiam das formas tribais de adaptação ao meio físico ambiente e dos organismos humanos uns aos outros, até as que resultavam das formas tribais de convivência social e de comunhão. Praticamente, em torno do *status* atribuído se configuravam todos os papéis básicos ou primários que deviam ser representados pelos indivíduos de sexo masculino, quer no grupo doméstico, como "filho", "irmão" etc.; quer no intercâmbio social com os "adultos" ou os mais velhos", com as pessoas da mesma geração e com os membros das gerações "mais novas", de ambos os sexos; quer nos bandos de cujas atividades participassem, como coletores ou pescadores. Além disso, motivos mágicos e religiosos davam origem a certos papéis, cujo exercício implicava algum tipo de participação de determinados rituais (de nascimento, de perfuração do lábio, antropofágico etc.). Esses papéis, evidentemente, também se polarizavam no *status* atribuído.

Todavia, o *status* atribuído não compreendia a soma total de papéis a serem desempenhados pelos indivíduos de sexo masculino, não supria todas as necessidades de convivência social e, principalmente, de acumulação de poder ou de prestígio. Ele servia, por assim dizer, à estratégia de absorção dos indivíduos pelo grupo. Depois que a maturidade social daqueles era reconhecida culturalmente, as normas de avaliação se desdobravam; então, as aptidões dos *socii* principiavam a sofrer o cotejo com os ideais de comportamento estabelecidos socialmente. Os três princípios "impessoais" e "naturais" de avaliação e de classificação (parentesco, sexo e idade) passavam a ser suplementados por critérios "pessoais" e "subjetivos" de apreciação da conduta, das ações e da personalidade. Em um sentido real, ainda que sem nenhuma evidência de "individualismo" ou de "particularismo", a pessoa tornava-se o centro e a medida de todas as coisas, pelo menos de todas as coisas que caíam sob o horizonte mental dos tupinambá como "coisas que valem". A explicação dessa profunda transformação na vida social masculina se encontra na própria concepção do humano dos tupinambá: é que, por motivos religiosos, acreditavam que os indivíduos de sexo masculino se tornavam *homens* nessa época e somente daí por diante começavam a acumular os poderes suscetíveis de assegurar a vida futura.

Portanto, visto do ângulo do desenvolvimento sociopsíquico da personalidade e do funcionamento do sistema de "promoções sociais", articulado às categorias de sexo e de idade, apenas durante certo tempo o *status* atribuído estabelecia quase que exclusivamente a distribuição e a localização dos *socii* na estrutura social. Nesse período de tempo, que em termos das categorias de idade abrangia quatro fases ou épocas (*Mitã, Kunum˜ı-mir˜ı; Kunumı˜* e *Kunum˜ı-guasú*), aproximadamente até 25 anos,[609] a importância da evidência de dotes pessoais para a classificação social dos *socii* era pequena. Pela documentação disponível, unicamente nos ritos de perfuração do lábio os predicados dessa espécie eram submetidos ao exame dos adultos e serviam para estabelecer estimativas a respeito da personalidade dos imaturos. A presunção mais geral que se pode formular é que o *status* atribuído incluía os principais papéis desempenhados pelos indivíduos de sexo masculino até o sacrifício de sua primeira vítima, os rituais subsequentes e o casamento. É impossível saber ao certo, no entanto, se todos os papéis representados pelos *socii* nessa época (que era ao mesmo tempo uma época de transição para um *status* social mais elevado) se polarizavam de fato em torno do *status* atribuído. Como os rapazes podiam ser admitidos nos bandos guerreiros antes de realizarem o sacrifício da primeira vítima, impõe-se a hipótese de que o *status* condicional de guerreiro constituía uma extensão de *status* atribuído. Infelizmente, os cronistas não deram muita atenção a esse aspecto da vida social masculina. Por isso, ignora-se se a admissão dos jovens nos

---

[609] Cf. *A organização social dos tupinambá*, pp. 223 e 244, com o texto explicativo correspondente.

bandos guerreiros era precedida de ritos especiais, cuja função seria a de pôr os companheiros ao abrigo de consequências nefastas, atraídas pela presença dos noviços. É provável que sim, pois as proibições impostas aos indivíduos designados como *marabá* sublinham que os tupinambá se preocupavam com a segurança coletiva dos componentes dos bandos guerreiros e consideravam a presença de noviços como uma fonte de perigos.[610] Doutro lado, já foi indicado neste trabalho que a cooperação entre parentes conduzia, provavelmente com frequência, à concessão da vítima ao jovem. Os dois fatos revelam, ainda que indiretamente, que a hipótese levantada tem alguma consistência empírica, e que se pode, com as reservas necessárias, compreender os papéis representados nos ritos que precediam e se seguiam, imediatamente, ao sacrifício da primeira vítima de um jovem (inclusive o seu casamento), como probabilidades de atuação social asseguradas em termos do *status* atribuído.

Está fora de dúvida, porém, que através desses mesmos ritos se operava a transformação da situação social dos jovens e que em seu desenrolar estes davam as primeiras provas concretas de valor e das aptidões pessoais. Começava então um novo ciclo na vida dos homens. Embora os princípios de parentesco, sexo e idade continuassem a funcionar como agentes de distribuição e localização dos indivíduos na estrutura social, eles se tornavam, progressivamente, meros pontos de referência para outras distinções sociais, baseadas no grau de qualidades pessoais exibidas e reconhecidas publicamente. As duas categorias de idade, que abrangiam os indivíduos da geração dominante (*Avá* e *Tujuáe*), continham especificações de posição social e de graduação de prestígio que derivavam do *status* adquirido dos *socii*.[611] Isso quer dizer que as atribuições sociais definidas em termos de *status* adquirido se refletiam na estrutura social; elas de fato modificavam as determinações resultantes do funcionamento das categorias de idade e inflectiam nas influências dos outros dois princípios "naturais" e "impessoais" de classificação social.

---

610 Cf. *A organização social dos tupinambá*, p. 158.

611 Cf. *A organização social dos tupinambá*, p. 244 e texto explicativo correspondente; naturalmente, trata-se dos *status* representados graficamente do número 20 ao 26, mas chamo a atenção para as especificações seriais contidas nos *status* 23-26.

Cumpre verificar, dado o objeto da presente monografia, se a guerra repercutia ou não nesse processo. Os resultados da análise precedente mostram que a participação das atividades guerreiras constituía uma consequência da atuação dos mecanismos tribais de atribuição de *status*. A incorporação em um bando guerreiro não implicava nem era o produto de nenhuma complicação especial na vida social dos jovens; assim que alcançavam a idade exigida (lembro que isso ocorria até os 25 anos, aproximadamente), eles eram encaminhados de modo espontâneo à guerra e ao sacrifício da primeira vítima. Em síntese, encarada do ponto de vista da dinâmica social, a participação das atividades guerreiras era uma condição da integração e do funcionamento da estrutura social. Os indivíduos de sexo masculino eram compelidos à guerra socialmente, isto é, eles se tornavam "guerreiros" independentemente de sua vontade, em virtude da circunstância de ocuparem um *status* na estrutura social.

Mas, resta saber se a guerra, além de se submeter à fisiologia da sociedade tribal, contribuía por sua vez para configurar a estrutura social e seu ritmo de funcionamento. Como a incorporação em um bando guerreiro era um efeito das conexões existentes entre os mecanismos sociais de atribuição de *status* e os de integração da estrutura social, é evidente que, se a guerra desempenhava uma função dessa espécie, ela deve ser procurada nos mecanismos sociais que promoviam a diferenciação dos *socii* com base nas qualidades pessoais. Colocando a questão nesses termos, somos levados a reconhecer que a guerra desempenhava essa função na sociedade tupinambá, pois a graduação social resultante do prestígio adquirido pelos *socii* graças a seus méritos pessoais repousava em grande parte no "curriculum guerreiro" de cada um. Todas as graduações de *status* dos indivíduos que pertenciam às categorias de *Avá* e *Tujuáe* – "homem casado", "chefe de maloca", "chefe de grupo local", "chefe de bando guerreiro", "líder guerreiro" e "pajé" – dependiam direta ou indiretamente do prestígio ou dos poderes acumulados por intermédio dos feitos guerreiros. Isso é posto em evidência por dados de fato, que serão examinados sociologicamente a seguir.

Na abordagem dessa questão, é preciso considerar separadamente dois problemas fundamentais: 1) a função dos ritos de sacrifício da primeira vítima na estrutura social; 2) a natureza e o modo de atuação dos mecanismos tribais de graduação social. Os ritos que precediam e se seguiam ao sacrifício da primeira vítima eram, sem dúvida, ritos de passagem. Eles não possuíam, estritamente falando, o caráter de ritos guerreiros. Eram ritos religiosos, aos quais se misturavam algumas cerimônias mágicas.[612] Daí decorriam dois fatos: primeiro, a vítima não precisava ser, necessariamente, capturada pelo sacrificante; segundo, o sacrifício da vítima constituía o núcleo ou centro dos rituais a serem observados.

Isso não quer dizer, porém, que tais ritos fossem alheios a qualquer significação guerreira. Ao contrário, a demonstração pública da capacidades de lidar com o "inimigo" incluía-se entre os seus elementos fundamentais. Além disso, o próprio sacrifício fazia parte do conceito de guerra daqueles aborígenes, pois ele é que dava sentido e fornecia os fundamentos às incursões guerreiras. Portanto, o que se conservava em segundo plano era a necessidade de passar, de modo imediato, por provas guerreiras de caráter "militar".[613] A significação guerreira daqueles ritos também se evidencia pela natureza social do ato de sacrifício, que na sociedade tupinambá não só era um ato praticado por guerreiros, mas ainda um ato de guerra, que expunha o sacrificante e seu grupo ao circuito de vinganças a que os inimigos se julgavam moralmente obrigados.

Após o sacrifício de sua primeira vítima, o jovem devia observar um complexo conjunto de ritos. Alguns destinavam-se a resguardar o sacrificante e a comunidade das represálias do espírito da vítima; outros tinham por fim a atribuição de um novo nome ao sacrificante (ritos de

---

[612] Esses ritos são descritos e interpretados sociologicamente na segunda subdivisão desta parte do presente trabalho. Pareceu-me desnecessário, por isso, apresentar aqui toda a documentação relativa aos argumentos teóricos expendidos no texto.

[613] Como, por exemplo: a obrigação de capturar a vítima em combate, existente entre outros povos primitivos. Lembro, no entanto, que essa alternativa era posta em prática pelos tupinambá, e que quando isso não ocorria o sacrificante se obrigava a compensar o parente que lhe oferecia a vítima, substituindo-a no futuro por um inimigo capturado por ele próprio.

renomação). Findos esses rituais, o jovem estava em condições de casar-se, ocorrendo então as cerimônias do matrimônio.[614] Portanto, os ritos em questão assumiam, nessa conjuntura da vida social, a função de ritos de passagem; cabia-lhes especificamente, quanto à localização dos indivíduos de sexo masculino na estrutura social: a) exprimir simbolicamente o reconhecimento da maturidade social dos indivíduos socialmente peneirados; b) promover a integração deles ao círculo social dos adultos. Por isso, quando eles se findavam, o jovem "nascia" para a vida social como "homem": o *kunumı̃-guasú* tornava-se *avá*. Baseando-me nesses dados é que interpretei esse conjunto de ritos como constituindo "a forma assumida pela iniciação (masculina) na sociedade tupinambá".[615]

Os referidos efeitos do massacre da primeira vítima devem ser compreendidos como uma "função derivada" do sacrifício humano. De fato, este continha, tal como o concebiam e realizavam os tupinambá, certos elementos do "sacrifício pessoal", pois o sacrificante encontrava um benefício imediato na ação praticada. Graças ao sacrifício da vítima, ele adquiria uma "força" ou "virtude vivificadora" que não possuía antes ou, então, possuía, mas em menor grau: ao mesmo tempo que ganhava novos "nomes", o sacrificante contribuía através do massacre das vítimas para assegurar sua própria vida futura.[616] As consequências ou efeitos sociais dessa função primária (de natureza religiosa) do sacrifício humano variavam de acordo com a situação social dos sacrificantes. Por isso, os mesmos ritos funcionavam circunstancialmente quer como ritos de passagem, quer como esfera de competição por prestígio.

Tomando-se como ponto de referência o matrimônio, verifica-se que o reconhecimento da maturidade social era uma consequência

---

[614] Cf. *A organização social dos tupinambá*, pp. 230-241 e pp. 198/199; CARDIM, Pe. Fernão, pp. 168-170 e Thevet, ms. in., fl. 61, tratam das diferenças que existiam entre o resguardo do "noviço" e o do "iniciado".

[615] Op. cit., p. 231. Sobre o emprego do conceito de iniciação, cf. nota *g*, no apêndice, p. 567.

[616] Sobre esse tipo de sacrifício, que merecerá uma análise sistemática adiante, cf. MAUSS, Marcel; HUBERT, Henri. *Essai sur la nature et la fonction du sacrifice*, in *Mélanges d'histoire des religions*, pp. 84-88.

direta da aquisição, pelos sacrificantes-noviços, dessa "força" ou "virtude vivificadora". Antes de passar por esses rituais, os indivíduos de sexo masculino não podiam casar-se, como informam alguns cronistas: "não casam de ordinário até que tomem ou matem algum homem"; "depois de lhe vir o costume daí a três anos casa (a mulher) com o matador"; "nenhum mancebo se costumava casar antes de tomar contrário, e perseverava virgem até que o tomasse e matasse correndo-lhe primeiro suas festas por espaço de dois ou três anos".[617] Os tupinambá acreditavam que os jovens não-iniciados seriam incapazes de assumir os papéis de "pai" nos ritos de nascimento. Ora, a segurança do recém-nascido, quanto a do "pai" e num certo sentido também a da comunidade, dependia da observância estrita de semelhantes papéis. O que estava em jogo era a ideia de que só podiam desempenhar tais papéis os indivíduos que tivessem trocado de "nome" (mediante o sacrifício de sua primeira vítima), ou seja, indivíduos dotados de "poderes" suficientes para arrostar com as forças sobrenaturais e para assegurar a comunicação de certas qualidades a seus "filhos".[618] Em outras palavras, os ritos de sacrifício tinham a função indicada porque a aquisição do "nome" modificava, segundo a concepção dos tupinambá, o *estado* do agente-sacrificante, conferindo-lhe atributos, de ordem mágico-religiosa, que não possuíam antes em grau suficientemente alto. Por isso é que o matrimônio ocorria depois do sacrifício da primeira vítima. Explica-se do mesmo modo a admissão do jovem a outras atividades sociais dos adultos proibidas aos não-iniciados, como as envolvidas pela consagração ritual dos maracás ou pelas cerimônias mágico-religiosas dos rituais guerreiros.

---

617 Cf., respectivamente, ANCHIETA, Joseph de. *Cartas*, p. 434; ANÔNIMO. *De algumas coisas mais notáveis do Brasil*, p. 386; CARDIM, Pe. Fernão, p. 144. Cf. ainda as indicações básicas de Thevet, segundo as quais as mães não deixavam as filhas ter relações com um *Manen*, só podendo casar-se com um homem que tivesse trocado "o nome da infância" (Cf. *Cosmographie*, fl. 932 e ms. in., fl. 66v.).

618 Cf. *A organização social dos tupinambá*, pp. 134/135 e pp. 145-161 (especialmente pp. 152-158). O paralelo poderia ser aprofundado, pois segundo a concepção de parentesco dos tupinambá o *filho* procedia da "substância" do pai, o que indica que as noções analisadas acima interferiam na própria proibição das relações sexuais dos jovens com mulheres fecundas, antes de assumirem os papéis de sacrificante nos rituais de execução de sua primeira vítima.

Todavia, as probabilidades de atuação social asseguradas por semelhante mudança de *estado* eram limitadas. A "força", "virtude vivificadora" ou carisma – como seria melhor designar essa qualidade[619] –, adquirida pelo sacrificante-noviço graças ao sacrifício humano, apenas o qualificava para assumir alguns dos papéis polarizados em torno do *status* social de adulto; positivamente, as probabilidades de atuação social em questão poderiam ser enumeradas da seguinte maneira: o casamento, que podia tanto implicar a agregação temporária em outro grupo doméstico (matrilocalidade transitória) quanto ser realizado segundo as regras da patrilocalidade (quando as mulheres eram obtidas por meio de compensações entre parentelas); a admissão à categoria social dos "avá", que ocorria de forma pública (através de uma cerimônia incorporada aos rituais de casamento) e que era expressada simbolicamente por meio das incisões que indicavam a aquisição do "nome"; a participação das atividades guerreiras, na qualidade de combatente, e de outras atividades sagradas geralmente acessíveis aos adultos de sexo masculino, como as reuniões dos homens para a consagração dos maracás ou para a deliberação da guerra; a faculdade de comportar-se como "avá", regulamentada pelo código ético tribal, a qual se refletia nitidamente no tratamento que deviam dispensar e receber no convívio social.[620] O acesso aos demais

---

619 Cf. nota *h*, no apêndice, pp. 568-570.

620 A enumeração acima se baseia em dados expostos e interpretados no capítulo anterior e, especialmente, em *A organização social dos tupinambá*, pp. 183-193, 198/199, pp. 229-240, pp. 243-248 e cap. V. Quanto à recepção cerimonial dos noviços no círculo social dos adultos, eis o que escrevem o autor *De algumas coisas mais notáveis do Brasil* (p. 385) e CARDIM, Pe. Fernão (pp. 144/145), respectivamente: a) "acabado o vinho o pai da moça amarra uma rede grande em que podem dormir duas pessoas a sua vontade no lomiar da casa. E assim aquela primeira noite dormem aí marido e mulher e de noite vem o pai dela e corta o esteio dizendo que o corta para que seus filhos não nasçam com rabo"; "então bebem os casados vinho que até então não o tinham bebido dizendo que não parece bem aos moços meterem-se a beber e falar como os velhos". b) "ao tempo de lhe entregarem a mulher faziam grandes vinhos, e acabada a festa ficava o casamento perfeito, dando-lhe uma rede lavada, e depois de casados começavam a beber, porque até ali não o consentiam seus pais, ensinando-os que bebessem com tento, e fossem considerados e prudentes em seu falar, para que o vinho lhes não fizesse mal, nem falassem coisas ruins, e então com uma cuia lhe davam os velhos antigos o primeiro vinho, e lhe tinham a mão na cabeça para que não arrevesassem, porque se arrevesava tinham para si que não

papéis, como o de "marido polígino", os de "principal" – "chefe" de maloca, de grupo local, de bando guerreiro ou "líder guerreiro" – e os de "pajé", que eventualmente também podiam abranger os de "principal", era conquistado lentamente, por meio da evidência de qualidades pessoais e do reconhecimento social das mesmas.

Essa "função derivada" do sacrifício humano naturalmente se articulava aos mecanismos tribais de graduação social, pois os acontecimentos desenrolados nessa época da vida masculina repercutiam em seus desenvolvimentos posteriores. O carisma objetivado através do sacrifício da primeira vítima punha os sacrificantes-noviços em condições de lidar com o sagrado: daí em diante, podiam manipular as técnicas mágicas que não fossem privativas dos pajés e entrar em contato com os espíritos dos ancestrais. Assim, a admissão dos jovens-iniciados aos bandos guerreiros, na qualidade de combatentes, deve ser interpretada como uma das consequências das transformações operadas nas relações com o sagrado.

O guerreiro tupinambá precisava conhecer e manejar diversas técnicas mágicas, incorporadas à tecnologia guerreira tribal, e comunicar-se com os espíritos (pessoalmente, por intermédio dos sonhos; indiretamente, por meio de cerimônias religiosas dirigidas pelos pajés); e, em particular, tornava-se ele próprio um instrumento do sagrado, à medida que se submetia à influência de um ancestral ou parente morto, a cuja vingança se dedicava. Isso sugere que os guerreiros aborígenes (pelo menos os do grupo tupi) se movimentavam dentro de um clima mágico e religioso, sendo as suas pessoas por si mesmas uma fonte de perigos para os antagonistas que não possuíssem a mesma espécie de predicados. A objetivação de carisma através do sacrifício da primeira vítima comunicava ao sacrificante uma parte desses predicados e o punha em *estado* de receber outros, inculcados na personalidade dos guerreiros

---

seria valente, e vice-versa". Anchieta também se refere ao significado simbólico da participação das cauinagens. Segundo informa, a bebida era proibida, entre os tupi, aos "moços pequenos". Com grande perspicácia sugere qual seria a função do ritual: "E quando algum mancebo há de começar a beber, fazem-lhe grandes festas, empenando-os e pintando-os como que então começam a ser homens" (Cf. *Cartas*, pp. 330/331).

pelos pajés.[621] Como a acumulação de prestígio dependia estreitamente do "curriculum guerreiro", toda a carreira social masculina repousava nessa "função derivada" do sacrifício humano. Essa é, segundo suponho, a ligação mais profunda do sacrifício humano, em sua conexão específica de rito de passagem, com os mecanismos tribais de graduação social.

Mas a guerra intervinha de modo mais direto no funcionamento desses mecanismos. A explicação do fenômeno se encontra na própria complicação introduzida pelo carisma, como princípio organizatório, na estrutura social. Depois de serem admitidos no círculo social dos adultos, estavam abertos aos indivíduos de sexo masculino papéis que não lhes eram acessíveis pela simples atribuição de *status*. Os dotes pessoais assumiam então, naquela sociedade, a importância que lhes tem sido imputada sociologicamente, como fonte de desigualdade e de diferenciação social.[622] Apenas é preciso notar que eles atuavam como elementos de um processo social, e não como fatores de indeterminação (absoluta ou relativa): a) o ajustamento das personalidades às situações sociais herdadas se processava sob o influxo subjetivo de emoções, de ideais e de valores sociais;[623] b) as avaliações dos dotes pessoais constituíam expressões regulares dos mecanismos tribais de controle social; c) os papéis ambicionados e as posições em torno das quais eles se polarizavam

---

621 Sobre a inculcação de "poderes" ou carisma na personalidade dos guerreiros, cf. acima, e especialmente MÉTRAUX, Alfred. *Le Shamanisme chez les indiens de l'Amerique du Sud tropicale*, I, pp. 214/215.

622 Cf. LANDTMAN, Gunnar. *The origin of the inequality of social classes*, cap. III, passim; e, em termos da consideração sociológica dos efeitos sociais da cotidianização do carisma, cf. WEBER, Max, loc. cit., (esp., vol. IV, cap. X). As interpretações de Weber permitem assinalar o quanto a investigação de Landtman deixa a desejar, em virtude de não possuir um "sistema de referência" (como, no caso, a teoria sociológica do carisma) que favoreça a integração teórica dos resultados empíricos. Doutro lado, tendo em vista a sociedade tupinambá, parece-me bastante precária a hipótese desse autor, segundo a qual a proeminência pessoal surge e termina com as pessoas que a conquistam (cf. *The origin of the inequality of social classes*, pp. 38/39). As relações entre o *status* atribuído e o *status* adquirido na sociedade tupinambá eram de ordem a fazer com que a "proeminência pessoal" dos membros de uma linhagem pesasse sempre na conduta e no prestígio de seus descendentes.

623 O capítulo anterior ilustra empiricamente essa afirmação. A documentação disponível não permite conhecer os limites de flutuação dos temperamentos individuais;

faziam parte da estrutura social; d) os meios para atingir as posições e os papéis correspondentes eram institucionalizados. Por isso, apesar de funcionarem como agentes de diferenciação das personalidades, os dotes pessoais sofriam uma elaboração de natureza social. Através do sacrifício humano, em sua conexão específica de cotidianização diferenciadora do carisma, e do exercício das atividades xamanísticas, é que eles assumiam uma configuração social e conferiam a seus portadores determinados direitos e deveres. A intervenção da guerra nesse processo social se operava em dois sentidos: diretamente, como fator imediato; indiretamente, como condição necessária.

A guerra pode ser considerada como um *fator imediato* nos casos em que a rotinização do carisma se prendia às relações dos "guerreiros" (isto é, indivíduos classificados como *avá* ou *tujuáe*) com as vítimas. Todos os indivíduos que tivessem mantido contato de determinada espécie com a pessoa dos sacrificados adquiriam novos "nomes". Segundo as informações disponíveis, obtinham "nomes": a) o captor ou captores da vítima. De acordo com as noções tribais de captura ou aprisionamento, era "captor" todo indivíduo que impunha ritualmente as mãos sobre as espáduas do inimigo vencido. Conforme as circunstâncias, esse ato podia ser praticado por mais de um guerreiro; b) os guerreiros que subjugavam a vítima na fuga simbólica, que lhe era concedida em uma das cerimônias incorporadas ao sacrifício ritual; c) os sacrificantes, por meio: 1) da execução de vítimas capturadas por si próprios ou obtidas como compensações entre parentelas; 2) do esfacelamento de caveiras.

A documentação relativa a esse aspecto da estrutura social é relativamente abundante. Para os fins da presente análise, no entanto, é bastante transcrever os seguintes textos, que parecem ser os mais significativos: "e a mesma honra ficam recebendo aqueles que primeiro pegaram do cativo na guerra, do que tomam também novo nome, com as mesmas

---

contudo, tenho a impressão de que, para os fins da análise, esse aspecto é irrelevante. Aliás, diante do argumento de que "os dotes e peculiaridades humanos" são selecionados primordialmente pela sociedade, e não por seus membros individuais (cf. BENEDICT, Ruth. *Configurações da cultura*, passim), esse seria um ponto pacífico na interpretação.

festas e cerimônias que ficam ditas; o que se não faz com menos alvoroço que aos próprios matadores";[624] "aquele que fez a presa é muito louvado entre eles";[625] "e todo guerreiro que nela [na "batalha"] mata inimigo às suas mãos ou ajuda a aferrar nele para o matarem, posto que sejam seis ou sete pessoas, tomam todas nome, e ficam dali em diante reputados por cavalheiros e se podem riscar";[626] "assim como o que o pegou na guerra conquistou um título de valor, o que assim o agarra [durante a fuga simbólica] é julgado um dos mais valentes e adquire também um título com a proeza, título que conserva durante toda sua vida. Tais ações são consideradas heróicas, bem como o encargo de matar o prisioneiro".[627] Quanto à aquisição do "nome" pelo sacrificante, é preciso considerar outros textos, além dos transcritos; "tiram os seus nomes dos animais selvagens e tomam para si muitos, com uma diferença porém: após o nascimento é dado um nome, que o menino usa somente até que se torne capaz de guerrear e mate inimigos. Então recebe tantos nomes quantos inimigos tenha matado";[628] "e quantas cabeças quebram tantos nomes tomam, largando o que o pai lhes deu no nascimento, que um e outros são de animais, de plantas ou do que se lhes antolha".[629] Relativamente ao sacrifício de vítimas capturadas por outrem, escreve Gabriel Soares: "acontece muitas vezes cativar um tupinambá a um contrário na guerra, onde o não quis matar para o trazer cativo para a

---

624 GABRIEL SOARES, p. 400.

625 THEVET, Frei André. *Cosmographie*, fl. 944.

626 BRANDÃO, Ambrósio Fernandes, p. 285: "riscar" significa, para o cronista, a prática de incisões. Sobre a aquisição do nome pelo "captor", cf. ainda ANCHIETA, Joseph de. *Cartas*, p. 329.

627 ABBEVILLE, Claude d', p. 231. Escapou a Cardim (cf. pp. 196-7) o significado das ações praticadas pelo "captor" da vítima na fuga simbólica, pois acentua apenas o aspecto físico das relações agonísticas que então se desenvolviam entre ambos: "assim como o que há de aferrar mostra suas forças em só ele o subjugar sem a ajuda de ontrem, ele [a vítima] quer mostrar ânimo e forças em lhe resistir" etc.

628 STADEN, Hans, p. 169; cf. ainda p. 184. A mesma informação é fornecida por Thevet (*Cosmographie*, fl. 920), Anchieta (*Cartas*, p. 329) e Knivet (ed. bras., p. 124). Este último se refere à instituição entre os potiguar: "e um índio toma tantos nomes quantos homens tenha abatido".

629 SALVADOR, Frei Vicente do, pp. 65/66.

sua aldeia (...) para o deixar matar a seu filho quando é moço e não tem idade para ir à guerra, o qual mata em terreiro, como fica dito, com as mesmas cerimônias".[630] Os guerreiros que consumavam o massacre no decorrer do combate adquiriam "nomes" igualmente depois de observarem os ritos de renomação.[631] O mesmo acontecia com os que esfacelavam os crânios das caveiras de inimigos: "depois de haverem ganhado alguma aldeia ou lugar do inimigo, a primeira coisa que fazem é acudirem aos cemitérios, donde desenterram os cadáveres que ali estão enterrados, e a todos vão quebrando a cabeça, com ficar tão reputado por valente o que quebra por esta via, podendo gozar de todas as honrarias militares, como aquele que a quebrou pelejando no campo, aonde teve a vida em risco de a perder";[632] "houve na sua povoação grande ajuntamento de aldeias dos índios ali vizinhos para quebrarem caveiras em terreiros, com grandes festas, para os quebradores das cabeças tomarem novos nomes".[633]

As incisões, praticadas em uma das cerimônias dos rituais de renomação, objetivavam simbolicamente os "nomes" adquiridos através dos sacrifícios humanos. Elas funcionavam, portanto, como símbolos sociais: cada *homem* trazia no próprio corpo as marcas de sua bravura, poder e prestígio. Parece que cabia ao sacrificante determinar se as incisões deviam ou não ser feitas: "e se este moço matador, ou outro algum, se não quer riscar quando toma novo nome, contentam-se com se tingir de jenipapo, e deixar crescer o cabelo e tosquiá-lo".[634] Competia-lhe também escolher a forma das incisões, a qual seria por si mesma uma fonte de prestígio: "e se eles são animosos não lhe dão as riscas direitas, senão cruzadas, de maneira que ficam uns lavores muito

---

630 GABRIEL SOARES, p. 401. Outros aspectos da instituição do presenteamento dos prisioneiros serão analisados adiante.

631 Cf. esp. BRANDÃO, Ambrósio Fernandes, pp. 285/286 e SALVADOR, Frei Vicente do, pp. 65/66.

632 BRANDÃO, Ambrósio Fernandes, p. 286.

633 GABRIEL SOARES, pp. 363/364. Quanto aos tupinambá da região do Rio de Janeiro, cf. ANCHIETA, Joseph de. *Cartas*, p. 237.

634 GABRIEL SOARES, p. 401.

primos, e alguns gemem e gritam com as dores".[635] Essas informações podem ser verificadas através de ilustrações da época.[636]

É presumível que, normalmente, os sacrificantes mandavam fazer as incisões. Era importante para um guerreiro exteriorizar desse modo o número de "nomes" adquiridos. Como assinala Thevet, os que não tivessem passado pelos rituais de sacrifício e de renomação estavam sujeitos à desaprovação social.[637] Por isso, as principais fontes se limitam a informar que as incisões correspondiam ao número de "nomes" adquiridos pelos guerreiros e que elas exprimiam o prestígio social dos seus portadores: "o número de incisões indica o número de vítimas sacrificadas e lhes aumenta a consideração dos companheiros";[638] "e os que se riscam, quando tomam nome novo, a cada nome que tomam fazem sua feição de lavor, para que se veja quantos nomes têm";[639] "quando esta arranhadura sara, vêm-se as cicatrizes, que valem por ornato honroso";[640] "e na verdade quanto mais estigmatizados mais valentes e corajosos são reputados";[641] "o riscar é que fazem umas riscas pelo corpo de preto, a qual lhes fica servindo para diante de insígnia militar".[642] Evidentemente, os guerreiros que consumavam um número elevado de sacrifícios tinham o corpo

---

635 CARDIM, Pe. Fernão, p. 169. Cf. também THEVET, Frei André. *Singularidades*, p. 246 (o matador "faz várias incisões e furos no corpo – ao peito e em outras partes – de tal modo que parece inteiramente espicaçado"); e ANCHIETA, Joseph de. *Cartas*, p. 434 ("e se o matam, tomam por insígnia sarjar-se o corpo por tal modo e artifício que ficam mui galantes e pintados e nisto têm grande primor").

636 Cf. a gravura contida no livro de LÉRY, Jean de, entre pp. 98/99, e a figura número 3, no presente trabalho. Elas representam as duas formas de incisão, praticadas pelos tupinambá.

637 Cf. THEVET, Frei André. *Cosmographie*, fl. 944 ("aquele que nunca aprisionou ninguém, se está em idade de o fazer, é condenado por todos"). Os indivíduos nessa situação eram conhecidos como *Maném* (Thevet, idem, fl. 932) e estavam sujeitos a diversas sanções sociais.

638 LÉRY, Jean de, p. 182.

639 GABRIEL SOARES, p. 401.

640 STADEN, Hans, p. 184; cf. também THEVET, Frei André. *Cosmographie*, fl. 946.

641 EVREUX, Pe. Ives d', p. 99.

642 BRANDÃO, Ambrósio Fernandes, p. 286.

recoberto de incisões. Gabriel Soares se refere a esse fato: "Há alguns índios que tomaram tantos nomes, e se riscaram tantas vezes que não têm parte onde não esteja o corpo riscado";[643] a figura 3 dá uma ideia de como ficava o corpo de tais guerreiros.

Todavia, as mesmas fontes salientam que o prestígio advinha do sacrifício humano (o que permite subentender que aos cronistas não passara despercebido que as incisões, como símbolos sociais, constituíam uma função do massacre ritual). Thevet, por exemplo, esforça-se por deixar patente que a reputação guerreira dos líderes tribais repousava estritamente no número de massacres por eles cometidos;[644] e escreve, numa pitoresca manifestação de etnocentrismo: "quem mais vítimas fizer, será tanto mais honrado e celebrado por seus companheiros, qual se fora um monarca ou ilustre senhor".[645] Interpretações semelhantes se encontram em Staden, Anchieta e Abbeville, *verbi gratia*: "Considera um homem sua maior honra capturar e matar muitos inimigos, o que entre eles é habitual. Traz tantos nomes quantos inimigos matou, e os mais nobres entre eles são aqueles que têm muitos nomes";[646] "e tantos nomes têm quantos inimigos mataram, posto que os mais honrados e estimados e tidos por mais valentes são os que os tomam";[647] "julgando-se tanto mais gloriosos quanto [maior] o número de homens que mataram na guerra e de inimigos que comeram".[648]

Em resumo, a guerra atuava com um "fator imediato" na obtenção ou na elevação do prestígio social masculino na medida em que o

---

643 GABRIEL SOARES, p. 395.

644 THEVET, Frei André. *Cosmographie*, fl. 920.

645 THEVET, Frei André. *Singularidades*, p. 227. No ms. in., é mais correto, salientando: "aquele que possui mais nomes é o mais bravo, respeitado e reputado, por ter morto o maior número de inimigos, e tido em tal consideração que aquele que mais inimigos exterminou, destruiu e abateu, em sinal de honra é chamado *Kerembaue*" (fl. 61v.).

646 STADEN, Hans, p. 172.

647 ANCHIETA, Joseph de. *Cartas*, p. 329; cf. também p. 333 ("as guerras em que pretendem vingança dos inimigos, e tomarem nomes novos, e títulos de honra").

648 ABBEVILLE, Claude d', p. 229.

sacrifício humano e a aquisição de "nomes" dependiam das habilidades guerreiras, das aptidões agonísticas e da capacidade de lidar com as vítimas reveladas pelos *avá* e *tujuáe*. Isso quer dizer que o sacrificante pressupunha o guerreiro e que os indivíduos de aptidões guerreiras medíocres tinham escassas possibilidades de corresponder positivamente às expectativas e às exigências estabelecidas pelo sistema tribal de peneiramento social. A implicação mais profunda dessa conclusão, no entanto, é a de que a guerra, como e enquanto fator integrativo da estrutura da sociedade tupinambá, não era em si mesma a "causa" ou o "princípio eficiente" do prestígio social. Os sucessos guerreiros chegavam a intervir diretamente nos processos de diferenciação e de localização dos *socii* na estrutura social porque sem que eles ocorressem seria impossível praticar o sacrifício humano (evidentemente: na forma conhecida pelos tupinambá). Em virtude de não terem descoberto essa conexão, os cronistas foram levados a atribuir à guerra uma importância que ela não chegou a ter, por si própria, como fonte de desigualdade social.

Segundo essa conclusão, a guerra pode ser considerada sociologicamente como um processo social na sociedade tupinambá por constituir uma das conexões do sistema mágico-religioso tribal. Em outras palavras, a guerra era, sob esse aspecto, uma técnica subordinada ao sacrifício humano. Toda a sua importância para a interpretação sociológica reside nesse fato. O valor "guerreiro" de um indivíduo se media pelo número de "nomes" adquiridos, e não pelos "feitos militares" correspondentes. Daí a necessidade de estender um pouco mais o exame do significado e da função do sacrifício humano em suas vinculações com a estrutura social.

Quanto ao significado do sacrifício, várias fontes mencionam que ele era concebido pelos tupinambá como sendo algo sumamente "honroso" e "dignificante" para quem o praticasse (cf. as citações acima). Gabriel Soares acrescenta à sua descrição um dado muito expressivo: o matador merecia um tratamento verbal particular, ao qual o cronista se refere com o vocábulo português "bem-aventurado".

> E como o matador está prestes para receber esta honra [o massacre da vítima], que entre o gentio é a maior que pode ser,

> ajuntam-se seus parentes e amigos e vão-no buscar à sua casa; donde o vêm acompanhando com grandes cantares e tangeres dos seus búzios, gaitas e tambores, chamando-lhe bem-aventurado; pois chegou a ganhar tamanha honra, como é vingar a morte de seus antepassados e de seus irmãos e parentes.[649]

Embora se patenteie lacunoso, encarado do ponto de vista da interpretação etnológica ou sociológica do fenômeno, o depoimento do cronista possui excepcional alcance teórico. Ele desvenda uma pista que permite intuir, quando explorada à luz de outros conhecimentos que temos a respeito, qual seria o sentido das ações sociais abrangidas pelo sacrifício ritual das vítimas.

O termo "bem-aventurado" traduz singularmente bem a ideia de que o sacrificante (e os personagens que se ligavam, como ele, de determinado modo à pessoa da vítima) participava de um "dom sobrenatural" (ou carisma) que não fora estritamente seu até aquele momento. Era um "dom sobrenatural" que se incorporava à pessoa do matador (e à dos personagens em questão), em virtude das relações que se estabeleciam, através da vítima, entre ele (e esses personagens) e o espírito a cujo desígnio ou vontade se votara o sacrifício. Compreende-se isso quando se considera que a morte propriamente dita da vítima não inculcava a ninguém nenhuma espécie de "poder" nem concedia o direito de "tomar nome". Ambas as coisas ocorriam, porém, quando a vítima (independentemente do seu estado físico: podia tanto ser "viva", quanto um "cadáver" ou uma "caveira") sofria o massacre ritual do crânio, isto é, quando ela era imolada.[650] Apenas duas fontes se reportam ao assunto, além das que assinalam o massacre ritual das

---

649 GABRIEL SOARES, p. 399; cf. também THEVET, Frei André. *Cosmographie*, fl. 946, onde se refere ao significado das incisões, que testemunhavam a "glória" e a "tão grande honra" de ter massacrado inimigos. Convém notar que Montoya se refere a termos dessa espécie (cf. *Vocabulário*, fls. 111-112, 503-504; *Tesoro*, fls. 7-7v., 213-213v.). Nesta folha, com relação ao vocábulo *Mbarabı˜*, escreve: "Chembarahı˜ri hápe aîucá, *ventura tuve en matarlo*".

650 Alguns autores fazem restrição ao emprego do conceito de sacrifício a povos primitivos (cf. p. exemplo KARSTEN, Rafael. *The origins of religion*, p. 252). Os

caveiras, citadas acima; mas o fazem com suficiente clareza, para evitar dúvidas a respeito: "não perdoando no primeiro encontro a grandes nem pequenos a que com suas espadas de pau não quebrem as cabeças, porque não têm por valor o matar se não quebram as cabeças, ainda que seja dos mortos por outros";[651] "posto que este gentio pelo campo mate o inimigo às estocadas, ou com tão poderosos golpes que o parta pelo meio, como o não matou com o quebrar a cabeça, logo hão que o morto não é morto, nem o matador se pode jactar de lhe haver dado a morte, nem poderá tomar nome nem riscar-se". Esta fonte também associa o massacre ritual das caveiras às representações da vida e da morte, que sublinham a prática descrita.[652]

Essa pista, segundo suponho, nos conduz à compreensão do sentido das ações do sacrificante e das demais pessoas que participavam do sacrifício ritual, quer adquirissem *nomes* ou não. Ela evidencia que a "destruição" de um inimigo se confundia, na mentalidade daqueles nativos, com a "imolação", o "sacrifício", e se realizava dentro dos seus moldes. A "destruição" de seres vivos, como os homens e provavelmente outros animais (a onça é o único exemplo conhecido), constituía pois uma tarefa que só podia ser praticada sob a proteção do sobrenatural: os homens *podem* matar, escudados na vontade dos espíritos e amparados em sua força.[653] As ações vividas no sacrifício da vítima pressupunham,

---

argumentos expostos já mostram, no entanto, a conveniência de aplicá-lo à situação investigada.

651 SALVADOR, Frei Vicente do, p. 65; com relação à observância dos rituais de sacrifício pelo matador, naquelas circunstâncias, cf. p. 66.

652 BRANDÃO, Ambrósio Fernandes, p. 286.

653 Convém assinalar que o poder de "lançar a morte", de que dispunham os *pajés*, provinha de suas relações com os espíritos. O texto mais expressivo a respeito é fornecido por Anchieta, em sua *Informação do Brasil e de suas capitanias*: "Além disto dizem [os pajés] que têm um espírito dentro de si, com o qual podem matar, e com isto metem medo e fazem muitos discípulos comunicando este seu espírito a outros com os defumar e assoprar, e às vezes é isto de maneira que o que recebe o tal espírito treme e sua grandissimamente" (*Cartas*, p. 331). Baseando-se nessa informação, Métraux conclui que "a maioria das ações dos feiticeiros era atribuída a um espírito sobre o qual ele possuía autoridade" (cf. *La Religion des tupinambá*, p. 86; o texto usado por Métraux pertence à edição da *Enformação do Brasil*, publicada sob

enfim, uma estreita associação do sacrificante com algum espírito. Daí a possibilidade de identificação entre ambos e a imputação do termo "bem-aventurado" ao sacrificante.

Dois argumentos comprovam indiretamente essa interpretação. O primeiro abrange questões relativas à fonte do "dom sobrenatural" de que participavam o sacrificante e os captores reais ou simulados da vítima. Sabe-se que o sacrificante, e provavelmente também as demais pessoas que adquiriam "nomes" e passavam pelos ritos de purificação, não ingeriam carne da vítima. Portanto, o carisma não se transferia da pessoa do sacrificado para a do sacrificante, mas provinha das relações estabelecidas com os espíritos "vingados" ou "obedecidos".[654] Ora, na medida em que o matador se devotava à *vingança* de determinado ancestral ou parente morto pelos inimigos, ou que procurava satisfazer o seu *desejo* de "comer carne humana", ele próprio encarnava, presumivelmente, a sua "pessoa". O processo de identificação, que tinha um fundamento místico, assumia assim uma expressão social. O sacrificante se transformava socialmente em um "travesti" dos espíritos ou divindades tribais.

O segundo argumento se aplica à "vingança" considerada como uma conexão social do sacrifício humano. O ato de vingança tinha pouca importância, em si mesmo, nas relações dos sacrificantes com os espíritos, as quais conduziam à objetivação do carisma. A vingança constituía uma obrigação imposta pelas noções tribais de responsabilidade (coletiva), e sua observância, por meio do sacrifício da vítima, se vinculava ao funcionamento do sistema tribal de solidariedade. De modo que a *vingança*, como e enquanto conexão social do sacrifício humano, atuava sobretudo entre os motivos ou fatores sociais que impulsionavam os tupinambá à guerra, à captura e ao massacre ritual de inimigos. Os laços que ela desenvolvia entre os sacrificantes e os espíritos contribuíam para determinar a posição recíproca de uns diante

---

os anspícios de Varnhagen na *Revista Trimensal de História e Geografia,* nº 4, janeiro de 1845, p. 440, sem referência ao autor. Posteriormente, Capistrano de Abreu conseguiu identificá-lo como sendo Anchieta – cf. *Cartas*, nota 857, pp. 335/336).

654 Esse problema será analisado adiante; cf. *A organização social dos tupinambá*, pp. 236-238.

dos outros; mas ela não era responsável pelos "dons sobrenaturais" adquiridos pelos sacrificantes e pelos captores reais ou simulados. É que as relações estabelecidas mediante o sacrifício da vítima se mantinham posteriormente. Como os pajés, parece que cada guerreiro (*avá* ou *tujuáe*) possuía um, dois ou mais espíritos, com os quais se ligava no intercâmbio com o sobrenatural, de que provinham seus dotes carismáticos. As fontes atestam que a comunicação se processava através dos maracás, com a colaboração dos xamãs. Todavia, um texto de Evreux sugere que tais espíritos seriam aqueles aos quais o sacrificante imolara as suas vítimas: "e outra ["razão" das incisões, praticadas no corpo do sacrificante *depois* da consumação da *vingança*] representa o protesto de vingança, que contra estes [os inimigos] prometem eles, como valentes e fortes".[655]

Quanto à função do sacrifício, convém notar que o que interessa aqui é a função social que ele desempenhava graças à forma de sua integração na vida social dos adultos, ou seja, a função que ele preenchia em sua conexão específica de cotidianização diferenciadora do carisma. Os trechos transcritos acima, relativos à aquisição de "nomes", às incisões e ao seu significado, demonstram que esta seria uma "função derivada" do sacrifício humano, a qual se distingue fundamentalmente da "função derivada" que assumia quando se consumava o massacre da primeira vítima. Enquanto esta determinava a igualdade dos indivíduos quanto à atribuição de direitos e deveres, aquela operava a sua diferenciação social. Através dela, portanto, os indivíduos de sexo masculino eram ajustados às condições cotidianas de existência social no círculo dos "adultos": capacitavam-se para o exercício de papéis polarizados em torno de *status* (chefe de maloca, de grupo local, líder guerreiro etc.), cuja ocupação dependia do sucesso pessoal no intercâmbio com o sagrado.

As fontes aproveitadas, como foi visto, estabelecem uma correlação entre o número de nomes adquiridos e o grau de prestígio social

---

655 EVREUX, Pe. Ives d', p. 99. O trecho transcrito já foi aproveitado em outro sentido na presente monografia.

correspondente. Cardim, no entanto, ao encerrar o capítulo concernente aos ritos de renomação, vai mais além, indicando que os "nomes" denotariam, de modo direto, a posição social conquistada: "estas são as façanhas, honras, valentias, em que estes gentios tomam nomes de que se prezam muito, e ficam dali por diante *Abaétés*, *Marubixaba*, *Moçacara*, que são títulos e nomes de cavaleiros".[656] A sua observação, pelo que se pode alcançar através da reconstrução histórica, é coerente com os resultados da análise sociológica (pelo menos, na forma em que ela foi desenvolvida neste trabalho). Os mecanismos tribais de graduação social operavam, essencialmente, através do sacrifício humano. Os valores religiosos introduziam uma esfera de competição intensa na vida social dos tupinambá. É verdade que a sua ação e os seus efeitos se faziam sentir nas duas últimas categorias de idade. Mas não resta dúvida de que a competição por valores religiosos estava na própria base do processo de distribuição e localização dos *socii* na estrutura social. A guerra constituía um fator dinâmico na integração da estrutura social especialmente por causa de sua inserção nessa esfera de competição por valores religiosos. Como técnica subordinada ao sacrifício humano, portanto, é que a guerra ligava de modo indissolúvel o "curriculum guerreiro" à carreira social dos indivíduos de sexo masculino.

A guerra pode ser considerada como "condição necessária" do processo de diferenciação social mediante a rotinização do carisma com relacão ao acesso às atividades xamanísticas. Com isso, não pretendo afirmar que todos os indivíduos bem-sucedidos na guerra e no sacrifício de vítimas se transformavam em pajés; apenas, que a aquisição de carisma por intermédio da guerra e do sacrifício ritual representava uma condição básica do xamanismo. O esquema de posições sociais e o desenvolvimento da carreira social entre os tupinambá excluíam a possibilidade de ascensão direta ao *status* de pajé e ao exercício das atividades xamanísticas.[657] O sacrifício de vítimas, pelo que foi indicado, era um dos processos rotineiros, mas geral, de intercâmbio dos homens com o sagrado.

---

656 CARDIM, Pe. Fernão, p. 170; cf. também Thevet, ms. in., fls. 61-61v.

657 Cf. *A organização social dos tupinambá*, pp. 256/257, pp. 284-288, p. 293.

Todavia, a importância da guerra na vida pessoal dos pajés era naturalmente variável. Pelo que se pode presumir, admitindo-se que todas possuíam um grau mínimo de qualidades de ajustamento indispensáveis, o xamanismo atraía três categorias de pessoas: a) as que eram bem-sucedidas como guerreiros e "matadores" (isto é, sacrificantes), as quais praticavam o xamanismo como uma fonte suplementar de carisma; b) as que encontravam nas atividades xamanísticas uma modalidade de compensação na acumulação do carisma; c) e as que se dedicavam a essas atividades em virtude da própria capacidade de lidar com o sagrado. Os resultados das investigações de Métraux permitem compreender *por que* móveis e aspirações tão diversas podiam achar uma expressão comum e conduzir, por conseguinte, ao mesmo tipo de ajustamento. É que a forma assumida pelo xamanismo na sociedade tupinambá: 1) não excluía a existência, no sistema sociocultural, de uma extensa esfera de operações e conhecimentos mágicos compartilhados pelos "adultos" em geral e pelos "velhos" em particular;[658] 2) e comportava: a) um grau incipiente de especialização, apesar de os pajés possuírem funções específicas, protegidas por sanções e proibições sociais; b) uma ampla acessibilidade reforçada culturalmente pela combinação do critério de "inspiração" ou "revelação" ao de "aprendizagem" dirigida na formação dos pajés; c) uma graduação dos *poderes* entre os xamãs, que implicava a atribuição diferencial das funções mágico-religiosas e que conduzia a uma desigualdade de fato, quanto ao prestígio e à posição social.[659] Portanto, as pessoas que se vissem nas situações *a)* e *b*), desde

---

[658] Eis como duas fontes se referem ao assunto: "Não encontrareis muitas aldeias, onde os principais e os velhos não confessem saber alguma coisa dele" [do "ofício" de pajé] (EVREUX, Pe. Ives d', p. 296); "cada qual é médico de si, e dos seus; e aplicam com grande destreza os remédios, assim interiores, como exteriores, especialmente contra venenos" (VASCONCELLOS, Pe. Simao de. *Notícias curiosas*, p. 89); cf. também SALVADOR, Frei Vicente do, p. 61 e GABRIEL SOARES, pp. 387/388.

[659] A presente explanação sobre o xamanismo na sociedade tupinambá se baseia no sétimo capítulo da obra de MÉTRAUX, Alfred. *La Religion des tupinambá* (pp. 79-93). Nesse trabalho, Métraux não reconhece teoricamente a existência da "aprendizagem" dirigida de xamanismo entre os tupinambá (cf. p. 79, embora à p. 88 insinue o contrário). Pode-se supor, no entanto, pelo que escrevem Nóbrega e Evreux, que ela também existia entre os tupinambá: "fiz o chamar [ao "feiticeiro"] e perguntando por manha quem lhe ensinara a ciência, disse que seu pai e começou-se a vangloriar

que estivessem minimamente capacitadas para isso, se defrontavam com condições favoráveis ao exercício de algumas das funções dos pajés, como por exemplo as de curandeiro e de líder das cerimônias mágico-religiosas ordinárias. É provável, no entanto, que somente as pessoas na situação *c)* conseguissem tornar-se *pajé-açú* ou *caraíba* ("santidade" ou "homem sagrado", segundo os cronistas) e realizar as proezas dos grandes xamãs, como criar ou receber miraculosamente os alimentos, prever o futuro e o curso de certos eventos, comunicar-se com grande número de espíritos (inclusive com espíritos "perigosos"), ressuscitar os mortos, dirigir as migrações coletivas para o "paraíso terreal" etc.[660]

É claro que os pajés cujo prestígio continuava a depender das habilidades guerreiras pessoais eram os que se encontravam na situação *a)*. Um trecho de Evreux, relativo à entrevista que mantivera com o pajé de *Tapuitapera*, é bastante expressivo a esse respeito: "Nunca falei com os espíritos, como fazem os outros pajés, e apenas empreguei a sutileza da minha inteligência, e a grandeza da minha coragem. Minhas feitiçarias concorreram menos do que a coragem, que muitas vezes hei manifestado na guerra, para conquistar a autoridade que hoje ocupo".[661] Os demais possuíam fontes autônomas de prestígio, que se ligavam às vezes à guerra, pois os pajés desempenhavam diversos papéis no ritual guerreiro. Mas, é óbvio que neste caso entravam em ação as qualidades xamanísticas propriamente ditas, e não as de "guerreiro" ou "combatente". Doutro lado, parece que os pajés que se achavam nas situações *a)* e *b)* (provavelmente estes de modo especial) adquiriam

---

de sua ciência" (NOBREGA, Pe. Manuel da. *Cartas do Brasil*, p. 189); "Começam muitos a aprender este ofício, convidados pela honra e lucro, que dele colhem os mais espertos, porém poucos atingem a perfeição"; e, adiante, "os noviços desta arte estudam muito a merecer elogios" (EVREUX, Pe. Ives d', p. 296). Para comparação com outras tribos tupi, veja-se particularmente MÉTRAUX, Alfred. *Le Shamanisme chez les indiens de l'Amerique du Sud tropicale*, cap. II, p. 338; cf. Wagley, *Xamanismo tupirapé*. Em seu ensaio, Métraux aponta o significado do xamanismo como especialização incipiente nas sociedades por ele consideradas (cf. esp. p. 333).

660 Sobre as funções do pajé na sociedade tupinambá, cf. MÉTRAUX, Alfred, loc. cit., esp. pp. 83 e 80).

661 EVREUX, Pe. Ives d', p. 347.

prestígio através do curandeirismo. É o que se pode inferir da seguinte explanação de Abbeville:

> É bem possível que entre tão grande número de pajés existem alguns mágicos como acontecia outrora; mas hoje em dia posso dizer que não encontramos nenhum. Em sua maioria são homens velhos, principais das aldeias, que se encarregam de soprar os doentes, não com imprecações ou sortilégios, à exceção de alguns, porém com habilidade e charlatanismo e apenas para adquirir prestígio entre os seus e também o renome de bons pajés capazes de curar todas as doenças.[662]

Em suma, a análise demonstra que a guerra, além de ser uma "condição" para o acesso ao xamanismo, se inscrevia como tal entre as atividades rotineiras de alguns pajés pelo menos, tendo para eles a mesma importância que possuía na vida dos "guerreiros".

Como se vê, duas eram as fontes de carisma e de diferenciação social com base nos dotes carismáticos: o sacrifício humano e o xamanismo. A guerra contribuía para configurar a estrutura social e o seu ritmo de funcionamento na sociedade tupinambá, através do sacrifício humano. Porque a forma de integração dessa instituição à vida social dependia da situação social dos agentes e do sentido que suas ações, como e enquanto sacrificantes, tinham para eles, é possível distinguir duas conexões sociais específicas do sacrifício humano: a de objetivação do carisma por intermédio do sacrifício da primeira vítima e a de cotidianização do carisma por meio de sacrifícios ulteriores. Do ponto de vista da função social do sacrifício humano na sociedade tupinambá, ambas representam "funções derivadas", pois a função primária, à qual se prendiam as duas formas de rotinização do carisma, é de natureza religiosa. Todavia, enquanto a primeira "função derivada" se explica pela vinculação existente entre o *status* atribuído e o carisma que cada indivíduo precisava possuir para ser considerado "adulto" ou "homem", a segunda se explica pela vinculação existente entre o *status* adquirido e

---

[662] ABBEVILLE, Claude d', p. 254.

o acesso a determinados papéis sociais e às posições sociais correspondentes, o qual se processava como efeito da e em correspondência com a acumulação de carisma. Assim, no que concerne a essa conexão social do sacrifício humano, a guerra interferia tanto direta quanto indiretamente no processo de diferenciação social que promovia a distribuição e a localização dos *socii* na estrutura social.

Contudo, os resultados dessa análise devem ser aprofundados. Apreendendo a atuação dos mecanismos tribais de graduação social de uma forma genérica, ela não fez senão evidenciar quais eram as ligações tópicas da guerra, através das duas conexões indicadas do sacrifício humano mas como "fator social construtivo", com a estrutura social. Seria conveniente considerar, agora, a face inversa do problema. Ao desempenhar a função de distribuir e localizar socialmente os indivíduos pertencentes às categorias *avá* e *tujuáe*, aqueles mecanismos satisfaziam determinadas necessidades sociais. De modo que é possível descobrir, pelo exame das necessidades sociais em questão – na medida em que elas se vinculavam à guerra – como e por que o processo de diferenciação social mediante a acumulação do carisma (e da consequente participação das atividades guerreiras) se subordinava à composição estrutural da sociedade tupinambá.

Em uma discussão desse tipo, em que a seleção dos problemas teóricos é determinada empiricamente pelas conexões estabelecidas na e pela estrutura social, importa sobretudo examinar: a) quais são as necessidades sociais relacionadas com a integração da própria estrutura social, encarada em sua totalidade como um sistema de "posições sociais"; b) quais são as necessidades sociais criadas pela adaptação dos seres vivos uns aos outros, como organismos, e ao meio físico ambiente, graças às condições materiais de existência proporcionadas por intermédio da estrutura social; c) quais são as necessidades sociais criadas pelo ajustamento dos *socii* uns aos outros e às situações de associação repetidas regularmente, graças às condições de convivência proporcionadas pela estrutura social; d) quais são as necessidades sociais criadas pelas relações dos seres humanos com o sagrado, graças às condições de vida religiosa proporcionadas por intermédio da estrutura social. A documentação disponível para a análise dessas questões é fragmentária e desigual. Mas ela lança bastante luz sobre os problemas capitais, pois permite desvendar como a guerra se incorporava ao sistema de parentesco, que "constituía a estrutura social básica do sistema organizatório tupinambá".[663]

Quanto à primeira questão, para os fins da presente análise parece suficiente a consideração das gradações de *status* contidas nas duas últimas categorias de idade.[664] Como já foi visto, essas gradações introduziam tais distinções entre os *avá* e *tujuáe* (e especialmente entre estes), que indivíduos pertencentes à mesma categoria de idade podiam, eventualmente, não participar de todas as probabilidades de atuação social asseguradas teoricamente aos membros daquela categoria. Tomando-se como ponto de referência o casamento, por exemplo, sabe-se que, fora do matrimônio preferencial, a *chance* para um jovem ser aceito como "noivo" dependia estreitamente do seu *curriculum guerreiro*. Thevet informa que o pretendente, em tais casos, precisava ser um "marido valente na guerra, que se chama Kerevmbau".[665] Em coerência com fontes citadas anteriormente (cf. p. 202), escreve:

> Entretanto, é preciso notar que, se ele não tivesse feito prisioneiros em guerra antes de tudo isso, ele não seria recebido; a mãe jamais permite que sua filha durma com um homem, se ele não tiver feito pelo menos um ou dois prisioneiros e se ele não tiver trocado de nome desde a sua infância, [pois] creem que os filhos engendrados por um *Manem*, isto é, por um que não havia feito nenhum escravo, não seriam jamais bom fruto, e seriam *Mébek*, quer dizer fracos, medrosos e tímidos.[666]

A ligação entre as duas gradações de *status* da categoria *avá*, que essas informações sugerem (o de "guerreiro" e o de "homem casado"), tem

---

663 Sobre essa função do sistema de parentesco, cf. *A organização social dos tupinambá*, p. 297.

664 Para a consideração do sistema total de "posições sociais", cf. *A organização social dos tupinambá*, cap. IV, esp. diagramas V e VI.

665 *Cosmographie*, fl. 932. Segundo elucidação de Plínio Ayrosa, "*Kerevmbaú* é apenas *Kereymbae*, aquele que não dorme, vigilante".

666 THEVET, Frei André, loc. cit. Plínio Ayrosa esclareceu que "*ma˜ne* é *panéma*", isto é, "ruim, mau, imprestável", e que "*mebek* é *membék*", isto é, "*mole*".

grande importância: ela explica por que um "homem" se via obrigado a conservar-se monógamo até o fim da vida, deixando em consequência de usufruir o "direito" de casar-se com mais de uma mulher. Os dados mostram que um rapaz podia obter a primeira mulher seja por meio de arranjos entre parentelas, seja aceitando uma velha como companheira, "esperando e tendo quase por certo que terão depois outras, como acontece principalmente se são valentes nas guerras ou filhos de principais".[667] Portanto, o fracasso como "guerreiro" podia redundar em monogamia compulsória; Anchieta indica claramente esse fato, ao enumerar as razões em virtude das quais um "homem" se conservava monógamo: "e não tiveram poder para ter outras".[668] Em termos das gradações de *status* masculino na sociedade tupinambá, essa parece ser a posição social mais ínfima que um adulto podia ocupar, como *avá* ou como *tujuáe*.

Aos indivíduos que ocupavam essa posição sobrepunham-se os *principais* e os *pajés*. Com relação aos principais, é possível reconhecer quatro gradações de *status*: o de chefe de maloca, o de chefe de bando guerreiro, o de chefe de grupo local e o de líder guerreiro (de "confederações", que se compunham geralmente de bandos guerreiros de vários grupos locais solidários). O *status* de pajé também não era uniforme; o contraste mais amplo se estabelecia entre o xamã, cujos poderes o confinavam ao curandeirismo, e o que era qualificado como *pajé-açú*, que dispunha a faculdade de comunicar-se com muitos espíritos, de inculcar poderes emanados destes aos seus seguidores, de *lançar a morte*, de encantar a caça, de prever o futuro etc. O caráter incipiente do processo de diferenciação da função de liderança se patenteia, porém, na interferência recíproca das posições sociais enumeradas. Não só o chefe de bando guerreiro podia encarnar-se na pessoa de um chefe de maloca ou de grupo local, como havia grupos locais que possuíam dois, três e até quatro chefes.[669] Além disso, alguns principais se dedicavam ao mesmo tempo ao xamanismo, enquanto alguns pajés (como no caso das migrações descritas por Abbeville),

---

[667] ANCHIETA, Joseph de. *Cartas*, p. 453.

[668] Loc. cit.

[669] Cf. *A organização social dos tupinambá*, p. 273.

em virtude mesmo de suas funções mágico-religiosas, exerciam os papéis de líderes guerreiros.

Ao contrário dos companheiros malsucedidos, os principais e os pajés possuíam um semimonopólio sobre as jovens, tinham várias mulheres e maior número de "filhos" e de "filhas", contavam com recursos econômicos mais amplos (devido à capacidade produtiva do grupo doméstico), gozavam de grande consideração social e viam seu prestígio amparado por compromissos recíprocos entre parentelas. Algumas diferenças mostram, contudo, que era peculiar a situação social dos pajés capacitados para a comunicação com os espíritos. Enquanto os principais se sentiam moralmente obrigados aos trabalhos rotineiros, eles se segregavam no exercício das atividades xamanísticas. As mulheres e as coisas de que necessitassem ou lhes eram oferecidas espontaneamente por seus seguidores, ou lhes eram dadas assim que insinuassem seus desejos.[670] Na hierarquia tribal, essa era a posição social mais elevada.

Quais eram, porém, as necessidades sociais que destacavam, no corpo social, certos tipos de personalidades, conferindo-lhes os *status* de principal, e produziam essa especialização incipiente? A resposta à pergunta proposta deve ser procurada nas relações das personalidades indicadas com o grupo: elas desempenhavam tarefas definidas em termos de liderança social, mediante uma combinação característica dos princípios de *autoridade* e de *prestígio*.[671] Essa combinação impede que se separem claramente uns dos outros os diversos tipos conceptuais de liderança social, que se davam na realidade; mas não obsta que se

---

670 Cf. MÉTRAUX, Alfred. *La Religion des tupinambá*, pp. 80-2; MÉTRAUX, Alfred. *Le Shamanisme chez les indiens de l'Amerique du Sud tropicale*, em que assevera serem os pajés "os únicos que, num certo sentido, podem se enriquecer pelo exercício de sua profissão" (II, p. 333).

671 Autores como Geiger acentuam que os tipos de liderança social variam de sociedade para sociedade e que a tarefa do líder "não é sempre e em toda a parte a mesma, compondo-se geralmente de múltiplos elementos que sempre se apresentam diversamente combinados" (cf. Th. Geiger, *Tipologia do líder*, caps. I-IV, passim; citação extraída da p. 23). Desse ponto de vista, seríamos levados a reconhecer a existência do que poderia designar como "configurações de liderança", definidas em função das relações entre o líder e a coletividade como tal, mesmo em sociedades pouco

reconheça quer a sua existência concreta, quer os traços que assumiam e o modo de interferência de uns sobre os outros na sociedade tupinambá. A superioridade dos principais podia advir tanto da autoridade que possuíam como cabeças de parentelas quanto do prestígio que lhes conferiam suas qualidades pessoais. Frequentemente, a autoridade proveniente da posição do grupo doméstico se combinava ao prestígio conquistado através das qualidades pessoais. A superioridade dos pajés e a dos líderes guerreiros (considerando-se personalidades como *Cunhambebe* e *Japi-açú*), parece que se fundavam muito mais nos dotes pessoais e no prestígio alcançado por seu intermédio. No entanto, as informações sugerem – de modo categórico no que concerne aos pajés e restritivamente com relação aos líderes guerreiros, cujas atribuições se confinariam a determinadas tarefas – que alguma autoridade era inerente a ambas as funções.

As indicações dos cronistas revelam, de fato, que as aptidões guerreiras e as qualidades belicosas (presumivelmente de orgarnização) se colocavam entre os atributos básicos dos principais. Abbeville e Gabriel Soares se referem a isso, no que são confirmados por outras fontes: "Contudo cada aldeia tem um chefe ou principal. E, em geral, o mais valente capitão, o mais experimentado, o que maior número de proezas fez na guerra, o que massacrou maior número de inimigos, o que possui maior número de mulheres, maior família e maior número de escravos adquiridos graças ao seu próprio valor, é o chefe de todos, o principal";[672] "Este principal há de ser valente homem para o conhecerem por tal, e aparentado e benquisto, para ter quem ajude a fazer suas roças, mas

---

diferenciadas socialmente, como a sociedade tupinambá. Com relação à guerra, por exemplo, esse aspecto do problema da liderança já tem sido aceito, ainda que implicitamente, por alguns autores (cf. CHAPPLE, Elliot Dismore; COON, Carleton Stevens. *Principles of anthropology*, p. 345; TURNEY-HIGH, Harry Holbert. *The pratice of primitive war*, p. 46). Contudo, a preocupação pela descoberta das origens, conduzida muitas vezes de modo afoito, tem sido responsável pelo estabelecimento de correlações entre a liderança e a guerra completamente desprovidas de significação científica (veja-se, por exemplo, THOMAS, William I. *Primitive behavior*, p. 421; e TOZZER, Alfred Marston. *Social origins and social continuities*, p. 215).

[672] ABBEVILLE, Claude d', p. 255.

quando as faz com a ajuda de seus parentes e chegados, ele lança primeiro mão do serviço que todos";[673] "o qual ["capitão" – "que é capitão de toda a aldeia"] é o mais valente e aparentado";[674] "aquele que entre eles se mostra mais feroz e fala mais alto é mais temido e obedecido de todos".[675] Os mesmos atributos seriam possuídos pelos chefes de maloca e de bandos guerreiros: "Fora este [o chefe do grupo local] tem cada casa o seu principal, que são também dos mais valentes e aparentados e que têm mais mulheres";[676] "Cada cabana tem um superior. Este é o principal. Todos os seus principais são de linhagem idêntica e têm direito igual de ordenar e reger. Se um sobressai entre os outros por feitos em combate, ouve-se-lhe mais do que aos outros, quando empreendem uma arremetida guerreira, como *Cunhambebe*, acima citado. Fora disso nenhum privilégio observei entre eles";[677] "e depois de nomeados os chefes entre os velhos que já mataram e comeram maior número de inimigos".[678] O "carisma da palavra",[679] muito mal interpretado por Heriarte, constituía um atributo fundamental para o exercício das tarefas de líder. Os *senhores da fala*, como os chamavam os tupinambá, intervinham ou se insinuavam na direção de todas as atividades rotineiras, desde a caça até a guerra, submetiam à sua autoridade os companheiros por eles influenciados e teriam em suas mãos "a morte e a vida".[680] À necessidade de "deixar o exemplo", mencionada com relação ao trabalho por Gabriel Soares, ou "carisma da ação", também se refere Evreux. Os principais que iam auxiliar os franceses na construção do forte levavam consigo seus homens, com as

---

673 GABRIEL SOARES, p. 365.

674 SALVADOR, Frei Vicente do, p. 53.

675 HERIARTE, Mauricio de, p. 215.

676 SALVADOR, Frei Vicente do, p. 53.

677 STADEN, Hans, p. 164.

678 LÉRY, Jean de, p. 171.

679 Expressão empregada por Max Weber (cf. *Economia y sociedad*, vol. IV, pp. 275/276).

680 Cf. CARDIM, Pe. Fernão, p. 272 e pp. 146/147; MONTOYA, p. 106. E relativamente ao conteúdo e à forma das pregações dos principais: LÉRY, Jean de, pp. 168/169; THEVET, Frei André. *Singluaridades*, p. 314; ANCHIETA, Joseph de. *Cartas*, p. 433; MONTAIGNE, Michel de, p. 181.

mulheres e filhos. Caminhavam na frente dos demais e acompanhavam as instruções com o próprio exemplo.[681]

As tarefas que cabiam aos principais, como líderes, não eram muito amplas. A maioria das fontes salienta, basicamente, as tarefas ligadas com a condução da guerra, embora assinalem outras:

> Esta gente não tem entre si nenhum rei, nem outro governo de justiça, senão um principal em cada aldeia, que é como um capitão, ao qual obedecem por vontade e não por força (...) e não serve de outra coisa senão de ir com eles à guerra, e aconselhá-los como se hão de haver na peleja; mas não castiga seus erros nem manda sobre eles coisa alguma contra suas vontades".[682]
>
> Este gentio não tem rei a que obedeça e somente elegem alguns principais, aos quais reconhecem alguma superioridade, principalmente nas coisas da guerra, porque nas outras fazem o que lhes parece melhor.[683]
>
> Em cada aldeia dos tupinambá há um principal, a que seguem somente na guerra, onde lhe dão alguma obediência, pela confiança que têm em seu esforço e experiência, que no tempo de paz cada um faz o que o obriga seu apetite.[684]
>
> Limita-se o poder do chefe à orientação dos demais por meio de conselhos, principalmente nas reuniões que fazem todas as noites na Casa Grande no centro da aldeia. Depois de aceso um grande fogo, utilizado à guisa de candeia e para fumar, armam suas redes de algodão e, deitados, cada qual com seu cachimbo na mão, principiam a discursar, comentando o que se passou durante o dia e lembrando o que lhes cabe fazer no dia seguinte a favor da paz ou da guerra, para receber seus amigos ou ir ao encontro dos inimigos, ou para qualquer outro negócio urgente, o que resolvem de acordo com as instruções do principal em geral seguidas a risca.[685]

---

681 EVREUX, Pe. Ives d', p. 74.

682 GANDAVO, Pero de Magalhães. *História*, p. 117.

683 BRANDÃO, Ambrósio Fernandes, p. 273.

684 GABRIEL SOARES, p. 365.

685 ABBEVILLE, Claude d', p. 255; cf. também GABRIEL SOARES, pp. 385/386.

> (...) senão é um capitão, mais para a guerra que para a paz (...) porém nem a estes [chefes de maloca], nem ao maioral pagam os outros algum tributo ou vassalagem mais que chamá-los, quando têm vinhos, para os ajudarem a beber.[686]

Montoya observa, por sua vez, que entre os guarani o principal tinha alguma importância, sendo acatado e obedecido.[687] Evreux conheceu um principal caeté, *Arraia Grande*, cuja influência sobre os companheiros parece ter sido grande:[688] "selvagem pelos seus muito estimado, valente, bom conselheiro, e de tal influência, que seus companheiros o seguem, trabalham e abraçam inteiramente as suas ideias".

Segundo as mesmas fontes, o peneiramento dos principais se processava através da transmissão hereditária ou por parentesco (quando reconheciam no substituto os dotes pessoais necessários) ou pela aceitação tácita das personalidades qualificadas carismaticamente: "Costumam os tupinambás, quando morre o principal da aldeia, elegerem entre si quem suceda em seu lugar, e se o defunto tem filho que lhe possa suceder, a ele aceitam por sua cabeça; e quando não é para isso, ou o não têm, aceitam um seu irmão em seu lugar; e não os tendo que tenham partes para isso, elegem um parente seu, se é capaz de tal cargo, e tem as partes atrás declaradas";[689] "Alguns sucedem por herança de seus pais e avós, todavia a maior parte deles se elegem de per si, porque basta ser bom cavaleiro e reputado por tal, para todos lhe darem obediência";[690] "e morto este [principal], se tem filho e é capaz de governar, fica em seu lugar, senão algum parente mais chegado ou irmão";[691] "quando este [principal] morre fica seu filho no mesmo lugar por sucessão";[692] e, com relação aos guarani, escreve Montoya: "Para a posição de chefe

---

[686] SALVADOR, Frei Vicente do, p. 53.

[687] MONTOYA, p. 106.

[688] EVREUX, Pe. Ives d', p. 170.

[689] GABRIEL SOARES, p. 403.

[690] BRANDÃO, Ambrósio Fernandes, pp. 273/274.

[691] SALVADOR, Frei Vicente do, p. 53.

[692] GANDAVO, Pero de Magalhães, p. 117.

é de ordinário designado aquele que pertence à família de algum chefe falecido".[693] Abbeville focaliza o assunto, mas parece que só conseguiu conhecer o segundo aspecto do processo: "não eleito publicamente [o principal], mas em virtude da fama conquistada e da confiança que nele depositem".[694]

Como se vê, a documentação exposta abre várias perspectivas para a interpretação da situação e das tarefas do principal como líder. A evidência mais geral, possivelmente, é a que indica o significado sociológico da liderança, no modo em que ela era praticada pelos chefes de maloca, de grupo local ou de bandos guerreiros e pelos líderes guerreiros, como técnica social inteiramente subordinada à "fisiologia" da sociedade tupinambá. Ela operava, cultural e socialmente, como uma força conservadora, tendo por função preservar o equilíbrio do sistema tribal de relações sociais. Por isso, as intervenções mais ativas dos principais, como e enquanto líderes, se processavam sob a forma de controle social direto mas impessoal. Eles não impunham nada, as tradições e os valores tribais é que se impunham através de suas palavras e de suas ações. Sua tarefa essencial consistia em excitar, nos companheiros, a aspiração de atualizar nas condutas cotidianas os ideais de comportamento e de existência recebidos dos antepassados e de elevar-se, assim, à dignidade alcançada por estes graças aos seus *honrosos exemplos*.[695] Sendo conduzidos, eles próprios conduziam, intervindo na vida social como os artífices inconscientes da perpétua vitalidade das tradições e dos valores tribais.

Essa função da liderança como técnica social permite, por sua vez, encarar de outro ângulo a situação social e as tarefas do principal. Em primeiro lugar, ela comporta uma explicação realista da forma de reconhecimento do líder. O principal precisava ser "aceito"; ao contrário

---

693 MONTOYA, p. 106.

694 ABBEVILLE, Claude d', p. 255.

695 É importantíssimo considerar, a esse respeito, o conteúdo das pregações dos principais (cf. indicações acima, nota 205; a informação relativa aos "honrosos exemplos" dos antepassados é fornecida por Léry e por Cardim).

do que admitia Heriarte, ele não se impunha aos companheiros pela ferocidade e pelo terror. Daí a importância das qualificações pessoais para o cargo, evidenciadas através do prestígio social conquistado. A transmissão do cargo por via hereditária ou em virtude de laços de parentesco favorecia o acesso à posição, sem excluir, no entanto, esse critério de peneiramento do líder. Em suma, o direito de lembrar aos companheiros as suas obrigações e de aconselhá-los, tendo em vista os *exemplos deixados* pelos ancestrais, era conferido pela coletividade àqueles que excederiam os demais no cumprimento das próprias obrigações e na imitação dos antepassados.

Em segundo lugar, mostra por que era inerente ao cargo alguma autoridade, embora esta não se manifestasse de modo ostensivo: é que naturalmente o cargo pressupunha uma espécie de superioridade, tacitamente reconhecida por todos, a qual deveria ser possuída por quaisquer que fossem os seus ocupantes. E também porque ela nada significaria se não fosse amparada na autoridade proveniente do prestígio social dos seus ocupantes. Estes é que davam a medida do próprio valor e que determinavam, por sua ações e por suas palavras, os limites de sua influência pessoal. Em outros termos, a liderança implicava uma tal combinação dos princípios de autoridade e de prestígio na sociedade tupinambá, que a superioridade inerente ao cargo de principal era insuficiente para prescindir da que advinha das pessoas que o ocupavam, mas bastava, graças à sua representação social, para colocá-las em condições de influenciar os companheiros.

Em terceiro lugar, dá a conhecer quais eram as relações entre os principais, como e enquanto líderes, e a coletividade. Conforme indicam as informações, o fundamento social do peneiramento do líder residia no grau de integração à vida comunitária. A ação do principal era uma ação catalítica e sua influência tinha por base o convívio direto, contínuo e íntimo com os companheiros. Essas são, aliás, as condições sociais da liderança nos grupos primários, à medida que ela consegue desenvolver-se em seu seio. Além disso, é preciso considerar que quase sempre o principal lidava com *companheiros*, isto é, com "iguais" (especialmente nos bandos guerreiros e nos conselhos de velhos), e que executava o mesmo gênero de atividades que eles. Por isso, as relações de liderança se enquadravam às situações existenciais de vida como relações de companheirismo e deixavam, por sua natureza e por sua forma, pouca margem para a projeção social dos *status* correspondentes. Isao explica fundamentalmente duas coisas: a) por que a liderança não conferia aos principais nenhum direito, privilégio ou compensação especial: antes, acarretava obrigações muitas vezes penosas para sua idade ("carisma da ação"); b) por que os principais se viam socialmente constrangidos a exercer sua influência de modo brando, discreto e o mais impessoal possível, através de subterfúgios proporcionados pelo poder reativo de suas ações ou por apelos aos "exemplos" dos antepassados e ao significado das tradições.

Em quarto lugar, descobre o alcance e a variedade das tarefas concretas do principal. Os cronistas, com exceção de Abbeville, quase sempre fizeram confusões a respeito. Todavia, a própria função de controle social direto e impessoal da liderança sugere que a intervenção dos principais nos assuntos cotidianos deveria ser extensa. O conteúdo das pregações comprova a veracidade das indicações de Abbeville. Excetuando-se as atividades mágico-religiosas, eles de fato insinuavam, pela presença e pelo exemplo, a sua influência na condução de todas as atividades rotineiras (inclusive quanto à sua distribuição no espaço e no tempo) e intervinham ativamente na apreciação dos acontecimentos que afetavam em algum sentido a rotina da vida social. As tarefas ligadas com a condução da guerra atraíram particularmente a atenção dos cronistas porque elas favoreciam mais que as outras o realce da personalidade dos líderes e porque chegaram a provocar um começo de especialização, no que concerne à organização e à realização das expedições guerreiras.

Em quinto lugar, fornece os necessários pontos de referência para a caracterização do principal em face dos tipos conceptuais de líder. A combinação peculiar dos princípios de autoridade e de prestígio social no peneiramento do líder e a forma através da qual se realizava a condução dos companheiros acentuavam socialmente os traços da liderança paternal. A maioria das tarefas do líder na sociedade tupinambá o levava a agir quer como cabeça de parentela, quer como pessoa que punha sua "experiência", "força" ou "poder" a serviço do grupo – na guerra, nas atividades econômicas, no estado de sono e nas reuniões do conselho de velhos. De modo que, apesar de todas as flutuações, o tipo básico de liderança tendia, entre os tupinambá, para a liderança paternal. Como acontece em outras manifestações da liderança paternal, ela incluía também funções da liderança representativa e da liderança criadora.[696] A documentação disponível só entremostra duas circunstâncias em que um principal atua como representante, e assim mesmo como cabeça de parentela: na reunião dos principais do conselho de velhos de um grupo local; e na reunião dos chefes de grupos locais solidários, para deliberar a respeito de expedições guerreiras de envergadura tribal. Nas pulhas, que os grandes guerreiros jogavam entre si durante os cercos, seria possível enxergar outra exteriorização rudimentar da liderança representativa. Nelas ocorria, muito mais que nos dois casos mencionados, a atualização de valores sociais capazes de produzir intensos estados de comunhão grupal. Contudo, é preciso frisar que a função representativa da liderança alcançou acanhadíssimo desenvolvimento entre os tupinambá. Os brancos encontraram sérios embaraços nos contatos com eles por causa disso; onde tentaram transformar os principais em "representantes" no estilo europeu só obtinham sucesso se dispunham de meios coercitivos para manter a inovação. A instituição de líder como representante colidia com a organização gerontocrática da sociedade tupinambá e com a consequente igualdade dos *tujuáe* no exercício do poder. Os traços da liderança criadora também não eram muito nítidos, ao contrário do que se poderia supor. É que as tradições circunscreviam rigidamente os limites de atuação dos principais e os seus dotes carismáticos não eram suficientemente altos, como acontecia com os grandes pajés, para servir de fundamento às inovações. Entretanto, um principal dotado do "carisma da palavra", se soubesse manipular de modo convincente os ensinamentos dos antepassados e atinar ao mesmo tempo com os desejos dos companheiros, poderia ser bem-sucedido nesse terreno. Os livros de Abbeville e de Evreux contêm várias indicações sobre principais que

---

696 Sobre as distinções conceptuais relativas aos três tipos de liderança, cf. Th. Geiger, op. cit., pp 24-38; as elaborações teóricas desse autor se ressentem da particularização dos conceitos às "sociedades civilizadas", especialmente à Europa moderna. Isso não impede que se aproveitem as distinções básicas que estabelece nesse trabalho, no que concerne aos tipos de liderança.

aplainaram assim o caminho para as "alianças" com os franceses. Onde se torna mais evidente o caráter de liderança criadora é nas situações em que os principais surgiam como instrumentos da solidariedade tribal, provocando a revivescência de valores sociais e estados violentos de comunhão do *Nós* coletivo: nas pregações incorporadas ao ritual guerreiro ou às diversas modalidades de combate. Pode-se concluir, pois, que todas as combinações indicadas desse tipo misto de liderança (paternal com rudimentos das funções representativa e criadora) giravam em torno da necessidade fundamental de ajustar socialmente os principais às condições de condução dos companheiros em uma sociedade como a tupinambá, de estrutura tribal.

Por fim, a função da liderança como técnica social na sociedade tupinambá esclarece com nitidez como a guerra se ligava ao peneiramento e à delimitação das tarefas dos principais. Embora ela não fosse a fonte exclusiva nem a causa imediata do prestígio e da autoridade desfrutados pelos principais, o fato é que os indivíduos incapacitados para as atividades guerreiras e, pode-se acrescentar agora, para a condução dos companheiros em combate tinham reduzidas probabilidades de acesso ao cargo. As personalidades que mais atraíram a curiosidade dos cronistas como principais (especialmente: *Cunhambebe*, *Japi-açú*, *Arraia Grande* e *Caripira*) são descritas como particularmente bem dotadas para a prática e a condução da guerra.[697] Doutro lado, as situações de contato à mão armada ofereceram condições tão propícias ao exercício das tarefas de líder, que os traços mais característicos da forma assumida pela liderança entre os tupinambá, conforme se evidencia no parágrafo anterior, se desenvolveram em conexão com a guerra.

---

[697] Vejam-se especialmente: sobre *Cunhambebe*, STADEN, Hans (livro I, cap. 28; e p. 164); THEVET, Frei André (*Singularidades*, pp. 318-320; *Les Vrais pourtraits et vies des hommes illustres*, fl. 661-662); LÉRY, Jean de (p. 39); *Japí-açú* (ABBEVILLE, Claude d', p. 80 e p. 141; EVREUX, Pe. Ives d', p. 344); *Marcoiá-peró* (ABBEVILLE, Claude d', p. 95); *Arraia-Grande* (EVREUX, Pe. Ives d', 170/171); *Pacamão* (EVREUX, Pe. Ives d', 329-343); *Caripira* (ABBEVILLE, Claude d', p. 268). As mesmas fontes dão indicações sobre outros principais nativos; além delas, sobre personalidades de outros grupos tupi, são importantes os dados fornecidos por Anchieta e Salvador.

De onde provinha, porém, a garantia de que as ações ou as inspirações do principal seriam imitadas ou seguidas? Do que foi exposto até agora resulta claramente que o principal não era um líder carismático, embora possuísse dotes carismáticos, graças aos quais se tornava grande caçador, grande guerreiro etc. O carisma de que deveria dispor constituía uma condição para o acesso ao cargo e representava, para a coletividade, a segurança de que sua pessoa encarnava concretamente (de algum modo) o ideal de personalidade masculina do "*grand mesnager, et bon père de famille*". As qualidades carismáticas, indispensáveis na realização de suas tarefas, eram insuficientes, por si mesmas, para compelir os companheiros a imitá-los ou a segui-los. O "carisma da palavra" e o "carisma de ação" não passavam de *meios* para atingir certos *fins*: complexas técnicas de emulação, manejadas com perícia para criar círculos de influência pessoal.

Parece que não é difícil localizar os fatores sociais responsáveis pelo aparecimento das condições sociopsíquicas de emulação e, por conseguinte, pela garantia de que seria aceito o modelo de conduta exteriorizado ou sugerido pelo principal. Segundo o esquema de liderança descrito acima, os valores que orientavam as ações e as manifestações dos principais eram compartilhados por seus companheiros. Isso pressupõe não só que o impulso para "seguir" nascia espontaneamente, mas ainda que ele repousava na crença da necessidade da liderança (ou do "exemplo a imitar") por parte do companheiro mais velho "conhecedor das tradições sagradas". Portanto, a força impositiva das ações e das sugestões do principal não emanava de "poderes" imanentes a sua personalidade, embora pudesse ser secundada por eles. Mas provinha do significado que elas assumiam para os seus companheiros, em virtude de lhes imputarem o caráter sagrado das tradições. Isso patenteia que sob certos aspectos a liderança do principal se confundia com o exercício do poder sob a forma de dominação tradicional.

Todavia, os cargos de principal, como os de pajé, eram destituídos de significação política. A dominação não só se realizava de modo impessoal, em nome das tradições. Nas situações em que a exerciam, os principais agiam literalmente como membros de um grupo: o dos velhos. Na sociedade tupinambá, esse grupo detinha realmente o poder, à medida que lhes cabia a responsabilidade pela interpretação das tradições em assuntos de interesse coletivo.[698] *Japí-açú*, um dos mais influentes principais do Maranhão, teria respondido o seguinte ao sr. de Rasilly: "Bem sei que esse costume é ruim e contrário à natureza, e por isso muitas vezes procurei extingui-lo. Mas todos nós, velhos, somos quase iguais e com idênticos poderes; e se acontece um de nós apresentar uma proposta, embora seja aprovada por maioria de votos, basta uma opinião desfavorável para fazê-la cair; basta alguém dizer que o costume é antigo e que não convém modificar o que aprendemos de nossos pais".[699]

As informações salientam que o principal mantinha, no grupo dos velhos e especialmente nas reuniões do conselho de chefes, as limitadas prerrogativas conferidas por sua situação de líder.[700] O que ressalta da análise, pois, é que as ideias e as ações do principal estavam sujeitas, por sua vez, ao mesmo gênero de controle social direto e impessoal; se elas discrepassem das expectativas dos companheiros, igualmente alimentadas pelas tradições e pela crença no valor sagrado destas, elas seriam repelidas. Isso quer dizer, em outras palavras, que a aceitação das ideias ou das ações dos principais, com o caráter de "exemplos a imitar ou a seguir", também repousava na convicção, nascida da própria situação social do líder, de que elas se conformariam fielmente aos modelos ideais de conduta estabelecidos nas tradições tribais.

Portanto, quanto à primeira questão, a interpretação sociológica dos dados disponíveis revela quais eram as necessidades sociais subjacentes à diferenciação social mediante a acumulação do carisma e a realização das atividades guerreiras que a suportavam. Enquanto a objetivação do carisma por meio do sacrifício da primeira vítima correspondia à

---

698 Sobre a falta de significação política dos cargos de pajé, cf. MÉTRAUX, Alfred. *La Religion des tupinambá*, p. 82; quanto aos principais e à atuação das formas tribais de dominação, cf. *A organização social dos tupinambá*, cap. v.

699 ABBEVILLE, Claude d', p. 234.

700 Cf. ABBEVILLE, Claude d', p. 255 e GABRIEL SOARES, pp. 385/386; cf. também STADEN, Hans, p. 164; e as descrições, apreciadas acima, relativas à deliberação da guerra (pp. 87-91).

necessidade de ajustar os indivíduos de sexo masculino às condições de existência social dos *homens*, a cotidianização diferenciadora do carisma através do sacrifício de vítimas sucessivas correspondia à necessidade de peneirar as personalidades qualificadas para a ocupação dos *status* de principal e capacitadas para o exercício do tipo de liderança que deveriam praticar. A relação tópica desse processo com a integração da estrutura social derivava da função preenchida pela forma tribal de liderança como técnica de organização social. Inserindo-se nas situações rotineiras de vida como mecanismo de controle social direto e impessoal, ela operava como uma força social conservadora e contribuía para manter o equilíbrio do sistema de relações sociais. Desta perspectiva se verifica que a guerra fornecia um dos critérios para o peneiramento dos principais e um dos princípios para a definição de suas tarefas como líderes, ao mesmo tempo que se oferecia como o instrumento por excelência da dominação gerontocrática e xamanística. Mas, mais do que isso, se averigua também que pelo menos uma esfera da sociedade tupinambá, a que abrangia todos os *homens*, era constituída e parcialmente conduzida por guerreiros, pois cabia a personalidades extraídas entre eles liderar socialmente as atividades rotineiras masculinas.

Quanto às outras três questões, as necessidades sociais satisfeitas se ligavam fundamentalmente ao funcionamento do sistema de parentesco. Sem dúvida, as correlações mais importantes se estabeleciam entre o prestígio social, conquistado basicamente pelo número de vítimas sacrificadas, mas também graças ao concurso de certas qualidades pessoais, com: 1) a família polígina; 2) a representação de *status* da parentela no consenso tribal. Ambas as correlações se interpenetravam de um modo intrincado, o que não impede que a análise seja desenvolvida segundo o esquema adotado.

O sistema de adaptações ao meio natural ambiente e humano dos tupinambá promovia tais ajustamentos entre o homem e a mulher, que é difícil conceber outra sociedade em que as dependências recíprocas dos sexos sejam tão intensas.[701] Anchieta observou com razão:

---

[701] Cf. *A organização social dos tupinambá*, cap II, item 2; cap. III, item 5.

"e acertam de não terem mãe ou irmãs, que tenham cuidado deles, são coitados".[702] A mulher é que tratava da horta, que praticava a coleta (inclusive de mariscos), que preparava e cozia os alimentos, que fazia as bebidas (cuja importância precisa ser encarada em termos de sua função nas cerimônias tribais), que fornecia a água, a lenha e mantinha o fogo aceso, que dispensava os necessários cuidados aos companheiros e aos filhos, que cuidava do transporte das redes e dos alimentos nas excursões longas (inclusive as de caráter guerreiro) etc. De modo que o homem precisava da mulher para "cuidar dele" tanto quando vivia no grupo local, quanto quando se ausentava dele por algum tempo. Além disso, o volume de serviços domésticos era tamanho que se tornava penoso para uma só esposa. Por isso, ela própria muitas vezes tomava a iniciativa de procurar outras companheiras para o marido, "a fim de que seja ajudada por elas em sua casa, porque é bastante difícil que uma só mulher possa fazer tudo em uma casa, segundo o costume do país".[703] A mesma razão explica por que muitos homens conservavam no grupo de mulheres as velhas tomadas para primeira esposa.[704] As necessidades fisiológicas, combinadas com o ideal de possuir muitos filhos, de ambos os sexos, e com as proibições sexuais (abstenções longas, antes e após o parto), criavam a precisão de duas ou mais parceiras sexuais.[705] Todavia, o homossexualismo, praticado entre os tupinambá, parece que não se ligava às condições adaptativas provocadas pela guerra, ao contrário do que sucede em outras sociedades;[706] pelo que se pode presumir, seria uma consequência das dificuldades encontradas pelos jovens em obter parceiras sexuais antes do reconhecimento social da maturidade.[707]

---

702 ANCHIETA, Joseph de. *Cartas*, p. 453.

703 THEVET, Frei André. *Cosmographie*, fl. 933 e ms. in., fls. 66v.-67; cf. também EVREUX, Pe. Ives d', p. 266; ABBEVILLE, Claude d', p. 223.

704 ANCHIETA, Joseph de. *Cartas*, p. 453.

705 *A organização social dos tupinambá*, p. 205.

706 Cf. nota *i*, no apêndie, p. 570.

707 Cf. *A organização social dos tupinambá*, pp. 136/137. Interpretações diferentes são desenvolvidas por outros autores (cf. FREYRE, Gilberto. *Casa Grande & Senzala*, pp. 88-89; MESQUITA FILHO, Julio de. *Ensaios sul-americanos* pp. 295 ss.). Suponho que a hipótese levantada em meu trabalho oferece um ponto de referência mais

Essas dependências se refletiam de várias maneiras no plano dos ajustamentos e das relações sociais. Um jovem que não obtivesse a esposa através de compensações entre parentelas, ou não fizesse arranjos matrimoniais transitórios com alguma velha, contraía pelo casamento uma série de obrigações. Sua situação no grupo do pai da mulher, pelo que escrevem os cronistas, era relativamente penosa, cabendo-lhe realizar tantas tarefas que ocupava "todo o tempo de sua vida na maior servidão que o homem é capaz de imaginar".[708] Entre outras obrigações, cabia-lhe oferecer aos parentes da mulher os seus prisioneiros e dispensar-lhes cuidadosa proteção nos combates:

> (...) o qual se esforça por todos os meios possíveis para ter a amizade e a gratidão de todos os parentes daquela que deseja conservar como esposa: como aprisionar qualquer um de seus inimigos, para presenteá-los aos seus cunhados, a fim de que eles tenham a honra de os sacrificar, para trocarem o nome de sua infância (...) ou bem por vingança de seu sogro, ou de qualquer um dos tios ou irmãos dela, mortos na guerra, ou comidos por seus adversários. Do mesmo modo, acompanha-os à guerra: e se estão em perigo diante dos inimigos, colocar-se à frente para os defender, com medo de que sejam aprisionados ou feridos.[709]

Os irmãos da mulher podiam exigir, também, uma parte do corpo do prisioneiro feito pelo cunhado: "vindo assim com vitória, os parentes da mulher de Bastião Telles [índio da Bahia, já catequizado] lhe pediram o seu [quinhão], dizendo-lhe que se lh'o não dessem que haviam de tomar a mulher". Naturalmente, a imposição

---

adequado ao aproveitamento das precárias informações dos cronistas a respeito e que, em vista dela, é desnecessário insistir sobre as possíveis vinculações da sodomia com a guerra naquela sociedade tribal.

708 Cf. *A organização social dos tupinambá*, pp. 191-193 (o trecho citado é extraído de Thevet; convém esclarecer que o termo servidão não tem nenhuma significação especial); cf. ainda Thevet, ms. in., fls. 65-66.

709 THEVET, Frei André. *Cosmographie*, fl., 932; idem ms. in., fls. 65-65v.

foi satisfeita.[710] Para os jovens que se encontravam nessa situação – e parece que muitos permaneciam nela até o fim da vida – ascensão social significava, em grande parte, libertação da tutela dos parentes da mulher. Essa libertação podia realizar-se por meio de compensações, através da oferta de mulheres concedidas pelos parentes do homem ou da filha do casal; mas também se processava pelos próprios direitos de retribuição, adquiridos graças à espécie indicada de prestação de serviços e de presentes.[711]

A representação social do *status* masculino ligava, por sua vez, o prestígio social ao número de mulheres. "Somente a fim de ganhar certo prestígio tomam muitas mulheres; são nesse caso julgados grandes homens e se tornam os principais das aldeias".[712] Essa sagaz observação é comprovada por outras fontes: "(...) e o que mais mulheres tem, se tem por mais honrado e estimado"; "É ocasião de dizer, que ambiciosos como os grandes da Europa, que desejam ostentar sua grandeza apresentando grande número de burros, estes selvagens também desejam ter muitas mulheres para acompanhá-los, e levar suas bagagens, mormente havendo entre eles o costume de serem estimados e apreciados pelo grande número de mulheres a seu cargo".[713] A pluralidade de mulheres estava vinculada, de outro lado, a certas imposições do *status* masculino. Uma delas se relacionava com a forma tribal de solidariedade, mediante os laços de parentesco. Por intermédio de matrimônios sucessivos um homem podia ligar-se a várias parentelas, estendendo sua influência a diversos grupos locais. Os líderes guerreiros, geralmente, dispunham de muitas mulheres. *Cunhambebe*, por exemplo, contava com oito esposas em seu lar e mais cinco fora dele; *Amen-duua* possuía

---

[710] Pe. Vicente Rodrigues, *Cartas avulsas*, p. 110, adiante, esclarece que os "parentes" referidos eram os "irmãos" da mulher (cf. p. 118).

[711] "Depois, se o homem é de grandes parentes, valentes na guerra, e estimado e temido, ele faz tanto por seus bons presentes e serviços aos ditos parentes, que pouco a pouco e com o tempo sua mulher vai para sua casa" (THEVET, Frei André. *Cosmographie*, fl. 935; e ms. in., fl. 66v.).

[712] ABBEVILLE, Claude d', p. 222.

[713] Respectivamente: GABRIEL SOARES, p. 367 e EVREUX, Pe. Ives d', pp. 136/137.

34 companheiras, algumas em seu lar e outras distribuídas por grupos locais circunvizinhos.[714] Outra vinculação: a necessidade de formar um bando masculino. Como escreve Anchieta, "para ser um principal basta ter uma canoa de seu em que se ajuntem doze ou quinze mancebos, com que possa vir a roubar e saltear".[715] Ora, para isso, o homem precisava contar com um número relativamente alto de filhos e filhas.[716] Sobre os primeiros, informa Léry: "os filhos varões são mais estimados do que as fêmeas por causa da guerra, pois entre os selvagens só os homens combatem e só a eles cabe a vingança contra o inimigo".[717] Mas, para que um jovem pudesse ser incorporado ao bando guerreiro do "pai", este precisaria obter esposas para ele, através de compensações entre parentelas, desobrigando-o assim das exigências estabelecidas pela instituição da matrilocalidade. Daí a necessidade correlata das filhas (e também das irmãs); estas serviam igualmente para atrair jovens de outras parentelas, que eram incorporados ao bando masculino do pai. Por isso, alguns cronistas ressaltam o significado do número de filhas como índice de prestígio: "o que tem mais filhas é mais rico e mais honrado de todos, porque são as filhas mui requestadas dos mancebos que namoram".[718] Uma terceira imposição nascia da troca de mulheres, esfera muito importante, embora mal conhecida, do sistema tribal de prestações totais. Sob vários aspectos, o *status* de um homem e os vínculos desenvolvidos entre parentelas dependiam estreitamente da circulação das mulheres, quer fossem "filhas", "irmãs", "esposas", ou "viúvas" herdadas pela morte do irmão.[719] O indivíduo que pertencesse a uma extensa parentela possuía, concomitantemente, uma "posição" dentro

---

714 THEVET, Frei André. *Cosmographie*, fl. 933 e ms. in., fls., 51v. e 66v.-67. Montoya fala de um principal guarani que tinha 36 ou 37 mulheres (pp. 140/141). Para outros exemplos, cf. *A organização social dos tupinambá*, pp. 202/203.

715 ANCHIETA, Joseph de. *Cartas*, p. 234.

716 *Amen-duua,* por exemplo, tinha 86 filhos, consoante as informações de Thevet (*Cosmographie*, fl. 953; cf. também ms. in., fl. 67).

717 LÉRY, Jean de, p. 206; cf. também Thevet, ms. in., fl. 68v. (os tupinambá desejariam ter muitos filhos para ir à guerra e combater os inimigos, entre outras coisas).

718 GABRIEL SOARES, p. 367; cf. também ANCHIETA, Joseph de. *Cartas*, p. 239.

719 Cf. *A organização social dos tupinambá*, pp. 183-193, pp. 197/198 e p. 200.

desse sistema; para explorá-la como fonte de implemento de prestígio precisaria, porém, conseguir pelo menos um determinado número de "esposas", de "filhas" e de "irmãs". Aquelas, poderia obter, inicialmente, em troca de "irmãs"; depois, pela troca das próprias "esposas" e das "filhas", atraía outras mulheres para o grupo doméstico (quase sempre jovens) e estabelecia ou consolidava as "alianças" entre as parentelas. Explica-se assim por que os cronistas se referem com insistência à oferta de mulheres aos principais.[720]

O prestígio adquirido através das atividades guerreiras e, especificamente, do sacrifício das vítimas constituía a condição *sine qua non* da poliginia. Mesmo os cronistas perceberam essa conexão: "Quem é maior entre os índios, mais mulheres tem a seu serviço", pois "quanto mais se notabiliza o homem, na guerra, por suas proezas e valentias, tanto mais lhe é permitido ter mulheres para o seu serviço";[721] "e mesmo quanto mais um homem é considerado grande, por ter feito grandes valentias e proezas na guerra, lhe é também permitido ter um maior número de mulheres para o servir, e aos outros menos";[722] "e isto pela mor parte se acha nos principais que o tem por estado e por honra e prezam-se muito de se diferençar nisso dos demais";[723] "quanto maior o número de esposas mais valentes são considerados";[724] "e, se é grande principal e valente, tem dez, doze e vinte [esposas]";[725] "os índios principais têm mais de uma mulher";[726] "podem tomar três e quatro, e ainda sete ou oito, segundo a valentia e esforço de que cada um é dotado, que a isso se tem principalmente respeito";[727] Montaigne,

---

720 Cf. especialmente ABBEVILLE, Claude d', p. 223; GABRIEL SOARES, p. 368; ANCHIETA, Joseph de. *Cartas*, p. 453; STADEN, Hans, pp. 171/172; MONTOYA, pp. 106/107.

721 THEVET, Frei André. *Singularidades*, p. 229 e pp. 251/252.

722 THEVET, Frei André. *Cosmographie*, fl. 933.

723 GANDAVO, Pero de Magalhães. *História*, p. 120.

724 LÉRY, Jean de, p. 202.

725 ANCHIETA, Joseph de. *Cartas*, p. 329.

726 GABRIEL SOARES, p. 367.

727 BRANDÃO, Ambrósio Fernandes, p. 278.

enfim, soube por seu informante que um homem tinha tanto maior número de mulheres quanto maior fosse a sua reputação.[728] Por aqui se verifica, então, como o processo de diferenciação social mediante a acumulação do carisma se articulava com as condições materiais e morais de existência social dos tupinambá, e que necessidades sociais ele satisfazia no plano das relações adaptativas e no ajustamento recíproco dos *socii* (questões *b* e *e*).

Combinando os dados expostos esparsamente neste capítulo, referentes às relações entre o matrimônio e os direitos conferidos pelo sacrifício humano, é possível elaborar o seguinte esquema: 1) depois de alcançada a maturidade biológica, mas antes do sacrifício da primeira vítima, o indivíduo não tinha nenhuma mulher; 2) depois do sacrifício da primeira vítima, podia adquirir uma companheira: uma velha, com frequência, ou uma mulher nova (não uma "virgem" nem necessariamente uma "jovem"), através de compensações entre parentelas ou da submissão à família da noiva; 3) depois, graças ao prestígio social granjeado pelo sucesso como guerreiro e como sacrificante (ou, alternativamente, por intermédio do prestígio advindo das atividades xamanísticas), podia seja libertar-se da tutela da família da esposa, seja atrair novas mulheres para o seu lar. Diante desse esquema parece-me desnecessário insistir sobre as conexões que ligavam a guerra e o sacrifício humano às condições sociais que suportavam o *status* de principal. Tanto as necessidades de subsistência e de segurança econômica quanto as de definição de *status* e de ascensão social eram satisfeitas de modo mediato pela rotinização do carisma. Observado desse ângulo, o ajustamento ao cotidiano mediante a acumulação de carisma (pela captura e sacrifício de vítimas sucessivas) significava literalmente objetivação diferencial de prestígio e garantia de acesso às probabilidades de atuação social conferidas pelo *status* de principal.

Em suma, as impulsões sociais, que imprimiam o caráter de competição por prestígio e por posição social à participação das atividades guerreiras e dos sacrifícios humanos, estabeleciam uma importante

---

[728] MONTAIGNE, Michel de, p. 186.

correlação entre a guerra e a poliginia. A guerra constituía, na sociedade tupinambá, como entre os murngin,[729] um mecanismo em que se baseava a poliginia. A competição por valores religiosos ocultava, sob esse aspecto, uma autêntica competição por "riquezas"; pois, como observaram alguns cronistas, as mulheres eram as "verdadeiras riquezas" daqueles índios. Ao contrário do que supõem certos etnólogos, fatores sociais dinâmicos, e não os efeitos letais da guerra,[730] é que explicam a interdependência dos dois fenômenos na sociedade tupinambá. Doutro lado, a própria natureza dessa interdependência fazia com que a poliginia fosse o elemento estrutural de maior *peso* na determinação (inconsciente) das impulsões sociais que conduziam aqueles nativos à guerra e à execução dos inimigos.[731]

A quarta questão implica a análise das conexões da guerra com o sistema de parentesco como um todo, pois essa esfera da estrutura social funcionava como uma das fontes mais ativas de atualização dos valores religiosos tribais. Essas conexões, cuja expressão mais geral se encontra na vinculação prestígio social *x* posição da parentela no consenso social,

---

729 Cf. WARNER, William Lloyd. *A black civilization. A social study of an Australian tribe*, esp. p. 158.

730 Cf. por exemplo: LOWIE, Robert H. *Social organization*, p. 116, Aliás, a apreciação acima coincide, em seu espírito, com as críticas que os sociólogos têm feito às tentativas de explicação demográfica da guerra (cf. esp. BOUTHOUL, G. *Guerre et population*, p. 125).

731 Deixo de discutir aqui a relação entre a guerra e as regras de fixação de residência porque, como foi indicado, os tupinambá utilizavam tanto a matrilocalidade (transitória ou compulsiva) quanto a patrilocalidade como meios para a constituição de bandos guerreiros. É presumível que a matrilocalidade, combinada ao princípio de solidariedade entre parentelas, possuísse maior importância como conexão da guerra. Nesse caso, a vinculação da guerra com a patrilocalidade seria incidental, pois o seu fundamento seria a sucessão do cabeça do grupo doméstico. Suponho que o fator mais significativo com relação à guerra seria o princípio de solidariedade entre parentelas, o que se evidencia pela combinação de ambas as regras de fixação de residência, a matrilocalidade e a patrilocalidade, em virtude da circulação das mulheres. Em sociedades em que a guerra se reflete no plano de integração política – o que não acontecia entre os tupinambá – parece existir uma conexão específica entre ela e a residência patrilocal (cf. MURDOCK, George P. *Social structure*, p. 207).

inscreviam a guerra entre os mecanismos básicos de preservação e de perpetuação da estrutura da sociedade tupinambá.

Ganhar prestígio social através da guerra e do sacrifício das vítimas capturadas constituía uma condição imposta e regulamentada pelos mecanismos tribais de graduação social. Comprova-se isso pelos resultados da análise precedente, seja quanto à distribuição e à localização dos *socii* na estrutura social mediante a acumulação de carisma, seja quanto às vinculações da guerra com a poliginia. Todavia, as circunstâncias e os fatores sociais que intervinham na atuação daqueles mecanismos faziam com que a competição na esfera dos valores religiosos não fosse apenas uma competição entre indivíduos, mas também uma competição entre parentelas. Atrás dos comportamentos individuais, exteriorizados na guerra ou nas atividades rituais subsequentes, se achavam inspirações e incentivos que promanavam de "interesses" grupais.

Essas circunstâncias compeliam as parentelas, sempre que possível, a conceder aos jovens sua primeira vítima (e também sua primeira esposa); e criavam obrigações recíprocas, que expunham os beneficiados a árduos compromissos. As interdependências sublinhadas por semelhante noção de *status* articulam indissoluvelmente o prestígio social dos indivíduos com a representação social do *status* das parentelas a que pertencem. Mas de tal forma que a representação social do *status* das parentelas somente interfere na situação social dos sujeitos como mecanismo de delimitação das obrigações definidas e dos ideais compulsivos de comportamento. A sucessão dos principais, que já foi examinada neste capítulo, ilustra empiricamente a interpretação. O acesso aos aludidos *status* não se processava de modo automático ou pelo simples jogo dos princípios hereditários. Ele dependia estreitamente da evidência e do reconhecimento, concomitantes, de qualificações pessoais específicas. Por isso, pode-se dizer que os *status* indicados "não se transmitiam de pais a filhos, embora todos os parentes de um herói, especialmente os seus descendentes, se beneficiassem do seu prestígio"; e que, "de acordo com um dos ideais básicos da cultura tupinambá, este benefício traduzia mais obrigações que direitos. Ninguém veria os seus malogros compensados, por exemplo, em virtude da importância da árvore genealógica da família. Ao contrário, a proteção dos antepassados e dos parentes mortos, e sua evocação efetiva, só era propícia àqueles que mantinham em certo nível a tradição da família e dos antepassados".[732]

Isso sugere que não bastava ganhar prestígio social através da guerra e das atividades rituais subsequentes; era preciso adquiri-lo segundo modelos e dentro de limites que eram fornecidos pela sociedade: os feitos guerreiros e o número de nomes de um principal tinham que corresponder, de certa maneira, à representação de *status* de sua parentela no consenso tribal. Ou seja, em outras palavras, eles não podiam ser sensivelmente inferiores aos feitos guerreiros e ao número de "nomes" conquistados por seus antecessores. Pelo pouco que se sabe a respeito desse fenômeno, é possível perceber que o desnivelamento das tradições domésticas, no sentido indicado, implicaria uma perda de posição no sistema tribal de prestações totais. A parentela afetada perderia a possibilidade de manter seu *statu quo* tanto com relação à circulação de vítimas, esfera do sistema diretamente subordinada à guerra, quanto com referência à circulação de mulheres, em virtude das conexões existentes entre a poliginia e a guerra. As condições de competição por valores religiosos se alterariam em seu desfavor, comprometendo as "alianças" estabelecidas com outras parentelas e sua situação como e enquanto grupo.

Apesar da importância que possuíam na vida social dos tupinambá, essas consequências da guerra e do sacrifício humano não caíam expressamente no seu campo de consciência social. As justificações conhecidas da *vendetta* não deixam transparecer os *"interesses" reais* subjacentes à guerra, ao sacrifício humano, à renomação e à antropofagia. Ao contrário, as justificações disfarçam tais "interesses" sob a forma de valores religiosos. E o modo ritual de atualização social dos mesmos, por sua vez, impunha-os à conduta humana, por intermédio de obrigações e de ideais de comportamento objetivados em termos de relações de parentesco, como "imperativos sagrados". Comportando-se como valentes, ou agindo como sacrificantes, os tupinambá acreditavam imitar os "honrosos exemplos" dos ancestrais e dos parentes mortos pelos inimigos,

---

732 *A organização social dos tupinambá*, p. 268.

vingar sua memória ou satisfazer seus desejos de vingança, pelos quais se julgavam responsáveis coletivamente. Por causa dessas associações, "a incapacidade ou os malogros guerreiros assumiam o significado de delitos sacrílegos, cometidos contra a memória dos antepassados".[733]

Em uma passagem enfadonha mas de grande alcance para a interpretação desenvolvida dos fenômenos analisados, assevera Evreux:

> Quando morrem alguns deles [dos *tujuáe*] os velhos lhes prestam honras, e os choram como as mulheres, e lhes dão o nome de *thuyuae-peeseon*; quando morrem na guerra, chamam-no *marate-kuapeeseon*, "velho morto no meio das armas", o que enobrece tanto seus filhos e parentes, como entre nós qualquer velho coronel, que ocupou sua vida inteira no serviço do exército pelo rei e pela pátria, e que por coroa de glória morreu com as armas na mão, com a frente para os inimigos, no meio de renhido combate, coisa nunca esquecida por seus filhos antes considerada como grande herança, e de que se aproveitam apresentando-os ao príncipe como bons serviços de seu pai, e pedindo por eles uma recompensa.
> Não fazendo estes selvagens caso algum de recompensas humanas, porém empenhando todas as suas forças para conseguir essas honras, provam com isto o quanto apreciam não só os atos de heroísmo de seus pais, mas também a serem estimados por causa deles.[734]

Sabe-se em que sentido e por que esse gênero de morte dos cabeças de parentelas "enobrecia" os filhos; através dele se mantinha o nível das tradições domésticas e nasciam as ações que constituíam os "honrosos exemplos". O caráter imperativo desses "exemplos" como modelos sagrados de conduta é expressado por certo trecho da pregação de um principal nos rituais de preparação para a guerra: "Nossos predecessores não só combateram valentemente mas ainda subjugaram,

---

[733] *A organização social dos tupinambá*, p. 251.

[734] EVREUX, Pe. Ives d', pp. 133/134.

mataram e comeram muitos inimigos, deixando-nos assim honrosos exemplos; como pois podemos permanecer em nossas caias como fracos e covardes?".[735] A melhor ilustração conhecida a respeito da relação existente entre a "posição" de uma parentela e os "exemplos" ou a "herança" legada pelos mortos consiste no casamento da viúva: "ainda não se casam de novo jamais as ditas viúvas com um menos forte, e valente que era seu marido. Porque de outro modo seriam desprezadas, e seus filhos, e os aliados mesmos, ficariam aborrecidos e descontentes". Se não encontrassem um substituto conveniente, preferiam ficar viúvas "todo o resto de sua vida, e terminar seus dias com seus filhos".[736]

Nos diálogos rituais é onde se evidenciam a natureza e o fundamento religioso dessas obrigações. De fato, as autoglorificações dos matadores e as das vítimas deixam transparecer nitidamente os laços que ligavam entre si os vivos aos mortos e que conferiam à guerra, ao sacrifício humano e às atividades rituais subsequentes o cunho de processos sociais de ajustamento do homem ao sagrado. Enquanto os sacrificantes imputavam a ação à necessidade de vingança dos parentes massacrados pelos inimigos, as vítimas exprimiam, com a maior dignidade que seria imaginável, a própria segurança de que seriam vingadas pelos parentes "vivos". Alguns exemplos, extraídos de diálogos rituais conhecidos, poderão dar uma ideia concreta de como esses valores se inseriam no comportamento dos tupinambá: "A seguir retoma o tacape aquele que vai matar o prisioneiro e diz: 'Sim, aqui estou eu, quero matar-te, pois tua gente também matou e comeu muitos dos meus amigos'. Responde-lhe o prisioneiro: 'Quando estiver morto terei ainda muitos amigos que saberão vingar-me'";[737] "aproxima-se [o sacrificante] do prisioneiro e lhe dirige as seguintes palavras: 'não és tu da nação dos maracajás, que é nossa inimiga? Não tens morto e devorado os nossos pais e amigos?'. O prisioneiro, mais altivo do que nunca, responde no seu idioma (margaiás

[735] LÉRY, Jean de, p. 169; trecho citado acima integralmente, cf. p. 89.

[736] Thevet, ms. in., fl. 61v.-62.

[737] STADEN, Hans, p. 182 (trecho aproveitado parcialmento acima: cf. p. 68). Cf. também os diáogos rituais travados no decorrer dos rituais de integração dos prisioneiros (acima, pp. 103/104).

e tupiniquins se entendem reciprocamente) *pa, che tan tan ajucá atupavá* – 'Sim, sou muito valente e realmente matei e comi muitos'. Em seguida, para, excitar ainda mais a indignação dos inimigos, leva a mão à cabeça e exclama: 'Eu não estou a fingir, fui com efeito valente e assaltei e venci os vossos pais e os comi'. E assim continua até que seu adversário, prestes a matá-lo, exclama: 'Agora estás em nosso poder e serás morto por mim e moqueado e devorado por todos'. Mas tão resoluto quanto Atílio Régulo ao morrer pela república romana, a vítima ainda responde: 'Meus parentes me vingarão'".[738] "Apresenta-se o ancião diante do prisioneiro e lhe faz o seguinte discurso: 'Não sabes que tu e os teus mataram muitos parentes nossos e muitos amigos? vamos tirar a nossa desforra e vingar essas mortes. Nós te mataremos, assaremos e comeremos'. 'Pouco me importa, responde a vítima, pois não morrerei como um vilão ou um covarde. Sempre fui valente na guerra e nunca temi a morte. Tu me matarás, porém, eu já matei muitos companheiros teus. Se me comerdes, fareis o que já fiz eu mesmo. Quantas vezes já me enchi com a carne de tua nação. Ademais, tenho irmãos e primos que me vingarão'".[739]

Esses depoimentos são confirmados por outras fontes, com relação às justificações do massacre e às expectativas de vingança póstuma, manifestadas pelas vítimas: "E se o padecente é homem animoso, e não está desmaiado naquele passo, como acontece a alguns, responde-lhe com muita sabedoria e ousadia que o mate muito embora, porque o mesmo tem ele feito a muitos seus parentes e amigos, porém que lhe lembre que assim como tomam de suas mortes vingança nele, que assim também os seus hão de vingar como valentes homens e haverem-se ainda com ele e com toda a sua geração daquela mesma maneira.[740] "Meus amigos margajás (diz) são honrados, fortes e possantes guerreiros. Aprisionaram e devoraram numerosos dos seus inimigos. Quanto a mim, matei e devorei parentes e amigos dos que me conservam prisioneiro, e, por isso,

---

[738] LÉRY, Jean de, pp. 178/179. Segundo anota Plínio Ayrosa, "a frase correta é *Pa, che tantã, ajuká ka aú pavé* (*pabén*), e diz apenas: Sim, sou forte, matei e comi todos" (loc. cit., nota 450).

[739] ABBEVILLE, Claude d', p. 232.

[740] GANDAVO, Pero de Magalhães. *História*, pp. 133/134.

é justo que me devorem também, no dia que melhor lhes agradar". O mesmo informante assevera que se mostravam convictos de que "seus amigos os vingariam e que esses e outros discursos semelhantes são ditos num tom arrogante e cheio de segurança":[741] "e como estes cativos veem chegada a hora em que hão de padecer, começam a pregar e a dizer grandes louvores de sua pessoa, dizendo que já está vingado de quem o há de matar, contando grandes façanhas suas e mortes que deu aos parentes do matador, ao qual ameaça e toda gente da aldeia, dizendo que seus parentes o vingarão";[742] "como se não fosse nada, assim para falar, como para excitar as forças, porque depois de se despedirem da vida com dizer que *muito embora morra, pois muitos tem mortos, e que além disso cá ficam seus irmãos e parentes para o vingarem*".[743]

Portanto, encarada do ângulo das relações do homem com o sagrado, tal como eles eram proporcionadas pelas situações criadas por intermédio do sistema de parentesco, a rotinização do carisma por meio da guerra, do sacrifício humano e dos rituais subsequentes se vinculava à necessidade de manter a representação de *status* das parentelas no consenso tribal. A conexão especificamente causal, nessa correlação, se estabelecia entre a cotidianização diferenciadora de carisma[744] e a "posição" das parentelas no sistema tribal de prestações totais. Assim, a guerra intervinha: 1) como condição estrutural, na perpetuação, alargamento ou afrouxamento das "alianças" das parentelas; 2) como fator estrutural, na configuração da solidariedade entre as parentelas – a) por causa da interdependência existente entre a circulação de mulheres e a guerra, como um mecanismo que favorecia a poliginia; b) em virtude de ser a condição inevitável da circulação de vítimas. A técnica social indicada, de compulsão religiosa do comportamento masculino (no que concerne

---

[741] THEVET, Frei André. *Singularidades*, p. 240: no decorrer dos ritos de inculpação e da execução, a vítima afirmava que "teria vingança" por parte de seus amigos e parentes (cf. ms. In., fls. 55v., 58 e 59); *Cosmographie*, fl. 944v.

[742] GABRIEL SOARES, p. 398.

[743] CARDIM, Pe. Fernão, p. 166; grifado no texto.

[744] É claro que por meio da guerra, do sacrifício humano e das atividades xamanísticas também preenchiam essa função.

às atividades rituais ligadas à guerra e ao massacre dos inimigos), visava pois a fazer com que os *socii* desenvolvessem os ajustamentos esperados, tão importantes para a eunomia da sociedade tribal como um todo.

Explica-se assim como e por que a guerra se inscrevia entre os mecanismos básicos de preservação e de perpetuação da estrutura da sociedade tupinambá. Como "condição" e como "fator" do princípio de solidariedade das parentelas, ela interferia de modo mediato nos processos sociais por cujo intermédio aglomerados de grupos domésticos se transformavam em unidades tribais. Em outras palavras, ao contribuir para satisfazer as necessidades sociais criadas pelo ajustamento das parentelas umas às outras, a guerra produzia, por recorrência, efeitos que afetavam o estado de coalescência dos segmentos estruturais que compunham a sociedade tupinambá. É possível pôr à prova essa afirmação, explorando as indicações ministradas pelos cronistas sobre a punição dos delitos e suas consequências.

As ações delituosas eram punidas segundo o princípio do tratamento recíproco e equivalente. O ofensor devia sofrer danos da mesma espécie que os danos por ele cometidos.

> Os textos evidenciam que as disputas entre membros de um mesmo grupo local e todas as suas consequências, até as mais graves, eram encaradas como assunto privado. Reconheciam aos contendores o direito de levá-las até onde lhes parecesse conveniente. Os resultados das disputas, contudo, eram avaliados doutro ponto de vista, pois consideravam a ofensa e os danos eventuais em termos dos interesses das parentelas. Em outras palavras, os indivíduos envolvidos em situações de conflito delas participavam como membros de um grupo, no caso a unidade social constituída por uma família grande, juntamente com seu círculo de aliados e amigos. A noção de responsabilidade coletiva transferia, portanto, do indivíduo para o grupo básico a que pertencia, o direito de represália e da exigência de uma compensação imediata e equivalente.[745]

---

[745] *A organização social dos tupinambá*, p. 263.

Há referências, no entanto, a duas alternativas de aplicação das penas: os parentes do ofendido ou do morto tomavam a si o encargo da punição, com a aprovação tácita da parentela do ofensor ou "assassino", cujos membros assistiam à punição e depois participavam dos rituais de reatamento da solidariedade;[746] a própria parentela do ofensor ou "assassino" se encarregava de aplicar-lhe a pena e o reatamento da solidariedade se processava de modo automático.[747]

Os cronistas que se interessaram pelo assunto estabeleceram uma ligação direta entre o procedimento das parentelas na punição dos culpados e a guerra: "E porque estas dissenções não fossem tanto por diante [produzindo a fragmentação de unidades tribais em bandos inimigos], determinaram atalhar a isto, usando o remédio seguinte, para por esta via se poderem melhor conservar na paz e se fazerem mais fortes contra seus inimigos. E é que quando tal caso acontece de um matar a outro, os mesmos parentes do matador fazem justiça dele e logo à vista de todos o afogam. E com isto os da parte do morto ficam satisfeitos e uns e outros permanecem em suas amizades como dantes";[748] referindo-se à punição de uma velha por seu próprio filho, o qual a enforcara e a enterrara junto ao corpo de sua vítima, escreve Anchieta: "Nenhum de todo o povo lho impediu, não lhe falou uma só palavra, porque assim soem vingar os semelhantes homicídios, porque não façam guerra os parentes do morto, e se comam uns aos outros".[749] Essa fonte também informa o seguinte: "Os de uma nação são muito pacíficos entre si, e de maravilha pelejam senão de palavras e às punhadas, e se alguma hora com a quentura demasiada do vinho vai a coisa muito avante, as mulheres logo lhes escondem as flechas e outras armas, até os tições de fogo, porque se não matem e firam, porque de uma morte destas às vezes acontece dividir-se uma nação com guerra civil, e matarem-se e

---

746 GABRIEL SOARES, p. 84; LÉRY, Jean de, pp. 208/209; STADEN, Hans, p. 164.

747 GANDAVO, Pero de Magalhães. *História*, pp. 117/118; ANCHIETA, Joseph de. *Cartas*, p. 100; EVREUX, Pe. Ives d', pp. 86-89 (as duas últimas fontes se referem a casos concretos).

748 GANDAVO, Pero de Magalhães. *História*, p. 118.

749 ANCHIETA, Joseph de. *Cartas*, p. 100.

comerem-se e destruírem-se, como aconteceu no Rio de Janeiro".[750] Razões da mesma ordem interferiam na punição do adultério. A pena de morte podia ser imposta ao amante, se fosse um escravo, e até à mulher culpada; porque, sendo um companheiro do marido, este não procedia contra sua pessoa, pois "se assim o fizesse, a vingança acarretaria uma perpétua guerra e separação".[751] Portanto, de acordo com semelhante interpretação, a guerra seria um fator social constritivo, ao qual se poderia atribuir a coesão tribal, pelo menos na medida em que a união das parentelas se subordinasse à consciência social dos riscos implícitos nas dissensões intestinas.

Todavia, essa interpretação não é totalmente correta. A guerra intervinha de fato no processo social indicado, mas por recorrência, não como um fator condicionante (ou causal) imediato. O esquema interpretativo dos cronistas se assemelha, por seu simplismo, à teoria defendida de várias maneiras por diversos autores,[752] segundo a qual a união social interna está em relação direta com os perigos oferecidos por um meio humano externo hostil. Se isso fosse verdadeiro com referência à sociedade tupinambá, é presumível que não ocorressem fragmentações internas. Ora, os dados disponíveis mostram que elas sobrevinham (não se sabe com que intensidade): na Bahia, o rapto de

---

750 ANCHIETA, Joseph de. *Cartas*, p. 330. As dissensões dessa natureza seriam raras (cf. STADEN, Hans, p. 164; LÉRY, Jean de, p. 208). Cardim escreve: "porém é tanta a conformidade entre eles, que em todo o ano não há uma peleja" (p. 272).

751 THEVET, Frei André. *Singularidades*, p. 254; cf. ainda: THEVET, Frei André. *Cosmographie*, fl. 933; EVREUX, Pe. Ives d', pp. 102-104; GABRIEL SOARES, p. 373.

752 Exposições dessa ordem se encontram frequentemente nos trabalhos de tratadistas militares e nos manuais de história da guerra. Vários autores tratam do reflexo desse ponto de vista nas interpretações sociológicas da guerra: cf. SOROKIN, Pitirim A. *Contemporary sociological theories*, cap. VI; GINI, Corrado. *Problemi sociologici della guerra*, passim; LAGORGETTE, Jean. *Le rôte de la guerre. Étude sociologique*, passim; cf. também: SOROKIN, Pitirim A. *Society, culture and personality*, pp. 503-507; GINSBERG, Morris. *The causes of war* (na medida em que as teorias examinadas por este sociólogo se ligam ao ponto de vista em questão); MAY, Mark A. *A social psichology of war and peace*, pp. 7-11. Em parte, as explicações da guerra como "fator social construtivo" se ligam, direta ou indiretamente, a este ponto de vista. N.E. A edição não conseguiu localizar a última parte da nota.

uma jovem acarretou a divisão dos tupinambá em dois grupos tribais inimigos;[753] no Maranhão e no Rio de Janeiro, conflitos desenrolados durante a celebração de cauinagens produziram os mesmos efeitos.[754] Doutro lado, uma explanação categórica de Gandavo precisa que nem sempre a parentela do ofensor se conformava à obrigação de aplicar-lhe as penas estipuladas pela tradição: "Porém como esta lei seja voluntária e executada sem rigor nem obrigação de justiça alguma, não querem alguns estar por ela, e daqui vêm logo pelo mesmo caso a dividirem-se, e levantarem-se de parte a parte uns contra os outros como já disse".[755] Assim se explicaria a observação de outra fonte, segundo a qual: "Dão-se guerra uma nação com outra por pouco mais que nada; ainda que sejam vizinhas e muito aparentadas".[756]

O aproveitamento dos dados expostos comporta, porém, duas ilações: 1) que não era a guerra em si e por si mesma que unia as parentelas; 2) e que, como a incursão e as excursões guerreiras eram praticadas por grupos de parentelas solidárias entre si, a coesão tribal constituía uma condição para a guerra, em vez de ser um de seus efeitos. Isso quer dizer que as causas da integração e da desintegração da estrutura social devem ser procuradas na própria estrutura social, e não fora dela, ou em um de seus substratos, tomados isoladamente (como seria o caso, de acordo com a interpretação dos cronistas). Em segundo lugar, que a intervenção da guerra na integração da sociedade tribal se processava graças às condições que faziam dela um dos elementos operativos da estrutura social.

Os conhecimentos acessíveis atualmente não permitem determinar quais eram as causas da desintegração dos laços morais que uniam entre si as parentelas. É provável que o sistema tribal de prestações totais contivesse o fator básico da perturbação da ordem social. Pelo que se alcança

---

753 GABRIEL SOARES, pp. 362/363.

754 Cf. ABBEVILLE, Claude d', p. 209; ANCHIETA, Joseph de. *Cartas*, p. 330.

755 GANDAVO, Pero de Magalhães. *História*, p. 118.

756 HERIARTE, Mauricio de, p. 215. As lutas dos tupiniquim em Piratininga, apesar da influência dos jesuítas, atestam a mesma possibilidade (cf. ANCHIETA, Joseph de. *Cartas*, pp. 181 ss.).

conjecturalmente, a competição por prestígio social podia introduzir elementos potenciais de conflitos nas relações das parentelas. A perda de "posição" em uma das esferas do sistema (na de circulação de vítimas ou na de mulheres) redundava automaticamente na perda de "posição" na outra esfera e no sistema como um todo. Em consequência, não só o prestígio social das parentelas afetadas ficaria abalado, mas ainda se afrouxariam os liames que as prendessem, por meio da circulação de vítimas e de mulheres, às demais parentelas das unidades tribais inclusive.

Contudo, os mesmos conhecimentos permitem descobrir que os efeitos integrativos da guerra podem ser imputados, primariamente, à própria dinâmica da sociedade tribal. Aprofundando-se a análise desenvolvida acima, verifica-se que as conexões específicas da guerra com o sistema tribal de prestações totais lhe conferiam a função de manter as parentelas presas entre si por compromissos que não eram inerentes ao parentesco (quer fosse consanguíneo ou por afinidade), mas que emergiam das ações praticadas em comum e sob a responsabilidade coletiva dos membros das parentelas associadas. A troca de vítimas, em particular, acarretava a atualização de uma verdadeira cadeia de obrigações circulares. Entre outras coisas, ela implicava fundamentalmente: 1) participação imediata dos rituais de execução e de antropofagia; 2) a compensação adiada do dom recebido. Através da participação dos rituais de execução e de antropofagia, os membros das parentelas associadas assumiam a responsabilidade coletiva pelo destino da vítima. As ações retaliadoras dos inimigos poderiam ser dirigidas indistintamente a qualquer uma das parentelas envolvidas e satisfeitas com o aprisionamento e o massacre ritual de qualquer um de seus membros individuais (retaliação vicária). E as ações de revindita, visando a punição das retaliações praticadas pelos inimigos, assumiam por sua vez o caráter de "obrigação sagrada" para todos os membros das parentelas associadas. A compensação do dom recebido transformava em "ponto de honra" a retribuição da vítima. Ela conduzia a novos empreendimentos guerreiros e conjugava as parentelas associadas a outros tantos esforços cooperativos, inerentes às tarefas concretas do tipo de guerra que praticavam.[757]

---

[757] As explanações contidas nesse parágrafo se baseiam em dados expostos na primeira parte desta monografia ou que serão examinados adiante, no capítulo sobre os rituais

Esses resultados comprovam que a guerra não era o fator imediato (ou causal) da integração social na sociedade tupinambá. Ao contrário, é provável que interferências no funcionamento da estrutura social (em qualquer uma das esferas do sistema tribal de prestações totais) provocavam originariamente a sua desintegração e a consequente dissolução dos laços de solidariedade tribal. Então, grupos de parentelas, anteriormente ligados entre si por relações de parentesco, se transformavam em inimigos "perpétuos"[758] e suas relações normais passavam a ser belicosas. No entanto, por recorrência, em virtude das motivações sociais que a fundamentavam ideologicamente (*vingança* dos antepassados e dos parentes mortos) e das atividades rituais que a pressupunham socialmente (sacrifício humano, antropofagia e os compromissos sociais consequentes), a guerra atuava de modo mediato como mecanismo de integração social. Pois ela se inscrevia entre as condições e os fatores estruturais que imprimiam aos laços de parentesco, insuficientes por si mesmos para congregar de maneira durável várias parentelas, a consistência e o significado de laços morais.

Completam-se assim as conclusões expostas acima. A rotinização do carisma, em geral, e a cotidianização diferenciadora do carisma, em particular – através da guerra, do sacrifício humano e das atividades rituais posteriores –, eram processos que respondiam a necessidades sociais criadas pelo modo de associação das parentelas na sociedade tupinambá. Os sucessos alcançados pelos indivíduos na competição pela captura e pelo massacre de vítimas se refletia no prestígio social das parentelas, pois deles dependiam, em grande parte, a "posição" das parentelas no sistema tribal de prestações totais e a representação correlativa de *status* de cada uma delas no consenso social. Por isso, aquilo que se poderia chamar de intensidade-limite, na captura e massacre

---

de "destruição" dos inimigos; e na análise parcial da função social da guerra na sociedade tupinambá elaborada em *A organização social dos tupinambá*, pp. 105-109 e pp. 236/237.

[758] Cf. THEVET, Frei André. *Singularidades*, p. 226 e, especialmente, p. 249. Esse aspecto da conservação indefinida das relações intertribais em seu caráter guerreiro é confirmado por quase todas as fontes.

de vítimas, sofria uma elaboração social: ela era determinada primariamente pelas condições sociais da competição das parentelas entre si, e não pela competição de seus membros individuais.[759] Estes se ajustavam (inconscientemente) às expectativas e aos padrões estabelecidos pelas tradições de cada grupo doméstico, dentro do alcance de suas aptidões. Parece que esse estilo de competição por prestígio produziu duas consequências capitais, que marcam nitidamente a estrutura da sociedade tupinambá: 1) plasticidade no peneiramento dos cabeças das parentelas (ou principais), provavelmente para assegurar a seleção das personalidades do grupo mais aptas à acumulação do carisma pela via indicada; 2) imaleabilidade dos liames que entrosavam as parentelas umas às outras, presumivelmente para impossibilitar ajustamentos (conscientes ou inconscientes) contrastantes com o padrão de estabilidade social, baseada na equivalência do prestígio social das parentelas. Sob esse aspecto, a guerra se articulava dinamicamente ao sistema de parentesco. Ela representava um dos meios mais adequados à evidência das aptidões pessoais requeridas e era a condição preliminar da própria acumulação de carisma por intermédio do sacrifício de vítimas. Além disso, constituía um dos fatores em que repousava a equivalência do prestígio social das parentelas e, por conseguinte, a que se subordinava a solidariedade delas entre si.

Em síntese, a análise das quatro questões põe em evidência que a rotinização do carisma através do sacrifício humano se submetia, na sociedade tupinambá,[760] a impulsões sociais regulares e inflexíveis, produzidas e atualizadas pelas condições materiais e morais de existência social daqueles aborígenes. A objetivação do carisma por intermédio do sacrifício da primeira vítima e a cotidianização diferenciadora do carisma por meio de sacrifícios sucessivos respondiam a necessidades que, por sua origem, por sua natureza e pelos efeitos dc sua satisfação, eram *necessidades sociais*. Por isso, a rotinização do carisma operava como processo social, ou, mais especificamente, como processo de

[759] Abstraindo-se, por artifício, uma da outra.

[760] O que também ocorre, provavelmente, em outras sociedades do mesmo tipo, existentes ou desaparecidas.

diferenciação social, preenchendo funções criadas pelo sistema tribal de adaptação, ajustamentos e controles sociais. Em virtude das conexões que a convertiam em condição inevitável e em técnica cultural do sacrifício humano, a guerra fazia parte desse processo e se articulava, portanto, ao conjunto de determinações que o subordinavam à forma de integração e ao ritmo de funcionamento da estrutura social.

Os resultados obtidos oferecem uma perspectiva mais ampla para a compreensão das repercussões da guerra nos mecanismos tribais de graduação social. As gradações de *status* masculino, considerando-se apenas aqueles em que se refletia diretamente o prestígio adquirido através da guerra e das atividades rituais subsequentes ("guerreiro", "homem casado", na categoria dos *avá*; "chefe de maloca", "chefe de grupo local", "chefe de bando guerreiro e líder guerreiro", na categoria dos *tujuáe*), não constituíam um simples produto do número de nomes acumulados. Se fosse possível esquematizar teoricamente a delimitação de *status* masculino na sociedade tupinambá, ela poderia receber a seguinte representação abstrata: número de "nomes" conquistados + o conjunto de direitos e de obrigações assegurados concretamente em função das probabilidades de atuação social conferidas pelo número de "nomes" + o conjunto de direitos e obrigações imputados socialmente em função dos três princípios impessoais de atribuição de *status* e papéis (parentesco, sexo e idade). Os dois primeiros termos dessa equação repousavam e dependiam extensamente da evidência e do aproveitamento de aptidões pessoais, enquanto o último só nos casos de desajustamento deixava de manifestar-se automaticamente. Todavia, os três termos formavam uma espécie de cadeia fechada, cujos elos se encontravam na estrutura social.

É claro que essa representação abstrata da delimitação do *status* masculino fornece um seguro ponto de referência para a discussão da natureza do processo de diferenciação social mediante a acumulação de carisma (ou de "nomes") e das fontes sociais da conformação comunitária da estrutura social,[761] dois problemas cruciais para a interpretação

[761] Isto é, conformação em consequência da qual o acesso às probabilidades de atuação social e aos *status* em torno dos quais elas se polarizavam de modo diferencial estava

sociológica do fenômeno investigado. Quanto ao primeiro problema, ela sugere que as implicações do *status* adquirido não eram tão importantes quanto se poderia supor, a partir das inferências estabelecidas pela análise das duas "funções derivadas" do sacrifício humano. De fato, a diferenciação social dos indivíduos pertencentes às categorias *avá* e *tujuáe* se fundava nelas, em grande parte; as qualidades pessoais contavam de maneira básica sob duas formas: a) de aptidões que consistiam, essencialmente, em capacidade para a comunicação com o sagrado através do massacre ritual e das atividades rituais subordinadas, inclusive as de caráter guerreiro; b) de *inteligência de ajustamento*, presumivelmente variável

---

virtualmente aberto a todos. Essa manipulação do conceito de comunidade e dos seus derivados é coerente com as interpretações sociológicas dos mesmos, seja como "lei de estrutura" (cf. TÖNNIES, E. *Communauté et societé*, livro i, primeira parte, e p. 39, pp. 227 ss.; FREYER, Hans. *Sociologia, ciência de la realidad*, esp. pp. 272-86), seja como processo de "comunização" (cf. WEBER, Max. *Economia y sociedad*, vol. I, pp. 40-42). Todavia, sob influência de A. Vierkandt, Freyer acentua com demasiado vigor o caráter "igualitário" da estrutura comunitária. Embora admita que "os homens da comunidade serão tão distintos entre si como serão sempre os homens", sustenta um ponto de vista diametralmente oposto ao defendido nesta monografia, e segundo o qual "a comunidade é a formação tipicamente carente de domínio". Por isso, entende que o conceito de dominação tradicional, elaborado por Weber, é inadequado e propõe para substituí-lo o conceito de "autoridade", com o sentido específico de "forma característica de individuação social".

Parece-me inútil defender a orientação seguida neste trabalho. O próprio Tönnies aplicou o conceito de dominação às relações autoritárias, tal como estas se desenvolvem no seio da comunidade (cf. *Princípios de sociologia*, livro segundo, cap. II, parte A). Além disso, é evidente que os tipos de dominação elaborados conceptualmente por Weber têm o grande mérito de compreender as diferentes manifestações histórico-sociais do exercício da autoridade (ou seja, tanto como relações comunitárias quanto como relações societárias).

Acredito, pois, que o problema é aqui colocado de maneira correta. A questão capital não seria a de saber como designar relações que pressupõem assimetria de prestígio e de posição social dos sujeitos, mas de explicar por que essa assimetria não alcança em certas estruturas comunitárias uma expressão formal característica. Com referência às "sociedades primitivas", Lowie lidou com problemas semelhantes ao tratar da correspondência entre o carisma (ou *maxpé*) dos visionários e "a posição informalmente assumida" por eles na sociedade crow (cf. LOWIE, Robert H. *Primitive religion*, parte I, cap. I). Infelizmente, porém, não procurou pôr em evidência como pretendo neste estudo as fontes sociais (ou os fatores estruturais) de uma situação social tão peculiar.

de indivíduo para indivíduo apesar da eficiência do sistema tribal de educação e de controles sociais, a qual condicionava o aproveitamento das chances abertas pelos sucessos conseguidos na comunicação com o sagrado. Mas elas não operavam por si mesmas. A distinção das personalidades com base nas qualidades pessoais ou nos dotes carismáticos não era nem culturalmente indeterminada nem socialmente elástica. O aspecto positivo da análise das impulsões sociais, que conduziam ao sacrifício humano, reside exatamente em patentear que o carisma atuava como princípio organizatório, e por conseguinte como fonte de diferenciação das personalidades, porque sofria uma elaboração social. As relações com o sagrado, com respeito à esfera da religião tribal aqui examinada, não só se realizavam em condições sociais e, particularmente, como processo de competição social, mas ainda correspondiam a necessidades sociais determinadas e produziam consequências e efeitos sociais regulares.

Ora, os resultados da análise das quatro questões mostram que a elaboração social por que, na sociedade tupinambá, passava o carisma, com referência à modalidade considerada de sua objetivação, era de molde a transformá-lo em uma força social estritamente regulamentada. Quer quanto ao modo de atuação, quer quanto aos efeitos produzidos, o processo de diferenciação social mediante a acumulação de carisma tinha por função perpetuar as condições que mantinham a estabilidade da estrutura social, com o sistema correspondente de posições sociais.[762] Doutro lado, é fácil apontar por que essa função não sofria interferências. As desigualdades inerentes à cotidianização diferenciadora do carisma assumiam uma expressão social porque correspondiam a desigualdades estabelecidas informalmente pela graduação social dos *status* masculinos abrangidos pelas duas últimas categorias de idade.[763] Porém, o fundamento religioso, as justificações fornecidas pela tradição e o caráter acessível ou aberto dessa fonte de prestígio restringiam as fricções ou

---

762 Adiante se verá que o xamanismo seria a provável fonte de introdução e de racionalização de mudanças sociais e culturais na sociedade tupinambá (cf. "Conclusões").

763 Sob esse aspecto, também podem ser consideradas as gradações de *status* devidas do xamanismo.

tensões sociais, entre indivíduos ou entre grupos, à esfera da competição social. Quando esta se transformava em conflito social, a estrutura se bipartia como que por cissiparidade, em condições não identificáveis atualmente, sem que se alterasse a função do referido processo em cada uma das unidades tribais resultantes.

Isso quer dizer que as gradações de *status* contidas nas duas últimas categorias de idade da estrutura social não eram, literalmente, "produtos" do processo de diferenciação social mediante a acumulação de carisma. A ênfase posta na articulação desse processo social com a dinâmica da sociedade tupinambá deve ser entendida como um artifício intelectual visando a descrever, com maior vigor e clareza, como a guerra intervinha na conformação da estrutura social, através das duas "funções derivadas" do sacrifício humano. A cada geração as sociedades reconstroem e recompõem os seus quadros humanos, sem que isso determine sempre que elas se transformem ou que elas evoluam. Na sociedade tupinambá, esse movimento de "fisiologia social" envolvia profundamente a guerra entre os mecanismos de atribuição de *status* e de graduação social. Por isso a guerra constituía uma atividade regular e rotineira, que se impunha inexoravelmente aos indivíduos adultos do sexo masculino, em virtude do fato mesmo de viverem em sociedade. Pois, tendo em vista as condições materiais e morais de existência social dos tupinambá, pelo menos tal como elas vêm descritas nas obras dos cronistas e como foram interpretadas neste trabalho, a guerra representava o preço da vida em sociedade e do que ela poderia significar para aqueles aborígenes.

Quanto ao segundo problema, os dois últimos termos daquela representação sugerem que os elementos de atribuição de *status* se inseriam de duas maneiras na delimitação do *status* masculino. De um lado, através da interferência da situação social dos sujeitos no aproveitamento das oportunidades correlacionadas com o número de sacrifícios praticados; de outro, pela imputação de direitos e de obrigações em função estrita dos mecanismos de atribuição de *status*. A interferência da situação social dos sujeitos se realizava, fundamentalmente, através da "posição" das parentelas no sistema tribal de prestações totais. Graças a ela, como foi demonstrado, podia tanto ocorrer a antecipação do sacrifício da primeira vítima quanto se simplificar a aquisição de uma situação na circulação de vítimas e na de mulheres. O princípio de idade articulava o *status* masculino ao sistema tribal de posições sociais e assegurava a todos os *homens*, virtualmente, idênticas oportunidades de acesso aos direitos conferidos pelos *status* masculinos. A instituição da dominação gerontocrática contribuía, em particular, para imprimir a esse princípio uma influência que tendia a ser, ao mesmo tempo, niveladora e discriminativa, conforme se considerem as relações dos *tujuáe* entre si ou com os indivíduos das gerações mais novas.

A interpretação dessas conexões entre o *status* masculino e a integração da estrutura social põe em relevo quais eram as fontes sociais da conformação comunitária do sistema tribal de relações sociais. Impulsões oriundas do sistema de parentesco, ou, mais especificamente, do princípio de solidariedade entre as parentelas com base na equivalência do prestígio social,[764] e do sistema de categorias de idade, ou, mais especificamente, do princípio de acessibilidade virtual às posições nele contidas, atuavam no sentido de impedir a institucionalização das desigualdades inerentes aos diversos *status* masculinos, inclusive as de xamã. Isso explica por que a assimetria de prestígio e de posição social – e a imputação diferencial implícita de direitos e de obrigações – não recebia uma expressão formal característica. E por que os *status* de principal, por exemplo, eram assumidos informalmente, e os direitos por eles conferidos desfrutados como prerrogativas exercidas entre "iguais".

Os resultados dessa interpretação confirmam a caracterização da estrutura comunitária feita por Freyer, quanto ao aspecto aqui examinado, malgrado sua preferência por um conceito tão inadequado quão o de "autoridade" como forma típica de "individuação social". Pois, de acordo com esse sociólogo, "a lei fundamental da comunidade é que se encontra a mesma propriedade do mundo em todos os que pertencem ao Nós (...). Nem sequer o indivíduo mais proeminente pode quebrar

---

[764] Como se sabe, o princípio de parentesco interferia em distinções calcadas no princípio de idade. Essa interferência, no entanto, não se ligava tipicamente (pelo menos em algum sentido localizável atualmente) aos mecanismos discutidos aqui.

o âmbito comum de formas: sua precedência consiste em que o vive até o limite. Possui em plenitude aquilo que os demais possuem com lacunas representa completamente aquilo que nos demais está representado com deficiência".[765] Em certo sentido, porém, a completam, tornando explícito que os fatores sociais de semelhante configuração da estrutura comunitária são fatores estruturais.

A guerra se incluía, na sociedade tupinambá, entre esses fatores. Seja como critério empregado no sistema tribal de posições sociais, por causa da correlação do "curriculum guerreiro" com a carreira social, seja como fator e condição do princípio de solidariedade entre as parentelas, ela se inseria entre as forças sociais que impediam a institucionalização e a consequente expressão formal das desigualdades inerentes aos *status* masculinos.

Os resultados da discussão dos dois problemas são uniformes. A natureza das duas vinculações descritas fazia com que a guerra se ligasse à estrutura social como um fator conservativo, que se articulava à dinâmica da sociedade tupinambá como e enquanto substrato de mecanismos sociais que produziam a estabilidade da ordem tribal. De modo que as condições sociais, em que se engendrava o tipo de guerra conhecido e praticado pelos tupinambá, encontravam nessa instituição, por recorrência, uma das fontes de preservação do equilíbrio do sistema tribal de relações sociais. Essa conclusão possui grande interesse sociológico, pois contradiz a antiga doutrina segundo a qual, no "estado" de evolução social correspondente a sociedades como a dos tupinambá, a guerra constituiria a causa imediata da atualização do Nós coletivo e um dos fatores da mudança social (a guerra como causa do aparecimento de estruturas sociais mais complexas). O que se comprova empiricamente pelo presente estudo, salvo erro de interpretação, é que a guerra não encontra, em sociedades desse tipo, condições internas favoráveis à sua transformação em fator de mudança social; e, em segundo lugar, que ela contribui para a configuração do Nós coletivo, mas não de modo imediato e por si mesma: é que a guerra se integra, nessas sociedades, aos fatores estruturais da dinâmica social.

---

765 FREYER, Hans, op. cit., p. 280.

Resumo

Nesta parte do presente capítulo, "as condições e os efeitos sociais da participação das atividades guerreiras" foram encarados, exclusivamente, em termos da função socializadora da guerra no plano da estrutura social. Vista desse ângulo, a socialização abrange os ajustamentos sociais que resultam de probabilidades de atuação social asseguradas aos *socii* em função de sua posição relativa na estrutura social. Apesar de lacunosa, a documentação disponível permitiu analisar os aspectos básicos do problema, pois comportou um exame relativamente desenvolvido das conexões da guerra com os mecanismos sociais de determinação de *status* e papéis na sociedade tupinambá. E ofereceu um ponto de referência para discutir empiricamente, naquilo em que elas eram determinadas por esses mecanismos, as conexões da guerra com as formas tribais de liderança e de dominação e com as forças sociais que estabeleciam a unidade da estrutura social e mantinham o padrão correspondente de estabilidade social.

A ligação entre a guerra e os mecanismos tribais de determinação de *status* e papéis se processava através das duas "funções derivadas" do sacrifício humano. Como técnica subordinada a esta instituição, a guerra intervinha na rotinização do carisma de duas maneiras: 1) pelo sacrifício da primeira vítima, por intermédio do qual se promovia a objetivação de carisma, indispensável para o reconhecimento social da maturidade; 2) por sacrifícios sucessivos, por intermédio dos quais se realizava a cotidianização diferenciadora do carisma, condição da apropriação diferencial de prestígio social. Os efeitos sociais e o significado dessas duas conexões do sacrifício humano eram naturalmente diversos, o que se patenteia pelas probabilidades de atuação social conferidas aos sacrificantes. Enquanto o reconhecimento social da maturidade proporcionava aos jovens a admissão aos bandos guerreiros, o casamento e a recepção no círculo social dos adultos, a acumulação diferencial de prestígio concedia oportunidades de que dependiam a libertação da tutela da família da mulher (se fosse o caso), o aumento de número de esposas e o acesso aos *status* de principal. Assim, a guerra se inseria, em virtude de sua vinculação à segunda "função derivada" do sacrifício humano, entre os critérios de peneiramento dos principais. Mas suas conexões com as formas tribais de liderança e de dominação (tradicional) eram mais amplas. Ela também contribuía para delimitar as tarefas e as atribuições dos principais, como e enquanto líderes, e servia como meio e como fundamento do exercício da dominação gerontocrática e da dominação xamanística. Através dos efeitos sociais das duas "funções derivadas", a guerra se incorporava às forças que produziam e que preservavam o equilíbrio da sociedade tupinambá. Pois ela contribuía seja para distribuir e localizar os indivíduos no sistema tribal de posições sociais, seja para integrar as parentelas umas às outras, como estruturas nucleares de uma ordem inclusiva de compromissos e de obrigações morais.

Em suma, os resultados positivos da análise mostram como a guerra e a estrutura social se influenciavam reciprocamente na sociedade tupinambá. De um lado, eles evidenciam que a guerra assumia, por seus fins, por seu ritmo e pelo sentido subjetivo das atividades a que dava origem, um caráter social, alheio às determinações intrínsecas às ações ou aos empreendimentos guerreiros. Ela se submetia à "fisiologia" da estrutura social, da qual recebia a própria essência e realidade. De outro lado, a guerra repercutia na configuração daquela sociedade, pois as fontes mesmas de sua natureza social faziam dela um substrato da estrutura social. Por isso, ela contava entre as condições e os fatores estruturais sobre os quais repousavam a constituição do arcabouço morfológico e a dinâmica de perpetuação da sociedade tupinambá.

1.2.2 A situação social dos cativos

A captura de vítimas, como já foi visto, constituía o móvel material imediato das incursões guerreiras. Em certo sentido, era irrelevante para a consumação da vingança e para a aquisição de "nomes" que os inimigos fossem mortos em combates ou em cerimônias realizadas nos acampamentos de retorno, contanto que a execução assumisse a forma de massacre ritual (esfacelamento do crânio das vítimas). Sempre que possível, porém, os captores conservavam a vida dos prisioneiros e os transportavam consigo. É que o sacrifício ritual era público e possuía, graças a uma de suas conexões sociais pelo menos, o caráter de "banquete da vitória". Criava-se espontaneamente, assim, uma série de circunstâncias que redundavam, com frequência, na conservação das vidas dos cativos durante períodos variáveis de tempo. Doutro lado, razões alheias à instituição do sacrifício contribuíam, muitas vezes, para o adiamento indeterminado dos massacres. O sexo ou a idade podiam agir como um incentivo para a agregação temporária ou definitiva (no caso das mulheres) ao grupo doméstico dos captores. Os cativos eram incorporados às condições de existência social de seus senhores e se viam compelidos, pelas necessidades mesmas de convivência social, a ocupar um *status* na estrutura social da sociedade tribal e a desempenhar os papéis polarizados em torno dele.

Esse processo de tratamento do "inimigo" coloca uma questão capital para a investigação sociológica. A saber, se o *status* atribuído aos cativos correspondia, ou não, a algum tipo de diferenciação da estrutura social. Em muitas sociedades, o ajustamento dos cativos às condições rotineiras de existência social pode efetuar-se sem ocasionar complicações sensíveis na estrutura social. Em outras, ao contrário, o ajustamento se realiza sob a forma de segregação social, sendo os cativos incorporados a segmentos ou camadas sociais heteronômicos. Os tupinambá praticavam uma das modalidades culturais da primeira alternativa. Os seus "prisioneiros de guerra" não eram degradados socialmente nem explorados economicamente. Antes, o sistema tribal de "posições sociais" também tinha vigência para eles, embora a atribuição de *status* por meio dos critérios de sexo e de idade abrigasse algumas discriminações peculiares, quanto às expectativas de comportamento, ao tratamento recíproco e às garantias sociais.

Coloca-se assim uma dificuldade prévia, de ordem terminológica. É que os especialistas não conseguiram, até o presente, definir precisamente o termo "escravidão". Embora a maioria sustente como matéria pacífica que a palavra só se aplica adequadamente a sociedades em que a escravidão se apresenta como fonte de diferenciação social e de exploração econômica sistemática, há autores que defendem o ponto de vista oposto, segundo o qual a caracterização científica dessa instituição não depende, necessariamente, dos dois pré-requisitos. Os cronistas, se pudessem ser aproveitados em tal controvérsia, confirmariam a segunda tendência, pois não tiveram dúvidas em designar as relações dos tupinambá com os cativos de guerra com o vocábulo "escravidão", empregado ao lado de outros, como "escravo, senhor", "leis do cativeiro", "leis dos escravos" etc. Todavia, as preferências terminológicas dos cronistas e dos viajantes em geral não mereceram, a esses respeitos, a aprovação dos especialistas.[766] Daí a necessidade de indicar, ainda que sumariamente, a orientação adotada nesta parte do trabalho.

De acordo com Nieboer, a escravidão se manifesta onde os escravos participam regularmente das atividades econômicas rotineiras. Essa delimitação conceptual do fenômeno implica conceber aquela instituição como um "sistema industrial" sempre que existam, em maior ou menor grau: a exploração sistemática das energias de um número considerável de escravos, a concepção de que o trabalho não se concilia com a honra dos "homens livres", um estado de desenvolvimento econômico compatível com semelhante organização do trabalho (especialmente quanto à prática da agricultura e do comércio) e abundância de terras cultiváveis. Sua definição, portanto, acentua a "relação de propriedade" e o estado do escravo como "coisa", compreendendo a escravidão como "o fato de que um homem é a propriedade ou a possessão de outro, fora dos limites da família propriamente dita".[767] Essa definição, que marcou época nas ciências sociais,[768] exclui naturalmente a possibilidade de considerar o

---

766 Cf. LANDTMAN, Gunnar. *The origin of the inequality of social classes*, p. 227. Rivers mostra, ao contrário, que um exame mais acurado das instituições descritas por esses escritores, como a escravidão, no caso justifica as suas preferências terminológicas (cf. RIVERS, William Halse. *Psychology and ethnology*, p. 297).

767 NIEBOER, H. J. *Slavery as an industrial system*, p. 29 (Haia, 1900), apud WESTERMARCK, Edward. *L'Origine et le developpement des idées morales*, vol. I, p. 666 (nota de rodapé). Na apresentação da teoria de Nieboer utilizei-me também dos seguintes trabalhos: SIEGEL, Bernard J. *Some methodological considerations for a comparative study of slavery*, pp. 357-363 (em que também é discutida a "teoria funcionalista" de R. Thurnwald); LANDTMAN, Gunnar, op. cit., cap. XIII, especialmente onde são apresentadas as demais teorias sociológicas e etnológicas sobre a escravidão.

768 Westermarck, por exemplo, define a escravidão com as mesmas palavras de Nieboer: "A escravidão é uma instituição industrial comportando um labor obrigatório que ultrapassa os limites da atividade familial. O senhor tem o direito de utilizar o poder de trabalho de seu escravo sem o seu consentimento prévio" (op. cit., vol. I, p.

tipo de apropriação do homem pelo homem praticado pelos tupinambá como "escravidão verdadeira". Aliás, já escrevera Rousseau, "*on n'a le droit de tuer l'ennemi que quand on ne peut le faire esclave*".[769]

Contudo, essa maneira de delimitar conceptualmente o fenômeno não compreenderia todas as manifestações conhecidas da escravidão. Para usar expressões de Marx, o conceito exposto só é adequado a sociedades em que a escravidão constitui uma "categoria econômica" e, por conseguinte, uma "relação de propriedade". Ora, é preciso não esquecer que, como "categoria econômica", a escravidão contém uma fonte de determinação mais geral. O próprio Marx poderia nos esclarecer a respeito, pois concebendo a escravidão dessa maneira, pretendia pôr em relevo duas coisas, conexas mas distinguíveis. Primeiro, que a escravidão deve ser entendida, fundamentalmente, como *relação social*; segundo, que a escravidão pode ser representada como categoria econômica quando, interpretada como *relação social* compreendida historicamente (por exemplo: a escravidão no

---

666). A influência de Nieboer pode ser analisada em vários autores que trataram do assunto posteriormente, embora pontos de vista semelhantes ao seu também se tenham desenvolvido independentemente.

São numerosas as obras em que se analisam as relações da escravidão como "instituição industrial" com a estratificação social. Cf. especialmente: BAGEHOT, Walter. *Physics and politics*, pp. 75-78; SUMNER, William Graham. *Folkways*, cap. VI, esp. pp. 261/262; SUMNER, William Graham; KELLER, Albert Galloway. *The science of society*, vol. I, cap. X; R. Thurnwald, *Economics in primitve communities*, parte III, cap. XIV; MURDOCK, George P. *Social structure*, p. 87; LANDTMAN, Gunnar, op. cit., caps. XIII-XV; WEBER, Max. *História economica general*, pp. 74/75, e *Economia y sociedad*, vol. IV, p. 56; B. J. Siegl, op. cit. O termo "household slavery", empregado pelo último autor para o estudo dos greek, poderia ser aplicado convenientemente aos tupinambá. Aliás, os greek fornecem um ponto de referência comparativo excelente para a compreensão das relações entre a guerra, a escravidão e o sistema de posições sociais; apesar das diferenças existentes entre as duas sociedades, os resultados da análise desenvolvida nesta parte do trabalho são coerentes com as conclusões de Siegl, e um confronto de ambos os estudos seria algo sociologicamente frutífero.

[769] ROUSSEAU, Jean-Jacques. *Du Contrat social*, p. 52; o grifo é meu. Esse ponto de vista foi incorporado por Augusto Comte à sua teoria da escravidão, na qual ela é interpretada como uma "instituição normal", nascida da descoberta da utilidade do trabalho dos escravos e da necessidade social de sua exploração sistemática pelos senhores, no estado politeísta da humanidade (cf. *Cours de philosophie positive*, 53ª lição, vol. V, pp. 99-103, especialmente).

mundo antigo, na sociedade feudal ou na época de expansão colonial da Europa moderna), se evidencia plenamente sua importância como instrumento das "forças produtivas materiais" e como fator causal nas "relações de produção".[770] Os resultados das investigações etnológicas revelam que a "relação de propriedade", através da qual se poderiam particularizar as diversas manifestações da escravidão como e enquanto categorias econômicas, constitui com frequência um caráter dependente e extremamente variável nas "sociedades primitivas".

> Pois, um *survey* da escravidão, considerada como propriedade, nestas culturas primitivas, indica que, seja qual for a maneira de aquisição de escravos ou o trabalho deles exigido, o seu *status* como seres humanos invade em grau considerável o seu *status* como propriedade. Em consequência, algumas limitações ao uso livre e ao direito de disposição irrestrita estavam sempre presentes, sendo que em várias comunidades primitivas isso tem contribuído eventualmente para eliminar os escravos da categoria de propriedade ou, pelo menos, para caracterizá-los separadamente de outras formas de propriedade.[771]

No entanto, a escravidão não perde, nessas mesmas sociedades, sua realidade como *relação social*; outros focos de institucionalização do comportamento humano, além da economia, desempenham nelas a função de coordenar e de integrar socialmente as atitudes, as ações e

---

770 Cf. esp. *El capital*, vol. II, p. 38, pp. 251/252, pp. 259-270 (carta a P. V. Annenkov, inserida nesse volume pelos editores); vol. III, p. 37; vol. 5, p. 349 e p. 394; *Miséria da filosofia*, p. 104, pp. 112/113, pp. 143-145; *Crítica da economia política*, pp. 213-217. De acordo com a segunda implicação é que assevera: "a escravidão é uma categoria econômica da maior importância" e "quando se rouba o escravo, rouba-se diretamente o instrumento de produção". Encontra-se nas seguintes obras uma exposição global do pensamento de Marx sobre a escravidão e sua função econômica: VENABLE, V. *Human nature: The marxian view*, pp. 99-101; SCHLESINGER, R. *Marx, his time and ours*, pp. 208-211.

771 HERSKOVITS, Melville J. *The economic life of primitive peoples*, p. 346. Encontra-se em Lowie, de outro lado, uma crítica às correlações da escravidão com determinados *estágios* do desenvolvimento econômico, no que se refere às "sociedades primitivas" (cf. LOWIE, Robert H. *Primitive society*, pp. 331-341).

as relações dos senhores com os escravos. Aqueles continuam a dispor compulsoriamente das pessoas e da vida destes, a acumulá-los e a "explorá-los" em benefício de sua honra, de sua segurança e de seu poder, ou dos grupos a que pertencerem. Fins cerimoniais, como os funerais de um chefe, o "banquete da vitória" e a ostentação pública da magnificência dos senhores na destruição ritual de "riquezas", ou fins estritamente religiosos, como os sacrifícios às divindades e aos espíritos dos mortos, transformam os escravos em "cabeças" ou em "vítimas" e criam outra necessidade imediata de utilização coercitiva do homem pelo homem.[772]

Os tupinambá conheceram e praticaram, portanto, uma das modalidades culturais da escravidão. Como instituição social, ela encerrava os seguintes caracteres básicos entre aqueles aborígenes: a) os indivíduos escravizados pertenciam a unidades tribais estranhas e inimigas (escravidão extratribal); b) a apropriação se processava por meio da guerra; c) a captura se justificava ideologicamente por motivos religiosos: necessidade de consumar retaliações contra os inimigos ou de satisfazer os desejos antropofágicos dos espíritos; d) os escravos eram adotados socialmente e incorporados às parentelas dos senhores; e) eram senhores tanto os captores reais quanto os vicários, e ambos retinham direitos sobre as pessoas dos escravos: mas estes viviam sob controle grupal e representavam uma posse virtual da coletividade; f) a conservação da vida dos escravos recebia uma justificação e tinha um fim religioso, o sacrifício, e não visava à exploração deliberada da capacidade de trabalho dos cativos; g) não havia nenhuma transação, expressa ou simbólica, entre os captores e os cativos, que envolvesse a "vida" dos segundos, como por exemplo a perda da liberdade em troca da servidão: as expectativas ligadas ao sacrifício penetravam da mesma maneira tanto o código de honra dos senhores quanto o dos escravos (pelo menos no que concerne

---

772 Cf. especialmente: HOBHOUSE, Leonard Trelawney; WHEELER, Gerald C.; GINSBERG, Morris. *The material culture and social institutions of the simpler peoples*, pp. 233/234; RIVERS, William Halse, loc. cit.; STERN, E. J. "Slavery: primitive". *Encyclopaedia of social sciences*, vol. XIV, pp. 73/74. Quanto às conexões da escravidão, assim entendida, com a estrutura social, cf. também SAPIR, Edward. *The social organization of the west coast tribes*, in *Selected writings* etc., pp. 472 ss.; LOWIE, Robert H. loc. cit.

às tribos do grupo tupi); h) a escravidão (e a consequente utilização da pessoa dos escravos nos rituais de sacrifício e de antropofagia) não acarretava nenhuma degradação social propriamente dita, embora ela redundasse em perda de prestígio por causa do significado mágico-religioso da derrota; i) em princípio, todos os escravos estavam sujeitos ao massacre ritual, independentemente do sexo e da idade, e esse era o destino inelutável de quase todos; j) as deliberações sobre a época de consumação do sacrifício cabiam estritamente aos senhores: tomavam-nas publicamente, nas reuniões dos conselhos de chefes, tendo em vista os fins rituais que justificassem o massacre das vítimas.

Como se vê, nenhum dos dez caracteres enumerados lembra, por sua natureza, necessidades econômicas imediatas. É que o sistema econômico dos tupinambá não oferecia condições favoráveis ao desenvolvimento da escravidão como uma "instituição industrial". A divisão sexual de trabalho fazia com que as tarefas consideradas indignas dos homens coubessem exclusivamente às mulheres; e as tarefas encaradas como dignas deles fossem apreciadas como altamente honrosas ou nobilitantes. A troca, na forma através da qual era realizada por aqueles aborígenes – ocasional e silenciosa –, não comportava o intercâmbio em escala intertribal dos prisioneiros de guerra; a circulação de vítimas se confinava a parentelas da mesma tribo. O tráfico foi uma inovação dos europeus e os tupinambá só o praticaram nas relações com os brancos. Doutro lado, nada aconselharia a presunção de que a prestação de serviços pelos escravos se condicionasse à escassez de alimentos, como acontece em algumas "sociedades primitivas". Ao contrário, tudo indica que ela era uma consequência natural da atribuição de um *status* aos escravos, em função dos princípios de sexo e de idade. As únicas conexões econômicas da escravidão, inegáveis por sua vez, são de ordem mediata. Uma delas consistia na incorporação das escravas à família polígina dos senhores; a outra, na circulação de vítimas.

O objeto do presente capítulo não permite discutir aqui senão alguns aspectos da escravidão na sociedade tupinambá, aqueles que se ligavam de modo direto à socialização e seus produtos sociais. Já foram analisados acima tanto os rituais de aprisionamento e de integração dos prisioneiros quanto algumas das relações mais importantes dos senhores com os escravos em situações sociais criadas pelo sacrifício ritual; como será preciso voltar ao último tema, a descrição e a interpretação dessas relações se completarão naturalmente adiante.[773] O leitor que se interessar pelo assunto encontrará em um trabalho prévio, ainda que na simples forma de condensação empírica, uma exposição global sobre a escravidão na sociedade tupinambá.[774] Dado o ângulo da análise, dois são os problemas fundamentais a serem examinados: a) função socializadora das relações do senhor e do escravo; b) conexões entre a escravidão e a integração da estrutura social.

No estudo das relações do senhor e do escravo as ciências sociais não passaram senão recentemente além da concepção aristotélica, segundo a qual o senhor é o princípio e o fim da existência do escravo. "Aquele que, por uma lei da natureza, não se pertence a si próprio, mas pertence a outro, apesar de ser homem, esse é naturalmente escravo"; como escravo, ele é *propriedade* do senhor, mas propriedade no sentido lato: é tanto um "instrumento de uso", de que ele se serve como dos "animais domesticados", quanto atributo de sua pessoa e contingência de sua vontade. Pois, como "um ser incompleto", encontraria no senhor "a origem da virtude que lhe é própria".[775] Nieboer e Westermarck apenas empobreceram, cada um a seu modo, o espírito senhorial do paradigma a que se ativeram; e os que se rebelaram, como Landtman, não fizeram outra coisa senão reduzi-lo a um de seus elementos extremos e irredutíveis: "a ideia de posse tampouco parece exprimir a concepção central da escravidão, que repousa na natureza compulsória

---

[773] Cf. acima, parte I, "O ritual guerreiro", "Os ideais guerreiros na formação da personalidade masculina", "Condições e efeitos sociais da participação das atividades guerreiras"; e cf. adiante, "Os fundamentos guerreiros do comportamento coletivo", passim.

[774] FERNANDES, Florestan. *A análise funcionalista da guerra: possibilidades de aplicação à sociedade tupinambá*, pp. 37-87. Cf. também MÉTRAUX, Alfred. *La Religion des tupinambá*, pp. 124-157.

[775] ARISTÓTELES. *Politique*, livro I, cap. II, §§ 7, 14, 23; cap. IV, §§ 9 e 11. Seria conveniente lembrar que o conceito de escravo "por natureza" ou "por uma lei da natureza" não significa que a escravidão seja entendida como uma "lei natural", no sentido evolucionista. Graças ao fato de não terem atentado para as diferenças de acepção implícitas no emprego do vocábulo *natureza* e seus derivados, é que alguns autores modernos (Bagehot, sobretudo: cf. op. cit., pp. 75/76) foram estimulados a identificar-se, a esse respeito, com o pensamento do filósofo grego.

da relação do escravo com o senhor".[776] É estranho que a influência de Aristóteles tenha levado a tais consequências. De um lado, porque a filosofia moderna alcançou uma consciência muito mais completa e uma representação teórica muito mais clara da natureza e do fundamento das relações do senhor e do escravo.[777] De outro, porque as ciências sociais nasceram sob o influxo da filosofia moderna, herdeira, neste ponto, de uma concepção que conferira ao escravo a realidade moral da pessoa humana.[778] Os *escravos* caíram sob seu campo de investigação da mesma maneira que os *senhores* e as relações deles entre si como relações sociais, isto é, como formas de convivência humana.

É dentro desta orientação, naturalmente, que serão interpretadas aqui as relações do senhor e do escravo na sociedade tupinambá. Os liames que prendiam de modo dinâmico a pessoa do escravo à do senhor e, vice-versa, a pessoa do senhor à do escravo eram de natureza religiosa. Ambos existiam um para o outro na medida em que seus destinos se cruzavam, realizando-se mutuamente, através do sacrifício humano. A documentação disponível, apesar de suas limitações, permite considerar as duas expressões dessa vinculação social: 1) em seu aspecto sociopsíquico, em termos do significado subjetivo das relações seja para os senhores seja para os escravos, e da função delas no "desenvolvimento interno" de suas personalidades; 2) em seu aspecto de ajustamento recíproco nas condições exteriores de existência social, em termos das probabilidades de atuação social que lhes eram conferidas em virtude do estado de sacrificantes ou de vítimas virtuais uns dos outros.

A análise das duas conexões sociais do sacrifício humano na rotinização de carisma mostra qual era o significado subjetivo dessas relações para o senhor e que função elas desempenhavam no desenvolvimento de sua personalidade. De fato, a vítima constituía a condição

---

[776] LANDTMAN, Gunnar, op. cit., p. 229.

[777] Cf. nota *j*, no apêndice, pp. 570/571.

[778] Sobre a evolução da noção de pessoa, inclusive com referência à situação do escravo, cf. MAUSS, Marcel. "Une catégorie de l'esprit humain: la notion de personne. Celle de 'moi'". *Sociologie et antropologie*, pp. 331-362.

necessária do sacrifício humano; sem ela, seria impossível estabelecer a espécie de comunicação com o sagrado que garantia aos tupinambá a aquisição de "nomes" e a correspondente rotinização de carisma. Isso quer dizer que todo o processo social em que repousavam a agregação ao círculo social dos adultos e a objetivação diferenciadora de prestígio social estava, em certo sentido, subordinado às relações do senhor e do escravo (ou, em outras palavras, do "matador" com a "vítima"). Em suma, a elevação à condição humana, para todos os indivíduos do sexo masculino, e a ascensão ao *status* de principal, para uma parte deles, se realizavam mediante proezas guerreiras e provas mágico-religiosas que envolviam a efetivação daquelas relações.

O escravo era, por sua vez, uma espécie de "ente decaído", desamparado das divindades e dos espíritos protetores. A derrota afastava-o dos seus companheiros, que o degradariam e o puniriam se tentasse fugir e se pretendesse viver entre eles, apesar disso.[779] Eis o que escreve Abbeville a respeito: "Embora lhes seja possível fugir, à vista da liberdade de que gozam, nunca o fazem apesar de saberem que serão mortos e comidos dentro em pouco. E isso porque, se um prisioneiro fugisse, seria tido em sua terra por *cuave eim*, isto é, poltrão, covarde, e morto pelos seus entre mil censuras por não ter sofrido a tortura e a morte junto dos inimigos, como se os de sua nação não fossem suficientemente poderosos e valentes para vingá-lo".[780] Portanto, o escravo dependia do senhor para realizar o seu destino. Através do sacrifício, ele se reintegrava à comunidade dos parentes e amigos, a que pertencera antes do aprisionamento e dos rituais de integração à coletividade dos captores. Removendo as interdições acarretadas pela derrota, as operações do matador lhe concediam: a) o direito a

[779] Provavelmente, em virtude do medo de que a presença do companheiro aprisionado pudesse acarretar desgraças inevitáveis. Sobre este tema, cf. esp. LÉVY-BRUHL, L. *La Mentalité primitive*, cap. IX, item V (quanto à hipótese aqui formulada, pp. 329/330) A. Métraux interpreta de outro modo o mesmo fenômeno, pois supõe que a causa da execução estaria no sentimento de que o guerreiro não pertenceria mais à sua tribo (cf. op. cit., pp. 130/131); essa não era, no entanto, uma "causa imediata". Mas sim um dos efeitos da derrota.

[780] ABBEVILLE, Claude d', pp. 230/231; sobre o significado do termo tupi, cf. acima, parte II, nota 25. As indicações de Abbeville são confirmadas por Gandavo (*Tratado*,

ser vingado pelos companheiros; b) a consequente garantia de perpetuação de seu nome na memória dos companheiros e dos seus descendentes.

Por isso, as expectativas de consumação do massacre ritual se insinuavam com o mesmo vigor tanto nas atitudes e ações do senhor quanto nas do escravo. Thevet informa que aquele que deixasse de vingar-se de um inimigo seria considerado um poltrão e fraco do coração;[781] parecia-lhes "uma vergonha perdoar os inimigos, aprisionados em combate".[782] Quanto aos escravos, segundo a mesma fonte, aguardavam "inteiramente resignados o dia da morte, que têm em muita glória e honra".[783] Essa informação é confirmada por várias fontes. Anchieta e Léry, por exemplo, dão as seguintes indicações: "Os prisioneiros no entanto julgam ser assim tratados excelentemente e com distinção, e pedem uma morte tão (como eles imaginam) gloriosa; porquanto, dizem que só os medrosos e fracos de ânimo é que morrem e vão, sepultados, suportar o peso da terra, que eles creem ser gravíssimo"; "Embora os selvagens temam a morte natural, os prisioneiros julgam ser felizes por morrerem assim publicamente no meio de seus inimigos, não revelando nunca o mínimo pesar".[784] E diversos documentos assinalam que aqueles aborígenes não reputavam o tráfico e a servidão "um costume digno" e que preferiam "deixar o nome" através do sacrifício a serem "salvos" por intermédio dos brancos.[785]

---

pp. 52/53): "porque houve algum que estava já no terreno atado para padecer e davam-lhe a vida e não quis senão que o matassem, dizendo que seus parentes o não teriam por valente, e que todos correriam com ele; e daqui vem não estimarem a morte; e quando chega aquela hora não na terem em conta nem mostrarem nenhuma tristeza naquele passo".

781 THEVET, Frei André. *Cosmographie*, fl. 909.

782 THEVET, Frei André. *Singularidades*, p. 246; Gandavo confirma-o, escrevendo laconicamente: "não dão vida a nenhum cativo" (*Tratado*, p. 50).

783 THEVET, Frei André. *Singularidades*, p. 249; *Cosmographie*, fl. 944v. e ms. in., fls. 58 e, especialmente, 59v. N.E. A edição não conseguiu localizar a última parte da nota.

784 Respectivamente: ANCHIETA, Joseph de. *Cartas*, p. 45; LÉRY, Jean de, p. 179.

785 Cf. THEVET, Frei André, loc. cit.; CARDIM, Pe. Fernão, p. 160 ("e alguns andam tão contentes com haverem de ser comidos, que por nenhuma via consentirão ser resgatados para servir, porque dizem que é triste coisa morrer, e ser fedorento e comido de

A condição social de vítima é que delimitava o *status* dos escravos como pessoa humana. A perda de prestígio produzida pela derrota, graças em grande parte ao significado mágico-religioso que esta possuía, encontrava uma compensação natural (dentro da comunidade dos captores, é óbvio) na própria situação dos escravos como seres consagrados ao sacrifício ritual. Pelo que se pode inferir tomando por base certas cerimônias incorporadas aos rituais de integração dos prisioneiros,[786] a ligação das pessoas dos cativos com as entidades às quais os massacres seriam votados se processava como requisito da atribuição de *status* na comunidade dos captores. Por isso, a qualidade de vítima, definida por meio de relações determinadas com o sagrado, constituía a fonte das garantias sociais de igualdade formal entre captores e cativos. Ela não só servia para justificar as expectativas de comportamento dos escravos, mas ainda dava um fundamento "lógico" ao tratamento que lhes era dispensado pelos senhores.

Os escravos desfrutavam, assim, das mesmas probabilidades de atuação social que os senhores, em função, evidentemente, de seu sexo e idade. Incorporados ao grupo doméstico do senhor,[787] dispunham da mesma liberdade que os demais para escolher as atividades rotineiras compatíveis com seu sexo e idade, e gozavam dos mesmos direitos, com ligeiras variações, quanto à participação dos rituais, à alimentação e à formação de um lar. Conforme escreve Evreux, o prisioneiro de guerra, como escravo, tinha "liberdade para andar por onde quiser, só fazendo o que for de sua vontade".[788] Abbeville e Cardim confirmam

---

bichos"); Pe. Navarro, *Cartas avulsas*, p. 71 (refere-se a uma vítima que pediu "que não o vendessem porque cumpria à sua honra passar por tal morte como valente capitão"); Souza Ferreira trata também de dois casos concretos, em que as vítimas rejeitaram as ofertas dos brancos (pp. 129/130). Uma delas, uma velha, ficou desesperada com os resultados da intervenção e chorou muito, pois queria "deixar o nome" no sacrifício.

786 Cf. acima, pp. 106/107; e, especialmente, MÉTRAUX, Alfred, *La Religion des tupinambá*, pp. 129-131; idem, *Les Peaux-rouges de l'Amerique du Sud*, p. 51.

787 "Os escravos moram também com seus senhores, dentro da mesma cabana, como filhos da mesma família" (ABBEVILLE, Claude d', p. 224).

788 EVREUX, Pe. Ives d', p. 100. Também Thevet se refere a esse fato, indicando que o escravo vivia no grupo local conversando livremente com seus moradores (ms. in., fl. 54).

o seu depoimento. O primeiro assevera sinteticamente: "fazem, por conseguinte, o que bem entendem";[789] enquanto o segundo confessa, admirado: "e assim vai engordando, sem por isso perder o sono, nem o rir e folgar como os outros".[790]

A concessão de companheira, se o escravo fosse do sexo masculino e pudesse ser reconhecido socialmente como adulto, ou a transformação em parceira sexual, se o escravo fosse do sexo feminino e tivesse idade para isso, ocorria como algo natural e necessário. Além das imposições fisiológícas e ecológicas, em sua expressão social da dependência dos sexos, também concorriam para isso outras razões. O escravo, como se verá adiante, frequentemente exercia os papéis de substituto de um parente do senhor morto pelos inimigos; e a escrava poderia reunir condições tais que o senhor preferia conservá-la como esposa, adiando de modo indefinido a sua execução. A concessão da companheira se operava depois dos rituais de integração dos escravos à comunidade dos captores;[791] segundo Thevet, "cinco dias após a captura".[792] A escolha da companheira cabia estritamente ao senhor que a concedia ao cativo[793] e estava subordinada a certas regras. Se o parente cuja morte deveria ser vingada fosse casado, o escravo recebia como companheira uma das viúvas; se fosse um menino ou um *rapaz* (ou, provavelmente, uma mulher), o senhor concedia ao cativo uma esposa de seu grupo de "filhas" e de "irmãs".[794] No caso de não dispor de mulheres para esse fim, então devia recorrer a seus parentes e amigos, que o atenderiam prontamente, em virtude de considerarem muito honrosa essa espécie de ligação com os inimigos.[795] A penetração dos cronistas na observação

---

789 ABBEVILLE, Claude d', p. 224. Adiante, escreve no mesmo sentido: "preferem morrer nas mãos dos inimigos, e ser comidos, a fugir, o que lhes seria fácil em virtude de sua liberdade" (p. 231).

790 CARDIM, Pe. Fernão, p. 160.

791 Cf. STADEN, Hans, p. 179; Thevet, ms. in., fls. 54 e, especialmente, 59.

792 THEVET, Frei André. *Singularidades*, p. 238.

793 EVREUX, Pe. Ives d', p. 105.

794 THEVET, Frei André. *Cosmographie*, fl. 944 e ms. in., 59v.

795 THEVET, Frei André. *Cosmographie*, fl. 944 e ms. in., 59v.

dessas relações dos senhores com os escravos é muito variável. Alguns limitaram-se a registrar a ocorrência do fenômeno.[796] Outros perceberam a existência de laços de parentesco entre a mulher escolhida para companheira do prisioneiro e o senhor que a concedia a ele: "dão-lhes por mulheres suas filhas";[797] "não hesitando os vencedores em oferecer a própria filha ou irmã em casamento";[798] "dão-lhes por mulheres suas filhas e irmãs, as quais os tratam como maridos";[799] "e de ordinário casa-se com a filha ou irmã do seu senhor, e assim vive até o dia em que deve ser morto e comido".[800] Apenas Thevet conseguiu descobrir os dois aspectos da instituição[801] e a função social que ela desempenhava, quando se tratava de vingar a morte de um "homem casado". Quase todos verificaram, no entanto, que a companheira deveria servir como parceira sexual do escravo, cuidar de sua pessoa e dispensar-lhe os demais serviços que as esposas tupinambá deviam a seus maridos.[802] Na

---

796 STADEN, Hans, p. 179; Schmidl, ed. Wernicke, pp. 169/170 (ou, nos excertos publicados em português por Kloster e Sommer, p. 93); Ramires, p. 19. A essa categoria pertencem também as afirmacões de Gandavo e de Gabriel Soares, segundo as quais a companheira seria "a moça mais formosa e honrada da aldeia" (cf. GANDAVO, Pero de Magalhães. *História*, p. 132, e *Tratado*, p. 51; GABRIEL SOARES, p. 396).

797 NOBREGA, Pe. Manuel da. *Cartas do Brasil*, p. 90 e p. 100.

798 LÉRY, Jean de, p. 176.

799 ABBEVILLE, Claude d', p. 224 (cf. também adiante, p. 273).

800 EVREUX, Pe. Ives d', p. 100 (cf. também adiante, p. 105).

801 Embora nas *Singularidades* só se refira ao segundo aspecto (cf. p. 238).

802 Cf. ABBEVILLE, Claude d', p. 231; CARDIM, Pe. Fernão, p. 160; GANDAVO, Pero de Magalhães. *História*, p. 132, e *Tratado*, p. 51; GABRIEL SOARES, p. 396; NOBREGA, Pe. Manuel da. *Cartas do Brasil*, loc. cit.; STADEN, Hans, p. 179; THEVET, Frei André. *Singularidades*, p. 238; THEVET, Frei André. *Cosmographie*, fl. 944 e ms. in., fl. 59v.; Cardim, Gandavo, Gabriel Soares e Nóbrega asseveram que as companheiras também deviam fiscalizar as ações dos escravos, para impedir sua fuga (cf. Cardim, pp. 160/161; GANDAVO, Pero de Magalhães. *História,* p. 132 e *Tratado*, p. 52; GABRIEL SOARES, loc. cit.; NOBREGA, Pe. Manuel da. loc. cit.). Pelo que foi visto acima, a fuga não era algo que os prisioneiros de guerra aborígenes acalentassem. Nas relações com os tupinambá foram os brancos que lançaram mão desse recurso para não serem executados e ingeridos ritualmente. É provável que a substituição do sacrifício pelo tráfico, provocada pelos europeus, tenha criado condições que compeliram os nativos a aceitarem a inovação. Gandavo indica que

época do sacrifício, eram realizados os rituais de separação do escravo da comunidade dos captores; então a companheira se despedia cerimonialmente do seu marido transitório. "Ao quinto dia pela manhã, ali às sete horas pouco mais ou menos, a companheira o deixa, e se vai para casa muito saudosa e dizendo por despedida algumas lástimas pelos menos fingidas".[803] Após o massacre, ela ainda se dedicava ao pranteamento do morto. "Imediatamente depois de morto o prisioneiro, a mulher (já disse que a concedem a alguns) coloca-se junto do cadáver e levanta curto pranto".[804] A seguir, participava, com os companheiros de tribo, de repasto coletivo.

Quanto às escravas, sabe-se que os tupinambá não praticavam com elas, ao contrário do que faziam com os escravos, a oferta ritual de parceiros sexuais. Isso levou cronistas atilados, como Thevet e Léry, a suporem que não lhes era concedido nenhum marido.[805] Contudo, quando elas agradavam aos senhores ou ainda quando estes tinham necessidade delas, quer para os serviços domésticos, quer para presentear algum parente ou amigo, se viam transformadas em esposas polígenas dos captores. "Os selvagens *tupinambás* tomam ordinariamente para mulher as raparigas cativas", escreve Evreux;[806] seu depoimento é confirmado por Gandavo, nos seguintes termos: "se o principal, ou outro qualquer da aldeia acertar de casar com alguma escrava sua contrária, como muitas vezes acontece, pelo mesmo caso fica libertada, e assentam em não

---

os portugueses se salvavam frequentemente por meio de suas companheiras nativas, cuja afeição estimulavam para explorar com esse intuito: "e muitos índios que do mesmo modo se salvaram, ainda que são tão brutos que não querem fugir depois de os terem presos" (*Tratado*, p. 52). A respeito da liberdade do cativo de guerra e das possibilidades de fuga e suas consequências, cf. meu trabalho *A análise funcionalista da guerra: possibilidades de aplicação à sociedade tupinambá*, pp. 57-58, pp. 67-70, pp. 79-81.

803 CARDIM, Pe. Fernão, p. 165; cf. também Thevet, ms. in., fl. 57v., onde também descreve o pranteamento ritual das companheiras da vítima.

804 LÉRY, Jean de, pp. 179/180; Thevet fornece a mesma indicação, cf. *Cosmographie*, fl.945.

805 THEVET, Frei André. *Singularidades*, p. 240 e *Cosmographie*, fl. 945; LÉRY, Jean de, p. 176.

806 EVREUX, Pe. Ives d', p. 105 (cf. também p. 106). Thevet esclarece que eram destinadas ao serviço das mulheres (cf. *Cosmographie*, fl. 945v.).

pretenderem vingança dela, por comprazerem àquele que a tomou por mulher".[807] Anchieta, doutro lado, observou que davam o tratamento de "esposa" a algumas escravas e fornece exemplos de sua incorporação ao lar polígino do senhor. "*Temirecô* chamam as contrárias que tomam na guerra com as quais se amancebam, e ainda que sejam cristãs, como eram muitas escravas dos portugueses, que tomavam os tamoios em assaltos, e as mesmas mestiças filhas dos portugueses, as quais tinham, por mulheres como as suas próprias de sua nação".[808] Se por acaso não se tornassem parceiras sexuais de alguém, podiam ter relações sexuais com determinados personagens ou exigir dos senhores que as aceitassem como companheiras. "As raparigas escravas, que não se casam, dispõem de si como querem, se por ventura seus senhores não lhes probem relações com certos e determinados indivíduos, porque então em caso contrário sofrem muito; mas quando seus senhores lhes impõem completa abstinência, elas lhes dizem bem claramente, que então as tomem por mulheres visto não querer que alguém as amem".[809] Aceitas como companheiras dos senhores, se obrigavam a completa fidelidade conjugal: as transgressões eram punidas com a morte.[810] O massacre ritual da companheira-escrava podia ser determinado a qualquer momento por seu senhor; se ela findasse de morte natural, praticavam do mesmo modo o esfacelamento do crânio.[811]

---

807 GANDAVO, Pero de Magalhães. *História*, p. 135; cf. também BRANDAO, Ambrosio Fernandes, pp. 290/291.

808 ANCHIETA, Joseph de. *Cartas*, p. 450, sobre os exemplos que fornece, em número de quatro, cf. pp. 448/449.

809 EVREUX, Pe. Ives d', p. 106.

810 Cf. ANCHIETA, Joseph de. *Cartas*, p. 449, em que trata de dois casos concretos: os senhores mataram as companheiras escravas "ou por elas andarem com outros, ou ao menos pelo suporem"; ABBEVILLE, Claude d', cap. XXX, em que descreve o que aconteceu por causa das complicações criadas pela morte da companheira-escrava de *Japí-Açu*, consumada por sua ordem, como punição à infidelidade dela.

811 "Mas tanto que morre de sua morte natural, por cumprirem as leis de sua crueldade, havendo que já nisto não ofendem ao marido costumam quebrar-lhe a cabeça, ainda que isto raras vezes acontece, porque se têm filhos não deixam chegar ninguém a ela, e estão guardando o seu corpo até que o deem à sepultura" (GANDAVO, Pero de Magalhães. *História*, p. 136). "As mulheres escravas são empregadas no serviço da roça e nos trabalhos domésticos, tal qual as outras mulheres, à espera, como os

A conservação da vida do escravo variava, portanto, de acordo com seu sexo e idade. Sendo uma mulher, poderia ser mantida com vida até que findasse de morte natural, sendo um jovem, sua vida poderia ser preservada durante muito tempo. Segundo Gabriel Soares, "muitas vezes deixam os *tupinambás* de matar alguns contrários que cativaram por ser moços, e se quererem servir deles, aos quais criam e fazem tão bom tratamento que andam de maneira que podem fugir, o que eles não fazem por estarem à sua vontade".[812] As razões desse comportamento permanecem desconhecidas. Sabe-se, porém, que ele não excluía o sacrifício futuro da vítima: Evreux relata o caso de um rapaz que fora aprisionado pelos tupinambá e conservado com vida após a execução de sua mãe. Tanto ele quanto os seus senhores acalentavam o desejo de realizar o massacre ritual.[813] No que concerne aos homens adultos, parece que a delimitação da época do sacrifício, da qual dependia a duração de sua convivência com os captores, subordinava-se a diversos fatores. Se o cativo fosse ferido gravemente em combate, matavam-no em um dos acampamentos de retorno ou no próprio campo de luta, embora os cerimoniais de esfacelamento do crânio, de ingestão de carne da vítima e de renomação se realizassem depois, no grupo local a que pertenciam os captores.[814] Quando o escravo estava em condições de restabelecer-se dos ferimentos recebidos, era levado com vida para o grupo local em que morava o seu senhor, e parece que durava tanto tempo quanto o necessário para a preparação material dos cerimoniais. Staden assevera que "os índios resolveram preparar-se e matar-me justo no dia em que tivessem reunido todas as coisas para a festa[815] – cordas, vasilhames de barro, cauim etc. Mesmo que a "morte" da vítima ocorresse antes dos cerimoniais, seu corpo era conservado até que

---

homens escravos, que as matem e as comam como recompensa quando se apresente a oportunidade" (ABBEVILLE, Claude d', p. 225).

812 GABRIEL SOARES, p. 397.

813 EVREUX, Pe. Ives d', pp. 108/109. Cf. MÉTRAUX, Alfred, "Nenhum escravo poderia escapar ao sacrifício ritual, a que se destinava" (*La Religion des tupinambá*, p. 135).

814 Cf. STADEN, Hans, p. 178. Veja-se também, GANDAVO, Pero de Magalhães. *Tratado*, p. 51.

815 STADEN, Hans, p. 96; cf. também p. 102.

acumulassem quantidade suficiente de cauim: "A carne do outro porém, do Jerônimo, foi pendurada na cabana em que eu estava, numa cesta sobre o fumeiro, durante três semanas talvez, até que ficou seca como um pau. Que ela assim ficasse pendurada, esquecida sobre o fogo, durante tanto tempo, tinha a sua razão: o selvagem, a quem ela pertencia, chamava-se *Paraguá*. Ele tinha partido à procura de raízes para o preparo da bebida, que se precisa para o festim anterior ao banquete";[816] "Quando o índio *Paraguá* reuniu todos os pertences a cuja procura tinha saído, como se menciona acima fez preparar as bebidas. Estas se destinavam ao festim depois do qual devia ser comida a carne de Jerônimo".[817] Os períodos de tempo mencionados expressamente pelas fontes são irregulares. Gandavo fornece indicações segundo as quais os escravos poderiam viver durante cinco ou seis meses, ou durante um ano; mas não exclui a possibilidade de viverem mais ou menos, pois isso dependia do arbítrio dos senhores.[818] Parece que alguns cativos não eram destinados a sacrifícios imediatos. O célebre *Caripira*, principal tabajara, está neste caso; "feito prisioneiro de guerra pelos maranhenses, entre eles residiu durante dezoito anos, praticando muitas e afamadas proezas".[819] Se se conhecessem melhor os fins rituais e as condições mágico-religiosas dos massacres, seria possível explicar esse fenômeno, muito comum aliás entre outros povos primitivos. Pode-se admitir, contudo, que as indicações de Staden e de Gandavo se referem a sacrifícios ligados a retaliações recentes. Essas indicações são completadas por Thevet, que descreve como se processava a contagem das "luas" durante as quais os escravos viveriam com os captores e indica quanto tempo poderia durar o cativeiro:[820]

---

[816] STADEN, Hans, p. 134. O fato de *Paraguá* poder dedicar-se a essas atividades, após ter matado o prisioneiro, indica que o esfacelamento ritual do crânio da vítima ainda não fora praticado.

[817] STADEN, Hans, p. 138.

[818] Cf. GANDAVO, Pero de Magalhães. *Tratado*, p. 51, e *História*, p. 132.

[819] ABBEVILLE, Claude d', p. 268.

[820] THEVET, Frei André, respectivamente, *Singularidades*, p. 239 e ms. in., fl. 54; cf. também *Cosmographie*, fl. 945. Thevet acrescenta: "Algumas vezes os indígenas envolvem o pescoço do prisioneiro com diversos colarezinhos, em lugar de um só; os colarezinhos são em número igual ao das luas, que o homem tem de viver" (idem).

> Conhece-se, facilmente, o tempo que deve durar a ceva, por causa de um colar de fio de algodão, no qual os índios, quais se foram as contas de um rosário, enfiam certos frutos redondos; ou, então, em lugar dos frutos, ossos de peixe ou de outros animais. Se os selvagens desejam conservar a vida do prisioneiro por espaço de quatro ou cinco luas, tantas são as contas enfiadas no colar, que se põe ao pescoço, as quais são, depois, retiradas, uma em cada lua. Quando já não existe nenhuma conta, é que chegou o tempo de acabar com o prisioneiro.
> (...) algumas vezes eles o guardam mais de quinze, ou vinte anos, outras não o guardam muito tempo. Isso depende da vontade do seu possuidor.

Durante o tempo em que viviam, os escravos eram bem alimentados ou, como preferiam escrever alguns cronistas, eram cevados pelos captores.[821] As companheiras os proviam com os alimentos que, em sua dieta, deviam ser fornecidos pela mulher. E "se seus senhores lhe não dão de comer, como é costume, toma um arco e flecha e atira à primeira galinha ou pato que vê, de quem quer que seja, e ninguém lhe vai à mão, e assim vai engordando".[822] Doutro lado, participavam das atividades rotineiras tribais.[823] A informação de Gabriel Soares transcrita acima, segundo a qual os tupinambá exploravam, às vezes, a capacidade de trabalho dos escravos, é também adiantada por Léry: "se os reconhecem como bons caçadores e pescadores e consideram as mulheres boas para tratar das roças ou apanhar ostras conservam-nas durante certo tempo".[824] Sabe-se ainda que Staden participou, em uma época de escassez de víveres, de uma pescaria organizada por *Paraguá* e outro índio.[825] Os senhores se apropriavam de uma

---

[821] GABRIEL SOARES, p. 396 e p. 375; THEVET, Frei André. *Singularidades*, pp. 238/239; LÉRY, Jean de, p. 176. Thevet assinala que preferiam passar fome a deixar seus prisioneiros sem alimentos (cf. ms. in., fl. 54).

[822] CARDIM, Pe. Fernão, p. 160.

[823] Cf. ABBEVILLE, Claude d', pp. 224/225 e p. 231.

[824] LÉRY, Jean de, p. 176.

[825] STADEN, Hans, Livro Primeiro, cap. 47. (352. EVREUX, Pe. Ives d', p. 106. O mesmo procedimento, aliás, era seguido com relação ao principal e seus companheiros pelos demais componentes da maloca (cf. esp. Salvador, p. 54).

parte, pelo menos, dos produtos das atividades dos escravos: "devem os escravos trazer fielmente o resultado de sua pescaria e caçada, e depô-lo aos pés do seu senhor e senhora, para eles escolherem e depois lhes darem o resto".[826] A prestação de serviços a outras pessoas dependia do consentimento do senhor; do mesmo modo, os escravos não podiam presentear ninguém sem autorização prévia, "pois de outra forma [o presente] pode ser tomado como coisa que não pertence legitimamente ao escravo".[827]

Incorporados à família grande dos senhores, os escravos eram tratados como membros do grupo doméstico. Os rituais de integração à comunidade dos captores funcionavam, nesse sentido, como rituais de adoção (transitória) dos escravos pelas parentelas dos senhores: vinculados, em sua qualidade de vítimas, aos espíritos dos mortos aos quais seriam consagrados os sacrifícios, eles adquiriam socialmente uma "posição" nos grupos domésticos a que pertenciam os seus senhores. A concessão de companheiras aos escravos e a agregação das escravas aos lares polígINos dos captores contribuíam para resolver praticamente os problemas de definição de *status* no grupo doméstico (e, por conseguinte, no sistema tribal de posições sociais) e de tratamento recíproco, criados por essa forma de ajustamento social entre captores e cativos. Os trabalhos que estes realizavam, especialmente os jovens e as mulheres, e a forma de apropriação dos produtos de suas atividades subentendiam a transferência das obrigações recíprocas entre "pai" e "filho" ou entre "marido e esposa" para a pessoa dos escravos.

Somente Evreux conseguiu observar corretamente esses laços sociais entre o senhor e o escravo na sociedade tupinambá. Staden foi recebido e tratado como "filho" pelo chefe *Abatí-poçanga*, do grupo local *Taquaraçutiba*;[828] nem por isso foi sua curiosidade aguçada. Os excertos reunidos aqui contêm as observações mais pertinentes do cronista francês: "vivem com os filhos de seus senhores, como se fossem irmãos, e em breve tempo gozam muita liberdade no seu cativeiro";

[826] N.E. A edição não conseguiu localizar a nota.

[827] EVREUX, Pe. Ives d', loc. cit.

[828] "O chefe chamou-me de filho, e com seus filhos ia à caça" (STADEN, Hans, p. 139).

> Gozam também de muitos privilégios, que os levam a residir voluntariamente entre os *tupinambás*, sem desejar fugir, considerando seus senhores e senhoras como pais e mães, pela docilidade com que os tratam cumprindo assim seu dever; não ralham com eles e nem os ofendem, não os espancam, desculpam-nos em muita coisa contanto que não ofendam os seus costumes: são muito compadecidos, e chegam a chorar quando os franceses tratam os seus com aspereza, e se outros se lastimam do procedimento dos franceses prestam-lhe todo o crédito ao que dizem.
> (...)
> Quando fogem dos franceses, eles os ocultam, levam-lhes o sustento nos matos, vão visitá-los, as raparigas vão dormir com eles, contam-lhes o que se passa, aconselham-nos sobre o que devem fazer, de tal sorte que é muito difícil agarrá-los, embora vão atrás deles uns vinte homens, e isto não fazem para com os escravos dos seus semelhantes;[829]

o jovem cuja mãe fora sacrificada pelos tupinambá teve com Evreux uma explicação sobre suas relações com os senhores, muito esclarecedora: "Acrescentou que depois de ter sido sua mãe morta e comida, seu senhor e sua senhora o adotaram por filho, ele os tratava por pai e mãe"; o cronista observa que "quando falava deles era com afeição inexplicável, embora tivessem comido sua própria mãe, e já fosse resolvido o comê-lo também pouco tempo antes de chegarmos à ilha", e anota que "seu senhor e senhora tomavam o trabalho de vir vê-lo em nossa casa, embora fosse necessário vencer a distância de cinquenta léguas, desde sua aldeia até aqui".[830]

Além dos rituais de que tomavam parte na qualidade de vítima,[831] os escravos participavam, como os demais membros da comunidade dos captores, das diversas cerimônias tribais. Apesar de possuírem e de poderem usar, enquanto vivessem, as armas, os ornamentos e outros

---

[829] Essa informação é muito importante, pois sugere que as obrigações recíprocas se confinavam às relações do escravo com a parentela do senhor.

[830] Evreux, trecho, extraído das pp. 107-109.

[831] Veja-se MÉTRAUX, Alfred, loc. cit. (cf. nota 297).

bens pertencentes aos mortos cujo passamento expiariam,[832] parece que se ressentiam da relativa escassez desses objetos. Evreux, pelo menos, escreve a respeito: "Vão livremente aos *cauins*, e danças públicas, enfeitando de mil maneiras o seu corpo, quer com pinturas, quer com penas, *quando podem, pois estas são muito caras*".[833] O rapaz com o qual manteve a entrevista reproduzida em seu livro ter-lhe-ia dito: "vendo-me agora escravo, sem pintura no corpo, sem cocar, sem enfeites nos braços, e nem nos pulsos, como acontece aos filhos dos grandes nas nossas terras, antes queria ser morto".[834] Quanto aos rituais de que participavam na qualidade de vítimas, porém, como nos de exibição de suas pessoas aos companheiros dos senhores[835] e nos de sacrifício, eram ornamentados completa e majestosamente pelos captores.

O massacre constituía a última situação social vivida pelo escravo na comunidade dos captores. Nessa ocasião, ele compartilhava com o senhor os papéis centrais de uma das cerimônias mais importantes na vida religiosa tribal. Ambos se defrontavam socialmente como pessoas de cujas ações dependeriam a efetivação de um ideal ético e a realização de ambições ou aspirações que consubstanciavam, de modo diverso para cada um deles, o próprio destino de um e de outro. Essa relação extrema do senhor com o escravo, de sacrificante para vítima, se desenrolava sob a forma de luta e garantia a cada contendor determinados sentimentos de autossuficiência. Enquanto um atuava como o "bem-aventurado" a quem cabia vingar os parentes mortos ou satisfazer os desejos dos espíritos,[836] o outro encontrava uma satisfação interior na própria situação vivida, pois interpretava seu comportamento agressivo com uma modalidade de *vingança*.[837] Explica-se

---

832 THEVET, Frei André. *Cosmographie*, fl. 944.

833 EVREUX, Pe. Ives d', p. 109; o grifo é meu.

834 EVREUX, Pe. Ives d', p. 108.

835 Thevet, ms. inédito, fl. 55v.; cf. MÉTRAUX, Alfred, op. cit., pp. 133/134.

836 Cf. especialmente GABRIEL SOARES, p. 399 e STADEN, Hans, p. 174; sobre o conjunto de rituais então observados, cf. MÉTRAUX, Alfred. *La Religion des tupinambá*, pp. 137 e ss.; FERNANDES, Florestan. *A organização social dos tupinambá*, pp. 231-234.

837 Cf. EVREUX, Pe. Ives d', p. 108: "amofinar-me-ia de morrer na minha cama, e não à maneira dos grandes no meio das danças e dos *cauins*, *a fim de vingar-me antes*

assim por que certas expectativas de comportamento do matador e da vítima possuíam para eles um significado ético. O primeiro encorajava o segundo, estimulando-o a morrer com coragem e dignidade: "Feitas estas cerimônias afasta-se algum tanto dele e começa de lhe fazer uma fala a modo de pregação, dizendo-lhe que se mostre mui esforçado em defender sua pessoa, para que o não desonre, nem digam que matou um homem fraco, efeminado, e de pouco ânimo, e que se lembre que dos valentes é morrerem daquela maneira".[838] Por sua vez, o escravo esperava ser sacrificado por um guerreiro tão reputado e valoroso quanto ele:

> Somente uma coisa pode causar-lhe apreensão, principalmente se se trata de um grande guerreiro: o fato de possivelmente não ter o seu algoz estado ainda na guerra, de não ser como ele um grande e valente guerreiro, um *kerembave* e *tetanatu*. Nesse caso, fica desesperado e julga grande afronta e desonra que lhe fazem. Mas quando o encarregado de matá-lo é um *kerembave* e *tetanatu* ou *tauaíve*, não se importa de morrer e encara a morte como uma grande honra.[839]

A discussão das conexões entre a escravidão e a integração da estrutura social da sociedade tupinambá, o segundo problema a ser examinado aqui, compreende naturalmente duas questões. De um lado, por sua natureza e por sua função sociais, a escravidão fazia parte da estrutura social. De outro, ela intervinha, como uma das instituições em que repousava o equilíbrio da sociedade tribal, na configuração da estrutura social. Assim, a escravidão era, ao mesmo tempo, um produto e uma das condições do funcionamento do sistema organizatório tribal;

---

de morrer, dos que iriam comer-me"; cf. também ABBEVILLE, Claude d', pp. 231/232; o grifo é meu. Cf. também acima, em que é interpretada a significação do sacrifício para o escravo, pp. 254-255. Sobre as relações agonísticas do matador com a vítima, veja-se MÉTRAUX, Alfred, op. cit., pp. 149-153; FERNANDES, Florestan, loc. cit.

838 GANDAVO, Pero de Magalhães. *História*, p. 133. Que via de regra as vítimas correspondiam às expectativas do matador, confirmam-no as referências dos cronistas (cf. esp.: LÉRY, Jean de, pp. 176/177; STADEN, Hans, p. 112; THEVET, Frei André. *Singularidades*, p. 240; THEVET, Frei André. *Cosmographie*, fl. 945).

839 ABBEVILLE, Claude d', pp. 232/233.

mas abrangia apenas situações sociais estritamente regulamentadas e só contribuía para satisfazer necessidades sociais regularmente produzidas por essas situações. Daí a limitação do problema à vinculação reversível dessa instituição com a integração da estrutura social.

O que foi visto até agora permite definir a escravidão na sociedade tupinambá como uma forma regular de aprovisionamento de vítimas para fins cerimoniais. Encarada desse ângulo, a escravidão se apresenta, primariamente, como uma técnica produzida e subordinada à estrutura social. Os traços que a caracterizavam como técnica social, isto é, o modo de apropriação, de conservação e de utilização dos escravos, eram determinados socialmente tanto no sentido de que correspondiam a necessidades inerentes às condições de vida proporcionadas pela estrutura social, quanto no de que se misturavam inextricavelmente a outras técnicas e valores sociais. A vingança dos parentes mortos ou os desejos canibalísticos dos espíritos dos ancestrais (e provavelmente de outras divindades) é que forneciam a justificação ideológica e o fundamento emocional das ações sociais integradas aos três conjuntos mencionados de padrões de comportamento. Cada conjunto dependia, por sua vez, de outras técnicas sociais com os valores correspondentes: o modo de apropriação dos seres humanos constituía uma função das atividades guerreiras em seu estilo aborígene; o modo de conservação das pessoas dos cativos representava uma consequência dos rituais de integração do estranho à vida comunitária, através dos quais os prisioneiros de guerra eram reduzidos à condição de vítimas virtuais e, nessa qualidade, a membros transitórios de alguma parentela; o modo de utilização das vítimas se realizava por meio do sacrifício humano e dos rituais a ele subordinados. As necessidades inerentes ao tipo de existência proporcionado pela estrutura social delimitavam a função específica da escravidão na sociedade tupinambá, que consistia em contribuir para estabelecer certas condições de segurança nas relações com o sagrado e para manter a integridade das parentelas.

Portanto, a conversão dos cativos em vítimas e o massacre do crânio delas com fins cerimoniais faziam parte de um processo social. É possível admitir-se que a conservação da vida dos prisioneiros de guerra seria impraticável se a técnica de conversão dos cativos em vítimas não tivesse sido descoberta, e que então a própria escravidão não existiria, como instituição social, na sociedade tupinambá. Todavia, se os fins cerimoniais não fossem bastante fortes para criar a necessidade de disposição de vítimas, é quase certo que essa técnica não encontraria condições favoráveis ao seu desenvolvimento. Isso quer dizer que, por motivos sociais, o modo de utilização de vítimas formava o núcleo da escravidão na sociedade investigada. Não só a apropriação dos inimigos e a conservação de suas vidas se subordinavam formalmente a esse conjunto de ações sociais, mas em torno dele é que se concentravam os valores que justificavam o esfacelamento do crânio da vítima como algo necessário e como uma obrigação sagrada, de caráter público. Em suma, na medida em que a escravidão possuía uma função social na sociedade tupinambá, esta não se realizava através da conservação da vida dos escravos, mas através de sua "morte", consumada ritualmente e com fins cerimoniais.

As inferências que se poderiam extrair dessa interpretação são heterogêneas, ainda que igualmente importantes do ponto de vista sociológico. Primeiro, ressalta que, em virtude da própria natureza das conexões da escravidão com a estrutura social, o esfacelamento do crânio dos escravos era inelutável. Aos dados expostos acima, que comprovam empiricamente esta conclusão, seria possível acrescentar outros, fornecidos por Evreux e por Staden. O cronista alemão se refere a um índio carijó que fugira dos portugueses e se refugiara entre os tupinambá do grupo local *Ubatuba*, tornando-se seu escravo. Esse escravo vivera três anos entre os seus senhores; mas adoeceu, e eles resolveram executá-lo: "Vai morrer. Queremos matá-lo antes que morra".[840] Essa informação é parcialmente confirmada pelo autor francês, que atesta a prática do esfacelamento do crânio dos escravos doentes ou mortos antes do sacrifício: "se acontece morrerem de moléstias estes escravos, sendo assim privados do leito de honra, isto é, de serem mortos e comidos publicamente, um pouco antes do seu falecimento levam-nos para o mato, lá partem-lhe a cabeça, espalham o cérebro e deixam o corpo

---

[840] Cf. Livro Primeiro, cap. 39; trecho citado, extraído da p. 120. O corpo do escravo, com exceção da "cabeça e tripas", foi consumido ritualmente.

insepulto e entregue a certas aves grandes, semelhantes aos nossos corvos" e "quando são encontrados mortos em seus leitos, atiram-nos em terra, arrastam-nos pelos pés até o mato, onde lhes racham a cabeça, como acima disse".[841] O mesmo cronista menciona um caso concreto: uma escrava *tapuia*, catequizada pelos missionários franceses, foi por eles enterrada segundo o estilo europeu. À noite, apesar da pressão em contrário exercida pelos brancos, os tupinambá a desenterraram e procederam ao esfacelamento ritual do crânio do cadáver.[842] Segundo, percebe-se que os fins cerimoniais do sacrifício poderiam ditar a época do massacre do crânio, e, por conseguinte, o período de vida concedido ao cativo. Quando se tratava de uma retaliação recente, como atesta o exemplo descrito por Gandavo,[843] o sacrifício da vítima poderia ser consumado imediatamente ou dentro de poucos dias. É provável, porém, que os sacrifícios consagrados à propiciação das divindades nem sempre eram praticados de modo imediato. Daí a conservação da vida dos prisioneiros e acumulação deles, interpretada pelo chefe *Farinha Grossa* como algo necessário à coesão social,[844] no seio dos grupos locais. Terceiro, evidencia-se claramente que a escravidão não podia desenvolver-se no sentido de uma "instituição industrial" na sociedade tupinambá, apesar do aproveitamento da capacidade de trabalho das escravas e dos escravos jovens, descoberto e praticado eventualmente pelos tupi. A estrutura social não comportaria semelhante desenvolvimento da instituição, não só por causa do sistema econômico tribal, como já foi indicado, mas ainda e essencialmente em virtude da função social desempenhada pela escravidão naquela sociedade.

À condição de vítima eram inerentes algumas alienações, como se pode depreender de sanções que tinham por objeto a pessoa dos escravos, das quais três são bem conhecidas. Uma delas, a aniquilação das vítimas como pessoas por meios sangrentos (esfacelamento ritual do crânio e canibalismo cerimonial), tinha vigência universal, aplicando-se

---

[841] EVREUX, Pe. Ives d', p. 107; cf. também p. 258.

[842] EVREUX, Pe. Ives d', p. 259.

[843] *História*, pp. 127-129.

[844] Cf. EVREUX, Pe. Ives d', p. 93.

a todos os escravos, independentemente do sexo e da idade.[845] As outras duas derivavam da combinação das noções de concepção com as representações relativas ao estado de escravo; os tupinambá acreditavam que o pai era responsável pela geração dos filhos[846] e se imputavam posse plena sobre os seus descendentes: "consistem as outras leis em não poderem os escravos, de ambos os sexos, casarem-se senão à vontade dos seus senhores, porque tanto uns como outros moram juntos e seus descendentes pertencem ao mesmo dono".[847] Em virtude dos efeitos dessa combinação, os filhos dos senhores com as escravas pertenciam às linhagens dos senhores, enquanto os filhos dos escravos com as companheiras tupinambá pertenciam às linhagens dos escravos. Por isso, as sanções em questão se manifestavam no controle das relações sexuais dos escravos de sexo masculino[848] e na transmissão da condição de vítima a seus filhos.

Essas alienações, produzidas e reguladas socialmente através das condições de vida proporcionadas aos cativos, infundiam à instituição da concessão de companheiras uma função suplementar: a de servir como meio de identificação e de controle dos frutos das relações sexuais dos escravos com mulheres tupinambá. Evreux dá uma informação cujo teor não se coaduna com esta interpretação e contradiz, inclusive, a sua observação de que os escravos só podiam casar-se com mulheres concedidas pelos senhores.[849] A crítica dessa informação é inexequível,

---

845 Parece-me desnecessário insistir aqui sobre esse aspecto da escravidão na sociedade tupinambá, universalmente documentado pelas fontes. No entanto, convém mencionar que a interpretação desenvolvida implica a compreensão das ações praticadas pelos tupinambá nos rituais de sacrifício e de antropofagia como "sanções repressivas organizadas" (cf. DURKHEIM, Émile. *La división del trabajo social*, p. 155 e pp. 184/185, especialmente).

846 Cf. FERNANDES, Florestan. *A organização social dos tupinambá*, pp. 145 ss.

847 EVREUX, Pe. Ives d', p. 105.

848 As escravas também estavam sujeitas a controle sexual, conforme foi visto (cf. acima, pp. 303/304). Todavia, esse controle era provocado por outras razões e possuía a mesma natureza do que atingia as mulheres tupinambá.

849 "Gozam ainda de muitos outros privilégios, porque lhes é permitido o namorar as raparigas livres, sem risco algum, olhar mesmo para as raparigas de seu senhor e senhora, se quiserem, e nisto não há muita recusa, contudo elas buscam os matos e

pois não existem dados comparativos suficientes. É possível que os tupinambá permitissem às jovens as aventuras com os escravos, a que se refere o cronista francês. Nesse caso, ou possuiriam outros meios de controle da vida sexual dos escravos, que permanecem desconhecidos, ou as jovens se submeteriam a práticas abortivas, se fosse necessário.[850] Porém, o mesmo autor testemunha que as aventuras sexuais dos escravos com as esposas dos senhores estavam sujeitas a punições severas; "primeiramente não devem tocar na mulher do seu senhor, sob pena de serem flechados logo, e a mulher morta ou pelo menos bem açoitada, e entregue a seus pais, resultando-lhe muita vergonha de ser companheira de um dos seus servos".[851] Sabe-se ainda, concretamente, que um escravo do principal *Uyrapyran* compeliu a esposa do senhor a ter relações sexuais consigo e que foi difícil aos franceses impedir sua execução. Por intermédio de um estratagema, conseguiram-no afinal, reduzindo as punições ao açoitamento da mulher e do escravo, cujo castigo assumiu proporções cruéis.[852] Ora, o testemunho e o exemplo mostram que o controle da vida sexual dos escravos era o mais meticuloso possível e que a liberdade deles, nessa esfera, deveria ser bastante circunscrita. Se a execução dos cativos se explica facilmente (a morte deles não poderia acarretar nenhuma complicação nas relações entre as parentelas solidárias), o mesmo não acontecia com as esposas dos senhores. O fato de os costumes sancionarem tanto o repúdio quanto a execução não constitui um índice da forte reprovação oposta às transgressões? Daí a inferência estabelecida, comprovada direta ou

---

em certas cabanazinhas os esperam em hora marcada, para evitar pequeno remoque que costumam a fazer das moças de boa raça, quando se entregam a escravos, o que serve antes de riso do que de desonra" (EVREUX, Pe. Ives d', p. 109).

850 Os tupinambá conheciam algumas práticas abortivas (cf. ANCHIETA, Joseph de. *Cartas*, p. 149; THEVET, Frei André. *Singularidades*, p. 216). A hipótese de que as jovens poderiam lançar mão de práticas abortivas encontra apoio na seguinte referência de Gandavo, a respeito do uso dessas práticas pelas companheiras concedidas aos escravos: "Mas porque a mãe sabe o fim que hão de dar a esta criança, muitas vezes quando se sente prenhe mata-a dentro da barriga e faz com que não venha à luz" (*História*, pp. 135/136).

851 EVREUX, Pe. Ives d', p. 102.

852 EVREUX, Pe. Ives d', pp. 102-105.

indiretamente pelas informações relativas à concessão de companheiras e à execução ritual dos filhos dos escravos, segundo a qual alienações típicas afetavam a vida sexual destes.

A noção de propriedade não tem nenhuma importância na imputação de posse plena sobre os filhos dos escravos. Essa consequência fazia parte naturalmente, dir-se-ia, do *status* dos escravos como pessoas humanas na sociedade tupinambá. Como e enquanto escravos, eles não poderiam transmitir a seus filhos senão a condição de vítima, que lhes dava uma situação nas parentelas dos senhores. Ao contrário, os senhores podiam assegurar a seus filhos com as escravas, através dos rituais de nascimento e da couvade [período de resguardo cumprido pelo pai – N. E.], a posição de membros das parentelas a que pertenciam e, por conseguinte, a de descendentes e continuadores de suas linhagens. De modo que os filhos dos escravos com as mulheres tupinambá se viam na contingência de sofrer o mesmo destino que seus pais, em virtude das alienações que pesavam sobre a personalidade destes. Esse aspecto da escravidão atraiu singularmente a atenção e a malevolência dos cronistas. Alguns informam que eles podiam ser sacrificados logo após o nascimento;[853] outros, porém, que esperavam que as crianças atingissem certa idade, consumando então seu sacrifício e o repasto coletivo.[854] Gabriel Soares e Gandavo descrevem o comportamento da mãe e dos seus parentes nessas circunstâncias.

---

853 LÉRY, Jean de, p. 182; ABBEVILLE, Claude d', pp. 233/234 (este autor consigna dados que não são confirmados por outras fontes e que podem ser considerados incongruentes com os mores dos tupinambá).

854 THEVET, Frei André. *Singularidades*, pp. 239/240 e p. 257 (em que salienta que somente os meninos sofriam o massacre; essa informação, é óbvio, precisa ser entendida à luz do tratamento que os tupinambá dispensavam às escravas) e ms. in., fls. 54 e 58-58v.; GABRIEL SOARES, p. 396; GANDAVO, Pero de Magalhães. *História*, p. 135; STADEN, Hans, p. 179; e LÉRY, Jean de, loc. cit., quanto à última parte de sua informação. Conforme ainda, sobre o sacrifício dos filhos dos escravos: ANCHIETA, Joseph de. *Cartas*, p. 452; NOBREGA, Pe. Manuel da. *Cartas do Brasil*, p. 90.

Inversamente, se uma escrava dos tupinambá conseguisse voltar para os seus, estando grávida, o filho dela com o senhor era sacrificado e comido pelos parentes e amigos da mãe (cf. BRANDÃO, Ambrósio Fernandes, p. 291).

> E se esta moça emprenha do que está preso, como acontece muitas vezes, como pare, cria a criança até idade que se pode comer, que a oferece para isso ao parente mais chegado que lh'o agradece muito, o qual lhe quebra a cabeça em terreiro com as cerimônias que se adiante seguem, onde toma o nome; e como a criança é morta, a comem assada com grande festa, e a mãe é a primeira que come desta carne, o que tem por grande honra, pelo que de maravilha escapa nenhuma criança que nasce destes ajuntamentos, que não matem; e a mãe que não come seu próprio filho, a que estes índios chamam *cunhambira*, que quer dizer filho do contrário, têm-na em ruim conta, e em pior, se o não entregam seus irmãos, ou parentes com muito contentamento.[855] E se a mulher que foi do cativo acerta de ficar prenhe, aquela criança que pare, depois de criada matam-na, e comem-na sem haver entre eles pessoa alguma que se compadeça de tão injusta morte. Antes seus próprios avós, a quem mui devia chegar esta mágoa, são aqueles que com maior gosto o ajudam, e dizem que como filho de seu pai se vingam dele, tendo para si que em tal caso não toma esta criatura nada da mãe, nem creem que aquela inimiga somente pode ter mistura com seu sangue.[856]

É evidente que o modo de utilização das vítimas, o qual delimitava a própria função da escravidão na sociedade tupinambá, subordinava essa instituição ao sacrifício humano. Como a guerra, ela constituía, sob este aspecto, uma técnica do sistema religioso tribal. E, como a guerra, ela intervinha, mediante a conexão indicada com o sacrifício humano, na integração da estrutura social: a) enquanto condição do sistema tribal de posições sociais, graças às vinculações de sacrifício humano com os mecanismos tribais de determinação do *status* e papéis; b) enquanto fator do equilíbrio social, em virtude da função social que desempenhava. Como os problemas dessa natureza já foram (ou serão adiante)

---

[855] GABRIEL SOARES, p. 396. O mesmo autor consigna dados sobre frustrações ocasionais do padrão, que não podem ser aproveitados aqui, em virtude da falta de materiais para um cotejo crítico (cf. pp. 396/397).

[856] GANDAVO, Pero de Magalhães. *História*, p. 135; cf. também *Tratado*, p. 52. Sobre o comportamento dos "avós", cf. ainda BRANDÃO, Ambrósio Fernandes, p. 291.

objeto de discussão em termos da função social da guerra, presumo ser desnecessário abordá-los do ângulo da escravidão.

No entanto, a escravidão era um dos fulcros da integração da estrutura social: através da circulação de vítimas ela impulsionava os mecanismos sociais que promoviam o ajustamento das parentelas e que mantinham o padrão correspondente de solidariedade social.[857] Convém, por isso, reunir aqui as escassas informações a respeito desse fenômeno. Segundo Anchieta e Knivet, a troca de escravos seria um comportamento recíproco e rotineiro: "A maior honra que têm é tomar algum contrário na guerra e disto fazem mais caso que de matar, porque muitos dos que o tomam o dão a matar a outros, para que fiquem com algum nome";[858] "Quando apanham um homem qualquer, ou se fazem algum prisioneiro, não o matam, mas aquele que o prende o dá a seu irmão ou a seu amigo para sacrificá-lo".[859] Essas explanações categóricas são confirmadas por Staden, cujas indicações são muito mais completas; eis como relata as suas experiências com os tupinambá: "Os seus costumes, nessa ocasião, não me eram ainda tão conhecidos como mais tarde, e por isso pensei que eles agora se preparavam para matar-me. Mas, logo vieram os irmãos *Nhaê-pepô-oaçú*, o 'Grande Caldeirão', e *Alkindar-miri*, o 'Pequeno Alguidar', que me tinham aprisionado, e disseram que me haviam dado de presente ao irmão de seu pai, o *Ipirú-Guaçú*, o 'Grande Tubarão', por amizade. Este me guardaria e me mataria, quando me quisesse devorar, para assim conseguir uma alcunha". "O mesmo *Ipirú-Guaçú*, havia um ano, aprisionara também um escravo, mandando-o de presente ao *Alkindar-miri*, em sinal de amizade. Este o executara, alcançando uma alcunha por tal feito, e por isso prometera ao *Ipirú-Guaçú* mandar-lhe o primeiro inimigo que capturasse. Este fui eu".[860] Posteriormente, Staden ainda foi presenteado ao principal

---

857 N.E. A edição não conseguiu localizar a nota.

858 ANCHIETA, Joseph de. *Cartas*, p. 329; quanto ao texto da *Enformação do Brasil*, editado anteriormente, cf. p. 439.

859 KNIVET, Anthony, ed. bras., p. 124. O cronista se referia aos índios potiguar, do grupo tupi.

860 STADEN, Hans, p. 89.

Abatí-Poçanga.[861] De acordo com essas indicações, as trocas de escravos se processavam: a) entre "irmãos" presumivelmente, irmãos reais e classificatórios); b) entre pessoas ligadas umas às outras como os filhos do irmão com seus pais classificatórios; c) entre "amigos" (ou seja, entre pessoas pertencentes a parentelas solidárias e, provavelmente, ligadas por afinidade). Além disso, o marido da irmã se obrigava a presentear o irmão da mulher com seus prisioneiros de guerra;[862] e o pai real podia presentear o filho com seus prisioneiros, visando antecipar as cerimônias de sacrifício da primeira vítima.[863]

Os dados expostos, especialmente os consignados por Staden, põem em evidência: 1) que o presenteamento de vítimas representa uma modalidade de circulação de presentes; 2) que o presenteamento de vítimas correspondia e criava obrigações e direitos recíprocos dentro do grupo doméstico: os parentes que davam um escravo de presente esperavam uma compensação equivalente no futuro; 3) que o presenteamento de escravos não se confinava ao grupo doméstico: também era praticado por pessoas que pertenciam a parentelas e a grupos locais distintos, embora solidários, criando as mesmas obrigações e direitos recíprocos; 4) que o princípio de reciprocidade imprimia ao presenteamento de escravos: a) o caráter de processo social, pois originava uma cadeia de presenteamentos sucessivos, cuja natureza e função permitem falar em *troca* e em *circulação* de vítimas; b) um conteúdo moral, que fazia da circulação de vítimas uma forma social de "aliança" e de "comunhão": a troca pressupunha e intensificava, no caso, os laços de *amizade* (ou de solidariedade) entre os agentes. Aplicando à interpretação desses fatos a teoria elaborada por Mauss,[864] verifica-se que as ações de dar e de receber vítimas se incorporavam ao sistema tribal de prestações totais, tal como estas se desenvolveram entre os tupinambá, e se combinavam

---

[861] STADEN, Hans, p. 139.

[862] Cf. THEVET, Frei André. *Cosmographie*, fl. 932.

[863] GABRIEL SOARES, p. 401. É presumível, de acordo com as informações de Staden, que o procedimento abrangesse tanto os pais reais quanto os classificatórios.

[864] Cf. *Essai sur le don, forme archaique de l'échage*, pp. 30-186; na reedição organizada por C. Levi-Strauss, cf. pp. 145-279.

dinamicamente a outra esfera do mesmo sistema (a de circulação de mulheres). Aquelas ações não se reduziam a simples gestos de simpatia ou de camaradagem. Elas se impunham em nome de interesses sociais, que envolviam a própria "posição" das parentelas no consenso tribal e o padrão de solidariedade social nascido da cooperação-competitiva das parentelas nas atividades guerreiras e cerimoniais.[865]

Em conjunto, os resultados desta sumária análise das conexões da escravidão com a estrutura social contribuem para esclarecer duas questões importantes. Em primeiro lugar, deixam patente que a guerra e a escravidão se ligavam mutuamente como técnicas sociais complementares, subordinadas ao sacrifício humano. Encarando-se as relações das duas instituições tribais deste ângulo, constata-se que a escravidão constituía um produto da guerra, na medida em que o modo de apropriação de escravos encontrava nas atividades guerreiras a sua fonte material e a sua origem imediata. Mas que, reciprocamente, ela se tornava uma condição permanente da guerra. Os efeitos sociais das retaliações praticadas pelos inimigos, a competição por prestígio entre as parentelas e a propiciação dos espíritos ou divindades estimulavam constantemente o desejo de possuir e de acumular escravos. Assim, a escravidão conduzia à guerra, e conduzia de maneira regular, em coerência com o ritmo de vida social, cujos fatores engendravam as necessidades de apropriação de seres humanos para o sacrifício ritual. Em segundo lugar, abre perspectivas que permitem estabelecer qual era a noção de *estado de guerra* subjacente às atividades guerreiras dos tupinambá e de seus contrários. Os rituais de aprisionamento e de integração à comunidade dos captores não determinavam o fim do estado de guerra, mas a sua continuação sob outra forma. Era como inimigo que o escravo realizava o seu destino de vítima e o fazia, dentro de suas possibilidades, de modo agonístico, vivendo o sacrifício como uma situação de luta à mão armada. A importância sociológica desse resultado advém da congruência da referida noção de *estado de guerra*, que se incorporava à consciência social dos aborígenes, com

---

[865] N.E. A edição não conseguiu localizar a nota.

o conceito de guerra adotado neste trabalho e com as implicações teóricas do mesmo.[866]

Resumo

Nesta parte do presente capítulo, "a situação social dos cativos" foi examinada em face da condição de vítimas a que eles se viam convertidos, isto é, de pessoas destinadas ao sacrifício ritual. Nem o grau de diferenciação da vida social nem os fins e os valores sociais que justificavam a apropriação de seres humanos comportavam a formação de uma camada social, integrada exclusivamente pelos escravos e pelos seus descendentes. Os escravos eram incorporados ao grupo doméstico dos senhores e, enquanto vivessem, gozavam de todas as prerrogativas e garantias concedidas aos membros da tribo em termos dos critérios naturais de atribuição de *status* (sexo e idade), com exceção daquelas que a condição de vítima necessariamente derrogava ou alienava. Todavia, estas não alcançavam uma expressão suficientemente forte para reduzir os escravos a um estado de degradação moral ou social. Ao contrário, estavam contidas dentro dos limites impostos pelo *status* dos escravos como seres humanos.

Vista como um conjunto de ações e de relações sociais estritamente regulamentadas, com referência a fins e a valores sociais, a escravidão constituía uma *instituição dependente* na sociedade tupinambá. Por sua natureza e por sua função, ela adquiria realidade social graças ao sacrifício humano e aos rituais subsequentes ou às técnicas sociais a eles subordinados. O modo de apropriação de inimigos, por meio da guerra; o modo de conversão dos cativos em vítimas, através dos rituais

---

[866] As quais, tomo a liberdade de lembrar, levaram a pôr no mesmo plano os aspectos "militares" e "extramilitares" ou "sociais" da guerra e a coneeber como *guerreiras* tanto as situações de preparação e organização das expedições guerreiras, com os choques armados, quanto as que se desenrolavam posteriormente, até o momento do sacrifício ritual (inclusive). Aliás, o resultado em questão confirma o ponto de vista mais geral, de que a convenção da qual resulta a escravidão "longe de destruir o estado de guerra, supõe a sua continuidade" (cf. ROUSSEAU, Jean-Jacques, op. cit., pp. 52/53).

de integração dos prisioneiros de guerra; o modo de ultilização das vítimas, nos cerimoniais de execução, formavam constelações de ações sociais determinadas direta ou indiretamente por aquela *instituição nuclear.*

Por isso, as relações dos senhores e dos escravos possuíam um significado ético, polarizado na posição recíproca de ambos como sacrificantes e vítimas, e os destinos deles se cruzavam através do sacrifício, que se tornava tão importante para uns quanto para os outros. E a escravidão intervinha na configuração do equilíbrio da sociedade tribal, seja como substrato material, seja como condição ou como fator de integração da estrutura social. Quanto à guerra, a escravidão representava ao mesmo tempo: um produto das atividades guerreiras, que representavam a sua fonte imediata; e uma condição permanente da realização das incursões e das expedições guerreiras.

CAPÍTULO II

OS FUNDAMENTOS GUERREIROS DO COMPORTAMENTO COLETIVO

Em seu conjunto, os conhecimentos obtidos até agora somente permitem compreender e interpretar os problemas de formação da personalidade e de integração da estrutura social, em suas conexões com a guerra do ângulo do processo de socialização. Todavia, ficou mais ou menos implícita, em cada parte do trabalho, a existência de valores que transcendiam os limites dos ajustamentos sociais descritos. O estudo da natureza e da função desses valores, na medida em que eles estavam ligados à guerra e às atividades sociais provocadas por ela, constitui o objeto do presente capítulo.

Com relação aos dois capítulos precedentes, portanto, a análise que será desenvolvida aqui se particularizará pela preocupação de descobrir os sentimentos e as ideias que unificavam pela base, emocional e ideologicamente, o comportamento guerreiro dos tupinambá. Não se trata mais de saber como os ideais guerreiros se incorporavam à personalidade masculina nem de explicar por que todos os homens "normais" se achavam socialmente condenados a ser guerreiros, pelo menos em certa fase de sua vida. Mas de identificar os fatores sociais que, através das diferenças individuais de temperamento e de caráter, produziam um conjunto de semelhanças sociais suficientemente profundas para garantir a *ação conjugada* nos empreendimentos guerreiros.

Ao estudo desses fatores sociais se opõe uma dificuldade de caráter metodológico. É que a guerra se subordinava, como já foi largamente indicado neste trabalho, ao sistema religioso tribal: as razões que justificavam a realização de expedições ou de incursões guerreiras diziam respeito às relações dos vivos com os espíritos dos mortos, com as divindades. Daí a impossibilidade de analisar diretamente os aludidos fatores. Com o fito de contornar semelhante dificuldade, foi adotado um artifício analítico, o qual permitiu uma ampla exploração dos dados disponíveis. O artifício consistiu em escolher o sacrifício humano e os rituais subsequentes como um meio de investigação dos "fundamentos guerreiros do comportamento coletivo".

De fato, os rituais de sacrifício, de antropofagia e de renomação atuavam, do ponto de vista mágico-religioso, como rituais de destruição das vítimas e de purificação dos seus algozes. De acordo com o conceito aborígene de guerra,[867] as situações sociais que integravam esses rituais faziam parte do *estado de guerra* ou, melhor, constituíam o desfecho previsto e regular da atualização de ações hostis contra determinados "inimigos" e contra o grupo social a que eles pertencessem. Por isso, as normas sociais que as regulavam, as atitudes exteriorizadas em seu transcurso e a função social que elas desempenhavam, através da integração aos referidos rituais, continham necessariamente uma natureza bélica ou guerreira. Estudando-as é possível: 1) identificar sociologicamente os valores que justificavam a guerra, etológica e eidologicamente, e impulsionavam psiquicamente os tupinambá a aceitá-la ou a desejá-la, com todas as suas consequências; 2) conhecer a importância relativa desses valores na constituição e no funcionamento da "consciência coletiva ou comum".

Este capítulo se divide em duas partes.[868] Na primeira, "os ritos de 'destruição' dos inimigos", serão apresentadas algumas informações fornecidas pelos cronistas sobre os aspectos dos ritos de sacrifício, de antropofagia e de renomação concernentes ao tratamento dispensado

---

867 E também de acordo com o conceito sociológico de guerra, como já foi visto acima.

868 Dispensei-me de discutir o emprego do conceito de *comportamento coletivo* neste trabalho. Como se sabe, esse conceito possui dois sentidos correntes na sociologia; ele é usado aqui no sentido lato, no qual "abrange todas as maneiras de agir em comum observadas em grupos humanos" (cf. WILLEMS, Emilio. *Dicionário de sociologia*, p. 27).

aos inimigos, como e enquanto vítimas, e ao modo de utilização de suas pessoas. Na segunda, "significado e função dos ritos de 'destruição' dos inimigos", serão examinadas, e à medida do possível ou do necessário interpretadas sociologicamente, as diferentes implicações sociais da *vingança* (vinculadas com a guerra), a qual os tupinambá acreditavam concretizar através da "destruição" das vítimas.[869]

2.1 Os ritos de "destruição" dos inimigos

A destruição dos inimigos se processava socialmente. Ela era consumada por meios rituais e constituía uma atividade coletiva no sentido mais autêntico possível: tanto pela "massa" de participantes quanto pelo estado de comunhão que se criava e pela natureza das obrigações morais que se atualizavam socialmente. Como foi visto acima, a noção de "vingança" fornecia o móvel aberto das incursões guerreiras, do aprisionamento de inimigos e do modo de utilização de suas pessoas.[870] Ela penetrava igualmente todas as ações e as atividades sociais que se integravam aos ritos de "destruição" dos inimigos, nos quais se achava polarizada de modo positivo. As descrições dos cronistas fixam os diversos momentos das dramáticas ocorrências, que então se desenrolavam, e nos permitem acompanhá-los "cronologicamente", em suas três fases principais: a da execução, com os rituais anteriores e as cerimônias preparatórias; a do repasto coletivo; e a da purificação. As três fases correspondiam culturalmente a conjuntos coerentes de ações sociais, mas se ligavam entre si de tal maneira que a primeira desempenhava, com relação às outras duas, a função de núcleo de aglutinação social e ideológica. De acordo com o objeto desta monografia, só serão mencionadas aqui as ações sociais em que os tupinambá e as vítimas se

---

[869] Segundo o projeto inicial do presente trabalho, aqui deveria ser analisada integralmente toda a documentação fornecida pelas fontes primárias sobre os rituais de sacrifício, de antropofagia e de renomação na sociedade tupinambá. Posteriormente, fui levado a restringir o campo do projeto, para evitar o mais possível a discussão de problemas que não possuem nenhuma espécie de ligação com a guerra.

[870] Cf. especialmente parte I.

defrontavam na qualidade de inimigos; ou seja, as ações que conferiam àqueles rituais o caráter de situações sociais de luta.

Pelo que se pode perceber através das informações dos cronistas, os tupinambá praticavam duas espécies de sacrifício humano. Um deles se destinava a aplacar os espíritos dos parentes mortos recentemente: tanto os que eram privados da vida de maneira sangrenta, pelos inimigos, quanto os que morriam de velhice ou por causa de doenças.[871] O outro tinha por fim o culto dos ancestrais míticos. Parece que a organização cerimonial das duas espécies de sacrifício humano não era a mesma. Segundo presumo, a última abrangia algumas cerimônias a mais, estendendo-se por maior número de dias. Quanto às relações com a vítima, porém, compreendiam no essencial as mesmas cerimônias.[872] Por isso, não será necessário discutir aqui as hipóteses que permitem separar as duas espécies de sacrifício. Nem se impõe, tampouco, o exame circunstanciado das relações do matador e dos seus companheiros com a vítima, tendo em vista cada uma das duas conexões religiosas do sacrifício humano na sociedade tribal.

A vítima desempenhava, naturalmente, o papel de personagem central no desenvolvimento das cerimônias de execução. Direta ou indiretamente, ela tomava parte ativa em todas as ações ritualizadas que precediam a sua "morte". Por isso, é possível separar-se, no sistema de ritos que tinham por função religiosa preparar a vítima, o sacrificante, os seus comparsas, o público e os instrumentos sacrificais, um conjunto de cerimônias especialmente dedicadas ao seu próprio tratamento. Do ponto de vista analítico, essas cerimônias podem ser reduzidas a seis categorias fundamentais, mais ou menos interpenetradas: a) ritos de separação da vítima; b) ritos de inculpação da vítima; c) ritos de preparação da vítima; d) ritos de captura simbólica da vítima; e) ritos de vingança simbólica da vítima: f) ritos de execução.

---

871 A informação que permite entender a *obrigação de vingança* aos mortos de velhice ou por causa de doenças é fornecido por Thevet (cf. ms. In., fl. 61v.).

872 A análise desse problema, e de outros também ligados à reconstrução e à interpretação do sacrifício humano na sociedade tupinambá, será objeto de um ensaio em elaboração.

Como foi visto, a conversão do cativo em vítima promovia a sua integração à comunidade dos captores. Para que o sacrifício pudesse ser consumado, era preciso: 1) desligar o escravo do "nosso grupo"; 2) atualizar as suas ligações com o espírito a quem o massacre seria consagrado. Subentendendo-se que o estado de vítima se conservava inalterado, ambas as coisas resultavam da observância dos ritos de separação. A desligação do "nosso grupo" dava ao cativo prerrogativas que ele possuía antes da captura; basta dizer que, nessa ocasião, ele poderia fugir dos captores, os quais o submetiam a severa vigilância e o alojavam em uma cabana forte.[873] Aparentemente, isso significa que as relações da vítima com os captores voltavam a assumir o mesmo *tônus emocional* que os antepunha, antes da captura e dos rituais de integração, como inimigos irreconciliáveis e instintivos. Nessa nova condição, a vítima poderia tornar-se uma fonte de perigos para a comunidade. Como os ritos tinham uma duração determinada, os captores precisavam conviver com sua pessoa alguns dias; e estariam sujeitos a consequências nefastas, se a transformação do estado da vítima não fosse acompanhada por uma atualização das ligações desta com o espírito ao qual seria consagrado o sacrifício. No fundo, vistos sob este aspecto, os ritos de separação tinham uma função religiosa, que consistia em promover a comunhão com o sobrenatural através da vítima. Verifica-se isso pelas cerimônias observadas pelos tupinambá, em conexão com as fases da preparação ritual da vítima. Assim que tosquiavam e pintavam o corpo do prisioneiro com tintura de jenipapo, se processava a preparação ritual das mulheres, "tanto velhas, quanto jovens", com tintura de jenipapo, e procediam à ornamentação dos comparsas masculinos do matador, os quais entravam em relação cerimonial com a vítima antes que ele.[874]

---

[873] Cf. Thevet, ms. in., fl. 55; adiante, o mesmo informante indica que a fuga ocorria de fato, nessas ocasiões (idem, fl. 60v.; cf. também *Cosmographie*, fl. 945). Parece que essa era a única modalidade de fuga permitida. Pero Correia (*Cartas avulsas*, p. 99) e STADEN, Hans (p. 180) mencionam que os tupinambá vigiavam cuidadosamente os prisioneiros, quando se realizavam as cerimônias referidas no texto.

[874] Cf. Thevet, ms. in., fls. 55v.-56. A preparação ritual das mulheres se fazia diante do prisioneiro, na mesma cabana em que se processava a sua primeira preparação. Os homens que "se destinavam ao serviço do sacrifício" eram preparados em uma cabana especial; Thevet informa que os corpos deles eram inteiramente revestidos

Com a terceira e última preparação, na qual a vítima era ornamentada para o sacrifício, terminava a desligação do "nosso grupo",[875] o que é posto em relevo simbolicamente, pela captura ritual do cativo. Então, as mulheres eram especialmente ornamentadas para as cerimônias de que deviam participar;[876] e se processava a preparação do ibirapema[877] e do sacrificante.[878]

Segundo Thevet, no decorrer das cerimônias de separação ofereciam uma jovem para dormir com a vítima.[879] É provável que isso ocorresse de fato com alguns prisioneiros. Se a companheira fosse muito

---

de goma, por cima da qual punham penas vermelhas. O rosto, porém, era coberto com cascas de ovos (de "perdiz") bem batidas, e coloridas de azebre. Por meio de cera, fixavam na testa "bonitas penas". Algumas mulheres eram preparadas do mesmo modo, mas não ostentavam ornamentos de penas na testa. Ao mesmo tempo se processava a preparação ritual da mussurana, a corda sacrifical (cf. CARDIM, Pe. Fernão, pp. 161/162).

875 Cf. Thevet, ms. in., fl. 56.

876 Cf. Thevet, ms. in., fl. 56v.

877 Cf. esp.: Thevet, ms. in., fl. 56v.; STADEN, Hans, pp. 179-181; CARDIM, Pe. Fernão, pp. 164/165. As descrições mostram que os tacapes eram consagrados aos espíritos a que destinavam os sacrifícios. Quase todas as fontes se referem à ornamentação do tacape, mas não é preciso, para os fins da presente análise, transcrevê-las ou referi-las aqui.

878 GABRIEL SOARES, pp. 398/399 ("Costumam os tupinambás, primeiro que o matador saia ao terreiro, enfeitá-lo muito bem, pintá-lo com lavores de genipapo todo o corpo, e põem-lhe na cabeça uma carapuça de penas amarelas e um diadema, manilhas nos braços e pernas, das mesmas penas, grandes ramais de contas brancas sobraçadas, e seu rabo de penas de ema nas ancas e uma espada de pau de ambas as mãos muito pesada, marchetada com continhas brancas de búzios, e pintada com cascas de ovos de cores, assentado tudo em lavores ao seu modo, sobre cera, o que fica mui igualado e bem feito"). Staden assinala que o corpo do sacrificante e os de seus comparsas masculinos eram pintados de "cor plúmbea, com cinza" (p. 181). Sobre a preparação ritual do matador cf. também: THEVET, Frei André. *Singularidades*, p. 244; *Cosmographie*, fl. 945v.; LÉRY, Jean de, p. 178; GANDAVO, Pero de Magalhães. *História*, p. 133.

879 "Havia um dos prisioneiros jovem de vinte anos, ao qual esta mesma noite foi dada uma jovem de quinze anos, para dormir com ele". "Sua pobre mulher estava deitada sob o seu leito, enquanto que aquela jovem estava com ele no leito" (Thevet, ms. in., fl. 55v.). Métraux aceita a informação, sem fazer nenhum comentário (cf. op. cit., p. 142).

velha ou se fosse infecunda por outras razões, a oferta de uma jovem se associaria ao ideal de possuir um filho da vítima, no qual praticariam novo massacre. Naturalmente, o desfecho dos ritos de separação redundava na segregação espacial da vítima. A segregação espacial ocorria depois da captura simbólica e dos ritos de vingança, que se seguiam a ela; a vítima era levada para uma cabana, especialmente construída para esse fim, no entardecer, e nela ficava, juntamente com os instrumentos sacrificais e a coifa de penas que deveria usar.[880] Assim que o sol se punha, realizavam a "dança da corça" ("danse de la biche") no centro da praça. Os prisioneiros participavam dessas cerimônias, a que também eram admitidas as mulheres.[881] Depois eram reconduzidos para a cabana, na qual passavam a noite vigiados pelas mulheres.[882]

Os ritos de inculpação da vítima tinham por objetivo identificar o prisioneiro ao grupo a que ele pertencia. As cerimônias realizadas se destinavam a evocar as ações sacrílegas dos inimigos, praticadas nas pessoas dos ancestrais ou parentes mortos; e visavam significar à vítima que o seu sacrifício constituía uma punição àquelas ações sacrílegas. A documentação permite distinguir dois momentos capitais na observância desses ritos. No primeiro momento, que se ligava às cerimônias postas em prática com o fito de separar a pessoa do escravo do "nosso grupo", a vítima era conduzida para a cabana do sul, na qual se realizara de dia a sua primeira preparação cerimonial e a das mulheres. As redes das mulheres ("velhas", segundo o informante) estavam dependuradas em torno à do prisioneiro. Assim que este se deitava, as "velhas" começavam

---

880 Cf. Thevet, ms. in., fl. 57. Veja-se também Pero Correia, *Cartas avulsas*, p. 99: ("E quando se faz a matança, fazem uma casa pequena com telhado somente sem parede, onde alguns dias antes põem os que hão de ser mortos com suas mulheres e com muitas guardas que os guardam"); STADEN, Hans, p. 180 ("Acabada a bebida, descansam no outro dia e constroem para o prisioneiro uma pequena cabana no local em que deve morrer. Aí passa ele a noite sendo bem vigiado"); GANDAVO, Pero de Magalhães. *História*, p. 132; CARDIM, Pe. Fernao, p. 165.

881 Cf. Thevet, ms. in., fl. 57; Staden também menciona de passagem essa cerimônia (cf. pp. 179/180); e Cardim assevera que, em seu transcurso, cada qual fazia o próprio autoelogio (cf. p. 164).

882 THEVET, Frei André. *Cosmographie*, fl. 945; cf. também MÉTRAUX, Alfred, op. cit., p. 148.

a cantar, o que faziam ininterruptamente durante toda a noite. O cativo não dormia e ficava ouvindo o canto das mulheres, no qual elas relatavam que chegara o tempo de vingar os seus amigos, contra o grupo a que ele pertencia.[883] Essas cerimônias precediam à libertação e à captura simbólicas do prisioneiro. No segundo momento, que de acordo com Thevet e Cardim se sucedia à captura simbólica, celebravam cerimonialmente a apropriação da vítima para os fins rituais a que ela era destinada.

> Acabada esta luta ele em pé, bufando de birra e cansaço com o outro que o tem aferrado, sai um coro de ninfas que trazem um grande alguidar novo pintado, e nele as cordas enroladas e bem alvas, e posto este presente aos pés do cativo, começa uma velha como versada nisto e mestra do coro a entoar uma cantiga que as outras ajudam, cuja letra é conforme à cerimônia, e enquanto elas cantam os homens tomam as cordas, e metido o laço no pescoço lhe dão um nó simples junto dos outros grandes, para que se não possa mais alargar, e feita de cada ponta uma roda de dobras as metem no braço à mulher que sempre anda detrás dele com este peso, e se o peso é muito pelas cordas serem grossas e compridas, dão-lhe outra que traga uma das rodas, e se ele dantes era temeroso com a coleira, mais o fica com aqueles dois nós tão grandes no pescoço na banda de trás, e por isto diz um dos pés das cantigas: *nós somos aquelas que fazemos estirar o pescoço ao pássaro,* posto que depois de outras cerimônias lhe dizem noutro pé: *se tu foras papagaio, voando nos fugiras.*[884]

Thevet descreve as cerimônias que se desenrolavam a seguir, no decorrer da tarde mas antes das cinco horas. A vítima era reconduzida para a cabana em que se processara a sua preparação ritual e as mulheres observavam as seguintes cerimônias:

> E em sua presença se apresentavam de novo várias mulheres emplumadas, as quais após estarem bem paramentadas com seus

[883] Thevet, ms. in., fls. 55v.-56.

[884] CARDIM, Pe. Fernão, p. 163.

> belos enfeites, saíam daquela cabana quatro a quatro, cada uma com um enduape [anonas] atrás das costas. Saindo da cabana batiam com a mão na boca ao passar diante deles [dos prisioneiros], gritando o mais alto que elas podiam; depois estando todas de fora corriam pelo meio da praça, amotinando-se, como se elas tivessem querido se combater. E depois de estarem algum tempo nesse lugar, elas retornavam rapidamente para o interior das cabanas, passando sempre diante dos prisioneiros, para lhes causarem mais desgosto. E saíam de novo quatro a quatro, por diversas vezes, procedendo como da primeira vez.[885]

A vítima era preparada ritualmente para as diversas cerimônias das quais deveria participar. As fontes não consignam o significado de cada conexão particular dos ritos de preparação da vítima; todavia, não é difícil perceber que a preparação consagratória ocorria tardiamente, na véspera do dia em que deveria ser consumado o massacre. Portanto, após a desligação completa da vítima do "nosso grupo" e o estabelecimento da comunhão com o espírito que iria receber o sacrifício. As cerimônias de preparação da vítima praticadas antes se ligavam aos ritos de inculpação e de vingança simbólica.

A primeira preparação cerimonial se processava no dia em que começavam os ritos que precediam ao sacrifício. Ela tinha por objeto preparar a vítima para as cerimônias iniciais de inculpação, em que ela era identificada ao grupo hostil a que pertencia e nas quais eram mencionados os delitos sacrílegos que tornavam o seu sacrifício algo moralmente imperioso. É provável, por isso, que essa primeira preparação visasse apenas conformar a vítima aos padrões de pintura do corpo e de tonsura do cabelo de sua própria tribo. Thevet, pelo menos, informa que o prisioneiro era levado para "as cabanas do sul", juntamente com suas redes, e que ali as mulheres se entregavam à sua toalete. Esta era simples: ele se sentava, e as mulheres tosquiavam o seu cabelo por diante e pintavam de negro todo o corpo dele,

---

[885] Thevet, ms. in., fls. 56v.-57. Como se sabe, o gesto de bater com a mão na boca significava, simbolicamente, a pretensão de devorar o inimigo.

com jenipapo.[886] Nesse mesmo dia ocorria a oferta de uma coifa de penas ao prisioneiro: as penas eram fixadas por meio de cera, sendo consideradas "bonitas" pelo informante, o qual escreve ser aquela uma "coisa excelentemente, e propriamente feita".[887] À noite é que tinham lugar as cerimônias de inculpação indicadas.

As cerimônias de libertação e de captura simbólicas, com as cerimônias de inculpação que as seguiam, também eram precedidas de uma preparação especial da vítima. Thevet assevera que conduziam o prisioneiro para fora da "aldeia", entre as malocas do norte e do oeste, e que ali lhe "lavavam a barba" e que raspavam ainda "qualquer coisa, que não haviam feito no dia precedente".[888] Depois disso, ocorreriam as mencionadas cerimônias de captura e de inculpação. Parece que essa preparação tinha uma função religiosa mais ampla, embora não fosse uma "toalete suprema", como escreve Métraux.[889] De fato, várias fontes informam que os tupinambá lavavam então todo o corpo do prisioneiro.[890] Não se sabe qual seria o significado do banho nessa ocasião, mas

---

886 Thevet, ms. in., fl. 55.

887 Idem, fl. 56. A coifa de penas ficava sobre uma peça de madeira, ao lado da rede do prisioneiro.

888 Thevet, ms. in., fl. 56. Embora não faça comentários a respeito, Métraux indica por meio de um ponto de interrogação a dúvida provocada em seu espírito pela afirmação de que "lavavam a barba" do prisioneiro (cf. op. cit., p. 143).

889 MÉTRAUX, Alfred, loc. cit.

890 "Ao quarto dia, em rompendo a alva, levam o contrário a lavar a um rio, e vão se detendo para que, ao tornarem, seja já dia claro" (CARDIM, Pe. Fernão, p. 162); "e um dia antes que o matem lavam-no todo" (NOBREGA, Pe. Manuel da. *Cartas do Brasil*, p. 100); como Thevet, Nóbrega e Cardim asseveram que tal cerimônia se realizava um dia antes da execução. Todavia, Gandavo e Brandão a situam no próprio dia do massacre: "É o dia que há de padecer pela manhã muito cedo antes que o sol saia, o tiram dela [da cabana em que ficava segregado], e com grandes cantares e folias o levam a banhar a uma ribeira" (GANDAVO, Pero de Magalhães. *História*, p. 132); no *Tratado* dá a mesma informação, assinalando que faziam isso "se alguma ribeira está junto da aldeia" (cf. p. 51). "E como lhes parece que já o está [pronto para ser morto], o que logo fazem é ordenar um grande caminho muito limpo, desde o lugar da aldeia até onde passa o rio, e o caminho feito, fazem sabedor ao preso de como já é chegado o tempo para haver de ser morto em terreiro, atandolhe uma corda por debaixo dos braços, com lhe ficarem livres eles e as mãos; e de

é provável que esta parte do cerimonial tivesse alguma conexão com a purificação da vítima para o sacrifício.

No mesmo dia, isto é, na véspera da execução, porém após a captura cerimonial e uma demonstração de vingança da vítima, tinha lugar a última preparação ritual. Depois dela, que se realizava concomitantemente com a preparação ritual do ibirapema, a vítima estava apta para participar da "dança da corça" e das cerimônias de execução; até que chegasse esse momento, no entanto, devia ser segregada em uma cabana especial, como já foi mencionado. Tudo indica que essa preparação suprema tinha por função consagrar a vítima ao espírito que devia receber o sacrifício.

A preparação suprema era precedida pelo ritual de amarramento da mussurana no pescoço da vítima.[891] As mulheres que cuidavam da sua toalete suprema também eram preparadas ritualmente para as circunstâncias e faziam as mesmas operações com o ibirapema ou tacape. Elas cobriam o rosto do prisioneiro com "goma" e distribuíam em cima dela cascas de ovo.[892] Essa toalete devia se processar antes do entardecer, pois por volta das cinco horas a vítima era conduzida, já ornamentada, para a "dança da corça".[893] Segundo Cardim, ela se consumaria ainda no período da manhã:

> Aquela manhã que começam a beber enfeitam o cativo por um modo particular que para isso têm, a saber: depois de limpo o rosto, e quanta penugem nele há, o untam com um leite de certa árvore que pega muito, e sobre ele põem um certo pó de umas

---

modo fazem esta atadura, que deixam duas pontas compridas à corda, cada uma por sua parte, e com grandes gritos e festas o levam desta maneira, pelo caminho que tenho dito, ao rio, dentro no qual o lavam muito bem, desde os pés até a cabeça; e como está lavado, o tornam a trazer para a aldeia" (CARDIM, Pe. Fernão, p. 288).

891 Cf. especialmente Cardim, p. 163 (texto transcrito acima, nas pp. 324/325) e Thevet, ms. in., fls. 56 e 56v.

892 Cf. Thevet, ms. in., fl. 57v.; sobre a preparação ritual do ibirapema ou tacape, na ocasião, cf. também CARDIM, Pe. Fernão, pp. 164/165.

893 Cf. Thevet, ms. in., fl. 57.

> cascas de ovo verde de certa ave do mato, e sobre isto o pintam de preto com pinturas galantes, e untando o corpo todo até a ponta do pé o enchem todo de pena, que para isto têm já picada e tinta de vermelho, o qual faz parecer a metade mais grosso, e a coisa do rosto o faz parecer tanto maior e luzente, e os olhos mais pequenos, que fica uma horrenda visão.[894]

Outras fontes se referem a essa preparação cerimonial. Pero Correia afirma que pintariam de azul o rosto da vítima e indica qual era a utilização da coifa de penas, cuja oferta à vítima é descrita por Thevet: "Depois que têm todas as coisas acabadas, pintam o rosto aos que hão de matar, de azul, fazendo-lhe também muitos lavores e na cabeça lhes põem uma carapuça de cera toda coberta de franja de penas, e atam-lhe uma soga de algodão pela cinta, e fazem-lhe quatro ramais";[895] enquanto Gabriel Soares informa que, além da resina, usavam também o mel como fixador, e fornece uma indicação sobre a pintura dos pés da vítima: "untam o cativo todo com mel de abelhas, e por cima deste mel o empenam todo com penas de cores, e pintam-no a lugares de jenipapo e os pés com uma tinta vermelha".[896] Por fim, Staden indica que a preparação suprema da vítima era acompanhada de uma cantiga ritual: "Do mesmo modo pintam o rosto do prisioneiro, e enquanto uma mulher o pinta, cantam as outras".[897]

Na medida em que se pode interpretá-las por suas condições sociais externas, as ações sociais atualizadas no decorrer da captura simbólica da vítima tinham por fim a reapropriação, por meios violentos, da pessoa do cativo. Nesse sentido, os ritos de captura simbólica constituíam um marco no processo de separação da vítima do "nosso grupo": daí em

---

[894] CARDIM, Pe. Fernão, p. 164.

[895] Pero Correia, *Cartas avulsas*, p. 99; a informação de que pintavam o rosto da vítima de azul não me parece discrepante, pois é possível que a cor da tintura do jenipapo se prestasse a essa interpretação.

[896] GABRIEL SOARES, p. 397; essa informação é repetida por Salvador, p. 67. Sobre a ornamentação da vítima, veja-se ainda THEVET, Frei André. *Cosmographie*, fl. 945v. e LÉRY, Jean de, p. 177.

[897] STADEN, Hans, p. 180.

diante ela estava para os tupinambá na relação pura e simples de "estranho" e a sua consagração ao espírito que ia receber o sacrifício devia transcorrer como uma medida de segurança para a coletividade. Por isso, presumivelmente, é que a preparação suprema da vítima se realizava logo depois da captura simbólica e em conexão com a consagração do ibirapema, que segundo Staden ocorreria antes que a do prisioneiro.[898] Os dois textos mais completos, a respeito, são os de Thevet e de Cardim. O primeiro informa que assim que terminavam as cerimônias de purificação, o prisioneiro era libertado. "Todos os selvagens estavam enfileirados de um e de outro lado da entrada das cabanas. Pelo meio desses selvagens fez-se correr os ditos prisioneiros, havendo nessas filas um selvagem escolhido para receber aqueles prisioneiros, tendo cada qual um enduape (*amonas*) atrás das costas, e estando todos pintados, como acima ficou dito, tendo um chinelo de algodão – *un soulier de cotton* (?) – inteiramente novo. Imediatamente os prisioneiros partiram do lugar, para correr entre as duas filas dos selvagens, havendo entre eles o espaço de vinte passos. Logo foram agarrados pelos corpos, e todos se lançaram sobre eles, levando-os para o meio da praça das quatro cabanas, ao lugar que eles chamam *Carbé*, e passaram a mussurana, da qual já falamos acima, pelo pescoço".[899] A descrição de Cardim é um pouco diferente, pois não menciona a organização de filas[900] e acentua o significado das relações agonísticas para a vítima; todavia, também localiza os ritos de captura simbólica como sequência das cerimônias de purificação.

> E entrando pela aldeia, o preso vai já com o olho sobre o ombro, porque não sabe de que casa ou porta lhe há de sair um valente que o há de ferrar detrás, porque como toda sua bem-aventurança consiste em morrer como valente, e a cerimônia que se segue é já das mais propínquas à morte, assim como o que há de aferrar mostra as suas forças em só ele o subjugar sem ajuda de outrem, assim ele quer mostrar ânimo e forças em lhe resistir; e às vezes

---

898 Cf. STADEN, Hans, loc. cit.

899 Thevet, ms. in., fls. 56 e 56v.

900 Aspecto que também não é mencionado pelas demais fontes (cf. Abbeville e Brandão, trechos citados acima, nas notas 150 e 151).

> o faz de maneira que, afastando-se o primeiro como cansado em luta, lhe sucede outro que se tem por mais valente homem, os quais às vezes ficam bem enxovalhados, e mais o ficariam se já a este tempo o cativo não tivesse a peia ou grilhões.[901]

Léry, cujas observações sobre essas cerimônias não são exatas, acrescenta os seguintes dados sobre o amarramento ritual da mussurana no corpo da vítima: "Não se imagine porém que o prisioneiro com isso o deprima. Ao contrário, com audácia e incrível segurança jacta-se das suas proezas passadas e diz aos que o mantêm agarrado: "Também eu, valente que sou, já amarrei e matei vossos maiores'. Cada vez mais feroz volta-se para ambos os lados exclamando para uns e para outros: 'Comi teu pai e moquei a teus irmãos; comi tantos homens e mulheres, filhos de vós outros tupinambás, a que capturei na guerra, que nem posso dizer-lhes os nomes; e fiquem certos de que para vingar a minha morte os maracajás da nação a que pertenço hão de comer ainda tantos de vós quantos possam agarrar".[902]

Os ritos de vingança simbólica abrangiam ações cujo sentido aparentemente variava em conexão com as constelações cerimoniais a que se integravam de modo imediato. Pois, de acordo com a documentação disponível, é possível distinguir quatro modalidades de atualização social de atitudes agressivas e vindicativas por parte da vítima. Uma delas se ligava aos ritos de separação, com relação aos quais representava, nos sacrifícios consagrados aos ancestrais míticos, como que a própria etapa inicial de afastamento do escravo do "nosso grupo". Ela vem descrita por Cardim, e pelo que parece a cerimônia reproduzia uma situação mítica: a destruição do corpo de *Maire-Monan*.[903] "O segundo dia trazem muitos feixes de canas bravas de comprimento de lanças e mais, e a noite põem-nas em roda em pé, e pondo-lhes o fogo ao pé se faz uma formosa e

---

901 CARDIM, Pe. Fernão, pp. 162/163.

902 LÉRY, Jean de, p. 177.

903 Compare-se a cerimônia descrita por Cardim com os textos míticos fornecidos por Thevet, sobre a destruição de *Maire-Monan*, pelos tupinambá (cf. ms. in., fls. 43-43v.).

alta fogueira, ao redor da qual andam bailando homens e mulheres com maços de flechas ao ombro, mas andam muito depressa, porque o morto que há de ser, que os vê melhor do que é visto por causa do fogo, atira com quanto acha, e quem leva, leva, e como são muitos, poucas vezes erra".[904] Após a captura simbólica e o amarramento ritual da mussurana, ocorria outra manifestação de agressividade do prisioneiro. Como ela precedia à preparação consagratória, é de crer-se que fazia parte dos ritos de separação e que visava a regular formalmente as relações dos tupinambá com a vítima como relações de hostilidade, de inimigo para inimigo. Thevet, que nos dá as informações sobre essa cerimônia, afirma que os prisioneiros tinham liberdade de correr para onde quisessem e que os guardas, encarregados de segurar a mussurana, tinham que correr atrás deles, acompanhando-os. Nessa ocasião, eles podiam atirar pomos de jenipapo e outros projéteis, como pedaços de raízes e cacos ("fondes") nos seus algozes, sendolhes permitido, inclusive, utilizar o arco com flechas rombudas. Suas mulheres encarregavam-se do aprovisionamento dos projéteis e das flechas, permanecendo por isso sempre ao lado deles.[905]

Diferente parece ter sido a função dos mesmos comportamentos nas outras duas modalidades de atualização social de atitudes agressivas e vindicativas. Elas faziam parte de cerimônias observadas após a consagração da vítima. É evidente que elas correspondiam à preocupação de conceder à vítima a oportunidade de vingar-se dos seus algozes.[906] Essa preocupação, pelo que se pode alcançar interpretativamente, nascia do desejo de aplacar a cólera do espírito da vítima. Segundo Thevet, no decorrer da "dança da corça" (que se realizava ao anoitecer, na véspera da execução), observava-se uma dessas manifestações de vingança. Os prisioneiros interromperam violentamente essa dança ritual, perseguindo os circunstantes com os projéteis de que estavam providos.[907] As demais fontes mencionam apenas

---

[904] CARDIM, Pe. Fernão, p. 162.

[905] Cf. Thevet, ms. in., fl. 56v.

[906] Como já foi indicado, os cativos (pelo menos os do grupo tupi) encaravam as ações agressivas que então praticavam, na qualidade de vítima, como uma maneira de vingar-se dos seus algozes (cf. acima, nota 435 e texto correspondente).

[907] Cf. Thevet, ms. in., fl. 57.

a cerimônia de vingança praticada no dia do massacre ritual, antes da exibição cerimonial do ibirapema e da apresentação ritual do sacrificante.

> Enquanto isso, os índios cauinam e bebem excessivamente, até se embebedar, dançam então e cantam pelo espaço de dois a três dias depois do que conduzem o prisioneiro, sempre amarrado pelo ventre, até o local em que deve ser massacrado. Aí colocam junto dele grande quantidade de frutos do tamanho de maçãs, porém duríssimos, e dizem-lhe, cercando-o: *ejepuic*, vinga a tua morte, ou, segundo a verdadeira significação da palavra, toma tua desforra. Imediatamente o prisioneiro, que tem as mãos livres, agarra os frutos e tudo o mais que pode pegar e atira com toda a força contra os assistentes, conseguindo não raro ferir seriamente alguns. Os que seguram as pontas da corda, com que está amarrado, usam rodelas de couro para se protegerem.[908]

Conforme Léry, os dois guardas encarregados de imobilizar a vítima por meio da mussurana é que lhe diriam: "Vinga-te antes de morreres".[909]

Entre os demais ritos e os de execução havia uma pequena pausa.[910] No dia da execução ocorriam, antes do massacre da vítima, várias cerimônias, as quais tinham por objeto a sua pessoa.[911] A primeira cerimônia consistia no amarramento cerimonial para o massacre. Assim que o dia clareava, a vítima era conduzida para o lugar do massacre, sendo a mussurana levada enrolada em "pequenas árvores". A mussurana era então desenrolada e estendida ao comprido, sendo que as pontas, que

---

908 ABBEVILLE, Claude d', pp. 231/232. Segundo Rodolfo Garcia (nota 6, in loc. cit.): "o verbo *jepyca*, vingar; *e-jepyca*, imperativo, vinga tu!". Sobre essa cerimônia, veja-se também: LÉRY, Jean de, pp. 177/178; STADEN, Hans, p. 180; GANDAVO, Pero de Magalhães. *História*, p. 133; Cardim, p. 165.

909 LÉRY, Jean de, p. 178.

910 "Acabada a bebida, descansam no outro dia e constroem para o prisioneiro uma pequena cabana no local em que deve morrer. Aí passa ele a noite, sendo bem vigiado" (STADEN, Hans, p. 180).

911 As demais cerimônias, que tinham por objeto o sacrificante e o ibirapema ou tacape, não serão consideradas aqui.

estavam amarradas no pescoço da vítima, eram descidas e prendidas pela cintura. As duas extremidades da mussurana eram seguradas por dois guerreiros, segundo uns; por mais que dois, segundo outros. Os braços e as mãos da vítima ficavam livres, para que ela pudesse vingar-se, lançando projéteis contra os circunstantes. Os homens encarregados de segurar a mussurana se protegiam "com rodelas de couro de *tapirussú*". A vítima ficava nessa posição até consumir os seus projéteis e ter tomado a sua "desforra".[912] Segundo Léry, antes de ficar imobilizado pela cintura, ela seria exibida ritualmente aos circunstantes.[913] De acordo com Cardim, a despedida ritual da companheira do escravo precedia à cerimônia do amarramento da mussurana; Thevet, porém, insinua que a despedida transcorria depois do amarramento ritual da mussurana.[914]

Após o amarramento da mussurana, a vítima faria o seu autoelogio:

> Nossos amigos os *Maracajás* são gente de bem, fortes e potentes na guerra. Eles capturaram e comeram vários dos vossos parentes nossos inimigos, e desses que me têm para me fazer morrer. Mas eles vingarão logo minha morte, e vos comerão quando quiserem e a vossos filhos também. Quanto a mim, eu já matei e comi muitos amigos desse maligno *Aignan*, que me tem prisioneiro. Eu sou forte, eu sou potente. Fui eu que muitas vezes capturei em marcha covardes como vocês, que nada sabem da guerra; e muitas outras palavras eles dizem, que mostram o pouco-caso que eles têm da morte, e que o medo desta não pode em nada abalar sua mais que brutal segurança.[915]

---

912 Cf. Thevet, ms. in., fl. 57v. e *Cosmographie*, fl. 945; LÉRY, Jean de, p. 177; CARDIM, Pe. Fernão, p. 165; GANDAVO, Pero de Magalhães. *Tratado*, p. 51; KNIVET, Anthony, ed. bras., p. 84. A respeito das pontas da mussurana, Gabriel Soares fornece uma informação discrepante, assegurando que elas ficariam amarradas em dois moirões enterrados no chão (cf. p. 398).

913 "Deixam-lhe os braços livres e o fazem passear assim pela aldeia, em procissão, por alguns momentos" (LÉRY, Jean de, p. 177).

914 Cf. CARDIM, Pe. Fernão, p. 165; e Thevet, ms. in., fl. 57v.

915 THEVET, Frei André. *Cosmographie*, fl. 945. Esse depoimento é confirmado por Gabriel Soares (cf. p. 398; texto transcrito supra nota 267).

Além do diálogo com o sacrificante, a vítima mantinha, antes do massacre, diálogos rituais com outros personagens. Gabriel Soares apanhou a parte desta cerimônia, que dizia respeito à participação verbal das mulheres: "onde lhe as velhas dizem que se farte de ver o sol, pois tem o fim tão chegado; ao que o cativo responde com grande coragem, que pois ele tem vingança de sua morte tão certa, que aceita o morrer com muito esforço".[916] Knivet e Abbeville assinalam, por sua vez, que o diálogo seria mantido com um dos velhos do grupo: "apanharam um dos portugueses e, amarrando-lhe nova corda à cintura, conduziram-nos a um pátio onde três selvagens mantinham esta corda de um lado e três do outro, ficando o português no meio. Veio então um ancião que lhe ordenou: 'Olha para todas as coisas que amas', declarando-lhe que devia dizer adeus a elas, pois nunca mais as veria".[917] Abbeville indica um fato muito importante: o ancião que se encarregava desse diálogo se apresentava diante da vítima munido com o tacape ou ibirapema consagrado.[918]

O diálogo travado com o sacrificante tinha o mesmo teor: todos eles evidenciam, em conjunto e coerentemente, que a vítima se conservava identificada com o grupo a que pertencia até o fim e que o massacre era interpretado, sob esse aspecto, como uma punição justa, infligida aos inimigos através de sua pessoa. Thevet informa, no que é unanimemente confirmado, que o diálogo ritual entre a vítima e o sacrificante se processava logo depois da oferta cerimonial do tacape a este último:

> Isso feito, oferecia-se a espada a um dos principais, o qual a dava àquele que estava deputado para fazer a execução. Depois que ele a recebia, ele se dirigia ao prisioneiro, mostrando-lhe a espada, e simulando querer bater-lhe, dizia: chegou o tempo

---

[916] GABRIEL SOARES, p. 398. De fato, as mulheres participavam desses ritos; Staden, que não menciona o diálogo, se refere porém às ações que elas praticavam então: corriam em torno da vítima, "mostrando-lhe com ameaças como o pretendiam comer" (p. 180).

[917] KNIVET, Anthony, ed. bras., p. 84. Quanto ao texto de Abbeville, mais completo, já foi utilizado na íntegra neste trabalho (cf. acima, nota 264).

[918] Cf. ABBEVILLE, Claude d', p. 232.

> de morreres, a fim de que sejamos vingados de nossos amigos mortos por tu, e teus amigos. Depois disso o prisioneiro, seguro como um rochedo, lhe respondia que ele não tinha pena de sua morte, estando certo que seus amigos tirariam vingança de sua morte ainda que ela tardasse.[919]

Como se sabe, são várias as fontes que confirmam esta descrição;[920] eis aqui apenas alguns exemplos: "e vem um deles mui bem ataviado e lhe faz a prática de seus antepassados; e, acabada, o que está para morrer responde, dizendo que dos valentes é não temer a morte, e que ele também matara muitos dos seus e que cá ficam seus parentes que o vingarão e outras coisas semelhantes"; "e com este estrondo entra [o matador] no terreiro da execução, onde está o que há de padecer, que o está esperando com grande coragem com uma espada de pau na mão, diante de quem chega o matador, e lhe diz que se defenda, porque vem para o matar, a quem responde o preso com mil roncarias"; "chega-se [o matador] ao padecente dizendo-lhe muitas coisas e ameaçando-lhe sua geração que o mesmo há de fazer a seus parentes"; "A esta altura, aproximou-se um moço, robusto, com as mãos e faces tintas de vermelho, dizendo à vítima: 'Tu me vês? Sou aquele que matou muitos da tua nação, e te matará'".[921]

O massacre se desenrolava como uma situação de luta. As relações da vítima com o sacrificante eram relações agonísticas, o que testemunha o caráter compulsório ou involuntário do sacrifício humano na sociedade tupinambá.[922] Cardim fornece a descrição mais extensa da pugna, naturalmente desigual, travada entre o sacrificante e a vítima:

---

919 Thevet, ms. in., fls. 57v.-58.

920 Cf. especialmente: Cardim, Léry, Gandavo (*História*), Staden, Abbeville, Thevet e Gabriel Soares, textos transcritos acima (cf. notas 267-268 e 364).

921 Cf. respectivamente: NOBREGA, Pe. Manuel da. *Cartas do Brasil*, p. 100; GABRIEL SOARES, p. 399; GANDAVO, Pero de Magalhães. *Tratado*, pp. 51/52; KNIVET, Anthony, loc. cit. e pp. 124/125. Veja-se também BARLEU, Gaspar, pp. 23/24; BRANDÃO, Ambrósio Fernandes, p. 288.

922 Isso, segundo a noção de sacrifício adotada por alguns autores, levaria a excluir, conceptualmente, o tipo de massacre humano praticado pelos tupinambá da categoria

> (...) e nisto aparelha-se um para furtar o corpo, que é toda a honra de sua morte. E são nisto tão ligeiros que muitas vezes é alto o dia sem o poderem matar, porque em vindo a espada pelo ar, ora desvia a cabeça, ora lhe furta o corpo, e são nisto tão terríveis que se os que têm as pontas das cordas o apertam, como fazem quando o matador é frouxo, eles tão rijo que os trazem a si e os fazem afrouxar em que lhes pese, tendo um olho neles e outro na espada, sem nunca estarem quedos, e como o matador os não pode enganar ameaçando sem dar, sob pena de lhe darem uma apupada, e eles lhe adivinham o golpe, de maneira que, por mais baixo que venha, num assopro se abatem e fazem tão razos que é coisa estranha, e não é menos tomarem a espada aparando-lhe o braço por tal arte que sem lhe fazerem nada correm com ela juntamente para baixo e a metem debaixo do sovaco tirando pelo matador, ao qual, se então não acudissem, o outro o despacharia.[923]

Essa descrição é parcialmente confirmada por outras fontes: "Ditas estas palavras e outras semelhantes que eles costumam arrazoar nos tais tempos, remete o matador a ele com a espada levantada nas mãos, em postura de o matar, e com ela o ameaça muitas vezes fingindo que lhe quer dar. O miserável padecente que sobre si vê a cruel espada entregue naquelas violentas e rigorosas mãos do capital inimigo com os olhos e sentidos prontos nela, em vão se defende quanto pode. E andando assim nestes cometimentos acontece algumas vezes virem a braços, e o padecente tratar mal ao matador com a mesma espada. Mas isto raramente, porque correm logo com muita presteza os circunstantes a livrá-lo de suas mãos";[924] "Imediatamente o sanguinário assassino põe-se a saltar, bravatear e voltear a espada por cima do miserável, o qual embora

---

de "sacrifício propriamente dito". Sobre a noção de sacrifício, assim entendida, cf. BUCK, Peter Henry. *Anthropology and religion*, pp. 24-26. É evidente que neste trabalho o conceito de sacrifício foi tomado em um sentido mais amplo e, inclusive, mais preciso. O fato de a vítima prestar-se ou não voluntariamente à imolação não constitui um caráter essencial dessa instituição.

923 CARDIM, Pe. Fernão, pp. 166/167; cf. também Thevet, ms. in., fl. 58.

924 GANDAVO, Pero de Magalhães. *História*, p. 134; veja-se também o *Tratado*, p. 51 ("as mãos lhe deixam soltas porque folgam de o ver defender com elas").

amarrado, procura pegá-la e arrancá-la das mãos de seu algoz. Mas a qualquer movimento para fazê-lo, os que seguram a corda puxam-no para trás";[925] "E se sucede que o preso, ao tempo de lhe descarregarem o golpe, for tão manhoso e tiver tantas forças que, com os braços, que lhe ficam livres, arrebatar a espada ao matador, escape da morte, porque para esse efeito lhas deixam livres".[926] Gabriel Soares dá uma informação, aceita e repetida por Salvador, segundo a qual a vítima dispunha, para a sua defesa, de uma "espada de pao":[927] "mas o solto [o matador] remete a ele com a sua espada de ambas as mãos, da qual se quer desviar o preso para alguma banda, mas os que têm cuidado das cordas puxam por ela de feição que o fazem esperar a pancada, e acontece muitas vezes que o preso primeiro que morra, chega com sua espada ao matador que o trata muito mal, sem embargo de lhe não deixarem as cordas chegar a ele; por mais que o pobre trabalha, não lhe aproveita; porque tudo é dilatar a vida mais dois credos, onde a rende nas mãos de seu inimigo, que lhe faz a cabeça em pedaços com sua espada".[928]

Essas descrições sugerem que as relações do sacrificante com a vítima, no momento da execução, também estavam associadas ao padrão ideal indicado acima, de concessão de oportunidades de "vingança" ao inimigo a ser imolado. Essas relações possuíam um caráter mágico-religioso, pois tinham, aparentemente, por fim aplacar o espírito da vítima.

---

925 ABBEVILLE, Claude d', p. 232.

926 BRANDÃO, Ambrósio Fernandes, p. 289. É claro, como esclarece Gabriel Soares: a vítima apenas prolongava, assim, a situação de luta; as informações disponíveis não permitem interpretar o texto de Brandão de maneira a conceber o resultado da pugna como uma suspensão definitiva do massacre.

927 GABRIEL SOARES, pp. 397/398; Salvador, p. 67. Se não me falha a memória, essa informação ocorre também em outras fontes portuguesas, de importância secundária.

928 GABRIEL SOARES, p. 399; cf. também Salvador, p. 68. Métraux interpreta a concessão de uma *macana* à vítima como uma demonstração de "bravata" (cf. *La Religion des tupinambá*, p. 153). Todavia, é impossível alcançar, atualmente, o significado no sentido do comportamento em questão para os tupinambá. É de presumir-se que a hipótese aventada acima, de que o comportamento se ligava às condições mágico-religiosas das relações agonísticas do sacrificante com a vítima, seja mais coerente com o caráter da instituição do sacrifício na sociedade tupinambá.

Este poderia voltar-se contra seus algozes, perigo que era conjurado e afastado através das cerimônias atualizadas, que estabeleciam o estado de participação com o sobrenatural, e de respeito pela vítima. Métraux emprega, de passagem, o termo "jogo" para designar a atuação de luta do sacrificante com a vítima.[929] De fato, o termo se aplica adequadamente à situação. O sacrifício constituía algo inexorável, que dignificava a vítima e a reintegrava, como já foi visto, na corrente da *existência*; se as "regras do jogo" fossem fielmente observadas, isto é, se os cerimoniais fossem postos em prática sem nenhum lapso, a dignidade da vítima não sofreria abalos que pudessem desencadear sua cólera, depois de "morto", orientando-a contra os algozes, especialmente o sacrificante e os seus comparsas imediatos. Sob esse aspecto, as relações agonísticas com o sacrificante faziam parte das "regras do jogo" e se integravam aos ritos de vingança simbólica da vítima.

O massacre da vítima tinha lugar assim que o sacrificante encontrava uma oportunidade adequada para assestar o golpe fatal. "O selvagem encarregado da execução levanta então o tacape com ambas as mãos e desfecha tal pancada na cabeça do pobre prisioneiro que ele cai redondamente morto sem sequer mover braço ou perna. E dir-se-ia um magarefe abatendo um boi. Em verdade muitas vezes as vítimas estrebuxam no chão, mas isso por causa do sangue e dos nervos que se contraem. O executor costuma bater com tal destreza na testa ou na nuca que não se faz necessário repetir o golpe e nem a vítima perde muito sangue".[930] O golpe na nuca era dado por detrás; as fontes indicam que novos golpes podiam ser assestados, antes e depois de o corpo da vítima cair no chão.[931] Anchieta escreve que,

---

[929] Cf. loc. cit. Sobre o papel do elemento "jogo" na guerra, inclusive sociedades primitivas, veja-se HUIZINGA, J. *Homo ludens*, cap. V.

[930] LÉRY, Jean de, p. 179.

[931] Cf. Thevet, ms. in., fls. 58 e 60v., *Cosmographie,* fl. 945v., e *Singularidades*, p. 244; KNIVET, Anthony, ed. bras., p. 84; BRANDÃO, Ambrósio Fernandes, pp. 288/289; ABBEVILLE, Claude d', p. 233; CARDIM, Pe. Fernão, p. 167; GABRIEL SOARES, p. 399; GANDAVO, Pero de Magalhães. *História*, p. 154; Montaigne, pp. 185-187; Pero Correia, *Cartas avulsas*, p. 99; SALVADOR, p. 68; STADEN, Hans, p. 182.

graças a essa modalidade de massacre, não atormentavam a vítima; "contentam-se com lhes quebrar a cabeça com um pau, que é morte muito fácil".[932] Se a vítima não morresse com a primeira pancada, ficava pelo menos sem sentidos. Doutro lado, Cardim assinala que os tupinambá procuravam evitar a perda do sangue: "e todo o dia e noite é bem servido de festas mais que de comer, porque não dão outro conduto senão uma fruta que tem sabor de nozes, para que ao outro dia não tenha muito sangue".[933]

As relações com a vítima não terminavam, como se poderia supor, com o massacre. Ao contrário, elas se complicavam depois dele, e determinavam a observância de outros ritos, os quais tinham um duplo objetivo: 1) consumar a "destruição" da vítima; 2) evitar que o seu "espírito" se tornasse nefasto para o sacrificante e para a coletividade. O primeiro objetivo era conseguido através da antropofagia ritual; o segundo, em parte por meio dela, mas especialmente por intermédio dos ritos de purificação do sacrificante ou ritos de renomação.

É preciso entender, porém, o que significa "destruição" neste contexto anímico. Para usar conceitos adequados ao nosso pensamento – como os de pessoa, de alma e de corpo –, aquilo que se poderia representar como sendo a "pessoa" da vítima não era propriamente destruído através do sacrifício. Ela continuava a existir como uma realidade anímico-religiosa e social após o massacre: quer na memória coletiva do grupo a que pertencesse a vítima; quer na sociedade sobrenatural dos ancestrais míticos e parentes "mortos", se a vítima estivesse suficientemente integrada no mundo do sagrado.[934] Isso porque os tupi, outros "povos primitivos", acreditavam que cada "pessoa" possuía mais do que uma "alma". Quantas, exatamente, não se sabe. Evreux assevera o seguinte: "Creem na imortalidade da alma: quando

---

932 ANCHIETA, Joseph de. *Cartas*, p. 329.

933 CARDIM, Pe. Fernão, p. 165. O informante se refere a comportamentos observados na véspera da execução.

934 Evidentemente, essa explanação só vale para os tupinambá e as demais tribos pertencentes ao grupo cultural tupi.

no corpo chamam-na *An*, e quando deixa este para ir ao lugar, que lhe é destinado, *Anquere*".[935] Essa informação, interpretada da perspectiva cultural do grupo, dá a conhecer duas espécies de "almas" (ainda que se possa presumir que cada "pessoa" contasse com maior número de "almas"). Ora, o que era "destruído", por meio do sacrifício e da antropofagia, era o "corpo" e a "alma" correspondente, que ficava nele. A outra "alma" (ou as outras) continuava a existir. Embora os cronistas não mencionem esse fato, ele é comprovado – seja pelos ritos de antropofagia (parcialmente) e de purificação do sacrificante; seja pelo próprio imperativo, de caráter mágico-religioso, de "vingança" posterior da vítima, por seus parentes e amigos.

Essa realidade anímica, que sobre-existia ao sacrifício, é que constituía uma fonte de perigos para o sacrificante e para a coletividade. Era dela que o grupo procurava defender-se, consumindo o "corpo" da vítima. Era por causa dela que o sacrificante tomava várias precauções e se submetia a penosas cerimônias. Em síntese, enquanto a sombra da vítima pairasse sobre a comunidade dos seus algozes, nem o sacrificante nem o grupo a que ele pertencesse estavam em segurança. A rotina não se restabeleceria antes que toda ameaça de luta fosse completamente conjurada.

De modo que a situação de luta se prolongava através dos ritos de antropofagia e de renomação ou purificação, no mesmo clima mágico-religioso em que se processara a captura do inimigo, sua incorporação à comunidade e sua execução. Tomando-se como ponto de referência o sacrifício da onça, é possível pôr em evidência os sentimentos dos tupinambá com relação à "alma" da vítima, que não era destruída em consequência do massacre. Como já foi indicado acima, o sacrifício da onça se realizava sob forma ritual, do mesmo modo que o de seres humanos, e conferia ao sacrificante

---

935 EVREUX, Pe. Ives d', p. 294. Esse texto já foi aproveitado noutra parte da presente monografia. Plínio Ayrosa esclareceu que "*Anquere* é evidentemente *anguera*, isto é, sombra antiga, vulto antigo". No mesmo sentido, Egon Schaden traduz *anguera* como "o que foi alma". A existência de duas palavras para designar a "alma" indica que os tupinambá acreditavam, presumivelmente, na pluralidade da alma humana.

as mesmas prerrogativas mágico-religiosas.[936] Ora, Thevet descreve uma cerimônia destinada exatamente a aplacar a cólera do animal, a evitar represálias por parte de sua "alma":

> E a árvore estando cortada, e a presa conduzida para o meio da aldeia, as mulheres a enfeitavam com ornamentos de todas as cores, do mesmo modo que fazem ao prisioneiro que deve ser comido, metiam-lhe braceletes nos braços, e mantendo a besta firme[937] a choravam, dizendo em sua linguagem: eu te rogo não queiras te vingar sobre nossas crianças de que tenhas sido assim aprisionada, e morta por tua ignorância. Pois não fomos nós que te enganamos assim, mas antes tu mesma. Nossos homens não armaram aqueles laços senão para agarrar animais bons para comer, e não acreditavam encontrar-te assim presa. Mas, temendo-te, te mataram. Portanto, que tua alma não dê conselhos às outras tuas semelhantes, para vingar tua morte sobre nossos filhos.[938]

As informações disponíveis sugerem que o sacrificante – e naturalmente as pessoas que, como ele, estavam em certa relação para com a vítima, como os seus comparsas, que participavam da captura simbólica e de outros ritos posteriores – se expunha de modo imediato às represálias da "alma" do inimigo massacrado. A preparação ritual do sacrificante tinha por fim, portanto, pô-lo em condições de defrontar-se com a vítima no plano mágico-religioso. Uma das fontes, pelo menos, salienta por que ele se tingia de "branco": "para que a alma do tapuia não entre nele".[939] Essa razão, de ordem sobrenatural, fazia com que

---

936 N.E. A edição não conseguiu localizar a primeira parte da nota. Essas informações são dadas por Cardim (p. 34). Todavia, coube a Thevet fornecer os dados mais completos sobre tal aspecto do sistema mágico-religioso tribal.

937 Ou sentada; Thevet emprega o termo *affife* (*assise*), particípio pretérito do verbo *asseoir*.

938 Thevet, ms. in., fl. 88v. É evidente que, como mostram as descrições aproveitadas acima, as cerimônias destinadas a aplacar a cólera da vítima humana assumiam outra forma e possuíam natureza diferente.

939 Cf. o texto do autor anônimo *De algumas coisas mais notáveis do Brasil*, p. 385.

o sacrifício se subordinasse a uma complicada organização ritual, que era obedecida independentemente da natureza da vítima. As referências anteriores mostram que se comportavam, no massacre da onça, da mesma maneira que no de um ser humano; e Cardim esclarece que a idade não alterava a observância das cerimônias prescritas: "porque têm eles neste ato tantos agouros que para matar um menino de cinco anos vão tão enfeitados como para matar algum gigante".[940] Parece, além disso, que os ritos observados depois do massacre dependiam estreitamente das "chances" do sacrificante conservar-se com vida, as quais eram determinadas pelo desfecho das suas relações agonísticas com a vítima. "Se este que mataram ao cair cai de costas, e não de bruços, têm-no por grande agouro e prognóstico que o matador há de morrer, e inda que caia de bruços têm muitas cerimônias, as quais se se não guardam têm para si que o matador não pode viver, e são muitas delas tão penosas que se alguém por amor de Deus sofresse seus trabalhos não ganharia pouco".[941]

Os dados relativos ao repasto coletivo não apresentam a mesma consistência que os concernentes aos ritos de execução. Embora as fontes tenham dispensado larga atenção a esse tema da cultura tupinambá, não conseguiram compreender as ações então desenroladas em termos de sua regulamentação ritual e das suas conexões mágico-religiosas e míticas. De modo que, em conformidade com o ponto de vista interpretativo aqui adotado, deverei restringir a análise a alguns aspectos das cerimônias, que se seguiam ao massacre ritual da vítima e que tinham por objeto a utilização do seu corpo para fins rituais.[942] *Grosso modo*, esses aspectos dizem respeito: a) ao aproveitamento e ao consumo da carne da vítima; b) à distribuição ritual da mesma; c) às conexões socioculturais das ações canibalísticas, que lançam alguma luz sobre o sentido subjetivo que elas possuíam para os tupinambá.

---

940 CARDIM, Pe. Fernão, p. 167.

941 CARDIM, Pe. Fernao, p. 167.

942 Uma análise mais exaustiva será feita no próximo trabalho, em elaboração, sobre o sacrifício humano na sociedade tupinambá.

Quanto ao primeiro aspecto, parece que a reprodução de algumas descrições dará uma ideia de como os tupinambá procediam nessa fase dos rituais de "destruição" da vítima.

> Morto o triste, levam-no a uma fogueira que para isto está prestes, e chegando a ela, em lhe tocando com a mão dá uma pelinha pouco mais grossa que véu de cebola, até que todo fica mais limpo e alvo que um leitão pelado, e então se entrega ao carniceiro ou magarefe, o qual lhe faz um buraco abaixo do estômago, segundo seu estilo, por onde os meninos primeiro metem a mão, e tiram pelas tripas, até que o magarefe corta por onde quer, e o que lhe fica na mão é o quinhão de cada um, e o mais se reparte pela comunidade salvo algumas partes principais que por grande honra, se dão aos hóspedes mais honrados, as quais eles levam muito assadas, de maneira que não se corrompam, e sobre elas depois em suas terras fazem festas e vinhos de novo.[943]

"O valente esgrimista, depois de saltar e voltear a espada para impressionar o prisioneiro, dá-lhe finalmente uma ou duas cacetadas atrás da orelha e quebra-lhe a cabeça fazendo cair os miolos no chão". "Aproximam-se então as mulheres, agarram o cadáver e lançam-no ao fogo até queimarem-se todos os pêlos. Retiram-no então e lavam-no com água quente. Depois de bem limpo e alvo, abrem-lhe o ventre e retiram-lhe as entranhas. Cortam-no em seguida em pedaços e moqueiam ou assam-no". "Para isso usam uma espécie de grelha de madeira a que dão o nome de *bucan*, moquém. Essa grelha é formada de quatro forquilhas de madeira, da grossura de uma perna, fincadas no chão em forma de quadrado ou retângulo e sobre as quais colocam duas varas com outras menores atravessadas e próximas umas das outras. O moquém ergue-se cerca de três pés acima do chão e tem comprimento e largura proporcionais ao número de homens que devem ser moqueados, não raro incrivelmente grande. Deitam fogo em baixo da grelha sobre a qual colocam todos os pedaços do pobre corpo estraçalhado: cabeça, tronco, braços e coxas, sem esquecer pernas, mãos, pés, inclusive

---

943 CARDIM, Pe. Fernão, pp. 167/168.

entranhas ou partes dela, ficando o resto para o caldo. Nada perdem, e têm o cuidado de virar constantemente os pedaços para bem assá-los; e aproveitam até a gordura que escorre pelas varas e lambem a que se coagula nas forquilhas".[944]

> Então, com um dente de capivara, rasgaram os selvagens toda a pele do morto e tomando-o pela cabeça e pelos pés, o mantiveram à chama; depois, esfregando com as mãos, lhe despregaram toda essa pele, deixando-o em carne viva. E prosseguiram cortando-lhe fora a cabeça, que deram ao carrasco; as entranhas, entregaram-nas às mulheres. Após isto, cortaram-no junta por junta; primeiro as mãos, depois os cotovelos, e assim todo o corpo, enviando a cada casa um pedaço, caindo então em danças. As mulheres fizeram grande provisão de vinho; no dia seguinte ferveram cada junta numa grande vasilha de água, a fim de que suas mulheres todas e filhos pudessem participar do caldo. Por espaço de três dias de nada mais se ocuparam senão dançar e beber dia e noite.[945]

O mesmo informante esclarece, adiante, certos pormenores dessa descrição: "Depois que o matam, tomam um dente de capivara que colocam num pedaço de madeira, e com isto esfolam todo o corpo da vítima, levantando-lhe a camada superior da pele. Mantendo o morto à chama, toda essa pele se desprega e a carne permanece muito limpa e branca. Assam-na então, ou a cozem, e alimentam-se com ela acreditando que a carne humana os faz fortes e valentes".[946] Essas descrições são amplamente confirmadas, ou completadas, pelas demais fontes.[947]

---

944 ABBEVILLE, Claude d', p. 233.

945 KNIVET, Anthony, ed. bras., p. 84.

946 Idem, p. 125; essa segunda descrição é relativa aos potiguar, índios do grupo tupi.

947 Cf. especialmente: STADEN, Hans, p. 121, p. 134, p. 138, p. 154 e pp. 182-184; Thevet: ms. in., fls. 58 e 60v.-61; *Cosmographie*, fl. 946v.; *Singularidades*, p. 244; LÉRY, Jean de, pp. 180/181; e ainda: GANDAVO, Pero de Magalhães. *História*, pp. 134/135; *Tratado*, p. 52; GABRIEL SOARES, pp. 399/400; BRANDÃO, Ambrósio Fernandes, pp. 289/290; SALVADOR, Frei Vicente do, pp. 68/69; NOBREGA, Pe. Manuel da. *Cartas do Brasil*, p. 100; EVREUX, Pe. Ives d', p. 138.

Conviria esclarecer, no entanto, alguns aspectos das cerimônias que então se desenrolavam. Assim, os autores das descrições transcritas não mencionam que uma velha cuidava de recolher o sangue e os miolos da vítima, logo que esta tombava sobre o chão, em um "cabaço grande";[948] segundo Thevet, a velha que se encarregava dessa tarefa limpava o sangue da vítima e o bebia "inteiramente cru". Também não indicam a empalação da vítima, após o massacre e o limpamento do corpo, feita com "tição" ou um pau por uma mulher, com objetivo de impedir a evasão de quaisquer substâncias.[949] Quanto à pessoa que devia retalhar o corpo, era de fato do sexo masculino e devia ser "um velho".[950] Doutro lado, quanto à operação descrita por Cardim, segundo o qual os meninos enterravam as mãos no abdômen da vítima e puxavam os intestinos, sabe-se que se tratava de um rito destinado a proporcionar aos imaturos certas virtudes mágicas e a conceder-lhes uma oportunidade de "vingança".[951] Sobre essa cerimônia, escreve Thevet: "Outras mulheres vêm ainda com seus filhos, e pondo a mão deles em cima, e a molhando no sangue, diziam-lhes: Tu estás vingado de teu inimigo, vinga tu àquele golpe, meu filho. Eis um dos que te tornaram órfão de teu pai".[952] Relativamente ao aproveitamento da gordura da vítima, Léry fornece as seguintes indicações: "Todas as partes do corpo, inclusive as tripas depois de bem lavadas, são colocadas no moquém, em torno do qual as mulheres, principalmente as gulosas velhas, se reúnem para recolher a gordura que escorre pelas varas dessas grandes e altas grelhas de madeira; e exortando os homens a procederem de modo que elas

---

948 Cf. GANDAVO, Pero de Magalhães. *História*, p. 134; *Tratado*, p. 52; Thevet, ms. in., fl. 58.

949 Cf. Thevet, ms. in., fls. 54v. e 58; STADEN, Hans, p. 182.

950 Cf. GABRIEL SOARES, p. 399; STADEN, Hans, p. 183. Brandão dá, a esse respeito, uma informação que contradiz essas fontes. Pelo que parece, Cardim cometeu um lapso. As mulheres se encarregavam, na verdade, apenas da limpeza do corpo da vítima e da sua moqueação.

951 N.E. A edição não conseguiu localizar a nota.

952 Thevet, ms. in., fl. 61. Segundo Montoya, até as crianças de colo participariam dessa cerimônia (*Conquista espiritual*, p. 109, nota 2).

tenham sempre tais petiscos, lambem os dedos e dizem: *iguatú*, o que quer dizer 'está muito bom'".[953]

Staden, Léry e Brandão apontam, por sua vez, cerimônias que não são registradas por outros autores. O primeiro afirma que quatro mulheres exibiam ritualmente, após o esquartejamento, os quatro membros da vítima: "Depois de esfolado, toma-o um homem e corta-lhe as pernas, acima dos joelhos, e os braços junto ao corpo. Vêm então as quatro mulheres, apanham os quatro pedaços, correm com eles em torno das cabanas, fazendo grande alarido, em sinal de alegria".[954] O segundo se refere a uma cerimônia de contemplação agressiva da carne moqueada: "Quando a carne do prisioneiro, ou dos prisioneiros, pois às vezes matam dois ou três num só dia, está bem cozida, todos os que assistem ao fúnebre sacrifício se reúnem em torno dos moquéns, contemplando-os com ferozes esgares".[955] O terceiro, por fim, indica que a preparação do mingau, para as mulheres e as crianças, se processava ritualmente: "E as tripas e intestinos botam as velhas em uns alguidares e com grandes cantos e bailes andam à roda deles com umas canas nas mãos, nas quais trazem atados alguns anzóis que lançam sobre as tripas, fingindo com grandes risos que estão pescando dentro delas".[956] É óbvio que não se pode verificar a autenticidade dessas informações, nem pôr em relevo o significado das ações descritas. Elas têm o mérito, porém, de insinuar o grau de complexidade das cerimônias observadas pelos tupinambá, nessa fase do sacrifício, evidenciando ainda que os cronistas conseguiram apanhar somente os aspectos das mesmas mais acessíveis à observação do estranho.

A ideia de que consumiam todo o corpo da vítima aparece explicitamente, ou vem insinuada, na maioria das fontes. Gandavo, por exemplo, escreve categoricamente: "Tudo enfim assam e cozem, e não fica dele coisa que não comam todos quantos há na terra".[957] Parece,

---

[953] LÉRY, Jean de, p. 180.

[954] STADEN, Hans, p. 183.

[955] LÉRY, Jean de, p. 181.

[956] BRANDÃO, Ambrósio Fernandes, p. 289.

[957] GANDAVO, Pero de Magalhães. *História*, p. 134; cf. também *Tratado*, p. 52.

porém, que certas partes do corpo da vítima não eram devoradas. Como as informações são contraditórias entre si, é impossível determinar, a esse respeito, coisa alguma com exatidão,[958] a não ser que a carne da vítima estava proibida para o sacrificante.[959] Os ossos e os dentes da vítima, por sua vez, possuíam um significado mágico, sendo conservados pelo sacrificante;[960] como nota Métraux: "Os ossos dos mortos eram conservados religiosamente, o crânio fixado sobre uma estaca diante da cabana do vencedor. Com seus dentes faziam-se colares e com as tíbias as flautas ou assobios. Era uma prova de valentia, implicando uma grande consideração, carregar em torno do pescoço longos colares de dentes humanos e possuir um grande número de crânios ao redor de sua cabana".[961] Várias das ilustrações de Staden, aproveitadas neste trabalho, sugerem como os tupinambá exibiam os crânios de seus inimigos sacrificados ritualmente.

Como consumiam a carne moqueada? Eis uma pergunta que não encontra resposta nos dados disponíveis. Os autores que mencionam esse aspecto do canibalismo tupinambá o fazem em tais termos, que suas indicações são inaproveitáveis. Abbeville, por exemplo, fornece as seguintes referências, cujo teor contrasta com o próprio caráter das ações canibalísticas dos tupi-guarani: "comem os bárbaros essa carne humana com incrível apetite. Os homens parecem esfomeados como lobos e as mulheres mais ainda. Quanto às velhas, se pudessem se embriagar com

---

[958] Assim, Léry indica que não tocavam nos miolos da vítima (cf. p. 181), enquanto Staden afirma que essa parte do corpo, juntamente com a língua e outras, era destinada às crianças (cf. pp. 183/184). Thevet informa que os tupinambá consideravam as pontas dos dedos muito saborosas (cf. *Cosmographie*, fl. 956), mas Nóbrega escreve que não comiam o dedo polegar, com que atiravam as flechas (cf. *Cartas do Brasil*, p. 100).

[959] Cf. GANDAVO, Pero de Magalhães. *História*, pp. 134/135 ("salvo aquele que matou não come dele nada"); SALVADOR, Frei Vicente do, p. 69 ("o que o matou nem uma coisa come dele").

[960] Cf. especialmente LÉRY, Jean de, pp. 181/182; THEVET, Frei André. *Cosmographie*; fl. 945v. e *Singularidades*, p. 244. BRANDÃO, Ambrósio Fernandes, p. 294. Veja-se acima, primeira parte, pp. 52-54.

[961] MÉTRAUX, Alfred. *La Religion des tupinambá*, pp. 156/157.

a carne humana de bom grado o fariam".[962] Realmente importante, entretanto, é a informação segundo a qual conservavam algumas partes do corpo para consumo ulterior.[963] É o que testemunham várias fontes: "Algum braço, ou perna, ou outro qualquer pedaço de carne costumam assar no fumo, e tê-lo guardado alguns meses, para depois quando o quiserem comer, fazerem novas festas, e com as mesmas cerimônias tornarem a renovar outra vez o gosto desta vingança, como no dia em que o mataram";[964] "e guardam [os "velhos" e as "velhas"] alguma da [carne] assada do moquém por relíquias, para com ela de novo tornarem a fazer festas, se se não oferecer tão cedo matarem outro contrário";[965] "e guardam alguma [carne], muito assada e mirrada, a que chamam móquem, metida em novelos de fio de algodão e posta nos caniços ao fumo, para depois renovarem o seu ódio e fazerem outras festas";[966] "Dos inimigos que matam, depois de se fartarem de suas carnes, tomam um pedaço dela, que depois de seca envolvem dentro em um grande novelo de fio de algodão, e desta maneira o guardam com muito cuidado; e quando sucede fazerem alguma grande borracheira, para mais se alegrarem nela desenvolvem a carne do novelo, e dela fazem muitas partes em pequenas fêveras, que repartem entre todos, para que as comam: e isto costumam fazer em sinal de vingança que tomaram e vitória que tiveram".[967] Os órgãos genitais da vítima, fosse homem ou mulher, eram aproveitados desse modo, como "relíquias".[968] Cerimônias da mesma

---

[962] ABBEVILLE, Claude d', p. 233.

[963] É preciso não esquecer que as partes do corpo destinadas a consumo imediato eram totalmente ingeridas; Staden assevera que as cerimônias podiam ser prolongadas, sendo a carne reaquecida e devorada no dia seguinte ao do primeiro repasto coletivo. Pelo que informam outras fontes, é de crer-se que as cerimônias abrangiam tantos dias quantos fossem necessários para o consumo total da carne a ser ingerida.

[964] GANDAVO, Pero de Magalhães. *História*, p. 185.

[965] GABRIEL SOARES, p. 400.

[966] SALVADOR, Frei Vicente do, p. 68.

[967] BRANDÃO, Ambrósio Fernandes, p. 293.

[968] GABRIEL SOARES, p. 391 ("E há alguns destes bárbaros tão carniceiros que cortam aos vencidos, depois de mortos, suas naturas, assim aos machos como às fêmeas, as quais levam para darem a suas mulheres que as guardam depois de

espécie realizavam-nas os convivas, pertencentes a grupos locais solidários: "E os hóspedes que vieram de fora a ver esta festa levam o seu quinhão de carne, que lhe deram do morto, assada do moquém para as suas aldeias, onde como chegam fazem grandes vinhos para com grandes festas, segundo sua gentilidade, os beberem sobre esta carne humana que levam, a qual repartem por todos da aldeia, para a provarem e se alegrarem em vingança de seu contrário que padeceu".[969]

Quanto ao segundo aspecto, a distribuição ritual da carne da vítima, o que feriu mais vivamente a atenção dos autores europeus foi o modo de repartição da mesma entre os circunstantes. A julgar por seus depoimentos, as ações canibalísticas não se confinavam a um setor social determinado, à comunidade dos guerreiros ou à dos anciãos: eram coletivas, delas participando, de uma maneira ou de outra, crianças e adultos, homens e mulheres. As crianças, os jovens de ambos os sexos e as mulheres em geral tomavam parte do repasto coletivo através da ingestão do mingau, feito com os intestinos e com outros órgãos da vítima. Os homens adultos, isto é, os *avá* e *tujuáe*, devoravam as demais partes do corpo, depois de moqueadas.[970] Todavia, parece que o mingau era muito apreciado pelos tupinambá[971] e que, quando o número de circunstantes estava em desproporção com a quantidade de carne a ser consumida, faziam-no para "poder chegar a todos".[972] Em suma, as fontes esclarecem que cada participante tinha o seu quinhão da vítima: ela era dividida entre todos, pelos moradores das malocas e pelos hóspedes

---

mirradas no fogo, para nas suas festas as darem de comer aos maridos por relíquias, o que lhes dura muito tempo").

969 GABRIEL SOARES, pp. 400/401; cf. também: CARDIM, Pe. Fernão, pp. 167/168; STADEN, Hans, p. 113, p. 138 e p. 184; SALVADOR, Frei Vicente do, p. 68; GANDAVO, Pero de Magalhães. *História*, p. 134; VASCONCELLOS, Pe. Simão de. *Notícias curiosas*, p. 80; Thevet, ms. in., fl. 61.

970 Cf. especialmente: EVREUX, Pe. Ives d', p. 138; KNIVET, Anthony, ed. bras., p. 84; STADEN, Hans, pp. 183/184; THEVET, Frei André. *Cosmographie*, fl. 946 v; ms. in., fl. 58: *Singularidades*, p. 244.

971 Cf. Thevet, ms. in., fl. 61; nesta passagem, Thevet não especifica quem devia consumir o mingau.

972 SALVADOR, Frei Vicente do, pp. 68/69.

ou convivas – "qualquer que seja o número dos presentes".[973] Segundo Staden, a distribuição equitativa seria um uso dos tupinambá: a vítima era repartida "em partes iguais".

Esses fatores, sexo, idade e número de participantes, são, sem dúvida, relevantes. De um lado, eles condicionavam a exteriorização de atitudes canibalísticas. Como explica Gabriel Soares, "os homens mancebos e as mulheres moças provam-nas somente, e os velhos e velhas são os que se metem nesta carniça muito".[974] De outro, determinavam obviamente a quantidade de carne que cada um poderia ingerir. Porém, parece que o principal fator foi subestimado de maneira lamentável. Pelo pouco que se sabe a respeito da distribuição da carne da vítima, constata-se que ela se processava ritualmente e já estava prefigurada antes do sacrifício. De fato, Thevet informa que o prisioneiro de guerra, no decorrer das cerimônias de integração à comunidade dos captores, era conduzido à maloca designada como *Carbé*, e que ali se desenrolava a cerimônia de distribuição ritual das partes do seu corpo. "O prisioneiro estando sentado no meio deles, distribuíam a cada um sua parte, e porção do que eles devem ter quando ele é morto, de tal modo que não resta membro sobre ele, que não seja distribuído, embora não o matem por isso mais cedo".[975] Staden foi submetido a essa cerimônia no grupo local *Ariró*, tendo lhe passado despercebido o significado que ela possuía:

> Lá servi-lhes de mofa. O filho do chefe Cunhambebe amarrou-me as pernas em três lugares, e eu devia assim, com os pés ligados, saltar pela choça. Com isto riam e exclamavam: "Aí vem pulando o nosso manjar!". Perguntei então ao meu

---

973 Vejam-se especialmente: THEVET, Frei André. *Singularidades*, p. 244; *Cosmographie*, fl.946v.; LÉRY, Jean de, p. 181; STADEN, Hans, p. 121; GANDAVO, Pero de Magalhães. *História*, p. 134, e *Tratado*, p. 52; CARDIM, Pe. Fernão, p. 168; GABRIEL SOARES, p. 400; KNIVET, Anthony, ed. bras., p. 84; SALVADOR, Frei Vicente do, p. 68; BRANDÃO, Ambrósio Fernandes, p. 289.

974 GABRIEL SOARES, p. 400. Quanto aos homens adultos e às velhas, é confirmado por outras fontes, em particular por LÉRY, Jean de (pp. 180/181) a por Abbeville (p. 233).

975 Thevet, ms. in., fl. 54; cf. tb. fl. 59v., *Cosmographie*, fl. 944v.

> amo que para aí me tinha conduzido, se me havia trazido para matar-me. Respondeu que não, mas que apenas era costume tratar assim os escravos estrangeiros. E desataram-me a corda das pernas. Aproximaram-se de mim então e apalparam-me a carne. Um dizia que o couro da cabeça lhe pertencia, outro, que a coxa lhe cabia.[976]

Thevet esclarece que o sustento do escravo, enquanto vivesse, era compartilhado pelas pessoas que se apropriavam, desse modo, de determinadas partes do seu corpo: "Aqueles aos quais é adjudicado qualquer pedaço, são sujeitos a contribuir para concorrer em sua alimentação. O que eles não recusam. Pois é mais fácil que eles mesmos sofram fome, do que seus prisioneiros não sejam bem tratados".[977] E adiante volta ao assunto, mencionando que, após o massacre do crânio, "as partilhas se fazem segundo as porções, que tenham sido acordadas entre eles, antes que se tenha descarregado a morte sobre seu corpo".[978]

Por fim, quanto ao terceiro aspecto, as conexões socioculturais das ações canibalísticas, é possível distinguir, de acordo com as explanações dos autores quinhentistas e seiscentistas, três motivos para o canibalismo tupinambá. Um deles seria a *vingança* contra os inimigos. Vários cronistas esposam esse ponto de vista, sustentando alguns que essa seria a razão fornecida pelos próprios tupinambá para a sua conduta. "Não é o prazer propriamente que os leva a comer tais petiscos, nem o apetite sensual, pois de muitos ouvi dizer que não raro a vomitam depois de comer, por não ser o seu estômago capaz de digerir a carne humana; fazem-no só para vingar a morte de seus antepassados e saciar o ódio invencível e diabólico que votam a seus inimigos";[979]

---

976 STADEN, Hans, p. 100.

977 Thevet, ms. in., fls. 54 e 59v.; *Cosmographie*, fl. 944v. e 945.

978 Thevet, ms. in., fl. 61; cf. tb. fl. 59v.; cf. tb. *Cosmographie*, fl. 944v.

979 ABBEVILLE, Claude d', p. 233. A mesma razão é indicada por Brandão, p. 289, p. 275 e pp. 293/294 ("comem aquela humana carne com grande gosto, mais por vingança que por matarem com ela a fome"); GABRIEL SOARES, pp. 400/401 ("a qual carne moqueada se não come por mantimento senão por vingança"); Pe. Navarro, *Cartas avulsas*, p. 71 ("eles não se comem uns aos outros senão por vingança").

> Fazem isto, não para matar a fome, mas por hostilidade, por grande ódio, e quando na guerra escaramuçam uns com os outros, gritam entre si, cheios de fúria: "*Debe marãpá xe remiu ram begué*, sobre ti caía toda desgraça, tu és meu pasto. *Nde acanga jucá aipotá curi ne*, quero ainda hoje moer-te a cabeça. *Xe anama poepica que xe aju*, aqui estou eu para vingar em ti a morte de meus amigos. *Nde roó, xe mocaen serã ar eima riré* etc., tua carne hoje ainda, antes que o sol se deite, deve ser meu manjar". Isto tudo fazem por imensa hostilidade.[980]

A *vingança*, como motivo das ações canibalísticas dos tupinambá, é também apresentada por alguns autores em função de determinações específicas. Assim, para Léry, ela se prendia à intimidação dos vivos: "Mas não comem a carne, como poderiam pensar, por simples gulodice, pois embora confessem ser a carne humana saborosíssima, seu principal intuito é causar temor aos vivos. Move-os a vingança, salvo no que diz respeito às velhas, como já observei. Por isso, para satisfazer o seu sentimento de ódio, devoram tudo do prisioneiro".[981] Thevet, por sua vez, encontra na raiz do canibalismo tupinambá um elemento educativo: para que os jovens agissem como deviam na guerra era preciso que tivessem plena segurança de que sua morte seria "vingada", e que aspirassem a essa espécie de distinção por parte dos companheiros.[982] Por fim, um relato mítico, consignado por Pigafetta, sugere que o princípio de reciprocidade no tratamento do "inimigo" ou do "contrário" é que explicaria não só a ingestão da carne humana, mas a própria origem e propagação do canibalismo naquelas sociedades tribais:

> Comem às vezes carne humana, mas somente a de seus inimigos. Não é por gosto que a comem, mas por um costume que, segundo nos disseram, começou entre eles da seguinte maneira: uma velha mãe não tinha mais do que um filho, que foi morto pelos inimigos; algum tempo depois o matador de seu filho foi

---

980 STADEN, Hans, p. 176 (cap. 26, segunda parte; "Porque devoram seus inimigos").

981 LÉRY, Jean de, p. 181.

982 Cf. Thevet, ms. in., fl. 62v.

> feito prisioneiro e conduzido à sua presença; para se vingar, a mãe arrojou-se como uma fera sobre ele, e aos brados despedaçou-lhe a espádua; teve o prisioneiro a dupla sorte de escapar das mãos da velha e fugir, voltando para os seus, aos quais mostrou as marcas das dentadas em sua espádua, e lhes fez crer (talvez o acreditasse também), que os inimigos tinham querido devorá-lo vivo. Para não serem menos ferozes que os outros, determinaram comer de verdade os inimigos que aprisionassem nos combates, e os outros fizeram o mesmo; entretanto, não são comidos no campo de batalha, nem vivos, pois os executam e os repartem entre si os vencedores; cada um leva a parte que lhe corresponde, secando-a ao fogo, e cada oito dias come-se um pedaço assado. Isto me contou o piloto Juan Carvajo, que passara quatro anos no Brasil.[983]

Essa sugestão se manifesta de formas diversas nas explanações dos cronistas. Ela se evidencia no texto de Staden, transcrito acima, no qual fica claro que tanto a execução quanto a ingestão de carne humana dependiam da identificação de uma pessoa como "inimigo" e constituíam uma aplicação do princípio de reciprocidade. Aliás, sob esse aspecto, a própria situação de Staden é ilustrativa: a ameaça de sacrifício pairou sobre sua cabeça enquanto fora identificado aos "perós", porque os dois irmãos que o prenderam pretendiam vingar, através do seu massacre, a morte do pai deles pelos portugueses.[984] As ações canibalísticas seriam interpretadas pelos nativos como uma modalidade "injuriosa" de *vingança*, parecendo-lhes "vergonhoso" deixá-las sem punição; esta tornava-se, portanto, irremediável e se concretizaria simbolicamente por meio de ações da mesma natureza.[985]

Outro motivo seria a preservação da unidade grupal. O canibalismo constituiria, sob esse ponto de vista, uma diversão circunspecta,

---

983 PIGAFETTA, Antonio, p. 60.

984 STADEN, Hans, cf. especialmente: p. 81, p. 94, p. 96 e p. 109.

985 Conforme especialmente: GANDAVO, Pero de Magalhães. *História*, p. 135, e *Tratado*, p. 52; THEVET, Frei André. *Singularidades*, pp. 233-246; THEVET, Frei André. *Cosmographie*, fl. 909; LÉRY, Jean de, p. 168.

que permitiria aos líderes tribais promover o adestramento e a união dos seus guerreiros, por meio da forma de relações agonísticas pressupostas no massacre ritual e nas ações canibalísticas.[986] O terceiro motivo é fornecido por Knivet, o qual menciona que os potiguar ingeriam a carne humana para tornar-se fortes e valentes.[987] Essa indicação encontra confirmações indiretas: seja nas descrições de aspersão ou esfregação do sangue na pessoa dos imaturos; seja nas referências ao comportamento das velhas e dos velhos, no decorrer do repasto coletivo. A "avidez" por carne humana, revelada por tais pessoas, talvez se explique pela preocupação de captar energias contidas em determinados órgãos da vítima.[988]

Como se vê, dos três motivos postos em relevo, somente um deles (o indicado por Knivet) pode ser considerado como uma conexão imediata das ações canibalísticas. Os dois primeiros motivos, a noção de *vingança* e a de comunhão do "nosso grupo", não se ligavam exclusivamente à antropofagia. Ambos se vinculavam ao conjunto de ações sociais integradas ao sacrifício humano, visto como um todo. No entanto, cada uma das três determinações da noção de *vingança* e a consistência dos laços de solidariedade grupal se prendiam, de maneira peculiar, como se mostrará adiante, às ações canibalísticas.

Isso quer dizer que um dos temas específicos desta parte da análise deveria ser o da apropriação das energias, acumuladas na pessoa da vítima, pelos participantes do repasto coletivo. Acontece, porém, que as fontes não indicam nem o caráter nem a procedência das energias em questão. O fato de exigir uma ligação entre as ações canibalísticas e a captação de determinadas energias (forças regenerativas?) não implica,

---

986 Cf. EVREUX, Pe. Ives d', p. 93: as declarações do chefe tabajara *Farinha Grossa*, sobre a utilização do massacre ritual e do canibalismo como fonte de solidariedade social.

987 Cf. acima, trecho transcrito nas notas 471-472.

988 Sobre o significado da ingestão de carne humana pelos velhos, veja-se MÉTRAUX, Alfred, op. cit., p. 158. Outra evidência indireta é fornecida pela determinação da época do sacrifício. Como se sabe, os tupinambá procuravam executar o mais depressa possível as pessoas de idade avançada, ao contrário do que faziam com os cativos jovens, submetidos ao regime de ceva.

de modo necessário, que tais energias sejam, parcial ou totalmente, inerentes à vítima. Esse é um problema que só pode ser esclarecido pelo estudo do esquema de sacrifício na sociedade particular investigada e pela determinação, nesse esquema, das relações entre a vítima e as entidades que recebem o sacrifício. Por isso, as questões levantadas pelas conexões socioculturais das ações canibalísticas, que interessarem no presente trabalho, não serão apreciadas aqui, mas na segunda subdivisão do presente capítulo.

Ainda assim, é preciso enfrentar outro problema, implícito no primeiro. Retendo somente o elemento positivo da explanação anterior, poder-se-ia dizer que a intenção de aumentar as próprias energias representava algo imanente às ações canibalísticas e ao destino ulterior da vítima? Nada de explícito se encontra, a esse respeito, nas fontes conhecidas. Todavia, por meios indiretos, é possível estabelecer uma ligação plausível. Como escreve Gandavo, "o que sentem da imortalidade da alma, não é mais que terem para si que seus defuntos andam na outra vida feridos, despedaçados, ou de qualquer outra maneira que acabaram nesta".[989] Esse texto sugere que as ações abrangidas pelo massacre e pelas cerimônias preparatórias do repasto coletivo afetavam diretamente a integridade, mas não a permanência do ser. A alma que não era "destruída", e que sobreexistia à execução, sofria o seu fado. Contudo, é preciso não esquecer que as almas desses heróis, que morriam combatendo, nas mãos dos inimigos, iam viver na sociedade sobrenatural dos antepassados.[990] Partindo-se desses dados, é fácil perceber que as ações canibalísticas dos tupinambá não tinham somente por fim "destruir" ou "aniquilar" o suporte material (ou o corpo) da "alma imortal". Essa interpretação, corrente na literatura sociológica do fenômeno, visa explicar como é evitado o regresso da alma da vítima. Ora, as ações canibalísticas dos tupinambá, pelo que se pode depreender do fato de a "alma imortal" sobreexistir ao massacre (intangibilidade do princípio da permanência do ser), penetravam em uma esfera mais obscura e mais profunda. Elas

---

[989] GANDAVO, Pero de Magalhães. *História*, p. 117.

[990] As referências sobre esse aspecto da ideologia tribal são numerosas; veja-se, porém, especialmente Thevet, ms. in., fl. 97v.

tinham, aparentemente, de conjurar perigos de maior gravidade, associados ao âmbito de influência nefasta do "espírito" da vítima.

Compreende-se isso facilmente, desde que se comparem os ritos funerários com os ritos antropofágicos. O esquema de relação com o "morto" varia de tal forma de uma espécie de rito para outra, que a correspondência de posições dos agentes vivos nas duas constelações cerimoniais só pode ser suposta em termos de uma assimetria absoluta. Enquanto os ritos funerários tinham por objeto assegurar a integridade do ser, para que a "alma" do parente morto alcançasse a sociedade sobrenatural dos ancestrais,[991] os ritos antropofágicos visavam expressamente o contrário: os seus efeitos eram da mesma natureza que os das demais ações, que contribuíam para "destruir" a integridade do ser (massacre do crânio, retalhamento do corpo, moqueação etc.), com a particularidade evidente de consumarem a "separação" entre o "corpo", com as energias nele contidas, e a "alma imortal" da vítima. Em suma, as ações canibalísticas pertenciam a uma categoria especial de manipulações, que dava aos agentes vivos a possibilidade de aplicar em benefício próprio as alterações da integridade do ser na pessoa da vítima. Com isso, os agentes interferiam nas relações do "espírito" do morto com as almas dos seus semelhantes, presumivelmente impedindo a sua comunicação imediata com elas. O texto de Thevet relativo ao sacrifício da onça menciona a crença dos tupinambá nessa comunicação e nas consequências nefastas que ela poderia acarretar à comunidade dos sacrificantes. Como o esquema do sacrifício era invariável, quer se tratasse de uma vítima "humana" ou "animal", a amplificação das informações do cronista francês é perfeitamente legítima.

Por aqui se vislumbra que as ações canibalísticas possuíam um contexto cultural próprio, inserto no conjunto de cerimônias sacrificais. A conexão imediata, de que dependia o sentido subjetivo dessas ações, abrangia duas perspectivas coexistentes de projeção de sentimentos e de valores socializados. De um lado, ela se polarizava individualmente, exprimindo-se em atitudes nas quais a relação dos agentes com a vítima

---

[991] Cf. FERNANDES, Florestan. *A organização social dos tupinambá*, pp. 161 ss.

permite colocar o canibalismo tupinambá entre as modalidades de canibalismo mágico: a ingestão de carne humana representava um meio de captação de energias. De outro, a expressão coletiva dessas ações assumia uma função mágico-religiosa, pois por seu intermédio não só pretendiam os tupinambá destruir o "suporte orgânico" da "alma imortal", mas ainda conjurar os perigos que a cólera dela poderia desencadear do além.[992] Encarando-se as cerimônias antropofágicas desse prisma é que se verifica em que sentido e dentro de que limites as ações canibalísticas se atualizavam através de situações sociais de vida que eram, por sua própria natureza, situações agonísticas, de luta contra o "espírito" da vítima.

Os ritos de purificação, ou de renomação, transcorriam simultaneamente aos de antropofagia. Uma das fontes indica, de maneira obscura, que esses ritos possuiriam um caráter público;[993] isso não é confirmado por nenhum dos outros autores da época, os quais informam, ao contrário, que a observância dos ritos se circunscrevia socialmente, abrangendo somente as pessoas que tinham alguma espécie de relação com a vítima, determinada através do sacrifício, como o sacrificante e os seus comparsas. Como escreve Métraux, "as práticas às quais se sujeitava o matador, após a execução do prisioneiro, tinham por fim pô-lo ao abrigo da vingança do morto".[994] Eram ritos de *defesa*, da pessoa do sacrificante, das de seus comparsas e da coletividade como um todo, cuja segurança se associava ao destino de seus membros individuais. Parece que quando se positivava a insegurança deles, em particular quando certas inferências comprometiam a "vida" do sacrificante, a

---

[992] Esta análise não colide com a interpretação dos mecanismos mágicos de proteção aos membros do "nosso grupo", especialmente as crianças, implícitos no canibalismo tupinambá. Os aludidos mecanismos funcionavam, no caso, graças à polarização individual das ações canibalísticas. Sobre a função mágica protetiva do canibalismo, cf. WESTERMARK, E. *L'Origine et le developpement des idées morales*, vol. II, p. 543.

[993] "E depois do massacre se vão deitar 8 ou 15 dias, os quais estão em abstinência, porque neles não comem senão mui poucas coisas. Logo tornam a prosseguir em o beber até acabar os vinhos; outros tomam os mortos e chamuscamnos como porcos e guizam aquela carne e comem-na" (Pero Correia, *Cartas avulsas*, p. 99).

[994] MÉTRAUX, Alfred, op. cit., p. 163.

coletividade se resguardava dos perigos inerentes ao seu estado, abandonando-os à própria sorte.[995] Por isso, os ritos abrangiam cerimônias destinadas a manter a integridade dos sujeitos das ações, ou a preservar qualidades específicas deles, diretamente ameaçadas pelo "espírito" da vítima. Como as ações praticadas durante as cerimônias preparatórias da execução, o massacre do crânio e o repasto coletivo, elas implicavam a comunhão com o sagrado. Se o "espírito" da vítima representava o seu pólo negativo, a entidade sobrenatural beneficiária do sacrifício constituía o seu pólo positivo, a fonte mesma de todas as garantias.

Uma das descrições mais informativas, a respeito das precauções tomadas pelo sacrificante e pela comunidade, através do sacrificador,[996] é a fornecida por Cardim; acredito que convém tomá-la como ponto de referência na reconstrução das cerimônias de purificação. Ela é apresentada pelo cronista português sob a epígrafe – *Das cerimônias que se fazem ao novo cavaleiro*:

> Acabando o matador de fazer seu ofício, lhe fazem a ele outro desta maneira: tirada a capa de pena, e deixada a espada, se vai para casa, à porta da qual o está esperando o mesmo padrinho que foi com um arco de tirar na mão, a saber, as pontas uma no lumiar de baixo e a outra em cima, e tirando pela corda como quem quer atirar, o matador passa por dentro tão sutilmente que não toca em nada, e em ele passando, o outro alarga a corda com um sinal de pesar, porque errou o a que atirava, como que aquilo tem virtude para depois na guerra o fazer ligeiro, e os inimigos o

995 Cf. acima, as indicações contidas no texto de Cardim. Esse cronista assevera que as cerimôinias usuais não seriam, então, observadas. É provável que o sacrificante (e os seus comparsas?) estaria sujeito à mesma espécie de segregação imposta aos indivíduos gravemente enfermos.

996 Como mostram Mauss e Hubert, o esquema do sacrifício nem sempre envolve somente dois atores, a vítima e o sacrificante. Muitas vezes é necessário um "intermediário ou guia". Essa função, em algumas sociedades, é desempenhada pelo padre. Na sociedade tupinambá, se desincumbia dela um pajé, referido pelos cronistas como um "ancião" ou como o "padrinho" do sacrificante. Sobre a distinção em jogo entre "sacrificante" e "sacrificador", veja-se MAUSS, Marcel; HUBERT, Henri. *Essai sur la nature et la fonction du sacrifice*, pp. 28-32.

errarem; como é dentro começa de ir correndo por todas as casas, e as irmãs e primas da mesma maneira diante dele dizendo: "meu irmão se chama N". Repetindo por toda a aldeia, e se o Cavaleiro tem alguma coisa boa, quem primeiro anda lha toma até ficar sem nada. Isto acabado tem pelo chão lançados certos paus de pilão, sobre os quais ele está em pé aquele dia com tanto silêncio, como que dera o pasmo nele, e levando-lhe ali a apresentar a cabeça do morto, tiram-lhe um olho, e com as raízes ou nervos dele lhe untam os pulsos, e cortada a boca inteira lha metem no braço como manilha, depois se deita na sua rede como doente, e na verdade ele o está de medo, que *se não cumprir perfeitamente todas as cerimônias, o há de matar a alma do morto.* Dali a certos dias lhe dão o hábito, não no peito do pelote, que ele não tem, senão na própria pele, sarrafaçando-lhe por todo o corpo com um dente de cutia que se parece com dente de coelho, o qual, assim por sua pouca sutileza, como por eles terem a pele dura, parece que rasgam algum pergaminho, e se eles são animosos não lhe dão riscas direitas, senão cruzadas, de maneira que ficam uns lavores muito primos, e alguns gemem e gritam com as dores.

Acabando isto, tem carvão moído e sumo de erva moura com que eles esfregam as riscas ao través, fazendo-as arreganhar e inchar, que é ainda maior tormento, e enquanto lhe saram as feridas que duram alguns dias, está ele deitado na rede sem falar nem pedir nada, e para não quebrar o silêncio tem a par de si água e farinha e certa fruta como amêndoas, que chamam *mendobis*, porque não prova peixe nem carne naqueles dias.

Depois de sarar, passados muitos dias ou meses, se fazem grandes vinhos para ele tirar o dó e fazer o cabelo, que até ali não fez, e então tinge de preto, e dali por diante fica habilitado para matar sem fazerem a ele cerimônia que seja trabalhosa, e ele se mostra nisso honrado ou ufano, e com um certo desdém, como quem tem já honra, e não a ganha de novo, e assim não faz mais que dar ao outro um par de pancadas, ainda que a cabeça fique inteira e ele bulindo, vai-se para casa.[997]

---

[997] CARDIM, Pe. Fernão, pp. 168-170. O grifo é meu; é muito importante, para a interpretação das relações agonísticas do sacriticante com o "espírito" do morto, essa indicação explícita do penetrante cronista português.

Essa descrição permite distinguir, analiticamente, dois núcleos de cerimônias. Um que abrangia as cerimônias que se desenrolavam, provavelmente, em conexão com as ações canibalísticas, isto é, ao mesmo tempo que o repasto coletivo. Outro, que compreendia as cerimônias ligadas com a prática de incisões no corpo do sacrificante e dos seus comparsas, masculinos e femininos. A documentação disponível, embora muito lacunosa, comprova a existência de ambos os núcleos de cerimônias e fornece indicações complementares à descrição de Cardim. Todavia, ela não esclarece sensivelmente as questões mais complicadas, que dizem respeito às relações do sacrificante com a entidade sobrenatural beneficiária do sacrifício e com o "espírito" da vítima, e ao significado delas para os agentes das ações. Apenas sugerem uma pista mais ampla, para a interpretação sociológica dessas relações.

Parece que o sacrificante, antes de retirar-se do lugar público do sacrifício, tomava parte de certas cerimônias. Ele só se recolhia à sua maloca depois de feita a repartição da carne da vítima.[998] Como um "mensageiro", ele comunicava aos membros do grupo local como tudo se passara. E, para ser recompensado pela perda dos objetos de uso pessoal, ao tornar público seu nome, as velhas lançavam cinzas sobre as suas costas. Por meio de ações agressivas (é o que se infere do texto de Thevet), um grupo de mulheres tomava das velhas o cesto em que estava a carne moqueada da vítima e o entregava ao sacrificante.[999] Presumivelmente, então se processava a distribuição ritual da carne da vítima, partilhada através de cerimônias que antecediam à execução, após a qual o sacrificante se retirava para a sua maloca.

A alienação dos bens pessoais do sacrificante é indicada por duas outras fontes: Thevet assevera que, em seguida ao massacre, "rapidamente todos os seus amigos se lançam sobre ele, tirando-lhe tudo que possuísse, mesmo sua rede, pedras, seus arcos, flechas e farinhas de

---

[998] Cf. THEVET, Frei André. *Cosmographie*, fl. 946, e ms. in., fl. 54v. Adiante, Thevet se manifesta, de modo obscuro, sobre outra cerimônia, que se desenrolava nesta ocasião (cf. ms. in., fl. 60v.).

[999] Cf. Thevet, ms. in., fl. 54v.

guerra";[1000] e Gabriel Soares escreve o seguinte: "Todo o tupinambá que matou na guerra ou em outra qualquer parte, tanto que vem para casa, e é notório aos moradores dela da tal morte do contrário, costuma, em o matador entrando em casa, arremessarem-se todos ao seu lanço, e tomarem-lhe as armas e todas as suas alfaias de seu uso, ao que ele não há de resistir por nenhum caso, e há de deixar levar tudo sem falar palavra".[1001] Do mesmo modo, outros textos confirmam que o sacrificante devia se submeter a um resguardo (de quatro dias, incluindo as cerimônias realizadas no dia da execução da vítima) e não podia tocar com os pés no solo:

> A propósito, aquele que pratica o massacre, após que a solenidade e a repartição se findam, se retira subitamente para sua casa, e ali ficará todo o dia do homicídio, sem beber nem comer, até alguns dias depois ele fará abstinência, permanecendo em seu leito, sem pôr o pé em terra por três dias. Se precisa ir a qualquer parte em suas necessidades, ele se fará carregar, tendo esta tola superstição, que se fizer de outra maneira, cairá em qualquer desgraça, e pode ser mesmo que perderia a vida.[1002]
> Após a execução feita, esses veneráveis executores se retiram, aos quais se dá um sapato (*soulier*) novo de algodão pintado de vermelho, e aos quais são dados duas pedras para repousar seus pés sem pisar na terra, e durante quatro dias não comem nada salgado. Pois se eles comessem qualquer coisa salgada, eles têm por certo que morreriam todos; aos quais durante este tempo que ficam no leito, se liga um fio aos dois braços, e um pelo meio do corpo. Os quatro dias expirados, eles são desligados, e enegrecidos com jenipapo. Isso feito, eles bebem e fazem grandes banquetes se eles têm com o quê. Durante todas essas cerimônias eles não fazem senão beber o seu cauim, e conduzem seus prisioneiros na aldeia com certos ornamentos, e diademas, barretes, braceletes

---

1000 Thevet, ms. in., fl. 54v.

1001 GABRIEL SOARES, p. 394.

1002 THEVET, Frei André. *Cosmographie*, fl. 946; a mesma informação é repetida nas *Sigularidades* (cf. pp. 245/246). A respeito dessas cerimônias, veja-se também: LÉRY, Jean de, p. 182; GABRIEL SOARES, p. 399.

> de diversas cores, mesmo mantas de plumas, que são tão belas à vista tanto de perto quanto de longe.[1003]

Segundo Thevet, ocorria então, nessa fase do cerimonial, a conversão ritual de um prisioneiro em nova vítima, a ser sacrificada mais tarde. Exibiam-na de forma ritual, paramentando-a da maneira indicada, e nada a poderia livrar, dali por diante, do seu destino.[1004] Todavia, nenhum desses textos menciona a utilização da cabeça da vítima pelo matador. Somente Knivet oferece uma referência confirmatória da explanação de Cardim, ao frisar que "prosseguiam cortando-lhe fora a cabeça, que deram ao carrasco".[1005] Infelizmente este cronista não registrou as cerimônias observadas pelo sacrificante, sendo por isso muito reduzido o valor probante de seu testemunho. Nesse sentido, as ações descritas por Thevet, segundo as quais ligavam certas partes do corpo do sacrificante com um fio, podem ser encaradas também como confirmatórias, embora a natureza do "fio" não seja declarada.

As incisões no corpo do sacrificante eram feitas nessa ocasião, portanto após o término do primeiro resguardo. "Depois do que, com a ajuda de uma lancetinha, feita com os dentes do animal chamado cutia, faz várias incisões e furos no corpo – ao peito e em outras partes –, de tal modo que parece inteiramente espicaçado". "A razão de tão estranha prática, segundo me foi possível saber, é a satisfação e honra, que a morte do inimigo dá ao seu matador".[1006] Todas as personagens que tinham alguma espécie de relação direta com a vítima, nos ritos de sacrifício (conforme descrição supra), e o seu captor ou "dono"

[1003] Thevet, ms. in., fl. 58v. Sobre esse calçado, vejam-se as reflexões de Métraux, op. cit., p. 163, nota de rodapé.

[1004] Cf. Thevet, ms. in., fl. 58v. Sobre a realização da cauinagem nessa ocasião, cf. também GABRIEL SOARES, pp. 394/395.

[1005] KNIVET, Anthony, ed. bras., p. 84.

[1006] THEVET, Frei André. *Singularidades*, p. 246; conf. também *Cosmographie*, fl. 946 (em que se refere à cerimônia quase com as mesmas palavras), e ms. in., fl. 61. Sobre as incisões do sacrificante, nessa fase do cerimonial, veja-se ainda Brandão, p. 286; EVREUX, Pe. Ives d', pp. 98/99; GABRIEL SOARES, p. 395 e pp. 399/400; LÉRY, Jean de, p. 162; STADEN, Hans, p. 184; SALVADOR, Frei Vicente do, p. 66.

deviam submeter-se às cerimônias de purificação, fossem homens ou mulheres.[1007] Evreux explica, porém, que os comparsas femininos do sacrificante não faziam as incisões da mesma forma que os masculinos: "Este costume não é só privativo dos homens, e sim também das mulheres, com a diferença única de que os homens se cortam por todo o corpo, e as mulheres somente desde o umbigo até as coxas, o que praticam com o dente de cutia, muito agudo, e uma espécie de goma queimada, reduzida a carvão, aplicada sobre a chaga, e nunca apagam os cortes".[1008]

O derramamento de sangue, produzido pelas incisões, tinha um significado mágico: "e além disso manda-se [o sacrificante] sarjar por todo o corpo, porque tem por certo que logo morrerá se não derramar de si aquele sangue tanto que acaba de fazer seu ofício";[1009] "e se faz todo sarrafaçar e sangrar, tendo por certo que morrerá se não derramar de si aquele sangue".[1010] O significado da cerimônia era muito mais profundo, no entanto; parece que essa cerimônia assumia o caráter de um sacrifício individual, em que o agente procurava livrar-se das "impurezas" resultantes do contato com o morto, ao mesmo tempo que se associava à entidade beneficiária do sacrifício da vítima, transformada assim em espírito tutelar do sacrificante e da comunidade. Ambos os aspectos dessa hipótese são consistentes com explanações precisas dos cronistas. O primeiro é posto em relevo de uma maneira geral, quanto ao significado mágico das incisões, por Thevet: este autor verificou que os tupinambá praticavam incisões nas partes doentes do corpo. Soube que o derramamento de sangue, assim provocado,

---

1007 Sobre as personalidades que deviam se submeter aos rituais de purificação ou de renomação, cf. Thevet, ms. in., fls. 54-54v.; GABRIEL SOARES, pp. 395-400; BRANDÃO, Ambrósio Fernandes, pp. 285/286.

1008 EVREUX, Pe. Ives d', p. 98. As mulheres se submetiam regularmente a essas cerimônias por ocasião da iniciação e nas épocas de sacrifício quando participavam dos ritos de preparação da vítima. Gabriel Soares explica que elas tomavam cuidados especiais para não sofrerem muito com as operações de retalhamento da pele (cf. p. 395).

1009 GANDAVO, Pero de Magalhães. *História*, p. 135.

1010 SALVADOR, p. 69.

tinha por objeto expelir o "sangue ruim" do corpo do doente e, com ele, o mal que o atacasse.[1011] Está claro que o mesmo princípio mágico estava em jogo nas práticas a que se submetia o sacrificante, visando a livrar sua pessoa de toda ligação possível com a vítima. O segundo é, por assim dizer, enfaticamente formulado por Evreux, o único observador que atinou com o significado religioso das incisões: "Soube destes selvagens, que duas razões os levam a cortar assim seus corpos, uma significa o pesar e o sentimento, que têm pela morte de seus pais, assassinados pelos seus inimigos, e outra representa o protesto de vingança, que contra estes prometem eles, como valentes e fortes, parecendo quererem dizer por estes cortes dolorosos, que não pouparam nem seu sangue e nem sua vida para vingá-los".[1012] É óbvio que os dois significados, o mágico e o religioso, não se excluem. Antes se pressupõem, e traduzem claramente qual era a relação da mesma pessoa, o agente sacrificante, com as duas entidades sobrenaturais com as quais se via em contato por causa do "sacrifício": a "alma imortal" vingativa da vítima e o *espírito* protetor do parente morto ou do ancestral mítico. Doutro lado, convém chamar a atenção para o fato de que, segundo as informações de Thevet transcritas acima, a cerimônia em que praticavam as incisões no corpo do sacrificante era precedida pela consagração ritual de uma nova vítima. A julgar pela organização cerimonial, Evreux estaria certo: um sacrifício humano acarretava outro, talvez como consequência psicológica da necessidade de obter um amparo sobrenatural na luta contra a "alma" da vítima.

Outras fontes também confirmam a exatidão da descrição de Cardim, no que concerne à observância de um segundo resguardo,

---

[1011] O seu interlocutor lhe disse: "é preciso que o sangue seja *dangouturen* ou bem *dangaiappa*, quer dizer, ou todo bom, ou todo ruim. O que eu faço extrair é minha doença que passa para fora" (Thevet, ms. in., fl. 79v.-80). Esse texto me dispensa da necessidade de comparar as cerimônias que implicavam a prática de incisões, como as de iniciação e as de purificação ou de renomação. Quanto às implicações psicológicas da cerimônia, para o matador, cf. E. Pinto. *Os indígenas do Nordeste*, vol. II, pp. 294/295.

[1012] EVREUX, Pe. Ives d', pp. 98/99. Esse texto já foi aproveitado em outra parte do presente trabalho.

posterior à prática das incisões.[1013] Além de continuar a abstinência, porém, o sacrificante devia observar novas cerimônias consagradas ao seu espírito protetor.

> Quem matou o prisioneiro recebe ainda uma alcunha, e o principal da choça arranha-lhe os braços, em cima, com o dente de um animal selvagem. Quando esta arranhadura sara, veem-se as cicatrizes, que valem por um ornato honroso. Durante esse dia, deve o carrasco permanecer numa rede em repouso. Dão-lhe um pequeno arco, com uma flecha, com que deve passar o tempo, atirando num alvo de cera. Assim, procedem para que seus braços não percam a pontaria, com a impressão da matança.[1014]

Ao segundo resguardo se sucediam as cerimônias de remoção do luto, a que se refere Cardim: "Nem faz o cabelo dali a sete ou oito meses, os quais passados faz muitos vinhos e apelida os amigos para beber e cantar e com essa festa se tosqueia, dizendo que tira o dó daquele morto".[1015]

Deixei para o fim três questões importantes, que podem ser estabelecidas com base no texto de Cardim. A primeira diz respeito à condição de perigo que cercava o sacrificante; como se viu, vários autores mencionam, por razões diversas, que ele poderia até perder a "vida" se as cerimônias prescritas não fossem observadas fielmente.[1016] Isso quer

---

[1013] Cf. Thevet, ms. in., fl. 61; GABRIEL SOARES, pp. 394/395; SALVADOR, Frei Vicente do, p. 69; STADEN, Hans, pp. 184/185.

[1014] STADEN, Hans, loc. cit. Sabe-se, pelas demais fontes, que o período de abstinência era maior. Sobre o significado dessa cerimônia, cf. adiante, 360-366.

[1015] SALVADOR, Frei Vicente do, p. 69; sabe-se, entretanto, que o período de tempo indicado por esse cronista é excessivo, pois o sacrificante só deixaria "crescer o cabelo por alguns dias" (GABRIEL SOARES, p. 395). Sem dúvida, a descrição mais completa dessa cerimônia vem nos textos de Gabriel Soares (cf. pp. 394/395); contudo, esse cronista situa, por lapso, a realização das incisões como sendo o coroamento das cerimônias de remoção do luto.

[1016] Cf. especialmente: THEVET, Frei André. *Cosmographie*, fl. 946; *Singularidades*, p. 246; ms. in., fl. 58v.; GANDAVO, Pero de Magalhães. *História*, p. 155;

dizer que, primariamente, as cerimônias de purificação tinham por fim pôr o sacrificante (e por seu intermédio a coletividade) ao abrigo da *vingança* do "espírito" da vítima. O que não implica, naturalmente, que o sacrificante e a coletividade se defendessem "por si", pelo simples efeito mágico das cerimônias observadas; as informações são particularmente lacunosas quanto a esse aspecto do sistema sacrifical. Contudo, parece-me fora de dúvida que a "luta" que se travava não era bem entre os tupinambá e o "espírito" da vítima. De fato, pelo que se pode inferir, as cerimônias se destinavam a assegurar a cooperação de um agente sobrenatural, o "espírito" beneficiário do sacrifício, o qual comumente agia como um espírito tutelar. De modo que a "luta" se operava, graças ao estado de participação e ao consequente poder miraculoso das ações, *através dos agentes humanos.* É preciso que se tenha em mente que aqueles ritos não eram exclusivamente negativos; se de um lado eles procuravam enganar e afastar a "alma imortal" da vítima, de outro, eles tinham por objetivo o domínio da substância dela que podia ser captada através do sacrifício e da antropofagia. Daí a necessidade de um intercâmbio tão profundo com o sagrado e o estabelecimento de relações cíclicas com os espíritos tutelares, a ponto de um sacrifício humano engendrar ou se encadear a outro, e assim por diante.[1017]

A segunda está ligada à distinção entre o sacrifício da primeira vítima e os sacrifícios ulteriores, praticados por um mesmo indivíduo. É deveras importante salientar que se encontra em Thevet um testemunho probante:

> Se aquele que deve fazer o sacrifício, nunca matou antes, é preciso que ele faça uma dieta mais estreita, que aqueles que já mataram. É que ele se retalha por todo o corpo com um dente de animal, que eles chamam *Paguest*, de modo que o sangue jorra com seu

---

SALVADOR, Frei Vicente do, p. 69; STADEN, Hans, p. 185 (quanto a uma qualidade particular do sacrificante).

[1017] Evidentemente, não tendo em vista as relações com o grupo hostil, a que pertencesse a vítima, e o caráter vindicativo do massacre, mas as imposições cerimoniais indicadas por Thevet.

> conhecimento. Depois ele fica uma lua toda, (é um mês), sem comer carne, nem peixe, e não come senão farinha, e raízes, e bebe cauim. Ele é também tosquiado bem rente, como se fosse barbeado com uma navalha. Ele fica quinze dias sem ousar tocar a terra com seus pés.[1018]

De acordo com essas informações, todo sacrificante devia submeter-se às cerimônias de purificação, segundo o esquema apresentado acima. A particularidade dessas cerimônias, quando realizadas por um noviço, consistiria na duração.

A terceira se refere à revelação ritual do "nome" do sacrificante. Segundo a descrição de Cardim, a revelação ritual do "nome" do matador seria feita por suas irmãs classificatórias e ocorreria antes do início propriamente dito do primeiro resguardo. No entanto, as indicações contidas em outras fontes são mais ou menos discrepantes. Assim, Thevet afirma que, por ocasião da repartição ritual do corpo da vítima, que se processava muito antes da época da execução, eram escolhidos o sacrificante e os seus comparsas, masculinos e femininos.[1019] Durante a cauinagem que então celebravam, o primeiro revelaria o seu "nome" ao escravo: "E para esse fim fazem um grande, e solene banquete, e depois aquele que deve matar o prisioneiro, toma um nome na presença do cativo".[1020] Ora, o mesmo autor assevera que "assim que eles tenham morto um inimigo, eles tomam um nome novo"; e descreve a cerimônia através da qual o novo "nome" caía no domínio público: a revelação do "nome" ocorria antes do início do primeiro resguardo, mas seria feita pelo próprio sacrificante e precederia à distribuição ritual da carne moqueada da vítima.[1021] Por fim, Gabriel Soares e Salvador localizam a revelação do "nome" na transição do primeiro resguardo para o segundo, pelo que se pode

---

[1018] Thevet, ms. in., fl. 61.

[1019] Cf. Thevet, ms. in., fls. 54-54v. e 59v.; *Cosmographie*, fl. 944v.

[1020] Thevet, ms. in., trecho transcrito, fl. 61; texto interpretado, cf. fl. 54v.

[1021] Thevet, ms. in., trecho transcrito, fl. 61; texto interpretado, cf. fl. 54v. Staden também sugere que a "alcunha" seria recebida antes da prática das incisões.

julgar interpretativamente, associando-se dessa maneira às cerimônias em que eram praticadas as incisões:

> Costuma-se entre os tupinambás, que todo aquele que mata contrário, toma logo nome entre si, mas não o diz senão a seu tempo, que manda fazer grandes vinhos; e como estão para se poderem beber, tingem-se à véspera à tarde de jenipapo, e começam à tarde a cantar, e toda a noite, e depois que têm cantado um grande pedaço, anda toda a gente da aldeia rogando ao matador, que diga o nome que tomou, ao que se faz de rogar, e tanto que o diz, se ordenam novas cantigas fundadas sobre a morte daquele que morreu, e em louvores do que matou, o qual, como se acabam aquelas festas e vinhos, se recolhe para a sua rede, como anojado por certos dias, e não come nele certas coisas, que tem por agouro se as comer dentro daquele tempo.[1022] (...) e acabado o matador de executar sua ira no cativo, toma logo entre si algum nome, o qual declara depois com as cerimônias que ficam ditas atrás.[1023]
>
> Mas o nome que tomaram não o descobrem (ainda que lho roguem) senão com grandes festas de vinho e cantares em seu louvor, e eles se fazem riscar e lavrar com um dente agudo de um animal e, lançando pó de carvão pelos riscos e lavores ensanguentados, ficam com eles impressos toda a vida, o que têm por grande bizarria, porque por estes lavores e pela diferença deles se entende quantas cabeças quebraram.[1024]

A insistência nesse aspecto dos ritos de purificação ou de renomação deriva da importância que a troca de "nome" possuía para o sacrificante, em suas relações com o "espírito" da vítima. Todos os etnólogos que se preocuparam com essa questão são unânimes em ressaltar, independentemente do ponto de vista adotado, que a substituição do

---

[1022] GABRIEL SOARES, p. 394; na página seguinte associa explicitamente essas cerimônias com a prática das incisões.

[1023] GABRIEL SOARES, p. 399.

[1024] SALVADOR, Frei Vicente do, p. 66.

"nome" constituía uma técnica mágica na sociedade tupinambá, empregada pelo primeiro com o fim de iludir o segundo e frustrar os seus propósitos de vingança.[1025] Examinando-se as indicações dos cronistas em termos do contexto cultural verifica-se, porém, que a contradição entre eles é mais aparente que real. A informação mais discrepante, que diz respeito à exibição do "nome" pelo futuro sacrificante, por ocasião da repartição cerimonial do corpo do escravo, se refere a um comportamento demasiado conhecido dos tupi, para que possa ser confundido com a revelação ritual do "nome" adquirido pelo sacrificante graças ao massacre da vítima. Esse comportamento já foi identificado acima, com referência às pulhas trocadas entre os guerreiros em combate.[1026] Doutro lado, não parece que exista alguma contradição entre as afirmações de Cardim e Thevet, os quais localizam a revelação ritual do nome antes do início do primeiro resguardo, com as de Gabriel Soares e Salvador, que a situam entre as cerimônias observadas na transição para o segundo resguardo, devido aos ritos de purificação. Pelo que se pode alcançar interpretativamente, a troca de "nome" se prendia ao ato do sacrifício, do qual ela representava uma consequência, tendo-se em vista as relações do sacrificante com o "espírito" que recebia o sacrifício. Por conseguinte, a revelação ritual do novo "nome" *podia* ocorrer antes do início do primeiro resguardo, em conformidade com o que atestam Cardim e Thevet. Tal interpretação encontra apoio na utilização da troca de "nome" como uma técnica mágica: para que pudesse beneficiar de fato o sacrificante, em suas relações agonísticas com o "espírito"

[1025] Cf. FRIEDERICI, G. *Über eine als Couvade gedeutete Wiedergeburteszeremonie bei den Tupi*, pp. 61/62; KARSTEN, Rafael. *The civilization of South American indians*, pp. 160/161 e p. 463; MÉTRAUX, Alfred. *La Religion des tupinambá*, pp. 163-165; E. Pinto, *Os indígens do Nordeste*, vol. I, pp. 291-293, e nota a THEVET, Frei André. *Singularidades* (nota 3, p. 245). A interpretação da cerimônia de apropriação dos bens do sacrificante permite lançar alguma luz sobre o significado da troca de "nome", comprovando as críticas de Métraux e também as de Karsten a Friederici. Todavia, ela não será desenvolvida aqui, porque fugiria aos propósitos do presente capítulo.

[1026] Cf. acima, nota 437 e texto correspondente. Compare-se também com o comportamento do chefe *Abauçanga*, em combate (cf. KNIVET, Anthony, ed. bras., p. 92), e com o de *Cunhambebe*, na recepção de Staden no grupo local *Ariró* (cf. STADEN, Hans, p. 98).

da vítima, a revelação ritual do novo "nome" *devia* se processar nessa ocasião. Restaria explicar por que outros observadores foram levados a supor que essa cerimônia se realizaria apenas em conexão com a prática de incisões. Isso não é difícil, já que, como se sabe, entre o primeiro e o segundo resguardo o sacrificante podia participar da cauinagem que então se celebrava e lhe era permitido romper a segregação oral, a que era impelido por razões mágicas. Gabriel Soares e Salvador descrevem, exatamente, como isso transcorria e que papel tomava o sacrificante nas cerimônias de sua autoglorificação. Em suma, os dados contidos nas quatro fontes se completam, ao invés de se excluírem. Eles dão a conhecer momentos diversos dos mesmos ritos, através dos quais o sacrificante colhia os benefícios da ação sangrenta por ele praticada e pretendia iludir, inconscientemente, a *vingança* do morto.

Embora seja desnecessário, para os fins do presente trabalho, aprofundar mais essa interpretação, talvez conviria pôr em relevo duas coisas: primeiro, que a troca de "nome" possuía uma conexão religiosa; segundo, que a revelação ritual do "nome", nas cerimônias de autoglorificação do sacrificante, tinha uma significação psicológica particular, que não deve ser confundida com as condições sociais externas das ações praticadas pelo matador e por seus companheiros. Quanto à conexão religiosa da troca de "nome", que passara despercebida aos especialistas que cuidaram do assunto e que fora indicada de maneira imperfeita em meu estudo anterior,[1027] é bastante salientar que ela era inerente à própria natureza do sacrifício humano tupi. O "nome" adquirido pelo sacrificante não provinha, nem direta nem mecanicamente, da vítima. De um lado, como já foi visto, o matador não participava do repasto coletivo; ao contrário, a ingestão da carne do sacrificado lhe era interditada. De outro, como e enquanto modalidade de objetivação de carisma, a aquisição do "nome" não pode ser interpretada como consequência da apropriação do "nome" da vítima pelo sacrificante, através do massacre ritual. Montoya assevera que a aquisição do "nome" pelos

---

[1027] Cf. *A organização social dos tupinambá*, esp. p. 239. A ideia de revelação do "nome" pela entidade sobrenatural beneficiária do sacrifício me parece agora inconsistente, tendo em vista os novos resultados a que cheguei na interpretação do fenômeno.

guarani se processava coletivamente, por meio das ações antropofágicas;[1028] e Cabeza de Vaca afirma, por sua vez, que entre esses aborígenes o executor recebia o "nome" do executado.[1029] Todavia, autores dignos de crédito, por seu conhecimento do tupi, atestam explicitamente que o sacrificante se imputava o nome que desejasse. Thevet se manifesta com muita clareza a respeito:

> Eu tenho um ponto a relembrar, a saber que os tupinambá, os tabajaras, os temiminós, e outros, que são descendentes entre si, possuem esta lei com referência à morte de seus inimigos, que assim que eles tenham morto um inimigo, eles tomam um nome novo, e por isso não deixam de reter o seu próprio, que eles tinham antes desses que eles têm por morte. Porque se alguém não tem morto, e ele não faz senão começar nesse mister, ele troca o nome que possuía em sua infância, pelo nome, que lhe agradar, o qual nome ele não consente de boa vontade entre os outros que tomará mais tarde. E é uma máxima inviolável entre eles, que tomarão tantos nomes, quantos inimigos matam.[1030]

Brandão é ainda mais explícito, ao descrever o comportamento do sacrificante por ocasião da revelação ritual do "nome": "se alevantam os tais, e a grandes brados vão dizendo: eu *me hei de chamar daqui por diante fulano* (aplicando-se o nome que querem), *porque tenho morto a meu inimigo,* o que vai repetindo por muitas vezes, *e por este nome quero ser conhecido e nomeado daqui em diante...*[1031] Isso significa, segundo suponho, que o "nome" adquirido por intermédio do massacre ritual

---

[1028] MONTOYA. *Conquista espiritual*, p. 109, nota 2. No *Tesoro* (359v.-353v.), Montoya se refere, no vocábulo *Heróg*, à mudança de nome após a "matança"; mas nada diz a respeito do caráter da mesma, se era coletiva ou afetava apenas o sacrificante e os seus comparsas.

[1029] CABEZA DE VACA, Alvar Nuñez, p. 196. Sobre esse aspecto da antropofagia e da renomação entre os guarani, cf. MÉTRAUX, Alfred, op. cit., p. 164.

[1030] Thevet, ms. In., fl. 61-61v. Conforme acima, os trechos transcritos de Gabriel Soares e Salvador (pp. 439/440), que também sugerem ser a troca de nomes feita por iniciativa do sacrificante.

[1031] BRANDÃO, Ambrósio Fernandes, p. 285; com grifo no texto utilizado.

da vítima não provinha estritamente desta, embora seja provável que o sacrificante captasse, através da ação sacrificatória, uma parte dos "poderes" do sacrificado, inerentes à porção "destrutível" de sua pessoa. O conhecimento que possuímos atualmente sobre a natureza do sacrifício sangrento,[1032] inclusive o humano, permite interpretar o nome como sendo o símbolo carismático do benefício recebido de uma entidade sobrenatural através da vítima. Sob esse prisma, a escolha do "nome" se ligava à comunicação do sacrificante com o "espírito" (ancestral mítico ou parente morto) ao qual se consagrava o sacrifício, comunicação essa que se estabelecia por meio do massacre do crânio da vítima. Não só o carisma objetivado possuía, assim, uma dupla fonte, mas ainda a parte dele que poderia provir da pessoa da vítima (de sua "pessoa" no sentido mais literal possível, pois o massacre podia ser praticado em sua caveira) se tornava captável graças à influência da entidade sobrenatural que recebia o sacrifício.[1033]

Quanto à significação psicológica da revelação ritual do "nome", é possível determinar apenas aquilo que se pode presumir interpretativamente, através da análise das conexões sociais da cerimônia. Parece que as cerimônias observadas nos dois resguardos do sacrificante possuíam funções mágico-religiosas distintas. Enquanto durante o primeiro resguardo ele corria o risco de ser "destruído" por sua vez

---

[1032] Cf. especialmente, além do estudo de Mauss e Hubert: GRIAULE, M. *Remarques sur le mécanisme du sacrifice dogon* (*Soudan français*), passim; DIETERLEN, G. *Essai sur la religion bambara*, esp. pp. 89-97; GUSDORF, G. *L'Experience humaine du sacrifice*, esp. cap. II. Também seria útil consultar: sobrẹ os mecanismos de comunicação com a entidade sobrenatural beneficiária do sacrifício, LEENHARDT, M. *Do kamo. La personne et le mythe dans le monde mélanésien*, esp. pp. 205 ss; sobre o significado do massacre do crânio nas relações com a vítima, RIVERS, William Halse. *Psychology and ethnology*, pp. 144 ss.

[1033] Convém indicar que, malgrado sua origem religiosa, o "nome" poderia ser utilizado para fins mágicos. É o que acontecia, de fato, na sociedade tupinambá, pois a troca de "nome" constituía uma técnica mágica, nas relações com o "espírito" da vítima. Doutro lado, quanto ao massacre de caveiras, que se realizava sob o mesmo cerimonial que o sacrifício das vítimas "vivas" e produzia os mesmos efeitos, cf. esp. ANCHIETA, Joseph de. *Cartas*, p. 237; BRANDAO, Ambrosio Fernandes p. 286; GABRIEL SOARES, pp. 363/364.

pelo "espírito" da vítima – precisando por isso tomar precauções para iludi-lo e para defender-se de seu influxo maléfico –, no decorrer do segundo resguardo passavam a primeiro plano as relações com a entidade sobrenatural beneficiária do sacrifício. Isso não se infere somente das indicações de Evreux, sobre o significado das incisões, ou das de Thevet, sobre a consagração de uma nova vítima nessa ocasião; a cerimônia descrita por Staden, em cujo transcorrer o sacrificante passava o tempo atirando, com um pequeno arco, em um alvo de cera, constituía uma oferta ritual. Karsten e Métraux se preocuparam com o sentido mágico dessa cerimônia: ela seria uma técnica de intimidação e de luta com o "espírito" do inimigo sacrificado.[1034] Todavia, sabe-se que cerimônias dessa ordem eram concebidas pelos tupinambá como *itamongane*, *itauougane* ou *itanongare*, "que significa honra, reverência, e presente, que se deve oferecer aos profetas, e santos caraíbas, a fim de obter deles o que lhes fosse necessário para conservar sua vida", sendo praticadas como uma "oferta cerimonial de bom presságio".[1035] A aludida cerimônia se prendia, portanto, às relações do sacrificante com a entidade sobrenatural que recebia quer o sacrifício da vítima, quer o sacrifício individual que o matador realizava, através das incisões. Como acontecia com a observância dessa cerimônia no decorrer dos ritos de nascimento, é bem capaz que ela produzisse efeitos mágicos (aliás, Staden menciona a garantia de certas qualidades pessoais do executor); mas essa seria uma decorrência, e não a razão de ser da cerimônia. Praticamente, pelo que se pode deduzir da revelação ritual do "nome" em conexão com a celebração pública da ação cometida pelo sacrificante, parece que o "espírito" da vítima já não representava uma ameaça à integridade do agente do sacrifício e à segurança da coletividade como um todo.

De acordo com essa interpretação, o decurso do primeiro resguardo era essencial para a determinação do sucesso ou insucesso do sacrificante. A *luta* com o "espírito" do sacrificado, no que ela tinha

---

[1034] Cf. KARSTEN, Rafael, op. cit., p. 463; MÉTRAUX, Alfred, op. cit., p. 166.

[1035] Thevet, ms. in., fls. 43-43v.; sobre a integração dessa cerimônia aos ritos de nascimento: *Cosmographie*, fl. 916, e ms. in., fl. 67v.; veja-se também *A organização social dos tupinambá*, pp. 149 ss.

de mais sombrio e perigoso para aquele, se desenrolava nesse dramático período. Ao emergir dele, o sacrificante atestava ao grupo: 1) que o sacrifício fora aceito pela entidade sobrenatural à qual se destinava, atingindo assim o seu próprio fim; 2) que a cólera do "espírito" da vítima já não representava um perigo funesto para si e para a coletividade (ou seja: que a "destruição" do inimigo estava consumada); 3) que a entidade sobrenatural receptora do sacrifício, como espírito tutelar, lhes proporcionaria ou garantiria os benefícios comumente produzidos pela "destruição" de uma vítima. Compreende-se, dessa perspectiva, por que a revelação ritual do "nome", após o término do primeiro resguardo, tinha uma significação psicológica particular para o sacrificante. No que concerne às relações com a vítima, ela constituía uma afirmação de *vitória* sobre o "inimigo", mas num sentido pleno, que nos é inacessível. No que tange às relações com o "espírito" do ancestral mítico ou do parente morto, ela pressupunha uma projeção no passado mítico, com as duas consequências correspondentes: a recuperação das "virtudes" e dos "poderes" de um ou de outro, a ascensão do sacrificante (e a dos seus comparsas) no sentido de ambas. Pois, agindo através dos humanos, as entidades sobrenaturais permitiam que os homens pretendessem igualar-se a elas. A celebração pública da ação sacrifical, em que se processava o enaltecimento do herói, dava uma expressão social à tão complexa significação psicológica de uma conduta humana. Por meio dela, as expansões individualistas do sacrificante, exteriorizadas através de autoelogios e incentivadas pelo comportamento dos companheiros, se confundiam com a intensa exaltação (imanente) da natureza sagrada e inviolável do Nós coletivo.

Em conjunto, as ações praticadas no decorrer das cerimônias antropofágicas e de purificação ou renomação mostram em que sentido se pode falar em *luta* e em *destruição* com referência ao sacrifício humano tupinambá. O "princípio vital" ou "alma", inerente ao corpo, se localizava na parte ínfero-posterior do crânio; isso é atestado: a) diretamente, pelo fato de só serem considerados sacrificantes e adquirirem um "nome" os guerreiros que tivessem morto o inimigo em combate e depois esfacelado o seu crânio, pelo massacre das caveiras e pelo próprio massacre do crânio das vítimas vivas; b) indiretamente, pelo texto mítico relativo ao desaparecimento miraculoso do herói-civilizador *Maire-Monan*: submetido pelos ancestrais dos tupinambá à prova de atravessar três fogueiras, ele se desvaneceu ao tentar transpor a segunda: "Eles dizem, porém, que isso não se fez sem milagre. Porque sua testa se fendeu com uma tão grande impetuosidade, e com estrondo tão horrível, que o som subiu até o céu, e a Tupan".[1036] Por causa dessa representação é que o sacrificante descarregava o golpe fatal nessa parte do corpo, e não em outra. As ações observadas pelos participantes do repasto coletivo, pelo sacrificante e pelos seus comparsas tinham por fim, do ponto de vista das relações com a vítima: 1) remover os perigos de *vingança* do "espírito" ou "alma" da mesma, que não podia ser "destruído" pelo massacre e pelo canibalismo; 2) captar o "princípio vital" ou a "alma" inerente ao corpo da vítima, o qual passava, através do massacre do crânio, para o poder da entidade sobrenatural beneficiária do sacrifício e para o poder do sacrificante;[1037] 3) aproveitar as energias (ou "certas energias") contidas em determinados órgãos ou partes do corpo da vítima, ingeridos ritualmente.

Como foi indicado, os circuitos *sacrificante-vítima* e *participantes do repasto coletivo-vítima*, pressupostos nos processos de captação de uma de suas "almas" e de aproveitamento de energias imanentes ao seu corpo, não se estabeleciam sem o perigo da *vingança* do sacrificado. Assim sendo, as ações que engendravam ambos os circuitos se tornavam, ao mesmo tempo, necessárias para evitar as ameaças desencadeadas pela ação sacrificatória. E originavam outras, que possuíam a mesma função mágico-religiosa e correspondiam à idêntica intenção essencial de conduzir ambos os circuitos a seus desfechos próprios e normais. É importante salientar que nenhum dos dois circuitos compreendia relações agonísticas com a entidade sobrenatural que recebia o sacrifício; em algumas sociedades primitivas, o sacrifício representa a condição para o estabelecimento

---

1036 Thevet, ms. in., fls. 43-43v. O relato mítico explica, naturalmente, a eclosão do "princípio vital" ou da "alma do corpo" do herói-civilizador.

1037 O circuito que se estabelecia então, entre o sacrificante, a vítima e a entidade sobrenatural que recebia o sacrifício, descrito empiricamente nas páginas anteriores, será interpretado no próximo trabalho sobre o sacrifício humano.

de relações dessa espécie com uma personalidade ancestral.[1038] Entre os tupinambá, ao contrário, a participação constituía uma condição para a realização do sacrifício: graças à entidade sobrenatural é que se tornava possível aos humanos desencadear os dois circuitos e, por conseguinte, "destruir" a vítima. A posição da entidade sobrenatural variava de um circuito para outro, o que permite explicar por que os efeitos de cada um deles tinham um caráter peculiar. Enquanto a objetivação de carisma, provocada pelo primeiro circuito (*sacrificante-vítima*), alterava o estado do agente, e portanto a avaliação social dos dotes sobrenaturais inerentes à sua personalidade, o incremento de "energias" ou de "poderes", produzido pelo segundo circuito (*participantes do repasto coletivo-vítima*), apenas afetava determinadas qualidades, efetivas ou virtuais, dos agentes, e nada mais era senão o produto de uma preocupação mágica mais ampla: o domínio sobre o grupo hostil a que pertencesse a vítima.[1039]

Resumo

Nesta parte do presente capítulo, foi apresentada a documentação relativa à consumação da *vingança*. Os inimigos capturados não poderiam ser mantidos com vida indefinidamente. De um lado, a estrutura social não comportava a integração do "estranho" senão por um período de tempo determinado pelos fins rituais que presidiam a utilização da pessoa do escravo; de outro, os imperativos ético-religiosos da *vingança* exigiam a "destruição" da vítima. Por isso, o *estado de guerra* não cessava com os rituais de integração do cativo à comunidade dos captores; ao

[1038] Cf. especialmente LEENHARDT, M. loc. cit.

[1039] Segundo me parece, a interpretação desenvolvida é bastante geral para compreender, empiricamente, as explanações de A. Métraux, sobre a função mágica do canibalismo tupinambá (cf. op. cit., p. 158), e as que apresentei em meu estudo anterior, sobre a função diferenciadora do sacrifício humano, com base na observação do carisma, na pessoa do sacrificante (cf. op. cit., pp. 237-239). Roger Bastide sugere uma hipótese diferente mas muito engenhosa, que permite conciliar as duas teorias de outra maneira, através da interpretação genética e sintética, das funções do resguardo ritual do sacrificante e do canibalismo cerimonial (cf. comentário a *A organização social dos tupinambá*, III). Tendo em vista os objetivos do presente capítulo, acredito ser desnecessário aprofundar aqui a discussão do problema.

contrário, eles tinham por objeto criar as condições que permitiriam conduzir a "guerra" ao seu desfecho normal: o sacrifício humano.

A "destruição" do inimigo se processava como um empreendimento coletivo, através de situações sociais que eram, por sua natureza e por sua função, situações sociais de luta. Como acontecia com as demais atividades guerreiras, as ações e as relações agonísticas, que então se desenrolavam, não se confinavam ao mundo profano, mas se desenvolviam por meio dos humanos graças à intervenção do sobrenatural (estado de participação). Sob esse aspecto, o sacrifício ritual constituía uma técnica para resolver os problemas criados pela captura e pela retenção da pessoa do "inimigo" ou do "estranho". Contudo, como a "destruição" da pessoa da vítima não podia ser total, as ações praticadas contra ela estavam sujeitas a represálias, que deviam ser evitadas ou conjuradas, quer pelo espírito sobrenatural beneficiário do sacrifício, quer pela atualização de práticas mágicas.

A documentação conhecida permitiu pôr em evidência, com um alcance interpretativo variável, as duas faces das relações agonísticas dos tupinambá com a vítima. Primeiro, ela contém dados que estabelecem com relativa precisão como a vítima era desligada do "nosso grupo", identificada com o grupo hostil a que pertencesse e consagrada à entidade sobrenatural que devia receber o sacrifício. Segundo, ela mostra ou sugere como se praticava o massacre naquela sociedade tribal, como se comportavam a vítima, o sacrificante, o sacrificador e os circunstantes nessa dramática ocasião, e quais eram as consequências da ação sacrificatória – seja para o algoz da vítima e seus comparsas, seja para a coletividade. Assim, não se conhecem apenas as cerimônias de execução, mas também as que se seguiam a elas, observadas pelo sacrificante e seus comparsas ou pela coletividade: as cerimônias de purificação ou de renomação do "matador" e as cerimônias antropofágicas. E se sabe, ainda, como elas estavam ligadas entre si, cronológica e culturalmente, e quais eram os seus efeitos religiosos e mágicos, tendo-se em vista os benefícios colhidos pelo agente da ação sacrificatória e pela coletividade.

2.2 O significado e a função dos ritos de "destruição" dos inimigos

O material reunido nas páginas precedentes, neste capítulo, já deve ter dado ao leitor uma ideia bem nítida a respeito da natureza e da função dos valores que forneciam o fundamento *emocional* (etnológico) e a justificação *racional* (eidológica) das ações e das atividades guerreiras dos tupinambá. "A guerra pode ser um fenômeno inteiramente religioso";[1040] eis como essa ideia poderia ser expressada, aceitando-se de empréstimo as palavras de um grande mestre da etnologia. Para chegarmos ao âmago do nosso problema resta-nos, porém, aprofundar essa ideia, tomando o material exposto como o ponto de partida da própria explicação sociológica da guerra na sociedade particular investigada.

Duas são as questões que se impõem à análise. De um lado, é preciso tentar reconstruir interpretativamente a noção de *vingança* dos tupinambá, para pôr em relevo o sentido subjetivo limite que ela possuía para os agentes das ações guerreiras. É evidente, sob a perspectiva da cultura tribal, que essa noção se nos apresenta muito mais complexa e rica do que pareceu aos cronistas. De outro, cumpre examinar, à luz dessa noção, que relações existiam entre a guerra e as condições de eunomia da vida social daqueles aborígenes. Está claro que o conhecimento obtido deverá permitir, teoricamente, seja identificar os motivos e os efeitos sociais das ações guerreiras, seja compreender de maneira sintética a função social da guerra no sistema organizatório da sociedade tupinambá.

A noção de "vingança", que transparece nos relatos dos cronistas e que subsiste ainda hoje, na linguagem cotidiana e mesmo nas interpretações sociológicas, encerra um preconceito mecanicista. Em essência, ela pressupõe que o "ato de vingar" é determinado por uma ação qualquer, real ou suposta, produzida por um agente exterior, que se opõe passiva ou ativamente ao sujeito. Quando o agente é humano, a "vingança" se apresenta literalmente como represália: ação de caráter

---

[1040] MAUSS, Marcel. *Menuel d'ethnographie*, p. 206.

punitivo contraposta a outra ação de natureza ofensiva, e motivada por ela. Semelhante representação conceptual traduz, de forma rudimentar, o princípio de que toda "causa" produz um "efeito"; e, vice-versa, que todo "efeito" se liga a uma "causa" determinável e guarda para com ela uma relação de sucessão. Todavia, o que se viu sobre os ritos de "destruição" dos inimigos está longe de caber dentro dessa categoria do nosso pensamento, embora a noção de *vingança* exprima de maneira satisfatória o objetivo da guerra no modo pelo qual ele caía na esfera de consciência social dos tupinambá.

A interpretação da relação sacrifical fornece uma pista interessante para a reconstrução da noção de *vingança* desses indígenas. De acordo com as informações mais incisivas, seria possível enumerar três situações concretas com referência ao sacrifício humano: 1) quando um parente era sacrificado pelo inimigo (quase todas as fontes); 2) quando um parente morria, em virtude de doença ou velhice (Thevet); 3) quando um *espírito* desejasse comer carne humana (Staden). Considerando a questão do prisma oferecido pela primeira espécie de situação, o analista é levado a crer ou a supor que a captura se subordinava à existência de uma "ofensa" anterior; e pelo menos um exemplo (o descrito por Gandavo) permite constatar que, de fato, esse fator podia interferir na relação sacrifical, associando-se a um tipo de vingança real (punição do culpado pelo derramamento de sangue ou de um membro do grupo a que ele pertencesse). Todavia, a circunstância de uma obrigação ser definida socialmente através da relação sacrifical (identificação do grupo hostil a ser punido) não significa, por si mesma, que a relação entre a "ofensa" e a "punição" fosse a causa da relação sacrifical. É o que a documentação relativa a essa espécie de sacrifício (aliás, o único bem conhecido na sociedade tupinambá) demonstra cabalmente: o massacre da vítima se prendia, no caso, à necessidade de socorrer o "espírito" do parente morto de forma sangrenta, de modo a auxiliá-lo a atingir a sociedade sobrenatural dos antepassados e ancestrais míticos. Sob esse aspecto, o sacrifício da vítima fazia parte das cerimônias funerárias devidas àquele parente, e ao invés de ser uma consequência do imperativo da *vingança,* era a sua causa.

Em conjunto, essa conclusão é comprovada pelas inferências que podem ser estabelecidas a partir das outras duas situações concretas e pelo conhecimento que se possui a respeito do mecanismo do sacrifício humano na sociedade tupinambá. As duas situações referidas sugerem, claramente, que a existência de uma "ofensa recente" (pelo menos de uma "ofensa" praticada de maneira real e mecânica: com o aprisionamento de um membro do grupo e o seu massacre pelos inimigos) não era condição necessária para a realização de incursões ou expedições guerreiras, embora estas se fizessem sob a inspiração da "vingança". Quanto ao sacrifício humano devido a um parente morto por "doença" ou por "velhice", informação que deve ser encarada com reserva, poder-se-ia conjecturar que ele seria praticado por motivos mágicos: são conhecidas as implicações da "antropofagia espiritual", para que seja preciso insistir aqui sobre essa possibilidade de interpretação.[1041] No entanto, segundo suponho, esse tipo de sacrifício não se explica pela antropofagia espiritual, operada magicamente na pessoa de um membro do grupo pelos inimigos. Se os tupinambá o efetuavam de fato, ele se subordinaria ao mesmo princípio que o sacrifício humano devido a um parente sacrificado; e isso pela razão de que o sacrifício não era causado pela ação dos inimigos, mas por necessidades do "espírito" do parente morto por eles. Se um parente morto em determinadas condições (por "doença", por exemplo) precisasse da espécie de "auxílio" inerente à reação sacrifical, esta deveria ser concretizada. Quanto ao sacrifício humano devido ao espírito de um ancestral mítico, é provável que o mesmo princípio se aplicasse, ainda que por outras razões.[1042] Nada se sabe de positivo, porém, sobre a natureza dessas razões. Mas é óbvio que o tipo de sacrifício em questão também não poderia ser motivado por uma "ofensa recente" dos inimigos. Ao contrário, ele nascia da interpretação, por meios xamanísticos, da vontade dos "espíritos" dos antepassados e dos

---

[1041] Sobre a antropofagia espiritual, cf. LÉVY-BRUHL, L. *Les carnets*..., esp. p. 52 e pp. 57/58.

[1042] Nesse caso, seria aplicável a esse tipo de sacrifício humano o princípio descoberto por Frazer (cf. *The golden bough*, esp. p. 79 p. 592), de que a relação sacrifical pode ter uma natureza mágica, transformando-se em meio de restauração das energias das divindades? É possível que sim, pois esse princípio se evidencia claramente na outra espécie de sacrifício humano, consagrado pelos tupinambá aos parentes mortos pelos inimigos.

ancestrais míticos.[1043] Em resumo, as outras duas situações concretas do sacrifício humano não só eram criadas por motivos rituais, como demonstram que estes motivos possuíam uma natureza precisa e operavam de maneira regular, dadas certas circunstâncias de relação com os "espíritos" dos mortos ou dos antepassados e ancestrais míticos.

O sacrifício humano tupinambá possuía, por sua vez, a sua "dialética interna", a qual não emergia simplesmente das relações com os grupos hostis nem dos efeitos por elas produzidos. Em primeiro lugar, ele constituía, do ponto de vista das relações com as entidades sobrenaturais, uma espécie de cadeia fechada, posta em movimento continuamente, por meio do massacre de vítimas sucessivas aos mesmos *espíritos*, o que sugerem, empiricamente, os dados sobre a significação religiosa das incisões (Evreux) e sobre a consagração de uma nova vítima por ocasião da prática das incisões (Thevet); ou, indiretamente, as inferências sociológicas sobre a função do sacrifício na atualização das ligações com os ancestrais míticos e com os antepassados. As relações sacrificais eram, por sua natureza, relações circulares: na origem de um sacrifício humano se encontrava, portanto, um sacrifício anterior, operado no seio do próprio grupo.[1044] Em segundo lugar, a necessidade da disposição

---

[1043] Cf. MÉTRAUX, Alfred, op. cit., cap. IV e p. 86, especialmente; e acima a parte relativa ao ritual guerreiro.

[1044] Essa interpretação é coerente com a regra de explicação do social pelo social, estabelecida por Durkheim e particularizada por Simiand, o qual salienta, em sua investigação sobre o salário, que se deve procurar o fator social tópico de um fenômeno em um fato anterior da mesma espécie. Ao redigir esta nota pretendia esclarecer dois pontos: 1) que me parecem legítimas as implicações dessa regra explicativa desde que se trate da interpretação dos motivos das ações dinâmicas das instituições sociais dentro de uma cultura social integrada. Quando o objeto da análise sociológica compreende fenômenos sociais em mudança (especialmente na particularização que ela recebe com Simiand) não possui a mesma validez universal; fatores sociais de espécies diferentes podem atuar causalmente de uma forma tópica, uns sobre os outros, de acordo com a teoria de Marx e de Tönnies, sobre a correlação dos fatores sociais; 2) que o caráter circular das relações sacrificais na sociedade tupinambá se explica psicológica e socialmente pela dupla necessidade de perpetuar a figura e os feitos memoráveis dos ancestrais míticos e dos antepassados, recuperando-se assim as suas *virtudes*, e de manter a consciência da permanência do grupo como um todo. O leitor poderá encontrar uma análise dos processos imanentes a esse fenômeno em

de vítimas pertencentes a grupos hostis provinha, antes mesmo que da existência de uma "ofensa anterior" imediata, da própria realidade do sacrifício humano na sociedade tupinambá. Sabe-se que a *vítima* não podia sair do "nosso grupo". As ações comumente punidas em várias sociedades primitivas pelo massacre do culpado (seguido, em algumas delas, de práticas canibalísticas), entre os tupinambá se associavam a outra forma de retaliação: o grupo doméstico do ofensor se encarregava de aplicar o castigo correspondente ao dano por ele causado, inclusive a pena extrema, de supressão física (mas não por massacre do crânio). Porém, consumada a pena, tratavam de enterrá-lo.[1045] Assim, para que as relações sacrificais pudessem ser estabelecidas, impunha-se a captura de inimigos e o aprovisionamento correlato de vítimas.

De acordo com esse sumário exame, aquilo que se poderia interpretar como sendo a "ideia diretriz" da noção de *vingança* dos tupinambá traduzia, essencialmente: *a intenção de socorrer o "espírito" de um parente, morto em condições que punham em risco a integridade de sua "pessoa", ou de satisfazer a necessidade de relação sacrifical do "espírito" de um antepassado ou ancestral mítico.* A punição se apresenta, assim, não como a causa da ação sacrificatória, mas como uma de suas consequências lógicas. A existência de uma "ofensa a ser punida", praticada de maneira real ou suposta por um grupo hostil, tinha portanto pequena importância na delimitação psicológica do conceito. Sem dúvida, havia uma correlação entre as ações hostis dos inimigos e a realização de incursões ou expedições guerreiras. É que a perda de parentes ou companheiros em circunstâncias sangrentas impunha a atualização de relações sacrificais, graças a imperativos mágico-religiosos: os vivos precisavam restabelecer, através do massacre de vítimas, a integridade das "pessoas" daqueles. Pelo que se pode alcançar interpretativamente, porém, essa não era: a) nem a única fonte mágico-religiosa do sacrifício humano na sociedade

---

BOAS, F. "The idea of the future life among primitive people" (in *Race, language and culture*, esp. pp. 602-606). O fenômeno em questão será examinado no próximo trabalho sobre o sacrifício humano na sociedade tupinambá.

1045 Cf. *A organização social dos tupinambá*, pp. 262-264; e, especialmente, a informação de Anchieta, *Cartas*, p. 100.

tupinambá; b) nem, provavelmente, a causa mais frequente na motivação da guerra, já que a morte por "doença" ou por "velhice" e o culto xamanístico dos antepassados e ancestrais míticos intervinham, também, no desencadeamento das atividades guerreiras.

É quase impossível dar uma expressão exata a essa complexa noção de *vingança* por meio dos depoimentos dos cronistas. Como se viu, eles compreenderam, em geral com clareza, que a "vingança" constituía o motivo explícito da guerra para os tupinambá;[1046] mas, infelizmente, não tiveram a curiosidade de aprofundar suas indagações, apesar de alguns deles se referirem à obrigação da "vingança" mesmo para com parentes mortos em passado remoto. Somente Montoya, no verbete *tepı˘,* consigna (com referência aos guarani) um sentido menos limitativo para o vocábulo: "*cherepı˘*, mi paga, lo que di yo por mi".[1047] *O que dei eu por mim* é uma conotação descritiva até certo ponto consistente com a conexão mágico-religiosa através da qual o termo adquiria uma expressão anímica e se objetivava socialmente. Pelo que se pode presumir sociologicamente, essa conotação se ajusta bem tanto ao comportamento dos guerreiros em combate quanto à conduta do sacrificante, dos agentes das ações canibalísticas e da vítima, por ocasião do sacrifício.

Em síntese, o sentido subjetivo limite da noção de *vingança,* para os tupinambá, se exprime sociologicamente na *relação existente entre as ações que deviam ser praticadas contra os inimigos e as obrigações definidas pela necessidade do sacrifício humano.* A guerra nascia de motivos rituais, de ordem mágico-religiosa, e se prendia à necessidade de estabelecer uma relação sacrifical como o efeito à sua causa; ela era, sob este ponto de vista, uma consequência do fato de a vítima não ser escolhida dentro do "nosso grupo", mas fora dele. Daí a localização do *inimigo,* como e enquanto vítima, na escala de intercâmbio com o sagrado e a projeção das atitudes emocionais de ódio e de antagonismo em direção ao grupo hostil. A noção de *vingança* compreendia, assim, todas as determinações

[1046] Cf. acima, parte I, cap. II, *Motivação e objetivos da guerra.*

[1047] Montoya, *Tesoro*, 371v.-375v.; "*tep˘ı* é traduzido como significando "retribuição, vingança".

sociopsíquicas ligadas com as diversas polarizações, implícitas nessa espécie de comércio com as entidades sobrenaturais: 1) quer as de natureza positiva, subjacentes às relações do "nosso grupo" com o *espírito* que exigia o estabelecimento do contato sacrifical, ou às relações do sacrificante com esse *espírito*; 2) quer as de natureza negativa, subjacentes às relações do "nosso grupo" com o "grupo hostil" de que devia sair a vítima, ou às relações do sacrificante com essa vítima. Isso quer dizer que a parte que cada um tomava na *vingança* de um parente morto ou de um ancestral mítico era determinada pela posição ocupada na escala de intercâmbio com o sagrado, através da pessoa da vítima; e não, primariamente, pelo conjunto de derrotas impostas aos guerreiros dos grupos hostis, ou pela soma de castigos infligidos a eles, no decorrer dos choques armados e posteriormente. Essa inferência exemplificativa encontra fundamento seja na enumeração dos personagens que colhiam algum tipo de benefício no massacre da vítima (o captor, ou captores, e o senhor do escravo, o sacrificante, o sacrificador, e os comparsas do sacrificante), seja na indicação expressa de que a simples supressão física de um inimigo não conferia ao guerreiro o direito de adquirir um novo nome.

Os resultados da interpretação reconstrutiva apresentada permitem entender, também, por que a noção de *vingança* caía na esfera de consciência social dos tupinambá, fornecendo-lhes, como mostram quase unanimemente os relatos dos cronistas e os temas dos diálogos rituais com a vítima ou dos autoelogios masculinos, o motivo aberto da guerra e da "destruição" dos inimigos vencidos. É que a captura e o aprovisionamento de inimigos para o sacrifício ritual fazia parte da constelação de ações sociais imputadas aos humanos pelas obrigações em face das entidades sobrenaturais. Em torno da noção de *vingança* se objetivavam culturalmente tanto os motivos que conduziam à guerra (definidos pelo caráter imperativo da relação sacrifical: quer para os vivos, quer para as entidades sobrenaturais) quanto os fins que precisavam ser atingidos por meio dela (captura de vítimas e domínio mágico sobre o grupo hostil). É óbvio que as coisas não se passavam com clareza lógica na mente daqueles aborígenes. Mas os temas dos diálogos rituais comprovam que eles viam nos ritos de "destruição" dos inimigos uma forma perfeita de consumação da *vingança*. Embora confusamente misturados entre si, os motivos e os fins da guerra se associavam diretamente, na cultura tribal, à necessidade de *vingar* os parentes mortos e os antepassados ou ancestrais memoráveis. Por isso, a noção de *vingança* se projetava no horizonte mental dos agentes, criando neles a segurança psicológica nascida da convicção de que as ações agressivas, praticadas contra os inimigos, tinham um fundamento indiscutível e eram necessárias. Ela se tornava, naturalmente, a fonte de "explicação" por excelência dos comportamentos orientados de maneira estandardizada contra os membros dos grupos hostis, em combate ou após a captura; e dela provinham as razões cognitivas para o comportamento agressivo, tal como este *devia* ser exteriorizado nas situações sociais criadas pela guerra ou pelo sacrifício humano. As cerimônias de identificação do prisioneiro como "inimigo", de enumeração das ações hostis atribuídas ao grupo a que ele pertencesse e de comunicação verbal com ele indicam, inclusive, que a referida noção se aplicava no processo de justificação do sacrifício perante a vítima: como condição mágica para o apaziguamento do seu "espírito", ela também precisava ser convencida de que a execução não se reduzia a um ato de violência arbitrária contra a integridade de sua "pessoa".[1048]

Enfim, com relação às explanações dos cronistas, a interpretação desenvolvida esclarece dois pontos essenciais. Em primeiro lugar, os motivos considerados por eles como sendo responsáveis pela determinação da guerra (*vingança* e suas implicações) estavam nas raízes mesmas de todas as ações agressivas cometidas contra os inimigos, desde os rituais de preparação para a guerra até os de "destruição" dos prisioneiros. Em segundo lugar, os motivos concebidos por eles como conexões específicas do canibalismo tupinambá (*vingança* e suas implicações) se vinculavam a um conjunto mais amplo de determinações: a cadeia total de ações

---

[1048] Aqui se evidencia em que sentido o sacrifício humano (e em consequência: a guerra e o canibalismo) constituía uma técnica jurídica na sociedade tupinambá: o princípio de *status legal* se aplicava com base no tratamento recíproco, de uma forma geral e suprapessoal, sem implicar uma relação mecânica entre "a ofensa" e "a punição correspondente". Sobre a noção de reciprocidade como fundamento do direito primitivo, cf. B. MALINOWSKI, B. *Crime and custom in savage society*, passim.

agressivas, dirigidas contra o "inimigo", por ocasião do sacrifício de algum (ou de alguns) de seus membros. Aliás, a ideia de que a "vingança" seria uma conexão específica do canibalismo encontra defensores na etnologia moderna. Davie, por exemplo, explica dessa maneira algumas manifestações do canibalismo;[1049] e Métraux, em seu livro mais recente,[1050] assevera que "os tupinambá interpretavam o canibalismo como uma forma obrigatória da vingança. Sua *vendetta* não estaria completa se eles não devorassem seu inimigo". O esclarecimento obtido sobre os dois pontos em questão não exclui, porém, a necessidade de examinar como a noção de *vingança* se associava a cada uma das constelações fundamentais que compunham os ritos de "destruição" dos inimigos.

A *vingança* se vinculava de modo específico aos ritos de execução, de purificação ou renomação, e de antropofagia? E é possível determinar, interpretativamente, a natureza dessas vinculações? Embora não se possa ir muito longe nas afirmações, parece que algumas conexões particulares se salientam com nitidez. Assim, o massacre ritual do crânio constituía uma ação religiosa, ainda que os eventos associados a ela tivessem uma significação e uma força mágica (a queda do corpo da vítima como fonte de inferências divinatórias); está claro que tal ação não representava, em si mesma, apenas o início da consumação da *vingança*: ela constituía a sua própria condição *sine qua non*. O sacrifício não só se destinava a uma entidade sobrenatural. Ele era possível, literalmente, por causa disso: sem a relação sacrifical, os humanos não poderiam "destruir" os inimigos, e por conseguinte utilizá-los como vítima. Daí a importância da estrita localização da vítima na escala de relação com a entidade sobrenatural que devia receber o sacrifício, o que se processava através dos ritos que precediam mediata ou imediatamente à execução. Por meio da identificação formal do prisioneiro ao grupo hostil a que ele

---

[1049] DAVIE, M. R. *La Guerre dans les sociétés primitives*, pp. 114 ss.; cf. também LANDTMAN, Gunnar, op. cit., pp. 252 ss.

[1050] MÉTRAUX, Alfred. *Les Peaux rouges de l'Amerique du Sud*, p. 55; cf. também *La Religion des tupinambá*, pp. 157/158. E. Volhard nega que existisse alguma ligação entre o canibalismo tupi e a vingança (*Il cannibalismo*, p. 416). É evidente, porém, que esse autor não aprofundou a análise da noção de vingança, limitando-se a encará-la da perspectiva mecanicista, oferecida pelos cronistas.

pertencia, ficava promovida a evidência de que a necessidade de relação sacrifical de certa entidade sobrenatural podia ser satisfeita pela vítima que lhe era consagrada. Se houvesse algum lapso nessa determinação (o que se descobriria magicamente, graças às inferências divinatórias), nada livraria a coletividade das represálias do "espírito" da vítima, pois os humanos estariam agindo por si mesmos. O abandono do sacrificante (e, provavelmente, o de seus comparsas) se impunha, como uma forma de defesa do "nosso grupo". Tomando-se por base o sacrifício humano devido a um parente "morto" recentemente de maneira sangrenta,[1051] isso indica que o circuito *entidade sobrenatural-vítima* possuía uma natureza precisa e que a relação sacrifical pressupunha uma *recuperação*. Através da relação sacrifical, o "espírito" *vingado* não recebia uma espécie qualquer de benefício, mas a "substância" de seu corpo que caíra anteriormente em poder dos inimigos por intermédio do massacre ritual. Em outras palavras, a "destruição" da *alma inerente ao corpo* da vítima se reduzia, no plano mágico-religioso, a uma transferência ou captação de qualidades místicas, a qual restituía a integridade ao "espírito" beneficiário do sacrifício. O massacre ritual da vítima era, a um tempo, condição, princípio e fim da *vingança*.

As conexões dos ritos de purificação e de antropofagia são, por sua vez, reconhecíveis em parte. Como já foi visto na análise reconstrutiva dos ritos de purificação, a coletividade só podia saber se o sacrifício da vítima fora ou não aceito pela entidade sobrenatural, apesar dos prognósticos baseados nas inferências de caráter divinatório, por meio do êxito do sacrificante na observância do primeiro resguardo. Isso quer dizer que os ritos de purificação se ligavam à *vingança* na medida em que eles serviam para atestar que ela fora plenamente consumada; isto é, na medida em que eles forneciam a evidência de que o sacrifício atingira o seu fim. Quanto aos ritos de antropofagia, eles possuíam um significado mais profundo, a esse respeito. As relações dos agentes canibalísticos com a vítima se vinculavam ao processo de recuperação mística das "energias" do parente morto pelos inimigos. A natureza agonística dessas relações, aliás, deve ter sugerido ao leitor

---

[1051] Convém relembrar que esse tipo de sacrifício possuía um caráter vicário.

que os efeitos das ações canibalísticas, apontados acima (incorporação de "energias" à personalidade dos agentes e segurança da coletividade pela conjuração do "espírito" da vítima), não abrangiam todas as consequências do canibalismo tupinambá. De fato, as fontes mencionam a intenção de intimidar os inimigos (Léry) e o princípio de reciprocidade (especialmente, Pigafetta e Staden). Tais indicações podem ser aproveitáveis interpretativamente, pois não é difícil perceber que a aplicação do princípio de reciprocidade às ações canibalísticas e a intenção de intimidar os inimigos por seu intermédio se associavam ao processo de recuperação mística. Para falar com maior precisão, ambos não eram outra coisa senão resultados mágicos desse processo.

As relações agonísticas da coletividade com o "espírito" da vítima, através das ações canibalísticas, não afetavam exclusivamente a "pessoa" do inimigo executado, mas todo o grupo social a que ele pertencesse. Aqui se aplica o conhecido princípio da magia simpática, por contágio, de que "o semelhante produz o semelhante" (Frazer). No caso, a simpatia mágica se estabelecia naturalmente entre a vítima e seu grupo, pois esse princípio, no plano das relações intercomunitárias, pressupõe que agir sobre o membro de um grupo é agir sobre o próprio grupo (Léry-Bruhl: *pars prototo* como princípio da comunidade de essência). Semelhante interpretação permite entender por que o canibalismo tupinambá compreendia a intenção de intimidar os inimigos. As ações canibalísticas não visavam insuflar um temor físico nos inimigos, porém alcançar sobre eles um domínio mágico, o qual constituía uma ameaça à sua segurança coletiva.

Conviria examinar, agora, o mecanismo dessa relação mágica, tendo em vista a imolação destinada a um parente morto, necessitado da relação sacrifical. O massacre iniciava o circuito *vítima-entidade sobrenatural*, por cujo intermédio se processava a recuperação mística e se estabelecia o circuito derivado reversível *entidade sobrenatural-vítima*. Este circuito produzia consequências muito importantes, pois é nele que se pode encontrar a explicação mágico-religiosa, que identifica o sentido subjetivo das ações canibalísticas dos tupinambá. Ao captar a "substância" com que se iria beneficiar (recuperação mística), a entidade sobrenatural infundia no corpo do sacrificado qualidades procedentes de si mesma. As ações antropofágicas, presumivelmente perigosas em outras circunstâncias, podiam ser consumadas; a comunicação de atributos do "espírito" que recebia o sacrifício ao corpo da vítima, imanente ao processo de recuperação mística, neutralizava o caráter nocivo de tudo que estivesse ligado com a "pessoa" desta, e por conseguinte suprimia as proibições que tornassem a sua carne intocável. Assim, o estado de participação condicionava tanto a atualização das ações canibalísticas quanto a função religiosa das relações agonísticas que apareciam por seu intermédio entre a coletividade e o "espírito" do sacrificado.

Esses resultados colocam a interpretação do canibalismo tupinambá em outras bases. A análise reconstrutiva, elaborada na parte precedente deste capítulo, evidencia que, entre aqueles aborígenes, a antropofagia desempenhava uma função mágico-religiosa, à qual eram inerentes duas conexões específicas. Todavia, ficara por explicar a própria possibilidade do canibalismo e a natureza das "energias" captadas pelos agentes das ações canibalísticas. Com exceção de Molhard, os especialistas que cuidaram do problema se contentaram com admitir que o canibalismo tupinambá possuía um fundamento mágico. Comendo o adversário, o guerreiro se apropriava dos "poderes" incorporados à sua personalidade. A análise reconstrutiva demonstra, empiricamente (dentro do que é possível determinar-se), o que semelhante interpretação tem de exato e no que ela é falha. Mas, faltava esclarecer o problema da localização das ações canibalísticas na escala da relação com o sobrenatural. Segundo suponho, esse problema se resolve diante dos resultados obtidos. As ações canibalísticas dos tupinambá não eram tão independentes, como até agora se supôs, do ato do sacrifício. Ao contrário, nele encontravam sua própria razão de ser, de ordem religiosa. Tudo girava em torno da comunhão coletiva, promovida pela ingestão da carne da vítima, com a entidade sobrenatural beneficiária do sacrifício. As manipulações mágico-religiosas do "espírito" do sacrificado, pela coletividade, e os benefícios mágicos colhidos individualmente pelos agentes das ações canibalísticas constituíam antes efeitos esperados que os motivos essenciais do canibalismo.

Isso quer dizer que as "qualidades" captadas pelos agentes das ações canibalísticas não provinham estritamente ou exclusivamente da carne da vítima. Eles se beneficiavam também, quando se tratava de sacrifícios destinados a parentes mortos em época recente, de "qualidades" infundidas no corpo do executado pela entidade sobrenatural. Volhard já havia descoberto essa relação entre o canibalismo e a captação de "qualidades" do parente morto, com referência aos tupinambá. Apenas ele supunha que a relação nascia por si mesma, da própria ação canibalística. Embora sem lançar mão de hipótese que implicasse a identificação da vítima com o parente morto, Volhard admitiu que os devoradores não pretendiam apropriar-se das "energias" do prisioneiro, mas sim da "substância" do parente comido por ele.[1052] Ora, a interpretação desenvolvida patenteia que Volhard não estava totalmente errado, ainda que cometesse graves confusões. Primeiro, ele não conseguiu perceber que o canibalismo tupinambá se subordinava às cerimônias sacrificais e possuía um fundamento religioso. Segundo, acreditava que os agentes das ações canibalísticas captavam diretamente para si a "substância" do parente morto, quando de fato esta se transferia de modo imediato, por meio da ação sacrifical, para o "espírito" do parente morto. Terceiro, não era a "substância" dele que passava para os agentes canibais, mas outras "qualidades", que resultavam do contato do "espírito" com o corpo da vítima, contato esse produzido pelo circuito complexo *vítima-entidade sobrenatural-vítima*, desencadeado pela ação sacrifical. Por fim, os agentes das ações canibalísticas se apropriavam individualmente de "poderes" comidos em certas partes do corpo da vítima.

O problema central, aqui, consiste em saber por que a coletividade se associava ao processo de recuperação mística. O conhecimento que possuímos sobre o esquema do sacrifício tupinambá sugere que tal associação seria dispensável, no que concerne à situação da entidade sobrenatural. Tomando-se por base os resultados da análise reconstrutiva, impõe-se logo uma resposta: é que a coletividade precisava pôr-se em segurança contra o "espírito" da vítima. Porém, é possível que esse fator fosse antes resultante que causal, isto é, efeito da antropofagia cerimonial combinada aos ritos de purificação. Nesse caso, o que se achava atrás da referida associação? Parece que a necessidade de remover ou inverter o estado de heteronomia mágica, criado pela morte de um parente em

[1052] VOLHARD, E. *Il cannibalismo*, pp. 419/420.

condições que exigiam a relação sacrifical. A coletividade se associava ao processo de recuperação mística porque o que ele significava para a entidade sobrenatural significava também para o grupo. Se aquela recuperasse a sua integridade, a coletividade recuperaria a sua. Por isso, a relação sacrifical, como forma de *vingança*, estaria incompleta sem a antropofagia. A coletividade precisava participar do processo de mística, porque somente essa participação poderia assegurar-lhe autonomia mágica diante de determinado grupo hostil e proporcionar-lhe um domínio mágico efetivo sobre ele. O parente morto, cuja integridade fora restabelecida em consequência da recuperação mística, voltava a fazer parte do "nosso grupo", como membro potencial da sociedade dos ancestrais míticos e dos antepassados; a unidade mística do "nosso grupo" se recompunha, ao mesmo tempo que a do grupo hostil se quebrava. A antropofagia, reconduzindo os devoradores ao estado de autonomia mágica, conferia-lhes domínio ou poder mágico sobre a coletividade inimiga.

Esta nova interpretação do canibalismo tupinambá, ligando entre si os aspectos dessa instituição que foram geralmente separados de modo arbitrário pelos especialistas, permite compreender seja a integração dos ritos antropofágicos nas cerimônias do sacrifício humano, seja a função que eles desempenhavam no plano mágico-religioso, seja o significado que as ações observadas possuíam, como forma de relação intergrupal. Os ritos antropofágicos não constituíam uma sequência independente (ou superposta) dos ritos de preparação e de execução da vítima. Ao contrário, o princípio religioso que tornava aqueles ritos possíveis e necessários imprimia igualmente um fundamento às ações canibalísticas. A localização da vítima na escala de relação com o sagrado constituía uma condição básica tanto para o massacre ritual quanto para o canibalismo cerimonial. De maneira que, primariamente, o canibalismo tupinambá tinha uma função religiosa: a de promover uma modalidade coletiva de comunhão direta e imediata com o sagrado. Westermarck não está com a razão quando pretende explicar sinteticamente a ligação do sacrifício com o canibalismo por meio do *princípio de transferência do maná* da vítima.[1053] A transferência mágica não se apresenta, no caso particular

---

[1053] Cf. WESTERMARCK, A. op. cit., vol. II, p. 546.

considerado, como a condição, mas como uma consequência da integração das ações canibalísticas nas cerimônias do sacrifício humano. E à medida que ela contribui para explicar a conduta dos agentes canibais, ela não conta como um princípio de relações singulares (entre devoradores e vítima), mas como um princípio de relações intergrupais. Embora a comunhão com a entidade sobrenatural e a ingestão da carne da vítima se refletissem na situação dos agentes canibais, como uma dupla fonte de objetivação rotineira de carisma, o significado manifesto das ações canibalísticas não se definia através desses valores. A luta com o "espírito" da vítima e com o grupo hostil a que ela pertencesse (meio de inversão do estado de heteronomia mágica) é que delimitavam subjetivamente o sentido mágico-religioso explícito das ações canibalísticas. Por isso, no conjunto das ações praticadas contra os inimigos, desde os ritos de preparação da guerra até a "destruição" final dos prisioneiros, elas se impunham, simbólica e objetivamente, como uma evidência plena da consumação da *vingança.*

Como se vê, a noção de *vingança* se polarizava de modo particular em cada uma das constelações de ações sociais que se integravam aos ritos de "destruição" dos inimigos. As graduações implícitas nessa polarização deixam entrever: 1) que o massacre da vítima representava a condição *sine qua non* da *vingança,* no sentido preciso de que a consumação desta dependia diretamente da relação sacrifical; 2) que os ritos de purificação se ligavam a ela indiretamente, como evidência de que o sacrifício da vítima atingira o seu fim cerimonial; 3) que o repasto antropofágico constituía uma forma de comunhão coletiva no processo de recuperação mística, desencadeado pela relação sacrifical, a qual produzia resultados mágicos que se refletiam na condição do grupo hostil "vencido" e asseguravam as vantagens oriundas da supremacia guerreira ou da "vitória militar". Por isso, essa conexão específica continha os elementos eidológicos ou as razões cognitivas que, no horizonte mental dos tupinambá, serviam para "explicar" racionalmente os móveis da guerra e do massacre dos inimigos capturados em face da necessidade de *vingar* os parentes mortos recentemente ou os antepassados memoráveis e os ancestrais míticos. Os cronistas em suas descrições, e os etnólogos que mantiveram a análise do fenômeno dentro dos limites restritos das explanações das fontes primárias, ficaram confinados a essa visão etnocêntrica do canibalismo tupinambá, verdadeiramente ilusória quando não se compreende a noção de *vingança* no sentido que ela possuía no seu contexto sociocultural.

Os resultados da interpretação desenvolvida esclarecem de maneira cabal os problemas relativos à causação social e à função manifesta da guerra na sociedade tupinambá. Motivos religiosos e mágicos atuavam como fatores sociais tópicos da guerra. A *vingança* podia ser descrita pelos tupinambá como sendo o objetivo aberto das incursões e expedições guerreiras, e constituir por isso a função manifesta da guerra naquelas sociedades tribais,[1054] porque ela definia objetivamente as obrigações cerimoniais dos vivos perante os ancestrais míticos e os parentes mortos. Por aqui se descobre a própria dinâmica da guerra nas referidas sociedades: os fatores que determinavam, no âmbito grupal, a realização dos empreendimentos guerreiros, e que criavam, no ânimo de cada indivíduo, a consciência da necessidade de tais empreendimentos e a aspiração de conduzi-los a seus fins normais. Como forma de relação intertribal, a guerra não era a causa eficiente do tratamento recíproco, mas antes o efeito de uma aplicação mágico-religiosa do princípio de reciprocidade. Não era nem a perda física de um membro do grupo nem o caráter em si mesmo afrontoso das ações sacrificatórias e canibalísticas que ocasionavam, especificamente, a "represália"; a guerra e o canibalismo não se ligam ao princípio de reciprocidade de um modo tão simples, como admitem certos especialistas.[1055] O exemplo dos tupinambá é elucidativo: a consumação da *vingança* se refletia na condição do vencido não porque destruísse o equilíbrio mecânico da estrutura social, e sim porque abalava os fundamentos do moral coletivo.

[1054] O conceito de função manifesta é aplicado para designar as consequências objetivas da guerra reconhecidas explicitamente na cultura tribal. Sobre essa manipulação do conceito veja-se R. K. Merton, que procura separar teoricamente a função manifesta dos fenômenos sociais de sua função latente e indica de maneira satisfatória as implicações heurísticas da distinção apontada (*Social theory and social structure*, pp. 61 ss.).

[1055] Veja-se por exemplo KELLER, A. O. *Societal evolution*, pp. 108/109.

Chega-se, assim, à explicação propriamente causal da guerra tupinambá. Quando se diz que a guerra tupinambá se ligava ao sistema mágico-religioso tribal e que seus objetivos, seu ritmo e seu desfecho dependiam do funcionamento desse sistema, apenas se estabelece uma relação interpretativa de caráter geral; quando se assevera que ela constituía, ao mesmo tempo, uma técnica e a condição inexorável do sacrifício humano, não se faz outra coisa senão particularizar aquela relação interpretativa. Todavia, o conceito de que *a guerra tupinambá era o efeito de uma aplicação mágico-religiosa do princípio de reciprocidade* propõe sinteticamente a mesma relação interpretativa em termos causais. Os ritos de "destruição" dos inimigos tinham por função restabelecer as condições de eunomia social, o que se processava, fundamentalmente, através de duas operações: 1) a satisfação da necessidade de relação sacrifical de entidades sobrenaturais; 2) a reconstituição da unidade mística do "nosso grupo". Enquanto a primeira operação possuía um caráter religioso (ou mágico-religioso, conforme a interpretação de Frazer), a segunda tinha um caráter mágico, embora o seu fundamento fosse estritamente religioso, como o demonstra a análise do massacre ritual e do canibalismo tupinambá. Ora, a ideia de que era preciso dar aos inimigos um tratamento determinado encontrava uma expressão concreta graças a essas operações; a recuperação mística e a retribuição mágica pressupunham, por sua própria natureza, que a vítima não podia ser extraída de qualquer grupo hostil. Ao contrário, ambas implicavam que ela tinha de sair do grupo hostil, responsável, de maneira real ou suposta, pelas ações que originavam, em virtude de suas consequências mágico-religiosas, a necessidade da relação sacrifical. A *vingança*, como fonte das expedições guerreiras, que tanto preocupou Gandavo, provinha portanto da atuação de valores religiosos e mágicos, coerentes entre si quanto a seus efeitos e interdependentes quanto aos seus motivos ocultos mais profundos.

Em suma, a recuperação mística e a retribuição mágica, esta subordinando-se àquela, eram os fatores tópicos da guerra na sociedade tupinambá. Graças a esses dois fatores, elementares e irredutíveis, as obrigações fixadas pela necessidade da relação sacrifical (*vingança* e suas implicações) emergiam regularmente com um caráter belicoso e conduziam ao que se poderia chamar de "definição social do inimigo". As ações agressivas dos tupinambá não possuiriam uma natureza belicosa se derivassem, pura e simplesmente, da necessidade de obter vítimas, por meios violentos, para o massacre e para o repasto antropofágico. Através das determinações oriundas desses dois fatores é que elas se integravam às situações de conflito intertribal e adquiriam o sentido subjetivo de ações guerreiras.[1056] Os dois fatores ligavam de tal maneira entre si a condição de "vencido" e a de "vencedor" que, fazendo dos resultados mágico-religiosos os objetivos abertos e os frutos ou proveitos declarados da guerra, levavam a luta armada a refletir-se na posição recíproca das tribos inimigas.

A explicação da guerra tupinambá pelos dois fatores mágico--religiosos indicados representa, sem dúvida, a principal contribuição teórica desta monografia. Ela permite situar de maneira precisa o problema da causação social da guerra na sociedade particular investigada e dá uma nova perspectiva para a consideração sociológica de dois fenômenos sociais: a vingança e a guerra entre os "povos primitivos". Tendo em vista a conveniência de evidenciar todas as implicações relevantes da análise interpretativa elaborada, penso que não será demais submeter os três temas a discussão, ainda que com o risco de insistir, quanto ao primeiro deles, sobre coisas que já não padecem dúvidas. Aqui se inicia, naturalmente, o exame da segunda questão da presente análise interpretativa.

A interpretação desenvolvida permite compreender de forma positiva as vinculações recíprocas da guerra e das condições de eunomia social. As obrigações estabelecidas pela necessidade de relação sacrifical eram de natureza a criar um estado de profunda perturbação na vida anímico-social dos tupinambá. Apesar de a documentação disponível não abranger senão efeitos secundários (como as interdições sociais, por exemplo), percebe-se que o espaço de tempo abrangido entre a imposição ou a descoberta xamanística da necessidade da relação sacrifical

---

[1056] É fundamental, para a definição sociológica da guerra, que "o estado de relações de conflito entre duas ou mais sociedades" possa ser caracterizado empiricamente (cf. o trabalho do autor, *A análise funcionalista da guerra*, pp. 20/21).

e a completa satisfação da mesma constituía, para os índios tupi, uma fase de intensa expectativa e de dolorosas inquietações. As pessoas sobre as quais pesavam as interdições sociais resultantes da morte sangrenta ou mágica de um parente e as que deviam arcar com as obrigações da "vingança" ficavam expostas à ação mágica dos inimigos e às represálias do espírito do morto. Do mesmo modo, enquanto o desejo canibalístico das divindades ou ancestrais míticos não fosse satisfeito, as parentelas sobre as quais caíam tais obrigações se viam sujeitas a perigos que só podiam ser evitados através da consumação do sacrifício sangrento. As diferenças relacionadas com os tipos concretos de sacrifício tornavam-se, assim, irrelevantes, diante da cadeia circular de obrigações impostas imperativamente pela necessidade de estabelecer a relação sacrifical. Inaugurava-se, então, um período de "doença social", pois o equilíbrio do sistema de relações sociais era perturbado em suas próprias bases. A esse período se pode aplicar corretamente o conceito de disnomia social.

A guerra se incorporava às técnicas culturais empregadas pelos tupinambá na remoção dos fatores de perturbação da ordem social. O contato à mão armada com o "inimigo" se impunha como uma consequência inevitável do processo mágico-religioso responsável pela situação de disnomia social e como uma condição para obter um poder ativo sobre as forças que o produziriam. Isso quer dizer que os motivos sociais aqui considerados como sendo os fatores imediatos ou tópicos da guerra, a recuperação mística e a retribuição mágica, atuavam em um ambiente de insatisfação social. Eles se traduziam em ações sociais e em condutas coletivas porque se projetavam na esfera de consciência social dos *socii* através da e graças à insatisfação social, coexistente à imposição ou à descoberta xamanística da necessidade da relação sacrifical.

Na medida em que desencadeavam comportamentos que tinham por objeto (inconsciente) a defesa da integridade do grupo, a esses dois motivos era inerente uma função social imediata da mesma natureza. Sob esse ponto de vista, o restabelecimento das condições de eunomia social, mediante a consumação da relação sacrifical, pressupunha uma punição de caráter particular. Os ritos de "destruição" dos inimigos se apresentam como uma modalidade de expiação, um castigo exemplar aplicado contra os grupos hostis responsáveis por profanações reais ou supostas ao caráter sagrado do *Nós* coletivo (*vingança*). O desfecho normal do processo restabelecia a comunidade dos agentes na posse do seu "ser" e de sua "força", restaurando-a em toda a sua integridade.

Aqui se evidencia a fecundidade da hipótese que orientou a interpretação do massacre ritual e das ações canibalísticas. Pondo de lado a explicação do fenômeno como uma simples reapropriação da "substância" do companheiro morto pelos inimigos – a qual lembra de perto uma aplicação da teoria dos vasos comunicantes a fenômenos sociais –, aquela hipótese permite compreender o restabelecimento do equilíbrio no sistema de relações sociais de uma forma dinâmica. Porque, segundo a interpretação exposta, não estava em jogo uma simples recuperação da "substância" do companheiro ou do parente morto, mas a própria incorporação de um ou de outro à corrente de existência social. Havia uma participação da coletividade no processo de recuperação mística, como não podia deixar de haver, tendo em vista os seus fins, mágico-religiosos. Todavia, o processo em apreço tinha por alvo imediato a "pessoa" do companheiro ou do parente cujo "espírito" recebia o sacrifício sangrento: por intermédio das operações mágico-religiosas observadas, a sua "pessoa" era localizada socialmente na posição correspondente ao seu novo estado. Assim, a neutralização das ações sacrílegas cometidas pelos "inimigos" assumia uma forma expiatória, como condição de defesa do caráter inviolável ou sagrado do *Nós* coletivo. Removendo os efeitos da profanação, inclusive os de natureza mágica, ela afastava as causas da insatisfação social e recompunha o equilíbrio do sistema tribal de relações sociais.

Sem dúvida, os dois fatores sociais indicados, com a função social correspondente, tornam possível a explicação positiva da causação social da guerra na sociedade tupinambá. Porém, havia outros fatores sociais, resultantes do modo de integração ou das repercussões da necessidade de relação sacrifical na estrutura social, que intervinham na motivação da guerra. Três deles se subordinavam diretamente aos fatores primários discutidos, a recuperação mística e a retribuição mágica: são a conexão social do sacrifício sangrento como ritual funerário, as interdições sociais oriundas da morte provocada de um membro do grupo e as fricções com os grupos hostis, ocasionadas por contatos diretos ou por ações mágicas. Por fim, outro nascia do fundamento carismático da diferenciação social.

A conexão do sacrifício humano como ritual funerário resulta da própria função mágico-religiosa que os ritos de "destruição" do inimigo possuíam quando consagrados ao "espírito" de um parente morto recentemente. O sacrifício sangrento de uma vítima removia o agente de perturbação, que impedia o estabelecimento de relações normais entre o morto e a coletividade. Como se sabe, o equilíbrio do sistema de relações sociais era afetado pela morte de um membro do grupo; a função social dos ritos funerários consistia em restaurar o equilíbrio, por meio da exclusão do morto do círculo social dos vivos e de sua concomitante integração à sociedade dos ancestrais míticos e dos antepassados. O morto se transformava em um emissário, que ia para o além, e o seu próprio estado o tornava uma fonte de perigos para a comunidade.[1057] Por isso, entre outras razões, eram tomados vários cuidados rituais, visando facilitar e garantir o seu afastamento da terra. Ora, as cerimônias funerárias usuais não podiam ser observadas por ocasião da morte, se o desenlace pudesse ser imputado a ações ou manipulações mágicas dos "inimigos". Originava-se e persistia, desse modo, uma circunstância que introduzia uma espécie de anormalidade nas relações com o morto, uma fonte de perigos e de insatisfação social.

Gandavo deixou uma minuciosa e esclarecedora descrição desse processo, a qual já foi aproveitada neste trabalho; ela ilustra cabalmente a relação que existia entre o estabelecimento da relação sacrifical devida ao "espírito" do morto e a restauração do equilíbrio do sistema de relações sociais. O filho de um principal tupiniquim fora executado por inimigos. O pai dele recusou-se a aceitar as cerimônias de pranteamento do morto, transferindo-as para depois da consumação da "vingança".[1058] A descrição de Gandavo é importante, porque sugere

---

[1057] Cf. *A organização social dos tupinambá*, pp. 161 ss. Thevet assinala que o ligamento do cadáver tinha por fim impedir o retorno do defunto, "coisa, aliás, que muito temem" (*Singularidades*, p. 223). Cf. também MÉTRAUX, Alfred. *La Religion des tupinambá*, pp. 116/117.

[1058] GANDAVO, Pero de Magalhães. *História*, pp. 127-129.

além disso a existência de uma ficção social, por cujo intermédio os tupi procuravam dissimular ritualmente, malgrado sentirem os seus efeitos, a perda injuriosa de um membro.[1059] Essa conduta correspondia, provavelmente, ao duplo desejo de dar uma satisfação provisória ao "espírito" do morto, com o fito provável de evitar possíveis represálias, e de conjurar a sua presença, evitando a sua invocação extemporânea. O restabelecimento da comunicação entre a coletividade e o "espírito", como foi visto através da análise reconstrutiva, se estabelecia por meio da consagração de uma vítima humana. Gandavo assevera que o principal tupiniquim, depois de realizada a "vingança", consentiu na observância das cerimônias de pranteamento do filho. Removidos os fatores da perturbação das relações com o morto, o grupo podia enfim conduzir a seus termos normais as obrigações para com o "espírito" dele.

As interdições sociais produzidas pela morte de um membro do grupo são mal conhecidas. Somente Thevet reuniu dados consistentes a respeito de tais interdições. Segundo seu depoimento, elas atingiam as coisas e os seres vivos que caíam no círculo de projeção social da "pessoa" do morto. Em vários textos menciona Thevet a cerimônia de renovação da sepultura, através da qual os objetos pertencentes ao morto eram transferidos para o cativo. A melhor descrição é a que consta do manuscrito inédito, na passagem em que trata das cerimônias observadas por ocasião dos ritos de renomação, época em que se processaria a consagração da nova vítima.

> Assim, esses bárbaros jogam sobre seus prisioneiros penas de papagaio em sinal de morte. Depois que fazem essas bravas cerimônias sobre eles, jamais escapam de ser mortos e comidos. Por isso, quando eles entram na habitação, eles levam diante de si o arco, as flechas, os colares, os ornamentos de pena, redes, fios, e outras coisas pertencentes ao defunto, as quais lhes são

---

1059 "Não havia pessoa nela [na aldeia] que não pranteasse, mostrando com lágrimas e palavra magoadas o sentimento de sua morte. Mas o pai como corrido e afrontado de não haver ainda neste caso tomado vingança, pediu a todos com eficácia que se o amavam dissimulassem a perda de seu filho, e que por nenhuma via o quisessem chorar" (loc. cit.).

> dadas para o seu uso, a saber, a rede para dormir, os colares para colocarem em torno do colo, os ornamentos para se paramentarem, os arcos e as flechas são por eles purificados e limpos. Porque não é permitido a ninguém dentre eles servir-se dos bens de um morto, até que tenham sido arranjados por um dos seus inimigos, seu escravo.[1060]

Igualmente, em diversos textos informa aquele cronista que as mulheres do morto não podiam contrair novas núpcias enquanto o marido não fosse "vingado". Na *Cosmographie*, afirma que a oferta da viúva ao cativo ocorria em seguimento à conversão dele ao estado de vítima (portanto, após a renovação da sepultura): "Logo que um prisioneiro é assim equipado, algumas vezes se lhes dá as mulheres daquele que fora morto, a fim de que ele se sirva delas. E elas os tendo por associados, dizem que são recompensadas da perda dos seus primeiros maridos";[1061] e indica que o casamento posterior da viúva com um membro do grupo não podia ocorrer enquanto "seu marido morto não fosse vingado pelo massacre de um de seus inimigos".[1062] No manuscrito inédito repete as informações, ampliando-as porém. "E se por acaso os parentes daqueles a quem pertence o prisioneiro tenham sido mortos na guerra, jamais as viúvas tomarão novo marido, antes que o marido morto tenha sido vingado. E por esta ocasião [época da renovação da sepultura] se presenteia às viúvas com o prisioneiro para recompensá-las da perda do seu defunto marido, até que chegue o dia de matá-lo, e comê-lo em vingança do seu marido".[1063] "Quanto às ditas mulheres viúvas, elas não se tornam a casar, a não ser com os irmãos e parentes mais próximos de seu defunto marido, do qual é preciso que eles antes vinguem a morte, se ele tiver sido aprisionado, ou comido pelo inimigo: se ele morrer de velhice ou de doença, é preciso que aquele, que deve tomar a viúva como mulher, conduza

---

[1060] Thevet, ms. in., fls. 58v.-59. Outras descrições, cf. *Cosmographie*, fl. 944, e ms. in., fl. 61v.

[1061] THEVET, Frei André. *Cosmographie*, fl. 944.

[1062] THEVET, Frei Andre. *Cosmographie*, fl. 944

[1063] Thevet, ms. in., fl. 59.

um prisioneiro que limpe a fossa do morto".[1064] Por outra informação do mesmo cronista, infere-se que a "vingança" dependia da extensão e do prestígio da parentela do morto (*eo ipso,* o deste inclusive), bem como dos atrativos da mulher. Parece que uma combinação desses fatores podia fazer com que a "vingança" deixasse de ser consumada com presteza. Em seu relato, escreve o cronista o seguinte:

> A esse propósito eu vos contarei aqui de uma mulher, a qual após a morte de seu marido, que fora aprisionado e comido por seus inimigos, não desejava jamais casar-se de novo, porque, dizia ela, nenhum dos parentes do seu defunto não se havia esforçado para vingar a sua morte. E por esta razão, tomando o arco e a flecha, foi ela mesma com os homens, e fez tanto que trouxe prisioneiros, os quais deu a seus filhos para matar, dizendo-lhes: matai meus caros filhos, vingai a morte de vosso defunto pai, pois que nenhum de seus parentes não fizeram outra vingança. É possível que por causa de não ser eu jovem, e bastante bela. Mas uma coisa está em mim: é que eu sou forte e valente para vingar a morte do dito vosso pai meu marido.[1065]

Essas interdições sociais, que pesavam sobre objetos e pessoas, ilustram concretamente como a morte provocada, de maneira real ou suposta, de um membro do grupo, repercutia nas condições da vida social, criando focos de perturbação da vida social e fontes de contaminação mágica. Em uma sociedade na qual as mulheres eram tão disputadas, em virtude do papel por elas desempenhado nas relações adaptativas, as interdições que regulavam o casamento das viúvas deviam ser particularmente desagradáveis. Entretanto, a documentação disponível não diz

---

[1064] Thevet, ms. in., fl. 61v. Daí em diante, os objetos pertencentes ao morto passavam a ser usados pelo escravo (Thevet, loc. cit.).

[1065] Thevet, ms. in., fl. 62. Thevet informa que essa mulher passou a comportar-se como homem, assumindo atitudes e comportamentos masculinos (idem). Estaria aqui uma explicação para o tribalismo tupinambá? As demais fontes que tratam do assunto nada permitem concluir a respeito (cf. *A organização social dos tupinambá*, pp. 137/138). A explicação sugerida por Thevet envolve questões que não podem ser satisfatoriamente resolvidas através da documentação conhecida.

tudo. É muito provável que as informações de Thevet compreendam apenas uma porção mínima das interdições sociais produzidas ou vinculadas com a imposição ou a descoberta xamanística da necessidade da relação sacrifical de um parente morto.

Quais eram, porém, as causas das interdições sociais? Por que os companheiros do morto não podiam tocar nos objetos que pertenceram àquele? Por que, se eles continham uma corrupção – para empregar o termo escolhido por Thevet –, os vivos não se livravam deles, destruindo-os? Por que as mulheres dos mortos se tornavam intangíveis para os membros do grupo? Não se pode analisar completamente todas essas questões, pois os dados de fato são insuficientes para tanto. Faltam-nos, mesmo, indicações elementares: sobre o tratamento xamanístico que presumivelmente seria dispensado aos objetos, através de cerimônias que precediam à captura e à consagração de vítimas; sobre o círculo total de personalidades sujeitas a interdições; e sobre a natureza dos cuidados que deviam ser tomados até a consumação da "vingança". Contudo, uma coisa parece clara: a interdição obedecia a um princípio mágico (magia simpática por contágio). Os objetos e as pessoas sujeitos a interdições caíam, como foi apontado, dentro do círculo de projeção social da "pessoa" do morto. As impurezas irradiadas por tais objetos e pessoas não provinham, segundo suponho, da "pessoa" do morto, mas do estado a que ela ficara reduzida pelo poder mágico-religioso dos inimigos. Em suma, os inimigos adquiriam alguma espécie de domínio mágico sobre a coletividade "vencida", sendo esse domínio particularmente operante dentro do círculo imediato de projeção social da "pessoa" da vítima. Daí a dupla necessidade: a) de evitar contatos com as pessoas e objetos alcançados diretamente pelas interdições (proibição de casamento da viúva com membros do grupo e do uso de objetos pertencentes ao morto); b) de eliminar as fontes mesmas de contaminação, que asseguravam aos "inimigos" uma relação de poder tão vantajosa (retribuição mágica). A alternativa da destruição pura e simples dos objetos e das personalidades sujeitas à contaminação e ao controle mágico do "inimigo" não se colocava para os tupinambá. Ela significaria a própria destruição da "pessoa" cuja morte dera origem à necessidade de relação sacrifical e, por conseguinte, à mutilação do próprio grupo.

O inimigo capturado trazia consigo a "substância" do parente morto. A sua consagração como vítima ao "espírito" daquele e a sua execução cerimonial posterior arrancavam do grupo hostil a fonte de poder mágico por ele alcançado sobre a coletividade. O "espírito" que recebia o sacrifício se reapossava de sua "substância", deixando portanto de existir as razões que engendravam as interdições. Em consequência, os objetos e as personalidades que caíam no círculo de projeção social de sua "pessoa" podiam ser submetidos aos rituais funerários de separação e deixavam de ser intangíveis: objetos e mulheres do morto podiam entrar novamente em circulação.

As fricções com os grupos circunvizinhos não contavam entre as causas próximas ou primárias da guerra. Isso já foi convenientemente explicado. Todavia, essas fricções formavam o contexto social dentro do qual se manifestavam os fatores tópicos da guerra tribal. Por isso, é preciso incluí-las entre as condições favoráveis à precipitação das tensões e conflitos intertribais. De um lado, a vizinhança facilitava a imputação da morte natural de um membro do grupo às manipulações mágicas praticadas, de modo suposto ou real, no seio dos grupos hostis confinantes. De outro, os efeitos mágicos das incursões guerreiras e do sacrifício humano são conhecidos. Se as ações guerreiras dos inimigos não criavam, por si mesmas, nem a obrigação nem a necessidade da revindita, o estado de heteronomia mágica resultante daquelas ações,[1066] quando elas atingiam os fins visados, não comportava outra solução ou saída senão o recurso à guerra (retribuição mágica).

O fundamento carismático da diferenciação social também constituía uma condição favorável à guerra. As duas conexões sociais do sacrifício humano, como fonte de objetivação e de rotinização do carisma (função do sacrifício da primeira vítima e função do sacrifício das vítimas sucessivas do mesmo sacrificante), já foram examinadas no

[1066] É impossível determinar-se se o estado de heteronomia devia ser parcial ou total. Em regra, parece que era parcial. Léry, no entanto, se refere aos maracajá, que viviam na ilha Grande e que cerca de vinte anos antes da chegada dos franceses "se renderam aos nossos aliados [os tupinambá], tendo sido deixados em paz" (p. 183). Essa seria uma situação de heteronomia mágica total.

capítulo anterior. Convém lembrar, contudo, que os processos tribais de distribuição e classificação social das personalidades masculinas criavam um ambiente propício ao desenvolvimento de atitudes favoráveis à guerra e ao sacrifício sangrento de vítimas humanas. Como vários fins rituais podiam engendrar a necessidade da relação sacrifical, nunca faltariam razões para justificar os empreendimentos guerreiros em territórios controlados por grupos hostis ou para impelir os guerreiros tupinambá à captura dos "inimigos". Comprova-se sociologicamente, assim, em que sentido é legítima a seguinte afirmação de Gabriel Soares, aproveitada no frontispício desta monografia: "*Como os tupinambás são muito belicosos, todos os seus fundamentos são como farão guerra aos seus contrários*".

Em síntese, a conexão funerária do sacrifício humano, as interdições sociais, as fricções entre grupos hostis e o fundamento carismático da diferenciação social intervinham na causação social da guerra com fatores secundários ou derivados. Na verdade, os três primeiros fatores representam efeitos com ação determinante de um ou de ambos os motivos sociais tópicos da guerra. A conexão funerária do sacrifício humano constituía uma polarização do processo de recuperação mística; as interdições sociais emergiam do estado de heteronomia mágica, imanente à necessidade de recuperação mística; as fricções entre grupos hostis eram uma polarização do processo de retribuição mágica. Somente o fundamento carismático da diferenciação social não pode ser descrito como fator derivado com ação determinante reversível, apesar de explicar-se através da participação do sacrificante no processo de recuperação mística. É que o fundamento carismático da diferenciação social, como e enquanto fator concomitante ou secundário da guerra, era muito mais contingente que os demais, não operando como eles exclusivamente em situações cujo desfecho inevitável, a luta à mão armada, estava naturalmente contido na configuração social das próprias situações em que se engendravam.

O que importa ressaltar aqui é que esses fatores secundários reforçavam a atuação dos dois fatores tópicos da guerra, pois não só operavam no mesmo sentido que eles, mas ainda davam uma expressão concreta à função social que eles desempenhavam. Os fatores tópicos da guerra estabeleciam uma relação entre as atividades guerreiras e a necessidade social que elas contribuíam para satisfazer, a restauração do equilíbrio social. Os fatores secundários da guerra estabeleciam uma relação entre as atividades guerreiras e os *problemas sociais* que deviam ser resolvidos pela coletividade, para que a restauração do equilíbrio social não fosse uma mera ficção ritual. Isso mostra que na própria causação social da guerra tupinambá se achavam as razões que faziam dela uma técnica cultural, destinada a lidar com determinadas formas de perturbação da ordem social.

A seguinte sinopse permite sintetizar os resultados teóricos mais significativos da análise interpretativa elaborada:[1067]

Função social da guerra (tupinambá)	*Função manifesta:* A *vingança.* ↑↓	Obrigação imperativa para com o "espírito" de um parente morto ou de um ancestral mítico. Caía na esfera de consciência social, fornecendo os motivos ideológicos de explicação da conduta guerreira, quer quanto a seu *ethos*, quer quanto a seu *eidos*. Fonte de segurança psíquica em escala grupal.	Efeitos sociais e funções derivadas.	1) garantia das condições de normalidade da vida social: nos ajustamentos dos vivos ao meio ambiente (natural, humano e sobrenatural), naquilo em que êles dependiam do intercâmbio com o sagrado, de acôrdo com a concepção do mundo dos Tupinambá. 2) objetivação e rotinização do carisma: projeção dos humanos nas qualidades místicas dos antepassados (parentes mortos e ancestrais míticos).
				↑ ↓ ↑ ↓ ↑ ↓ ↑
Necessidade social satisfeita: preservação do equilíbrio do sistema tribal de relações sociais e o padrão de solidariedade correspondente.	*Função latente:* Restauração da "integridade" da comunhão inviolável ou sagrada do *Nós* coletivo.	Conseqüência da aplicação mágico-religiosa do princípio de reciprocidade (processos de recuperação mística e de retribuição mágica). Não caía na esfera de consciência social, mas fornecia os motivos tópicos determinantes da guerra tribal, aos quais se associavam circularmente os motivos sociais derivados, com ação causal reversível ou condicionante na determinação da conduta guerreira. Fonte de estabilidade da ordem social à medida em que intervinha dinâmicamente na integração da estrutura social.	Efeitos sociais e funções derivadas.	1) equilíbrio na esfera de ajustamentos com o sagrado (conexão funerária da guerra e do sacrifício humano). 2) equilíbrio no sistema de relações reais (com objetos) e de relações sociais, pela neutralização das fontes mágicas das interdições sociais. 3) autonomia mágica, através da inversão em sentido positivo do estado de heteronomia mágica de relação com grupos hostis. 4) defesa indireta do conjunto de contrôles sociais desenvolvidos pela coletividade na ocupação do meio físico ambiente e das relações adaptativas tribais e intertribais correspondentes.

[1067] Como se poderá verificar, a sinopse representa uma tentativa de sistematização dos resultados teóricos da interpretação sociológica da função social da guerra na sociedade tupinambá, aos quais cheguei na presente monografia. A maioria dos problemas centrais nela referidos foi examinada e discutida neste capítulo. Todavia, convém lembrar: 1) no que se refere à função manifesta, primeira função derivada: além dos dados expostos neste capítulo, especialmente pp. 383 ss., conforme acima, *A guerra na sociedade tupinambá* (parte I) e *A socialização e a guerra* (parte II), passim.; 2) no que concerne à função manifesta, segunda função derivada: veja-se parte II, *Condições e efeitos sociais da participação das atividades guerreiras*, passim; 3) quanto à

O conhecimento obtido sobre a função social da guerra na sociedade tupinambá e a necessidade social por ela satisfeita abre novas perspectivas à interpretação sociológica do padrão de solidariedade social daquela sociedade tribal. Realmente, as implicações sociais da função latente da guerra mostram que os fatores de coesão interna do sistema organizatório tribal eram de natureza mágico-religiosa. Os liames sociais produzidos pelas condições de adaptação ao meio natural circundante não possuíam consistência suficiente para manter em união permanente e íntima as diversas parentelas, associadas através da organização dos grupos locais. Doutro lado, apesar de serem muito fortes, e de sofrerem constantes renovações (pela troca de sobrinhas, filhas ou irmãs), os liames sociais oriundos do parentesco por afinidade podiam ser rompidos com relativa facilidade. Vários exemplos demonstram que eles não suportavam tensões violentas. A mesma coisa não sucedia com o parentesco consanguíneo, por causa do significado religioso ou sagrado das obrigações definidas genealogicamente. Contudo, os compromissos e ligações ("alianças"?) entre os grupos locais circunvizinhos descansavam, primariamente, nas relações de parentesco, consanguíneo e por afinidade. Fora desses, a estrutura social não proporcionava liames sociais mais consistentes, ao contrário; a associação de um principal com os membros do grupo masculino sujeitos à sua dominação podia ser desfeita sem graves consequências, apesar das dependências recíprocas nascidas do parentesco ou das relações adaptativas. Não havia nenhum laço "político" que a firmasse, com base nas probabilidades de mando e de obediência existentes entre o líder e os seus seguidores. Em conjunto, todos esses liames sociais, incorporados à estrutura social e atualizados por seu intermédio, não forneciam senão as condições materiais e sociais para a formação de uma interdependência mais profunda e duradoura.

Graças aos esclarecimentos trazidos pela presente investigação, sabemos no que os tupinambá dependiam extremamente uns dos outros

---

função latente, apenas a quarta função derivada foi examinada sistematicamente noutro lugar (cf. *Motivação e objetivos da guerra*, parte I, cap. II, passim). Parece-me desnecessário insistir sobre o sentido dos conceitos "função social", "função manifesta", "função latente" e "função derivada". Nesta parte do trabalho o leitor já deverá estar familiarizado com o emprego que deles venho fazendo.

para existir, viver e sobreviver, de acordo com as noções que possuíam da existência humana. Ligavam-se intimamente entre si, e precisavam manter-se assim ligados, porque a segurança dos membros individuais do grupo se identificava com a segurança da coletividade: cada um dependia dos demais para atingir os ideais de vida terrena e de vida futura, e a *ruína* de um podia significar a *ruína* de muitos. É preciso que fique bem claro, porém, que o *perigo* não se reduzia à possibilidade de perder a "vida" nos combates com os inimigos. Ele consistia no poder mágico que a ação agressiva bem-sucedida conferia ao inimigo e na ameaça à existência da coletividade, contida na "destruição" ritual de um de seus membros.

Vista desse ângulo, a solidariedade social, na sociedade tupinambá, não emergia mecanicamente dos fatores externos da vida social, embora se vinculasse a eles tanto em sua origem quanto em suas manifestações. A matriz social desse processo estava nos fatores mágico-religiosos. Entre estes, os dois princípios caracterizados acima – a recuperação mítica e a retribuição mágica – explicam uma parte considerável da emergência e atualização dos laços de solidariedade sociais. Os dois princípios abrangiam interesses (profundos mas ocultos) que uniam socialmente os indivíduos entre si e que introduziam uma extrema lealdade espontânea em suas relações, durante a vida e após a morte, principalmente no tocante àquilo em que dependiam mutuamente uns dos outros de maneira tão estreita.

Essa interpretação patenteia que os fatores tópicos da guerra intervinham igualmente na causação da solidariedade social. Como efeitos de causas comuns, os dois fenômenos atuavam reciprocamente um sobre o outro, em circunstâncias e de modo perfeitamente reconhecíveis. A obrigação da "vingança" se projetava no horizonte mental dos tupinambá como uma prestação de serviços e uma satisfação de honra devidas ao companheiro morto. Os motivos mais profundos do comportamento agressivo, como este se exteriorizava culturalmente na guerra e durante o sacrifício sangrento, conservavam-se ocultos. O que se elevava à esfera de consciência social fazia da "vingança" uma manifestação pura e simples da solidariedade social, inflectida através das relações de parentesco. Sob esse aspecto, a guerra surge como uma imposição vinculada às obrigações de solidariedade social. Mas a guerra se incluía, por sua vez, entre os fatores que contribuíam para perpetuar as condições de existência social: ela repercutia, assim, tanto na conformação quanto na preservação do padrão tribal de solidariedade social.

Já foi indicado, no lugar correspondente, que espécie de vinculação existia entre a organização das expedições ou das incursões guerreiras e os laços de solidariedade social, como os grupos locais solidários se opunham aos ataques dos inimigos ou realizavam os ataques aos inimigos sob forma cooperativa. Aqui só resta examinar como os ritos de "destruição" dos inimigos afetavam a coletividade como um todo, inscrevendo-se entre as ações que dependiam, para exteriorizar-se socialmente, de estados intensos de comunhão coletiva, da atualização dos laços de solidariedade social.

A análise reconstrutiva demonstrou que todos os membros do grupo local participavam do repasto coletivo; e que membros dos grupos locais solidários também participavam desse repasto, tomando parte nas cerimônias de "destruição" do inimigo e recebendo os pedaços do corpo da vítima que deviam ser transportados às comunidades às quais pertencessem, onde se desenrolavam a seguir novas cerimônias antropofágicas coletivas, praticamente simbólicas quanto à ingestão de carne humana. Essa modalidade de participação foi notada pela maioria dos autores. "De resto", escreve um deles, "todos os parentes e amigos são chamados para este banquete, e no maior número, para lhes serem feitos os presentes dos membros, e pedaços do prisioneiro, da maneira que lhes havia sido prometida".[1068] Outro observa que convocavam para

---

[1068] Thevet, ms. in., fl. 60v. Vasconcellos confirma-o, com outras palavras: mandavam mensageiros "por todas as povoações circunvizinhas, fazendo-os saber o dia da festa, para que todos sejam presentes à solenidade tão festival; sob pena de incorrerem em nota de avaros os que não convidarem, e de mal criados os que não acudirem" (*Notícias curiosas*, p. 80). A respeito da convocação de parentes e amigos dos grupos locais solidários se manifestam explicitamente os seguintes autores: ABBEVILLE, Claude d', p. 231; CARDIM, Pe. Fernão, p. 161; GABRIEL SOARES, p. 397; LÉRY, Jean de, p. 176; NOBREGA, Pe. Manuel da. *Cartas de Brasil*, p. 100; STADEN, Hans, pp. 112/113 e p. 179; SALVADOR, Frei Vicente do, p. 67; THEVET, Frei André. *Singularidades*, p. 196, p. 240 e p. 244; e *Cosmographie*, fl. 945; veja-se ainda Pero Correia, *Cartas avulsas*, p. 99.

as cerimônias "assim os principais como os outros", esclarecendo que os hóspedes chegavam, por ocasião do sacrifício sangrento da vítima, "em magotes, com mulheres e filhos".[1069] Segundo Hans Staden, seria realizada uma cerimônia de saudação dos hóspedes, na qual era acentuada a relação deles com a vítima: "Logo que estão reunidos todos os que vieram de fora, dá-lhes as boas vindas o principal da choça e diz: 'vinde agora e ajudai a comer o vosso inimigo'".[1070] De acordo com as indicações explícitas, as distâncias percorridas pelos tais convivas oscilariam entre dez e quarenta léguas.[1071] Uma ilustração concreta demonstra que os captores de Staden foram participar do repasto coletivo realizado no grupo local *Ticoaripe*, pela estimativa do cronista situado a seis milhas de distância da moradia daqueles.[1072] São unanimemente apontadas nas fontes as intenções dos tupinambá: tomar parte ativa na "vingança" contra os inimigos, ainda que à custa de esforços penosos.

Esses dados não são muito significativos para os fins da presente análise. Mas eles confirmam a interpretação desenvolvida. De um lado, porque todos participavam do repasto coletivo, durante o banquete antropofágico ou posteriormente, quer pertencessem ao grupo local em que se consumasse o massacre, quer fossem membros de grupos locais dele solidários; de outro, porque o contato com a vítima chegava a ser simbólico, dado o número de participantes e o caráter ritual da distribuição da carne da vítima entre as parentelas. Isso, segundo me parece, sugere que todos procuravam participar do processo de recuperação mística, através da vítima, e apropriar-se de uma pequena parte que fosse do seu corpo, como um meio para adquirir poder mágico sobre os inimigos. Embora as informações não o esclareçam, é provável que a escolha das partes do corpo da vítima pelas diversas parentelas se prendia de maneira particular aos dois processos mágico-religiosos indicados.

1069 CARDIM, Pe. Fernão, p. 161; cf. também LÉRY, Jean de, p. 176.

1070 STADEN, Hans, p. 179.

1071 CARDIM, Pe. Fernão, p. 161 (dez a doze léguas e mais); THEVET, Frei André. *Singularidades*, p. 196 (dez ou doze léguas) e *Cosmographie*, fl. 945 (25 a cinquenta léguas); GABRIEL SOARES, p. 397 e Salvador, p. 67 (trinta a quarenta léguas).

1072 STADEN, Hans, p. 112.

De qualquer modo, duas coisas se evidenciam à análise interpretativa: 1) que havia uma ligação concreta entre as cerimônias de "destruição" dos inimigos e o sistema tribal de solidariedade social (distribuição ritual do corpo da vítima entre as parentelas e as obrigações resultantes, quanto à manutenção do escravo e à compensação adiada); 2) a própria participação dessas cerimônias constituía uma manifestação típica de solidariedade social, como reação coletiva de defesa da integridade do grupo e como uma comunhão em uma unidade social de ordem mística.

Além disso, a atualização dos laços de solidariedade social repercutia diretamente nas obrigações ou compromissos impostos pela responsabilidade coletiva. Primeiro, a morte provocada de um membro do "nosso grupo", atingindo a segurança da coletividade como um todo, dava origem a ações de represália (guerra e atividades rituais subsequentes), de caráter e de âmbito coletivo. Segundo, as ações de represália desenvolvidas expunham cada membro individual da coletividade (no caso: a unidade tribal composta pelos grupos locais solidários) à revindita compulsória dos inimigos. A vingança podia consumar-se de modo vicário, ameaçando indistintamente qualquer componente daqueles grupos locais. Em trabalho anterior já tratei de ambas as consequências da atualização dos laços de solidariedade social:

> O mecanismo de solidariedade tribal estendia a injúria e a responsabilidade, de modo positivo, a todos os membros dos grupos locais solidários. Por isso, não era apenas o sistema restrito do grupo local que se ressentia com a ocorrência. O reatamento dos laços de confiança recíproca, através das práticas antropofágicas, contribuía para restaurar o moral coletivo e a segurança dos indivíduos (...). Os sacrifícios rituais e as práticas antropofágicas galvanizavam os laços intratribais de solidariedade e fixavam de modo permanente a posição relativa recíproca dos grupos locais estranhos.[1073]

Contudo, a análise aqui realizada dá a conhecer melhor a natureza dessas relações entre a guerra e a solidariedade social: elas se explicam

---

[1073] *A organização social dos tupinambá*, pp. 106/107.

pelo fundamento mágico-religioso dos imperativos de "vingança". O mecanismo jurídico apontado não representa outra coisa senão uma das expressões sociais da defesa da integridade do grupo, posta em risco pela morte provocada de um de seus membros individuais. Em suma, os liames mágico-religiosos que ligavam os tupinambá entre si, em uma teia de interdependência social, condicionavam em um sentido determinante a manifestação das obrigações e compromissos que caíam na esfera da responsabilidade coletiva. Com isso se evidencia plenamente que a guerra pode ser encarada como uma técnica jurídica, na sociedade tupinambá, na medida em que a aplicação mágico-religiosa do princípio de reciprocidade fornecia "prescrições legais" para o tratamento dos inimigos e das ações hostis por eles cometidas.

Quanto à contribuição desta monografia para o conhecimento dos outros dois fenômenos, a vingança e a guerra entre os "povos primitivos", parece-me suficiente enunciar apenas as implicações teóricas mais gerais e relevantes. A "vingança" tupinambá foi explicada como um produto das repercussões da religião e da magia na estrutura social. As atividades mágico-religiosas fomentavam tensões intertribais, operando como uma fonte permanente de conflitos entre grupos hostis circunvizinhos.[1074] O que importa examinar, agora, são as determinações sociais da noção de vingança: a) relação dos agentes com a entidade sobrenatural "vingada"; b) a relação das ações de "vingança" com a defesa do grupo; c) em que sentido as ações de "vingança" traduziam uma pena ou uma punição, embora não fossem desencadeadas, primariamente, por esse motivo social.

Algumas teorias sociológicas procuram explicar a vingança como fenômeno social. Pretendo limitar-me aqui às teorias de Pareto, Durkheim e Lévy-Bruhl. Segundo Pareto, a tendência a opor a uma ofensa outra ofensa igualmente danosa, nas relações de indivíduos ou de grupos, é uma necessidade social, nascida de uma reação de defesa

[1074] A documentação disponível não permite verificar até que ponto a imputação de intenções mágico-religiosas às ações rotineiras ou à simples presença dos "estranhos" nas imediações produziam os mesmos resultados.

condicionada socialmente em sua origem e em sua exteriorização. Sob esse ponto de vista, Pareto define sociologicamente a vingança como um processo de restauração da integridade do grupo.[1075] Essa teoria encontra, formalmente, pontos de contato com a interpretação desenvolvida no presente trabalho, pois a restauração da integridade do grupo foi compreendida como função latente da guerra e das atividades rituais subsequentes, das quais a vingança constituía a função manifesta. Todavia, o ponto de vista de Pareto implica um prejuízo mecanicista, evitado sistematicamente na interpretação da guerra tupinambá. O processo de restauração da integridade social é concebido por aquele autor em termos de uma determinação recíproca, imediata e automática, do equilíbrio dos grupos, por meio de ações equivalentes ou compensatórias quanto ao seu conteúdo e aos seus efeitos danosos.

Em Durkheim encontramos outra teoria sobre a vingança como fenômeno social. Sob a influência de Morga,[1076] o sociólogo francês cometeu alguns lapsos da interpretação da *vendetta*, os quais são porém compensados pelas inferências que estabelece, com base na natureza e na função social da pena, e pelo fato de ter entendido aquele fenômeno como uma "pena imperfeita".[1077] A teoria de Durkheim é mais completa que a de Pareto, pois nela a vingança não é compreendida exclusivamente como uma forma de defesa do grupo. Sem dúvida, ela consiste em uma reação de defesa social, porque procura destruir algo que representa uma ameaça para a coletividade. "Não nos vingamos senão do que nos ocasiona mal, e o que nos ocasiona mal é sempre um perigo".[1078] O grupo se defende,

---

1075 V. Pareto, *Compendio di sociologia generale*, §§ 491-2.

1076 Cf. L. H. Morgan, *Ancient society*, parte II, cap. II, § V. As limitações consistem, basicamente, na explicação genética da vingança e na compreensão da *vendetta* como um simples "affaire" privado de parentelas isoladas, consequente da atualização automática dos padrões de solidariedade coletiva através do comportamento dos membros individuais das parentelas. O leitor interessado encontrará, por sua vez, um escorço bastante informativo sobre a função ético-jurídica da vingança entre "povos primitivos" em L. T. Hobhouse, *Morals in evolution*, parte I, cap. III.

1077 Cf. DURKHEIM, Émile. *La división del trabajo social*, esp. livro primeiro, cap. II, § III e p. 128.

1078 DURKHEIM, Émile, op. cit., p. 105.

protegendo o seu futuro. Mas, ao mesmo tempo, a vingança pressupõe uma expiação pelo que foi feito: pune o transgressor pelo "ultraje feito à moral" e à intangibilidade do *Nós* coletivo.[1079] Com maiores razões que a de Pareto, a teoria de Durkheim encontra compatibilidades formais na interpretação defendida no presente estudo, no qual são igualmente postos em relevo os dois elementos da vingança – a defesa da integridade do grupo e o caráter expiatório do sacrifício sangrento.

Entretanto, ambas as teorias deixam de lado uma questão crucial: *por que* a vingança se impõe como um comportamento coletivo? Mesmo em se admitindo que é por causa da ameaça de destruição da integridade do grupo, ficariam por explicar as fontes sociais e a natureza da ameaça. Essa preocupação analítica se revela na teoria de Lévy-Bruhl, na qual só é retido, no entanto, esse aspecto do fenômeno.[1080] Esse autor percebeu com clareza que a obrigação da vingança, nas suas manifestações sociais consideradas, é imposta pelo espírito do morto. Se a exigência não for obedecida, ainda que de modo simulado – o que acontece em algumas "sociedades primitivas" –, os vivos arcarão fatalmente com os castigos produzidos por sua cólera (interrupção das chuvas, da fertilidade do solo, da fecundidade dos humanos, irrupção de doenças devastadoras, escassez de mantimentos etc.). Por conseguinte, o temor infundido pela vingança dos espíritos dos mortos, sendo muito maior do que o temor correspondente incutido pela expectativa de vingança posterior dos inimigos, é que dá à *vingança* o caráter de "obrigação essencial". Essa teoria é muito importante, não só porque completa as anteriores (evidência dos fatores mágico-religiosos subjacentes à ameaça da integridade social), mas ainda e principalmente porque situa devidamente a função da vingança na estrutura social. A obediência aos mortos, como condição de eunomia social, torna-se imprescindível para manter o equilíbrio do grupo, seja quanto às relações com o sobrenatural, seja quanto às

---

[1079] Durkheim procura, de fato, na definição sociológica da pena, conciliar as duas teorias, "a que vê nela uma expiação e a que faz dela uma arma de defesa social" (op cit., p. 128). Por isso é que assevera: "O delinquente não só está obrigado a reparar o mal causado, mas deve, além disso, alguma coisa mais, uma expiação" (op. cit., p. 105).

[1080] LEVY-BRUHL, L. *La Mentalité primitive*, cap. II, § IV.

relações com a natureza e com o meio humano. O que não quer dizer que os ritos em questão tenham por objeto, específica e normalmente, garantir ou propiciar determinados efeitos, como a abundância de chuvas, a fertilidade do solo, a fecundidade dos humanos etc.

Como se vê, o método de interpretação utilizado abre perspectivas para compreender sistematicamente, de maneira sintética, os aspectos do fenômeno que foram até o presente separados uns dos outros. Embora seja incontestável que a significação determinante das relações identificadas (entre os tupinambá e a entidade sobrenatural "vingada", entre a "vingança" e a restauração da integridade da sociedade tribal, entre o massacre ritual e a expiação) e que a correlação delas entre si, segundo o esquema proposto (somente as duas primeiras possuíam um caráter causal, sendo que apenas a primeira de modo irreversível e não determinado pelas demais), tenham vigência plena exclusivamente diante da situação particular investigada, não padece dúvida de que os resultados teóricos do método de interpretação adotado apresentam, por si mesmos, um valor positivo. De um lado, eles reúnem de forma coerente os aspectos do mesmo fenômeno, que foram explicados isoladamente em teorias anteriores. De outro, eles mostram que as hipóteses fundamentais formuladas pelos autores citados são verdadeiras ou legítimas, precisando no entanto de uma correção empírica. No que concerne aos tupinambá, as seguintes retificações parecem indispensáveis: 1) a restauração da integridade do grupo não se fazia mecânica ou automaticamente, mas se subordinava à atuação de complexos processos de reintegração da estrutura social; 2) a defesa do grupo e a expiação faziam parte da "vingança", contudo elas não se explicam *per se*, constituindo manifestações de determinações sociais muito mais profundas (função dos fatores mágico-religiosos); 3) os vivos obedeciam aos mortos, satisfazendo a vontade deles e as necessidades que a animavam, com o fito provável de impedir certas represálias, porém interesses essenciais e diretos do grupo se conjugavam de modo imediato àquelas ações, promovendo uma identificação absoluta entre as necessidades existenciais dos mortos e as necessidades existenciais dos vivos (relações entre os processos de recuperação mística e de retribuição mágica).

Um dos problemas básicos da análise sociológica da guerra consiste na caracterização empírico-indutiva desse fenômeno social. A guerra só existe quando e onde tensões e conflitos intersocietários, permanentes, transitórios ou esporádicos, criam condições para o emprego organizado da luta à mão armada. Todavia, para alguns especialistas a guerra precisa ser caracterizada por sua *dimensão militar.* Isso implicaria, segundo o ponto de vista que defendem, a negação do caráter de "guerra verdadeira" à *guerra primitiva.*[1081] Parece, porém, que não são os aspectos militares da guerra, mas os fatores sociais das tensões e dos conflitos intersocietários que a originam, que permitem caracterizá-la positivamente como fenômeno social. Para os que aceitam esse critério de reconhecimento sociológico do fenômeno, algumas modalidades da *guerra primitiva*, interpretadas segundo o outro ponto de vista como evidências negativas da "guerra verdadeira", são definidas como manifestações típicas da guerra.

A presente monografia traz uma contribuição concreta a essa maneira de compreender a "guerra primitiva". De fato, a identificação e o isolamento conceptual dos fatores sociais das tensões e conflitos intertribais se colocam entre as maiores dificuldades da interpretação sociológica da "guerra primitiva". A inexistência de uma ordem de ajustamentos intersocietários sujeitos a controle social torna verdadeiramente difícil a tarefa de reconhecer e de explicar os mecanismos de causação social da guerra em sociedades desse tipo. O método de interpretação utilizado neste trabalho sugere uma abordagem possível do assunto. Trata-se de compreender: a) como os fatores de coesão social interna se refletem nas relações com os grupos não solidários, ou com os "estranhos"; b) e se existe alguma ligação entre a atualização daqueles fatores e os efeitos da presença dos "estranhos" em regiões suficientemente próximas para projetá-los de modo permanente no campo de preocupação pela segurança coletiva.

A análise dos dados de fato revela que os fatores mágico-religiosos, que prendiam os tupinambá em uma ordem existencial, faziam do "estranho" uma fonte (mágico-religiosa) de perigos e de insegurança. Em consequência, a própria organização tribal excluía qualquer possibilidade

---

[1081] Cf. nota *f*, em apêndice, e "Conclusões".

de ajustamento pacífico ou amistoso com grupos "estranhos". Os fatores mágico-religiosos que provocavam um isolamento social tão extremo eram responsáveis, no entanto, pela criação de uma esfera de contatos agressivos ou hostis intertribais. A necessidade de aprovisionamento de vítimas para o sacrifício sangrento compelia os tupinambá ao contato direto com os "inimigos". Doutro lado, a presença dos "estranhos" constituía algo fundamental para o funcionamento do sistema tribal de solidariedade social. Além dos que nasciam das retaliações reais, os sucessos infaustos de causas desconhecidas podiam ser imputados aos membros dos grupos hostis vizinhos.[1082] A projeção de tensões e antagonismos para fora do círculo de membros do "nosso grupo" encontrava nesse processo as suas próprias bases e fundamentos sociais.

Em suma, os resultados teóricos da análise empreendida demonstram que os fatores da guerra, na sociedade tupinambá, não estavam propriamente nas sociedades hostis circunvizinhas. Porém, os motivos sociais internos que criavam a necessidade da guerra não podem ser dissociados completamente da ordem de contatos intertribais, a qual, apesar e por causa mesmo do conteúdo negativo dos contatos, atuava como uma condição favorável de precipitação de condutas agressivas e de ações agonísticas à mão armada. Poder-se-ia dizer, com razoável precisão, que existia uma rede de influências invisíveis, que ligavam negativamente umas às outras as sociedades tribais hostis. Essa rede abrangia as tensões e os conflitos sociais que, em virtude da aplicação mágico-religiosa do princípio de reciprocidade, eram manipulados ritualmente, através da guerra e do sacrifício sangrento. Isso comprova que a religião e a magia não são obstáculos ao desenvolvimento da *guerra primitiva* no sentido da "guerra verdadeira". Mas que, ao contrário, elas podem fornecer, como acontecia na sociedade tupinambá, os fatores sociais através de cuja manifestação se processa a definição social do inimigo e sob cujo influxo a luta à mão armada adquire um significado bélico, toma proporções coletivas e assume a forma de combate regular.

[1082] O que é sublinhado pela necessidade de relação sacrifical dos "espíritos" dos mortos por doença ou velhice, por exemplo.

Resumo

Nesta parte do presente capítulo, foi empreendido um ensaio de interpretação causal que culminou: a) na explicação das razões que faziam da "vingança" o motivo aberto e o fim explícito das ações guerreiras; b) na evidência da função mágico-religiosa da guerra no sistema organizatório tribal. Esses resultados foram obtidos, basicamente, a partir da reconstrução interpretativa da noção de "vingança", realizada por meio de inferências proporcionadas pelo estudo da documentação empírica relativa aos ritos de "destruição" dos inimigos.

A noção de vingança retinha como *leit-motiv* a intenção de satisfazer a necessidade de relação sacrifical de um parente morto, de um antepassado memorável ou de um ancestral mítico. Todavia, parece que essa necessidade aparecia quando a integridade da coletividade se via ameaçada em sua substância: nos momentos em que determinadas circunstâncias expunham o grupo ao risco de sofrer uma mutilação social.[1083] Encarando o problema deste prisma, cheguei à conclusão de

---

[1083] Essa interpretação fica bem clara no que concerne aos tipos de sacrifício devidos a parentes mortos em virtude de retaliações dos "inimigos" ou em consequência de manipulações mágicas operadas no seio dos grupos hostis. Quanto ao sacrifício devido a antepassados memoráveis ou a ancestrais míticos, o que foi visto no decorrer da discussão interpretativa não oferece uma base suficiente de esclarecimento para o leitor. Todavia, penso que a mesma ideia se aplica a este terceiro tipo de sacrifício. De fato, a retenção de imagens-memória está em relação direta com o afastamento de seus objetos (personalidades desaparecidas) da vida social cotidiana. Embora a revivescência mítica sirva, com frequência, para manter a integridade do grupo, conservando as imagens-memória das personalidades "históricas" na memória coletiva e mantendo, portanto, a corrente de existência social em equilíbrio, é sabido que o tempo contribui para confundir as imagens-memória e mesmo para selecioná-las de modo negativo. Ora, tais perdas, no caso de antepassados memoráveis e de ancestrais míticos, podem ser compreendidas como autênticas mutilações sociais, comparáveis, quanto a seus efeitos mágico-religiosos, às produzidas pela morte provocada de um membro do grupo. Os sacrifícios sangrentos a essas entidades, sob pretextos que não foram elucidados pelos autores quinhentistas e seiscentistas, tinham sob esse aspecto a mesma função social que os outros dois tipos de sacrifício. Ao mesmo tempo que criavam condições para a conservação das imagens-memória das personalidades em questão e para a representação ritual dos dados concorrentes a elas da tradição mítica, proporcionavam os meios para a projeção do grupo nas

que as ações ritualizadas, observadas após o choque armado com o fim reconhecido de satisfazer a necessidade de relação sacrifical, preenchiam uma necessidade de natureza social: a restauração da integridade da tribo como um todo. De fato, dois processos se desenrolavam concomitantemente, através dos ritos de "destruição" dos inimigos, um que assegurava ao "espírito" beneficiário do sacrifício a recuperação de sua *substância*, outro que garantia ao grupo a permanência em seu ser, o restabelecimento da eunomia social. Dada a integração da guerra tupinambá nesses dois processos, pareceu-me que ela poderia ser definida causalmente como efeito da aplicação mágico-religiosa do princípio de reciprocidade.

Com referência à situação particular investigada, a interpretação desenvolvida facilita a identificação dos "fundamentos guerreiros do comportamento coletivo". A guerra era uma esfera de comunicação com o sagrado. As normas e os valores sociais que orientavam a conduta e as ações guerreiras possuíam um caráter mágico-religioso. Elas se originavam subjetivamente como "obrigações essenciais" devidas pelos humanos a entidades sobrenaturais. Nesse sentido, apesar do conteúdo sagrado das normas e valores sociais que regiam o comportamento guerreiro, a guerra não se impunha simplesmente de fora para dentro, mas constituía algo inevitavelmente desejado e aspirado pelos indivíduos de maneira que tendia a ser uniforme. Doutro lado, as situações sociais de vida, em que tais obrigações se atualizavam socialmente, imprimiam às condutas e às ações guerreiras uma conformação estandardizada e as canalizavam para fins suprapessoais, que diziam respeito à segurança e à autonomia mágico-religiosas da coletividade. Graças ao fato de subordinar-se a uma técnica cultural de ordem mágico-religiosa, a "dimensão militar" da guerra era determinada, ao invés de determiná-los, pelos objetivos e

---

personalidades dos antepassados memoráveis e dos ancestrais míticos, o que podia significar tanto uma recuperação das qualidades sobrenaturais dos mesmos quanto a perpetuação da "substância" da coletividade como um todo. A existência dessa preocupação é evidenciada pela crença no retorno de tais personalidades. Segundo suponho, essa crença dos povos tupi pode ser interpretada sociologicamente como uma forma de compensar ou de neutralizar as tendências seletivas do processo de acumulacão e de obnubilação de imagens-memória, de efeitos destrutivos para a integridade do grupo.

pelos frutos mágico-religiosos da luta à mão armada. A parte que cada um tomava na "vingança" dependia diretamente da posição ocupada na relação com o sagrado através da "destruição" do inimigo. Contudo, a condição de *vencedor* ou de *vencido*, produto imediato dessa relação, se refletia na posição recíproca das tribos hostis. No que concerne a implicações teóricas mais gerais, a mesma interpretação contribui para dar uma formulação mais completa a explicações anteriores da vingança como fenômeno social e permite compreender que a forma peculiar de vinculação dos aspectos mágico-religiosos com os aspectos militares não exclui a "guerra primitiva" do rol das manifestações típicas da guerra.

LIVRO III

CONCLUSÕES

O quadro da guerra aborígene apresentado neste trabalho talvez pareça algo complexo. De fato, ele não se coaduna com a representação vulgar da "guerra entre os índios". É que atrás de uma aparente simplicidade técnica ou material se escondia uma extensa e profunda complicação nas relações humanas. Como afirmara Mauss, "as sociedades mais simples podem ser ao mesmo tempo as mais complexas",[1084] o que se aplica também aos fenômenos sociais particulares e serve para descrever de maneira brilhante o que sentimos com referência à guerra tupinambá.

Nesse quadro, estão desenhadas todas as ramificações reconhecíveis da guerra nas sociedades tupinambá e todas as conexões de alguma importância que faziam dela uma expressão da vida psíquica e social daqueles indígenas. Restaria passar, agora, das perspectivas analíticas para a visão de conjunto, com o propósito de pôr em evidência as contribuições mais gerais trazidas por esta monografia ao conhecimento da sociedade tupinambá e ao estudo sociológico da guerra.

[1084] *Manuel d'ethnographie*, p. 168.

CAPÍTULO I

CONTRIBUIÇÃO PARA O CONHECIMENTO DA GUERRA NA SOCIEDADE TUPINAMBÁ

Devido à orientação metodológica que presidiu à descrição e à interpretação dos dados de fato, é possível encarar a contribuição desta monografia para o conhecimento do fenômeno particular investigado de duas "perspectivas": uma *sociográfica* e outra *interpretativa*. No desenvolvimento do trabalho, as explicações descritivas e as explicações causais se alternam e se misturam. No balanço dos resultados gerais da investigação, porém, é conveniente separar as duas espécies de contribuição, pois elas envolvem problemas de ordem diversa.

A perspectiva sociográfica permite descobrir o encadeamento dos sucessos guerreiros e das ações praticadas contra os inimigos, ritualmente, antes da contenda armada, durante o seu transcurso e posteriormente. Vê-se, por seu intermédio, como que num corte longitudinal, todo o conjunto orgânico de situações ligadas com a guerra ou por ela desencadeadas, com os ajustamentos e controles sociais correspondentes. A sucessão de situações tomava a forma de uma cadeia circular: descoberta da necessidade de relação sacrifical por parte do "espírito" de um parente morto, de um antepassado memorável ou de um ancestral mítico; reunião do conselho de chefes; audição do xamã; deliberação da guerra; ritos de preparação material, psíquica, moral e mágico-religiosa da guerra; realização da incursão ou da excursão guerreira; choque armado; se o desfecho do combate fosse favorável, captura de prisioneiros ou apropriação do corpo das vítimas; realização das marchas de retorno; observância dos ritos de tratamento do "estranho": conversão do prisioneiro de guerra em vítima e sua integração à comunidade como escravo; ritos de preparação do sacrifício; prática do sacrifício sangrento; observância dos ritos de purificação, de renomação e de ingestão cerimonial da carne da vítima, com a apropriação correspondente dos restos mortuários. A "necessidade" do sacrifício e a "consumação" do sacrifício constituíam os dois extremos dessa cadeia, que se caracteriza externamente pelo emprego circunscrito da luta à mão armada (durante o combate e, sob certos aspectos, por ocasião do sacrifício ritual) e profundamente pela comunicação ou mesmo pelo estado de comunhão com o sagrado. O sacrifício humano se projeta, com as atividades rituais correlatas, como o alfa e o ômega da guerra.[1085]

Como se poderia definir a função da guerra tupinambá dessa perspectiva? Como fizeram os cronistas: por seus móveis abertos, ou seja, pela "vingança". Trata-se da razão alegada pelos agentes das ações guerreiras, a qual, mesmo concebida superficial e etnocentricamente (como se passou com os cronistas), formava "sentido" com o contexto social da guerra aborígene. Em uma linguagem técnica, essa seria propriamente a função manifesta da guerra na sociedade tupinambá. Como a "vingança" definia obrigações dos vivos para com os mortos, a guerra já se apresenta, nesta perspectiva, como um modo de ligação entre o mundo dos vivos e o mundo dos mortos.

A descrição da função manifesta dá a conhecer certos aspectos da conexão da guerra com a estrutura da sociedade tupinambá em funcionamento. Primeiro, coisa na qual é desnecessário insistir, ela permite conceber as ações e as atividades guerreiras como parte de um todo: a integração da guerra nas condições externas de existência social. Segundo, ela comporta um esclarecimento elementar da motivação da guerra. Excluindo implicitamente o argumento de que a guerra possa ser uma consequência inevitável ou um apanágio da natureza humana, os próprios cronistas procuraram estabelecer relações entre a guerra e as pressões sociais a que

---

[1085] Tudo o que cai neste plano foi percebido com nitidez pelos cronistas. Até na distribuição dos dados conseguiram, alguns deles, percorrer a trajetória indicada. Já na parte interpretativa isso não acontece: uma ou outra contribuição surge esporadicamente, fruto da argúcia pessoal ou de uma intuição feliz.

estavam submetidos os tupinambá. Reduzindo-as ao essencial, essas relações poderiam ser agrupadas em três categorias de "reforços" sociopsíquicos da conduta guerreira: a) pressões psicológicas: a crença na necessidade da "vingança" transformava a participação das atividades guerreiras em uma obrigação moral; b) pressões sociais: de um lado, as influências externas, dos velhos principalmente, através de suas palavras e exemplos, expunham os indivíduos a abandonar-se na corrente do comportamento coletivo; de outro, os incentivos que nasciam de dentro para fora: as atividades guerreiras eram desejadas por causa de suas consequências sociais (integração ao círculo social dos adultos, casamento, prestígio, chefia etc.); d) pressões mágico-religiosas: o temor das interferências nas relações com os "espíritos" dos mortos ou entidades sobrenaturais (a consumação da "vingança" permitia normalizar as relações com o "espírito" que necessitava a relação sacrifical e com as pessoas que estavam diretamente ligadas ao morto) e a convicção inversa do caráter benéfico da correspondência às necessidades ou desejos dos "espíritos" (relações entre os ritos que antecediam o choque direto e o domínio mágico do inimigo, a fonte de "poder" dos guerreiros etc.). Por fim, a descrição da função manifesta conduz a uma apreciação peculiar da interdependência entre o sistema guerreiro e o sistema de relações sociais na sociedade tupinambá.

É que leva a considerar o fenômeno em termos de seus elementos exteriores ou instrumentais, como razões, fins, meios e consequências da guerra. Na sociedade tupinambá as razões alegadas (segundo o depoimento dos cronistas) insinuavam ou que os inimigos teriam feito o mesmo antes, ou que não se deveria proceder de outro modo com eles. Materialmente, a guerra tinha por fim a captura e o aprovisionamento de seres humanos, mas do ponto de vista mágico-religioso seu fim consistia na utilização ritual deles como "vítimas". Os meios eram, quanto ao nível da técnica guerreira, rudimentares: equipamento guerreiro simples e técnicas de ataque ou de defesa elementares, altamente dependentes da complementação pela aplicação das energias humanas e pelo apelo ao sobrenatural. Materialmente, as consequências da guerra eram limitadas, circunscrevendo-se à perda de alguns indivíduos, porém do ângulo mágico-religioso isso representava um *desastre*. Combinando esses elementos entre si, obtêm-se certas inferências explicativas:

1) A natureza social da guerra tupinambá se evidencia através de seus fins e consequências. Os fins a que ela servia eram impostos pela sociedade sem referência a considerações de ordem "militar". As consequências por ela produzidas repercutiam na vida social não por causa de seu sentido "militar", mas em virtude do seu significado mágico-religioso.

2) As dimensões da guerra aborígene se explicam pela relação existente entre o nível técnico em que ela podia desenrolar-se e os fins a que ela servia. As "condições militares" da guerra se subordinavam a essa relação, desenvolvendo-se dentro de seus limites. Daí a forma característica do combate aborígene e a importância que nele adquiriam a influência xamanística e a dominação tradicional pelos "velhos" (gerontocrática), canalizadas socialmente por meio da ritualização das atividades guerreiras.

3) O ritmo da vida guerreira se submetia ao ritmo da vida religiosa, sendo determinado pelas relações dos vivos com os mortos. Por isso, a guerra era uma técnica do sistema mágico-religioso tribal e não desencadeava senão forças suscetíveis de controle pela tradição ou por intermédio do xamanismo.

4) A perspectiva guerreira dos tupinambá se conformava por intenções mágico-religiosas, formuladas ideologicamente através da racionalização dos motivos verdadeiros da conduta guerreira, de modo facilmente perceptível. A falta de estímulos para explorar a vitória em outras direções que não a apropriação de seres humanos, ou de levá-la a termos "militares" decisivos, encontra aqui a sua origem.

5) Os aspectos propriamente "militares" da luta à mão armada se confinavam a uma das fases do conjunto de situações criadas pela guerra, sendo ainda assim constituídos por ações e operações que possuíam um sentido suplementar mágico-religioso ou se completavam por técnicas especificamente mágicas.

6) A luta à mão armada, apesar de suas "condições militares" e de suas consequências físicas, traduzia o embate ou o conflito de "forças" sobrenaturais. A vitória e a derrota estabeleciam uma situação no

comércio com o sagrado e marcavam a posição recíproca de "poder" dos antagonistas, considerados coletivamente.

A perspectiva interpretativa permite descobrir a rede de determinações condicionantes e causais, com os efeitos sociais correspondentes, dadas nas situações criadas pela guerra mas não evidentes de modo imediato. É sabido que nem tudo o que os indivíduos fazem socialmente cai no campo da consciência social refletida. Durkheim chegou a escrever que "a consciência é um mau juiz do que se passa no fundo do ser, porque não penetra até ele",[1086] e desde o seu aparecimento a sociologia tem procurado conhecer o que se passa no fundo do ser, em virtude da constituição social da natureza humana.[1087] Além dos objetivos abertos da guerra tupinambá, seria preciso pôr em relevo os seus motivos ocultos e profundos. Em linguagem técnica, isso significa que se deve completar a descrição da função manifesta da guerra aborígene por intermédio da interpretação de sua função latente, a qual oferece ao analista a possibilidade de chegar à rede de determinações encobertas do comportamento guerreiro dos tupinambá.

A interpretação da função latente dá a conhecer os elementos internos ou imanentes da guerra e os seus resultados reflexos. Assim, a guerra aborígene é vista, deste prisma, em termos de elementos como forma, condições, causas e efeitos sociais. A guerra tupinambá pode ser caracterizada quanto à sua forma por três traços significativos. Primeiro, o reconhecimento do sucesso ou do insucesso das ações guerreiras estava em relação direta com a consumação do massacre do crânio da vítima. Em consequência, o esfacelamento do crânio das caveiras de inimigos tinha o caráter de ação belicosa: a simples supressão física de um antagonista, no choque armado, não possuía nenhum significado se o esfacelamento do crânio não fosse consumado. Daí a conformação mágico-religiosa do objetivo "militar" da guerra e sua redução à captura de inimigos, indicadas acima. Segundo, a guerra se desenrolava através da e graças à atualização das relações com forças ou entidades

---

[1086] DURKHEIM, Émile. *La división del trabajo social*, p. 468.

[1087] Cf. MANNHEIM, Karl. *Ideologia e utopia*, passim.

sobrenaturais. Para consumar a "destruição" dos inimigos, os guerreiros dependiam da comunicação com o sobrenatural: a guerra tupinambá se desenvolvia no plano da participação. Terceiro, o grupo vencedor podia colher os benefícios da guerra praticando um número limitado de massacres. Isso era possível por causa da aplicação do princípio *pars pro toto*. Bastava a captura e o sacrifício de um membro de qualquer grupo hostil, com referência ao qual se impusesse o dever da "vingança", para que as manipulações mágico-religiosas contra aquele grupo como um todo pudessem ser conduzidas a seus fins normais. À luz dessas indicações compreendem-se duas coisas: 1) por que a organização das atividades guerreiras por meio da formação de bandos guerreiros, nos quais a diferenciação do trabalho se processava incipientemente com base no sexo e na idade e onde não existia nenhuma tendência de especialização das funções militares, respondia satisfatoriamente às exigências da guerra aborígene; 2) por que os alvos "militares" mais complexos, que escapavam à rotina das incursões guerreiras, exigiam a cooperação dos grupos locais solidários, cujas forças se uniam para a realização das operações bélicas.

As condições sociais que intervinham direta ou indiretamente na motivação da guerra na sociedade tupinambá são de ordem estrutural. As obrigações definidas pelas relações de parentesco intervinham na motivação da guerra de várias maneiras: a) como condição determinante, quando se tratava de "vingar" a morte recente de um parente consanguíneo (não se sabe precisamente se esta obrigação se estendia à "vingança" de parentes afins) ou de "saciar" o desejo canibalístico do "espírito" de um antepassado; b) como condição direta, no que concerne à regulamentação do casamento de viúvas, por exemplo, cujos maridos morressem em circunstâncias que estipulavam o sacrifício de vítimas: aos pretendentes, geralmente do grupo do morto, competia a obrigação da "vingança"; c) como condição indireta: a necessidade de manter a posição das parentelas no consenso tribal compelia os parentes a cooperarem entre si na competição por prestígio mediante o sacrifício humano (circulação de vítimas entre pais, "filhos" e irmãos"); além disso, o casamento fora do próprio círculo consanguíneo impunha determinadas formas de compensação, inclusive a cooperação no grupo masculino do pai da mulher e a oferta de prisioneiros de guerra (ou de partes de seus corpos) aos parentes da esposa. Certas impulsões do sistema tribal de posições sociais também atuavam como condições da guerra: a) graças à conexão entre a integração no círculo social dos adultos e o sacrifício da primeira vítima; b) por causa da vinculação existente entre a graduação social e a cotidianização diferenciadora do carisma por intermédio do sacrifício humano; c) em virtude da importância da troca de vítimas (ou de partes dos seus corpos) entre parentelas solidárias no sistema tribal de prestações totais, a qual se refletia no prestígio dos membros individuais das parentelas. Por fim, a competição no nível ecológico operava como condição indireta da guerra, pois a tribo que não conseguisse manter a sua *autonomia mágica* corria o risco de perder o controle sobre os territórios ocupados pelos grupos locais que a constituíssem.

As causas sociais da guerra tupinambá, entendendo o termo causa no sentido de *fator antecedente imediato* ou *fator determinante tópico*, são de natureza mágico-religiosa. A noção de "vingança" não significava, estritamente, que uma retaliação devia ser cometida contra o inimigo. Como foi visto no último capítulo, ela traduzia a intenção de socorrer o "espírito" de um parente, morto em circunstâncias que afetavam a integridade da sua "pessoa", ou de satisfazer a necessidade de relação sacrifical do "espírito" de um antepassado memorável ou de um ancestral mítico. Evidentemente, a transferência dessa intenção para a esfera prática suscitava a guerra. Todavia, de nenhum modo a necessidade de relação sacrifical deve ser entendida como constituindo os fatores tópicos da guerra tupinambá: ela era, antes, a sua expressão subjetiva.

Os fatores tópicos da guerra aborígene reduzem-se a dois: a recuperação mística e a retribuição mágica, processos mágico-religiosos responsáveis de maneira específica pela elevação da necessidade de relação sacrifical ao estado de consciência social e pela emergência das ações sociais subsequentes, cujos móveis abertos e encobertos correspondiam à intenção de satisfazê-la praticamente. A noção de "vingança", tal como ela se projetava culturalmente no horizonte mental dos tupinambá, era suficientemente ampla ou plástica para conter essas determinações ocultas de sua conduta mágico-religiosa e das ações guerreiras que lhe estavam subordinadas. É que ela envolvia duas "ideias" básicas, reciprocamente complementares ainda que não formuladas explicitamente e imanentes às manifestações de sentimentos individuais tanto quanto às práticas coletivas: a) a necessidade de relação sacrifical, no que ela se referia ao "espírito" ou entidade sobrenatural (parece que não se davam conta de que ela era também uma necessidade existencial da coletividade), provinha de manipulações mágico-religiosas, reais ou supostas, imputadas aos inimigos; b) só seria possível assumir o controle mágico-religioso dessas manipulações, e portanto remover os seus efeitos, submetendo os inimigos a um tratamento especial e equivalente (por seus resultados e não necessariamente em sua forma), que consistia na utilização da "pessoa" de um de seus membros, ou de mais de uma, no sacrifício sangrento. Por isso, aqueles dois processos intervinham na causação da guerra aborígene como fatores determinantes tópicos, e ela própria pode ser definida sociologicamente, apesar de nem sempre haver equivalência cultural entre os tupinambá e as tribos hostis circunvizinhas, como consequência de uma aplicação mágico-religiosa do princípio de reciprocidade.

Os efeitos sociais da guerra tupinambá se distribuem por várias categorias, independentemente do fato de caírem ou não na esfera de consciência social. Primeiro, os efeitos imediatos: a) graças aos processos de recuperação mística e de retribuição mágica, ao mesmo tempo que o "espírito" beneficiário do sacrifício entrava na posse da integridade do seu ser, a coletividade se via restaurada na posse de sua unidade (mítico-religiosa) e de sua autonomia (mágica); b) a consumação do sacrifício afastava certos fatores conhecidos de interferência nas relações com o sagrado, prevenindo assim males que poderiam advir, como punição ou simples ausência de amparo sobrenatural, da insatisfação ou cólera dos "espíritos". Ambos os efeitos indicam que a *satisfação da vingança* desanuviava o horizonte mental dos tupinambá, pois eles se associavam à remoção de condições opressivas de existência e à restauração do estado de euforia social. Segundo, os efeitos sociais diretos: a) o sacrificante (e provavelmente também os seus comparsas) colhia um benefício pessoal no sacrifício sangrento, o qual consistia na apropriação de "poderes" (carisma), que lhe conferiam prerrogativas sociais (integração ao círculo social dos adultos, aumento do prestígio social etc.); b) a relação mágica com a vítima, através da ingestão de determinadas partes do seu corpo, assegurava aos participantes do repasto antropofágico um incremento de energias individuais, que poderiam conceder-lhes determinadas vantagens nas relações com os "inimigos" e certas virtudes, que permanecem ignoradas; c) a satisfação da necessidade de relação sacrifical do "espírito" de um parente tornava possível a realização de ritos funerários em sua intenção, e por conseguinte a normalização de suas relações com os *vivos* tanto quanto com os *mortos*; d) a correspondência à necessidade de relação sacrifical também produzia a neutralização do círculo de projeção social da "pessoa" de um parente morto no *mundo dos vivos*, levantando consequente as interdições que pesassem sobre coisas e pessoas em virtude de sua morte; e) a capacidade de aprovisionamento de vítimas humanas para o sacrifício sangrento e de utilização delas segundo as normas prescritas na tradição exprimia uma situação concreta no intercâmbio com o sagrado e nas relações mágicas com os grupos hostis circunvizinhos, assinalando a conservação ou as alterações de "posição" nos ajustamentos intertribais. Terceiro, os efeitos sociais indiretos, ou por recorrência: a) por intermédio do sacrifício sangrento, os vivos se projetavam no mundo dos mortos, recuperando assim os atributos e as qualidades dos antepassados e dos ancestrais (existência e duração das parentelas no plano mítico-religioso), e atestando praticamente o sucesso das diligências para manter as tradições do grupo doméstico (relações entre a representação do *status* das parentelas no consenso tribal e o caráter imperativo dos *exemplos*, legados pelos parentes mortos e antepassados memoráveis); b) os massacres rituais de vítimas humanas, quer fossem favoráveis ou desfavoráveis, reavivavam os compromissos e as alianças entre as parentelas: estruturalmente, graças à cooperação mágico-religiosa (inclusive para fins guerreiros), à responsabilidade coletiva e ao funcionamento do sistema tribal de prestações totais; psiquicamente, pela atualização dos laços morais que integravam as parentelas, com seus membros individuais, em um sistema de solidariedade social constituído primariamente por interdependências mágico-religiosas; c) o aprovisionamento constante de vítimas perpetuava a presença de "estranhos" no corpo social, fazendo com que todo um conjunto de ritos de tratamento dos "inimigos", e de convivência com eles, fosse observado de forma contínua; d) o aprovisionamento de "inimigos" e o massacre de vítimas forneciam um critério *objetivo* de avaliação e de graduação sociais das personalidades, com base nos atributos carismáticos evidenciados, o que transformava a guerra em canal de peneiramento social; e) as consequências da guerra no plano mágico-religioso se refletiam nas condições de ocupação e exploração econômica do meio físico: a incapacidade de inverter, através da guerra, o estado de heteronomia mágica podia conduzir uma tribo a dois extremos – a perda da vitalidade demográfica ou o abandono compulsório de determinada região; f) a "vingança" obrigava à "vingança": após a consumação da execução ritual, independentemente da ameaça de represálias do grupo hostil atingido pela afronta, o "protesto de vingança" podia impor a consagração de nova vítima ou a promessa solene de futuros massacres à entidade sobrenatural beneficiária do sacrifício.

Essa enumeração dos efeitos sociais da guerra mostra que as atividades guerreiras e suas consequências próximas ou remotas afetavam toda a vida social dos tupinambá. Elas se refletiam nas três esferas da sociedade tupinambá, interferindo dinamicamente na constituição do padrão tribal de organização social: no sistema de adaptações e controles sociais do meio físico ambiente, no sistema de ajustamentos e controles sociais do meio propriamente humano e no sistema de relações e controles sociais do meio sobrenatural circundante. A esfera em que a influência da guerra se revelara mais profunda foi a formada pelo segundo sistema. Sem dúvida, a guerra era modelada socialmente, não desencadeando senão forças submetidas a controle social. Mas a relação com a estrutura social possuía um caráter reversível. Por seus efeitos sociais, a guerra contribuía por sua vez para manter um amplo conjunto de situações sociais de vida, com as regulamentações sociais correspondentes, tal como elas eram proporcionadas pela estrutura social. Assim, a guerra aborígene repercutia extensamente e de modo dinâmico na configuração do tipo de integração social característico da sociedade tupinambá. Todavia, ela alcançou relativa importância no terceiro sistema, como técnica e condição inevitável do sacrifício humano, e jogou o seu papel no primeiro, em virtude dos reflexos das atividades guerreiras nas condições tribais e intertribais de *luta pela vida*. Além disso, os seus efeitos sociais demonstram, especialmente os imediatos, que as condições de eunomia social e de estabilidade da ordem social vigente dependiam do funcionamento do sistema guerreiro tribal e, em particular, do ajustamento sincrônico das atividades guerreiras ao ritmo de vida mágico-religiosa dos tupinambá.

As considerações expostas sobre a forma, as condições, as causas e os efeitos sociais da guerra na sociedade tupinambá põem em evidência o conjunto total de necessidades sociais que a engendravam, material e animicamente, e as quais ela devia satisfazer de modo direto ou indireto, inclusive e principalmente aquelas que não caíam no campo de consciência social dos agentes humanos. Isso permite definir sociologicamente a função latente da guerra nessa sociedade: a ela cabia promover a restauração da integridade do *Nós* coletivo, garantindo a coletividade na posse dos princípios de sua existência (no plano mítico-religioso) e de sua sobrevivência (no plano mágico-religioso e social). Fundamentalmente, a guerra representava, sob o aspecto examinado neste momento, uma reação social e um meio grupal de defesa contra as ameaças à comunhão sagrada e inviolável do *Nós* coletivo, a qual se identificava com o próprio fluxo da corrente de existência social graças às relações que ela estabelecia entre o *mundo dos mortos* e o *mundo dos vivos*, o tempo mítico-religioso e a continuidade social.

Os resultados das mesmas considerações sugerem que não se devem levar demasiado longe as abstrações operadas por meio dos conceitos de "função manifesta" e "função latente". Os fenômenos sociais se apresentam à observação, mesmo a indireta, como realidade, isto é, como fatos totais, unos e íntegros. Os dois conceitos fornecem perspectivas muito úteis ao conhecimento da guerra tupinambá, mas como instrumentos intelectuais de investigação. Eles facilitam a exploração dos dados de fato, favorecendo o conhecimento analítico dos dois aspectos da guerra, distinguíveis um do outro por artifícios lógicos. Os próprios resultados das descrições e interpretações desenvolvidas patenteiam, no entanto, que cada uma das perspectivas não conduz senão ao conhecimento do fenômeno sob um aspecto particular e que as relações e as determinações evidenciadas, focalizadas separadamente por conveniências de método, se confundiam ou se misturavam na realidade. Os efeitos sociais e as funções derivadas referidas explicitamente à função manifesta ou à função latente da guerra se entrecruzavam em diversos sentidos. Doutro lado, ambas as conotações se limitavam a traduzir gradações empíricas do mesmo fenômeno com referência ao grau de consciência social demonstrado pelos agentes humanos.[1088]

Daí a conveniência de empreender uma tentativa de globalização dos resultados da análise, com o propósito de chegar a uma definição da "função social da guerra na sociedade tupinambá" e de pôr em relevo, ainda que sumariamente, as interdependências e as correlações funcionais básicas da guerra nessa sociedade. Quanto à primeira questão, o que se viu a respeito da função da guerra, das duas perspectivas (a sociográfica e a interpretativa), demonstra que as necessidades sociais por ela satisfeitas podem ser reduzidas a uma determinação mais geral. De fato, os efeitos sociais e as funções derivadas polarizados em torno da função manifesta (*consecução da "vingança"*) e da função latente da guerra (*restauração de integridade do "Nós" coletivo*) correspondiam a necessidades sociais que se repetiam, mas que se repetiam com regularidade e de uma maneira dada ou determinada, e cuja satisfação concorria para conservar a estrutura e a organização da sociedade tupinambá.

Isso significa que o equilíbrio social representa a determinação mais geral das necessidades sociais preenchidas pela guerra tupinambá. Desde que se entenda por equilíbrio o estado que se mantém indefinidamente se não ocorrer nenhuma mudança nas condições de sua manifestação,[1089] é evidente que a guerra atuava como um dos fatores sociais que intervinham na constituição do equilíbrio social na sociedade tupinambá. A perpetuação das condições de estabilidade, nessa sociedade tribal, dependia estreitamente das consequências e dos efeitos sociais da guerra, os quais repercutiam de forma variada mas intensa, como foi visto, na vida material, moral e mágico-religiosa dos indígenas. A adaptação ao

---

[1088] Por isso, no quadro em que os resultados da interpretação da função social da guerra na sociedade tupinambá foram sistematizados, tomei o cuidado de indicar graficamente as interconexões dos diferentes aspectos do fenômeno, separados por artifício analítico na manipulação do conceito de função no presente trabalho.

[1089] O conceito de equilíbrio aqui apresentado, com ligeiras modificações, foi extraído de PARETO (cf. *Manuel d'économie politique*, cap. III, § 22).

meio natural circundante, a conformação social dos conteúdos e dos processos da vida anímica dos homens (e, em menor escala, das mulheres), o ajustamento dos *socii* uns aos outros e sua distribuição no sistema de posições sociais, a integração da estrutura social e a comunicação com o sagrado criavam situações sociais ou produziam necessidades que implicavam o recurso inevitável à luta à mão armada e à elaboração, para fins sociais conscientes ou inconscientes, de suas consequências e efeitos. É presumível que se ocorresse alguma interferência na regulamentação das situações ou na satisfação das necessidades em questão, pelos meios proporcionados pelas atividades guerreiras ou por suas consequências e efeitos, o estado de equilíbrio social seria rompido e as condições tribais de existência social sofreriam uma crise.[1090]

A documentação conhecida não contém dados que deem margem ao estudo de casos negativos, referentes às relações dos tupinambá com outros povos aborígenes. Por seu intermédio verifica-se, porém, que a obrigação da "vingança" punha em efervescência sentimentos coletivos muito profundos e intensos, para que interferências de qualquer espécie se repetissem com frequência, se generalizassem ou pudessem ser toleradas. A sociedade se defendia contra os perigos de desintegração dessa ordem, elevando a guerra à esfera das obrigações morais com fundamentos sagrados. Isso comprova que a guerra fazia parte do conjunto de fatores que construíam e mantinham o equilíbrio social na sociedade tupinambá, sendo ela própria uma expressão da necessidade de impedir que as flutuações do estado de equilíbrio ultrapassassem certos limites.[1091] Em suma, a guerra tinha por função, nessa sociedade: *preservar o equilíbrio social e o padrão correspondente de solidariedade social.*

[1090] Os contatos com os brancos produziram exatamente essas consequências. Pretendo examinar tais problemas em um trabalho que estou preparando sobre os contatos dos tupinambá com brancos e seus efeitos destribalizadores.

[1091] Convém lembrar que Thevet alude a um caso no qual a inobservância da obrigação de "vingança" é posta em relevo (cf. ms. in., fls. 61v.-62). Se as suas informações forem fidedignas, o que é de supor-se, então ocasionalmente alguns mortos seriam abandonados ao próprio destino. É provável que tomassem cuidados rituais para evitar a indisposição de seus espíritos, coisa que é impossível esclarecer atualmente; Thevet afirma que a mulher se encarregara da prática da "vingança" para impedir

Quanto à segunda questão, a exposição das interdependências e das correlações funcionais básicas da guerra na sociedade tupinambá, aqui se trata de enumerar somente os resultados fundamentais, trazidos pela presente investigação. Por razões metodológicas, as interdependências funcionais da guerra com a organização social, a participação da cultura, a organização da personalidade, a concepção do mundo e a unidade social, não foram examinadas no texto senão analiticamente e na medida em que isso se impunha logicamente. O mesmo aconteceu com as correlações funcionais da guerra com a religião e a magia, a moral, o sistema de parentesco, a educação, o sistema político e a economia. É que o método funcionalista, adequadamente aplicado, não comporta a consideração imediata de relações (ou de correlações) que obriguem a abstrair os fenômenos das constelações empíricas em que se dão concretamente à observação e à interpretação. Para chegar-se ao conhecimento dessas relações (ou correlações), quando se opera com o método funcionalista, é preciso manipular os *resultados* das interpretações empírico-indutivas. Embora seja legítimo admitir que tais relações (e correlações) "representam fatualmente a realidade", elas "representam a realidade" mas de uma perspectiva intelectualista, através da manipulação de inferências indutivas e de abstrações, como um esforço que é de domínio e de reprodução do concreto pela inteligência. Por isso, devem ser estabelecidas por meio da elaboração de conhecimentos positivos, obtidos analiticamente, sobre as diferentes determinações concretas dos fenômenos.[1092]

A seguinte enumeração contém, naturalmente, as interdependências e as correlações funcionais de alguma importância, ou seja, aquelas

---

que a situação se refletisse no prestígio dos filhos. De qualquer modo, é patente o significado desse abandono: o indivíduo deixava de existir para a coletividade, não se abalando esta com a perda desse membro. Portanto é provável que isso acontecesse com personalidades cujo círculo de parentes fosse muito pequeno e que estivessem em difíceis condições de vida, especialmente no plano mágico-religioso; isso conduzia, como já foi visto, à perda de "*status*" da parentela no consenso social e ao relaxamento dos laços de solidariedade com as demais parentelas da mesma tribo.

[1092] Cf., a esse respeito, as explanações fundamentais de Marx sobre o método da economia política, as quais se aplicam inteiramente às implicações do método funcionalista na sociologia (*Contribuição à crítica da economia política*, esp. pp. 219-221).

que se ligavam de um modo ou de outro, mas de forma reversível e significativa, à constituição e ao funcionamento da sociedade tupinambá. Devido à natureza do assunto, certas repetições se tornaram inevitáveis, o que é perfeitamente compreensível. Por fim, na ordem de apresentação as interdependências funcionais foram expostas primeiro (cf. de 1 a 5), seguindo-se-lhes as correlações funcionais (cf. de 6 a 11):

1) *Guerra e organização social*: A guerra constituía uma técnica social, destinada à manipulação de situações sociais proporcionadas regularmente pela organização social. Em segundo lugar, nesta se achavam as fontes dos estímulos mais profundos à acumulação de carisma através de sucessos e feitos guerreiros. Se esses estímulos não fossem bastante fortes, em particular na emulação das parentelas e dos grupos locais solidários, a competição por "poder" na esfera mágico-religiosa poderia acarretar a eclosão de tensões nas relações dos indivíduos, dificilmente reguláveis pelos meios tribais de controle social. Mas a guerra interferia dinamicamente, por sua vez, na configuração do padrão tribal de organização social. Seja como condição de graduação social, com base na rotinização do carisma, ou de perpetuação da posição das parentelas no sistema de prestações totais; seja como fator de associação das parentelas em atividades cooperativas, que envolviam a polarização negativa ou positiva das obrigações definidas pela responsabilidade coletiva e a atualização dos laços de solidariedade social; seja, enfim, como instrumento de controle das gerações ascendentes pelas gerações dominantes.

2) *Guerra e participação da cultura*: As condições sociais de participação da cultura regulavam o exercício das atividades guerreiras. Como *atividades sagradas*, elas estavam fechadas aos indivíduos que não reunissem, graças ao sexo, idade e aptidões pessoais, certos predicados carismáticos.[1093] Embora a guerra não implicasse a apropriação inicial de

[1093] Como se viu, as mulheres tríbades podiam exercer tais atividades, mas em condições que talvez se identificassem com as dos homens. A esse respeito convém lembrar que em outras sociedades primitivas, onde a possibilidade de assumir comportamentos masculinos existe para as mulheres, a referida identificação pode ser apontada. R. F. Fortune, por exemplo, observou-a entre os arapesh (cf. *Arapesh warfare*, p. 37; as mulheres guerreiras teriam, segundo suas representações, "um coração de homem").

conhecimentos particulares, especialmente no que concerne ao manejo das armas e ao adestramento dos homens para a luta à mão armada, ela intervinha de várias maneiras no processo de participação da cultura. Primeiro, representava um dos canais de atualização dos valores sociais, por cujo intermédio os adultos fascinavam os imaturos e os jovens, e procuravam ajustá-los à ordem social vigente. Segundo, o acesso definitivo às atividades guerreiras correspondia à admissão a um círculo social cujos membros retinham o monopólio de conhecimentos mágico-religiosos essenciais para o *homem tupinambá*. Terceiro, o sucesso repetido nas atividades guerreiras garantia algumas probabilidades específicas de atuação social, como as compreendidas no casamento polígino e nas modalidades de liderança tradicional praticadas por aqueles indígenas.

3) *Guerra e organização da personalidade*: Um duplo jogo de relações entre obrigações inerentes à posição social e a crença em ideais estabelecidos tradicionalmente fazia da guerra um campo de expansão ou de realização da personalidade masculina dos tupinambá. De um lado, o fato de ocupar um *status*, ou de precisar consegui-lo, compelia irresistivelmente os indivíduos à guerra. De outro, impulsos derivados tornavam-na desejável, projetando-a no horizonte mental dos agentes como "necessária", "nobilitante" e "justa", em virtude de ser imposta de forma sobrenatural, de pôr em evidência o *valor* ou o *poder* (em sentido mágico-religioso) de cada um e de permitir a punição de ações sacrílegas dos inimigos. Mas a guerra repercutia ativamente na organização da personalidade: a) de uma maneira particular na personalidade masculina, cujos conteúdo e dinamismos refletiam de modo direto a influência da guerra como fator psicológico: os ideais e os valores guerreiros desempenhavam um papel importante na formação da personalidade masculina e na orientação de seu ritmo de desenvolvimento sociopsíquico; b) de uma maneira geral, como condição do equilíbrio psíquico na vida mental dos tupinambá: a guerra transferia para fora do grupo os fatores de insegurança ou de hostilidade, contribuindo para circunscrever as tensões e os conflitos em torno da esfera de contacto com os *estranhos*, e fornecia alguns dos fundamentos psíquicos do estado de eunomia social, como a consciência de normalidade nas relações com o sagrado, a confiança na capacidade de autodeterminação mágico-religiosa da coletividade,

o sentimento de correspondência efetiva entre a conduta dos vivos e os exemplos legados pelos antepassados e pelos ancestrais míticos etc.

4) *Guerra e concepção do mundo*: A importância da guerra na vida psíquica e social dos tupinambá provinha do lugar que ela ocupava em sua concepção do mundo. As seguintes noções caracterizam, no essencial, a concepção do mundo daqueles indígenas: a) a corrente de existência social seria una e ininterrupta, pois, apesar de toda a separação, o *mundo dos mortos* e o *mundo dos vivos* não representariam senão dois estados na vida de seres da mesma qualidade, afastados pelo grau de apropriação de poderes (no sentido mágico-religioso); b) o estado que conferia aos indivíduos maior segurança e capacidade de domínio dos perigos externos correspondia àquele em que se achariam os parentes e antepassados memoráveis e os ancestrais míticos; c) em consequência dessas duas noções, acreditavam tanto no retorno de um antepassado ou de um ancestral mítico, sob a forma de xamã por exemplo, quanto no caráter de bem supremo do acesso à sociedade do além; d) a ascensão a essa sociedade poderia ser feita coletivamente, através de condutas coletivas orientadas ritualmente pelos xamãs, ou de maneira individualista, pela acumulação de poderes resultantes da comunicação com as entidades que a constituíssem; e) a acumulação de poderes (ou carisma) segundo uma forma individualista beneficiaria a coletividade como um todo: não porque desse margem a uma "troca" (simples conquista da boa vontade ou da proteção dos "espíritos" pela satisfação de suas exigências ou necessidades), mas porque envolveria a atualização e a recuperação mítica de poderes – o que se refletiria na condição da coletividade como um todo –, os quais proporcionariam por si mesmos a capacidade de dominar os perigos externos; f) daí a crença de que os humanos, no decorrer de sua vida, se realizariam à medida que conseguissem se projetar no *mundo dos mortos*, elevando-se em algum grau ao seu estado, e a identificação da permanência da coletividade na corrente de existência social com a sua intangibilidade mítico-religiosa e mágica. Em face dessas noções é que a guerra se justificava etológica e eidologicamente no horizonte mental dos tupinambá e a conduta guerreira se transformava em valor, servindo como ponto de referência na escolha do "bom" e do "ruim": para separar o *herói* do *covarde*, o

que ingressaria na sociedade do além do que não conseguiria alcançá-la. No entanto, reciprocamente, a guerra alimentava essa concepção do mundo. Devido à relação do aprovisionamento e da destruição de vítimas humanas com a acumulação individualista de carisma, e por conseguinte com as suas determinações mágico-religiosas, as expedições e as atividades guerreiras condicionavam materialmente a transferência dessas noções para o plano prático. Tais noções jamais se converteriam em realidade se não se amoldassem aos padrões da guerra aborígene. Além disso, ela operava como um critério natural de avaliação das personalidades, atestando os limites dentro dos quais cada membro adulto da coletividade atingia os ideais de comportamento masculino.

5) *Guerra* e *unidade social*: A guerra dependia de consenso e de cooperação. Ela seria impraticável sem o funcionamento do sistema tribal de solidariedade social. Isso tanto do ponto de vista das condições externas do comportamento coletivo (as parentelas e os grupos locais só se mantinham unidos enquanto as obrigações morais nascidas da convivência e da vida em comum eram respeitadas) quanto do ponto de vista dos seus fatores imanentes e mais profundos (as atividades guerreiras implicavam o sentimento de ligação de seus agentes, os humanos e os sobrenaturais, na mesma cadeia de existência social). Mas, na guerra se achava uma das condições que garantiam a unidade social, pois ela facilitava a projeção das hostilidades contra os inimigos e a identificação com os membros do "nosso grupo". Doutro lado, ela representava um dos fatores integrativos da unidade social: 1) porque expunha os membros do grupo a situações que envolviam um perigo externo comum, não só por causa dos riscos físicos da luta à mão armada, mas por causa de seus efeitos mágico-religiosos (a segurança da coletividade se comprometia inseparavelmente com a segurança de seus componentes individuais) e principalmente porque engendrava ações de responsabilidade coletiva (caráter vicário das retaliações esperadas dos inimigos); 2) porque era um dos instrumentos da conquista da capacidade mágico-religiosa, indispensável para o domínio dos perigos externos e a manutenção da intangibilidade do *Nós* coletivo.

6) *Guerra, religião e magia*: A guerra fazia parte do sistema mágico-religioso tupinambá. Literalmente, ela constituía um *instrumentum*

religionis: a sua importância mágica e a sua utilidade social derivavam da sua natureza como técnica de comunicação com os "espíritos" dos parentes e dos antepassados memoráveis ou dos ancestrais míticos. Por isso, no sistema mágico-religioso tribal se encontravam as fontes das determinações mais evidentes e mais obscuras da guerra, a um tempo; as causas e o fim da guerra, a definição social do inimigo, o ritmo e as dimensões da luta à mão armada, o significado social da "vitória" e da "derrota", o aprovisionamento e a utilização dos prisioneiros como vítimas, a delimitação do conjunto de situações sociais compreendidas pela guerra e o sentido da conduta guerreira eram expressões da função mágico-religiosa da guerra. Todavia, as mesmas determinações patenteiam que a guerra, em virtude da sua conexão instrumental com a religião e com a magia, contribuía ponderavelmente na consecução dos fins de condutas religiosas e mágicas, que dependiam de relações à mão armada com os inimigos, especialmente as que se ligavam ao sacrifício ritual. Quanto a essas condutas, a guerra se tornava uma condição material do sistema mágico-religioso dos tupinambá: o meio sem o qual seria impossível a captura e o aprovisionamento de vítimas humanas. Embora a "vingança" não fosse o produto puro e simples de retaliações imediatas anteriores, praticadas de forma real ou suposta pelos inimigos, a guerra produzia também os efeitos de condição social das ações mágico-religiosas, na medida em que impulsionava os mecanismos da *vendetta* e da obrigação de retribuir certas manipulações mágico--religiosas imputadas aos grupos hostis circunvizinhos. Além disso, o *estado de guerra*, tal como ele podia projetar-se no horizonte mental dos tupinambá e dos seus antagonistas pertencentes ao grupo tupi, fornecia o fundamento moral das práticas de "destruição" das vítimas. Todos os ritos de tratamento da "pessoa" do escravo, desde o aprisionamento até a execução, revelam uma expressiva preocupação: a de identificar o prisioneiro com o seu próprio grupo, transferindo para a sua "pessoa" as *culpas* imputadas à coletividade a que pertencesse, com o intuito de pôr em relevo, aos olhos de todos (inclusive aos da própria vítima), que o derramamento de sangue se impunha como uma medida de reciprocidade (ou de justiça). Por fim, como a guerra nada mais era senão um campo de aplicação de conhecimentos e de forças mágico-religiosas, ela servia de arena para a verificação prática dos poderes das coletividades antagônicas e em choque. Daí a sua significação psicológica e social, como fonte de evidência da capacidade mágico-religiosa dos indivíduos e das coletividades.

7) *Guerra e moral*: A guerra traduzia obrigações que tinham um fundamento mágico-religioso, mas possuíam um sentido moral. Na verdade, o elemento "decisão", por parte dos humanos, não entrava em jogo. Dois fatores eliminavam-no da cena: a *vontade*, dos "espíritos"; e a *culpa*, dos inimigos. Os ritos de deliberação da guerra se destinavam, essencialmente, à apuração dos dois fatos. Descoberta a necessidade da guerra, essa necessidade repercutia da mesma forma nas consciências individuais: a "vingança" se estabelecia como um dever imperativo. A convicção de que as coisas jamais se passariam de outro modo dava extrema dignidade, denodo e coragem às vítimas. Em suma, todos sabiam e sentiam que os seus parentes e companheiros não lhes faltariam. Ora, essa obrigação refletia no plano moral uma interdependência mais profunda, de caráter mágico-religioso. Se a correspondência aos "espíritos" e a expiação não se efetuassem, os humanos pagariam por si próprios. Pois a sua incapacidade de satisfazer uma obrigação moral ocultaria uma incapacidade mais profunda: a de fazer face e dominar, de maneira mágico-religiosa, os perigos externos. Daí a relação recíproca que vinculava a guerra à moral na sociedade tupinambá. Se a segunda fomentava a primeira, dando-lhe uma expressão no quadro dos sentimentos humanos positivos e elaborando-a etnocentricamente como uma forma de um homem auxiliar outro homem, como aconteceria nas relações do sobrevivente com o parente *morto* pelos inimigos, a primeira entretinha a segunda, não só como condição de perpetuação dos laços morais e de confiança recíproca, que uniam os *vivos* entre si e com os *mortos*, mas em sua essência ou razão de ser. Se a obrigação da "vingança" deixasse de ser satisfeita de modo normal, sem que se processasse uma transformação substancial nas condições de existência social e nos ideais correspondentes, as próprias bases da vida moral deixariam de existir.

8) *Guerra e parentesco*: As condições e os fatores estruturais da guerra tupinambá residiam no sistema de parentesco. Para realizar-se, a guerra dependia tanto da cooperação entre os parentes quanto

da solidariedade social entre as parentelas. As obrigações diante do sobrenatural, ligadas com o sacrifício sangrento, se definiam e se atualizavam através das relações de parentesco. A guerra, porém, repercutia "construtivamente" na constituição e no funcionamento do sistema de parentesco. É que ela se tornava, graças às suas consequências e efeitos sociais: 1) a condição material da solidariedade entre os parentes e da preservação do *status* das parentelas no sistema tribal de prestações totais (diretamente: quanto à circulação de vítimas; indiretamente: quanto à circulação de mulheres); 2) um dos fatores que regulavam as alianças entre as parentelas, mantendo-as unidas entre si e dispostas a partilhar as obrigações decorrentes das polarizações negativas ou positivas da responsabilidade coletiva; 3) o meio por excelência de defesa da integridade (mágico-religiosa) de cada uma das parentelas e de perpetuação das qualidades dos ancestrais míticos e dos antepassados memoráveis no seio dos grupos domésticos.

9) *Guerra e educação*: Não se pode compreender a guerra na sociedade tupinambá sem conhecer-se o papel que a educação desempenhava na formação da personalidade dos guerreiros e na germinação de necessidades psíquicas coletivas. Os indivíduos de sexo masculino eram adestrados para praticá-la tecnicamente e para senti-la como um valor desde crianças. E, de maneira geral, todos aprendiam desde cedo, independentemente do sexo, seja o significado mágico-religioso das ações e atividades guerreiras, seja o modo de conduzir-se nelas ou através delas. O importante é que as condutas guerreiras, segundo os padrões de comportamento que as regulamentavam socialmente, exigiam amplas reservas morais de seus agentes e pacientes. O fato de serem levadas a seus extremos normais sem desfalecimento e com convicta dignidade atesta que a guerra representava um produto em cadeia das técnicas educativas tribais. Todavia, a personalidade do guerreiro não se forma senão na guerra. A participação das incursões e das excursões guerreiras constituía uma condição para a experiência concreta das condutas e dos valores guerreiros. Em segundo lugar, a guerra era, em si mesma, um fator educacional. O desejo de "combater" e de "vencer", com suas implicações mágico-religiosas, procedia da influência da sociedade sobre o ânimo dos indivíduos. Mas, a decisão de arrostar os inimigos até os

extremos limites da conduta guerreira e de sobrepujá-los desse modo, mesmo ao sofrer a ação sacrificatória, nascia da elaboração psicológica de experiências concretas de luta. É legítimo admitir-se que o sentimento de heroísmo, demonstrado nas ostentações individuais de *poder* (no comportamento dos guerreiros em combate ou no das vítimas no momento da execução), lançava primariamente suas raízes em vivências criadas pela guerra.

10) *Guerra e sistema político*:[1094] Os tupinambá se colocam entre os povos que não chegaram a possuir uma organização governamental. As atividades administrativas e os preceitos com aplicação jurídica não se concentravam em nenhuma esfera especial, estando antes difusos nas tradições e nas personalidades capacitadas para o exercício da dominação tradicional ou da dominação xamanística. O órgão que reunia mais autoridade, do ponto de vista da ordem administrativa, era sem dúvida o *conselho de chefes*. No entanto, a autoridade de que ele estava revestido não provinha propriamente da assembleia, mas das personalidades que a compunham (os "principais" e os "pajés"). Apesar disso, a guerra tupinambá continha alguns elementos que permitem ver nela os germes de uma técnica jurídica tanto quanto os de uma técnica política. Graças a determinações mágico-religiosas, as ideias de culpa e de *punição* eram inerentes à obrigação de "vingança", e atrás da luta à mão armada se ocultava a luta por *autonomia* e por *poder*, em sentido mágico-religioso, entre coletividades socialmente distintas e independentes.[1095] Existia portanto uma ordem intertribal, na qual a guerra emergia como uma técnica social de tratamento jurídico-político das possíveis (e também nas únicas) situações de contato e de fricção nas relações de tribos circunvizinhas. Além disso, a guerra se subordinava duplamente à dominação tradicional pelos velhos (gerontocracia) e à dominação xamanística. Como agentes

---

1094 A aplicação do termo *político* a sociedades que não possuem formas explícitas de governo é feita correntemente por vários etnólogos e sociólogos. Ela encontra fundamento na necessidade de investigar o que, na ausência de instituições governamentais, constitui a estrutura política das sociedades (cf. M. Fortes e E. E. Evans-Pritchard, *African political systems*, esp. pp. 5/6).

1095 Os fatores e os processos que intervêm no estabelecimento do equilíbrio intersocietário variam de acordo com o tipo social; são variados os fatores que podem

de comunicação com o sobrenatural e como intérpretes da tradição, os "pajés" e os "velhos" exerciam o monopólio na manipulação dos meios rituais de determinação da guerra. Pelas mesmas razões, cabia aos velhos, principais e xamãs, a condução da guerra no estilo aborígene. A guerra repercutia reversivelmente na configuração do sistema político tribal. Primeiro, como condição material: do sucesso ou insucesso da luta à mão armada passavam a depender os efeitos jurídico-políticos da guerra. Segundo, como meio de controle da dominação tradicional: a guerra criava situações em que as qualidades e as habilidades dos condutores se projetavam em um campo de evidência social, o que favorecia o peneiramento das personalidades mais aptas, pela aceitação ou rejeição dos candidatos à liderança das atividades guerreiras. Terceiro, como fator indireto da coesão social: os perigos contidos na possibilidade de uma fragmentação interna, seguida pela implantação do estado de guerra, contribuíam para conter as parentelas nos limites dos ajustamentos estabelecidos pelas determinações jurídicas das tradições. Quarto, como fator de equilíbrio intertribal: a guerra dava uma expressão prática, por suas consequências e efeitos mágico-religiosos e sociais, à relação recíproca de *poder* das tribos hostis circunvizinhas.

11) *Guerra e economia*: É característico da economia natural o fato de que a subsistência depende estritamente do controle social sobre determinadas regiões, combinado à capacidade de ocupação de novas regiões em seguida ao esgotamento das primeiras. Vista desse ângulo, a guerra tupinambá constituía uma determinação do sistema econômico tribal: ela estava orientada no sentido de proporcionar as duas consequências econômicas. Embora não fosse uma determinação direta e imediata (como a que ligava a guerra ao sistema mágico-religioso), essa era uma determinação bastante forte para fazer da guerra uma técnica operativa da economia tribal. Mas havia uma segunda vinculação da

---

determiná-lo: políticos, econômicos, padrões de honorabilidade etc. (cf. H. D. Lasswell e A. Kaplan, *Power and society*, § 10,2 e § 4,4; esses autores enumeram os principais valores que produzem o equilíbrio intersocietário). Com referência aos tupinambá, o equilíbrio de poder se estabelecia dinamicamente por meio de manipulações e de relações mágico-religiosas das coletividades antagônicas, ou seja, era determinado por fatores mágico-religiosos.

economia com a guerra. O escravo representava, simbolicamente, uma "riqueza". Era algo cujo valor conferia prestígio a quem o possuísse e ainda mais a quem o desse de presente. A obrigação de dar e a obrigação de receber, em troca, o presente feito deram origem a uma complicada cadeia (muito mal conhecida, pelo menos) de circulação de riquezas no seio das parentelas, a qual, entre elas, não deveria ser uma fonte fraca de estímulos ao comportamento guerreiro. Por sua vez, a guerra intervinha na determinação do equilíbrio econômico da sociedade tupinambá: 1) como condição material da preservação e substituição deliberada de posições na biosfera; 2) como fator de diferenciação do trabalho: a guerra era uma esfera de ação do homem, na qual a mulher normalmente só compartilhava de atividades supletivas e do abastecimento material; 3) como condição para a acumulação e a distribuição de "riquezas": a captura e o aprovisionamento de inimigos forneciam os "meios" para a competição por prestígio no sistema tribal de prestações totais, pois eram uma *conditio sine qua non* da circulação de vítimas.

CAPÍTULO II

CONTRIBUIÇÃO PARA O CONHECIMENTO DA SOCIEDADE TUPINAMBÁ

Está claro que o estudo em profundidade de um fenômeno social abre sempre algumas perspectivas para o conhecimento da sociedade particular em que ele ocorre. Aqui não caberia, porém, um ensaio de enumeração pura e simples dessas perspectivas. Pareceu-me melhor expor abreviadamente as três contribuições positivas mais gerais deste trabalho para o conhecimento da sociedade tupinambá.

Quanto à estrutura social e à organização social, o estudo sociológico das repercussões sociais da guerra mostra duas coisas de relativa importância teórica. Primeiro, as condições e fatores estruturais da vida social seriam insuficientes, por si mesmos, para determinar o padrão de constituição interna e o ritmo de funcionamento das sociedades tupinambá. As situações sociais regularmente proporcionadas pela estrutura social implicavam ajustamentos determinados às condições materiais, morais e religiosas de existência social. Mas elas não continham as forças psicossociais que criavam a necessidade de "viver juntos" e de querer em comum, as quais impeliam os indivíduos a realizar os ajustamentos sociais esperados. Essas forças se libertavam na esfera de relação com o sagrado e constituíam o fator integrativo básico do sistema organizatório tupinambá, aparecendo como a própria fonte da transformação da coexistência social em uma ordem moral (relações entre a solidariedade social e a interdependência mágico-religiosa). Segundo, a objetivação do carisma representava um dos princípios fundamentais de organização social. As fontes de objetivação do carisma eram duas: o sacrifício humano e o xamanismo. Na primeira delas, investigada nesta monografia, se encontrava o fundamento da diferenciação social com base na cotidianização do carisma (relações entre o sacrifício humano e a estratificação social) e do exercício da dominação tradicional pelos velhos (gerontocracia).

Quanto à ideologia tupinambá, os resultados da investigação demonstram que a religião e a magia desempenhavam a função de processo de consciência social. As situações reais de vida eram compreendidas e interpretadas pelos tupinambá em termos mágico-religiosos. Em consequência, os interesses sociais se ocultavam atrás de racionalizações mágico-religiosas e as técnicas de tratamento e de resolução dos problemas sociais operavam basicamente através da comunicação com o sobrenatural. A presente análise da guerra na sociedade tupinambá ilustra de maneira cabal, com referência a um fenômeno concreto, como a religião e a magia funcionavam como processo de consciência social.

Quanto à correlação dos fatores sociais, a religião e a magia se evidenciam como sendo o fator nuclear ou dominante no conjunto total de fatores sociais da sociedade tupinambá. Os demais fatores, inclusive o parentesco, refletiam extensamente as suas determinações. Isso explica dois fenômenos relevantes para a compreensão dessa sociedade: a) a concentração dos interesses sociais em torno dos valores ligados com a religião e a magia; b) a importância relativa dos diversos fatores sociais na determinação da estabilidade e da mudança na sociedade tupinambá.

As atividades mágico-religiosas constituíam a esfera de valores sociais mais desejados e representativos da capacidade de *poder* de indivíduos e de grupos (as parentelas). Por isso, nela convergiam os impulsos sociais mais profundos de competição por prestígio social (no seio do "nosso grupo") e de cooperação por autonomia e segurança (nas relações com os grupos hostis).

O fator mágico-religioso, como fator dominante, determinava o sentido das interdependências funcionais dos fatores sociais, as quais exprimiam as condições de estabilidade social e as alterações da ordem social. Na verdade, as repercussões das modificações nas condições de existência social no sistema organizatório tribal se subordinavam à sensibilidade da religião e da magia às situações sociais emergentes. Pelo que se pode conhecer interpretativamente, no entanto, havia um contraste entre o sacrifício humano e o xamanismo, do ponto de vista da relação de ambos com a dinâmica social. O sacrifício humano, no plano prático, tinha por função impedir que ocorressem rupturas no ritmo rotineiro da vida social. O xamanismo, porém, combinava a esta uma segunda função: a de submeter a controle social as situações sociais novas, que adquiriam para os tupinambá o caráter de problemas sociais. Isso se deve ao fato de que o prestígio do xamã (especificamente, do *pajé-açú*, que tinha poderes para comunicar-se com o além) repousava na sua capacidade de "resolver" em direção prática os problemas sociais, por meio do auxílio do sobrenatural. Os textos míticos existentes e as informações dos jesuítas indicam que a função inovadora do xamanismo não se restringia à esfera cerimonial, desenvolvendo-se plenamente em todos os outros setores da sociedade.

CAPÍTULO III

CONTRIBUIÇÃO GERAL À TEORIA SOCIOLÓGICA DA GUERRA

Esta monografia é, em virtude de sua própria natureza, uma contribuição empírico-indutiva à teoria sociológica da guerra. Pondo de lado essa circunstância, seria possível apontar, no entanto, certas implicações gerais dessa contribuição, que presumivelmente possuem um interesse especial diante dos problemas da sociologia da guerra.

A guerra é um fenômeno complexo. Como escreve Davie,[1096] ela se ramifica por "toda a estrutura do corpo social". Daí a questão capital do método: qual seria o método de interpretação mais adequado à investigação do fenômeno em suas manifestações particulares, considerando a necessidade intelectual de conhecê-lo em todas as suas ramificações pela estrutura social? A presente monografia sobre a guerra na sociedade tupinambá sugere uma resposta. A escolha do método funcionalista. De fato, esse método reúne condições muito favoráveis para o ajustamento da inteligência a um fenômeno ao mesmo tempo tão complicado e tão dramático para o homem, qualquer que seja a sociedade ou a época em que o focalizemos. Ele não só permite estabelecer a teia de ramificações que articulam a guerra à sociedade, como ainda facilita a sondagem da importância que elas têm na vida social global. Todavia, o atrativo principal desse método consiste nas possibilidades de explicação descritiva e causal do fenômeno e nas perspectivas que

[1096] DAVIE, M. R. *La Guerre dans les sociétés primitives*, p. 76.

ele abre ao emprego do método comparativo. Assim, parece fora de dúvida que o método funcionalista se recomenda de forma particular nas investigações empírico-indutivas da guerra e que a sua exploração intensiva poderá proporcionar à sociologia um conhecimento mais preciso sobre a natureza e as causas sociais da guerra.

A guerra é um fenômeno religioso? Os autores que investigaram esse problema concluíram que sim, em determinadas sociedades. Está certo. Mas a guerra pode ser um fenômeno religioso de diversas maneiras. Na sociedade tupinambá ela não servia à religião, simplesmente: antes, fazia parte dela. É do maior interesse teórico saber como as coisas se passam quando a guerra é, em si mesma, um *instrumentum religionis*. Ela termina onde a vontade dos espíritos ou divindades cessa, por estarem satisfeitas as suas exigências, ou vai além, transformando-se em uma reação de defesa do sagrado, mas do sagrado imanente ao grupo? Então, como acontecia na sociedade tupinambá, podem não existir estados alternativos de guerra e de paz. Nem a guerra prepara a paz nem a paz antecede à guerra: a *guerra constitui a condição da guerra*. As razões dessa situação, que nada tem de anômala, não se acham na natureza humana e muito menos ainda na degradação do "homem primitivo" pelo canibalismo. Elas se encontram na natureza da guerra como fenômeno mágico-religioso.

Quanto ao emprego da força armada, a "guerra primitiva" é uma modalidade da *guerra verdadeira* ou uma versão da *contenda sangrenta* em escala grupal? Tomando-se em consideração as explanações de dois especialistas no assunto, verifica-se que as opiniões não coincidem. Davie sustenta que "a diferença é simplesmente de grau ou de intensidade;[1097] Turney-High defende outro ponto de vista: *a guerra verdadeira* só existe onde surge a capacidade de "organização militar", que se caracteriza pela formação do "horizonte militar" na condução e na realização da guerra.[1098] Os resultados deste trabalho comportam uma retificação ao segundo autor. O conceito de guerra não se aplica sociologicamente

---

1097 DAVIE, M. R. op. cit., p. 112, nota 1.

1098 TURNEY-HIGH, Harry Holbert. *The practice of primitive war*, pp. 15 ss.

com base estrita nos caracteres militares do fenômeno. A importância destes caracteres variam de sociedade para sociedade, sem que isso afete os "elementos constantes" da guerra enquanto tal.[1099] Os tupinambá, como outros "povos primitivos", praticavam a guerra em uma de suas modalidades culturais. É evidente que, nela, os meios da guerra estavam em proporção natural com os fins sociais a que deviam corresponder e sofriam em consequência uma elaboração mágico-religiosa. Contudo, a luta à mão armada envolvia um conjunto de *operações militares*, de ataque e de defesa, que tornavam possíveis seja a captura de vítimas, seja a frustração da vontade dos inimigos. Isso confirma a teoria militarista, segundo a qual existem elementos irredutíveis na guerra,[1100] e mostra que para conhecê-los de modo positivo é preciso estender de forma sistemática a investigação sociológica da guerra às suas modalidades entre os "povos primitivos".

Por fim, há a questão do controle da guerra. Não se pode esperar de um estudo sobre a manifestação da guerra em uma "sociedade primitiva" desaparecida qualquer contribuição concreta a respeito. Todavia, ele contém uma sugestão de relativa significação teórica: a ideia do sucedâneo da guerra, sustentada por vários autores no campo das ciências humanas, esbarra com dificuldades sérias. A guerra se ramifica por toda a sociedade, satisfazendo ou contribuindo para satisfazer diversas necessidades sociais, como se depreende do exemplo estudado neste trabalho. Ora, as diferentes formulações da ideia do sucedâneo da guerra (cf. referências bibliográficas da nota *e*) não tomam na devida conta esse fato. Duas coisas parecem claras. Primeiro, a seleção do sucedâneo, ainda que realizada artificialmente com a perspectiva de impô-lo sob a forma de "mudança provocada", deverá ser fatalmente limitada e circunscrita pelas condições materiais, culturais e sociais da guerra. Nesse sentido, a expressão *equivalente da guerra* traduziria uma realidade bem diferente daquela que tem sido prevista pelos estudiosos da matéria. Segundo, mesmo como cuidado de formulação teórica do problema, evidencia-se que qualquer sucedâneo, para preencher as condições práticas da

---

[1099] Cf. Gen. F. von Bernhardt. *La Guerre d'aujourd'hui*, vol. I, pp. 18-23.

[1100] Idem, loc. cit.

substituição e da mudança provocada, precisaria possuir o caráter de *equivalente total da guerra* (excetuando-se os seus efeitos destrutivos). Os especialistas perderam isso de vista, recomendando sucedâneos que poderiam corresponder a determinadas necessidades (psicológicas, sociais, morais, econômicas etc.), preenchidas isoladamente pela guerra. Essa sugestão demonstra que o problema do controle da guerra é essencialmente um problema sociológico. Ele não só pressupõe a compreensão da guerra em termos da totalidade da situação histórico-social considerada, como implicaria, quanto à ação propriamente dita, a estratégia de manipulação prática do fenômeno em escala grupal.

APÊNDICE

As notas reunidas neste apêndice foram escritas com o intuito de esclarecer os conceitos utilizados no texto ou de precisar as implicações da orientação metodológica adotada. Elas respondem à necessidade de dar um tratamento mais desenvolvido a certos problemas de conceituação ou de investigação que, embora marginais, são essenciais à compreensão ou à complementação dos resultados da pesquisa. Em virtude do seu caráter e do seu objetivo, estas notas são sumárias e perfunctórias. As demais notas, relativas à documentação empírica ou às fontes teóricas aproveitadas diretamente no texto, encontram-se em rodapé. Quanto ao conteúdo etnográfico das fontes históricas compulsadas e ao seu *valor relativo,* para o estudo da guerra na sociedade tupinambá, devo indicar que a análise desenvolvida alcançou tamanha extensão que se tornou necessário publicá-la como um estudo à parte.[1101]

a) Nota sobre a compreensão sociológica da técnica e das vinculações desta com a guerra: Os especialistas não conseguiram desenvolver um ponto de vista uniforme na investigação da técnica. Nas análises dos etnógrafos e dos tecnologistas transparece a preocupação de atribuir excessiva importância à forma das ferramentas e dos artefatos, com o risco,

[1101] Cf. FERNANDES, Florestan. *A análise funcionalista da guerra: possibilidades de aplicação à sociedade tupinambá*, passim.

mesmo, de subestimar o próprio significado prático do organismo humano; pois, como escreve Mauss, "o corpo é o primeiro e o mais natural instrumento do homem" (*Les Techniques du corps,* in *Sociologie et anthropologie,* p. 372). Contra tal orientação, reagiram os filósofos e historiadores da cultura, os etnólogos e os sociólogos, que se interessaram particularmente pelo modo manual de utilização das ferramentas e por sua função. Em consequência dessa reação surgiu o ponto de vista extremo, expresso na seguinte afirmação de Spengler: "não se deve compreender a técnica partindo da ferramenta. Não se trata da fabricação de coisas, mas do emprego delas; não se trata das armas, mas da luta" (op. cit., p. 18). No presente trabalho, conforme tentei salientar (cf. introdução desta parte do trabalho), cingi-me a uma orientação mais compreensiva. Por isso tratei de ambos os aspectos das técnicas guerreiras dos tupinambá. No entanto, como era natural, reduzi as descrições de caráter ergológico às proporções que elas podem assumir em uma investigação sociológica.

Na interpretação da guerra, o problema capital foi levantado pelos tratadistas militares. Segundo a teoria defendida por alguns deles, haveria uma ligação causal entre a forma e a natureza das armas e o curso e a evolução da guerra. Assim, sintetiza J. Colin: "as grandes transformações do combate e da guerra, sua evolução, são devidas ao progresso das armas ou, de modo mais geral, de todos os objetos materiais utilizados no combate" (*Les Tranformations de la guerre,* p. 5; cf. ainda, pp. 170-1 e 298-9, e T. S. Hernandez, *Los principios de la guerra,* pp. 8-9, em que a explicação é repetida textualmente). A presente investigação da função da guerra na sociedade tupinambá não era de molde a favorecer uma revisão crítica dessa teoria. Com referência ao assunto, verifiquei, apenas, que existia uma relação muito estreita entre as armas usadas pelos tupinambá e o tipo de contenda armada que praticavam. Todavia, parece-me certo que os autores citados exageram a importância das armas e das condições materiais (entendida no sentido militar) da guerra. A história militar e a própria sociologia nos ensinam que múltiplos fatores interferem na motivação e na transformação da guerra. Tomando-se como ponto de referência concreto o pequeno livro de Maquiavel, constata-se que a referida teoria resulta de um equívoco, engendrado pela pretensa "perspectiva histórica" em que se colocaram os seus autores. De fato, estes basearam a sua teoria nas transformações da guerra provocadas pela descoberta da pólvora e das armas de fogo. Ora, Maquiavel, que encarou o mesmo fenômeno de uma perspectiva sociocêntrica, desvenda-nos o ritmo e o modo reais dessas transformações: as modificações determinadas pelas novas descobertas se impuseram gradualmente, por meio de tateios e da lenta reconstrução dos planos globais de ação militar, em estreita coerência com os métodos tradicionais de luta armada. Em particular, merece reparo o que escreve sobre as preocupações dos grandes "cabos de guerra" de sua época, desenhados idealmente em um dos seus personagens: o aproveitamento da herança militar legada pelos "antigos", seja quanto à organização do exército, seja quanto às operações táticas e estratégicas (cf. N. Maquiavel, *A arte da guerra,* passim, e especialmente a referência ao papel das "instituições antigas" em suas dissertações sobre a guerra, feita à p. 207). Doutro lado, está fora de dúvida que as transformações da guerra se refletem nas técnicas materiais de luta armada, provocando seja a sua modificação, seja o seu enriquecimento. Os estudos recentes sobre as duas grandes guerras patenteiam claramente este fenômeno. Aliás, as ponderações de J. M. Echavarria, sobre a possibilidade de utilizar o desenvolvimento das técnicas como um "método inicial" para a explicação da evolução social da guerra, induziram-no a conclusões semelhantes (cf. *Prologo al estudio de la guerra*, pp. 10-8).

Em síntese, com referência ao fenômeno em questão, o ponto de vista adotado conduz à consideração de ambos os aspectos das técnicas guerreiras (o material e o operativo e funcional) e pressupõe que as relações existentes entre a guerra e os meios de luta armada são reversíveis. Entretanto, a conclusão segundo a qual havia uma conexão íntima entre os meios materiais de guerra e o combate aborígene, tal como era praticado pelos tupinambá e seus inimigos, não constitui um resultado da aplicação deste ponto de vista. Ela surgiu da análise da forma tribal de organização "militar" das atividades guerreiras no decorrer da contenda armada.

b) Nota sobre o emprego do termo "técnica": O presente emprego do termo técnica necessita um esclarecimento. Como se sabe, existem duas noções fundamentais de técnica: uma, em que o uso de objetos tangíveis e a observância de processos operativos correlatos restringem-se ao plano da própria ação desenvolvida pelo agente para conseguir, através de meios considerados adequados, determinados fins desejáveis; outra, em que o uso de objetos tangíveis e a observância de processos operativos correlatos deixam de ter vigência, graças ao fracasso dos mesmos na consecução dos fins desejáveis, ou se subordinam a forças imanentes às condições em que o agente opera: então o sucesso da ação passa a depender destas forças, "intercalares" em sentido lato, e estranhas de certo modo ao próprio agente. Dupréel distingue as duas técnicas, designando-as como *técnica A* e *técnica B* respectivamente (cf. *Sociologie génerale*, pp. 206-24). Este autor sugere um importante conceito analítico: o da "colaboração do intervalo". "O intervalo é tudo o que, entre o projeto e o resultado, pode sobrevir independentemente do próprio agente, e que se combina ao esforço direto deste, assegurando ou impedindo o sucesso" (op. cit., pp. 207-8). Os fatores que determinam a "liberdade do intervalo" podem estar tanto submetidos à *técnica A* quanto à *técnica B*. Os esforços para restringir as lacunas da técnica no primeiro sentido tendem a desenvolver o segundo tipo de técnica: a ação "sobre o intervalo e sobre as forças que lhe dão curso" ficam subordinadas ao conhecimento e ao domínio de poderes sobrenaturais. Por isso, escreve Dupréel, "a técnica B não pretende influenciar senão a parte da operação que permanece subtraída às forças e ao saber do agente, ela incide somente sobre o intervalo, e ela não deixa, quanto a ela, nenhum intervalo. Ela é essencialmente técnica de complementação da atividade regulamentada pela *técnica A*. É quando nada mais há a fazer na preparação do sucesso que resta ainda a prece ou um sacrifício, com a finalidade de evitar que alguma força do intervalo se erija em obstáculo" (op. cit., p. 209). Gostaria de observar, entretanto, que em sociedades do nível de civilização dos tupinambá os dois tipos de técnicas se fundem de tal maneira que teria pouco sentido falar-se apenas de complementação. Uma arma de choque como o tacape é, ao mesmo tempo, um instrumento sagrado. Isso evidencia que a ação do sujeito pode se desenrolar em um plano penetrado pelas duas técnicas e que a função da *técnica B,* usando-se esta conotação por falta de outra melhor, pode não ser meramente supletiva ou complementar.

c) Nota sobre a análise dos mecanismos de causação social da guerra na sociedade tupinambá: As fontes primárias conhecidas contêm algumas informações suscetíveis de aproveitamento científico. Antes de examiná-las, parece-me conveniente esclarecer certas questões de natureza teórica. Em primeiro lugar, precisei fragmentar a análise dos mecanismos de causação social da guerra na sociedade tupinambá. Como se sabe, a constelação de fatores sociais que intervêm na determinação de um fenômeno social, por mais simples que este seja, apresenta frequentemente uma composição heterogênea e uma ordem complexa. Nem sempre existe apenas um fator social básico de motivação, embora muitas vezes isso ocorra; e mesmo quando isto ocorre, é difícil isolar aquele fator de outros fatores correlatos ou condicionantes, ligados de uma forma ou de outra à causação do fenômeno investigado. Razões técnicas levaram-me a considerar vantajosa a fragmentação da análise dos mecanismos de causação social da guerra na sociedade tupinambá: o substrato material desses mecanismos torna-se muito mais perceptível à observação científica quando considerado de um ângulo especial do que quando é simplesmente referido às estruturas sociais que o contêm. Outras razões, de ordem expositiva, evidenciaram a utilidade de adotar o mesmo método na apresentação dos resultados da investigação. Não pretendo de maneira alguma, todavia, insinuar *a priori* que os fatores materiais desempenhavam um papel dominante na determinação da guerra na sociedade tupinambá. Ao contrário, o método interpretativo adotado conduziu-me à pesquisa da forma tópica de atuação dos fatores de causação social da guerra na sociedade tupinambá, sem nenhuma preocupação definida de "atomização" explicativa da realidade social. Os mecanismos de causação social da guerra foram encarados, pois, como uma totalidade, e os resultados da investigação reunidos nesta parte do trabalho correspondem ao que me foi possível descobrir a respeito dos aspectos materiais daqueles mecanismos. Em segundo lugar, é preciso que se considere também a própria natureza das informações de caráter explícito. Os dados fornecidos pelos autores quinhentistas e seiscentistas não possuem, é claro, procedência técnica; não obstante, é preciso que se leve em conta que aqueles autores exprimem seu pensamento sobre os fatores sociais da guerra procurando uma explicação "causal" da mesma. Contudo, nem sempre a observação direta consegue apanhar a complexa rede de vinculações e de determinações da realidade social. E, o que é mais importante, o valor explicativo daquilo que se dá de modo imediato a observação direta, por se encontrar objetivamente expresso no comportamento manifesto dos membros da sociedade descrita, nem sempre é tão profundo quanto se supõe. Como alguns etnólogos contemporâneos, os cronistas atribuíam ponderável valor a estes tipos de manifestações, louvando-se consideravelmente no que "os tupinambá diziam ou pensavam". Se tal método fosse tão procedente quanto se admite (e a presente crítica visa também os etnólogos contemporâneos, que exageram o valor explicativo das *autoanálises*, *etnoscópias* etc.), todo o aparato científico da etnologia, da sociologia e das demais ciências sociais não teria razão de ser: o *senso comum* bastaria para explicar "causalmente" a realidade social. Por isso, compreende-se facilmente a orientação metodológica adotada nesta parte (e inclusive em outras) do trabalho. O aproveitamento crítico das explicações fornecidas pelos cronistas é completado por uma tentativa de interpretação sistemática e positiva, realizada, quando necessário, mesmo por vias indiretas. Em terceiro lugar, os resultados das investigações etnológicas mostram que a guerra possui uma "função econômica" e que ela é "um dos mecanismos da economia intertribal" nas *sociedades primitivas*, mesmo quando tais aspectos do fenômeno são encobertos por outros móveis sociais (cf. Ruth Bunzel, *The economic organization of primitive peoples*, pp. 400-1; W. G. Sumner e R. G. Keller, op. cit., vol. I, p. 353 ss., e vol. IV, pp. 119-25; E. R. Van Dyke, op. cit., pp. 134-6; M. Jacobs e B. J. Stern, *Outline of anthropology*, pp. 190-1; etc.). É óbvio que se impõe, em uma monografia sobre a guerra em uma sociedade particular, a análise sociológica de semelhantes aspectos do fenômeno.

d) *Nota sobre o emprego do termo "estratégia"* (cf. n. 321: os esclarecimentos apresentados nesta nota precisam ser suplementados pela análise da aplicação do termo *tática* e pelas notas *e* e, em particular, *f*): O emprego do termo estratégia dispensaria comentários em um estudo sobre a guerra nas sociedades ocidentais contemporâneas; tratando-se aqui da guerra em uma sociedade primitiva, no entanto, vejo-me na contingência de indicar o que penso a respeito da extensão do conceito. Como se sabe, foi Von Bülow quem introduziu, nos fins do século XVIII, a distinção entre os termos *estratégia* e *tática*. Anteriormente, tais termos eram confundidos não só entre si como com a expressão inclusiva *arte da guerra*. Em seu *Geist des neuen Kriegssystems*, restringe o campo da estratégia aos movimentos dos exércitos combatentes realizados fora do raio visual recíproco e do alcance do canhão. A distinção foi bem recebida, dando mesmo origem a controvérsias quanto à importância relativa de cada uma na arte da guerra. Clausewitz define-a como "a utilização dos combates para atingir o objetivo da guerra" (*On war,* p. 62). Tendo em vista que a estratégia visa, como escreve Alberto Baldini, desenvolver as operações militares de modo a colocar um exército para enfrentar o inimigo nas melhores condições possíveis (cf. tópico *Arte da guerra,* in "Enciclopedia Italiana", vol. XVIII, p. 64), adotei como termo de referência em minhas investigações o conceito apresentado por Cyril Falls. Segundo este autor, a estratégia seria definida "como o movimento ou disposição das tropas com o objetivo de impor ao inimigo o lugar, o tempo e a natureza da batalha" (C. Falls, *The nature of modern warfare,* pp. 80-1).

Evidentemente, não se pode pensar em compreender as atividades guerreiras dos tupinambá dentro dos quadros conceptuais de outros povos, em particular de povos que desenvolveram um sistema militar incomparavelmente mais diferenciado e complexo. Contudo, se "a guerra está ligada aos ideais e à estrutura social de um povo", como sustenta Lowie – o que o presente trabalho comprova –, torna-se necessário desenvolver um esforço de interpretação capaz de clarificar o nosso problema. A questão consiste, basicamente, em determinar se as operações designadas como *estratégia* e *tática* constituem elementos essenciais ou se são meros desenvolvimentos singulares (históricos) da guerra. Pessoalmente, embora me falte autoridade para isso, inclino-me para a primeira teoria. O fato de a distinção ter sido descoberta no século XVIII nada tem de significativo, a não ser que o desenvolvimento da guerra e das próprias reflexões a seu respeito criaram condições favoráveis à clarificação dos conceitos empregados em sua compreensão técnica. Por isso, as definições apresentadas por Von Bulow colocaram os dois termos na categoria de *conceitos típico-ideais*. O fenômeno descrito, enquanto realidade empírica, conserva todas as gradações que se pode sentir ao passar da guerra nas sociedades primitivas para a guerra em outras sociedades, como a Grécia, Roma, a Europa medieval e moderna etc. (cf. por exemplo Arthur Birnie, *The art of war*, passim). Do ponto de vista conceptual, portanto, a única questão legítima com que se defronta o especialista é a de adequação do conceito típico-ideal à situação particular investigada.

Quanto a isso, o próprio Napoleão escrevia que "um plano de campanha deve ter previsto tudo o que o inimigo pode fazer, e contar em si mesmo os meios para o inutilizar" (*Memoirs* etc., vol. I, p. 185). Ora, um *plano de guerra* não existe por si e para si: ele é função das *dimensões* e dos *objetivos* da guerra, que dependem por sua vez do nível de civilização e da organização social dos agrupamentos humanos. Nesse sentido, a reflexão de Napoleão atinge o cerne do problema. Um "plano" vem a ser, no fundo, a utilização de experiências anteriores e de conhecimentos sobre situações que se repetem em determinada direção. A combinação dos recursos materiais e humanos e sua exploração na guerra com fins práticos se processam, em uma sociedade como a nossa, por meios científicos e através de uma técnica racional. Na sociedade tupinambá as operações da mesma espécie caíam no domínio da magia e a tradição fornecia as normas suplementares de ação guerreira. Mas, isto não implica que os guerreiros tupinambá estivessem desprovidos de um "conhecimento global da situação" em que se viam envolvidos com a deliberação da guerra; senão que o reconhecimento da situação se processava de outra forma. Pois a escolha do inimigo, as prestações de entre-ajuda "militar" em momentos críticos por grupos locais circunvizinhos, as técnicas de abastecimento de munição de boca e de proteção "militar" ao bando guerreiro durante a marcha de retorno etc. insinuam que a tradição provia-os com um conhecimento razoável de condições de oferta de combate ao inimigo e que os ritos mágico-religiosos produziam os resultados práticos que deles esperavam. Sem admitir isso, aliás, não se poderia explicar sociologicamente a própria organização das expedições guerreiras dos tupinambá.

Esta interpretação, é óbvio, está sujeita a retificações. Encarada do ponto de vista da teoria militar, ela tem o mérito de separar o aspecto objetivo do aspecto subjetivo do problema: isto é, de separar a estratégia e a tática enquanto operações militares no teatro da guerra, de ambas enquanto divisões teóricas da "arte" ou da "ciência" da guerra (a qual abrange também a "organização militar"), subentendendo assim uma distinção entre a realidade objetiva e a consciência conquistada sobre ela pelos homens. No primeiro sentido, elas podem ser reconhecidas em todos os lugares em que sociedades antagônicas mantenham-se em estado de guerra permanente, transitório ou periódico. A extensão dos conceitos a estas situações, com os devidos cuidados de adequação ou particularização, parece-me justificável. No segundo sentido, porém, é algo de fato peculiar às sociedades ocidentais, nas quais aparecem como um produto recente da evolução cultural.

e) Nota sobre a análise sociológica da guerra e a adequação da mesma ao estado do fenômeno em uma sociedade particular: A questão em apreço envolve vários problemas, cujo exame se justificaria em um ensaio de interpretação sociológica global da guerra. Na formação do ponto de vista adotado, além da própria convicção resultante da análise comparativa, utilizei-me da contribuição de diversos autores. A formulação mais geral da teoria exposta, em termos das conexões possíveis entre o sistema organizatório de uma sociedade dada e o seu desenvolvimento social, encontra-se em Spencer (cf. Herbert Spencer, *Introduction à la science sociale*, esp. p. 66; cf. também G. Gurvitch, *Essais de sociologie*, pp. 61-7; sobre a relação existente entre a organização social e a guerra, as sociedades ocidentais proporcionam um exemplo esclarecedor do que acontece quando a guerra atua como um dos fatores da dinâmica social – cf. E. H. Carr, *Conditions of peace*, cap. I; para uma interpretação sociológica global da guerra como "fator social construtivo", cf. J. M. Echavarria, op. cit., pp. 19-23). Quanto à análise sociológica da guerra, foi a seguinte a bibliografia aproveitada, subdividindo-a segundo a ordem dos problemas fundamentais:

a) *a guerra e a integração da cultura.* A. G. Keller, *Societal evolution,* pp. 107-9, 159 ss. e 253 ss. (o autor procura mostrar como a guerra atua na "seleção automática" e como "fator de contra-seleção" dos mores; nos "estados inferiores da cultura" a guerra seria um meio eficiente de peneiramento dos valores sociais, surgindo como um dos processos explicativos da emergência espontânea da ordem social); S. Winston, *Culture and human behavior*, pp. 80-2 (o autor trata do papel desempenhado pela guerra na difusão da cultura, sustentando que os "conquistadores e os conquistados têm sido os portadores da cultura de uma área para outra"); C. Wisseler, *Man and culture*, p. 164 (limita-se a apontar a universalidade da guerra e a importância dos complexos guerreiros na cultura); quanto às sociedades ocidentais: J. U. Nef, *War and human progress* (apesar dos pontos de vista religiosos do autor, o estudo é muito útil para quem deseje conhecer as relações da guerra com a industrialização no desenvolvimento de nossa civilização, de uma perspectiva histórica).

b) *a guerra e a organização social*. Além das indicações bibliográficas apresentadas nessa parte do trabalho, outras leituras abriram perspectivas à análise do autor: *Sociologie de la guerre et de la paix* em que se reúnem trabalhos de valor variado, sobre as relações entre a guerra e a estrutura social (especialmente: G. Bouthoul, *Guerre et population*; M. Cornejo, *La Guerre au point de vue sociologique*; G. L. Duprat, *Les Structures sociales et la guerre*; G. Richard, *Les Doutrines sociologiques et le postulat du droit international*); E. D. Chapple e C. S. Coon, *Principles of anthropology*, pp. 342-49 (importante quanto ao método proposto: como a guerra, integrando-se ao sistema das sociedades em hostilidade, envolve situações sociais que dependem do funcionamento de cada sistema nas sociedades correspondentes, e situações sociais comuns, nascidas das próprias ações guerreiras e da guerra como uma forma de relação intergrupal); R. Hubert, *Les Interprétations de la guerre*, pp. 45, 79 ss., 172 (este autor oferece, em uma obra sob muitos aspectos criticável e desigual, sugestões importantes. Em primeiro lugar, afirma o ponto de vista relativista, que se confunde com a orientação mesma do sociólogo na investigação da guerra: "não existe uma teoria da guerra em si mesma" – esta é um produto social, exprimindo-se de modos diversos nas civilizações diferentes. Segundo, ao analisar os problemas do direito positivo da guerra, desenvolve uma explicação da instituição do "contrato político" – "fundamento e condição da paz". Por último, refere-se à função dinâmica da guerra, fonte de novos problemas sociais e do alargamento do sistema organizatório das sociedades humanas); R. E. Park, *The social function of war*, pp. 564 ss. (trata da guerra como princípio de organização social); o papel desempenhado pela guerra no estabelecimento e preservação da unidade social e no desenvolvimento de certos ideais coletivos é posto em evidência por vários autores (cf., por exemplo, W. Bagehot, *Physics and politics*, pp. 78-82; E. A. Ross, *Social control*, p. 2; R. H. Lowie, *An introduction to cultural anthropology*, pp. 229-30; H. W. Odum, *Understanding society*, pp. 173-4; E. A. Hoebel, op. cit., pp. 390-404, que encara a guerra como uma das "agências" do controle social; Ragnar Humelin, *The beginnings of diplomacy*, cap. II, em que trata da guerra como forma de contato); considerando-se a questão do ponto de vista do restabelecimento do equilíbrio no sistema organizatório de sociedades antagônicas, cf. a teoria de M. A. May, *A social psychology of war and peace*, esp. p. 13 e cap. II. Sorokin, que analisa a guerra em diversas obras, critica a teoria segundo a qual a estratificação social seria produzida pela guerra, fazendo restrições às teorias de Gumplowicz, Ratzenhofer e Oppenheimer, que implicam a noção incomprovável da guerra como "uma causa universal, permanente e necessária da estratificação social"; segundo aquele sociólogo, as investigações sociológicas conduzem à conclusão de que a guerra é apenas um dos fatores ligados ao aparecimento e ao desenvolvimento da estratificação social (cf. P. Sorokin, esp. *Social mobility*, pp. 341-2). Parece-me desnecessário sugerir as relações existentes entre as teorias indicadas e o ponto de vista adotado neste trabalho, em particular com referência à interpretação exposta na parte do texto correspondente a esta nota. Todavia, é preciso referir a explicação elaborada por Tylor, quando menos em virtude do contraste com o ponto de vista adotado na presente monografia. Segundo este etnólogo, a guerra daria origem a uma organização típica (cf. Sir E. B. Tylor, *Anthropology*, vol. II, pp. 154-6). A confusão estabelecida em sua explicação é patente: Tylor acha que se deve analisar o fenômeno em sociedades empenhadas na guerra, pois assim se evidenciariam as vinculações entre a guerra e a organização social. O método, sem dúvida, seria bom, se não levasse, como aconteceu, a atribuir à guerra, pura e simplesmente, a motivação ou a instituição dos comportamentos descritos.

c) *a guerra e a "evolução social"*. Com relação às explanações contidas no texto, este seria o problema crucial; infelizmente, é nele que se concentram, na explicação sociológica da guerra, as controvérsias mais profundas. Isto compeliu-me a ser minucioso nas indicações, pois procedendo de outra maneira poderia prejudicar o exato entendimento do que pretendia ou consegui realizar na interpretaçao do fenômeno. Observo que deixei de lado as obras de sistematização compulsadas, em que as diversas teorias sobre a função criadora ou dinâmica da guerra são discutidas; elas vêm indicadas, no entanto, na bibliografia geral deste trabalho.

É possível distinguir as teorias sobre a guerra de acordo com a resposta à pergunta: "o fundamento da guerra repousa na natureza humana herdada, ou ela é originada socialmente?". Segundo Hobbes, a guerra seria um produto da própria *natureza humana* ("Hereby it is manifest, that during the time men live without a common Power to keep them aIl in awe, they are in that condition which is called warre; and such a warre, as is of every man, against every man". T Hobbes, *Leviathan* p. 96). Esta teoria, que seria insustentável na forma deixada por Hobbes, recebeu modificações posteriores de modo a enquadrar-se a concepções nascidas com o desenvolvimento das ciências sociais. Assim, Mosca sustenta que a "inclinação natural" do homem para a *luta* só esporadicamente assume um caráter individual; nas relações de luta, os homens enfrentam-se preeminentemente como "animais sociais" (cf. G. Mosca, *The ruling class*, p. 163) e Bergson fornece-lhe um fundamento mais concreto e sistemático, considerando-a como um "dado da natureza" que se incorpora à organização social e submete-se às suas modificações ("a origem da guerra e a propriedade, individual ou coletiva, e como a humanidade está predestinada à propriedade por sua estrutura, a guerra é natural". *Les Deux sources de la morale et de la religion,* esp. pp. 303-5). Esta transformação essencial da teoria da *origem natural* da guerra já se havia operado com Proudhon, que explica por meio dela o aparecimento da religião e da justiça; "assim", escreve, "a guerra é inerente à humanidade e deve durar tanto quanto ela; ela faz parte de sua moral, independentemente mesmo de seu modo de manifestação, das regras que presidem ao combate, da determinação dos *direitos* do vencedor e dos *deveres* do vencido": em síntese, ela muda de aspecto no tempo e no espaço, mas apresenta-se em toda a parte como uma estrutura fundamental das sociedades humanas (cf. *La Guerre et la paix*, vol. I, passim; citação da p. 77). Os psicanalistas explicam igualmente a guerra como um *fenômeno natural,* defendendo a tese de que "uma nação não pode ser realmente uma nação sem possuir inimigos"; todavia admitem que a tendência a unir é tão inata no homem quanto a da agressão, e que é possível que se venha a dominar, no futuro, os mecanismos guerreiros das sociedades humanas (cf. G. Roheim, *War, crime and the covenant*, p. 38 e p. 147). Como se vê, a teoria de Hobbes, com ligeiras modificações, suportava um desenvolvimento relativista. Especialmente, admitia uma complementação a respeito da maleabilidade da natureza humana e do seu condicionamento social, que permitiu a sua integração à sociologia e à psicologia. Por isso, é conveniente separar tais desenvolvimentos da tendência representada pelos autores que tomaram as ideias de Hobbes como uma afirmação do fundamento biológico da guerra, como, por exemplo, Von Bernhardt (segundo o qual "a guerra é uma necessidade biológica", que "proporciona uma decisão biologicamente justa, pois suas decisões repousam na natureza das coisas") e Steinmetz (para quem a guerra é o único mecanismo de *seleção coletiva* capaz de eliminar as comunidades fracas e de preservar as fortes. – Cf. Gen. F. von Bernhardt, *German and the next war*, pp. 18 e 23, e S. R. Steinmetz, *La Guerre, moyen de selection collective*, pp. 225-7 e 252; quanto à crítica antropológica da *teoria* de Von Bernhardt e inclusive de alguns especialistas, como Sir Arthur Keith, consulte-se M. F. Ashley Montagu, *Man's most dangerous myth: the fallacy of race*, pp. 156-7 e 158 ss.

Em reação à teoria de Hobbes, Montesquieu iniciou uma abordagem rica de consequências: se a guerra é um fenômeno social, não pode ser explicada pela natureza humana, mas pela sociedade ("passou despercebido", assevera, "que se atribuía aos homens, antes do estabelecimento das sociedades, o que lhes poderia acontecer somente após este estabelecimento, que lhes forneceu os motivos para se atacarem e para se defenderem"; cf. *De L'esprit des lois*, p. 8). Rousseau extraiu dessa concepção todo o seu conteúdo positivo, afirmando que "no estado da independência primitiva" não existia nem o *estado de paz,* nem o *estado de guerra,* chegando à conclusão de que "a guerra não é uma relação de homem a homem, mas uma relação de Estado a Estado, na qual os particulares não são inimigos senão acidentalmente, nem mesmo como cidadãos, mas como soldados" (cf. *Du Contrat social*, livro I, cap. I; citação extraída das pp. 50-1). A teoria de Montesquieu e de Rousseau – cujas fontes no pensamento ocidental, tanto quanto a de Hobbes, não vem ao caso examinar aqui – alcançou profundas repercussões no campo das ciências sociais, o que não impediu que fosse modificada substancialmente, de modo a perder o caráter especulativo que possuía. Na compreensão do fenômeno, os psicólogos, os etnólogos e os sociólogos seguiram uma orientação mais positiva e empiricista. William James representa a posição assumida por alguns psicólogos diante da teoria: a personalidade não é algo determinado exclusivamente por fatores herdados biologicamente, mas sim um produto do desenvolvimento acumulativo ("orgânico", no sentido de Dewey), através do qual hábitos e atitudes são adquiridos por meio da educação. Daí a conclusão de que se poderia descobrir um equivalente moral da guerra, capaz de canalizar socialmente as aptidões individuais de pugnacidade construtivas: "o tipo de caráter marcial pode ser criado sem a guerra" (cf. W. James, *The moral equivalent of war,* passim; a citação foi extraída da p. 326; veja-se, ainda, J. Dewey, cuja explanação é mais elaborada e representa uma tentativa de crítica a James, *Human nature and conduct,* pp. 110-5; M. A. May, op. cit. esp. pp. 20-7; K. Young, *A handbook of social psychology,* pp. 379-83; e E. C. Tolman, *Drives toward war,* cap. VI, esp. pp. 100-12). Os psicólogos receberam uma confirmação à teoria por parte de alguns etnólogos, que definiram a guerra como uma "invenção", como os demais elementos da cultura: não é pois inerente à *natureza humana,* e como as outras invenções varia de um povo para outro (cf., por exemplo: B. Malinowski, *Anthropological analysis of war,* p. 524 ss.; idem, *War-past, present and future,* pp. 22-3; M. Mead, *Warfare is only an invention – not a biological necessity,* passim; L. G. Brown, *Social pathology,* pp. 564-6). É preciso salientar, porém, que as "preocupações humanitárias" de alguns etnólogos prejudicou-lhes a interpretação do fenômeno: R. Benedict, por exemplo, sustenta que a guerra é "um traço associal" *(Patterns of culture,* p. 32; o exemplo ilustrativo é extraído da nossa civilização). Os sociólogos, quer os que se ligam a Hobbes, quer os que se prendem a Montesquieu-Rousseau, rejeitam naturalmente esta implicação falaciosa (cf. G. Simmel, *Sociologia,* vol. I, p. 247 ss., esp. pp. 258, 262 e 302-3; P. Fauconnet, *La Guerre,* passim). Os sociólogos que representam a segunda teoria asseguram, por sua vez, uma apreciável confirmação às explanações dos psicólogos e etnólogos, revelando que a guerra não é um fenômeno social "universal": tanto a sua emergência quanto a formação de atitudes e ideais guerreiros dependem da organização social das sociedades humanas (cf. esp.: K. Mannheim, *Liberdad* y *planificación social,* pp. 120-32; e R. E. Park, op. cit., passim; e tb. P. Kropotkin, *Mutual aid. A factor of evolution,* cap. III). Mesmo nas "aspirações práticas" coincidem com os psicólogos e etnólogos, admitindo que é possível, através de técnicas sociais, submeter a controle os motivos sociais da guerra ("Na realidade, no chamado instinto combativo não existe nada que torne a guerra inevitável. Sua existência só explica por que, quando a estrutura social nos coloca em certas situações, nosso equipamento psíquico nos capacita para a luta, ou em certas circunstâncias ainda nos força à agressão. Desde que a própria estrutura da ordem social esteja construída de modo a evitar a guerra, pode impedir, mediante a educação, as atitudes guerreiras, ou se estas já existem pode decompô-las em seus elementos constitutivos e reintegrá-los ou dar-lhes novas funções", Mannheim, op. cit., p. 126).

O impacto das duas teorias na apreciação da "evolução social" da guerra é inegável. Consciente ou inconscientemente, os especialistas que versam o assunto incorporaram às suas explanações argumentos de uma ou de outra "teoria". Assim, vários especialistas defendem o ponto de vista segundo o qual os "povos primitivos" (erradamente concebidos por alguns deles como o marco inicial da "evolução humana") vivem em *estado de guerra permanente,* em *estado normal de guerra,* ou fazem da guerra o *modo habitual de ocupação* (cf. A. Comte, *Cours de philosophie positive,* vol.

IV, p. 376; F. H. Giddings, *Studies in the theory of human society,* pp. 218-9; E. R. Groves, *An introduction to sociology,* pp. 234-7; P. J. Proudhon, op. cit., vol. I, cf. p. 29; A. M. Tozzer, *Social origins and social continuities,* pp. 87-8; E. van Dyke Robinson, *War and economic in history and in theory,* pp. 134-5; o ponto de vista difundiu-se de tal maneira que se encontra até nas obras de consulta mais acessíveis: *verbi gratia, La grande encyclopédie,* tomo XIX, p. 529). As investigações globais dos etnólogos puseram rapidamente em relevo a inconsistência desse ponto de vista (cf. esp. M. R. Davie, *Ou la guerre est, et ou elle n'est pas,* in op. cit., pp. 78-103). Em consequência dos resultados das investigações etnológicas, ele sofreu sérias restrições nas contribuições de alguns especialistas (cf., por exemplo, L. T. Hobhouse, G. C. Wheeler e M. Ginsberg, *The material culture and social institutions of the simpler peoples,* pp. 228-9; e W. Schmidt, in J. Imbelloni, *Epitome de culturologia,* p. 147). Outros especialistas, por sua vez, como Charles A. Ellwood e W. J. Perry, tentaram mostrar, baseando-se em dados arqueológicos de consistência duvidosa, exatamente o contrário. De acordo com esse ponto de vista, os povos primitivos "foram provavelmente pacíficos" (cf. C. A. Ellwood, *The psychology of human society,* pp. 66-8; idem, *Cultural evolution,* pp. 133-4; W. J. Perry, *The coming of the warriors,* p. 316-7 e 326-7; cf. tb. G. Elliot Smith: *In the beginning, the origin of civilization,* pp. 19-25). A implicação sociológica deste ponto de vista consiste na afirmação de que a guerra é um efeito da "evolução social" e do "desenvolvimento cultural"; a guerra é então explicada como "um fenômeno tardio" na história da humanidade, manifestando-se nas sociedades que representariam "níveis de civilização" elevados (cf. por exemplo: Henri Berr, *Avant-propos* a *Des clans aux empires,* de Davy e Moret, pp. XVI-XVII; A. Birnie, *The art of war,* pp. 11-2; R. M. MacIver, *O Estado,* pp. 167-8; B. Malinowski, *An anthropological analysis of war,* p. 537; H. W. Odum, *Understanding society,* p. 172; Gaston Richard, *L'Idée d'evolution dans la nature et l'histoire;* os chamados "pacifistas" adotam, por sua vez, explicações deste tipo: vejase, *verbi gratia,* A. Huxley, *Ends and means,* cap. IX). Sublinhando a espécie de correlação existente entre a "evolução social" e a guerra, alguns desses autores explicam pela guerra o aparecimento de certas instituições sociais. É útil lembrar, pelo menos, que nem sempre tais interpretações visam mostrar que, em virtude do "progresso", a humanidade tende a se tornar mais belicosa e destrutiva.

Ao contrário, Gabriel Tarde sustenta que à medida que surgem realidades sociais morfologicamente mais complexas a guerra passa a subordinar-se a mecanismos de controle social mais eficazes, tornando-se por isso menos frequente e menos destruidora (C. G. Tarde, *Les Lois sociales,* pp. 87 ss.). Nesse caso, a guerra seria menos o produto da "civilização" do que uma manifestação de "progresso" da humanidade e do domínio crescente do homem sobre os meios de destruição.

Este esforço, para alcançar o seu objetivo, precisa ser ligado às explanações teóricas contidas no texto deste trabalho, as quais o motivaram. As indicações reunidas nesta nota, embora sumárias, mostram que a análise da guerra como fenômeno social não só tem atraído a atenção de um número apreciável de especialistas, mas ainda que a própria análise passou por uma transformação substancial, do ponto de vista científico. As proposições especulativas sobre as origens da guerra na natureza humana e na sociedade cederam lugar à compreensão positiva do fenômeno, seja quando concebido em suas variações no tempo e no espaço, no seio das estruturas sociais, seja quando encarado de uma perspectiva mais restrita, em suas manifestações concretas propriamente militares. Assim, o aproveitamento das contribuições contidas nos trabalhos referidos acima produziu dois resultados: um diz respeito à clarificação do método sociológico de interpretação da guerra; outro, à concepção do desenvolvimento histórico da guerra como ou enquanto "arte militar". Quanto ao método, ligando as tendências características de análise do fenômeno aos seus fundamentos intelectuais no mundo ocidental, consegui, segundo me parece, deixar entrevisto as "prenoções" ou os *idola* que se incorporaram à interpretação científica da guerra como fenômeno social. Pondo em evidência o que apenas ficou implícito, três são as "prenoções" capitais: a) duas relativas à genética social da guerra; b) uma terceira referente à explicação da potencialidade da guerra como fator social construtivo. Sobre a interpretação da origem da guerra relembro que os autores ligados à "teoria" de Hobbes afirmam, sem dar a devida importância às implicações de método científico, que a guerra é uma dimensão espontânea das sociedades humanas, existindo por isso desde as suas manifestações mais primitivas; enquanto os autores influenciados pela "teoria" de MontesquieuRousseau, sacrificando as regras do "espírito científico" às do humanitarismo, aceitam, sem a fundamentação empírica necessária, a explicação segundo a qual a guerra é um produto retardado da "evolução cultural" do *Homo sapiens*. A terceira "prenoção" penetra as obras de autores das duas tendências, pois qualquer um dos dois métodos conduz a interpretações unilaterais da dinâmica social e da função construtiva da guerra como fator social (tome-se, por exemplo, Steinmetz e Malinowski; o primeiro correlaciona a guerra a todo o "progresso" humano, concebendo-a como a matriz da civilização e das instituições sociais – cf. op. cit., pp. 227-49 e 252; o segundo pensa que a "guerra verdadeira" "é culturalmente produtiva, pois ela produz uma nova instituição, o estado-nação" – *An anthropological analysis of war,* p. 537). Considerando a análise sociológica da guerra em termos do seu próprio desenvolvimento histórico-cultural em nossa civilização, foi relativamente fácil, para o autor, isolar semelhantes "prenoções" do que havia de positivo no método de interpretação da guerra como fenômeno social, construído e refinado nas obras dos mesmos pensadores e especialistas, cujas limitações foram apontadas. Em consequência, julguei legítima a adequação do método de interpretação sociológica da guerra, com todos os seus resultados e implicações, a uma sociedade particular (a sociedade tupinambá, no caso). Quanto à compreensão dos aspectos propriamente militares da guerra, em função da estrutura social, a orientação seguida é, evidentemente, um reflexo da clarificação do método, embora repouse também nos resultados das investigações sobre a "evolução social" da guerra e em leituras sobre a história militar.

f) Nota sobre o emprego do termo "militar" e de sua legitimação, segundo alguns tratadistas militares: É óbvio que a guerra somente constitui objeto da sociologia como e enquanto fenômeno social. Mas ainda assim, *como e enquanto fenômeno social,* a guerra se apresenta à investigação sociológica sob vários aspectos; de fato, compete-lhe explicar:

a) a forma de integração e a função da guerra na organização social;

b) os mecanismos, diretos ou indiretos, de causação social da guerra;

c) o modo, a extensão e a importância relativa do emprego das forças armadas;

d) os efeitos sociais da guerra, tanto os imediatos e diretos quanto os remotos e indiretos;

e) a atuação da guerra como fator social construtivo e sua correlação com os demais fatores sociais (nas investigações sobre a dinâmica social e a guerra e a influência da guerra na "evolução social");

f) a classificação dos tipos de guerra (nas investigações empírico--comparativas).

Como se vê, a sociologia não dá especial relevo ao emprego das forças armadas, ao contrário de outras disciplinas, especialmente votadas ao seu estudo. Esse aspecto da guerra, ainda que seja considerado um dos elementos essenciais na definição sociológica do fenômeno, merece-lhe um tratamento específico correspondente ao papel por ele desempenhado no conjunto de situações e de processos sociais oriundos do *estado de guerra,* ou a ele vinculados. Por isso, em sua aplicação à investigação da guerra em sociedades determinadas, o método sociológico conduz à compreensão por assim dizer "localizada" do uso das forças armadas. Como exemplifica esta monografia, a preparação das forças armadas e o choque decisivo *correspondiam a algumas das fases do "continuum" de situações sociais abrangidas pela guerra na sociedade tupinambá;* eram, no entanto, precedidas e seguidas por outras situações, já que a guerra não se confinava à contenda armada (no caso, as situações sociais envolvidas pela fricção com os grupos hostis, pelos rituais de deliberação da guerra e os de aprovação mágico-religiosa da mesma; e, posteriormente ao desfecho do choque armado, pelos rituais de integração, de sacrifício e de destruição antropofágica dos prisioneiros).

Em vista disso, torna-se uma questão crucial a de saber como designar essa esfera peculiar da guerra, que envolve a organização e a exploração das forças armadas. Seguindo o exemplo de vários etnólogos e sociólogos, bem como o de alguns especialistas na história da "arte da guerra", utilizei-me do termo *militar* com esse fim.[1102] Todavia, tomando

[1102] Aliás, Alfred Métraux também empregou esse termo nos seus estudos sobre os tupinambá, publicadas em 1928; e nos seus ensaios mais recentes, usa igualmente os

em consideração as implicações da definição do problema na sociedade particular investigada (a *função militar* não se apresenta diferenciada no sistema guerreiro dos tupinambá) e o ponto de vista, sustentado por diversos autores, segundo o qual só se pode usar o termo quando a função militar aparece completamente diferenciada, utilizei-o entre aspas, para evitar confusões.

Porém, o emprego do termo, no sentido indicado, não é destituído de fundamento. É verdade que os especialistas em história da guerra geralmente se limitam a traçar a evolução da guerra a partir dos povos da antiguidade (cf. Lt.-colonel Coli, *Les Grandes batailles de l'histoire;* idem, *Les Transformations de la guerre;* N. Maquiavel, *A arte da guerra,* que contém longas dissertações sobre a arte da guerra dos "antigos"; L. Montross, *War through the ages;* Cap. V. Rossetto, *Storia dell'arte militare antica e moderna;* idem, *L'arte bellica fino ai nostri giorni,* ed. completamente revista da obra anterior; T. Sanchez Hernandez, *Los Principios de la guerra,* até p. 34; Lt.-colonel J. Vial, *Cours d'art et d'histoire militaires,* 2 vols.; H. Stegemann, *La Guerre, son caractère et ses aspectes a travers les siècles,* 2 vols.; outros, como A. Birnie, *The art of war,* cf. pp. 11-3, dão uma atenção demasiadamente estreita à *guerra primitiva,* entendida no sentido especial pressuposto pelas investigações sobre os povos pré-históricos). Mas, isso é fácil de explicar, independentemente da compreensão propriamente dita dos fatos militares: o que aconselha uma pequena digressão sobre o assunto, com o propósito definido de tratar do problema proposto.

Sem dúvida, é patente a falta de curiosidade profunda, nesses estudos, por outros tipos de guerra. A concepção etnocêntrica, segundo a qual as únicas modalidades de *guerra verdadeira* seriam as fornecidas pela "história da civilização", é em parte responsável por semelhante atitude. Contudo, outros fatores de ordem intelectual têm interferido de modo mais imediato em sua motivação. De um lado, verifica-se que alguns desses autores procedem dessa maneira em virtude da

---

termos tática e estratégia para designar certas operações dos guerreiros aborígenes, inclusive os tupinambá (cf. *Warfare, cannibalism and human throphies*, pp. 391-393; *The tupinambá*, p. 119).

falta de documentação, acessível e diretamente manipulável, sobre os "povos primitivos" contemporâneos. É o caso de Vial, por exemplo, cujas explanações demonstram que se interessava, de modo geral, por todas as modalidades culturais da guerra. De acordo com a teoria que expunha em seu tratado, a "arte militar" é inerente à própria necessidade de organizar a luta armada, sentindo-se "já quando se trata de um pelotão e de cem homens" e tornando-se clara e independente com a diferenciação da "função militar", quando a guerra se apresenta como uma atividade específica, regular ou permanente (cf. op. cit., vol. I, p. 11). Por isso, afirma: "a história da arte militar começa com a história dos homens. Entre os bárbaros e nas sociedades primitivas, a arte se restringe à esgrima de algumas armas grosseiras e ao conhecimento de certos estratagemas análogos aos que ainda são praticados pelos índios" (idem, p. 14). E concebe as *instituições militares* em um sentido lato, de modo a abranger também as práticas guerreiras daqueles povos: as instituições militares compreendem as leis, os princípios ou as tradições que determinam a organização e o emprego de todos os elementos da força pública de um país, isto é, de todos os meios e de todos os recursos que um povo possui para fazer a guerra (idem, pp. 25-6); salientando ainda: "todos os povos possuíram e possuem ainda o que designamos aqui como instituições militares, e que também são chamadas, em outras palavras, com um significado aproximado: um sistema, uma organização ou um estabelecimento militares. E é por meio dessas instituições ou de seu sistema militares que um povo cria, mantém e aperfeiçoa, durante a paz, o conjunto de meios, pessoais e materiais, que são necessários para fazer a guerra" (idem, p. 26); "as instituições militares têm variado com as épocas e variam ainda com os povos. Elas se apresentam sob formas mais ou menos aperfeiçoadas, segundo o grau mais ou menos avançado de civilização" (idem, p. 27).

De outro lado, certos autores procedem do modo indicado por motivos opostos: não é a falta de documentação, mas sim o excesso de "teoria" que lhes veda o interesse pela *guerra primitiva*. É o que acontece com os historiadores da guerra que pretendem explicar o aparecimento da guerra através das origens hipotéticas da sociedade e da civilização. Rossetto, por exemplo, sustenta que o "comando militar" teria nascido da imposição da liderança de um *tirano* a uma massa humana relativamente grande. Os laços de parentesco que prenderiam uns aos outros os membros das diferentes famílias agregadas os subordinariam a sua autoridade. Daí a conclusão do autor: as transformações que produziram as formas mesmas de associação e a civilização também teriam gerado a "arte militar". Como esse processo transcorrera no Oriente, o "primeiro período de desenvolvimento" da *arte militar* teria se desenrolado junto às "grandes monarquias asiáticas" (cf. *Storia dell'arte militare antica e moderna,* parte I, cap. II). Na segunda edição revista de sua obra, Rossetto não modificou este ponto de vista, mas introduziu referências aos "povos selvagens" da África, da Ásia e da América e abandonou a pretensão de explicar historicamente o "primeiro desenvolvimento da arte militar", restringindo-se à afirmação de que a "arte militar" passa a ser *documentada* na época das grandes migrações dos povos asiáticos (cf. *L'arte bellica fino ai nostri giorni*, pp. 21-31).

Todavia, independentemente da compreensão mais ou menos global e positiva do fenômeno, todos empregam o termo *militar* e *arte militar* em um sentido lato, para designar seja as operações à mão armada propriamente ditas, realizadas antes, no decorrer e depois do combate ou da batalha, seja os princípios ideais ou normativos de organização da luta armada e do "exército". Aqui reside a explicação do alargamento operado na compreensão do termo militar e outros correlatos ou derivados, como milícia, serviço militar, idade militar, poderes militares, ideias militares, sistema militar, militarismo etc. É importante assinalar que o emprego analógico do termo pelos especialistas em história militar encontra um fundamento de fato. Limitando-se, pelos motivos indicados, aos "povos da antiguidade" e à evolução da guerra nas sociedades ocidentais, depois da Idade Média, eles tratavam de sociedades nas quais se processara, em grau maior ou menor, a diferenciação da "função militar". Por isso, pelo menos a partir de certas fases da evolução histórica do Egito, da Grécia, da Pérsia etc., o padrão de "organização militar" poderia ser comparável ao produzido pela *síntese romana,* cujos efeitos se estenderam do aperfeiçoamento das técnicas de combate e da criação de tropas permanentes à codificação do "estatuto jurídico particular" dos soldados, submetidos à *conditio militiae* (cf. esp. G. Castellan, *Histoire de l'Armée,* cap. 1). Mas, daí a aplicá-lo a povos em que não se operara a diferenciação da "função militar" pouco faltava, incumbindo-se os próprios tratadistas militares desta ampliação, como já foi referido relativamente à obra de Vial. Refletindo esses desenvolvimentos, os dicionaristas dos termos militares escrevem sobre o vocábulo *militar:* "o que concerne à guerra, os *soldados: arte militar" (Dictionnaire des termes militaires et de l'argot poilu,* p. 193); "relativo às forças armadas, mais especialmente às do exército. Soldados" (C. M. Beadneil, *An encyclopaedic dictionary of science and war,* p. 172); por isso, "operações guerreiras" e "operações militares" são dadas como equivalentes (cf. C. de Witt Willcox, *A french-english military dictionary,* p. 298).

Essa extensão do conceito, embora evitada por alguns especialistas e criticada por outros, possui um duplo fundamento. O principal é fornecido pelos próprios tratadistas militares, que chegaram à conclusão de que a guerra, em todas as suas manifestações possíveis, contém uma "esfera propriamente militar". Este ponto de vista já foi mencionado nesta nota, pois é vigorosamente defendido por J. Vial. A mesma preocupação de caracterizar a "parte militar da guerra" e de descobrir os "princípios militares propriamente ditos" surge na obra de outros tratadistas militares (cf., por exemplo, J. Colin, "avant-propos" de *Les Grandes batailles de l'histoire,* e, especialmente, *Les Transformations de la guerre,* pp. 298-9; T. Sanchez Hernandez, op. cit., p. 37). Coube a von Bernhardt, no entanto, desenvolver e dar um fundamento sistemático ao ponto de vista (cf. *La Guerre d'aujourd'hui,* vol. I, parte 1, cap. 2). Como fenômeno social, parece-lhe que a guerra é uma realidade dinâmica, composta de "elementos variáveis" e de "elementos constantes". Por isso, afirma, "é preciso distinguir, na guerra, as formas de seus fenômenos e sua essência própria", "pois aquelas são transitórias, enquanto esta "permanece idêntica a si mesma em todas as circunstâncias" (op. cit., p. 19). O objeto da história militar consiste exatamente em investigar o que é normal na guerra, de modo a permitir a descoberta das *leis gerais* da guerra (idem, pp. 37 ss.). Considerando o fenômeno em termos do método indicado, Von Bernhardt chegou à conclusão de que existem três fatores essenciais, "que dominam a guerra como tal, *quaisquer que sejam as condições em que ela se apresente, como combate de indivíduos ou combate de povos, combate de selvagens ou combate de nações extremamente civilizadas"* (idem, p. 21; o grifo é meu): a) "primeiro, o fim da guerra é, de acordo com sua natureza, sempre o mesmo. Pretende-se impor, como Clausewitz já o definiu, a própria vontade à do adversário"; b) "em segundo lugar, todo combate se sujeita à lei de ataque e de defesa. Sem estas duas noções, é impossível conceber o combate"; c) "por fim, em terceiro lugar, durante a guerra todas as operações sofrem a influência das qualidades físicas, intelectuais e morais do homem" (loc. cit.). Esses três fatores definem, "se não todas as leis da guerra, pelo menos os princípios mais importantes da conduta prática da guerra, os quais se fundam sobre o caráter normal dos fenômenos" (idem, p. 23). O conhecimento contido nesses princípios é completado militarmente pelo que se origina da investigação daquilo que é circunstancial e contingente na guerra, expresso em "leis periódicas". Tais leis possuem uma vigência limitada no tempo, mas são elas que presidem praticamente "a maneira de fazer a guerra" (idem, p. 24). Em síntese, escreve Von Bernhardt, "*é somente por este conhecimento completo dos fatos militares que nós chegamos a compreender as forças materiais e morais que dominam a guerra, e que determinam a sua natureza*" (idem, p. 37; o grifo é meu).

Como se vê, os fatos militares foram caracterizados, na teoria exposta, essencialmente através das operações de guerra. Os resultados da caracterização, que interessam à presente análise, são os seguintes:

1) a guerra abrange um conjunto de fatos que, por sua natureza, são militares. Alguns deles são normais, isto é, repetem-se em todas as situações e estados de guerra. Outros são aleatórios, dependendo das condições socioculturais e históricas da guerra.

2) as "formas exteriores da guerra" ou, em outras palavras, as manifestações histórico-culturais da guerra, somente caracterizam os fatos militares no que eles possuem de contingente e de transitório. Por isso; o *caráter militar* das operações guerreiras independe do nível de civilização dos combatentes, e o termo militar serve tanto para qualificar as atividades guerreiras dos "povos civilizados" quanto as dos "povos selvagens".

3) os fatores essenciais da guerra – fim, agentes humanos e meios militares – não se ligam entre si de modo absoluto. A sua correlação e a importância relativa de cada um varia em função das situações particulares concretas, em virtude da interferência

dos fatores aleatórios ou contingentes no curso da guerra. Em síntese, semelhantes resultados justificam plenamente o emprego genérico do termo militar, mostrando além disso que os próprios tratadistas militares, como os sociólogos, se preocupam com a determinação da "esfera militar" da guerra.

O outro fundamento da extensão do conceito é propiciado pela sociologia. No estado atual das investigações sobre a guerra, há problemas que só podem ser enfrentados e resolvidos com êxito pelos especialistas nas ciências sociais. Assim, o conhecimento completo dos "elementos constantes" da guerra depende de amplos relatos e de análises compreensivas da "guerra primitiva". É preciso saber como aqueles elementos se comportam e se manifestam nas diferentes modalidades da guerra praticadas pelos "povos primitivos", desaparecidos ou contemporâneos. Ora, essa é exatamente uma das contribuições do sociólogo, quando investiga a integração e o funcionamento da guerra em sociedades nas quais os guerreiros não constituem uma associação especial e a função militar se encontra indiferenciada, ou nas quais a separação da comunidade de guerreiros e a diferenciação da função militar assumem feições próprias e peculiares. Acresce ainda, como foi indicado no começo desta nota, que a explicação sociológica procura conhecer e determinar a importância relativa da "esfera propriamente militar" da guerra no sistema guerreiro e, através deste, o papel por ela desempenhado na dinâmica das sociedades. Por isso, parece fora de dúvida a conveniência de abordar os problemas com terminologia adequada, além do mais aceitável e compreensível aos especialistas no tratamento sistemático do assunto.

Em resumo, o emprego genérico do termo militar é fundamentado pelos tratadistas militares. Nenhuma razão de ordem científica impugna a transferência dessa conotação do termo para o campo da sociologia. Ao contrário, ela se justifica cabalmente, tendo-se em vista o objeto da investigação sociológica da guerra e o aproveitamento dos seus resultados por outras disciplinas.

g) Nota sobre o emprego do termo "iniciação": O conceito de "iniciação" é tomado, aqui, em seu sentido lato, de acordo com a caracterização de

Van Gennep. Este etnólogo sustenta, e suponho que com razão, que o termo iniciação compreende tanto as cerimônias que "dão acesso às classes de idade e às sociedades secretas" quanto as que "acompanham a ordenação do padre e do mago, a entronização do rei, a consagração dos monges e das freiras, a das prostitutas sagradas etc."; assim os ritos de iniciação são compreendidos em termos da função social que desempenham, isto é, "como ritos de admissão" (cf. Arnold van Gennep, *Les Rites de passage,* cap. VI, passim; quanto à conceituação, especialmente pp. 94 e 160; e quanto à aplicação do termo para indicar a agregação a uma camada social – abrangendo inclusive os "ritos de denominação" ou de renomação – cf. especialmente pp. 143-50).

Não obstante, a iniciação masculina, tal como era praticada entre os tupinambá, abrangia vários elementos que servem para caracterizar essa instituição em outras sociedades nas quais a sua elaboração formal é muito mais nítida e rígida. Assim, os rituais e as situações sociais correspondentes, vividas pelos jovens desde que assumiam o *status* condicional de guerreiro até o casamento, davam margem: 1) ao estabelecimento de relações entre os noviços e os espíritos dos ancestrais, através do sacrifício das vítimas e dos ritos de renomação; 2) a cerimônias de morte e renascimento da personalidade dos sacrificantes-noviços (aspecto já ressaltado por C. Friederici, cf. A. Métraux, *La Religion des tupinambá,* pp. 164-5); 3) a admissão dos jovens, cuja maturidade social reconheciam desse modo, ao círculo de convivência dos adultos processava-se sob a forma de recepção solene; 4) o esquema tupinambá abrangia um adestramento prévio informal, como acontece em algumas sociedades primitivas, graças às oportunidades concedidas pelo *status* condicional de guerreiro. Todavia, é provável que alguns "mistérios" fossem mantidos até mais tarde (como sugere a análise dos ritos de consagração dos maracás); 5) Símbolos especiais ressaltavam socialmente a importância e o significado das cerimônias e da admissão solene implícita no círculo social dos adultos: como as incisões, praticadas no decorrer dos ritos de renomação.

h) Nota sobre o emprego do termo "carisma": Não se sabe se os tupinambá possuíam uma palavra para designar a qualidade referida. Os cronistas, pelo que eu sei, não a registram, e os termos consignados por Montoya e outras fontes para exprimir "força", "poder", "homem forte", "homem poderoso" etc. infelizmente oferecem escassa margem para uma interpretação reconstrutiva. Em vista disso, presumivelmente, é que Métraux lançou mão da noção corrente de *maná* (cf. A. Métraux, *La Religion des tupinambá,* p. 158). As múltiplas e às vezes tão incongruentes utilizações do conceito pelos etnólogos e pelos sociólogos, e a conveniência de restringir o emprego dessa noção às sociedades em que a palavra existe de fato, aconselham a escolha, para fins de interpretação científica, de um conceito sintético, como o de carisma. Acresce que na maioria das culturas em que a crença ocorre são conhecidos vocábulos para designar a qualidade em questão (cf., por exemplo, a enumeração de H. Webster, in *Magic, a sociological study,* pp. 2-24 e notas correspondentes, pp. 25-37). Nenhuma razão essencial impõe a preferência pelo vocábulo melanésio.

Entre os conceitos sintéticos para designar essa qualidade, o de carisma, proposto por Max Weber, é o que preenche de modo mais satisfatório as exigências da terminologia científica. Weber não só procedeu à conceituação de carisma como *força* e como *dom pessoal,* mas ainda elaborou toda uma teoria para explicar sociologicamente a formação e a transformação do carisma. No que concerne às "sociedades primitivas", algumas de suas elaborações estão sujeitas a retificações. Porém, graças à preocupação de interpretar as formas sociais da rotinização ou da cotidianização do carisma e o processo de sua objetivação por meio da "educação carismática", Weber conseguiu perceber como se opera, nessas sociedades, a institucionalização das modalidades de aquisição do carisma e como se constituem os *círculos* dos "portadores comprovados do carisma" (cf. *Economia y sociedad,* vol. I, pp. 252-67; vol. II, p. 80; vol. IV, pp. 252-93).

Isso justifica, ao mesmo tempo que lhe imprime inegável interesse científico, o aproveitamento do conceito de carisma em uma obra como a presente. Doutro lado, explica por que preferi esse termo a outras noções, como *areté,* explorada por Jaeger, e *princípio vital,* cunhada por Castiglioni (cf. E. Jaeger, *Paideia,* vol. I, cap. I, esp. pp. 21-2; A. Castiglioni, *Adventures of the mind,* pp. 13-5). Penso que o termo *areté* se aplica especificamente à situação cultural grega e que *princípio vital* é uma noção demasiado incolor e vaga. O emprego de *carisma* também implica algumas restrições, mas a elas já me referi (na medida em que têm importância para a compreensão do fenômeno na sociedade tupinambá) algures (cf. *A organização social dos tupinambá,* nota 130, p. 238).

i) Nota sobre as relações entre a pederastia e a guerra: A manifestação mais conhecida desse fenômeno é a que diz respeito à Grécia antiga; segundo a penetrante interpretação de Marrou, o "amor grego encontrava profundas raízes nas condições das atividades guerreiras (cf. H. I. Marrou, *Histoire de l'éducation dens l'antiquité,* part. I. Ch. II –"*De la pédérastie comme éducation";* e cf. também pp. 477-80, em que condensa ampla bibliografia sobre o assunto, inclusive com relação às "sociedades primitivas").

Westermarck é o autor que interpreta essas conexões entre a guerra e a prática da sodomia como consequência das relações adaptativas entre os guerreiros (cf. *L'Origine et le développement des idées morales,* II, p. 449 ss.). Doutro lado, os resultados das pesquisas biológicas lançam nova luz sobre tais problemas, permitindo compreender de outro ângulo as relações entre os fatores orgânicos do homossexualismo e as condições de existência social (cf. esp. M. Dillon, *Self. A study in ethics and endocrinology,* cap. III).

j) Nota sobre a formação do conceito sociológico da escravidão: Já no século XVII, Hobbes e Spinoza arruínam pela base a concepção de Aristóteles de que "há escravos e homens livres por obra da natureza" (cf. *Politique,* livro I, cap. II, § 20). Pois enquanto o primeiro critica duramente Aristóteles, considerando a desigualdade entre o senhor e o escravo como um produto das leis *civis* e não da natureza, "onde todos os homens são iguais (*Leviathan,* parte I, cap. XV, esp. pp. 117-8; cf. também cap. XIII), o segundo demonstra "que a natureza não possui nenhum fim a ela prescrito e que as causas finais nada mais são que ficções dos homens" (*Éthique,* apêndice à primeira parte, vol. I, p. 103; cf. proposição XVI e os corolários I-III com as explicações correspondentes, vol. I, pp. 57-9 e 113, no texto francês). Para Spinoza, a aspiração à liberdade é algo inerente à natureza humana, independentemente das formas e das condições exteriores de sua manifestação (cf. *Éthique,* quarta e quinta partes, vol. II, passim). Em suma, a apropriação individual e as leis são resultados da renúncia ao *direito natural* pelo homem (cf. op. cit., vol. II, pp. 77-81). Em consequência, o senhor não possui o escravo, mas a sua força de trabalho. Essa noção, tão importante na história do pensamento ocidental, faz com que o escravo seja definido em termos da relação existente entre as ações praticadas por ele e o aproveitamento prático delas pelo senhor: "se o fim da ação não é a utilidade do próprio agente, mas daquele que o manda, então o agente é um escravo, inútil a si próprio"; "é um escravo aquele que é obrigado a obedecer ordens que não visam senão a utilidade do senhor comandante" (Spinoza, *Traité théologique politique,* in *Oeuvres,* vol. II, p. 304).

Coube a Rousseau construir a argumentação que comprovaria serem as relações do senhor e do escravo *relações reais,* inseridas em uma ordem legítima preexistente e fundada em convenções aceitas mutuamente (cf. *Du contrat social,* livro I, caps. II-IV). E a Hegel elaborar o esquema de interpretação dialética dessas relações (cf. *La Phénomenologie de 1'esprit,* vol. I, pp. 155-6). Apesar de metafísico, e de ser culturalmente limitado, o referido esquema contém o mérito de pôr em relevo o caráter recíproco de toda a alienação produzida nos sujeitos pela escravidão e de pressupor as noções de interdependência e de luta das "consciências de si opostas" (a do senhor e a do escravo).

k) lista de estudos sobre a guerra entre "povos primitivos": A seguinte enumeração de estudos sobre a "guerra primitiva" contém obras ou ensaios que foram consultados como também referências a trabalhos que não são acessíveis entre nós. Para evitar confusões, as indicações encontradas foram repetidas entre parênteses; as indicações relativas às obras ou artigos consultados se encontram, naturalmente, na bibliografia deste trabalho.

ADAIR, J.; VOGT, E. "Navaho and zuni veterans: A study of contrasting modes of cultural change".

AITCHINSON, I. G. "Peace cerimony as performed by the natives of the ramu headwathers" (*Oceania*, vol. VI, Sydney, 1938).

BANDELIER, A. F. "On the art of war and modes of warfare of the ancient mexicans" (*Reports of the Peabody Museum of American Archeology and Ethnology*, vol. II, Cambridge, 1877).

BELL, F. L. "Warfare among the Tanga" (*Oceania*, vol. V, Sydney, 1935).

BEST, E. "Notes on the art of war as conducted by the Maory of New Zealand" (*Journal of the Polynesian Society*, XI-XII, Wellington, 1902-04).

BONAPARTE, M. Die Symbolik der Kopftrophäen (1928).

BONNERJEA, B. "Peace and war in hindu culture" (*Primitive Man*, III, Washington, 1930).

BRACKENBERRY, H. "The asbanti war" (Edimburgo e Londres, 1877). Calder, J. E. "Some accounts of the wars of extirpation, and habits of the native tribes of Tasmania" (*Journal of the Anthropological Institute of Great Britain and Ireland*, vol. III, 1874, pp. 7-29).

CHRISTIAN. "Micronesian weapons" (*Journal of the Anthropological Institute of Great Britain and Ireland*, XXVIII).

COLLINSON, W. H. In the wake of the war canoe (Londres, 1915).

DARLINGTON, H. S. "The meaning of head hunting" (*The Psychoanalytic Review*, XXVI, 1939, pp. 55-68).

DAVIE, M. R. "La guerre dans les sociétés primitives. Son role et son evolution".

DORSEY, J. O. "An account of the war customs of the Osages" (*The American Naturalist*, XVIII, Filadélfia, 1884).

ELLIS, Florence Hawley. "Patterns of agression and the war cult in south-western pueblos".

FARRER. "Military manners and customs" (nenhuma indicação); "Savage and civilized warfare" (*Journal of the Anthropological Institute of Great Britain and Ireland*, IX).

FENICHEL, O. "Über Trophäe und Triumph" (*Internationale Zeitschrift für Psychoanalyse und Imago*, XXIV).

FERGUSON, W. S. "The Zulus and the Spartans: a comparison of their military systems". (*Harvard African Studies*, 2, pp. 198-227).

FLETCHER. "Significance of the scalp-lock". (*Journal of the Anthropological Institute of Great Britain and Ireland*, XXVII).

FORTUNE, R. F. "Arapesh warfare".

FRIEDERICI, Georg. Krieg und Frieden (*Archiv für Anthropologie* N. F., t. 27, pp. 141-65. Braunschweig, 1942).

FROBENIUS, L. "Weltgeschichte des Krieges". Unter Mitwirkung von Oberstleutnant a. D. H. Frobenius u. Korvetten-Kapitän a. D. E. Kohlhauer (Hannover, 1903).

GRIESBACH. "Weapons of South Africa" (Journal of the Anthropological Institute of Great Britain and Ireland, *1, CLIV)*.

GRINNELL, G. B. "Coup and scalp among the Piain indians (*American Anthropologist*, n° 5, vol. XII, 1910, pp. 297-304).

HADLOCK, W. S. "War among the northeastern woodland indians".

HARRISON, C. "Ancient warriors of the North Pacific" (Londres, 1925).

HILL, W. W. "Navaho warfare".

HOLSTI, R. Some superstitions, customs and beliefs in primitive warfare (Festskrifttillegnad Edv. Westermarck, Helsingfors, 1912).

HOWITT. "*Australian message sticks"* (Journal of the Anthropological Institute of Great Britain and Ireland*, XXVIII, pp. 314-22)*.

HUNT, G. I. "The wars of the Iroquois: a study in intertribal trade relations" (Madison, 1940).

JÄHNS. "Geschichte des Kriegswesens" (nenhuma indicação sobre a edição).

KARSTEN, R. "Blood revenge, war, and victory feasts among the Jibaro indians of eastern Equador" (*Bulletin of the Bureau of American Ethnology*, n° 79, 1923).

KAUFFMANN, H. E. "Kriegsgebräuche der Naga" (in Mitt.-Blatt Deutsche Gesellschaft f. Völkerkunde, Berlim, 1939).

KNOWLES, N. "The torture of captives by the indians of eastern North America" (*Proceedings of the American Philosophical Society*, vol. 82, n° 2, 1940).

KROCBER, A. L. A Kato war. Festschrif: P. W. Schmidt, Viena, 1928.

LA FLESCHE, Fr. War ceremonies and peace ceremony of the Osage indians (in Smiths. Inst. Buli. CI, Washington, 1939).

LANDTMAN, G. "The magic of the Kiwai Papuans in warfare" (*Journal of the Royal Anthropological lnstitute*, XLVI, 1916).

LETOURNEAU, Ch. "La Guerre dans les diverses races humaines".

LÉVY-STRAUSS, C. "Guerra e comércio entre os índios da América do Sul".

LOWIE, R. H. "Military societies of the Crow indians" (*Anthropological Papers of the American Museum of Natural History*, vol. XXI, Nova York, 1913).

MACHENZIE, A. "Descriptive notes on certains implements, weapons, etc., from Grabam Island, Queen Charlotte Islands, B. C." (*Proceedings and Transactions of the Royal Society of Canada*, vol. IX, Montreal, 1892).

MALINOWSKI, B. "War and weapons among the natives of the Trobriand Islands" (*Man*, XX, 1920).

MÉTRAUX, A. "Warfare, cannibalism, and human trophies".

MISHKIN, B. "Rank and warfare among the plains indians" (Nova York, 1940; Monograph, 3, American Ethnological Society).

MÜHLMANN, W. E. Krieg und Frieden, em Leitfaden der politischen Ethnologie (Heidelberg, 1940).

PERRY, W. J. "The coming of tile warriors".

REINACH, A. "Les Throphées et les origines religieuses de la guerre" (*Revue d'Ethnographie et de Sociologie*, Paris, 1913).

ROHEIM, G. "Nach dem Tode des Urvaters" (*Imago*, IX, p. 83).

SHELFORD. "Swords of the Sarawack tribes" (*Journal of the Anthropological Institute of Great Britain and Ireland*, XXXI).

SNYDERMAN, G. S. "Behind the tree of peace: a sociological analysis of Iroquois warfare".

STEINMETZ, S. R. Soziologie des Krieges (Leipzig, 1929).

SWADESH, M. "Motivations in Nootka warfare".

TOMASIC, D. "Personality development of the dinaric warriors" (*Psychiatry*, nº 8, 1945, pp. 449-93).

TURNBULL, C. "Black war: the extermination of the Tasmanian aborigenes".

TURNEY-HIGH, H. H. "The practice of primitive war. A study in comparative sociology".

WADDELL. "Poisoned arrows of the Akas" (*Journal of the Anthropological Institute of Great Britain and Ireland*, XXIV).

WARNER, W. L. "Murngin warfare" (*Oceania*, nº 1, pp. 457-77).

WEDGWOOD, C. H. "Some aspects of warfare in Melanesia" (*Oceania* I, Sydney, 1930).

WEULE, Karl. Der Krieg in den Tiefen der Menschheit (Leipzig, 1916).

WEIGL-PISK, M. "Zur Psychologie der Todfeindschaft" (*Internationale Zeitschrift für Psychoanalyse und Imago*, XXV, pp. 214-20).

l) Nota sobre a grafia dos designativos de idade: A grafia dos termos tupi referentes às categorias de idade merece um reparo especial. No texto de Evreux (cf. *Voyage dans le nord du Brésil,* na edição de F. Denis, Ch. XXI, Livro 1), os termos ocorrem com a seguinte grafia: a) termos relativos às categorias de idade masculinas – *peïtan, kounoumy miry, kounoumy, kounoumy ouassou, aua* e *thouyuaë* (cf. pp. 77-83); b) termos relativos às categorias de idade femininas – *peïtan, kougnantin-miry, kougnantin, kougnanmoucou, kougnan* e *ouainuy* (cf. pp. 86-90). Tendo em vista a grafia correta dos termos, consultei o meu colega lic. Jürn J. Philipson, que me forneceu a seguinte lista:

mitã

kunumĩ-mirĩ	*kuñãtaĩ-mirĩ*
kunumĩ	*kuñãtaĩ*
kunumĩ-guasú	*kuñambusú*
avá	*kuñã*
tujuáe	*guaimĩ*

Essa foi a grafia adotada no texto da presente monografia. É possível que os tupinólogos não estejam completamente de acordo entre si quanto à reconstrução desses termos; por isso, gostaria de frisar que adotei essa notação como um meio para introduzir certa uniformidade na grafia dos termos tupi. Quanto ao mais, mantive estritamente a caracterização de cada termo ou designativo de idade segundo as informações de Evreux.

REFERÊNCIAS BIBLIOGRÁFICAS

1 Discriminação das fontes primárias[1103]

ABBEVILLE, Claude d'. *História da missão dos padres capuchinhos na ilha do Maranhão e terras circunvizinhas*: em que se trata das singularidades admiráveis e dos costumes estranhos dos índios habitantes do país. Trad. de Sérgio Milliet; introdução e notas de Rodolfo Garcia. São Paulo: Martins, 1945. (Histoire de la mission des peres capvcins en l'Isle de Maragnan et terres circonuoisines ov est traicte des singularitez admirables & des moeurs merueilleuses des indiens habitans de ce pais auec les missiues et aduis qui ont este enuoyez de nouue. Paris: Imprimerie de François Hvby, 1614).

ACUÑA, Cristobal de; CARBAJAL, Gaspar de; ROJAS, Alonso. *Descobrimentos do rio das Amazonas*. Trad. e anotados por Candido de Melo Leitão. São Paulo: Companhia Editora Nacional, 1941.

ANCHIETA, Joseph de. *Cartas, informações, fragmentos históricos e sermões do ... (1554-1594)*. Publicação da Academia Brasileira de Letras; nota preliminar de Afrânio Peixoto, transcrição de comentário de Capistrano de Abreu (*A obra de Anchieta no Brasil*), introdução de Afrânio Peixoto, e bibliografia do pe. Joseph de Anchieta, notas e posfácio de Antônio de Alcântara Machado. Rio de Janeiro: Civilização Brasileira, 1933.

ANÔNIMO. "De algumas cousas mais notáveis do Brasil". (Informação jesuítica de fins do século XVI). *Revista do Instituto Histórico e Geográfico*, tome 94, vol. 148, (1923). Rio de Janeiro, 1927, pp. 369-421. (Edição anterior, não consultada: in Archivo Bibliographico da Biblioteca da Universidade de Coimbra, vol. IV, Coimbra, 1904) 2) "Vocabulário da língua brasílica". Manuscrito português-tupi do século XVII, coordenado e prefaciado por Plínio Ayrosa; vol. XX da Coleção do Departamento de Cultura, São Paulo, 1938. (Escrito em Piratininga em 1622).

[1103] Com referência aos cronistas franceses, são indicadas em segundo lugar as edições que serviram para controle das traduções utilizadas.

BARLEU, Gaspar. *História dos feitos recentemente praticados durante oito anos no Brasil e noutras partes* sob o governo do ilustríssimo João Mauricio, conde de Nassau etc., ora governador de Wesel, tenente-general de Cavalaria das Províncias Unidas sob o príncipe de Orange. Tradução e anotações de Cláudio Brandão. Rio de Janeiro: Serviço Gráfico do Ministério da Educação, 1940.

BRANDÃO, Ambrósio Fernandes. *Diálogos das grandezas do Brasil.* (Segundo a edição da Academia Brasileira, corrigida e aumentada, com numerosas notas de Rodolfo Garcia e introdução de Jaime Cortesão, e com transcrição de introdução anterior, de Capistrano de Abreu). Rio de Janeiro: Dois Mundos, 1943. O livro teria sido composto em 1618 e a identificação do autor é tentada pelos dois historiadores, nas referidas introduções.

CABEZA DE VACA, Alvar Nuñez. *Naufragios y comentarios.* Madri: Calpe Editora, 1922; o texto relativo ao rio da Prata constitui a segunda parte deste volume: comentarios de Alvar Nuñez Cabeza de Vaca, adelantado y gobernador del Rio de la Plata, escriptos por Pedro Hernández, escribano y secretario de la Provincia, y dirigidos ai serenisimo, muy alto y muy poderoso señor el infante Don Carlos N. S., pp. 151-359.

CARDIM, Pe. Fernão. *Tratados da terra e gente do Brasil.* Introdução e notas de Batista Caetano, Capistrano de Abreu e Rodolfo Garcia. 2ª ed. São Paulo: Companhia Editora Nacional, 1939.

CARTAS JESUÍTICAS: CARTAS AVULSAS (1550-1568). Publicação da Academia Brasileira de Letras; nota preliminar de Afrânio Peixoto; introdução de Afrânio Peixoto; "Sinopse da história do Brasil e da missão dos padres jesuítas, de 1549-1568", de Afrânio Peixoto, "Missão jesuítica ao Brasil de 1549 a 1568", de Afrânio Peixoto; cartas coligidas e anotadas por Alfredo do Vale Cabral. Rio de Janeiro: Civilização Brasileira, 1931.

NOVAS CARTAS JESUÍTICAS (DE NÓBREGA E VIEIRA). Coligidas por Serafim Leite, S. I., com prefácio de Afrânio Peixoto e introdução de Serafim Leite. São Paulo: Companhia Editora Nacional, 1940.

EVREUX, Pe. Ives D'. *Viagem ao norte do Brasil, feita nos anos de 1613 e 1614.* Introdução e notas de Ferdinand Dénis; tradução de César Augusto Marques, Maranhão, 1874. *Voyage dans le nord du Brésil, fait durant les annees 1613 et 1614*, Publié d'après l'exemplaire unique conservé a la Bibliotheque Impériale de Paris, avec une introduction et des notes par M. Ferdinand Dénis. Leipzig e Paris: Librairie A. Franck, 1864.

(GABRIEL SOARES) – SOUZA, Gabriel Soares de. *Tratado descriptivo do Brasil em 1587.* Edição castigada pelo estudo e exame de muitos codices manuscriptos existentes no Brasil, em Portugal, Hespanha e França, e acrescentada de alguns comentários por Francisco Adolpho de Varnhagen. 3ª ed. São Paulo: Companhia Editora Nacional, 1938.

GANDAVO, Pero de Magalhães. Neste trabalho foram utilizadas as seguintes edições da "História" e do "Tratado": Historia da prouincia Santa Cruz a qui vulgarme˜ te chamamos Brasil, in Assis Cintra, *Nossa primeira história* (Gandavo), edição com notas bibliográficas, feita sobre o exemplar pertencente à Biblioteca Nacional; Companhia Melhoramentos de São Paulo, 1922. *Tratado da terra do Brasil*, no qual se contém a informação das cousas que ha nestas partes, feito por...; in Pero de Magalhães Gandavo, I – *Tratado da terra do Brasil*; II – *História da província Santa Cruz*, edição do Anuário do Brasil, nota bibliográfica de Rodolfo Garcia e introdução de Capistrano de Abreu; Rio de Janeiro, 1924 (as referências à "História" foram extraídas da edição Assis Cintra e as relativas ao "Tratado", da edição Capistrano de Abreu).

HERIARTE, Maurício de. *Descripção do estado do Maranhão, Pará, Corupá e rio das Amazonas*, in Visconde do Porto Seguro (F. A. Varnhagen): *História geral do Brasil, antes de sua separação e independência de Portugal.* T. III, 3ª ed. integral, São Paulo: Companhia Melhoramentos de São Paulo, [s. d.]; este documento, transcrito às pp. 211-37, teria sido escrito, segundo Varnhagen, entre 26 de março de 1662 e 22 de julho de 1667. Os manuscritos pertencem à Biblioteca Imperial de Viena e tiveram uma edição vienense, na Imprensa de Carlos Gerold (filho), de autoria de Francisco de Adolfo Varnhagen, em 1874.

JABOATAM, Frei Antonio de Santa Maria. *Novo orbe seráfico brasilico ou cronica dos frades menores da provincia do Brasil.* tome 2, Rio de Janeiro: Instituto Histórico e Geográfico Brasileiro, 1858-59.

KNIVET, Anthony. Neste trabalho foram utilizadas as seguintes edições do relatório de Knivet: *Narração da viagem que, nos anos de 1591 e seguintes, fez Antonio Knivet da Inglaterra ao Mar do Sul, em companhia de Thomaz Cavendish.* Tradução do holandês por J. H. Duarte Pereira. A tradução holandesa é de autoria de Pieter van der Aa (Leyde, 1707); *Revista Trimestral do Instituto Histórico, Geográfico e Etnográfico do Brasil*, t. XL. Rio de Janeiro: 1878, pp. 183-272. Vária fortuna e estranhos fados de Anthony Knivet que foi com Tomás Cavendish, em sua segunda viagem, para o Mar do Sul, no ano de 1591. Tradução do original inglês por Guiomar de Carvalho Franco com anotações e referências de Francisco de Assis Carvalho Franco. São Paulo: Editora Brasiliense Ltda., 1947. Esta edição é indicada no texto da seguinte maneira: "ed. bras.".

LÉRY, Jean de. *Viagem à terra do Brasil.* Tradução integral e notas de Sérgio Milliet, segundo a edição de Paul Gaffarel, com o colóquio na língua brasílica e notas tupinológicas de Plínio Ayrosa. São Paulo: Livraria Martins Editora, 1941. *Histoire d'vn voyage faict en la terre dv Brésil, avtremeut dite Amerique.* Contenant la navigation, & chofes remarquables, veués fur mer par l'auter. Le comportement de Villegagnon en ce pays-la. Les moeurs & façons de viure estranges de sauuages bresiliens: auec vn colloque de leur langage. Ensemble la description des plusieurs animaux, arbres, herbes, & autres choses singuliers, & du tout inconnues pardeça: dont on varra les sommaires das chapitres au commencement do liure. Auec les figvres, reveve, corrigee & bien augmentee de discours notables, en ceste troisieme edition, pour Antoine Chuppin, M.D.LXXXV.

LOPES DE SOUZA, Pero. *Diário da navegação de Pero Lopes de Souza (1530-1532).* Editor Paulo Prado, 2 vs., com 10 mapas; prefácio de Capistrano de Abreu e comentário de Eugênio de Castro. Rio de Janeiro: Tipografia Leuzinger, 1927. O "Diário", em 5ª ed., abrange as pp. 83-386 do vol. I.

MALHEIRO DIAS, Carlos. *História da colonização portuguesa do Brasil.* 3 v. Porto: Litografia Nacional, 1921, 1923 e 1924, edição dirigida e coordenada por C. Malheiro Dias. Aproveitados neste trabalho: a) A nova Gazeta do Brasil ("Copia der Newen Zeytung auss Pressillg Landt") publicada no primeiro quartel do século XVI, foi transcrita por F. M. Esteves Pereira, in *O Descobrimento do rio da Prata*, v. II, cap. XII b) Américo Vespúcio: cartas transcritas por C. Malheiro Dias, in *A expedição de 1503*, v. II, cap. VIII, e in *A Expedição de 1503*, vol. II, cap. X.

MONTAIGNE, Michel de. *Essais de Montaigne*, nouvelle edition avec des notes choisies dans tous les commentateurs et la traduction de toutes les citations que renferme le texte, por J. V. Leclerc. Paris: Garnier, Frères, Libraires-Éditeurs, Paris, s. d., 2 vs. A primeira edição data de 1595; parte utilizada neste trabalho: t. I, l. I, cap. XXX "Des cannibales".

MONTOYA, Antonio Ruiz de. 1) "Primeva catechese dos índios selvagens, feita pelos padres da Companhia de Jesus". In Manuscrito Guarani da Biblioteca Nacional do Rio de Janeiro sobre a *Primitiva catechese dos índios das Missões*; tradução portuguesa, notas e um esboço gramatical do abáñeê por Batista Caetano de Almeida Nogueira. Rio de Janeiro: edição dirigida por Benjamin Franklin Ramiz Galvão, 1879. As comparações e notas relativas ao texto da "Conquista Espiritual" foram feitas por Ramiz Galvão; 2) *Vocabulario y tesoro de la lengua guarani, ó mas bien tupi.* Viena e Paris: nova edição (de F. A. Varnhagen), Faesy e Frick, e Maisonneuve e Cia., 1876.

MORENO, Diogo de Campos. *Jornada do Maranhão. In*: MENDES, Cândido. *Memórias para a história do extinto estado do Maranhão, cujo território compreende hoje Piauhy, Grão-Pará e Amazonas.* vol. 2, Rio de Janeiro: Nova Tipografia de J. P. Hildebrandt, 1874, pp. 153-265.

NOBREGA, Pe. Manuel da. *Cartas do Brasil, 1549-1560*; publicação da Academia Brasileira de Letras; nota preliminar de Afrânio Peixoto; prefácio de Alfredo do Vale Cabral. Contém a "Vida do padre Manuel da Nobrega", de autoria do padre. Antonio Franco; e anotações de Vale Cabral e Rodolfo Garcia. A esta edição, Afrânio Peixoto ajuntou o "Diálogo sobre a conversão do gentio". Rio de Janeiro: Civilização Brasileira, 1931.

PIGAFETTA, Antonio. *Primer viaje en torno del globo.* Trad de F. Ruiz Morcuende. Buenos Aires: Espasa-Calpe, 1941. Sobre o Brasil, pp. 58-62.

PYRARD, Francisco (DE LAVAL). *Viagens de ..., contendo a notícia de sua navegação às índias Orientais, ilhas de Maldiva, Maluco e ao Brasil, e os diferentes casos que lhe aconteceram na mesma viagem nos dez anos que andou nestes países (1601 a 1611).* Com a descrição exata dos costumes, leis, usos, polícia e governo; do trato e comércio que neles há; dos animais, árvores, frutas e outras singularidades que ali se encontram. Trad. portuguesa e anotações de Joaquim Heliodoro da Cunha Rivara. Edição revista e atualizada por A. de Magalhães Basto, B. H. série ultramarina. Porto: Livraria Civilização Editora, 1944. Parte sobre o Brasil: t. II, caps. XVI, XXVI e XXVII.

RAMIREZ, Luiz. *Carta, escrita do rio da Prata em 10/7/1528.* Copiada na Espanha por F. A. de Varnhagen e publicada na *Revista do Instituto Histórico e Geográfico do Brasil*, t. XV, 2ª ed. Rio de Janeiro: 1888, pp. 14-41.

SALVADOR, Frei Vicente do. *História do Brasil.* Nova edição revista por Capistrano de Abreu. São Paulo e Rio de Janeiro: Weiszflog Irmãos, 1918. Nota preliminar e prolegômenos de Capistrano de Abreu.

SCHMIDL, Ulrico. *Derrotero y viaje a España y las Índias.* Trad. do alemão segundo o manuscrito original de Stuttgart e comentado por Edmundo Wernicke, prólogo de Josué Gallan (H.). Santa Fé, 1938; material etnográfico sobre os tupi, cap. 52, pp. 169-75.

SOUZA FERREIRA, Pe. João de. "América abreviada, suas notícias e de seus naturais, e em particular do Maranhão, títulos, contendas e instruções a sua conservação e aumento mui úteis". *Revista Trimensal do Instituto Histórico e Geográfico Brasileiro*, tome LVII, parte I. Rio de Janeiro: 1894, pp. 5-153.

STADEN, Hans. *Duas viagens ao Brasil*, arrojadas aventuras no século XVI entre os antropófagos do Novo Mundo. Livro primeiro: *As viagens*; livro segundo: *A terra e seus habitantes.* Transcrito ao alemão moderno por Carlos Fouquet e traduzido deste original por Guiomar de Carvalho Franco; com uma introdução e notas de Francisco de Assis Carvalho Franco. São Paulo: Publicação da Sociedade Hans Staden, 1942.

THEVET, Frei André. 1) *Singularidades da França Antarctica, a que outros chamam de América.* Prefácio, tradução e notas do professor Estêvão Pinto. Edição ilustrada. São Paulo: Companhia Editora Nacional, 1944. *Les singularitez de la France Antarctique.* Nouveile édition avec notes et commentaires par Paul Gaffarel. Paris: Maisonnetive & Cie., Livraires-Éditeurs, 1878. 2) *La cosmographie vniverselle d'André Thevet cosmographe du roy.* Illvstrée de diverses figvres dea choses plus remarquables vevë par l'auteur, & incogneuës de nos anciens & modernes, 4 t., em 2 v. Paris: Pierre 1'Huilher, 1575. Parte relativa ao Brasil, vol. II, fl. 903 e se.; 3) *Les vrais povrtraits et vies des hommes illustres*, Grecz, latins, et payens recueilliz de leurs tableaux, liures, medalles antiques, et modernes. Paris: Viuva I. Keruert et Guillaume Chandiere, 1584; artigo Qvoniambec, l. III cap. 149, fls. 661-2; 4) *Histoire de André Thevet Angoumoffin cosmographe du roy*, de deux voyages par luy faits aux Indes Australe et Occidentales. Contenant la façou de viure des peuples barbares, et observation des principaux points qui doivent tenir en leur route les pilotes et mariniers, pour éviter le naufrage, et autres dangers de ce grand ocean, avec une reponse aux libelles d'injures, publiées contre le chevalier de Villegagnon. Manuscrit inédit de la Bibliothèque Nationale de Paris, ao fundo: Ex Bibliotheca MSS. Coisliniana, olim Sequeriana, quam illust. Henricus de Cambout, Dux de Coislin, par Francis, episcopus meteufis, Sc, Monasterio S. Gerniani a Pratos legavit. An. M.DCC.XXXIL nº 935. (120 fls. duplas).

VASCONCELLOS, Pe. Simão de. 1) *Chronica da Companhia de Jesus do Estado do Brasil e do que obraram seus filhos nesta parte do Novo Mundo.* Em que trata da entrada da Companhia de Jesus nas partes do Brasil, dos fundamentos que nela lançaram e continuaram seus religiosos, e algumas notícias antecedentes, curiosas e necessárias das coisas d'aquelle Estado. Segunda edição correta e aumentada. Lisboa: Casa do Editor A. J. Fernandes Lopes, MDCCCLXV, 2 v. (1ª edição, 1663); 2) *Vida do veneravel padre José de Anchieta*. Prefácio de Serafim Leite, S. J., 2 v. Rio de Janeiro: Imprensa Nacional, 1943 (1ª ed., Lisboa, 1658); 3) *Notícias curiosas e necessárias sobre o Brazil*. Rio de Janeiro: Imprensa Nacional, 1824 (1ª ed., em separado, da "Chronica", 1663).

VIEIRA, Pe. Antonio. *Cartas do padre Antonio Vieira*. Coordenadas e anotadas por J. Lúcio de Azevedo, 3 v., 1925, 1926, 1928. Coimbra: Imprensa da Universidade.

ATAS DA CÂMARA DE SANTO ANDRÉ DA BORDA DO CAMPO (1555-60). *Publicação oficial do Arquivo Municipal de São Paulo*. São Paulo: Duprat & Cia., 1914.

ATAS DA CÂMARA DA VILA DE SÃO PAULO. *Publicação oficial do Arquivo Municipal de São Paulo*. vol. 1, São Paulo: Duprat & Cia., 1914.

2 Obras de elaboração etnológica ou história sobre os tupinambá ou outros povos tupi utilizados pelo autor

ABREU, João Capistrano de. *Capítulos de história colonial, 1500-1800*. Rio de Janeiro: Sociedade Capistrano de Abreu, 1934.

BALDUS, Herbert. *Ensaios de Etnologia Brasileira*. São Paulo: Companhia Editora Nacional, 1937.

BALDUS, Herbert. "Os Tapirapé", parte publicada na *Revista do Arquivo Municipal*. vol. CXI, São Paulo, 1946, pp. 105-19.

BUARQUE DE HOLANDA, Sérgio. *Índios e mamelucos na expansão paulista*. Separata do vol. XIII dos *Anais do Museu Paulista*. São Paulo: Imprensa Oficial do Estado de São Paulo, 1949.

CARVALHO, Alfredo de. "A saudação lacrimosa dos índios". *Revista do Instituto Arqueológico e Geográfico Pernambucano*, vol. XI, nos 60-4, 1903-04, pp. 755-65.

FERNANDES, Florestan. *A Organização social dos tupinambá*. São Paulo: Instituto Progresso Editorial, [s. d.].

FREYRE, Gilberto. *Casa grande & senzala*: formação da família brasileira sob o regime de economia patriarcal. 3ª ed. cap. II. Rio de Janeiro: Schmidt editor, 1938.

FRIEDERICI, GEORC. Über eine als Couvade Gedeutete Wiedergenurts-zeremonie bei den Tupi, *in Globus, Braunschweig*, t. LXXXIX, 1906, pp. 59 e ss.

KARSTEN, Rafael. *The civilization of the South American indians*. Prefácio de Edward Westermarck. Nova York: Knopf, 1926.

KIRCHHOFF, Paul. "Verwandtschaftsbezeichnungen und Verwandtenheirat". *Zeitschrift für Ethnologie*, vol. 64, Berlim, 1933, pp. 41-71.

KIRCHHOFF, Paul. "Die Verwandtschaftsorganisation der Urwaldstämme Südamerikas". *Zeitschrift für Ethnologie*, vol. 63, Berlim, 1932, pp. 85-193.

LEITE, Serafim. *História da Companhia de Jesus no Brasil*. vol. I e II. Porto: Livraria Portugalia, 1938.

MESQUITA FILHO, Júlio de. *Ensaios sul-americanos*. Parte IV. São Paulo: Martins, 1946.

MÉTRAUX, Alfred. *Migrations historiques des Tupi-Guarani*. Paris: Librairie Orientale et Américaine, 1927.

MÉTRAUX, Alfred. *La Religion des tupinambá et ses rapports avec celle des autres tribus tupi-guarani*. Paris: Librairie Ernest Leroux, 1928.

MÉTRAUX, Alfred. *La Civilization matérielle dei tribus tupi-guarani*. Paris: Librairie Orientaliste Paul Geuthner, 1928; tese principal de doutoramento em letras, apresentada pelo autor à Faculté des Lettres de Paris; XIV e 331 p; excelente índice bibliográfico (pp. 314-31).

MÉTRAUX, Alfred. *Le Shamanisme chez les indiens de l'Amérique du Sud tropicale*, I, in *Acta Americana*, jul.-set., vol. II, n° 3, 1944, pp. 197-219; e vol. II, idem, out.-dez., vol. II, n° 4, 1944, pp. 320-41.

MÉTRAUX, Alfred. "The Tupinamba". *Handbook of South American Indians* (ed. Julian H. Steward), vol. 3, Smithsonian Instituton, Bureau of American Ethnologv, *Bulletin* 143, Washington, 1948, pp. 95-133.

MÉTRAUX, Alfred. "Warfare, cannibalism and human trophies". *Handbook of South American Indians*, vol. 5, "The comparative ethnologv of South American indians", (editor) Julian H. Steward, pp. 383-409; Washington, 1949.

MÉTRAUX, Alfred. *Les Peaux-rouge de l'Amérique du Sud*. Paris: Editions Bourrelier, 1950.

NORDENSKIÖLD, Erland. *Palisades and "noxious gases" among the South American indians*, in Ymer, 1918, H. 3, pp. 220-43.

PINTO, Estevão. *Os indígenas do Nordeste*. vol. 2, São Paulo: Companhia Editora Nacional, 1938.

SCHADEN, Egon. *Ensaio etno-sociológico sobre a mitologia heróica de algumas tribos indígenas do Brasil*. ed. revista. São Paulo: Sociologia, 1945; Relações intertribais e estratificação social entre índios sul-americanos, separata da *Revista Sociologia*, vol. X, nos 2-3, São Paulo, 1948.

THOMSEN, Thomas. *Albert Eckhout ein niederländischer Maler und sein gönner Moritz der Brasilianer*. Copenhague: Ejnar Munksgaard, 1938.

VARNHAGEN, Francisco Adolfo (Visc. de Porto Seguro). *História geral do Brasil, antes de sua separação e independência de Portugal*. Terceira edição, 4 vols. São Paulo: Companhia Melhoramentos, [s. d.].

WAGLEY, Charles. "Xamanismo tapirapé". *Boletim do Museu Nacional*, N. S., *Antropologia*, n° 3, Rio de Janeiro, 1943.

3 Trabalho sobre o método histórico, as técnicas de críticas de fontes e o funcionalismo, utilizados pelo autor

ARON, Raymond. *Introducción a la filosofia de la historia*. Trad. Angela H. de Gaos. Buenos Aires: Losada, 1946; seções III e IV, especialmente.

BALDUS, Herbert. "Difusionismo, concentrismo e funcionalismo". *Revista Sociologia*, vol. 3, n° 2, São Paulo, 1941, pp. 128-40.

BASTIDE, Paul Arbousse. "Os métodos, os processos e as técnicas da pesquisa sociológica: aplicação às relações entre a história e a sociologia". *Revista Sociologia*, vol. 2, nº 4, 1940, pp. 305-27.

BATESON, Gregory. *Naven*: a survey of the problems sugested by a composit picture of the culture of a New Guinea tribe drawn from three points of view. Cambridge: Imprensa Universitária, 1935.

BAUER, Wilhelm. *Introducción al estudio de la historia*. Trad. da 2ª edição alemã e notas de Lois G. de Valdeavellano. Barcelona: Bosch, 1944.

BECKER, Howard. "The field and problems of historical sociology". *In*: BERNARD, Luther Lee (Coord.). *The fields and methods of sociology*. Nova York: Farrar & Rinehart, 1934, pp. 18-33.

BERR, Henri. *La Synthèse en histoire, essai critique et théorique*. Paris: Alcan, 1911.

BERR, Henri. *L'Histoirc traditionelle et la synthèse historique*. Paris: Alcan, 1935; em colaboração com Lucien Febvre, artigo "History", in *Encyclopaedia of Social Sciences*, vol. 7, pp. 357-68.

BOAS, Franz. "Methods of research". *General anthropology*, cap. XV. Nova York: D. C. Heat and Co., 1938.

CALMETTE, Joseph. *Le Monde féodal*. Nova edição (introdução). Paris: Les Presses Universitaires de France, 1937.

CHAPIN, F. Stuart. *Field work and social research*. cap. II. Nova York: The Century Co., 1920.

COHEN, Morris; NAGEL, Ernest. *An introduction to Logic and scientific method* (cap. XVIII, "Probable inference in history and allied inquiries"). Nova York: Harcourt, Brace and Co., ed. 1939.

CROCE, Benedetto. *Teoria e storia della storiografia*. 4ª ed. Bari: Gius, Laterza & Figli, 1941.

DILTHEY, Wilhelm. *Introduction a l'étude des sciences humaines*: essai sur le fondement qu'on pourrait donner a l'étude de la société et de l'histoire. Trad. de L. Sauzio. Paris: Presses Universitaires de France, 1942.

ECHAVARRIA, Jose Medina. *Sociologia*: teoria y tecnica. México: Fondo de Cultura Económica, 1941.

FEBVRE, Lucien. *Le Problème de l'incroyance au XVIe siècle*. 2ª parte, I, II. Paris: Editions Albin Michel, 1947.

FEBVRE, Lucien. "O homem do século XVI". Trad. L. Schitzer. *Revista de História*, ano I, nº 1, 1950, pp. 3-17; em colaboração com Henri Berr, cf. acima.

FERNANDES, Florestan. "A análise funcionalista da guerra: possibilidades de aplicação à sociedade tupinambá". Ensaio de análise crítica da contribuição etnográfica dos cronistas para o estudo sociológico da guerra entre populações aborígenes do Brasil quinhentista e seiscentista. Separata da *Revista do Museu Paulista*, Nova Série, vol. 3, São Paulo, 1949.

FRY, C. Luther. *The technique of social investigation*. Nova York: Harper & Brothers, 1934.

GOBLOT, Edmond. *Traité de logique*. Paris: Colin, 1947.

GREGG, Dorothy; WILLIAMS, Elgin. "The dismal science of functionalism". *American Anthropologist*, vol. 50, nº 4, parte I, 1948, pp. 594 e ss.

HALBWACHS, Maurice. "La Loi en sociologie". *Science et Loi*, Cinquième Semaine Internationale de Synthèse. Paris: Alcan, 1934, pp. 172-96.

JOHNSON, Allen. *The historian and historical evidence*. Nova York: Charles Scribner's Sons, 1934.

KALLEN, Horace M. Art. "Functionalism". *Encyclopaedia of Social Sciences*, vol. 6, pp. 523-6.

KAUFMANN, Felix. *Metodologia de las ciencias sociales*. Trad. Eugenio Imaz. México: Fondo de Cultura Económica, 1946.

LACOMBE, Paul. *De l'histoire considerée comme science*. Paris: Hachette, 1894.

LAMPRECHT, Karl. *Alte und neue Richtungen in der Geschichtswissenschaft*. Was ist Kulturgeschichte?. Berlim: Gaertner, 1896.

LAMPRECHT, Karl. "Individualität, Idee und Socialpsychische Kraft". *Geschichte, Jahrbücher de Conrad*, vol. XIII, 1897, pp. 880-900; "compte-rendu" de Celestin Bouglé, *L'Année Sociologique*, vol. 2. Paris: Alcan, 1899, pp. 137-42.

LANGLOIS, Charles; SEIGNOBOS, Charles. *Introdução aos estudos históricos*. Trad. Laerte de Almeida Moraes. São Paulo: Renascença, 1946.

LINTON, Ralph. *O homem*: uma introdução à antropologia. Trad. Lavínia Vilela. São Paulo: Martins, 1943 (cap. XXI – As reconstruções históricas).

LESSER, Alexander. "Functionalism in social anthropology". *American Anthropologist*, vol. 37, nº 3, parte I, 1935, pp. 386-93.

LOWIE, Robert H. *The history of ethnological theory*. Londres: George G. Harrap & Co., 1937 (cap. XIII).

MALINOWSKI, Bronislaw. *A scientific theory of culture and other essays*. Chapel Hill: The University of North Caroline Press, 1944.

McGUIRE, Joseph. "Ethnology in Jesuit relations". *American Anthropologist*, vol. 3, nº 2, 1901, pp. 257-69.

MERTON, Robert K. *Social theory and social structure*. Illinois: The Free Press of Glencoe, 1949.

MÜHLMANN, Wilhelm. *Methodik der Völkerkunde*. Stuttgart: Ferdinand Enke, 1938.

PIRENNE, Henri. "What are historians trying to do?". *In*: RICE, Stuart A. (Coord.). *Methods in social science*. Chicago: The University of Chicago Press, 1937, pp. 435-45.

RADCLIFFE-BROWN, A. R. "On the concept of function in social science". *American Anthropologist*, vol. 37, nº 3, parte I, 1935, pp. 394-402.

RADIN, Paul. *The method and theory of ethnology*: an essay in criticism. Nova York: McGraw-Hill, 1933.

RENIER, Gustaaf Johannes. *History*: its purpose and method. Londres: George Allen & Unwin, 1950.

RICKERT, Heinrich. *Ciencia cultural y ciencia natural*. Trad. Manuel G. Morente. Buenos Aires: Espasa-Calpe, 1943.

SEIGNOBOS, Charles. *La méthode historique appliquée aux sciences sociales*. Paris: Alcan, 1901; em colaboração com Ch. V. Langlois, cf. acima.

TEGGART, Frederick J. *Theory and process of history*. Berkeley: University of California Press, 1941.

WHITE, Leslie A. "History, evolutionism and functionalism: three types of interpretation of culture". *Southwestern Journal of Anthropology*, vol. 1, nº 2, 1945.

XENOPOL, Alexandre Demetrio. *Teoria de la historia*. 2ª ed. de "Los principios fundamentales de la historia". Trad. Domingo Vaca. Madri: ed. Daniel Jorro, 1911.

YOUNG, Pauline V. *Scientific social surveys and research*: an introduction to the background, content, method and analysis of social studies. Nova York: Prentice Hall, 1942.

ZNANIECKI, Florian. *The method of sociology*. Nova York: Farrer & Rinehart, 1934.

4 Trabalhos sobre a guerra utilizados pelo autor

a) Dicionários

ATKINSON, Charles Francis. Art. *army*, *The Encyclopaedia Britannica*, vol. 2, pp. 396-406.

BEADNELL, C. M. *An encyclopaedic dictionary of science and war.* Londres: C. A. Watts & Co., 1943 (arts.: "military" e "militia", p. 172).

BUSHNELL, Charles J. Art. *war*, in H. P. Fairchild (Coord.). *Dictionary of sociology*, pp. 336-7.

COLBY, ELBRIDGE. Art. *army*, in *Encyclopaedia of Social Sciences*, vol. 2, pp. 210-8.

COLBY, E.; SCHMITTHENNER, Paul. Art. *militia*, in *Encyclopaedia of Social Sciences*, vol. X, pp. 471-5.

DICTIONAIRE DES TERMES MILITAIRES ET DE L'ARGOT POITU. Paris: Libr. Larousse, 1916 (arts. "militaire", "guerrier, ère" e "opération", pp. 193, 151 e 205).

ENCICLOPEDIA ITALIANA DI SCIENZE, LETTERE ED ARTI. Art. *guerra*, v. XVIII, pp. 53-94.

Foram aproveitadas as contribuições de Arnaldo de Valles (economia de guerra); Alberto Baldini (arte da guerra); Romeo Bernotti (guerra marítima); e George Montandon (etnografia da guerra).

JOHNSON, Alvin. Art. *war*, in *Encyclopaedia of social science*, vol. XVI, pp. 331-42.

JULIAN, Camille. Arts. *art militaire* e *armée romain*, in *La Grande encyclopédie, inventaire raisonné des sciences, des lettres et des arts*. vol. II, pp. 991-9.

Nesta parte também foram consultados os artigos *guerre* (vol. XIX, pp. 529-32), *strategie* (vol. XXX, pp. 535-8) e *tactique* (idem, pp. 858-64).

LIDELL HART, cap. B. H. Art. *militia*, in *The Encyclopaedia Britannica*, vol. XV, pp. 483-6.

WILKINSON, Spenser. Art. *war*, in *The Encyclopaedia Britannica*, vol. XXIII, pp. 321-30.

WILLCOX, C. de Witt. *A french-english military technical dictionary.* Washington: Government Printing Office, 1917 (arts. *war* e *guerrier*, pp. 211 e 426).

b) Trabalhos de ensaístas militares

BERNHARDI, Gen. Friedrich von. *La guerra d'aujour'hui*. T. I: "Principes et éléments de la guerra moderne"; tome II: "Attaque et defense, conduite de la guerre". Trad. Madeleine Etard. Paris: Chapelot, 1913.

CLAUSEWITZ, Karl Von. *On war*. Trad. O. J. Matthijs Jollos, com introdução do coronel Joseph I. Greene e prefácio de Richard McKeon. Nova York: The Modern Library, 1943.

MAQUIAVEL, Nicolau. *A arte da guerra*. Trad. coronel Renato B. Nunes. Rio de Janeiro: Editorial Peixoto, 1944.

SANCHEZ HERNANDES, Thomas. *Los principios de la guerra desde los pontos de vista táctico y estratégico, en relación con los progressos de la ciencia*, 2ª Sesión del Seminario Colectivo sobre la Guerra, 2º semestre de 1943, Jornadas-2, México (55 p.).

VIAL, Tte.-coronel J. *Cours d'art et d'histoire militaires*. 3ª edição revista e corrigida, 2 vol. Paris: Libr. Militaire de J. Dumaine, 1873.

c) A guerra nas "sociedades primitivas"[1104]

ADAIR, John; VOGT, Evon. "Navaho and zuni veterans: a study of contrasting modes of culture change". *American Anthropologist*, vol. 51, nº 4, out. -dez. de 1949, pp. 547-61.

DAVIE, Maurice R. *La Guerre dans les societés primitives*: son role et son évolution. Trad. Maurice Geriu. Paris: Payot, 1931.

ELLIS, Florence Hawley. "Patterns of agression and the war cult in southwestern pueblos". *Southwestern Journal of Authropology*, vol. 7, nº 2, 1951, pp. 177-201.

FORTUNE, R. F. "Arapesh warfare". *American Anthropologist*, vol. 41, nº 1, jan. -mar. de 1939, pp. 22-41.

HADLOCK, Wendell, S. "War among the northeastern woodland indians". *American Anthropologist*, vol. 49, nº 2, 1947, pp. 204-21.

HILL, Willard Williams. *Navaho warfare*. New Haven: Yale University Publications, *Anthropology*, nº 5, 1936.

LETORNEAU, Charles. *La Guerre dans les diverses races humaines*. Paris: L. Battailie, 1895; cap. VI, pp. 132-62.

LÉVY-STRAUSS, Claude. "Guerra e comércio entre os índios da América do Sul". *Revista do Arquivo Municipal*, ano VIII, vol. LXXXVII, dez. de 1942, São Paulo, pp. 131-46.

[1104] Cf. acima, nota *k* (p. 571), em que é apresentada uma relação mais completa; na presente enumeração, somente constam os trabalhos utilizados pelo autor.

PERRY, W. J. "The coming of the warriors". *In*: CALVERTON, V. F. *The making of man: an outline of anthropology*. Nova York: The Modern Library, 1931, pp. 306-330.

SNYDERMAN, George S. "Behind the tree of peace. A sociological analysis of Iroquois warfare". *Pennsylvania Archeologist*, Bulletin of the Society for Pennsylvania Archeology, vol. XVIII, nº 3-4, Filadélfia, 1948, 93 p. e 1 mapa.

SWADESH, Morris. "Motivations in Noutka warfare". *Southwestern Journal of Anthropology*, vol. 4, nº 1, 1948, pp. 76-93.

TURNBULL, CLIVE. *Black war*: The extermination of the Tasmanian aborigines. Melburne: Cheschire, 1948.

TURNEY-HIGH, Harry Holbert. *The practice of primitive war*: a study in Comparative Sociology, vol. 1, Missoula: Montana State University, nº 2, 1942, pp. 117.

d) A guerra em "sociedades civilizadas"

BERNHARDI, General Friedrich von. *Germany and the next war*. Trad. Allen H. Powles. Nova York: Longmans, Green, and Co., 1914.

BIRNIE, Arthur. *The art of war*. Com mapas e planos por J. F. Horrabin. Londres: Thomas Nelson and Sons, 1942.

BOUGLÉ Celestin. *La Sociologie de Proudhon*. Paris: Colin, 1911 (cap. VIII, pp. 257-95).

CARR, Edward Hallet. *Conditions of peace*. Londres: Macmillan, 1943 (cap. War and Revolution).

CASARINI, A. *Storia della medicina militare*. Roma: Editoriale Arte e Storia, 1943 (vol. VIII do "Trattato enciclopedico di storia della medicina", dirigido por A. Pazzini).

CASTELLAN, Georges. *Histoire de l'armée*. Paris: Presses Universitaires de France, 1948.

COLIN, Tte. -coronel Jean Lambert Alphonse. *Les Grandes batailles de l'histoire, de l'antiquité a 1913*. Paris: Flammarion, 1915.

COLIN, Tte. -coronel Jean Lambert Alphonse. *Les transformations de la guerre*. Paris: Flammarion, 1912.

FALLS, Cyril. *The nature of modern warfare*. 2ª ed. Londres: Methuen, 1941.

FERRERO, Guglielmo. *Le Militarisme et la société moderne*. Trad. Nino Samaia. Paris: Stock, 1899.

GRAVE, Jean. *Guerre-militarisme*. Paris: Les Temps Nouveaux, 1902.

HUXLEY, Aldous. *Ends and means*. Londres: Chatto and Windus, 1946 (cap. IX, "War", pp. 89-125).

KIRK, Grayson; LINTON, Ralph (Coord.). *Nationalism, internationalism, and the war, in the science of man in the world crisis*. Nova York: Columbia University Press, pp. 496-520, 1950.

LENIN, Vladimir Ilich Ulianov. *La guerra y la humanidad*. México: Fuente Cultural, 1939.

MONTROSS, Lynn. *War through the ages*. Nova York: Harper & Brothers, 1944.

NEF, John M. *War and human progress*: an essay on the rise of industrial civilization. Londres: Routledge & Kegan Paul, 1950.

PROUDHON, P. J. *La guerre et la paix*: recherches sur le principe et la constitution du droit de gens. vol. 2, Paris: Collection Hetzel, 1861.

ROSSETTO, Cap. Vittorio. *Storia dell'arte militare antica e moderna*. Milão: Ulrico Hoepli, 1893; e 2ª ed. revista e ampliada, *L'arte bellica fino ai nostri giorni*. Milão: Ulrico Hoepli, 1925.

SPIEGEL, Henry William. *The economics of total war*. Nova York: D. Appleton-Century Co., 1942.

STEGEMANN, Hermann. *La Guerre*: son caractère et ses aspects a travers les siècles. Trad. Henriot Marty. vol. 2, Paris: Payot, 1946.

e) Interpretação psicológica da guerra

CAZENEUVE, Jean. *La Psychologie du prisionnier de guerre*. Paris: Presses Unversitaires de France, 1945.

FREUD, Sigmund. *Group psychology and the analyses of the ego*. Londres: The Hogarth Press e Instituto of Psycho-Analyses, 1945.

JAMES, William. "The moral equivalent of war". *Essays on faith and morals*, selecionados por R. B. Perry. Nova York: Longmans, Green and Co., 1943, pp. 311-28.

MAY, Mark A. *A social psychology of war and peace*. 2ª ed. Publicação de "The Institute of Human Relations". New Haven: Yale University Press, 1944.

RÓHEIM, Géza. "War, crime and the covenant". Com uma introdução de A. A. Brill, *Journal of Clinical Psychopathology*, Monograph series nº 1. Nova York: Medical Journal Press, 1945.

SIMMEL, Ernst; SANDOR, Lorand. "War neuroses". *Psychoanalysis Today*. Nova York: International Universities Press, 1944 (impressão de 1948).

TOLMAN, Edward Chace. *Drives toward war*. Nova York: D. Appleton-Century Co., 1942.

f) Interpretação etnológica da guerra

MALINOWSKI, Bronislaw. "An anthropological analysis of war". *American Journal of Sociology*, vol. 46, nº 4, jan., 1941, pp. 521-50. "War – past, present and future". *In:* Jease D. Clarkson e Thomas C. Cochran (Coord.). *War as a social Institution. The historian's perspective*. Nova York: Columbia University Press, 1941, pp. 21-31.

MEAD, Margaret. "Warfare is only an invention - not a biological necessity". *Asia*, vol. 40, nº 8, ago. de 1940, pp. 402-5.

WEULE, R. *Urzeit, in Kulturgeschichte des Krieges*. Leipzig e Berlim: R. Weule, E. Bethe, B. Schmeidler, A. Doren, P. Herre, (Coord.). B. G. Teubner, 1916 (pp. 2-22).

g) Interpretação sociológica da guerra

BOUTHOUL, G. "Guerre et population, in sociologie de la guerre et de la paix". *Annales de l'Institut International de Sociologie*. tome XVI, Paris: Marcel Giard, 1932, pp. 120-32.

CONSTANTIN, A. *Le Role sociologique de la guerre et le sentiment national*. Paris: Alcan, 1907.

CORNEJO, Mariano. *La Guerre au point de vue sociologique*. (Resumo da memória publicada por M. Giard, Ed., Paris, 1930 (47 páginas), *Sociologie de la guerre et de la paix, Annales de l'Institut International de Sociologie*, tome XVI). Paris: Marcel Giard, 1932, pp. 112-6.

DUPRAT, G. L. *Les Structures sociales et la guerre, Annales de l'Institut International de Sociologie*. tome XVI, contenant les travaux du dixième Congrès, tenu à Genève en octobre 1930. Paris: Marcel Giard, 1932, pp. 21-93.

ECHAVARRIA, José Medina. Prologo al estudio de la guerra, *Jornadas-1*, El Colegio de México, 1ª Sesión del Seminario Colectivo sobre la Guerra, México, 1943.

FAUCONNET, Paul. "La Guerre". Nota introdutória da parte destinada ao comentário de obras sociológicas sobre a guerra, *L'Année Sociologique*, tome V, 1900-1901. Paris: Alcan, 1902, p. 601.

GARNER, James Wilford. "Laws of warfare". *Encyciopaedia of social sciences*, vol. 15, pp. 359-64.

GINI, Corrado. *Problemi sociologici dela guerra*. Bolonha: Nicola Zanichelli, 1920.

GINSBERG, Morris. "The causes of war". *In*: ______. *Reason and unreason in society*. Cambridge: Harvard University Press, 1948, pp. 177-95.

HUBERT, René. *Les Interpretations de la guerre*. Paris: Flammarion, 1919.

KAEMPFERT, Waldemar. "War and technology". *The American Journal of Sociology*, vol. 46, nº 4, jan. 1941, pp. 431-44.

LAGORGETTE, Jean. *Le Role de la guerre*: étude de sociologie générale. Paris: V. Giard & E. Brière, 1906.

NOVICOW, Jacques. *La Guerre et ses prétendus bienfaits*. Paris: Armand, 1894.

NOVICOW, Jacques. *Les Luttes entre sociétés humaines et leurs phases successives*. Paris: Alcan, 1893.

ORGAZ, Raoul A. "Note sur la sociologie de la guerre". *In*: *Sociologie de la guerre et de la paix. Annales de l'Institut International de Sociologie*, tome XVI. Paris: Marcel Giard, 1932, pp. 104-6.

PARK, Robert E. "The social function of war Observations and notes". *The American Journal of Sociology*, vol. 46, nº 4, jan. 1941, pp. 551-70.

RICHARD, GASTON. "Rapport". in *Sociologie de la guerre et de la paix*. *Annales de l'Institut International de Sociologie*. tome XVI, Paris: Marcel Giard, 1932, pp. 9-20; "Les doctrines sociologiques et le postulat du droit international", in Sociologie de la guerre et de la paix etc.

ROBINSON, Edward Van Dyke. "War and economics in history and in theory". *In*: CARVER, Thomas Nixon. *Sociology and social progress*: a handbook for students of sociology. Boston: Ginn and Company, pp. 132-73, 1905 (transcrito de *Political science quarterly*, vol. 15, pp. 581-622).

SOCIOLOGIE DE LA GUERRE ET DE LA PAIX, *Annales de l'Institut International de Sociologie*, tome XVI, relativo aos trabalhos do X Congresso do Instituto, realizado em Genebra em out. 1930. Préface, introductions et condusion par G. L. Doprat. Paris: Marcel Giard, 1932.

SPEIER, Hans. "The social types of war". *The American Journal of Sociology*, vol. 46, n° 4, jan. 1941, pp. 445-54.

STEINMETZ, S. R. "La Guerre, moyen de selection collective" (*Der Krieg als Sociologisches Problem*, Amsterdã, 1899). *In*: CONSTANTIN, A. *La role sociologique de la guerre et le sentiment national*. Paris: Alcan, pp. 217-88, 1907.

WILLEMS, Emilio. "Subsídios bibliográficos para urna sociologia da guerra" (Aspectos gerais, tecnológicos, econômicos, psicológicos e biológicos). *Sociologia*, vol. 3, n° 3, ago. 1941, pp. 227-33.

5 Trabalhos que contêm contribuições parciais para o estudo ou conceituação da guerra como fenômeno social[1105]

a) Obras não científicas

BERGSON, Henri. *Les Deux sources de la morale et de la religion*. 48ª ed. Paris: Presses Universitaires de France, 1946.

COMTE, August. *Cours de philosophie positive*. tome IV, Paris: Schleicher Frères, 1908.

HOBBES, Thomas. *Leviathan*. Reimpressão da edição de 1651, com um ensaio de W. G. Pogson Smith. Oxford: Clarendon Press, 1943.

KROPOTKIN, Príncipe Peter. *Mutual aid*: a factor of evolution. Com introdução de H. L. Beales. Londres: Penguin, 1939.

MONTESQUIEU, Charles-Louis de Secondat. *De L'esprit de lois*. Texte établi avec une introduction, des notes et des variantes, par Gonzague Truc. tome 1, Paris: Garnier Frères, 1944.

NAPOLEON I. "Mémoires pour servir a l'histoire de France, sous Napoléon, écrits à Saint-Hélène, par les généraux qui ont partagé de sa captivité, et publiés sur les

---

1105 Como nos demais itens desta bibliografia, a enumeração acima contém somente indicações relativas a obras utilizadas pelo autor.

manuscrits entièrement corrigés de la main de Napoléon". Paris: Firmin Didot, Père et Fils, vol. 1-5, 1823; 4, 1824 e 6, 1825. Vues politiques, avant-propos de Adrien Dansette, Americ-Edit., Rio de Janeiro, [s. d.].

PLATÃO. *Oeuvres complètes de Platon*, publicada sob a direção de Emile Saisset, trad. Dacier et Grou, com notas e argumentos de E. Chauvet e A. Saisset, tome VII, *La Republique ou l'Etat*. Paris: G. Charpentier, 1869.

SOREL, Georges. *Réflexions sur la violence*. Édition définitive suivie du plaidoyer pour Lénine. Paris: Marcel Rivière, 1946, 10ème édition.

b) Obras científicas

BENEDICT, Ruth. *Patterns of culture*. Cambridge: The Riverside Press, 1934.

BOAS, Franz. "The idea of the future life among primitive tribes". *In*: ______. *Race, culture and language*. Nova York: Macmillan, 1940.

BROWN, Lawrence Guy. *Social pathology*: personal and social disorganization. Nova York: F. S. Crofts, 1942 (*War in social disorganization*, cap. XXXIV, pp. 564-84).

CHAPPLE, Elliot Dismore; COON, Carleton Stevens. *Principles of anthropology*. Nova York: Henry Holt and Company, 1942, pp. 342-9.

DEWEY, John. *Human nature and conduct*: an introduction to social psychology. Nova York: The Modern Library, 1930.

ELLIOT SMITH, Crafton. *In the beginning*: the origin of civilization. Londres: Watts & Co., 1946.

ELLWOOD, Charles A. *The psychology of human society*: an introduction to sociological theory. Nova York: D. Appleton-Century Company, 1936.

ELLWOOD, Charles A. *Cultural evolutiom. A study of social origins and development*. Nova York: The Century Company, 1927. (Cap. IX, The development of war).

GIDDINGS, Franklin H. *Studies in the theory of the human society*. Nova York: The Macmillan Company, 1922.

GROVES, Ernest. *An introduction to sociology*. Nova edição revista. Nova York, Londres, Toronto: Longmans, Green and Co., 1932.

GUMPLOWICZ, Louis. *Sociologie et politique*. Prefacio de René Worms. Paris: V. Giard & E. Brière, 1898.

HERSKOVITS, Melville J. *Man and his works*: the science of cultural anthropology. Nova York: Knopf, 1948.

HOEBEL, E. Adamson. *Man in the primitive world*: an introductiou to anthropology. Nova York: McGraw-Hill, 1949.

IMBELLONI, J. *Epitome de culturologie*. Buenos Aires: José Anesi, 1936, pp. 146-50.

JACOBS, Melville; STERN, Bernhard J. *Outline of anthropology*. Nova York: Barnes & Noble, 1947.

KELLER, Albert Galloway. *Societal evolution*: a study of the evolutionary basis of the science of society. Edição revista. Nova York: The Macmillan, 1931.

LA PIERE, Richard T.; FARNSWORTH, Paul R. *Social psychology*. 2ª ed. Nova York: McGraw-Hill, 1942.

LÉVI-STRAUSS, C. "La vie familiale et sociale des indiens Nambikwara". Separata do *Journal de la Société des Américanistes*, N. S., tome XXXVII, 1948, pp. 1-132.

LOWIE, Robert H. *An introduction to cultural anthropology*. ed. ampliada. Nova York: Farrar & Rinehart, 1941 (cap. XII, Social organization). Londres: Routledge & Kegan Paul, 1950.

MACIVER, Robert Morrison. *O Estado*. Trad. Mauro B. Lopes e A. M. Gonçalves. São Paulo: Martins, 1945.

MANNHEIM, Karl. *Libertad y planificación social*. Trad. Rubén Landa. México: Fondo de Cultura Económica, 1946.

MARROU, Henri-Irénée. *Histoire de l'éducation dans l'antiquité*. Deuxième édition, revue et augmentée. Paris: Editions du Seuil, 1950.

MONTAGU, M. F. Ashley. *Man's most dangerous myth*: the fallacy of race. 2ª edição revista e ampliada. Nova York: Columbia University Press, 1945.

MORET, Alexandre; DAVY, Georges. *Des clans aux empires*: l'organisation sociale chez les primitifs et dans l'Orient ancien. Paris: La Renaissance du Livre, 1923. Avantpropos de Henri Berr.

MOSCA, Gaetano. *The ruling class (elementi di scienza política)*. Trad. Hannah D. Kahn, editado e revisto com uma introdução por Arthur Livingston, 1ª edição, 2ª impressão. Nova York: McGraw-Hill, 1939.

NUMELIN, Ragnar. *The beginnings of diplomacy*: a sociological study of intertribal and international relations. Londres: Oxford University Press, 1951 (esp. cap. II).

ODUN, Howard W. *Understanding society*: the principles of dynamic sociology. Nova York: Macmillan,1947, pp. 172-7.

OGBURN, William F.; NIMKOFF, Meyer F. *Sociology*. Cambridge: Houghton Mifflin Co., The Riverside Press, 1940.

PANUNZIO, Constantino. *Major social institutions*: an introduction. Nova York: Macmillan, 1939.

PARK, Robert E.; BURGESS, Ernest W. *Introduction to the science of sociology*. Chicago: The University of Chicago Press, 1942, pp. 650-2.

RADCLIFFE-BROWN, A. R. *The Andaman islanders*. Cambridge: At the University Press, 1933. Art. "Primitive Law", in *Encyclopaedia of social science*, vol. IX, pp. 202-6.

RICHARD, Gaston. *L'Idée d'evolution dans la nature et l'histoire*. Paris: Alcan, 1903.

RIVERS, William Halse. *Psychology and ethnology*. Londres: Kegan Paul, Trench, Truliner, 1926.

ROSS, Edward Alsworth. *Principles of sociology*, Nova York: D. Appleton-Centurv Co., 1930.

ROSS, Edward Alsworth. *Social control. A survey of the foundations of order*. Nova York: Macmillan, 1939.

SIMMEL, Georg. *Sociologia*: estudios sobre las formas de socialización. Trad. J. P. Bances. vol. 1, Buenos Aires: Espasa-Calpe, 1939.

SOROKIN, Pitirim A. *Social mobility*. Nova York: Harper & Brothers, 1927.

SOROKIN, Pitirim A. *Contemporary sociological theories*. Nova York: Harper & Brothers, 1928 (cap. VI).

SOROKIN, Pitirim A. *Social and cultural dynamics*. vol. 3, Londres: George Allen & Unwin, 1937. Fluctuation of social relationships, war, and revolution (parte II).

SOROKIN, Pitirim A. *Society, culture and personality - their structure and dynamics*: a system of general sociology. Nova York: Harper & Brothers, 1947.

SPENCER, Herbert. *Principes de sociologie*. Trad. E. Cazelies e J. Gerschel. Paris: Alcan, tome II, 6ª ed., 1910; t. III, 5ª ed., 1908.

SPENCER, Herbert. *Introduction à la science sociale*. 10ª ed. Paris: Alcan, 1891.

SUMNER, William Graham; PHELPS, William Lyon. *Folkways*: a study of the sociological importance of usages, manners, customs, mores, and morals. Boston: Ginn and Company, 1940.

SUMNER, William Graham; KELLER, Albert Galloway; DAVIE, Maurice Rea. *The science of society*. vol. 4, New Haven: Yale University Press, 1927.

TARDE, Gabriel. *Les Lois sociales*: esquisse d'une sociologie. Paris: Alcan, 1890.

THOMAS, William I. *Primitive behavior*: an introduction to the social science. Nova York: McGraw-Hill, 1937.

TÖNNIES, Ferdinand. *Communauté et société*: catégories fondamentales de la sociologie pure. Introdução e tradução de J. Leif. Paris: Presses Universitaires de France, 1944.

TOZZER, Alfred Marston. *Social origins and social continuities*. Nova York: Macmillan, 1928.

TYLOR, Sir Edward Burnett. *Anthropology*: an introductiou to the study of man and civilization. vol. 11, Londres: Watts & Co., 1937.

WARNER, William Lloyd. *A black civilization*: a social study of an Australian tribe. Nova York: Harper & Brothers, 1937, cap. VI. "Warfare", pp. 155-90.

WEBER, Max. *Economia y sociedad*. Trad. José Ferrater Mora. vol. 4, México: Fondo de Cultura Económica, 1944.

WESTERMARCK, Edward. *L'Origine et le développement des idées morales*. Trad. Robert Godet. vol. 2, Paris: Payot, 1928-29.

WINSTON, Sanford. *Culture and human behavior*. Nova York: The Ronald Press Company, 1933.

WISSLER, Clark. *Man and culture*. Nova York: Thomas Y. Crowell Company, 1938.

YOUNG, Kimball. *Handbook of social psychology*. Londres: Routledge & Kegan Paul, 3ª impressão, 1948.

6 Obras utilizadas como fontes teóricas, na discussão e esclarecimento de conceitos, na crítica de hipóteses ou em interpretações com fundamento comparativo

a) Obras não científicas

ARISTÓTELES. *Politique*. Traduite en français d'après le texte collectionné sur les manuscrites et les éditions principales par J. Barthélemy-Saint-Hilaire, 3ª edição revista e corrigida. Paris: Librairie Philosophique de Ladrange, 1874.

BAGEHOT, Walter. *Physics and politics*. Nova York: Knopf, 1948.

HEGEL, Georg Wilhelm Friedrich. *La Phénoménologie de l'esprit*. Trad. Jean Hypolite. Paris: Aubier, 1939.

PARODI, Dominique. *Le Problème morale et la pensée contemporaine*. 3ª ed. Revista e aumentada. Paris: Alcan, 1930.

ROUSSEAU, Jean-Jacques. *Du Contrat social*. Paris: Egloff, 1946.

SPENGLER, Oswald. *El hombre y la técnica*. Trad. Manuel G. Morente. Buenos Aires: Luz Ediciones Modernas, [s. d.].

SPINOZA, Baruch. *Éthique*. Trad. Charles Appuhn. Paris: Garnier, 1934.

SPINOZA, Benedictus de. *Oeuvres de Spinoza*. Trad. Charles Appuhn. vol. 2, Paris: Garnier, [s. d.].

b) Obras científicas

BASTIDE, Roger. *Éléments de sociologie religieuse*. Paris: Armand Colin, 1947. Arts.: "A organização social dos tupinambá". *O Estado de S. Paulo* (23/7, 31/7 e 7/8 de 1949).

BATESON, Gregory. "Cultural determinants of personality". *In*: HUNT, J. McV. *Personality and the bebavior disorders*: a Handbook based on experimental and clinical research. vol. 2, Nova York: The Ronald Press Company, pp. 714-35, 1944; 3ª impressão, 1945.

BENEDICT, Ruth. "Configurações de cultura". *In*: PIERSON, Donald (Coord.). *Estudos de organização social*. São Paulo: Martins, pp. 312-47, 1949.

BLUMER, Herbert. "Morale". *In*: OGBURN, William Fielding. *American society in wartime*. Chicago: The University of Chicago Press, pp. 207-31, 1943.

BUCK, Peter Henry. *Anthropology and religion*. New Haven: Yale University Press, 1939.

BUNZEL, Ruth. "The economic organizatian of primitive peoples". *In*: BOAS, Franz (Coord.). *General anthropology*. Nova York: Heat and Company, pp. 327-408, 1938.

CASTIGLIONI, Abturo. *Adventures of the mind*. Trad. de V. Gianturco. Londres: Sampson Low, Marston & Co., [s. d.]. (prefácio da tradução: Yale University, 1946, escrito pelo autor).

DIETERLEN, Germaine. *Essai sur la religion bambara.* Préface de Marcel Griaule. Paris: Presses Universitaires de France, 1951, cap. IV, Le sacrifice et l'autel, pp. 89-97.

DILLON, Michael. *Self*: a study in ethics and endocrinology. Londres: Heinamann, 1946.

DILTHEY, Wilhelm. *La essencia de la filosofia.* Trad. Elsa Tabernig. Buenos Aires: Losada, 1944.

DILTHEY, Wilhelm. *Théorie des conceptions du monde.* Trad. Lauis Sauzin. Paris: Presses Universitaires de France, 1946.

DUPRÉEL, Eugene. *Sociologie générale.* Paris: Presses Universitaires de France, 1948.

DURKHEIM, Émile. *La división del trabajo social.* Trad. Carlos G. Posada. Madri: Daniel Jorro, 1928.

DURKHEIM, Émile. *Les Formes elémentaires de la vie religieuse*: le systeme totémique en Australie. 3ª ed. Paris: Alcan, 1937; comentário in *L'Année Sociologique*, vol. II, pp. 683-6 (P. Barth, *Die Geschichte der Erziehung in Soziologisher Beleuchtung*, 1903).

DURKHEIM, Émile. *Les règles de la méthode sociologique.* 10ª ed. Paris: Presses Universitaires de France, 1947.

ESPINAS, Alfred. "Les origines de la technologie". *Revue Philosophique de la France et de l'Etranger*, quinzième année, vol. 30, julho a dezembro de 1890. Paris: Alcan, 1890, pp. 113-35 e 295-314.

EVANS-PRITCHARD, E. E.; FORTES, Meyer. *African political systems.* Londres: Oxford University, 4ª impressão, 1950.

FRAZER, James George. *The golden bough*: a study in magic and religion. Nova York: Macmillan, 1945.

FREYER, Hans. *La sociologia, ciencia de la realidad.* Trad. Francisco Ayala. Buenos Aires: Losada, 1944.

GENNEP, Arnold van. *La Formation des légendes.* Paris: Flammarion, 1929.

GENNEP, Arnold van. *Les Rites de passage.* Paris: Nourry, 1909.

GENNEP, Arnold van. *Mythes et légendes d'Australie*: études d'ethnographie et de sociologie. Paris: Guilmoto, 1906.

GIDDINGS, Franklin Henry. *The principles of sociology*: an analysis of the phenomena of association and of social organization. Londres: Macmillan, [1896] 1924.

GRIAULE, Marcel. "Remarques sur le mecanisme du sacrifice dogon (Soudan Francais)". *Journal de la Société des Africanistes*, tome X, 1940 (Musée de l'Homme, Paris), pp. 127-9.

GURVITCH, Georges. *Essais de sociologie.* Paris: Librairie Do Recueil Sirey, 1938.

GUSDORF, Georges. *L'Experiénce humaine du sacrifice.* Paris: Presses Universitaires de France, 1948.

HALBWACHS, Maurice. *Morfologia social.* Trad. F. de Miranda. São Paulo: Livraria Acadêmica, 1941.

HERSKOVITS, Melville J. *The economic life of primitive peoples.* Nova York: Knopf, 1940.

HOBHOUSE, Leonard Trelawney. *Morals in evolution*. Londres: Chapman & Hall, 1951.

HOBHOUSE, Leonard Trelawney; WHEELER, Gerald C.; GINSBERG, Morris. *The material culture and social institutions of the simpler peoples*: an essay in correlation. Londres: Chapmans & Halls, 1930.

HOLLINGSHEAD, August de Belmont. "Human ecology". *In*: PARK, Robert Ezra (Coord.). *An outline of the principles of sociology*. Nova York: Barnes & Noble, 1939.

HUIZINGA, Johan. *Homo ludens*. Trad. Richard Francis Carrington Hull. Londres: Routledge & Kegan Paul, 1949.

KARDINER, Abram. *The individual and his society*: the psychodynamics of primitive social organization. Nova York: Columbia University Press, 1946.

KARSTEN, Rafael. *The origins of religion*. Londres: Kegan Paul, Trench, Trubner & Co., 1935.

LANDTMAN, Gunnar. *The origin of the inequality of the social classes*. Londres: Kegan Paul, Trench, Trubner & Co., 1938.

LASSWELL, Harold D.; KAPLAN, Abraham. *Power and society*. New Haven: Yale University Press, 1950.

LEENHARDT, Maurice. *Do Kamo*: la personne et le mythe dans le monde mélanésien. 2ª ed. Paris: Gallimard, 1947.

LEROI-GOURHAN, André. *Milieu et techniques*: évolution et techniques. Paris: Albin Michel, 1945.

LÉVY-BRUHL, Lucien. *La Mentalité primitive*. 15ª ed. Paris: Presses Universitaires de France, 1947.

LÉVY-BRUHL, Lucien. *La morale et la science des moeurs*. 11ª ed. Paris: Alcan, 1937.

LÉVY-BRUHL, Lucien; LEENHARDT, Maurice. *Les carnets de...* Paris: Presses Universitaires de France, 1949.

LINTON, Ralph. "Age and sex categories". *American Sociological Review*, vol. 7, nº 5, pp. 589-603, out. 1942.

LINTON, Ralph. *The cultural background of personality*. Londres: Routledge and Kegan Paul, 1949.

LOWIE, Robert H. *Primitive religion*. Nova York: Liverigth, 1948.

LOWIE, Robert H. *Primitive society*. Londres: Routledge & Kegan Paul, 1949.

MALINOWSKI, Bronislaw. *Crime and custom in savage society*. Londres: Routledge & Kegan Paul, 1949.

MARX, Karl. *Contribuição à crítica da economia política*. Trad. e intr. de Florestan Fernandes. São Paulo: Flama, 1946.

MARX, Karl. *El capital*. Trad. Manuel Pedroso. México: Ediciones Fuente Cultural, [s. d.].

MARX, Karl. *Miséria da filosofia*. Trad. e intr. Miguel Macedo. São Paulo: Flama, 1946.

MARX, Karl; ENGELS, Friedrich. *The German ideology*, parts I e III, editado com uma introdução por R. Pascal. Nova York: International Publishers, 1939.

MAUSS, Marcel. "Essai sur le don, forme archaique de l'échange". *L'Année Sociologique*, Nova Série. tome I, Paris: Alcan, pp. 30-186, 1925.

MAUSS, Marcel. *Manuel d'ethnographie*. Paris: Payot, 1947.

MAUSS, Marcel. *Sociologie et anthropologie*. Introdução de Cl. Lévi-Strauss. Paris: Presses Universitaires de France, 1950 (partes V-VI).

MAUSS, Marcel; HUBERT, Henri. "Essai sur la nature et la fonction du sacrifice". *L'Année Sociologique*, segundo ano (1897-93). Paris: Alcan, 1899.

MAUSS, Marcel; HUBERT, Henri. *Mélanges d'histoire des religions*. 2ª ed. Paris: Alcan, 1929.

MCKENZIE, Roderick D. "The scope of human ecology". *The urban comunity*. Ernest W. Burgess (Coord.). Chicago-Illinois: The University ol Chicago Press, 1927, pp. 167-82; "A comunidade humana abordada ecologicamente", "Dominância" e "Organização mundial". *In*: *Estudos de ecologia humana*. São Paulo: Donald Pierson (Coord.). Livr. Martins Editora S. A., 1948 (pp. 95-111 e 298-315, respectivamente).

MILLER, Nathan. *Iniciation, Encyclopaedia of social sciences*. vol. 8, pp. 49-50.

MORGAN, Lewis Henry. *Ancient society*. Chicago: Charles H. Kerr & Company, [s. d.].

MUMFORD, Lewis. *Tecnica y civilización*. vol. 2, Buenos Aires: Emecé, [s. d.].

MURDOCK, George P. *Social structure*. Nova York: Macmillan, 1949.

MYRES, John L. "Devastation". *The Journal of the Royal Anthropological Institute of Great Britain and Ireland*, vol. 73, partes I-II, 1943, pp. 17-26.

PARETO, Vilfredo. *Manuel d'économie politique*. Trad. Alfred Bonnet. 2ª ed. Paris: Giard, 1927.

PARETO, Vilfredo; FARINA, Giulio. *Compendio di sociologia generale*. Firenze: G. Barbèra, 1920.

PARK, Robert E. "Symbiosis and socialization: a trame reference for the study of society". *American Journal of Sociology*, vol. 45, nº 1, pp. 1-25, julho, 1939.

PARSONS, Talcott. *The structure of social actions*. Nova York: McGraw-Hill, 1937 (parte I, caps. VIII-XII).

PIERSON, Donald. "Ecologia humana". *In*: PIERSON, Donald (Coord.). *Estudos de ecologia humana*. São Paulo: Martins, 1948, pp. 21-37.

ROUX, Paul. *Précis de science sociale, méthode et enquites*. Paris: M. Giard & E. Brière, 1914.

SAPIR, Edward. *The social organization of the west coast tribes*. *In*: ______; MANDELBAUM, David G. (Coord.). *Selected Writings of...* Berkeley: Univeraity of California Press, 1949, pp. 468-87.

SIEGEL, Bernard J. "Some methodological considerations for a comparative study of slaverv". *American Anthropologist*, vol. 47, nº 3, jul.-set. de 1945, pp. 357-92.

STERN, Bernhard J. "Slavery, primitive". *Encyclopaedia of social sciences*, vol. XIV, pp. 73-4.

SUMNER MAINE, Sir Henri James. *Ancient law*. Londres: Everyman's Library, J. M. Dent & Sons Limited, 1936.

TÖNNIES, Ferdinand. *Communauté et société*. Trad. e intr. J. Leif, Presses Universitaires de France, 1944.

PRINCÍPIOS DE SOCIOLOGIA, trad. de Vicente Liorens, Fondo de Cultura Económica, México, 1942.

THURNWALD, Richard. Origem, formação e transformação do direito à luz das pesquisas etnológicas. Trad. E. Willema. *Sociologia*. vol. IV, nº 1, 1942, pp. 71 e ss.

THURNWALD, Richard. *Economics in primitive communities*. Published for the International Institute of African, Languages and Cultures. Londres: Oxford University Press, 1932 (parte II, cap. XIV).

VOLHARD, Ewald. *Il cannibalismo*. Trad. Giulio Cogni. Itália: Giulio Einaudi, 1949.

WARNER, William Lloyd; LUNT, Paul S. *The social life of a modern community*. New Haven: Yale University Press, 1941.

WEBSTER, Hutton. *Magic*: a sociological study. Califórnia: Stanford University Press, 1948.

WESTERMARCK, Edward. *L'Origine et le developpement des idées morales*. Trad. Robert Godet. vol. 2, Paris: Payot, 1928-29.

c) Dicionários

BALDUS, Herbert; WILLEMS, Emilio. *Dicionário de etnologia e sociologia*. São Paulo: Companhia Editora Nacional, 1939.

ENCYCLOPAEDIA OF SOCIAL SCIENCES. vol. 15, Nova York: Macmillan, 1950.

FAIRCHILD, Henry Pratt. (Coord.). *Dictionary of sociology*. Nova York: Philosophical Library, 1944.

LALANDE, André. *Vocabulaire tecnique et critique de la philosophie*. 5ª ed. Paris: Presses Universitaires de France, 1947 (termos técnicos).

WILLEMS, Emilio. *Dicionário de sociologia*. Porto Alegre: Editora Globo, 1950 (em colaboração com Herbert Baldus, cf. acima).

CADERNO DE FOTOS

Figura 1 – Homem tupinambá. O quadro dá uma ideia grosseira da proporção existente entre a altura do guerreiro e o tamanho do arco e das flechas. Óleo sobre tela de Albert Eckhout, Museu Nacional da Dinamarca. Arquivo digital, Centro de Documentação e Memória da Pinacoteca do Estado de São Paulo.

Nota: Aqui somente será apresentada uma parte da documentação iconográfica existente: aquela que foi explicitamente referida no texto deste livro. Para evitar as confusões de revisão, as gravuras estão numeradas de acordo com a coleção do autor, tal como foram identificadas no próprio texto.

Figura 3 – Francisco Carypyra, índio tabajara do Maranhão. Foi à França como embaixador dos tupinambá. Tinha sessenta ou setenta anos, aproximadamente, e as incisões, segundo Abbeville, indicam que sacrificara 24 inimigos, adquirindo os nomes correspondentes. Gravura, Claude D'Abeville, *Histoire de la Mission des Peres Capvcins en L'Isle de Maragnan*. Paris, Imprimerie de François Hvby, 1614. Biblioteca Guita e José Mindlin, São Paulo. Reprodução fotográfica/Lucia Mindlin.

Figura 4 – Mussurana (esquerda) e ibirapema (direita). Gravura, Hans Staden, *Duas viagens ao Brasil*. São Paulo, Sociedade Hans Staden, 1942. Acervo Companhia da Memória.

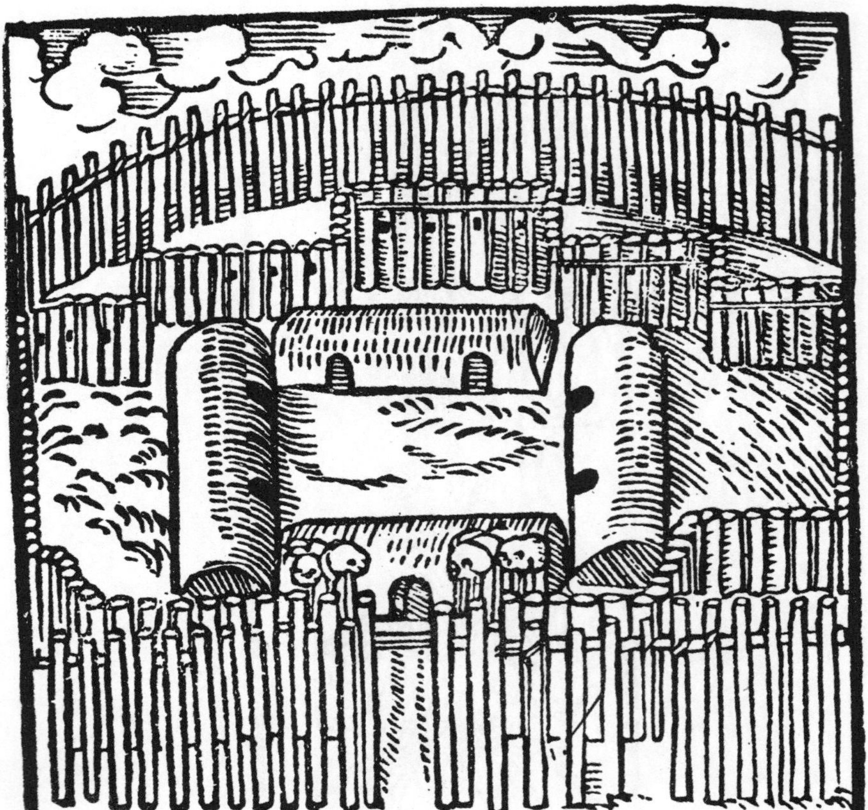

Figura 5 – Taba tupinambá. A paliçada dupla está desenhada com toda nitidez. Gravura, Hans Staden, *Duas viagens ao Brasil*. São Paulo, Sociedade Hans Staden, 1942. Acervo Companhia da Memória.

Figura 6 – Ataque dos tupiniquim ao grupo local tupinambá de Ubatuba. Gravura, Hans Staden, *Duas viagens ao Brasil*. São Paulo, Sociedade Hans Staden, 1942. Acervo Companhia da Memória.

Figura 7 – Técnicas de cerco e de aprisionamento de embarcações. Gravura, Hans Staden, *Duas viagens ao Brasil*. São Paulo, Sociedade Hans Staden, 1942. Acervo Companhia da Memória.

Figura 9 – Combate marítimo entre os tupinambá e os tupiniquim, em cujas embarcações viajavam alguns mamelucos. Gravura, Hans Staden, *Duas viagens ao Brasil*. São Paulo, Sociedade Hans Staden, 1942. Acervo Companhia da Memória.

Figura 10 – Cena de combate corpo a corpo. Gravura, André Thevet, *La Cosmographie Vniverselle D'André Thevet*. Paris, Guillaume Chaudiere, 1575. Biblioteca Guita e José Mindlin, São Paulo. Reprodução fotográfica/Lucia Mindlin.

Figura 11 – Cena de combate corpo a corpo. Gravura, Jean de Léry, *Histoire d'vn Voyage Fait en la Terre dv Bresil*. Genève, Jean Vignon, 1611. Biblioteca Guita e José Mindlin, São Paulo. Reprodução fotográfica/Lucia Mindlin.

Figura 12 – Cena de combate corpo a corpo. Gravura, André Thevet, *Les Singvlaritez de la France Antarctique*. Paris, Christophe Plantin, 1558. Biblioteca Guita e José Mindlin, São Paulo. Reprodução fotográfica/Lucia Mindlin.

Figura 13 – Cena de combate corpo a corpo. Gravura, André Thevet, *Les Singvlaritez de la France Antarctique*. Paris, Christophe Plantin, 1558. Biblioteca Guita e José Mindlin, São Paulo. Reprodução fotográfica/Lucia Mindlin.

Figura 15 – Ritos de integração do inimigo (confrontação), observados no acampamento de retorno. Gravura, Hans Staden, *Duas viagens ao Brasil.* São Paulo, Sociedade Hans Staden, 1942. Acervo Companhia da Memória.

Figura 16 – Ritos de integração do inimigo observados pelas mulheres – recepção agressiva e preparação cerimonial do cativo. Gravura, Hans Staden, *Duas viagens ao Brasil*. São Paulo, Sociedade Hans Staden, 1942. Acervo Companhia da Memória.

Figura 18 – Confrontação entre Staden e Cunhambebe. A cerimônia representada na xilogravura fazia parte dos ritos de conversão do cativo em vítima, transcorrendo nessa ocasião a repartição ritual do seu corpo entre as diversas parentelas solidárias. Gravura, Hans Staden, *Duas viagens ao Brasil.* São Paulo, Sociedade Hans Staden, 1942. Acervo Companhia da Memória.

Figura 19 – Ritos de preparação do cativo e do tacape para o sacrifício. Gravura, Hans Staden, *Duas viagens ao Brasil*. São Paulo, Sociedade Hans Staden, 1942. Acervo Companhia da Memória.

Figura 21 – Ritos de preparação para o sacrifício – a vítima participa da cauinagem que precedia ao massacre cerimonial. Gravura, Hans Staden, *Duas viagens ao Brasil*. São Paulo, Sociedade Hans Staden, 1942. Acervo Companhia da Memória.

Figura 22 – Cena do diálogo e do massacre ritual. Gravura, André Thevet, *Les Singvlaritez de la France Antarctique*. Paris, Christophe Plantin, 1558. Biblioteca Guita e José Mindlin, São Paulo. Reprodução fotográfica/Lucia Mindlin.

Figura 23 – Cena do massacre ritual. Gravura, Hans Staden, *Duas viagens ao Brasil*. São Paulo, Sociedade Hans Staden, 1942. Acervo Companhia da Memória.

Figura 25 – Reunião do conselho de chefes, à noite, no terreiro. Ao centro vê-se Staden, que estava sendo consultado por *Nhaêpepô-oaçú*. Gravura, Hans Staden, *Duas viagens ao Brasil*. São Paulo, Sociedade Hans Staden, 1942. Acervo Companhia da Memória.

Figura 26* – Dois chefes tupinambá com os corpos emplumados e ostentando, o da esquerda, tembetá e um ibirapema, o da direita, tembetá, acangatá, eduape e um arco e flechas. Gravura, Hans Staden, *Duas viagens ao Brasil*. São Paulo, Sociedade Hans Staden, 1942. Acervo Companhia da Memória.

* As figuras 26 a 30 foram acrescentadas para esta edição. Não fazem parte, portanto, da coleção do autor (N. E.).

Figura 27 – Folha de rosto de Claude D'Abeville, *Histoire de la Mission des Peres Capvcins en L'Isle de Maragnan*. Biblioteca Guita e José Mindlin, São Paulo. Reprodução fotográfica/Lucia Mindlin.

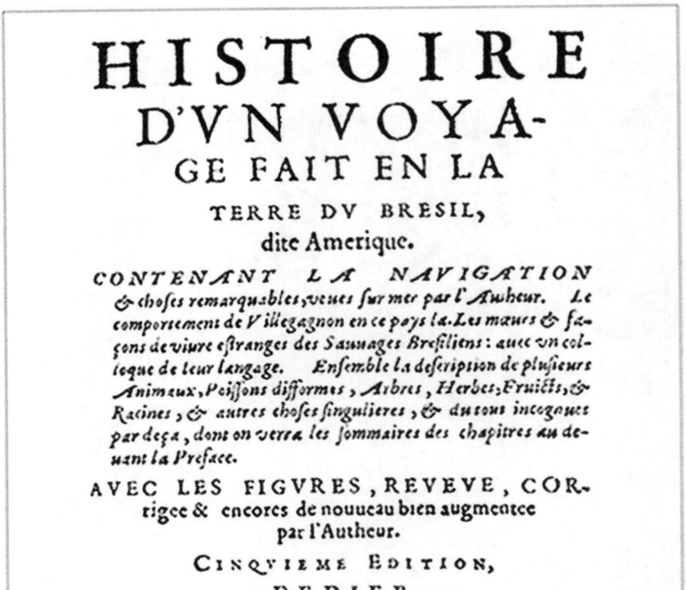

HISTOIRE
D'VN VOYA-
GE FAIT EN LA
TERRE DV BRESIL,
dite Amerique.

CONTENANT LA NAVIGATION & choses remarquables, veues sur mer par l'Autheur. Le comportement de Villegagnon en ce pays la. Les mœurs & façons de viure estranges des Sauuages Bresiliens: auec vn colloque de leur langage. Ensemble la description de plusieurs Animaux, Poissons difformes, Arbres, Herbes, Fruicts, & Racines, & autres choses singulieres, & du tout incognues par deça, dont on verra les sommaires des chapitres au deuant la Preface.

AVEC LES FIGVRES, REVEVE, CORrigee & encores de nouueau bien augmentee par l'Autheur.

CINQVIEME EDITION,
DEDIEE
A MADAME LA PRINCESSE D'ORANGE.

Le tout recueilli sur les lieux, par IEAN DELERY, *natif de la Margelle, Terre de Sainct Sene au Duché de Bourgongne.*

PSEAVME CVIII.
Eternel ie te celebrerai entre les peuples, & te dirai Pseaumes entre les nations.

A GENEVE.
POVR IEAN VIGNON.
M. DC. XI.

Figura 28 – Folha de rosto de Jean de Léry, *Histoire d'vn Voyage Fait em la Terre dv Bresil*. Biblioteca Guita e José Mindlin, São Paulo. Reprodução fotográfica/Lucia Mindlin.

LA

COSMOGRA-
PHIE VNIVERSELLE
DANDRE THEVET COSMO-
GRAPHE DV ROY.

ILLVSTREE DE DIVERSES FIGVRES DES
CHOSES PLVS REMARQVABLES VEVËS PAR
l'Auteur, & incogneuës, de noz Anciens & Modernes.

TOME SECOND.

A PARIS,
Chez Guillaume Chaudiere, rue S. Iaques, à l'enſeigne du
Temps, & de l'Homme ſauuage.

1575.
Auec Priuilege du Roy.

Figura 29 – Folha de rosto de André Thevet, *La Cosmographie Vniverselle D'André Thevet*. Biblioteca Guita e José Mindlin, São Paulo. Reprodução fotográfica/Lucia Mindlin.

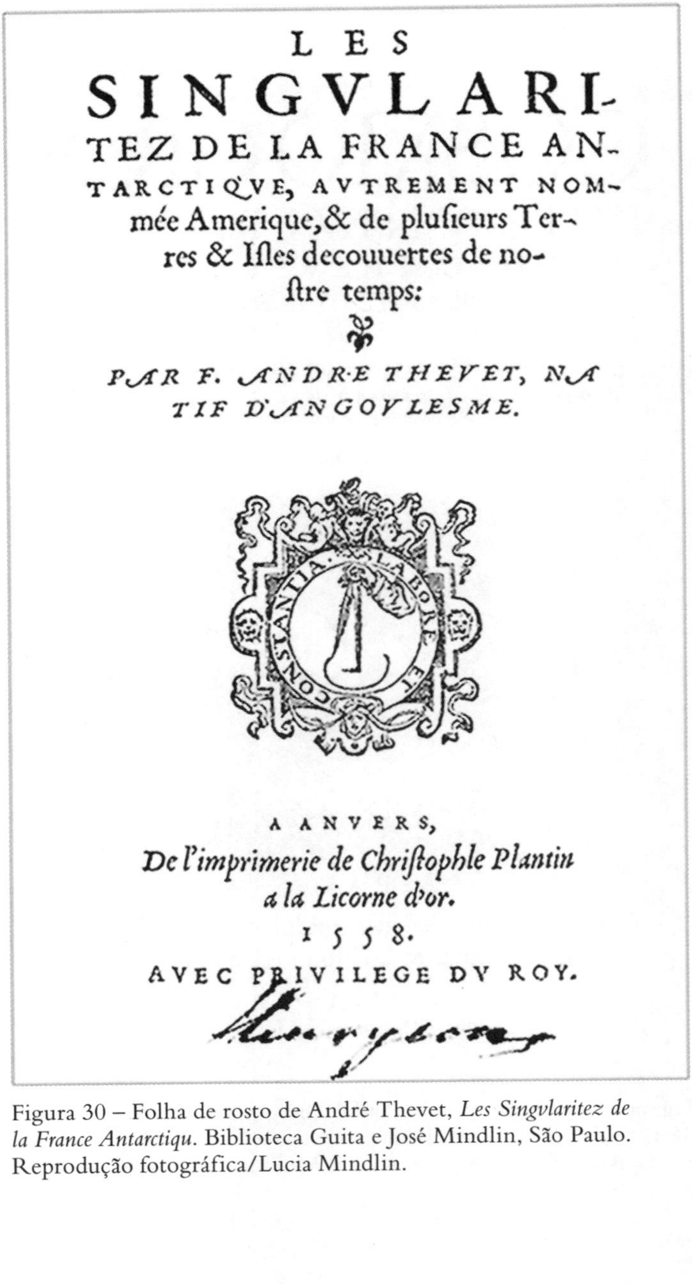

LES
SINGVLARI-
TEZ DE LA FRANCE AN-
TARCTIQVE, AVTREMENT NOM-
mée Amerique, & de plusieurs Ter-
res & Isles decouuertes de no-
stre temps:

PAR F. ANDRE THEVET, NA
TIF D'ANGOVLESME.

A ANVERS,
De l'imprimerie de Christophle Plantin
a la Licorne d'or.
1558.
AVEC PRIVILEGE DV ROY.

Figura 30 – Folha de rosto de André Thevet, *Les Singvlaritez de la France Antarctiqu*. Biblioteca Guita e José Mindlin, São Paulo. Reprodução fotográfica/Lucia Mindlin.

POSFÁCIO

ENTREVISTA: EDUARDO VIVEIROS DE CASTRO[1106]

Para começar, você poderia falar um pouco do efeito da leitura dos livros de Florestan sobre os Tupinambá na sua formação como etnólogo?

Antes de entrar nessa pergunta, queria lembrar que meu livro *Araweté, os deuses canibais*,[1107] versão fac-similar (menos um capítulo, e fora algumas pequenas correções) de uma tese escrita em 1984, está cronologicamente mais próximo do livro de Florestan do que de 2021. De 1952 para 1984, são 32 anos. De 1984 para hoje, são 37 anos. Estamos em três épocas diferentes aqui nessa entrevista – a do livro de Florestan, a da minha tese, que traz uma leitura de Florestan, e a de hoje. Muitas coisas aconteceram desde 1984, não só no plano da antropologia, mas também na dinâmica histórica dos povos indígenas no Brasil; mais coisas, talvez, do que aconteceram entre 1952 e 1984. Na verdade, vim a ler os dois livros de Florestan sobre os Tupinambá[1108] relativamente tarde, do ponto de vista da minha formação, e por conta própria; ninguém, se não me falha a memória, me havia

[1106] Entrevista feita por Renato Sztutman em dezembro de 2021.

[1107] VIVEIROS DE CASTRO, Eduardo. *Araweté*: os deuses canibais. Rio de Janeiro: Zahar, 1986.

[1108] FERNANDES, Florestan. *Organização social dos Tupinambá*. São Paulo: Difusão Europeia de Livro, 1963; FERNANDES, Florestan. *A função social da guerra na sociedade tupinambá*. São Paulo: s.n., 1950.

recomendado lê-lo. Suspeito que eles não estavam na prateleira central da biblioteca etnológica de nenhuma instituição brasileira da época. Em parte, porque Florestan tinha tomado outro rumo, o da sociologia das relações raciais e da sociologia do Brasil, em parte porque esses livros eram carimbados de funcionalistas. Eu, pelo menos, nunca tinha tido contato com esse livro senão por curiosidade. E quando comecei a ler... não me lembro se eu já tinha decidido trabalhar com os Araweté, que são um povo de língua tupi-guarani. Mas me recordo que, quando li Florestan, fiquei muito impressionado; em primeiro lugar, pela erudição, por seu conhecimento e seu tratamento rigoroso das fontes, tanto no primeiro livro, *Organização social dos Tupinambá*, quanto em *A função social da guerra*; em segundo lugar, por sua familiaridade com a literatura antropológica geral. Lembro que na época em que Florestan publicou o livro, tinha muito pouca coisa melhor – do ponto de vista etnográfico – feita no Brasil sobre povos indígenas. Eram livros de extrema sofisticação, considerando-se o estado da arte da etnologia brasileira. Além de seu valor analítico intrínseco, os livros de Florestan devem ser vistos hoje como documentos históricos de uma certa fase da antropologia brasileira. Esses livros foram – e são – extremamente importantes.

Seria preciso avaliar como era o ensino e a prática da etnologia brasileira na época em que eu me formei, em meados dos anos 1970 e na primeira metade dos anos 1980, período de enorme dinamismo da etnologia sul-americana. Houve um salto qualitativo da etnologia brasileira a partir de meados dos anos 1970, quando começam a ser publicadas as etnografias sobre o Brasil Central. Pipocaram etnografias novas com toda uma outra sofisticação metodológica, teórica e etnográfica. Passava a ser visto como obrigatório dominar a língua do povo com o qual se ia trabalhar. Imagino, aliás, que Florestan tinha algum ou mesmo bastante conhecimento do tupi antigo, em vista de sua familiaridade com a literatura. Na época de minha formação, os livros de Florestan eram vistos como um pouco exóticos: eram "etnográficos", mas não eram obviamente baseados em trabalho de campo, mas na exploração de fontes documentais antigas. Nisso eles se aproximavam dos trabalhos de Alfred Métraux, notadamente de sua compilação dos materiais históricos para escrever *A religião dos Tupinambá* e o longo ensaio de reconstituição das migrações tupi-guarani.[1109] Florestan fez um trabalho muito mais sociológico do que o de Métraux, e o fez de maneira muito mais metódica, mais sistemática, como era de seu estilo. Enfim, quando li Florestan, pensei: "há uma porção de coisas aqui que estão fora do temário da etnologia feita a partir dos anos 1960-70 sobre o Brasil Central". A guerra, o ritual antropofágico, o xamanismo, entre outras coisas. Foi a leitura de Florestan, de um lado, e dos livros do casal Clastres – mais especialmente de *Terra sem mal*,[1110] de Hélène Clastres –, de outro, que me fez perceber o interesse de uma retomada da etnologia tupi do ponto de vista da teoria antropológica.

As leituras de Florestan e Hélène Clastres escapavam justamente das abordagens que tentavam compreender os povos indígenas no Brasil – e, mais especificamente, os povos de língua tupi-guarani – a partir de uma ideia de aculturação, de perda ocasionada pelo contato com o mundo dos brancos.

Exatamente. Os estudos sobre os povos tupi naquela época eram dominados pelo tema da aculturação. Ainda que houvesse trabalhos interessantes e importantes na área da religião, a começar pelo próprio Métraux, por Egon Schaden e outros mais... Havia Darcy Ribeiro e Francis Huxley falando dos Urubu-Kaapor, Baldus e Wagley dos Tapirapé... mas nada disso estava, digamos assim, na linha de frente da etnologia da época. Os grupos que estavam sendo de fato contemplados, oferecendo os desafios teóricos mais importantes, eram os povos do Brasil Central, Bororo e Jê, por causa evidentemente do projeto Harvard-Brasil Central, coordenado por Maybury-Lewis, e também dos artigos de Lévi-Strauss sobre as estruturas sociais no Brasil

---

[1109] MÉTRAUX, Alfred (*et al.*). *A religião dos Tupinambá e suas relações com a das demais tribos tupi-guarani*. São Paulo: Companhia Editora Nacional, [1928] 1950; MÉTRAUX, Alfred *et al.* "Les migrations historiques des Tupi-Guarani". *Journal de la Société des Américanistes*, vol. 19, pp. 1-45, 1927.

[1110] CLASTRES, Hélène. *Terra sem mal*: profetismo tupi. São Paulo: Brasiliense, [1975] 1978.

Central,[1111] sobre as organizações dualistas. O projeto Harvard-Brasil Central deriva, em grande parte, de uma discussão com os artigos seminais de Lévi-Strauss sobre os Bororo e os Jê. O foco estava voltado para a morfologia social e os sistemas de parentesco.

Em Organização social dos Tupinambá, Florestan oferece uma boa contribuição para os estudos de parentesco, não?

Os dois livros dele, particularmente *Organização*, estão dentre os primeiros livros escritos por etnólogos brasileiros que levam em consideração *As estruturas elementares do parentesco.*[1112] Florestan tinha um ótimo conhecimento da literatura da antropologia social propriamente dita, talvez mais do que a maioria dos etnólogos brasileiros de sua época, que eram mais ligados à tradição norte-americana e alemã, culturalista, boasiana. Florestan tinha sobretudo mais abertura para o funcionalismo britânico, por conta justamente da sua orientação funcionalista. Ele estava muito mais próximo de Radcliffe-Brown do que de Boas.

Na época em que eu entrei no mestrado, Florestan não era lido nos cursos de etnologia do Museu Nacional, aliás excelentes. A bibliografia era essencialmente centrada no Brasil Central, um pouco mais tarde também no alto Rio Negro e na região das Guianas – essas era as grandes áreas etnográficas consideradas interessantes. Quando resolvi que ia trabalhar com um grupo tupi amazônico, um professor meu disse algo assim: "Não sei se isso é uma boa escolha, já foi feita muita coisa sobre a Amazônia, o importante é Brasil Central agora". Dei de ombros e segui em frente. Mas era importante porque de fato havia uma concentração de estudos inovadores no Brasil Central, e alguns anos depois também no Negro-Vaupés, nas Guianas... Isso não dependia dos povos que estavam sendo estudados – não há povos mais ou menos "interessantes" para a antropologia (nem para mim) –, mas

---

[1111] LEVI-STRAUSS, Claude. "As estruturas sociais no Brasil central e oriental". *In*: ______. *Antropologia estrutural.* São Paulo: Ubu, [1958] 2017.

[1112] LEVI-STRAUSS, Claude. *As estruturas elementares do parentesco*. Petrópolis: Vozes, 1976.

sim dos antropólogos que estavam escrevendo sobre eles, isto é, do talento etnográfico e da criatividade teórica dos autores em questão. Os povos, por definição, excedem infinitamente tudo que se pode escrever sobre eles. Quem contava eram autores como Maybury-Lewis, Terry Turner, DaMatta, Melatti, J.C. Crocker, Peter Rivière, Stephen e Christine Hugh-Jones, Joanna Overing.

Antropólogos importantes no Brasil, como Roberto DaMatta, no Museu Nacional, Julio Cezar Melatti, na UnB, e Lux Vidal, na USP, estavam estudando povos do Brasil Central... Eram as grandes referências.

Os antropólogos brasileiros contemporâneos que líamos estavam todos no Brasil Central. Aqueles autores que escreviam sobre povos de outras áreas não tinham muita penetração. Não havia tantas pesquisas em profundidade sobre os povos tupi, com exceção dos Tapirapé, estudados por Baldus e por Wagley, e dos Munduruku, pelo casal Murphy. Mas esses trabalhos não tiveram grande impacto, por várias razões.

Mas nos anos 1970, por causa da construção da Transamazônica pela ditadura, que passava a atravessar regiões como o médio Xingu e o médio Tapajós, muitos povos tupi começaram a ser "contatados". Por exemplo, os Parakanã, os Araweté, os Assurini, os Kagwahiva. Esses grupos se tornaram "acessíveis" – isto é, foram invadidos, tiveram suas terras ocupadas e administradas – a partir da década de 1970. O Estado brasileiro ia na frente e os antropólogos iam atrás.

Ao te ouvir me ocorreu uma coisa... Na época de minha formação como etnólogo, em meados dos anos 1990, os trabalhos etnológicos de Florestan foram bastante presentes... Num curso de "Introdução à Etnologia Brasileira" que fiz, com Manuela Carneiro da Cunha e Aracy Lopes da Silva, lemos logo no início o artigo seu e de Manuela, "Vingança e temporalidade: os Tupinambá", que é uma espécie de homenagem (crítica) ao trabalho de Florestan.[1113] Esse artigo me abriu para o universo

1113 CARNEIRO DA CUNHA, Manuela. *Cultura com aspas e outros ensaios de antropologia.* São Paulo: Ubu, [1985] 2017.

da etnologia americanista, possibilitando uma conexão com o tema da antropofagia, caro ao imaginário cultural brasileiro... Um ano depois fui trabalhar com Dominique Gallois, que na época pesquisava com dois povos tupi, os Wajãpi e os Zo'é... Então, nesses anos 1990, a impressão para nós que começávamos a estudar etnologia é a de que muito já havia sido escrito sobre o Brasil Central e que o importante era partir para locais menos visitados na Amazônia, onde viviam povos tupi, mas também muitos outros, como os de língua pano, na Amazônia Ocidental, e os de língua caribe, na chamada região das Guianas... O seu trabalho com os Araweté obviamente era uma referência fundamental...

Sim, os Araweté tornaram-se uma referência na literatura, minha monografia sobre eles sacudiu um pouco a etnologia acadêmica... E os povos tupi voltaram com tudo... Por favor me corrija se me engano, porque você chegou depois e tem uma perspectiva mais clara; mas minha impressão é que Florestan só reapareceu nos cursos de etnologia por causa do meu trabalho. Foi a partir do fato de que eu resolvi dialogar com a "fase Tupinambá" de Florestan que as pessoas começaram a prestar atenção para o que ele tinha escrito.

Sim. Lembro que até me espantei ao tomar conhecimentos dos textos de Florestan sobre os Tupinambá... Pois para mim ele era um sociólogo, eu nem imaginava, no final do segundo ano da faculdade, que ele havia escrito com tanta propriedade sobre povos indígenas...

Quando fiz Ciências Sociais na PUC do Rio, no começo da década de 1970, praticamente não se falava sobre povos indígenas. Era como se não houvesse indígenas no Brasil, só campesinato, proletariado, operariado, e a fantasmática "burguesia nacional"... Os povos indígenas não tinham presença política nem visibilidade cultural no Brasil. Estavam aliás, sendo massacrados pela ditadura em todas as partes do país; a Amazônia e seus povos, em particular, estavam sendo devastados pelas políticas de "desenvolvimento" e "integração" e a abertura de estradas como a Transamazônica, a Belém-Brasília, a BR-364, a Perimetral Norte. Esses povos entram com força no horizonte político na década que vai de 1978 a 1988. Em 1978, houve uma reação expressiva da intelectualidade de esquerda, dos movimentos sociais e da academia antropológica contra o projeto de emancipação de autoria de Rangel Reis, Ministro do Interior do governo Geisel. Houve uma indignação generalizada diante dessa tentativa de desindianizar de vez o país, de extinguir a passo acelerado a condição jurídica diferenciada do dos povos indígenas, a qual já era, aliás, considerada uma condição transitória, algo que *deveria* (no duplo sentido, preditivo e normativo) desaparecer.[1114] Em 1978, em reação a esse projeto, foi criada a Comissão Pró-Índio, logo em seguida a ANAÍ (Associação Nacional de Apoio ao Índio). Entre 1978 e 1988, foram surgindo organizações como o Centro Ecumênico de Documentação e Informação, o CEDI (que daria origem ao atual Instituto Socioambiental – ISA), e o Centro de Trabalho Indigenista, o CTI, estas as duas principais organizações de apoio à luta indígena que emergiram na interface entre a universidade e os movimentos sociais. Além, é claro, das importantes Assembleias Indígenas apoiadas pelo CIMI desde o começo da década de 70, e sobretudo da UNI, a União das Nações Indígenas, esta fundada em 1980 por lideranças como Ailton Krenak e Alvaro Tukano. Tais iniciativas marcaram o início de um movimento de organização política indígena de ambição nacional. Tudo isso vai desembocar na Constituição Federal de 1988, que consagrou um novo entendimento oficial da condição jurídica "indígena". Os direitos reconhecidos aos povos indígenas pela Constituição de 1988 deram um impulso decisivo à ampla retomada "étnica" em diversas partes do Brasil, especialmente no Nordeste e na calha do Amazonas, iniciada nos anos 1990. O "renascimento" de povos como os Tupinambá da Bahia é um dos exemplos mais notáveis. Foi por causa do artigo 232 da Constituição de 1988, digamos assim, que os Tupinambá se tornaram novamente visíveis. Eles se tornaram novamente visíveis por conta do fato de que os povos indígenas se tornaram atores políticos, e se tornaram atores políticos por causa desse grande movimento pró-índio *e indígena*, que ganhou força em meados dos anos 70 e se

---

[1114] Sobre o projeto de emancipação do Ministro Rangel Reis e a reação a ele, ver *Cadernos da Comissão Pró-Índio nº 1 – A questão da emancipação*. São Paulo: Comissão Pró-Índio, 1979. Nessa edição, Eduardo Viveiros de Castro assina o "Histórico".

consolidou com a promulgação da Constituição Federal de 1988. A luta desses povos pelo reconhecimento de sua condição étnica, social e territorial diferenciada se tornou *mais possível* por causa disso – mas ela sempre estava lá; sempre esteve lá. A luta é secular. E não acabou, evidentemente. Muito pelo contrário.

É sintomático que nesse mundo pré-1988 os estudos de Florestan sobre os povos indígenas tenham sido esquecidos... Aliás, esse esquecimento é justamente o tema de artigo da Mariza Peirano...

Exato. "A antropologia esquecida de Florestan Fernandes". Todo mundo tinha esquecido. Estava esquecida, mas eu lembrei. Eu queria atualizar radicalmente a literatura sobre os povos tupi a partir de uma retomada de Florestan e, portanto, da literatura do século XVI que ele explorou muito bem. Ele trabalhou nela de maneira muito sistemática e muito importante. Eu retomei esse material a partir dos Araweté.

Em Araweté, os deuses canibais você se distanciava significativamente da interpretação de Florestan para imprimir uma leitura original sobre a antropofagia tupi, leitura que iria ecoar inclusive em livros posteriores como Metafísicas Canibais. Você poderia falar mais sobre isso?

Faço uma crítica algo arriscada ao trabalho de Florestan, na medida em que eu uso essa crítica para fazer outra coisa, muito diferente, a saber, propor uma outra interpretação do sentido da morte, da identidade e do tempo nas metafísicas indígenas... Minha crítica consiste em sustentar que Florestan aplica de uma maneira um pouco automática, digamos assim, a teoria do sacrifício de Henri Hubert e Marcel Mauss para analisar a antropofagia bélico-ritual tupinambá, e acaba postulando um personagem que eu não conseguia ver no dispositivo cerimonial em questão – o personagem do ancestral, do mundo dos mortos, o espírito que seria o destinatário do sacrifício. Ou seja, Florestan aplicava a estrutura tetrádica do esquema sacrificial de Hubert e Mauss – sacrificador, sacrificante, vítima e divindade destinatária – ao ritual antropofágico. Eu não encontrava nas fontes a presença da figura do destinatário do "sacrifício" (o morto do grupo, que devia ser vingado e assim ancestralizado/divinizado). Tomei uma decisão arriscada, como disse – "se não encontro, é porque não existe"; precisava então formular uma outra leitura do sentido do ritual. Nada garante que a minha interpretação seja mais correta do que a de Florestan, pois não é impossível que alguém consiga achar (ou já achou) a presença dessa figura do morto-destinatário nas fontes. Eu não vi, não via na época, mas talvez essa minha "interpretação pela ausência" seja imprudente.

As fontes falam do destino póstumo dos grandes guerreiros, que alcançariam a terra da abundância, terra sem males... Mas não há nada – parece-me – que indique que a execução das vítimas fossem endereçadas a essas figuras...

Pois é, Florestan pode ter se contaminado pela literatura disponível, em suma, pela antropologia da época, e particularmente pela abordagem maussiana do sacrifício. Mas mesmo não estando correta, sua interpretação sobre o ritual antropofágico tupinambá permitiu-me tirar conclusões importantes para mim, a saber, a ideia de que havia na antropofagia uma estrutura perspectiva ou dialógica complexa, que implicava a incorporação do ponto de vista do inimigo. Eu dessubstancializei o canibalismo, retirando do ato em si da devoração qualquer conotação, digamos, "bromatológica" ou substancialista. Isso talvez tenha sido um descuido meu, ou talvez eu tenha resolvido passar por cima disso de maneira um pouco truculenta... Outros autores, como Isabelle Combès, fizeram uma crítica importante quanto a esse ponto.[1115] Talvez existisse sim uma teoria alimentar por trás da devoração antropofágica, embora obviamente não no sentido nutricional; acho que há mais material do que eu levei em conta para se pensar sobre o tipo de virtudes "materiais" (força, longa vida, rejuvenescimento etc.) que poderia ser obtido do ato de devoração. Mas, resta ver.

[1115] COMBÉS, Isabelle. *La Tragédie cannibale chez les anciens Tupi-Guarani*. Paris: PUF, 1992.

Tem algo nas fontes que sempre me despertou interesse: o lugar das velhas tupinambá, aquelas que comiam mais vorazmente a carne do inimigo. A ingestão da carne humana seria uma maneira de alcançar uma espécie de imortalidade, algo mais acessível aos grandes guerreiros e matadores. Acredito que esse lado feminino do canibalismo tupinambá é um tema a ser mais explorado.

Exato, é um lado que eu acho que foi pouco trabalhado. A historiadora Bernadette Bucher escreveu um livro, *La sauvage aux seins pendants*,[1116] em que ela interpreta, se bem me lembro, a figura das velhas canibais como uma fantasia colonialista. Para ela, essa figura é uma projeção do imaginário das bruxas medievais, do fim do Renascimento... Isso me parece uma redução do registro documental ao seu aspecto mais extrínseco ou retórico (europeu); seria um paralelismo interessante, no máximo. Mas o protagonismo das mulheres velhas no repasto antropofágico me parece tão legítimo, no sentido de factualmente verdadeiro, quanto a antropofagia ritual ela própria.

Eu também trabalhei com fontes sobre os Tupinambá no artigo "O mármore e a murta", de 1992, que foi criticado por mais de um historiador por eu ter usado as fontes de maneira ingênua – isto é, não ter percebido, por exemplo, que as cartas jesuíticas eram na verdade um gênero retórico, fortemente enquadrado por clichês retóricos e plágios referenciais etc. E Florestan fez a mesma coisa, a saber, tomou as cartas como documentos referencialmente consistentes, após cotejá-las exaustivamente entre si e com outros testemunhos da época – e esse trabalho de filtragem que ele fez dele me economizou muito trabalho. O que as críticas historicistas estavam dizendo, no fundo? Que os documentos sobre os Tupinambá não diziam nada sobre os Tupinambá. Só sobre os jesuítas, ou sobre os franceses; enfim, sobre a Europa. Tudo o que se diz ou disse sobre os indígenas só fala do sujeito-sujeito que fala, não do sujeito-objeto (que também fala) sobre o qual ele sujeito-sujeito fala. O que me parece uma forma particularmente perversa de destruição da alteridade. Só é possível falar de si mesmo, especialmente

---

[1116] BUCHER, Bernadette. *La sauvage aux seins pendants*. Paris: Hermann, 1977.

quando não se sabe que é isso que se está fazendo, e mais ainda quando quem está fazendo isso é um outro. O que se vê só revela o olho que vê (aos olhos de quem?). E assim ficamos emparedados. *É claro* que é importantíssimo analisar o universo de discurso em que se inserem os documentos quinhentistas sobre a América indígena – o que se aplica, diga-se de passagem, igualmente ao que se escreve *hoje* sobre a América indígena dos últimos 530 anos. E ao que se escreve hoje sobre o que se escreve hoje sobre etc. Mas também me parece claro que, se o interesse do pesquisador está voltado para *aqueles a quem* os documentos se referem, como é o caso de um antropólogo cujo tema é a sociocosmologia dos povos tupi-guarani, é preciso que a crítica histórica não funcione para desrealizar esses povos, mas para melhor discerni-los, em sua face passada como em sua face presente.

Mas voltando à minha interpretação sobre a antropofagia ritual tupinambá... A antropofagia ritual envolveria assim a captura do ponto de vista do inimigo, uma identificação paradoxal ao inimigo. Esta era uma interpretação que eu chamaria hoje de ousada. Mas não tenho por que me retratar em relação a ela; acho que ela continua correta. Ela foi feita muito em cima de uma leitura dos diálogos cerimoniais tupi, tais como relatados pelos cronistas. Não há nenhum diálogo completo efetivamente transcrito por nenhuma fonte... há uma ou outra frase, uma ou outra passagem que encontramos em um ou outro autor... talvez em Hans Staden ou em Anchieta. Mas não há nenhum diálogo completo, o que é uma falha imensa, uma lacuna imensa no que a gente poderia trabalhar.

A sua interpretação do diálogo entre matador e cativo desembocaria na ideia, desenvolvida anos depois, do perspectivismo ameríndio. Você poderia falar um pouco sobre isso?

Foram os diálogos tupinambá entre o matador e o cativo e as canções *awin marakã* [canções de inimigo] dos Araweté que me encaminharam para a questão do perspectivismo. E isso se encontrou com a interpretação decisiva de Tânia Stolze Lima sobre o perspectivismo cosmológico dos Yudjá [outro povo tupi, mas não tupi-guarani], interpretação, a meu ver, formulada de modo independente de minha monografia araweté. No meu caso, essa reflexão começou com a questão de quem diz "eu" nos cantos de guerra araweté que celebram a morte de um inimigo em combate. Foi a partir daí, da inversão perspectiva comum nesses cantos, em que o guerreiro *fala* "eu" quando quem está *dizendo* "eu" é a vítima, que é o sujeito do enunciado da canção – ou mais que isso, em que a vítima é o sujeito que fala pela boca do enunciador (o guerreiro homicida), a quem seu espírito sussurra as palavras do canto durante a dança comemorativa.

Isso me distanciou da interpretação restaurativa que faz Florestan da guerra tupinambá: a vingança como uma restauração do equilíbrio perdido com a morte de um membro do grupo – uma interpretação classicamente funcionalista. A vingança seria uma forma de restaurar o equilíbrio sociocósmico (e psicológico) em vista do desequilíbrio produzido pela morte. O canibalismo era um ritual funerário, a antropofagia era parte do ritual funerário em homenagem ao morto, ou aos mortos do grupo, obturando a lacuna produzida pela perda violenta de um membro do corpo coletivo. Florestan, assim, via o canibalismo como essencialmente voltado para o passado, uma restauração do *statu quo ante*. Interpretando o que se conseguia entrever dos diálogos cerimoniais pré-execução, propus, ao contrário, que o canibalismo era voltado para o futuro ou, melhor dizendo, que ele era um mecanismo cronogênico, produtor de uma temporalidade que se movia na direção contrária daquela pressuposta na interpretação de Florestan. Esse aspecto do tempo tupinambá foi logo depois desenvolvido no artigo que Manuela Carneiro da Cunha e eu escrevemos (e que você citou), "Vingança e temporalidade".

Florestan entendia como sendo a função social da guerra entre os tupinambá o que eu tendo hoje a ver como sua função metafísica, a saber, a gestão da temporalidade e da morte, e que tal "função" ou "razão" produzia o conjunto de *efeitos* sociais que chamamos de "os Tupinambá (do século XVI)", povo que, como Soares de Souza definiu tão lapidarmente, tinha na guerra "todos os seus fundamentos".[1117]

[1117] "Como os Tupinambá são muito belicosos, todos os seus fundamentos são como farão guerra a seus contrários" (SOUSA, Gabriel Soares de. *Tratado descritivo do Brasil em 1587*. São Paulo: Companhia Editora Nacional, p. 320).

Manuela foi da banca de defesa de minha tese, em 1984, e começamos aí a pensar essa questão. Não sei se eu já falo sobre isso na tese, ou se está só no livro publicado, ou no ensaio "O mármore e a murta".[1118] Sugiro que o diálogo entre matador e cativo é como a "síntese transcendental do tempo" efetuada pela máquina sociocósmica tupinambá. Uma frase de Anchieta me marcou muito: no diálogo em questão, diz o missionário, o cativo "mais parecia estar para matar que para ser morto". A vítima falava como se ela fosse o matador e o outro como se fosse a vítima. A vítima falava: "amanhã você vai estar morto. Meus amigos, meus conterrâneos vão me vingar". Havia uma espécie de inversão temporal e de inversão de posições. Foram essas questões que me fizeram pensar nessa interpretação do canibalismo ritual tupinambá como uma forma de "identificação ao contrário", isto é, jogando com as palavras, uma identificação ao inimigo, pois "contrário" era a palavra quinhentista para "inimigo". Identificação "ao contrário", entenda-se, como torção de perspectiva, momento de se ver a si mesmo como inimigo dos inimigos e, portanto, *como inimigo*.

Se tudo isso implicava uma recusa da leitura que Florestan faz do canibalismo, foi seu livro sobre a guerra, por outro lado, que colocou na minha frente o tema do sacrifício, ao descrever o canibalismo cerimonial como um sacrifício, isto é, algo "sagrado". Ora, o sacrifício não era o macro conceito que dominava a imaginação antropológica da época. O macro conceito que organizava o discurso teórico de então era o totemismo.

Um macroconceito estruturalista, que pressupõe uma correlação entre série natural e série social... uma relação metafórica e não metonímica...

Sim, a famosa correlação entre as respectivas diferenças internas de duas séries, natureza e cultura, diferenças sociais, diferenças naturais. O livro de meu orientador, Anthony Seeger, chama-se

[1118] "O mármore e a murta: sobre a inconstância da alma selvagem" em: *A inconstância da alma selvagem e outros ensaios de antropologia*. São Paulo: Ubu, 2017 (O ensaio foi publicado originalmente em francês, em 1993).

justamente *Nature and society in Central Brazil.*[1119] Foi o primeiro livro do grupo que trabalhou no Brasil Central que incorporou de maneira consistente as *Mitológicas*[1120] de Lévi-Strauss. Em parte, por razões também de temporalidade, é um texto posterior às etnografias de David Maubury-Lewis e de seus orientandos diretos ou indiretos. Tony Seeger é "neto" acadêmico de Maybury-Lewis, pois foi orientando de um orientando de Maybury-Lewis, Terry Turner. Enfim, a macrocategoria, o esquema formal que organizava a etnografia do Brasil Central era, de certo modo, a categoria do totemismo. Estou pensando aqui naquela passagem – decisiva para mim – de *O pensamento selvagem*,[1121] em que Lévi-Strauss contrasta o sacrifício e o totemismo como duas lógicas radicalmente opostas (totemicamente opostas, se poderia dizer): o totemismo como a lógica simbólica, propriamente estrutural, metafórico-paradigmática, diferencial, germe precursor de toda razão classificatória, ao passo que a lógica sacrificial seria uma lógica imaginária, serial, metonímico-sintagmática, fusional, essencialmente religiosa ou mística.

Para Lévi-Strauss, a divindade pressuposta pela ação sacrificial seria imaginária, para não dizer ilusória... E o foco de Florestan recaía justamente na divindade.

Exatamente. E aí fiquei pensando no que seria um sacrifício sem deus, sem destinatário. Se retirarmos a divindade, ficamos com as operações lógicas que Lévi-Strauss destaca, mas destaca de maneira francamente negativa. Me interessava a energética do sacrifício, seu caráter de continuidade metonímica, em contraste com a descontinuidade "saussuriana" do totemismo, em que uma série serve de significante para a outra enquanto significado. O que conta no totemismo, segundo Lévi-Strauss, é a correlação das diferenças: as relações dentro

---

[1119] SEEGER, Anthony. *Nature and society in Central Brazil.* Harvard: University Press, 1981.

[1120] LEVI-STRAUSS, Claude. *Mitológicas*. vols. 1-4, São Paulo: Cosac Naify, [1964-1971] 2004-2011.

[1121] LEVI-STRAUSS, Claude. *O pensamento selvagem.* São Paulo: Companhia Editora Nacional, [1962] 1970 [cap. 8, "O tempo reencontrado"].

de cada série correspondem às relações na outra série: o urso está para o leão como o clã do urso está para o clã do leão, o problema não é a relação entre clã do urso e o urso. O problema da lógica de tipo sacrificial, ao contrário, seria a relação entre o clã do urso e a espécie dos ursos. Isto, para Lévi-Strauss, é imaginário, porque "na verdade" os homens não são ursos.

Imaginei (é a palavra certa aqui) então que se o canibalismo é uma estrutura sacrificial, e portanto uma estrutura não totêmica, estamos no plano da continuidade, do indiscernível, da passagem, do "impossível" realizado, isto é, da ação. Algo acontece no processo sacrificial, enquanto no totemismo "nada" acontece, no sentido de que ele resulta de uma operação de significação; ele é da ordem do signo e não do ato. Enfim, foi por Florestan que, passando pelo conceito da antropofagia tupinambá como uma forma de sacrifício, conectando isso com a teoria lévi-straussiana do sacrifício e, por fim, resolvendo de certa maneira essa oscilação, essa dicotomia radical de Lévi-Strauss entre totemismo e sacrifício, que eu introduzi – evidentemente na garupa do capítulo X do *Mil Platôs*[1122] de Gilles Deleuze e Félix Guattari – o conceito de *devir*. O capítulo começa exatamente por um comentário à oposição lévi-straussiana entre sacrifício e totemismo (e seus precursores na teologia escolástica e na história natural). Lembro-me de ter lido esse capítulo em 1981. Foi então a leitura de *A função social da guerra* junto com a de *O pensamento selvagem* e do capítulo X de *Mil Platôs* que consolidou minha interpretação do canibalismo como algo que está *do lado* do sacrifício, mas na verdade *não é* exatamente um sacrifício. Foi aí que apareceu a ideia do "devir inimigo" etc.

Mudando um pouco de assunto... No ensaio "Etnologia brasileira" (1999),*[1123] *você falava de uma espécie de bifurcação da etnologia indígena no Brasil, ambas inspiradas por Florestan: 1) Dos textos sobre os Tupinambá

[1122] DELEUZE, Gilles; GUATTARI, Félix. *Mil Platôs*. vol. 5, 2ª ed. São Paulo: Editora 34, [1980] 2012.

[1123] MICELI, Sergio (Coord.). *O que ler na ciência social brasileira, 1970-1995*. São Paulo: ANPOCS, 1999.

brotava uma etnologia dita "clássica" (ou etnologia simplesmente, no sentido de Lévi-Strauss de uma "ciência social do observado"), na qual você se reconhece; 2) De A integração do negro na sociedade de classes – e outros textos subsequentes versando sobre a formação da "sociedade brasileira" – brotava uma "antropologia contatualista" ou uma "sociologia do Brasil indígena", na qual você reconhece autores como Darcy Ribeiro, Roberto Cardoso de Oliveira e João Pacheco de Oliveira. Você poderia falar mais dessa distinção?

Esse meu "polêmico" ou "controverso" ensaio é muito lido mas raríssimamente citado, menos ainda comentado, porque ele discute as coisas dando nome a todos os bois... Algum tempo depois que esse texto foi publicado e que eu já estava contabilizando várias reações (orais, em confidência...) escandalizadas, topei com a tese do historiador João Azevedo Fernandes sobre as cauinagens tupinambá.[1124] Interessou-me nesse trabalho, naturalmente entre outras coisas, uma menção à primeira lei que foi publicada pela Câmara de Piratininga – ou de São Vicente, não lembro agora, estou sem o livro à mão. Não sei se é exatamente isso, mas ela é algo como a primeira lei votada no Brasil. Ela dizia o seguinte: "todo português que falar mal das mercadorias de outro português na frente de um índio irá preso". É isso, o ensaio "Etnologia brasileira" falava mal das mercadorias de um outro português... na frente de índios, isto é, dos alunos. Foi um pouco o que aconteceu com esse ensaio.

O ensaio tem uma história que eu não preciso contar aqui, mas ele de fato tomou como um de seus pontos de decolagem uma frase de Florestan que está no artigo "Tendências teóricas da moderna investigação etnológica no Brasil". Ali Florestan, observando que os processos de contato entre os índios e os portugueses foram sempre analisados do ponto de vista da sociedade invasora, defende a necessidade de uma *"rotação de perspectiva"*.

1124 FERNANDES, João Azevedo. *Selvagens Bebedeiras*: álcool, Embriaguez e Contatos Culturais no Brasil Colonial (séculos XVI - XVII). São Paulo: Ed. Alameda, 2011. Tese (Doutorado).

Aí ele estava batendo no Gilberto Freyre, não é?

Exatamente, ele estava indo para cima de Gilberto Freyre. Os historiadores estavam sempre vendo a história da relação indígenas-invasores do ponto de vista dos invasores, estavam sempre contando essa história do ponto de vista dos vencedores. É preciso uma "rotação de perspectiva". O fato de que Florestan falou em perspectiva é pura coincidência, mas enfim... Ele estava dizendo que é preciso aceder ao ponto de vista dos vencidos, fazer uma "história dos vencidos", para usar a expressão de Nathan Wachtel. Não gosto muito do termo "vencidos", mas é isso. Florestan queria entender precisamente o ponto de vista dos indígenas; os dois primeiros livros dele são essa rotação de perspectiva: para entender o Brasil é preciso começar por entender o que ele chamou de "ponto zero da história do Brasil". É preciso entender o que era a sociedade Tupinambá. Não se pode explicar tudo pelo mercantilismo, pela expansão do Império Português e assim por diante; é preciso também entender como era, de que era feita, com quem era feita, o que *desejava* a sociedade Tupinambá.

É possível ler a etnologia indígena feita no Brasil – aquela posterior como aquela paralela à trajetória intelectual de Florestan – a partir dessa dupla leitura: uma leitura do ponto de vista das sociedades indígenas e outra do ponto de vista do Estado-nação. Esta última vai se desenvolver, a partir sobretudo da obra de Roberto Cardoso de Oliveira, como uma "sociologia do Brasil Indígena". Acho o trabalho do Roberto Cardoso enormemente importante, absolutamente central para o desenvolvimento teórico e sobretudo institucional da antropologia brasileira. A linha de investigação desenvolvida por ele deve muito a Florestan, mas muito também a Georges Balandier e a uma certa antropologia francesa que, não por acaso, chocou-se de frente na França com a antropologia estrutural de Lévi-Strauss.

Uma antropologia de envergadura marxista que se opõe de certo modo ao estruturalismo, não?

Sim, ou que se pretende marxista... É a ideia de que a "fricção interétnica" é uma espécie de análogo da contradição entre capital e trabalho. A noção de "fricção" é inspirada na luta de classes – excluindo, suponho, o componente teleológico da dinâmica dessa luta, a saber, a extinção da classe dominante, visto que, no Brasil, no caso de indígenas *versus* invasores... Mas nunca se sabe... Continuo achando esta uma linha de investigação importante, legítima e valiosa. O que eu achava irritante, porém, além de burro, era a insistência de alguns apóstolos (ou acólitos) do Roberto Cardoso em desqualificar todo trabalho que procurasse entender as coisas do ponto de vista dos povos indígenas, argumentando (em geral sorrateiramente) que as socialidades indígenas já estavam completamente determinadas por sua inserção no aparelho do Estado-nação e na economia capitalista. A ideia de que o alfa e o ômega das sociedades indígenas contemporâneas é sua inserção no "mundo dos brancos"[1125] me parecia uma transferência da dominação concreta, objetiva, para o plano da teoria – uma espécie de colonialismo metodológico. Uma síndrome de Estocolmo teórica, em suma. Concedia-se ao mundo dos brancos um protagonismo absoluto face aos povos indígenas. Estava implícito nessa posição, portanto, que a única maneira – vamos aos "finalmentes" –, de os povos indígenas se livrarem dos brancos era irem virando proletários e ajudarem a fazer a revolução. O velho esquema: índio vira camponês, camponês vira proletário, proletário faz a revolução (e domestica o Estado). "Índio" está passando por isso, "índio" *tem de passar por isso.* Bem, eu fui fazer antropologia junto a povos indígenas para não passar por aí, porque eu achava que isso aí era uma roubada, não deixava espaço para os povos indígenas resistirem sem deixarem de serem índios, ou melhor, sem deixar de virarem índios continuamente, como vinham fazendo desde a época em que roubaram o fogo da onça e do urubu. Negava-se aos povos indígenas qualquer capacidade de agência histórica própria. Eu entendia, ao contrário, que o mundo dos brancos era um dos muitos contextos, quase sempre o contexto mais determinante, mas jamais um contexto onideterminante. Os brancos não eram o único Outro

---

[1125] OLIVEIRA, Roberto Cardoso de. *O índio e o mundo dos brancos*. São Paulo: Difel, 1964.

com quem os índios tinham que se haver. Certamente eles eram o maior inimigo, mas não eram de forma alguma a única preocupação e menos ainda o único interesse dos povos indígenas. E enfim, não esqueçamos que Roberto Cardoso também escreveu um texto sobre o totemismo tikuna, escreveu sobre parentesco, sobre Lévi-Strauss...

O interessante na obra de Florestan é que ele trabalhou nas duas direções; só que ele abandonou a etnologia propriamente dita. Trabalhou com fontes históricas, fez um trabalho de etnologia histórica, e depois foi fazer pesquisa empírica na sociedade dos brancos. Vale notar, entretanto, que, quando chega nos brancos, ele começa pelos negros pelas relações raciais. Trabalha sobre indígenas, trabalha sobre negros e depois vai trabalhar sobre a burguesia branca, a revolução burguesa, aquelas coisas.

A etnologia brasileira herdou da teoria da aculturação essa preocupação mais que legítima, mas que não consegue ocultar um certo subtexto de autojustificação de seus praticantes, com o processo de destruição das sociedades indígenas. Passou de uma teoria culturalista, que era a teoria da aculturação, para uma teoria sociologista, que era a teoria da fricção interétnica. Nenhuma das duas está errada. Só que o que aconteceu foi um processo de ortodoxização hegemônica, onde os bons sentimentos às vezes serviam de desculpa para a indigência teórica, com o agravante de trazer a implicação explícita de que tudo "aquilo" que não fosse "isso" era reacionário, formalista, estruturalista e demais desvios da linha justa.

Estudar temas ditos clássicos – como parentesco, mitologia, religião – estaria em contrassenso com um ideal de militância, focado nas lutas de classe.

Exato. O interessante é que começam, já desde final dos anos 60, a surgir e a insistir novos atores na cena macropolítica; começam a aparecer novos temas, como gênero, raça, minorias, novas "militâncias" (prefiro a palavra "ativismos"), enfim, uma série de *problemas* político-existenciais que complexificaram a ladainha simplista de que "tudo é luta de classes" e que chamam a atenção para o fato de que havia uma série de outras dimensões da experiência social que sobredeterminavam a dimensão da luta de classes, e que não era possível resolver tudo analiticamente por uma analogia com a luta de classes, como fazia, de certa maneira, a teoria da fricção interétnica. Com a percepção, crescentemente impossível de se reconhecer, de que o nome "Antropoceno" designa um processo de catástrofe planetária, um *fato existencial total,* cresce a o sentimento de que estamos entrando em uma fase em que as classes em luta se revelam como sendo (sempre tendo sido) *classes geossociais*, na expressão de Bruno Latour e Nikolaj Schultz.[1126] Uma fase na qual não é mais apenas o tempo a dimensão privilegiada da dominação e da extração de mais-valia, mas o espaço, o lugar, o terreno de vida, o chão que se abre sob nossos pés. A terra e a Terra, a relação Terra/terra volta a ser o signo do que está em jogo, em luta, em exigência de resistência. Molecularização e transespeciação do proletariado em planetariado.

Um parêntese. Eu tenho pensado bastante sobre a importância das diferenças étnico-culturais dentro do processo histórico de formação das classes no capitalismo. No Brasil, isso é óbvio, com o caso das populações indígenas e africanas escravizadas, que a classe oposta à classe capitalista, do ponto de vista de seus componentes, é maciçamente de outra etnia – é majoritariamente africana ou indígena. Se você for para a Europa, não é diferente. Você olha a história da Inglaterra, estavam lá os bretões, aí caem-lhe em cima os romanos, depois os anglos e os saxões, depois os dinamarqueses... e então a grande invasão dos normandos. Hoje esse lugar de "classe étnica" no Reino Unido é ocupado pelos imigrantes asiáticos, antilhanos, africanos, e agora pelos refugiados. Então, na verdade, há um elemento étnico extremamente importante na luta de classes.

Do ponto de vista da classe dominante, frequentemente a classe dominada é vista como outro povo. É outro povo, fala outra língua. Note que as classes dominantes na maior parte do mundo tendem a

---

[1126] LATOUR, Bruno; SCHULTZ, Nikolaj. *Mémo sur la nouvelle classe écologique*: comment faire émerger une classe écologique consciente et fière d'elle-même. Paris: Éditions de La Découverte (Les Empécheurs de Penser en Ronde), 2022.

ser "etnicamente" (fenótipo, língua etc.) homogêneas e de origem alienígena (invasora), mesmo que longínqua, ao passo que as classes dominadas são etnicamente heterogêneas ou "mestiças". A chamada "mestiçagem" é essencialmente um processo de formação de uma classe dominada. Os africanos escravizados eram deliberadamente misturados entre si, em termos de língua, afiliação coletiva etc.; os povos indígenas reduzidos e administrados eram estimulados a se intercasarem e a falarem uma língua franca. Em seguida, essas populações trituradas material e espiritualmente eram remestiçadas com os brancos, pelos métodos brutais que se conhece, além de receberem um aporte da fração excedente da etnia invasora, aquela que não se firmou na posição dominante e caiu pelos buracos da peneira histórica (os "homens livres na sociedade escravocrata"). Daí o ódio e pavor que a classe dominante tem de movimentos de afirmação étnica, racial, de gênero etc. A classe dominante chama esses movimentos de "identitarismo" porque, como a Identidade é sua propriedade privada, ela teme a perda de seu monopólio. Essa classe imagina, em um característico reflexo narcisista, que tais movimentos pretendem tomar o lugar de poder que ela ocupa e se "identificar" com ela. Fechemos o parêntese.

Voltando, então. Para mim, é importante pensar os povos indígenas não como parte do Brasil, mas pensar o Brasil como parte dos mundos dos povos indígenas. Seria preciso escrever um complemento ao livro de 1964 do Roberto Cardoso, *O índio e o mundo dos brancos*. Ele se intitularia *O branco e os mundos dos índios*, algo, aliás, que não deixou de estar sendo escrito nos últimos anos, por diversos autores. Penso aqui em meu querido amigo, o grande Peter Gow, em especial.[1127]

O importante livro de Davi Kopenawa e Bruce Albert, A queda do céu, publicado pela primeira vez em 2010, promove essa inversão, pensando os brancos de um ponto de vista indígena...

[1127] GOW, Peter. *Of Mixed Blood*: Kinship and History in Peruvian Amazonia. Oxford: Clarendon Press, 1991.

Exatamente, a culminação dessa necessidade de fazer uma antropologia do branco do ponto de vista indígena, e não uma antropologia indígena do ponto de vista dos brancos. A "ciência social do observado" a que Lévi-Strauss chamava nossa atenção. O que Bruce e Davi estão fazendo senão apresentar a ciência social *do* observado e, portanto, etnologia clássica, mas arrastada por uma linha de fuga?[1128] A ciência social do observado feita diretamente pelo observado, articulada pelo observado em diálogo tenso com a ciência social do observador, tornado ele mesmo observado. O texto "Etnologia Brasileira" é uma espécie de grito de protesto contra a burrice... a burrice daquela etnologia brasileira específica (mas hegemônica) que não via o que estava acontecendo, sobretudo o que estava acontecendo com os povos indígenas.

Você acha que essa distinção entre "etnologia clássica" e "contatualismo" continua pertinente para pensar a etnologia brasileira nos dias de hoje?

Mas se a distinção não era pensada como pertinente na época em que escrevi... Alcida Ramos afirmava, então, que a marca dominante da etnologia brasileira era a sociologia do "contato". O fato é que essa sociologia produziu excelentes análises do contato, mas nunca ficávamos sabendo muito o que eram, como eram, quem eram as sociedades indígenas que estavam em contato com os brancos (e seu Estado) nesse processo. Então aquele meu artigo foi uma espécie de protesto contra esse tipo de leitura. Nada pior do que a esquerda burra, porque quando a esquerda é burra você fica triste...

E a burrice de esquerda pode ter consequências terríveis...

A consequência é a destruição da Amazônia, continuada e mesmo acelerada durante os governos sociais-democratas ("de esquerda"), em nome de uma visão passada de futuro, e ampliada ferozmente, exponencialmente, pelo atual governo de ultradireita, este governo ecocida, racista e genocida. Mas, enfim, é isso aí.

[1128] KOPENAWA, Davi; ALBERT, Bruce. *A queda do céu*: palavras de um xamã yanomami. São Paulo: Companhia das Letras, [2010] 2015.

Na época em que você escreveu o artigo "Etnologia brasileira", muito se dizia que a antropologia feita no Brasil deveria ser uma antropologia do Brasil. Você parece ter sempre se afastado dessa posição... e sempre evitado as "interpretações do Brasil"... Em uma entrevista que realizamos em 2006, quando você diz que "No Brasil todo mundo é índio, exceto quem não é"...[1129] *você parece reencontrar uma certa ideia – ou anti-ideia – de Brasil, desta vez um Brasil que não cumpriu seu objetivo de assimilação e integração, apesar dos esforços e da violência. No Brasil de hoje, as máscaras da mestiçagem, da cordialidade e da democracia racial parecem ter caído. A sua provocação parece mais atual do que nunca. Você poderia falar um pouco mais sobre isso?*

A frase é uma simples aplicação da venerável teoria linguística de marca. Eu sugeria que a condição indígena é uma condição não marcada no Brasil, não é uma condição marcada, especial. Classicamente é o contrário, no Brasil ninguém é índio, exceto quem é. Porque "o brasileiro" não é índio, o brasileiro é essencialmente mestiço (mas com a promessa de um dia virar branco); o índio é uma espécie muito especial de brasileiro, no máximo. A frase inverte isso. A condição indígena é a condição geral, *default*, básica do que imaginamos como "o brasileiro". No Brasil todo mundo é índio, entenda-se, *em todos os sentidos*. Exceto quem não é, ou seja, exceto aqueles que se identificam radicalmente como não-indígenas, como europeus, como brancos, como louros, como sulinos, enfim. Então dizer no Brasil todo mundo é índio... entenda-se, primeiro todo mundo é geneticamente indígena em parte, embora isso não tenha a menor importância, mas não custa lembrar que, como dizem os geneticistas, 33% do DNA brasileiro é indígena (só esquecem de dizer, quase sempre, que isso é por conta das mulheres indígenas). Em seguida, porque a condição indígena é a condição fundamental no Brasil– é a condição de invadido, de colonizado, de capturado, de expropriado, de desterritorializado e desapropriado pelo invasor. E quem não é índio no Brasil? Ora, todo mundo sabe quem não é índio no Brasil...

[1129] Entrevista concedida à equipe de redação de RICARDO, Fany; RICARDO, Carlos Alberto (Coord.). *Povos Indígenas no Brasil, 2001-2005*. São Paulo: ISA, 2006.

A mestiçagem, a sempre mal-entendida ideia da "cordialidade" nacional, a tal democracia racial, tudo isso se tornou uma mentira descaradamente grosseira que, entretanto, continua funcionando em vários planos (vejam o General Mourão dizendo que é índio... – mas não basta ter cara de índio, é preciso insistir, é preciso se garantir). Assim, em vez de dizer que no Brasil todo mundo é classe dominada exceto quem é classe dominante – o que é perfeitamente verdade –, preferi exprimir essa oposição em termos de "indígena / não indígena", para recusar o conto do vigário da mestiçagem. A ideologia oficial é a seguinte: o povo brasileiro é uma mistura, o indivíduo brasileiro típico é 33% indígena, 33% negro, 33% branco – mas o brasileiro ideal está mais para 50% branco e 50% não branco, ou melhor ainda, 66% branco e 33% não branco. Só que não é. O branco chega e diz para o indígena: se você botar uma roupa, pegar uma enxada, orar bastante, comer bolacha de supermercado, arrendar sua terra para mim etc. etc., você irá virando branco, seus filhos serão brancos. Aí o sujeito cai nessa, até porque não tem muita escolha, com a espingarda apontando para a cara dele; mas sua marcha rumo à branquitude é interrompida, ele só consegue ir até o meio do caminho, se tanto. O branco não o deixa chegar até o fim; ele vira só um pouco branco. O objetivo é desindianizar, não branquear. A meta é transformar o índio em pobre. Para branquear, é preciso trazer gente da Alemanha, da Itália – aí sim, esses são brancos de verdade, que vão ajudar o país a remediar seu defeito de cor...

Então, na verdade, a mestiçagem é o conto do vigário criado para tirar dos povos indígenas a terra, a língua, a cultura e fazer desaparecer o fato de que a existência desses povos é um insulto metafísico e político ao Estado nacional A existência de povos indígenas é inaceitável, intolerável, para o Estado brasileiro e seus autointitulados tutores. É o que vemos colonizando os cérebros pouco plásticos da imensa maioria da casta militar, na doutrina hipócrita da "soberania nacional", no discurso e na prática etnocida do baronato ruralista, no evangelicalismo fanático quando não meramente vigarista, no crescente fascismo das classes médias ressentidas e embrutecidas, na imundície em forma humana que foi parar na presidência... A existência de povos indígenas não é negociável pelo Estado e vice-versa. Talvez, afinal, a ideia de uma contradição estrutural faça sentido aqui. O que quer dizer "sociedade *contra* o Estado"[1130] de Pierre Clastres? Não é exatamente isso?

Clastres transpõe a luta de classes – da sociedade de classes – para a luta contra o Estado – das sociedades indígenas...

Exatamente. Quando eu digo: no Brasil todo mundo é índio, estou dizendo que existir aqui é resistir, resistir contra um Estado que se instituiu sobre o etnocídio e o genocídio, sobre a escravidão, o massacre, a apropriação brutal da terra, a tortura física e mental dos corpos indígenas e negros. Se digo "todo mundo é índio", estão incluídos evidentemente nessa frase os africanos escravizados e seus descendentes; e a imensa multidão multicolorida de pobres, dentre os quais também não faltam brancos, reais ou imaginários (mas não há nesse todo mundo nenhum branco simbólico)... Em suma, nesse "*todo mundo*" está todo mundo, todo esse mundo minoritário que forma a maioria estatística da população, mas que é minoria política, econômica, racial, social, cultural, sexual, espiritual, existencial. No Brasil, todo mundo é minoria exceto quem é maioria, e maioria é quem manda. E "todo mundo" sabe quem manda.

Cacique Babau disse numa entrevista que os "Tupinambá estão se multiplicando". No nosso senso comum, os Tupinambá ou Tupi da costa tinham sido varridos do litoral. Os sobreviventes teriam conseguido migrar para os sertões e para a Amazônia. Na própria obra de Florestan, os Tupinambá (e os indígenas em geral, de certo modo) figuram como um povo do passado e não do presente. Livros como o seu Araweté e A terra sem mal, de H. Clastres, mostraram que permanece uma ligação estrutural e metafísica entre os Tupi-Guarani do passado e do presente, seja por conta do "Cogito Canibal", seja por conta da "Terra sem Mal". Hoje,

---

1130 CLASTRES, Pierre. *A sociedade contra o Estado*: pesquisas de antropologia política. Rio de Janeiro: F. Alves, 1978.

vemos florescer um fenômeno diverso, mas muito interessante e potente. Populações de diferentes partes do Brasil passam a reivindicar um laço com povos Tupi da costa do passado, contrariando uma certa história oficial. Uma dessas populações é a dos Tupinambá do sul da Bahia, na serra do Padeiro, liderada pelo cacique Babau. Mas há também populações fazendo as mesmas reivindicações em outros lugares, por exemplo, no baixo Tapajós. No litoral da região sudeste, pessoas antes reconhecidas como Guarani Nhandeva ou Chiripa vêm se declarando "misturadas", descendentes dos antigos Tupi da costa. Contrastando com os Guarani Mbya, eles se autodenominam "Tupi" ou "Tupi-Guarani". O que você diria sobre esses fenômenos contemporâneos?

É fascinante, e também emocionante. É a vingança do "índio genérico", não é? Darcy Ribeiro chamava de "transfiguração étnica" o processo pelo qual os povos indígenas iriam perdendo todas suas especificidades culturais, tornando-se "índios genéricos". Está acontecendo um pouco o contrário. Os camponeses estão perdendo sua identidade "mestiça" ou "cabocla" e estão virando índios! Falo sobre isso no ensaio "Etnologia Brasileira". A partir dos anos 90, começou a acontecer uma espécie de transfiguração ao contrário: ao invés de os índios virarem camponeses, os camponeses começaram a virar índios novamente. Do ponto de vista da metafísica evolucionista do progresso e da hierarquia cronológica das "raças", isso é um escândalo. Não se pode virar índio, só se pode desvirar. Se um coletivo atual continua a "ser índio", é porque ele está atrasado, parado no tempo, a civilização (isto é, o boi, a bala e a bíblia) ainda não chegou lá. Naturalmente é possível e desejável deixar de ser índio. Mas *voltar a ser índio* é impossível do ponto de vista dessa "filosofia da história". Não se pode voltar atrás. Não se pode, *não podemos* voltar à "Idade da Pedra" – é esse o tipo de raciocínio. Mas, ao arrepio do que professa essa metafísica colonialista e colonizada, o Brasil está virando índio – e isso aponta para o futuro, não para o passado. O que está acontecendo é um "roteamento" muito consistente das lutas sociais no Brasil pelos signos indígenas. Isso é fascinante. A luta de classes, ou boa parte das lutas de classes, está sendo roteada pela causa indígena no Brasil; populações e comunidades rurais historicamente desindianizadas, mestiçadas à força, desculturalizadas e desterritorializadas estão retomando a posição indígena.

Essa virada é exato o contrário da "integração" e da "assimilação", artigos de fé da ideologia da nacionalidade... é uma *des-integração* – uma antimestiçagem ou uma contramestiçagem, para lembramos dos conceitos (não sinônimos) que José Antonio Kelly e Marcio Goldman vêm elaborando e que me parecem contribuições decisivas para uma contra-"Teoria-do-Brasil".[1131] Qual é a operação inversa da integração? A diferenciação. Está havendo uma rediferenciação da população brasileira, cuja reintegração virtual seria (e será) muito diferente da homogeneização-só-que-não prometida pelas classes dominantes ao "todo mundo" indígena. E agora vemos essa retomada espetacular do signo "Tupinambá", "Tupi", a reaparição à superfície da história de algo que sempre esteve ativo, mas que estava submerso. Como na canção de Caetano Veloso,

> *E aquilo que nesse momento se revelará aos povos*
> *Surpreenderá a todos não por ser exótico*
> *Mas pelo fato de poder ter sempre estado oculto*
> *Quando terá sido o óbvio.*

Quando o Babau diz "os Tupinambá estão se multiplicando", ele está dizendo também que todos os povos indígenas estão se multiplicando, que a condição de indígena está se multiplicando. No futuro, todo mundo será indígena, será Tupinambá. Antigamente, tudo era Tupinambá e no futuro também vai ser!

E São Paulo voltará a ser Piratininga! Uma das bandeiras do movimento Guarani atual é justamente enfatizar que "São Paulo é terra indígena". Novas aldeias não cessam de brotar e há toda uma luta para preservar e recuperar o entorno da metrópole, por exemplo, por meio da proposta de

---

1131 LUCIANI, José Antonio Kelly. *Sobre a antimestiçagem*. Florianópolis: Cultura e Barbárie, 2016; GOLDMAN, Marcio. "Quinhentos anos de contato: por uma teoria etnográfica da (contra) mestiçagem". *Mana*, vol. 21, nº 3, 2015.

um cinturão verde integrado às duas terras indígenas guarani, uma no extremo sul, outra no noroeste da cidade.

O Rio de Janeiro era terra dos Tamoio, nome da fração carioca dos Tupinambás... Eu moro a cem metros da aldeia de Uruçumirim, no atual Outeiro da Glória. Era ali a praça forte dos Tamoios que travaram a grande batalha da Praia do Flamengo contra os portugueses de Estácio de Sá, a quem mataram. Todo o Brasil foi indígena, e todo o Brasil será indígena. Até mesmo Rio e São Paulo. Não se trata de imaginar a Copacabana de quinhentos anos atrás, mas de pensar a Copacabana de duzentos anos, digamos, à frente. Se chegarmos até lá.

Interpreto o que Babau está dizendo da seguinte maneira. Como falei mais acima, as lutas sociais no Brasil, especialmente no campo, estão sendo revitalizadas pela condição indígena (e vice-versa), o que inclui evidentemente a luta pela terra. A questão sempre foi a terra. O ódio à condição indígena entranhado na essência do Estado-nacional passa crucialmente pela natureza impensável, para o Estado, de uma relação *inversa* com a terra, a relação indígena de imanência à terra e não de domínio transcendente sobre ela, domínio que é como a forma "sobrenatural" da propriedade.

Que dizer da experiência dos Estados plurinacionais na América do Sul? Eles padeceriam de uma contradição inelutável?

Claro que é uma contradição... Mas penso que a ideia de um Estado Plurinacional modificaria, ou deveria modificar, tanto o conceito de Estado quanto os de nacionalidade e pluralidade. Não sei o que vão dar esses experimentos sul-americanos, a médio e longo prazo. O Estado como forma geopolítica parece ter chegado ao limite de sua funcionalidade. Essa forma pode deixar de existir, ou se transformar de modos radicalmente imprevisíveis. Durante muitos milênios ela não existiu, em particular sob o modo do Estado-nação, que é algo distinto do Estado enquanto máquina metafísica, aparelho de captura de fluxos e instância de sobrecodificação. O Estado como princípio ou ideia, dizem alguns, seria coetâneo à humanidade. Outros sustentam que não, de forma alguma. Não sei, não sou especialista em origens.

Mas o Estado-nação, a única forma geopolítica "admissível" no mundo atual, provavelmente está com os dias contados.

O fato é que a pluralidade como verdadeira multiplicidade, como alteridade imanente, é inconcebível do ponto de vista do Estado. O Estado não tem outro; qualquer esboço de alteridade deve ser perseguido e exterminado, porque todo Estado é universal. Qualquer Estado, por menor que seja, é universal; almeja o universal, se pensa como universal; e os povos indígenas, por sua mera existência, desafiam, contestam, ridicularizam a pretensa universalidade do Estado. Não é por acaso que os homens das cavernas, aquela casta que se imagina em união hipostática com a Nação, têm tanta "dificuldade" em compreender a forma de vida indígena. O que causa pânico aos opressores e aos seus leões de chácara é não só a existência de povos indígenas que ainda resistem isolados na Amazônia, mas de povos como os Tupinambá do cacique Babau e outros que estão "voltando a ser" o que sempre foram, isto é, indígenas. Esses aí dão muito medo, porque lembram que quinhentos anos de desindianização não foram suficientes.

Justo os Tupinambá, aqueles que foram julgados "extintos"...

Logo os Tupinambá! Essa ideia de que eles estão se multiplicando lembra evidentemente a frase de Pierre Clastres: "os selvagens querem a multiplicação do múltiplo"...[1132] A frase está aí, os Tupinambá estão se multiplicando, ou seja, estão introduzindo multiplicidade e imanência ali onde a unidade transcendente era a lei, a ordem e o progresso da Nação. Então essa volta dos índios, a volta da questão indígena, a volta da presença indígena depois de séculos de colonização, de branqueamento, de mestiçagem, de importação de colonos europeus... Isso é mais que interessante, é muito auspicioso. Não são só alguns camponeses pobres do sul da Bahia, do Nordeste, do Sudeste, que estão se assumindo indígenas – alguns ou muitos, de qualquer

---

[1132] CLASTRES, Pierre. "Arqueologia da violência: a guerra nas sociedades primitivas". *In*: ______. *Arqueologia da violência*: pesquisas de antropologia política. São Paulo: Cosac Naify, [1977] 2011.

modo sempre muito mais que o tolerável. Até caboclos da Amazônia estão querendo "virar índio" de novo. E aí?

Para concluir... você gostaria de voltar ao trabalho de Florestan Fernandes?

Sob o risco de estar sendo enormemente injusto com alguém cujo trabalho não me ocorre agora, eu diria que até meados dos anos 1970, a maior *etnografia* escrita por um cientista social brasileiro foram os dois livros de Florestan Fernandes. Florestan foi o grande precursor e permanece uma grande referência.

FLORESTAN
FERNANDES